大清一統志

第二十四册

福建

福建

目録

福建全圖

福建統部表

		福州府
兩漢	秦置閩中郡，漢爲揚州部會稽郡地，後漢爲會稽南部地。	高帝五年，爲閩越國都。元封初，國除，爲會稽郡地。後漢永和六年，置會稽南部都尉。
三國	吴置建安郡。	吴建安郡地。
晉	增置晉安郡。皆屬揚州。元康初，分屬江州。	晉安郡太康三年置，屬揚州。後屬江州。
宋	建安、晉安二郡。	晉安郡泰始四年改晉平郡。尋復故名。
齊梁陳	齊因之，梁增置南安郡，並屬東揚州。陳升晉安郡爲豐州，領二郡。	晉安郡陳永定初置閩州。天嘉六年州廢，屬東揚州。光大二年，罷郡置豐州。
隋	開皇中，廢二郡。大業初，廢州。	建安郡開皇九年改泉州。大業初又改閩州。尋廢，改置郡。
唐	福州都督府開元十三年置，督福、泉、建、漳、汀五州。初屬嶺南道，後屬江南東道。	福州長樂郡武德初罷郡置建州。尋改泉州。景雲二年改閩州。開元十三年改福州。天寶元年改長樂郡。乾元初復爲福州。
五代	後唐天成初，王閩建國。晉開運二年，屬南唐。三年，分屬吴越。	福州後唐天成初，王延翰建閩國。長興四年，王延鈞改長樂府。晉開運初，屬南唐，旋屬吴越，復州名。周改彰武軍。
宋	太平興國三年，置兩浙西南路。雍熙二年，改福建路。	福州長樂郡威武軍福建路治。景炎初，升福安府。
元	至元十五年，置行中書省。後罷，屬江浙行省。大德初，置福建道宣慰司。	福州路至元中，升路爲福建道宣慰司治。
明	福建布政使司洪武九年置。	福州府洪武初改府。九年，爲福建布政司治。

續表

興化府	泉州府	漳州府
會稽郡地。後漢會稽南部地。	會稽郡地。後漢會稽南部地。	會稽、南海二郡地。後漢會稽南部地。
		吴建安郡地。
晉安郡地。	晉安郡地。	晉安、義安二郡地。
梁、陳爲南安郡地。	南安郡梁天監中置，屬東揚州。	梁、陳爲南安郡地。
	開皇九年廢，爲建安郡地。	建安郡地。
泉州地。	泉州清源郡武德五年置豐州。貞觀初廢。聖曆二年置武榮州。景雲二年更名。天寶初改郡。乾元初復爲泉州。	漳州漳浦郡垂拱二年置州，治漳浦。天寶中改郡。乾元初復爲州，徙治龍溪。
	泉州初屬王閩。晉開運中屬南唐，置清源軍。	漳州初屬王閩。晉開運中屬南唐，改名南州。
興化軍太平興國四年，置太平軍，尋改名，屬福建路。	泉州乾德二年改平海軍。太平興國三年復爲州，屬福建路。	漳州乾德初復州名，屬福建路。
興化路至元中升路，屬福建道宣慰司。	泉州路至元十五年，升路爲行中書省治。十八年，省徙，屬福建道宣慰司。	漳州路至元中升路，屬福建道宣慰司。
興化府洪武初改府，屬福建布政司。	泉州府洪武初改府，屬福建布政司。	漳州府洪武初改府，屬福建布政司。

延平府	建寧府	邵武府
會稽郡地。後漢會稽南部地。	會稽郡地。後漢屬會稽南部。建安中爲南部都尉治。	會稽郡地。後漢會稽南部地。
吴建安郡地。	建安郡 吴永安三年置。	吴建安郡地。
	建安郡	
	建安郡	
	建安郡	
	開皇九年廢。	臨川郡地。
劍州 武德三年置延平軍。上元元年改州。	建州 建安郡 武德初置州。天寶初改郡。乾元初復爲州。	建州地。
劍州 晉開運初王閩改名鐔州。南唐復爲延平軍，尋仍爲州，復故名。	建州 王閩置鎮武軍。晉天福中，王延政據州，稱殷國。尋屬南唐，改永安軍，又改忠義軍。後罷。	
南劍州 太平興國四年更名，屬福建路。	建寧府 初仍曰建州。端拱初改建寧軍，屬福建路。紹興二十三年升府。	邵武軍 太平興國五年置，屬福建路。
延平路 至元中升南劍路。後更名，屬福建道宣慰司。	建寧路 至元中改路，屬福建道宣慰司。	邵武路 至元中升路，屬福建道宣慰司。
延平府 洪武初改府，屬福建布政司。	建寧府 洪武初復爲府，屬福建布政司。	邵武府 洪武初改府，屬福建布政司。

續表

汀州府	福寧府	臺灣府	永春直隸州
會稽郡地。後漢會稽南部地。	會稽郡地。後漢會稽南部地。		冶縣地。
吴建安郡地。			
晉安郡地。	温麻縣太康四年置，屬晉安郡。		晉安縣地。
	温麻縣		
	温麻縣		
武安郡地。	開皇九年廢。		南安縣地。
汀州臨汀郡開元二十四年置州。天寶初改郡。乾元初復爲州。	長溪縣武德六年復置温麻縣，尋省。長安二年又置，屬福州。天寶初更名。		
汀州	長溪縣		永春縣後唐長興三年，王閩置桃源縣。尋更名，屬泉州。
汀州屬福建路。	長溪縣		永春縣
汀州路至元中升路，屬福建道宣慰司。	福寧州至元二十三年升州，屬福州路。	東番地。	永春縣屬泉州路。
汀州府洪武初改府，屬福建布政司。	福寧州洪武二年降縣。成化九年復升州，直隸福建布政司。	天啓中，荷蘭夷人據之。	永春縣屬泉州府。

續表

龍巖直隸州
冶縣地。
新羅縣地。
龍溪縣地。
龍巖縣 開元二十四年置新羅縣，屬汀州。天寶初更名。大曆中改屬漳州。
龍巖縣
龍巖縣
龍巖縣 屬漳州路。
龍巖縣 屬漳州府。

大清一統志卷四百二十四

福建統部

在京師南六千一百三十里。東西距九百五十里，南北距九百八十里。東至海一百里，西至江西寧都州瑞金縣界八百五十里，南至海二百八十里，北至浙江處州府龍泉縣界七百里。東南至海二百八十里，西南至廣東嘉應州界一千二百里，東北至浙江温州府平陽縣界五百十五里，西北至浙江衢州府江山縣界八百二十五里。其臺灣一府，在省東南海島中，東距大山，與生番接界。

分野

天文牽牛、須女分野，星紀之次。後漢書郡國志注：自斗十一度至婺女七度，一名須女，曰星紀之次，於辰在丑。謂之赤奮若，於律爲黄鍾，斗建在子，今吴、越分野。晉書天文志：自南斗十二度至須女七度爲星紀，吴、越分野，屬揚州。唐書天文志：東南負海爲星紀。負海者，以其雲漢之陰也。南斗、牽牛，星紀也。初，南斗九度。中，南斗二十四度。終，女四度。爲星紀之分，古吴、越及東南百越之國。通志：牽女跨浙、粤、閩三省。臺灣西界於漳，南鄰於粤，而北則與福州之閩安鎮相峙。漳分野視閩，而粤之分野視漳。臺之繡壤相錯，其均屬之牛、女無疑也。

建置沿革

禹貢揚州南境，周爲七閩地。周禮職方氏「七閩」鄭注：「閩，蠻之別也。」春秋屬越，戰國屬楚。史記：楚威王敗越，殺王無彊，越以此散。諸族子爭立，或爲王，或爲君，濱於江南海上，服朝於楚。秦併天下，置閩中郡。漢高帝五年，爲閩越國。史記東越傳：閩越王無諸，其先勾踐之後，秦併天下，廢爲君長，以其地爲閩中郡。無諸從諸侯滅秦，率越人佐漢。漢五年，立爲閩越王，王閩中故地，都東冶。建元六年，立丑爲越繇王，奉閩越先祭祀；立餘善爲東越王，與繇王並處。元封元年，國除，爲冶縣，屬會稽郡。後漢永和六年，置會稽南部都尉。按：前漢志南部都尉治回浦。沈約宋志：後分冶縣地置東、南二部都尉。蓋後漢始改置於冶縣也。三國吴永安三年，分會稽南部置建安郡。晉太康三年，分置晉安郡。皆屬揚州。元康元年，改屬江州。宋泰始四年，改晉平郡，七年復故。齊因之。梁天監中，析晉安郡置南安郡。普通五年，三郡並屬東揚州。陳永定初，置閩州，領三郡。天嘉六年，州廢。光大二年，升晉安郡爲豐州，領建安、南安二郡。

隋開皇九年，改爲泉州，廢建安、南安二郡爲縣。大業初，復改泉州爲閩州。三年，廢閩州，仍置建安郡。唐武德初，廢郡，置建州。六年，仍置泉州。八年，置泉州都督府。垂拱二年，增置漳州。久視元年，又置武榮州。景雲二年，改閩州都督府。時改泉州爲閩，改武榮州爲泉，督閩、泉、建、漳、潮五州。開元十三年，改福州都督府。二十一年，置福建經略使。二十四年，增置汀州，割潮州入嶺南，仍督五州。天寶元年，自嶺南割屬江南東道。唐書方鎮表：乾元元年，改經略使爲都防禦使，兼寧海軍使。上元元年，升節度使。大曆六年，廢爲都團練觀察使。乾寧四年，置威武軍節度使。五代史：光啓二年，王潮克泉州，福建觀察使陳巖表以潮爲泉州刺史。景福元年，巖卒，潮攻克福州，即以爲觀察使。乾寧四年，潮卒，弟審知代立。唐以福州爲威武軍，拜審知爲節度使。五代初，爲王氏所據。後唐天成元年，王延翰建閩國。五代史：梁初封審知爲閩王，升福州爲大都督府。唐同光三年，審知卒，子延翰代立。四年，自建閩國稱王。其弟鏻尋殺延翰自立。長興四年，僭號改元。清泰二年，鏻被殺，子昶代立。晉天福四年，國人殺昶，立審知少子曦。八年，曦弟延政自立於建州，建國稱殷，改元，國分爲二。晉開運二年，南唐滅閩。三年，福州分屬吳越。五代史：開運元年，國人殺曦。二年，南唐兵執延政，分置劍州。三年，福州將李仁達降吳越。

宋太平興國三年，置兩浙西南路。四年，置興化軍。五年，增邵武軍。雍熙二年，改福建路。宋史志：領福、建、泉、漳、汀、劍六州，興化、邵武二軍。景德三年，置安撫使。大觀元年，升爲帥府，四年罷。紹興三十二年，升建州爲建寧府。建炎三年，復升安撫使爲帥府[一]。景炎元年，升福州爲福安府。元至元十五年，置行中書省，二十二年罷，屬江浙行省。元史志：至元十四年，置行宣慰司，兼行征南元帥府事於泉州。十五年，改爲行中書省。十八年，遷於福州。十九年，復還泉州。二十年，復還福州。二十二年，併入杭州。大德元年，置福建道宣慰使司都元帥府。元史志：領福州、建寧、泉州、興化、邵武、延平、汀州、漳州八路。三山續志：至元十五年，置行省於福州。十六年，改置宣慰使司。二十年，復置行省。二十二年，併入江西行省。二十三年，復置。明年，改行尚書省。二十八年，仍併入江西。二十九年，仍置行中書省。大德元年，立福建平海行中書省，徙治泉州。三年，改置宣慰使司都元帥府，仍移治福州。黄仲昭通志曰：三山續志修於元致和間，一代典籍尚存，必有所據，當以爲正。至正十六年，復置行中書省。二十六年罷，通志：改置行樞密院。尋爲陳友定所據。明洪武二年，置福建行中書省。九年，改置福建承宣布政使司，統八府、福州、興化、泉州、漳州、延平、建寧、邵武、汀州。一州。福寧。本朝因之，爲福建省。康熙二十三年，海島蕩平，以其地置臺灣府。雍正十二年，升福寧直隸州爲福寧府，永春、龍巖二縣爲直隸州。永春舊屬泉州府，龍巖舊屬漳州府。凡領府十、直隸州二。

福州府、興化府、泉州府、漳州府、延平府、建寧府、邵武府、汀州府、福寧府、臺灣府、永春直隸州、龍巖直隸州。

形勢

東南據海，東北自浙江温州府界，西南至廣東潮州府界，大海環二千里。西抵江、廣，閩西北境與江西建昌府、西境與贛州府、西南境與廣東潮州府相脣齒。北距嶺嶠。自浙江衢州、處州而南，江西廣信、建昌、贛州而東南，皆崇山結曲，故閩亦稱嶠外地。其名山，則有武夷、在建寧府崇安縣南三十里。梁山、在漳州府漳浦縣西南三十里。太姥。在福寧府東北一百里福鼎縣界。其大川，則有建江、亦曰建溪，又曰劍江。源出浦城縣北漁梁山，南流經縣西，又南至建陽縣雙溪口，合崇安溪水。又南經建寧府城西，遶而南。松溪水自東北來會，亦曰東溪。又南經延平府城東南，與西溪水會。又東南至尤溪口，尤溪水自西南來注之。又南經古田縣界，又東南至水口，又東至閩清口，又東至福州府城西北白沙驛，又東南經府城南，爲南臺江，又東爲馬腸江，入海。自西北而東南，横亘三郡之中，幾千餘里。建、邵、汀、延、福五郡之水，皆匯入焉。自浦城迄水口，灘之有名者，以三百計，爲閩省通津。海。福州、興化、泉州、漳州、福寧皆濱海。臺灣懸居海中。海壇、澎湖、金門、厦門、南澳爲控扼要地。其重險，則有仙霞、有關，在建寧府浦城縣北一百二十餘里。北至浙江江山縣百里，本江山縣地。關南三十八里有楓嶺，爲閩、浙分疆處。巖嶺相接，南北經途，皆出於此。杉關、在邵武府光澤縣西北七十里，西至江西建昌府一百二十里，爲江、閩往來之通道。厦門，在泉州府同安縣西南五十里海中嘉禾嶼。爲海嶠之奥區，實南疆之重鎮。舊志。

户口

康熙五十二年，原額人丁一百四十八萬七千四百四十二。乾隆三十七年，停編丁。今滋生男婦大小共一千八百一十萬八千三百四十九名口，計三百三十萬八千六百二十六户。又屯民男婦共四十三萬八千九十七名口，計六萬八千八百九十九户。

税課

閩海關額徵正税銀六萬六千五百四十九兩五錢四分六釐，銅觔水脚銀七千兩，盈餘銀一十一萬三千兩。通省正引、餘引共九十三萬二千四百八十五道，額徵鹽課銀二十八萬四千八百七十九兩一錢四分七釐有奇。又臺灣府暨漳州府屬雲澳地方不行鹽引，由商領辦，額徵包課銀一萬三百九十九兩八錢有奇。汀州府行兩廣正引，鹽課載廣東省稅課門。

文職官

閩浙總督。駐福州府，轄福建、浙江二省。

巡撫。駐福州府。

提督學政。駐福州府。

布政使，經歷，都事，照磨，庫大使。廣積。

按察使，經歷，照磨，司獄。

糧驛道，駐福州府，分巡福州、福寧二府。嘉慶十一年，改爲分巡寧福海防兵備道，駐福寧府。十九年，仍改歸原缺。庫大使。布政使都事兼管。

鹽法道，駐福州府。庫大使。廣盈。鹽課大使十六員。福清場、詔安場、莆田場、下里場、浯洲場、洪白團場、赤杞團場、福興場、江陰團場、潯美場、洒洲場、惠安場、漳浦南場、前江團場、祥豐場、蓮河場。

分守興泉永海防兵備道。駐厦門。

分巡汀漳龍海防兵備道。駐漳州府。

分巡延建邵道。駐延平府。

分巡臺灣兵備道。駐臺灣府，兼理臺灣學政。乾隆五十三年，加按察使銜。舊有巡察臺灣御史，滿、漢各一，一年一易。乾隆十七年，定爲三年巡視一次。五十二年裁，令將軍督撫水師陸路提督，每年輪值一人，渡臺稽察。

福州府知府，同知三員，舊設海防一員，駐南臺；理事一員，駐府城。嘉慶二年，增設一員，駐平潭。通判，糧捕，駐府城。府學教授，訓導，經歷，司獄。舊有倉大使，乾隆三十一年裁。照磨，四十五年裁。知縣十員，閩、侯官、長樂、福清、連江、羅源、古田、屏南、閩清、永福。縣丞四員，閩縣，駐營前。侯官，駐大湖。福清，舊駐平潭，嘉慶二年移駐南日澳。古田，駐水口。縣學教諭九員，閩、侯官、長樂、福清、連江、羅源、古田、閩清、永福。訓導九員，閩、侯官、長樂、福清、連江、羅源、屏南、閩清、永福。主簿一員，駐南臺。乾隆四十五年設。巡檢八員，閩縣五虎門、閩安鎮、永慶鎮，侯官縣竹崎、五縣寨，福清縣江口，連江縣東岱堡，永福縣漈門。典史十員。

興化府知府，通判，糧捕。駐府城。府學教授，訓導，經歷，司獄。知縣二員，莆田、仙遊。縣丞，莆田，駐平海。乾隆三十三年移。縣學教諭二員，訓導二員，巡檢五員，莆田縣迎仙寨、涵江、淩洋，仙遊縣興泰里、楓亭。舊有莆田縣大洋一員，乾隆五十四年裁。典史二員。

泉州府知府，同知，海防。駐厦門。舊有西倉同知一員，乾隆三十一年裁。通判二員，舊設一員駐安海。乾隆三十一年，移駐金門。三十九年，移駐馬家巷。四十九年增設一員，駐蚶江。府學教授，訓導，經歷，照磨。駐馬家巷，兼廳司獄。乾隆三十九年設。知縣五員，晉江、南安、惠安、同安、安溪。縣丞三員，晉江，駐安海。南安，駐羅溪。同安，駐金門。縣學教諭五員，訓導五員，巡檢七員，舊設晉江縣洛陽、鵪鴣、浦邊，南安縣康店，惠安縣良興，同安縣石潯、踏石。乾隆三十九年，裁踏石一員。四十四年裁浦邊，設同安縣灌口一員。五十四年，增設馬巷廳劉五店一員。典史五員。

漳州府知府，同知，糧捕，舊駐南勝。嘉慶二年，移駐雲霄。通判，海防，駐石碼，舊係南勝海防同知、石碼糧捕通判，乾隆五十四年互改。府學教授，訓導，經歷，照磨，駐雲霄，兼廳司獄。嘉慶三年設。司獄。舊有倉大使，乾隆三十一年裁。知縣七員，龍溪、漳浦、海澄、南靖、長泰、平和、詔安。縣丞三員，龍溪，駐華封。漳浦，舊駐雲霄，嘉慶二年移駐象牙莊。平和，駐南勝，嘉慶二年設。舊有海澄一員，是年裁。縣學教諭七員，訓導七員，巡檢六員，龍溪縣江東，海澄縣海門社，南靖縣永豐，和溪，平和縣漳汀，詔安縣漳、潮分界。舊有漳浦縣盤陀一員，嘉慶三年裁。典史七員。

延平府知府，通判，舊駐王臺，乾隆三十五年移駐上洋口，兼管建寧府屬捕務。府學教授，訓導，經歷，司獄。知縣六員，南平、順昌、將樂、沙、尤溪、永安。縣丞三員，南平，駐峽陽。順昌，駐仁壽。沙縣，駐縣城。縣學教諭六員，訓導六員，巡檢六員，南平縣嵢峽，將樂縣萬安寨，沙縣北鄉寨，尤溪縣高才坂，永安縣安砂鎮、湖口寨。典史六員。

建寧府知府，舊有同知，嘉慶二年裁。府學教授，訓導，經歷，司獄。知縣七員，建安、甌寧、建陽、崇安、浦城、松溪、政和。縣丞六員，建安，駐迪口。甌寧，駐嵐下街。建陽，駐麻沙。崇安，駐星村。浦城，駐縣城。松溪，駐永和里。縣學教諭七員，訓導七員，巡檢十員，舊設建安縣房村，甌寧縣營頭、葉坊，崇安縣分水關，浦城縣廟灣、溪源、高泉，政和縣下莊，松溪縣二十四都、遂應場，乾隆三十二年裁遂應場，設建陽縣南槎村一員，移分水關巡檢駐五夫村。典史七員。

邵武府知府，同知，府學教授，訓導，經歷。舊有司獄，乾隆三十二年裁。知縣四員，邵武、光澤、建寧、泰寧。縣丞，邵武，駐禾坪。乾隆三十二年移。縣學教諭四員，訓導四員，巡檢三員，舊設二員：邵武縣水口、光澤縣大寺寨。乾隆三十二年，增設邵武縣拏口一員。典史四員。

汀州府知府，同知，府學教授，訓導，經歷，司獄。知縣八員，長汀、寧化、清流、歸化、連城、上杭、武平、永定。縣丞三員，長汀，駐府城。寧化，駐泉上里。上杭，駐峯市。縣學教諭八員，訓導八員，巡檢十一員，長汀縣古城，寧化縣安遠、石牛，清流縣鐵石磯頭，歸化縣夏陽，連城縣北團寨，武平縣永平寨、象洞寨，永定縣興化鄉、三層嶺、太平鄉。典史八員。

福寧府知府，舊有通判。乾隆四十九年裁。府學教授，訓導，乾隆三十三年設。司獄。知縣五員，霞浦、福鼎、福安、寧德、壽寧。縣丞，寧德，駐周墩。縣學教諭三員，福安、寧德、壽寧。訓導四員，霞浦、福鼎、福安、寧德。舊有壽寧訓導，乾隆三十三年裁。巡檢八員，舊設六員：霞浦縣杯溪、柘洋，福鼎縣澰城，福安縣白石，寧德縣石堂，壽寧縣漁溪。乾隆三十一年，增設福鼎縣秦嶼、寧德縣霍童二員。典史五員。

臺灣府知府，同知三員，舊設捕盜一員，駐淡水。海防一員，駐鹿耳門。雍正九年，移淡水同知駐竹塹。乾隆三十一年，移海防同知駐府城，兼南路理番銜。增設北路理番一員，駐彰化縣。五十一年，移駐鹿仔港。通判二員，舊設一員，駐澎湖。嘉慶十五年，增設一員，駐噶瑪蘭。府學教授，訓導，經歷。知縣四員，臺灣、鳳山、嘉義、彰化。嘉義舊名諸羅，乾隆五十二年賜今名。縣丞五員，舊設四員。臺灣，駐羅漢門。鳳山，駐阿里港。諸羅，駐笨港。彰化，駐南投社。乾隆五十三年，移阿里港縣丞駐下淡水，增設嘉義一員，駐斗六門。五十四年，裁羅漢門一員，移南投社縣丞駐新莊。嘉慶十三年，移駐艋舺。十五年，增設彰化一員，駐噶瑪蘭頭圍。縣學教諭四員，訓導四員，舊設臺灣、鳳山、嘉義、彰化四員。嘉慶二十三年裁彰化訓導，設淡水廳一員。巡檢八員，舊設七員：淡水廳竹塹、新莊，鳳山縣下淡水，諸羅縣斗六門、佳里興，彰化縣鹿仔港、猫霧揀。乾隆五十三年，移斗六門巡檢駐大武壠。五十四年，裁新莊巡檢，設臺灣縣羅漢門一員。嘉慶十二年，移下淡水巡檢駐埤頭。十五年，移羅漢門巡檢駐番薯寮，設噶瑪蘭羅東一員。二十年，裁鹿仔港巡檢，設淡水廳大甲溪一員。典史四員。

永春直隸州知州，州同，州學學正，訓導，吏目，巡檢。黄坂。知縣二員，德化、大田。縣學教諭二員，訓導二員，巡檢二員，大田縣桃源店、花橋。典史二員。

龍巖直隸州知州，州同，駐溪口。州學學正，訓導，吏目，巡檢。雁石。知縣二員，漳平、寧洋。縣學教諭一員，漳平。訓導二員，典史二員。

武職官

福州將軍，駐福州府。乾隆三年，兼管閩海關税務。嘉慶十一年，兼轄陸路各鎮協營務。副都統。駐福州府，舊設二員，分左、右翼。乾隆四十四年裁一員。滿洲協領八員，每旗一員。佐領八員，每旗一員。舊設十六員，乾隆三十五年裁八員。防禦八員，每旗一員。驍騎校十六員，每旗二員。筆帖式三員。水師旗營協領，駐三江口。佐領二員，防禦二員，驍騎校六員。舊有將軍標，設中軍左營副將、都司，右營遊擊、守備各一員；左、右營千總各二員；把總各四員；外委各八員。乾隆三十三年並裁。

督標，中、左、右、水師四營。副將，中營，駐福州府。參將三員，左、右營駐府城，水師營駐南臺。都司，中營。守備三員，左、右、水師。千總六員，四陸路、二水師，俱駐本營。舊設七員，嘉慶十三年裁一員。把總十五員，十一陸路、三水師，俱駐本營。一水師，防圓山水寨。舊設十六員，嘉慶十三年裁一員。經制外委三十員，額外外委二十一員。

撫標，左、右二營。參將，左營。遊擊，右營。守備二員，千總四員，把總八員，經制外委十員，額外外委十員。

水師提督，駐同安縣廈門，中、左、右、前、後五營。參將，中營。遊擊四員，左營駐石碼鎮，右營駐廈門，前營駐後崎尾，後營駐內教場。守備五員，一駐本營，四分防浯嶼、霞溪、廈門港、局口各汛。千總十員，九駐本營，一防海門汛。把總二十員，十七駐本營，三分駐高崎、海滄、三叉河各汛。經制外委三十員，額外外委二十員。

陸路提督，駐泉州府，中、左、右、前、後五營。參將，中營。遊擊四員，左營駐永春州，右營駐永寧，前營駐府城，後營駐廈門。守備五員，四駐本營，一防惠安縣汛。千總十員，七駐本營，三分防桃花隘、蚶江、崇武各汛。把總二十員，十六駐本營，四分防安溪、湄上墟、洛陽北寨、黃崎各汛。經制外委二十五員，額外外委十九員。

以上水師陸路二提督，均聽總督節制。

金門鎮總兵官，駐同安縣金門。左、右二營。遊擊二員，左營、右營並駐金門。守備二員，千總四員，三駐本營，一防馬港汛。把總八員，分防深滬、祥芝、崇武、黃崎、圍頭、鎮海、井尾、料羅各汛。經制外委十八員，額外外委八員。

海壇鎮總兵官，駐福清縣海壇。左、右二營。遊擊二員，左營、右營並駐海壇。守備二員，千總四員，三駐本營，一防觀音澳汛。把總八員，六駐本營，二分防磁澳、南日澳二汛。經制外委十八員，額外外委九員。

臺灣鎮挂印總兵官，駐臺灣府，水師兼陸路。中、左、右三營。遊擊三員，中營駐中路口，左營駐北路口，右營駐南路口。守備三員，二駐本營，一防加冬汛。千總五員，把總十一員，舊設十二員。嘉慶十三年裁左營一員。經制外委十七員，額外外委九員。

南澳鎮總兵官。駐南澳，兼管閩、粵交界地方。左、右二營。右營專管廣東地界，詳載廣東統部武職官門。遊擊，左營。守備，千總二員，把總四員，一駐本營，三分防深澳口、祥林灣、雲澳各汛。經制外委九員，額外外委四員。

以上金門等四鎮，均聽水師提督節制。内南澳鎮兼聽廣東水師提督節制。

福寧鎮總兵官，駐福寧府。陸路兼水師。中、左、右三營。遊擊三員，中營駐府城。左營舊駐福安縣。嘉慶七年改爲水師，移駐三沙。右營駐寧德縣。守備三員，二駐本營，一防福安縣汛。千總六員，三駐本營。三分防東衝礮臺、白石、張灣寨各汛。把總十二員，三駐本營。九分防大金堡、松山港、下滸堡、鹽田堡、嶺頭寨、黄土巖、東牆寨、河西寨、河東寨各汛。經制外委十五員，額外外委十一員。

以上福寧鎮，聽水師、陸路二提督節制。

建寧鎮總兵官，駐建寧府。中、左、右三營。遊擊三員，中營駐府城。左營駐分水關，右營駐松溪縣。守備三員，二駐本營，一防浦城縣汛。千總六員，三駐本營，三分防建陽、政和、壽寧各縣汛。把總十二員，五駐本營，二防建陽縣，二防政和縣，三分防党口、内里、水吉各汛。經制外委十六員，額外外委十一員。

汀州鎮總兵官，駐汀州府。中、左、右三營。遊擊三員，中營駐府城，左營駐清流縣，右營駐上杭縣。守備三員，千總五員，三駐本營，二分防永定、寧化二縣汛。把總十二員，八駐本營，四分防望高嶺、歸化、武平、武平所各汛。經制外委十五員，額外外委八員。

漳州鎮總兵官，駐漳州府。中、左、右三營。遊擊三員，中營駐府城，左營駐漳浦，右營駐海澄。舊有漳浦、海澄二營，乾隆二十年裁。守備三員，二駐府城，一防南靖縣汛。千總六員，三駐本營，三分防水潮、琯溪、龍江各汛。把總十二員，五駐本營，七分防南靖、山城、車田、庵後、寧洋、林田關、白沙各汛。經制外委十八員，額外外委十二員。

以上建寧等三鎮，均聽陸路提督節制。

福州城守協副將，駐福州府。嘉慶十三年，兼辦將軍標中軍事務。都司二員，左營駐南臺，右營駐府城。千總五員，一駐本營，四分防古田、麪嶺、福清、永福各汛。舊設四員，嘉慶十三年增一員。把總十員，四駐本營，六分防水口、黄田、烏龍江、大穆、芋原、五縣寨各汛。舊設九員，嘉慶十三年增一員。經制外委十八員，額外外委十五員。

興化城守協副將，駐興化府。都司二員，左營駐府城，右營駐仙遊。左營舊爲遊擊，乾隆十八年改設都司。守備，舊設左、右營二員，嘉慶十三年裁左營一員。千總四員，二駐本營，二分防黄石、平海二汛。把總八員，三駐本營，五分防美瀾、百美寨、江口、楓亭寨、忠門各汛。經制外委十五員，額外外委七員。

泉州城守營參將，駐泉州府。都司二員，分防安海、洪瀨二汛。舊設一員，嘉慶三年增一員。守備，千總三員，一駐本營，二分防南安、洪瀨二汛。舊設二員，嘉慶三年增一員。把總四員，一駐本營，三分防大盈、東石、安海各汛。經制外委十員，額外外委三員。

長福營參將，駐福清縣。都司，右營駐長樂。守備，左營駐鎮東衛。千總二員，一駐本營，一防漁溪汛。把總四員，一駐本營，三分防萬安所、松下寨、梅花所各汛。經制外委九員，額外外委四員。

以上福州等二協、泉州等二營，均隸陸路提督管轄。

閩安協水師副將，駐閩安鎮。都司二員，左營駐定海，右營駐閩安鎮。舊俱爲遊擊，乾隆十八年改設。守備二員，千總四員，一駐本營，三分防定海所、北菱海、羅湖各汛。把總八員，三駐本營，五分防梅花、五虎門、黄岐、濂澳、東衝口各汛。經制外委十二員，額外外委八員。

以上閩安協，隸海壇鎮管轄。

臺灣水師協副將，駐安平鎮。遊擊二員，中營，駐鹿耳門。左營，舊駐安平鎮。乾隆五十三年，移駐鹿仔港。都司，右營，駐安平鎮。舊爲遊擊，嘉慶十三年改設。守備三員，二駐本營。一舊防鹿仔港，乾隆五十三年，移防笨港汛。千總六員，二駐本營，二防鹿仔港，二分防打狗港、蚊港二汛。把總十一員，五駐本營，六分防鹿耳門、鹽水港、笨港、新店海口、東港、大港各汛。經制外委十八員，額外外委八員。

澎湖水師協副將，駐澎湖媽宫市。遊擊二員，左、右營，俱駐内海娘媽宫。守備二員，分防八罩、西嶼二汛。千總四員，二駐本營。二防時裏、大北山二汛。把總八員，五駐本營，三分防媽祖澳、八罩、西嶼各汛。經制外委十四員，額外外委六員。

北路協副將，駐嘉義縣。都司二員，舊設中營一員，駐彰化縣。乾隆五十三年，增設左營一員，駐嘉義縣。守備二員，一舊駐嘉義，乾隆五十三年移駐斗六門。一駐竹塹。千總七員，舊設六員。一駐本營，五分防彰化、蓬山、斗六門、笨港、後壠各汛。乾隆五十三年增設一員，防水沙連汛。把總十二員，四駐本營，三防彰化縣，五分防猫霧捒、竹腳寮、鹽水港、中港、南嵌各汛。經制外委二十六員，額外外委十二員。

臺灣城守營參將，駐臺灣府。守備一員，左營駐岡山，右營駐下加冬。千總三員，二駐本營，一防羅漢門汛。把總四員，一駐本營，三分防康蓬林、鹽水頭、加溜灣各汛。經制外委六員，額外外委二員。

南路營參將，駐鳳山縣。舊駐舊縣，乾隆五十三年移駐。守備，舊防鳳彈汛，乾隆五十三年移防水底寮汛。千總二員，一駐本營，一防舊縣汛。把總四員，二駐本營，二分防下淡水、萬丹二汛。經制外委五員，額外外委四員。

艋舺營遊擊，駐艋舺。嘉慶十三年設，並設守備以下官。守備，千總，把總二員，經制外委五員，額外外委二員。

南路下淡水營都司，駐下淡水。千總，防大雞籠城汛。把總二員，一駐本營，一防礮臺汛。經制外委三員，額外外委二員。

滬尾水師營守備，駐滬尾礮臺。舊爲北路淡水營都司，嘉慶十三年改設。千總，把總二員，經制外委四員，額外外委三員。

噶瑪蘭營守備，駐噶瑪蘭城。嘉慶十五年設，並設千總以下官。千總，駐頭圍。把總二員，一駐本營，一防溪洲汛。經制外委二員，額外外委三員。

以上臺灣水師等三協、臺灣城守等六營，均隸臺灣鎮管轄。又乾隆五十三年，定臺灣熟番南、北兩路，額設屯千總二員，屯把總四員，每屯設屯外委一員，於番社揀補。

銅山營參將，駐漳浦縣銅山。守備，千總二員，分防陸鼇、蘇尖二汛。把總四員，分防陸鼇山頂、陸鼇水洋、古雷、懸鐘各汛。經制外委九員，額外外委四員。

以上銅山營，隸南澳鎮管轄。

烽火營參將，駐福鼎縣秦嶼。舊屬閩安協管轄，嘉慶七年改隸福寧鎮。守備，千總二員，分防三沙、南關二汛。把總四員，二駐本營，二分防斗米、沙堡二汛。經制外委六員，額外外委三員。

桐山營遊擊，駐福鼎縣桐山堡。守備，千總二員，分防沙埕礮臺、分水關二汛。把總四員，一駐本營，三分防牙城堡、南鎮、天竹寨各汛。經制外委六員，額外外委三員。

連江營遊擊，駐連江縣。守備，駐東岱。千總二員，一駐本營，一防可門汛。把總四員，一駐本營，三分防北茭、小埕堡、馬鼻堡各汛。經制外委六員，額外外委三員。

羅源營遊擊，駐羅源縣。守備，千總二員，一駐本營，一防鑑塘汛。把總四員，一駐本營，三分防松山、濂澳、上山地各汛。經制外委六員，額外外委三員。

以上烽火等四營，均隸福寧鎮管轄。

延平城守協副將，駐延平府。都司，左營，駐府城。舊有右營都司，嘉慶三年裁。守備，右營，駐永安。舊有左營守備，嘉慶十三年裁。千總四員，二駐府城，二分防張湖坂、王臺塘二汛。把總八員，四駐本營，四分防順昌、尤溪、沙縣、大田各縣汛。經制外委十二員，額外外委六員。

楓嶺營遊擊，駐浙江江山縣念八都，兼轄閩、浙交界地方。左右二哨，左哨專管浙江地界，詳載浙江統部武職官門。守備，防漁梁塘汛。千總，右哨，防吴墩汛。把總二員，右哨，分防楓嶺、廟灣二汛。經制外委三員，額外外委一員。

以上延平協、楓嶺營，均隸建寧鎮管轄。內楓嶺營兼隸浙江衢州鎮管轄。

邵武城守營參將，駐邵武府。都司，右營，駐建寧縣。守備，左營，駐府城。千總三員，分防界首、光澤、泰寧各汛。舊設四員，嘉慶二年裁一員。把總八員，三駐本營，五分防拏口、禾坪、新甸街、均口、永興各汛。經制外委十二員，額外外委六員。

以上邵武營隸汀州鎮管轄。

同安營參將，駐同安縣。都司，防灌口汛。守備，千總二員，一駐本營，一防灌口汛。把總四員，分防店頭、新墟、下店、大路尾各汛。經制外委六員，額外外委四員。

平和營遊擊，駐平和縣。乾隆二十年設，並設守備以下官。守備，防南勝汛。千總二員，分防鎮海、鴻福二汛。把總四員。經制外委六員，額外外委三員。

雲霄營遊擊，駐漳州府雲霄鎮。守備，千總二員，分防白狗洞、荷步寨二汛。把總四員，一駐本營，三分防水晶小場、梅洲、木柵寨各汛。經制外委六員，額外外委三員。

詔安營遊擊，駐詔安縣。守備二員，舊設一員，駐本營。乾隆八年增設一員，防紅花嶺汛。千總二員，分防紅花嶺、金溪二汛。把總五員，分防分水關、懸鐘宫口、洋林寨、梅嶺寨、白葉村各汛。經制外委八員，額外外委四員。

龍巖營遊擊，駐龍巖州。乾隆二十年設，並設守備以下官。守備，防漳平縣汛。千總二員，分防赤湖、杜潯二汛。把總四員，一駐本營，三分防舊鎮、積美、塗景寨各汛。經制外委六員，額外外委四員。

漳州城守營都司。駐埔頭。舊爲遊擊，乾隆十八年改設。守備，駐府城。千總二員，分防長泰、永福里二汛。把總四員，一駐本營，三分防浦南、華封、大深場各汛。經制外委六員，額外外委四員。

以上同安等六營，均隸漳州鎮管轄。

名宦

唐

李椅。京兆人。大曆七年，都督福州等五州軍事，領觀察處置使。考禮正刑，頒賦定役，卜建廟學，俎豆一新。每歲二丁，率諸生歌詩習禮，歲終考課文行，第甲乙貢之宗伯。由是閩人皆以不學爲恥。卒官。太常議謚以椅興教勸學，奏謚曰成。

常衮。長安人。建中初，以前宰相起爲福建觀察使。始閩人未知學，衮至，爲設鄉校，使作文章，親加講導，與爲客主均禮，觀游燕饗與焉，由是俗一變，歲貢士與内州等。卒於官。閩人春秋配享衮於學宫。

吴湊。濮陽人。貞元四年，爲福建觀察使。以廉敏著稱，多所建白。

薛戎。寶鼎人。福建觀察使柳冕辟佐其府。先是，馬總佐鄭滑府，監軍宦人誣劾之，貶泉州别駕。冕欲除總以附倖家，即使戎攝刺史，按治其罪。戎不肯從，還白其狀。冕怒，囚之他館，環兵脅辱之，累月，戎終不爲屈。淮南節度使杜佑聞之，書責冕。會冕亦病死，得解。

楊發。馮翊人。大中初爲福建觀察使，以能政聞。

陳巖。建寧人。乾符五年，黄巢掠福建諸州，巖糾衆數千擊却之。僖宗賜鼓角，號九龍軍。巢據福州，觀察使鄭鎰檄巖助討，巢走東粤，鎰表巖自代。中和四年，爲福建觀察處置等使，威惠日著，吏民懷服。王潮據泉州，憚巖威名請降。巖表潮泉州刺史。

宋

牛冕。彭城人。端拱初爲福建轉運使。建議廢邵武軍歸化金坑，士人便之。

馬亮。合肥人。淳化中爲福建糾察刑獄官。覆訊冤獄，全活數十人。遷太常博士，知福州。蘇易簡薦亮才任繁劇，召還。

蔡襄。莆田人〔二〕。慶曆中爲福建路轉運使。開古五塘溉民田，奏減五代時丁口税之半。

羅拯。祥符人。熙寧中提點福建刑獄。泉州興化軍水壞廬舍，拯請勿征海運竹木，經一年，民居皆復其舊。遷轉運使。邵武之光澤不榷酒，以課賦民，號黄麴錢，拯均之他三邑，人以爲便。

蔣之奇。宜興人。熙寧中爲福建轉運判官。時諸道免役推行失平，之奇約僦傭費，隨算錢高下均取之，民以爲便。

陳桷。平陽人。政和七年，提點福建刑獄。福建調發防秋兵，資糧不滿望，殺帥臣，變生倉猝。桷入亂兵中，諭以禍福，賊氣沮。桷間道馳奏，叛兵既調行，乃道追殺首惡二十餘人，一方以安。

張浚。緜竹人。紹興中以資政殿大學士知福州，兼安撫大使。飭守令誠意民事，事無巨細，悉關理決。山海之寇，招捕無餘，時引秀才講論經史，閩人化之。

葉夢得。吴縣人。紹興中以觀文殿學士知福州，兼安撫使。海寇朱明猖獗，詔挾御前將士便道之鎮。或招或捕，或誘之相戕，遂平寇五十餘羣。

莫將。樂平人。紹興中爲福建安撫使。言：「汀、漳、泉、劍與廣東、江西接壤，比年寇盜剽刦，士豪備私錢，集社户，防捍有勞，有司不爲上聞推恩，破家無所依歸，勢必從賊。請委四州守臣，募此游手無歸勇健之人，仍以效用爲名，足可備用。」詔令措置。

血肉矣。」連日夜并攻，五日城破，汝爲竄身自焚，斬其弟岳、吉以徇。聽民自相别，農給牛穀，商賈弛征禁，脅從者汰遣，獨取附賊者誅之。民感更生，家爲立祠。

韓世忠。延安人。建安范汝爲反，以世忠爲福建、江西、荆湖宣撫副使。世忠曰：「建居閩嶺上流，賊沿流而下，七郡皆

鄭興裔。開封人。乾道初爲福建路兵馬鈐轄。過闕入見，詢以守令臧否，興裔條析以對，就命爲提刑。郡縣積玩，檢驗法廢，興裔創爲格目，分畀屬縣〔三〕，吏不得行其姦，因著爲令。建、劍、汀、邵鹽筴屢更〔四〕，漕臣請易綱運爲鈔法，興裔極言其不可。海寇倏去倏來，調兵常無及，興裔請置澳長。寇至，徑率民兵禦之。

沈樞。湖州人。乾道中爲福建轉運副使。奏水旱州郡，請留轉運使和糴米以續常平。上即爲之施行。

趙彦𢙟。宋宗室。乾道中爲福建路運幹。屬邑負販鹽本錢數千萬，累歲不能償，彦𢙟白其長蠲之。

陳俊卿。莆田人。乾道中以觀文殿大學士知福州，兼安撫使。政尚寬厚，嚴於治盜，海道晏清。淳祐中再任，民習其政，不勞而治。

宋之瑞。天台人。紹熙中爲福建提舉。福建地狹人稠，無以贍養，生子多不舉。之瑞乞免鬻建、劍、汀、邵没官田〔五〕，收其租，助民舉子之費。詔從之。

辛棄疾。歷城人。紹熙中提點福建刑獄，加集英殿修撰知福州，兼福建安撫使。每歎曰：「福州前枕大海，爲賊之淵，上四郡民頑獷易亂，庫藏空竭，緩急奈何！」至是務爲鎮静，未期歲積鏹五十萬，榜曰備安庫。糴米二萬石，故有備無患。

蔡幼學。瑞安人。慶元中提舉福建常平。既至官，日講荒政。時朱子居建陽，幼學每事咨訪。嘉定間知福州，進安撫使。政尚寬大，請蠲抑民買鹽名色，不報。

李孟傳。上虞人。開禧中提舉福建常平。閩大饑，發廪勸分，民無流莩。嘉定初就遷提點刑獄。

徐鹿卿。豐城人。嘉定中辟福建安撫司幹辦公事。會汀、邵寇作，鹿卿贊畫備禦，凡避寇入城者，多方賑濟，全活甚衆。

趙必愿。宋宗室。居餘干，汝愚孫。淳祐初以華文閣直學士知福州，兼安撫使。樂忠信，旌賢士，奬高年，藹然有惻怛之實。尤留意武備，區畫海防，修水戰法。

徐經孫。豐城人。淳祐中提點福建刑獄，號稱平允。歲餘升安撫使。

湯漢。安仁人。寶祐中提舉福建常平。介潔有守，劾福州守史嵒之、泉州守謝堊。

洪天錫。晉江人。咸淳初爲福建安撫使。亭户買鹽至破家隕身者，天錫首罷之，並罷荔枝貢。

陳文龍。莆田人。益王時，漳州叛，以文龍爲閩、廣宣撫使討之。文龍以黄恮前守漳有恩信，辟爲參謀，使入招撫之。恮至，民皆頓首謝罪。

元

徹凌。蒙古人。至元中，爲福建行省平章政事。平汀、漳劇盜歐狗，號令嚴肅，秋毫無犯。「徹凌」舊作「徹里」，今改正。

王惲。汲縣人。至元二十六年，授福建閩海道提刑按察使。黜官吏貪污不法者凡數十人，察繫囚之寃滯者，决而遣之。戒戍兵無得寓民家，而創營屋以居之。

程鉅夫。建昌人。至元三十年，爲閩海道肅政廉訪使。興學明教，吏民畏愛之。

烏古遜澤。臨潢人。至大元年，爲福建廉訪使。有德於閩，閩人安之。有芝五色，産於憲司之澄清堂，士民以爲善政所致。「烏古遜澤」舊作「烏古孫澤」，今改正。

呼圖克特穆爾。蒙古人，一名劉漢卿。延祐三年，大臣以浙東倭奴商舶貿易致亂，奏遣漢卿宣慰閩、浙。撫戢兵民，海陸静謐。「呼圖克特穆爾」舊作「虎都鐵木禄」，今改正。

達爾瑪。高昌人。泰定元年，爲福建廉訪使。朝廷遣宦官伯顔催督繡緞，横取民財。宣政院判官卓琳亦取賂於富僧。達爾瑪皆劾之。「達爾瑪」舊作「答里麻」，「卓琳」舊作「朮麟」，今並改正。

拜特穆爾。蒙古人。至正中，爲福建行省左右司郎中，治福州。明兵至城下，拜特穆爾知不可守，引妻妾坐樓上，慷慨謂曰：「丈夫死國，婦人死夫，義也。今城且陷，吾必死於是。若等能從吾乎？」皆泣曰：「有死而已，無他志也！」縊而死者六人。有十歲女，度其不能自死，則紿之曰：「汝稽顙拜佛，庶保我無恙也。」甫拜，即挈米囊壓之死。乳媪抱其幼子，旁立以泣，拜特穆爾熟視之，歎曰：「父死國，妻死夫，妾與女從父者也。汝三歲兒，於義何所從乎？爲宗祀計可也。」乃命媪抱匿旁舍，而斂金珠畀之，曰：「即有緩急，可以此贖兒命。」有頃，兵入城，即舉燈燃四圍窗自焚死。「拜特穆爾」舊作「柏帖穆爾」，今改正。

陳友定。歸化人。元末應募從軍，爲黄土寨巡檢，屢破羣盜，積官福建行省平章。時天下大亂，羣雄各自割據，友定遂據有全閩，歲由海道轉粟燕京事元，不失臣節。後明太祖遣將克其地，友定自縊，頃之復蘇。執至金陵，終不屈死。

明

陶垕仲。鄞縣人。洪武中，爲福建按察使。舊多滯獄，吏貪緣爲姦，垕仲按誅贓吏數十人，夙弊頓革。興學勸士，撫卹軍民。帝下詔褒異。

魯穆。天台人。宣德中，爲福建僉事。理冤滯，摧豪强，毁淫祠，民間呼爲魯鐵面。

伍驥。安福人。天順中，巡按福建。時上杭賊起，驥單騎詣賊壘，諭以禍福，賊感悟泣下，歸附者千七百餘户。賊首李宗政負固不服，率兵破平之。卒於官，軍民哀之。子希閔，亦官福建僉事，兩平上杭寇。民德之，附祀驥祠。

何喬新。廣昌人。成化中，爲福建副使。浙寇千餘人盜壽寧銀礦，所過剽掠，喬新募兵擊之，擒其魁。福安、寧德銀礦久絶，有司責課，民多破産，喬新以爲言，減三之二。興化民自洪武初受牛於官，至是猶歲課其租，爲奏免之。

吴洪。吴江人。弘治中，爲福建按察使。明恕清白，數辨疑獄。武將有以珠犀走間道餽者，堅却之。建寧、延平民饑，便宜發粟以賑。汀、漳軍餉缺急，取征商之羡給之，軍以無譁。

姚鏌。慈谿人。正德中，任福建副使。值山寇焚掠邵武之建寧鎮，籍被兵者萬餘家，瘡痍獲甦。署臬篆，討汀州大帽山賊，平之。改授提學。講求古禮，延名儒分教諸郡縣，修閩中諸大儒書院。諸生立祠祀之。

舒芬。進賢人。正德中，以修撰諫南巡，謫福建市舶司副提舉。先是，成化初修撰羅倫亦以諫謫是官。士大夫立兩賢祠合祀焉。

胡文静。山陰人。正德中，巡按福建。平海寇王宏璃，獲其渠魁。山寇詹師富嘯聚剽掠，騷擾閩、浙、粤東三省。文静設計擒獲，民賴安枕。巡撫王守仁上其功，擢南光禄寺少卿。

胡鐸。餘姚人。正德中，爲福建僉事，分巡建寧。興教化，辨冤抑。巡按御史列其善政二十條以聞於朝，就遷提學副使。教士先理學，特嚴朱、陸之辨，諸生化之。

謝汝儀。鄞縣人。嘉靖中，爲福建僉事。擒劇賊李良武。表名儒周瑛、陳真晟，爲立祠置田。進副使，攝按察使事。辨出漳州民陳大淵、莆田民陳仰亨等冤獄，時稱其能。

汪道昆。歙縣人。嘉靖中，由福建藩臬進巡撫。籌畫軍事，首議餉，次議兵，三議責成，四議事任。宿將如俞大猷、戚繼光輩，皆專倚而推轂之。轅門士伍，待以殊恩，咸感激争奮，遂破吴平，夷龍頭寨，殲楊一、蘇阿普餘黨，倭患以平。

項喬。永嘉人。嘉靖中，爲福建僉事。嘗決五年大獄，不徇人可否。劇賊莆鐵古等久爲亂，督兵討平之。

王時槐。安福人。嘉靖中，官福建僉事。上杭流民據險爲亂，時槐單騎往諭，衆感悟，斬其魁出降。爲置城建吏，其地始安。倭陷詔安，時槐攻復其城。賊逼漳浦，又連勝之，賊遁去。粤賊王子文流刦至境，先所撫上杭民德時槐，爲擊走之，境内獲全。

何維柏。南海人。嘉靖中巡按福建。歲祲，發倉賑卹，多方存活。會劾嚴嵩被逮，士民闌道泣送之。

譚綸。宜黄人。嘉靖中以右僉都御史巡撫福建。時倭寇攻陷城縣，猖獗甚，綸環栅斷路，賊不得出。復親勒兵布陣，薄賊壘，破之，遂復一府二縣。又考舊制，建水砦五，控扼海口，薦戚繼光爲總兵以鎮守之。屢破巨寇，境内悉定。

屠僑。鄞縣人。嘉靖中爲福建左布政使。入覲，不攜一物。所部屬吏，無敢以苞苴至者。

俞大猷。晉江人。嘉靖中由武進士授汀、漳守備，歷廣東都司僉書，改浙東參將，進總兵，以功加都督僉事。緣事削職，尋復用爲南贛副總兵。適倭寇攻興化，大猷與戚繼光剿克之，復升都督同知，佩征蠻將軍印。後以都督僉事爲福建總兵，未幾乞歸。卒，贈左都督，謚武襄。

戚繼光。登州人。嘉靖四十一年，倭寇大犯福建，繼光時爲浙江參將，奉檄至，攻破横嶼，直擣牛田。餘賊走興化，繼光銜枚亟追，夜克十六營，焚斬略盡。旋師還浙。尋興化復陷，乃命爲副總兵，與俞大猷、劉顯合擊之。賊平，論功居首，代大猷爲總兵。倭屯仙遊，戰敗趨同安，追殲之。與大猷合擊巨寇吴平，平僅以身免。繼光令嚴而信，士無敢不用命者。與大猷俱爲東南名將。

金賁亨。臨海人。嘉靖中爲福建提學副使。立道南書院，祀程顥、楊時、羅從彦、李侗、朱子。又擇諸生有志者，聚之養正書院，相與推明洛閩微旨，教化大行。子立敬，亦爲福建提學副使，善教士，能繼其父。

殷從儉。臨桂人。隆慶中以右僉都御史巡撫福建。先時，倭患急，籍民爲兵，即勒民供餉，其後歲增，民坐困。從儉力裁損，悉復故額。又革麾下遊擊及總兵所隸都指揮，遣還客兵，省餉數萬。訓士出防，督諸將以時出汛，海濱晏然。

龐尚鵬。南海人。萬曆四年，以右僉都御史巡撫福建。奏蠲逋餉銀二十三萬，推行一條鞭法於諸部。總兵官胡守仁貪肆，論罷之。

鄒維璉〔六〕。新昌人。崇禎初以右僉都御史巡撫福建，討平海寇劉香。海外紅夷襲陷厦門，發兵擊走之。振紀綱，明賞罰，斥貪殘，勞績甚著。

曾櫻。峽江人。崇禎初以右參政分守漳南。討平九蓮山寇，士民爲建祠。以憂歸，服闋，起故官。分守興、泉二郡，剿平海寇劉香，進按察使。分巡福寧道，弛海禁，收其租充兵餉，公私交利。

施元徵。無錫人。崇禎中爲福建興泉道。清介礪名節，悉心爲民，撫輯皆有實政。仙遊巨寇猖獗，率兵力戰破之，擒賊渠曾旺等，不妄殺一人。

本朝

張存仁。漢軍鑲藍旗人。順治三年，總督閩、浙。時閩始歸命，百務草創，存仁多方拊循，兵民戴之。

佟國鼐。漢軍正藍旗人。順治三年，巡撫福建。招徠百姓，禁飭兵馬，備著勞績。時巡按周世科專用嚴刑，國鼐濟以寬仁，多所全活。

周亮工。祥符人。順治四年，任福建按察使，擢本省右布政。剿平邵武、延平諸劇賊。鄭成功據厦門，率衆來攻，亮工繕軍需，鳩民兵固守。前後兩署督學，兼攝兵道海道，並以才能顯。

陳錦。漢軍正藍旗人。順治五年，總督閩、浙。延平有將軍寨，俯瞰順、永、將、沙四邑，延袤數郡，險峭特甚，寇爲巢穴。錦起四邑民兵，壘土填坑，高與寨齊，乘以登陴克之，賊遂平。以次收復福州、興化諸郡縣。漳平圍急，錦提師赴援，夜次同安，爲刺客所害。事聞，贈兵部尚書，祀昭忠祠。

佟國器。漢軍正藍旗人。順治八年，任福建布政使。十年，擢本省巡撫。閩自明季户口散失，吏胥挪移作姦，里民大困。國器履畝受糧，積困乃甦。征剿海寇，飛芻輓粟，剋期猝辦。又累疏陳請撥給淮、浙鹽餉，協濟軍食。簡選將士，剿殺賊首劉希亮等，招撫安插，山寇悉平。閩人至今頌其功。

宜永貴。漢軍正白旗人。順治十二年，巡撫福建。海寇猝薄城下，時大兵悉赴清漳，城中騎士僅數十。永貴病瘻，力疾登城，率士民固守。又募兵分出七門接戰，每多殺獲。寇三薄城，皆計却之。捍禦匝月，圍卒解。以年老致仕，卒。康熙五年，追敘其功，進三等男世襲。

范承謨。漢軍鑲黄旗人。康熙十一年，總督福建。時凋瘵之餘，百務廢弛，兼耿逆已蓄異志，姦宄擾攘。承謨多方經畫，凡所爲弭亂消釁，綢繆保固計者備至。巡撫劉秉政爲賊腹心，紿承謨入，脅以同事。承謨憤烈詆罵，遂被拘縶。絶食求死不得，三載蓬首垢面，百折不回。著蒙谷自序、百苦吟、武夷歌以見志。賊勒殺之。事聞，贈太子少保、兵部尚書，謚忠貞，祀昭忠祠。百姓建祠於道山之麓。幕下嵇永仁、王龍光、沈天成及其弟范承譜，同不屈死。子時崇，爲福建按察使，明允哀矜，慈而善斷。士民並祀之道山。

吴萬福。漢軍鑲紅旗人。順治十五年，授福寧總兵。福寧稱巖險，海寇爲患，萬福駐鎮，剿撫兼施，盜賊屏息，威名大振。康熙中耿精忠叛，發兵力拒，爲賊所殺，闔門死之。贈太子少保，謚忠愍，祀昭忠祠。

陳啓泰。漢軍鑲紅旗人。康熙八年，任巡海道，駐漳南。時山寇徧受僞劄，啓泰嚴申保甲，反側者無所容。耿逆變起，啓泰度力不支，語妻劉氏曰：「事不可爲矣，惟有一死以報朝廷。」劉氏曰：「君爲忠臣，妾獨不能爲烈婦乎？」遂自經。妾與婢女俱從縊，同日死者三十餘人。乃出公堂，召諭諸屬吏曰：「孤城無援，難以固守，吾受國厚恩，義不與此賊俱生。」從容具公服，北向再拜，自經死。贈工部侍郎，謚忠毅，祀昭忠祠。

王進。鎮江人。原任福建城守副將，遷居江南。總督范承謨招之來閩，即遇耿變。與張瑞午等同謀内舉，事洩，爲賊縊死。

段應舉。漢軍鑲藍旗人。康熙十三年，爲隨征福建提督。十七年，海寇犯漳州，率將士往援，退守海澄，賊兵雲集，攻陷縣城，應舉與副都統穆和林自經死。事聞，祀昭忠祠。

姚啓聖。漢軍鑲紅旗人。康熙十三年爲福建布政使。閩自耿逆肆殘，民不堪命，啓聖輕徭賦，與民休息，每自備衣糧。召募壯勇，有澄清海外志。十七年，擢福建總督，遂毅然以平海外爲己任，移駐漳州，開招徠館。泉州人施琅習水戰，熟悉海上情形，疏請授爲大帥。與琅決策，從平海進兵，克澎湖，鄭克塽率衆降。由是閩海烽煙永靖，百姓安堵。尋以病卒於官，士民立祠於洪江滸，肖像祀之。

郎廷相。漢軍鑲黄旗人。康熙十五年，爲福建總督。時逆變初定，餘孽尚熾，廷相剿撫互用，出奇制勝，旬月之間沿海諸郡次第悉平。滇逆遣僞將軍韓大任等由江右入寇。廷相遣官詳諭利害，大任感泣輸誠，閩境帖然。

王國泰。蓋平人。初爲福州同知，又佐泉州府，俱有惠政。康熙十六年，遷本省驛傳道。會耿逆甫平，海氛尚熾，軍興旁午，辦應有方。泉州告警，傾囊召募壯勇，授以衣糧甲仗，身先士卒，奮呼擊賊。賊大潰，圍遂解。

王育賢。漢軍正黄旗人。康熙十七年，任興泉道。海寇圍泉州，育賢日夜爲戰守具，與士卒登陴守禦，不解甲者四十餘日，徒跣築垣，躬操畚插。聞援師將至，單騎自臨衢巷，徧慰父老，皆感泣流涕。以勞瘁卒，泉人設主於崇陽樓祀之。

汪楫。休寧人，儀徵籍。康熙三十二年，爲福建按察使。莅任甫三日，即逢熱審，楫剖析大獄五十餘案，一如親見。復省釋坐誣逮繫者八十餘案，囹圄幾空。閩省税糧不敷兵餉，楫力請上官，題允撥助。旋擢本省布政使，度支不匱。丙子歲饑，發帑採買米石，并請運臺灣積穀平糶，價銀歸款，不增費而民食以充。後内召，以病歸。

汪薇。歙縣人。康熙三十六年，任福建學道。以崇實學、端士習爲首務，考校公明，斷絶請託，取士爲天下冠。時謂振興文教，常衮後一人而已。郡人建祠於道山祀之。

梅鋗。宣城人。康熙四十年，巡撫福建。簡重鎮静，政持大體，屬吏之廉能者，特疏薦舉。凡先賢遺蹟、海邦名勝，悉加表揚。持躬清介，至爲琉球貢使所悦服。

沈涵。歸安人。康熙四十二年，提督福建學政。試士公明，罔徇請託，所拔皆名宿。以朱子分年讀書之法課士，士習爲之丕變。秩滿去，閩人建清吾書院祀之。

張伯行。儀封人。康熙四十六年，爲福建巡撫。精研吏事，剖決若神。性峭介，屬吏化之，率以清節著。創鼇峯書院，建藏書樓，積書數萬卷，徵八郡佳士，讀書其中，士風丕變。後歷禮部尚書。卒，謚清恪。

陳瑸。海康人。康熙四十九年，以四川學政調臺灣道。鎮以廉静，番民帖然。官莊歲入悉以歸公，秋毫不染。五十五年，擢福建巡撫，單騎襆被之任。一切章奏檄移盡出己手，起居止一廳事。昧爽治事，夜分乃罷，草具疏糲以自奉。以勞卒官。屬纊時，一綈袍覆以布衾而已。屬員入視，莫不感泣。特賜帑金歸葬，贈禮部尚書，謚清端，祀賢良祠。

覺羅滿保。滿洲正黄旗人。康熙五十一年，巡撫福建。飭紀陳綱，綜煩治劇，有幹濟才。未幾擢任總督。朱一貴之亂，滿保謂撫臣呂猶龍曰：「厦門爲控制全臺咽喉，當親往以安人心，爲恢復計。」乃移駐泉州。至厦門，申嚴軍令，命諸將合攻鹿耳門，旬日而復府治，南北二路以次討平。又安輯流亡，慰撫各莊社民，臺灣遂定。後以疾卒於官。

高其倬。漢軍正黄旗人。雍正四年，由雲南巡撫升閩浙總督。甫抵浙，聞閩省歲祲，在道奏請截江、浙漕米二十萬，由海道平糶賑濟。復奏請發帑採買，廣儲偫，禁囤積，民不病饑。性明恕，政舉大綱，不矜苛細，遇屬員有恩禮，其清節尤著一時。七年，改兩江總督。謚文良。

趙國麟。泰安人。雍正六年，任福建布政使。所屬有疑獄，州縣不能決者，皆來訴，立爲斷決。禁戢奸宄，士民悦服。調河南布政使，尋擢福建巡撫。民聞其至，歡迎於道。

張起雲。大寧人。雍正六年，署烽火營參將。信賞必罰，訓練有方，遷南澳鎮總兵。設哨安塘，沿海萑苻遠跡。凡營卒年老無依者，捐俸以資其生。施醫藥以愈兵民瘴癘，芟毒草以免愚賤輕生。九年，由署福建陸路提督調任廣東。未赴卒，賜祭葬，謚恪毅，祀賢良祠。

宗室德沛。鑲藍旗鎮國將軍。乾隆四年，任閩浙總督。湛深經術，整飭吏治，温厚公明，屬員兵民咸深悦服。

喀爾吉善。滿洲正黄旗人。乾隆十二年，由山東巡撫擢閩浙總督。端重鎮静，時臺灣生番跳梁，授機宜平定之。建寧、漳州匪黨滋事，擒渠魁置之法，脅從者概予末減。累晉太子太保。乾隆十六年、二十二年，屢賜御製詩並御書「耆臣清德」額。卒，謚慤勤，祀賢良祠。

潘思榘。陽湖人。乾隆十三年，任福建巡撫。爲政以籌民食、亟賑卹、興水利、繕城垣爲先。務捕治奸民魏現嘯聚一案，不縱不冤。十三年，漳、泉、臺三郡旱澇，思榘多方賑濟，請截江、浙漕糧十五萬石運閩儲備。濬福州西湖，築隄一千三百餘丈，葺湖心開化寺，沿隄徧植桃柳。暇則督課鼇峯書院。著有鼇峯講義若干卷。以勞卒於官，謚敏惠，祀賢良祠。

朱筠。大興人。乾隆四十四年，提督福建學政。以經學六書倡，刊布許氏説文解字，敘説之以教士，尤以人材名義爲急。承學之士望爲依歸。

朱珪。筠之弟。乾隆二十五年，任福建糧驛道。二十八年，升按察使。四十四年，以侍講學士典試福建。明年授學政。居官砥節清廉，政績卓著，崇尚經術，以振興文教爲己任。

福康安。滿洲鑲黄旗人。乾隆五十二年，以協辦大學士命爲將軍。偕參贊大臣海蘭察剿臺匪林爽文，進兵援嘉義，剿北路，收復斗六門。攻大里杙賊巢，由内山搜至極北之炭窑，密令巴圖魯侍衛及屯練兵易裝入緝，生擒林爽文於老衢崎，俘獻京師。復督兵剿南路，追至極南之柴城海岸，執兇渠莊大田以獻，悉除餘黨，臺灣平。奏酌挑番社熟番募補屯丁，就近防守。又陳善後十六事，其要在於習戎事、除奸民、清吏治、肅郵政。五十三年，授閩浙總督，尋調兩廣。

趙佑。仁和人。乾隆五十八年，以左副都御史任福建學政。嚴毅公明，訓士務崇實學，禁生員不得派充社長、里正，刊碑以示久遠，學校肅清。

恩普。蒙古鑲藍旗人。嘉慶六年，以左副都御史任福建學政。寬厚和易，接士以誠，而清操凛然，無敢干以私者。

校勘記

〔一〕建炎三年復升安撫使爲帥府　乾隆志卷三二四福建省建置沿革(下同卷簡稱乾隆志)同。按，建炎年號在紹興前，此句應置於上句「紹興三十二年升建州爲建寧府」前。

〔二〕蔡襄莆田人　「莆田」，乾隆志作「仙遊」。按，宋史卷三二〇蔡襄傳作「興化仙遊人」，宋時興化軍下轄莆田、仙遊二縣，二者自有別。歐陽修撰蔡襄墓誌銘，亦言其興化軍仙遊人也。本志改作莆田人，不知何據。

〔三〕分畀屬縣　「畀」，原作「界」，乾隆志同，據宋史卷四六五鄭興裔傳改。

〔四〕建劍汀邵鹽筴屢更　「邵」，原作「郡」，乾隆志同，據宋史卷四六五鄭興裔傳改。

〔五〕之瑞乞免鬻建劍汀邵没官田　「没」，原作「設」，乾隆志同，據宋史卷一七三食貨志改。

〔六〕鄒維璉　「璉」，原作「連」，據乾隆志及明史卷二三五鄒維璉傳改。按，本志避乾隆皇太子永璉諱改字，今改回。

福州府圖

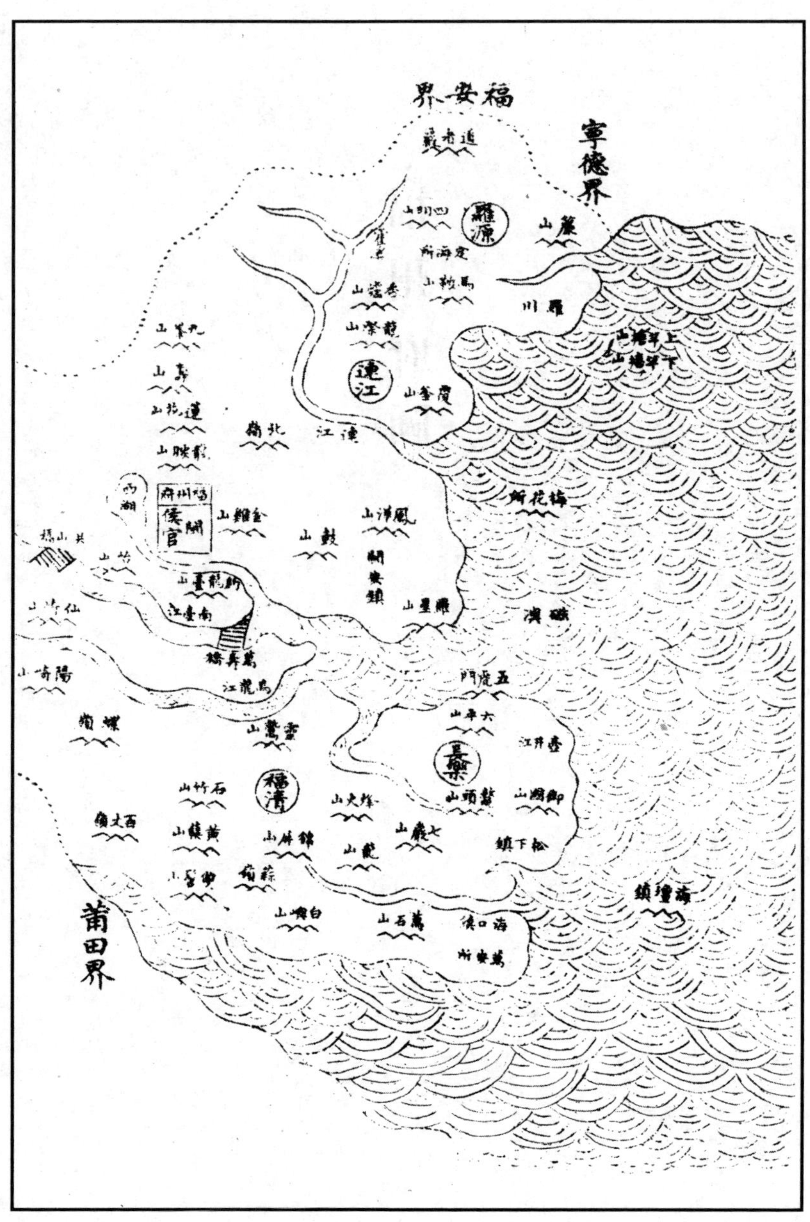

福安界
寧德界
羅源
連江
福清
長樂
閩縣
侯官
福州府
西湖
莆田界
海壇鎮
梅花所
五虎門
磁澳
羅川
上竿塘山
下竿塘山
馬鞍山
定海所
九峯山
壽山
蓮花山
北嶺
連江
金雞山
鼓山
閩安鎮
竹山
南臺江
釣龍臺山
萬壽橋
烏龍江
陽崎山
靈鷲山
石竹山
黃蘗山
錦屏山
七巖山
松下鎮
萬石山
海口鎮
萬安所

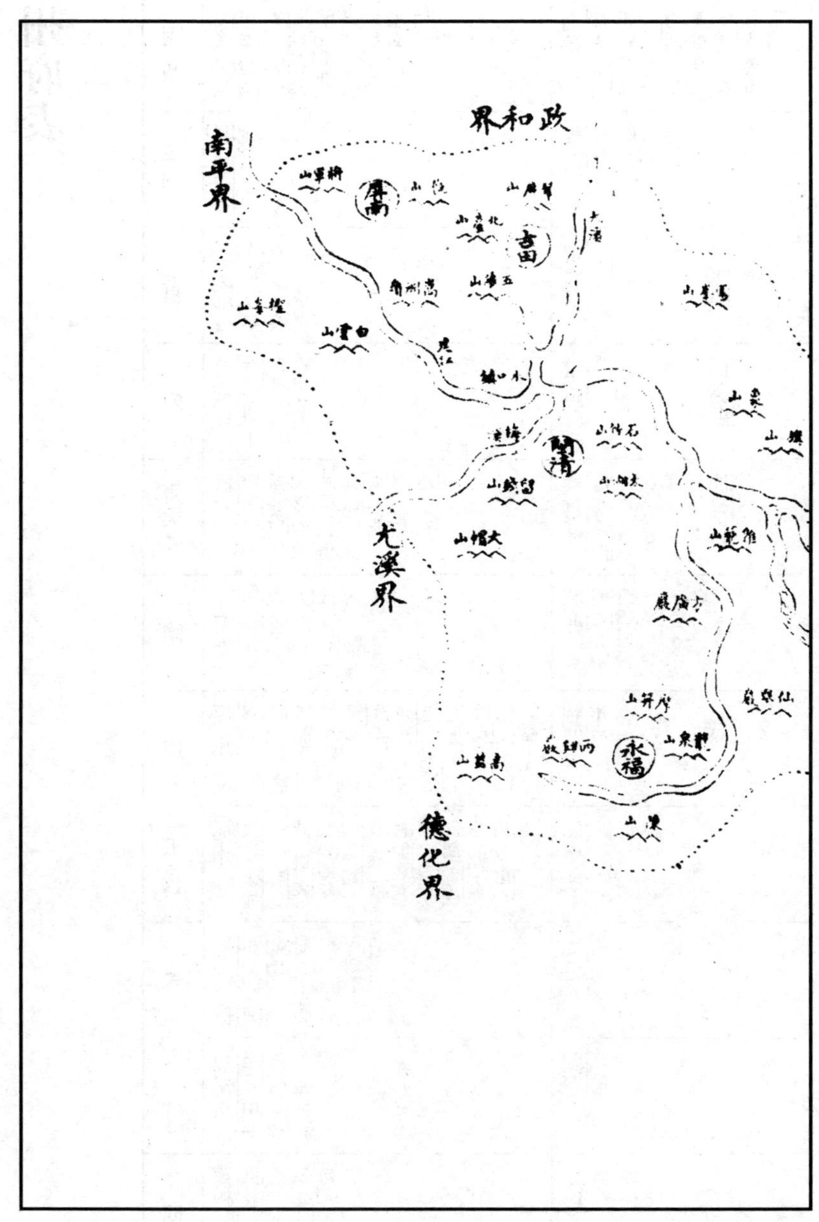
界和政
南平界
尤溪界
德化界

福州府表

	福州府	閩縣
兩漢	高帝五年，爲閩越國都。元封初國除，爲會稽郡地。後漢永和六年，置會稽南部都尉。	冶縣 初爲東冶地。後置冶縣，屬會稽郡。後漢更名東侯官，爲會稽南部都尉治。
三國	吴建安郡地。	東侯官縣 屬建安郡。
晉	晉安郡 太康三年置，屬揚州。後屬江州。	侯官縣 晉安郡治。 原豐縣 太康三年置，屬晉安郡。
宋	晉安郡 泰始四年改晉平郡。尋復故名。	侯官縣 原豐縣
齊梁陳	晉安郡 陳永定初置閩州。天嘉六年州廢，屬東揚州。光大二年，罷郡，置豐州。	侯官縣 陳初爲閩州治，後爲豐州治。 原豐縣 陳廢。
隋	建安郡 開皇九年改泉州。大業初又改閩州。尋廢，改置郡。	閩縣 開皇九年改曰原豐，爲泉州治。十二年更名。
唐	福州長樂郡 武德初罷郡置建州。尋改泉州。景雲二年改閩州。開元十三年改福州。天寶元年改長樂郡。乾元初復爲福州。	閩縣 州治。
五代	福州 後唐天成初，王延翰建閩國。長興四年，王延鈞改長樂府。晉開運初，屬南唐。旋屬吴越，復州名。周改彰武軍。	閩縣
宋	福州長樂郡威武軍 福建路治。景炎初，升福安府。	閩縣
元	福州路 至元中升路，爲福建道宣慰司治。	閩縣 路治。
明	福州府 洪武初改府。九年爲福建布政司治。	閩縣 府治。

續表

侯官縣	長樂縣	福清縣
冶縣地。	冶縣地。	冶縣地。
東侯官縣地。		
侯官縣地。		
閩縣地。	閩縣地。	閩縣地。
侯官縣 武德六年分置，八年省。長安三年復置。貞元五年移治州郭，與閩縣同爲州治。	長樂縣 武德六年置新寧縣。是年更名，屬福州。元和三年省。五年復置。	福唐縣 聖曆二年置萬安縣，屬福州。天寶初更名。
侯官縣	長樂縣 梁乾化元年，王閩改曰安昌。唐同光初復故名。晉天福六年又改安昌。尋仍復故名。	福清縣 梁開平二年，王閩改曰永昌。唐同光初復曰福唐。長興四年更名。晉天福初又改南臺。尋復故名。
侯官縣 懷安縣 太平興國六年置，屬福州。	長樂縣	福清縣
侯官縣 路治。 懷安縣	長樂縣 屬福州路。	福清州 元貞初升州，屬福州路。
侯官縣 府治。 洪武十二年徙附郭。萬曆八年省入侯官。	長樂縣 屬福州府。	福清縣 洪武二年復爲縣，屬福州府。

續表

連江縣	羅源縣	古田縣	屏南縣
冶縣地。	冶縣地。	冶縣地。	冶縣地。
温麻縣地。 温麻縣太康四年置，屬晉安郡。		侯官縣地。	
温麻縣			
温麻縣			
閩縣地。 温麻縣開皇九年省入閩縣。			
連江縣武德六年復置温麻縣於此。尋更名，屬福州。	連江縣地。	古田縣開元二十九年置，屬福州。	古田縣地。
連江縣	永貞縣唐長興四年王閩置，屬福州。	古田縣	
連江縣	羅源縣天禧五年改曰永昌。乾興初更名，仍屬福州。	古田縣	
連江縣屬福州路。	羅源縣屬福州路。	古田縣屬福州路。	
連江縣屬福州府。	羅源縣屬福州府。	古田縣屬福州府。	

閩清縣	永福縣
冶縣地。	冶縣地。
侯官縣地。	永泰縣 初爲侯官、尤溪二縣地。永泰二年置，屬福州。
閩清縣 梁乾化初王閩置梅溪縣。尋更名，屬福州。	永泰縣
閩清縣	永福縣 崇寧初更名，仍屬福州。
閩清縣 屬福州路。	永福縣 屬福州路。
閩清縣 屬福州府。	永福縣 屬福州府。

大清一統志卷四百二十五

福州府一

福建省治。東西距四百四十里，南北距六百三十里。東至大海一百九十里，西至延平府南平縣界二百五十里，南至興化府莆田縣界二百三十里，北至建寧府政和縣界四百里。東南至大海二百八里，西南至永春州德化縣界二百六十里，東北至福寧府寧德縣界二百一十里，西北至南平縣界二百七十八里。自府治至京師六千一百三十三里。

分野

天文牽牛、須女分野，星紀之次。

建置沿革

禹貢揚州之域。周爲七閩地，後屬越。秦爲閩中郡地。漢高帝五年爲閩越國。元封元年國除，徙其民江、淮間。其逃遁山谷者稍出，置冶縣，屬會稽郡。後漢建武三年，改置侯官都尉。永和六年，改置會稽南部都尉。三國吴爲建安郡地。晉太康三年，析置晉安郡，屬揚州。後屬江州。劉宋泰始四年，改晉平郡，七年復故。齊梁因之。陳永定初置閩州，天嘉五年州廢，以郡屬東揚州。光大二年，罷晉安郡，置豐州。隋開皇九年，改曰泉州。大業初仍曰閩州，尋改建安郡。建安郡初治建安，至是始移治於此。唐武德初改建州，六年復爲泉州，八年置都督府。景雲二年，改閩州都督府。開元十三年，改曰福州。天寶元年，改長樂郡，隸江南東道。乾元元年，復曰福州。乾元元年，改福建經略使爲都防禦使。大曆六年，改節度使爲觀察使，理福州。乾寧四年，升置威武軍節度使。五代初爲王氏所據。梁貞明六年，升大都督府。唐天成元年，王延翰建閩國。長興四年，王延鈞改長樂府。晉開運二年屬南唐。漢乾祐元年，屬吴越，仍曰福州威武軍。周廣順元年，改彰武軍。見九域志。宋太平興國三年，仍曰福州長樂郡威武軍，爲福建路治。景炎元年，升福安府。元至元十五年，改福州路，爲福建道宣慰司治。明洪武元年，改福州府，九年爲福建布政司治。本朝爲福建省治。雍正十二年，析古田縣地增置屏南縣。領縣十。

閩縣。附郭。治府東偏。東西距九十四里，南北距八十一里。東至連江縣界九十二里，西至侯官縣界二里，南至福清縣界八十里，北至侯官縣界一里。東南至長樂縣界七十五里，西南至侯官縣界二里，東北至連江縣界九十五里，西北至侯官縣界一里。漢初東冶地，爲閩越王都。後置冶縣，屬會稽郡〔一〕。後漢改縣名曰東侯官，爲會稽南部都尉治。三國吴屬建安郡。晉曰侯官縣，爲晉安郡治。宋、齊因之。陳初爲閩州治，後爲豐州治。隋開皇九年，改縣曰原豐，十二年又改曰閩。大業初爲建安郡治。唐爲福州治。五代因之。宋兼爲福建路治。元爲福州路治。明爲福州府治，本朝因之。

侯官縣。附郭。治府西偏。東西距八十一里，南北距一百七十二里。東至閩縣界一里，西至永福縣界八十里，南至閩縣界一里，北至古田縣界一百七十一里。東南至閩縣界一里，西南至永福縣治一百里，東北至閩縣界一里，西北至閩清縣治一百三十里。漢治縣地。晉、宋及齊爲侯官縣地。隋爲閩縣地。唐武德六年，分閩縣置侯官縣，八年省。長安三年復置。貞元五年，移入福州郭。元和三年省，五年復置，與閩俱爲附郭縣。五代及宋因之。元爲福州路治。明爲福州府治，本朝因之。

長樂縣。在府東南一百里。東西距七十一里，南北距五十五里。東至海七十里，西至閩縣界一里，南至福清縣界五十里，北至海五里。東南至海五十里，西南至福清縣界六十里，東北至海五十里，西北至閩縣界五里。漢治縣地。隋閩縣地。唐武德六年，分置新寧縣，其年改曰長樂，屬福州。元和三年，省入福唐，五年復置。五代梁乾化元年，王氏改曰安昌。唐同光初復舊。晉天福六年，又改安昌，尋復爲長樂。宋屬福州。元屬福州路。明屬福州府，本朝因之。

福清縣。在府南少東一百三十五里。東西距一百十五里，南北距一百五十里。東至海五十里，西至興化府莆田縣界六十五里，南至海一百二十里，北至長樂縣界三十里。東南至海一百五十里，西南至莆田縣治一百二十里，東北至長樂縣界六十里，西北至閩縣界四十五里。漢治縣地。隋閩縣地。唐初爲長樂縣地。聖曆二年，析置萬安縣，屬福州。天寶元年，改曰福唐。五代梁開平二年，王氏改曰永昌。唐同光元年，復曰福唐。長興四年，始曰福清。石晉天福中，又改曰南臺。後復舊。宋因之。元元貞元年，升爲福清州，屬福州路。明洪武二年復爲縣，屬福州府，本朝因之。

連江縣。在府東北九十五里。東西距六十里，南北距九十五里。東至海二十里，西至侯官縣界四十里，南至閩縣界十五里，北至羅源縣界八十里。東南至海三十五里，西南至侯官縣治九十五里，東北至羅源縣治一百里，西北至侯官縣界九十五里。漢治縣地。晉温麻縣地。隋開皇九年，省入閩縣。唐武德六年，復置温麻縣於此。尋改曰連江，屬福州。五代、宋因之。元屬福州路。明屬福州府，本朝因之。

羅源縣。在府東北一百五十里。東西距九十里，南北距七十五里。東至海四十五里，西至古田縣界四十五里，南至連江縣界三十五里，北至福寧府寧德縣界四十里。東南至海四十里，西南至連江縣治一百里，東北至寧德縣治一百里，西北至古田縣界六十里。漢冶縣地。唐連江縣地。五代後唐長興四年，王氏分置永貞縣，屬福州。宋天禧五年，改曰永昌。乾興元年，又改曰羅源。元屬福州路。明屬福州府，本朝因之。

古田縣。在府西北二百七十里。東西距二百七十里，南北距一百三十里。東至羅源縣界一百二十里，西至延平府南平縣界一百五十里，南至閩清縣界八十里，北至屏南縣界五十里。東南至侯官縣治二百五十里，西南至延平府尤溪縣治二百里，東北至福寧府寧德縣治二百五十里，西北至建寧府建安縣治二百五十里。漢冶縣地。晉侯官縣地。唐開元二十九年，置古田縣，屬福州。五代及宋因之。元屬福州路。明屬福州府，本朝因之。

屏南縣。在府西北三百二十里。東西距一百四十里，南北距一百里。東至古田縣界七十里，西至建寧府建安縣界七十里，南至古田縣界八十五里，北至建寧府政和縣界十五里。東南至古田縣界一百二十里，西南至建安縣界一百六十里，東北至福寧府寧德縣界七十里，西北至政和、建安兩縣界七十里。本朝雍正十二年，割古田縣北境雙溪地置屏南縣，屬福州府。

閩清縣。在府西北一百二十里。東西距八十五里，南北距一百二十里。東至侯官縣界十五里，西至延平府尤溪縣界七十里，南至永福縣界五十里，北至古田縣界七十里。東南至侯官縣治一百二十里，西南至永福縣治五十里，東北至古田縣治一百五十里，西北至尤溪縣界七十里。漢冶縣地。唐侯官縣地。五代梁乾化元年，王氏置梅溪縣。尋改曰閩清，屬福州。宋因之。元屬福州路。明屬福州府，本朝因之。

永福縣。在府西南一百六十里。東西距一百五十里，南北距一百十五里。東至侯官縣界六十里，西至延平府尤溪縣界九十里，南至興化府仙遊縣界七十里，北至閩清縣界四十五里。東南至興化府莆田縣界八十五里，西南至永春州德化縣界一百里，東北至侯官縣界七十五里，西北至尤溪縣治二百四十里。漢冶縣地。唐初爲侯官、尤溪二縣地。永泰二年，置永泰縣，屬福州。五代因之。宋崇寧元年，改曰永福。元屬福州路。明屬福州府，本朝因之。

形勢

閩越地肥衍。唐韓愈文。吻海而派江，附山以居。沈亞之集。東南都會。宋蔡襄學記。長江在其南，大海在其東。曾鞏道山亭記。其地坦夷，百川叢會。宋舊記。南望交、廣，北睨淮、浙。渺在天末，乘風轉柁，不過三數日。宋郡志。連山距海，邊徼重地。元王惲奏議。三峯峙于域中，二絶標于户外。甘果方几，蓮花現瑞。閩都記。

風俗

其性紓緩，其俗儉嗇。争者喜訟，病者好巫。圖經。民安土樂業，嚮學喜講誦，好爲文辭。宋史地理志。産櫂薄以勤羨，用喜嗇以實華，家庠序而人詩書。君子内魯外文，小民謹事畏法。民以漁鹽爲生。閩中記。人文益盛，其俗尚文詞，貴節操。萬曆府志。

城池

福州府城。周十里，門七，水關四。東南有濠，北面倚山。明洪武四年，因舊址建。本朝順治十八年修，康熙三十年、雍正九年、乾隆十六年、嘉慶十七年重修。二十二年，重濬城内河道以通湖水。閩縣、侯官縣附郭。

長樂縣城。周五里，門五，水關五。西引江潮，東接溪水。明嘉靖三十一年，因舊址建。本朝乾隆二年修，二十五年重修。

福清縣城。舊城周五里一百八十六步，門四，水關二。明正德八年建。萬曆二十二年，拓北城於山巔，移舊城東西四百餘丈，增新城二百餘丈。本朝雍正十一年修，乾隆十五年重修。

連江縣城。周四里，門四，小門三，水關三。明嘉靖二十年建，三十七年甃城濠廣一丈二尺。本朝雍正三年圮於水，五年修。乾隆五年建水門四。

羅源縣城。周四里，門五，水關二。明弘治中土築，萬曆七年甃石。本朝康熙四十年修，雍正十年、乾隆二十四年重修。

古田縣城。周七里，門四，水門五。西北跨山，東南濱溪。明弘治十三年建，萬曆二十五年增建。本朝乾隆五年修，嘉慶二十一年重修。

屏南縣城。周三里，長六百七十五丈，門四。本朝雍正十二年建，乾隆十八年修。

閩清縣城。周二里三百步，門四，水門一。本朝順治十八年建，雍正十一年修。

永福縣城。周三里三百四十步，門四，水門一。明萬曆十七年建。本朝康熙十九年修，雍正十年、乾隆二十六年重修。

學校

福州府學。在府治東南興賢坊。唐大曆八年建。本朝康熙十一年重建，三十二年修，雍正八年、乾隆三年、十六年重修。

入學額數二十名。嘉慶四年，駐防八旗文童准附入學，以應試人數多寡定額，計五六名取進一名。

閩縣學。在縣治東南九仙山之麓。宋慶曆中建。本朝康熙二十年修，雍正九年、乾隆二年重修。入學額數二十名。

侯官縣學。在縣治東官賢坊。宋慶曆中建。本朝康熙十九年修。雍正八年、乾隆二年重修。入學額數二十名。

長樂縣學。在縣治東興賢坊。唐乾符四年建。宋元祐中拓建。本朝順治六年重建，雍正十二年修，乾隆二十四年重修。入學額數二十名。

福清縣學。在縣治東。宋元豐初建。本朝康熙十七年修，三十八年、乾隆四年重修。入學額數二十名。

連江縣學。在縣治東南。宋紹興七年建。本朝康熙十一年重建，雍正三年修，乾隆二年重修。入學額數十五名。

羅源縣學。在縣治東南。宋元祐六年建。本朝康熙四十五年修，乾隆二十五年重修。入學額數八名。

古田縣學。在縣治西。宋景德二年建於縣東，紹興二十四年移今所。本朝順治五年重建，十四年修。康熙二十二年、四十年重修。入學額數十二名。

屏南縣學。在縣治東。本朝雍正十二年建。入學額數四名。

閩清縣學。在縣治東南。宋景德四年建。本朝雍正二年、十三年重修，乾隆十五年重建。入學額數八名。

永福縣學。在縣治東。宋崇寧初建。本朝康熙十三年重修。雍正三年、乾隆二年、九年屢修。入學額數八名。

鼇峯書院。在府城內左三坊。本朝康熙四十七年，巡撫張伯行建，置學田。五十五年，賜「三山養秀」扁額。雍正九年修，十一年賜帑金。乾隆三年，賜「瀾清學海」扁額及帑金。十五年、二十九年，嘉慶十二年重修。

鳳池書院。在府城内三牧坊。本朝嘉慶十七年建。初名聖功書院，尋改今名。

共學書院。在府城内西門街北。舊爲懷安縣學，明萬曆中改建。本朝康熙二十四年修。

越山書院。在府城内華林坊。本朝康熙中總督覺羅滿保建。嘉慶二十三年修。

吴航書院。在長樂縣城南一里南山之陽。本朝乾隆二十六年建。

朱子書院。在連江縣城内西南隅。本朝康熙三十七年建。

理學書院。在連江縣城内化龍街。本朝雍正元年建。

奎光書院。在古田縣城内學宫左。本朝乾隆四年建。

屏山書院。在古田縣城内鼓樓東。本朝康熙三十九年建。

景行書院。在永福縣城内東皋山。本朝乾隆二十三年建。按：舊志載嵩山書院，在府城内石井巷，本朝乾隆十八年總督喀爾吉善建。道山書院，在府城内烏石山麓，明隆慶中建。尊拙書院，在府城内三山驛前，宋林之奇講學處。三山書院，在府城西西湖旁，宋寶祐中提刑王泌建。鳳山書院，在府城西三十里，本朝乾隆二十八年建。藍田書院，在長樂縣城東，宋紹興中建。南山書院，在長樂縣城南，明弘治中改南山廢寺建。龍峯書院，在長樂縣東北十里，宋邑人劉砥、劉礪讀書於此。閒讀書院，在福清縣東南福唐里，唐邑人陳燦讀書於此。龍江書院，在福清縣東南龍山麓，宋建。石塘書院，在福清縣西文興里，宋林遇講學於此。螺峯書院，在古田縣西螺坑，宋朱子、黄榦講學於此。浣溪書院，在古田縣西二十里，有朱子書額。溪山書院，在古田縣北，朱子題「溪山第一」扁額。謹附記。

户口

原額人丁一十八萬四百三十六，今滋生男婦大小共二百四十七萬六千一百九十三名口，計四十三萬七百二十六户。又屯民男婦共一十一萬三千四百一十八名口，計二萬三千七百一十六户。

田賦

田地二萬三千六百五十五頃五十六畝二分七釐有奇，額徵地丁正、雜銀一十九萬七百五十七兩八錢九分五釐，米一萬四千六百五十五石一斗七升二合三勺。屯田四千九十八頃七十四畝六釐有奇，額徵丁糧銀二萬五千七百三十二兩三錢七分七釐，米二千六百三十石八斗二升九合七勺。

山川

九仙山。在府城内東南隅。寰宇記：在福州東南二里。越王九日宴於此，亦名九日山。又昔傳何氏兄弟九人於此學道上昇，故曰「九仙」。曾鞏道山亭記：城中凡有三山，東曰九仙，西曰閩山，北曰越王，故郡有三山之名。府志：舊名于山。上有峯曰鼇頂峯，亦曰狀元峯，爲宋陳誠之讀書處。南有小華峯，其北小山曰羅山。諺曰：「三山藏，三山現，三山不可見。」是山及烏石、越王，其現者也；羅山與侯官之冶山、閩山，其藏者也；又有隱隱磅礴於闤闠間者，曰靈，曰芝，曰鐘，故曰不可見云。通志：丁戊山，亦九仙山之支也。一曰嵩山。以在郡城之中，又名中山。

烏石山。在府城内西南隅。寰宇記：在福州西一里二百步，周四里。本名烏石山，唐天寶八載，敕改名閩山。府志：烏石山與九仙山東西對峙。宋熙寧間，郡守程師孟又改曰道山。有薛老峯、向陽峯、望潮峯、華嚴巖、天秀巖、宿猿洞諸勝。其支隴仍曰閩山。又有鐘山。

越王山。在府城内北隅。寰宇記：在福州北二百五步，即越王無諸舊城也。中有越王井，井有金雞。侯官縣志：山在城北隅，半蟠城外，東聯冶山。一名屏山，以形若屏扆也。亦曰平山。西麓曰馬牧山。南唐攻福州時，自馬牧山拔砦而入，即此。通志：龍腰山，即越王山之半蟠城外者，爲郡主山。

冶山。在府城内東北隅。三山志：唐元和中，刺史裴次元於其南闢爲毬場，即山爲亭。宋時曰泉山，亦曰將軍山。府志：山故高聳，經累代營造開鑿，今卑小矣。所存惟山骨，可坐數十人。山西北有歐冶池，相傳歐冶子鑄劍之地。周數里，今多湮塞。山東爲芝山，又東爲靈山，皆支隴也。按：以上四山皆在府城内，而九仙屬閩縣，烏石、越王、冶山俱屬侯官縣。

長樂山。在閩縣東二里。寰宇記：在縣東六里。本名白馬山。唐天寶六載，敕改今名。明統志：越王時有神仙騎白馬來，故名白馬山。通志：山有小蘭亭，宋時郡僚佐上巳禊飲處。

金雞山。在閩縣東三里。相傳秦時望氣者言有金雞之祥，遂鑿山脊以厭之，故名。其北曰龍窟山，一名青鶖山。桑溪之水出焉。

鳳丘山。在閩縣東五里。府志：宋初彭秬修真於此。秬號鶴林，朱子嘗書「鳳丘鶴林」四大字，刻於巖壁。

東山。在閩縣東十里。南史：陳天嘉二年，虞寄在晉安避陳寶應之亂，居東山寺。縣志：山有獅子峯、榴花洞、聖泉、神移泉、龍首澗、靈芝塢諸勝。

鼓山。在閩縣東三十里，延袤三十里，府之鎮山也。山巔有巨石如鼓，或云每風雨大作，其中簸蕩有聲，故名。南麓屹峙江濱，爲戍守要地。其最高者曰大頂峯，一名旁崱峯，正東可望見海，下爲小頂峯。與大頂相去二里，又有浴鳳池。池右有海音洞、白雲洞。其餘峯嶺巖洞之屬，稱名勝者不可勝紀。其南支隴曰鳳山。通志：支隴有蓬岐山，多奇石，有蛇洞，南至於江。有石如劍，曰劍山。

君山。在閩縣東六十里。由鼓山折而南，在永北里。上有崑崙石室，下臨馬面潭。其東爲朏山，有仙芝石、三生石、九眼泉諸勝。其南爲石鼇山，有温泉井。又有疊石山，有靈泉不竭。

鳳洋山。在閩縣東七十里，兩峯對峙如摶鳳然。又有嬰臺山，其旁爲銅斗山、天馬峯，龍溪之水出焉。相近有盤石山。山頂三石高十餘丈，上疊一石如棋盤。又有石門山，峭壁夾立，其旁爲重雲山。

羅星山。在閩縣東南五十里馬頭江中，爲遠近奔流之砥柱。登其巔，百里諸山皆在左右。府志：上有羅星塔。

大象山。在閩縣東南五十五里，爲城南巨障。下瞰馬頭江。又白田山，在馬頭江南。晉初郡守嚴高嘗欲遷郡治於此。其地產蕉，可爲布，有蕉嶺、蕉坑、蕉溪。

玉枕山。在閩縣東南六十里西峽江南。其巔曰枕峯，有嘯霞洞、泠泠泉、青田坂諸勝。山麓有枕嶼，其旁爲柘枝山。又南有青布嶺、玉水山、金鼇峯。又有白鹿山。左有龍湫潭，一名雷鼓潭，潭水湍急，如龍噴水。府志：亦名烏龍潭。歲旱禱雨輒應。

九龍山。在閩縣東南七十里，九峯插天，狀若龍騰。下有昆濟潭，潭下有穴，潛通馬頭江。

雲門山。在閩縣東南七十里南洋嶼，多松竹泉石之勝。南連芹巖、蒲峯、後灣、石龍諸山，長江繞於前。江中有琴嶼、雙魚嶼。

平山。在閩縣東南七十二里。宋端宗航海時駐兵於此，剷平其頂，故名。一名九曲山。其南爲甘泉山，泉湧石上，不盈不涸。又南有大翁山、清涼山、石几山、傳坑山、城門山，皆濱於西峽江。

五虎山。在閩縣東南一百里大海中。有五虎門，與江口相接，明初湯和由海道取福州處。山下有官母嶼，嶼上有巡司。相近有浮江山，亦曰文筆山。對峙者曰王埔山。又琅琦山，亦在縣東南海中，一名羅崎山。其旁又有清洋、福斗諸山，及雙龜嶼，俱在海中。

釣龍臺山。在閩縣南九里。崇阜屹立，俯瞰大江。寰宇記：漢越王無諸於此釣得白龍，因名。舊記：漢東越王餘善於此釣得白龍，以爲己瑞，因築壇曰釣龍臺。今亦名南臺山，去建江百餘步。明初湯和自明州渡海攻福州，奄至五虎門，駐師南臺，福州遂下。按：明初林鴻、王恭釣龍臺詩皆以釣龍爲越王無諸事。

鹽倉山。在閩縣南十五里。省會第一案山也，又名挂榜山。其東爲藤山，有梅花塢，植梅萬株，直抵程埔，可十里許。

方山。在閩縣南七十里。寰宇記：在侯官縣東南七十里。周一百里，山頂方平，故名。上有珍果，止可就食，攜去即迷。唐天寶六載，敕改爲甘果山。閩書：省會南有三案，是山削拔秀碧，又出二案之上，正直閩藩，若於菟然。府志：地跨閩、侯官二縣。一名五虎山。九鼻東向，其高千仞，四面如城郭。其峯曰天柱峯。元末陳友定遣兵駐守。今谷口有砦門甚隘。其中平疇數頃，溪流屈曲。登山有石梯嶺，路僅尺許，懸崖斷塹，削如羊腸。行數里而達山巔，爲福州巖，平陂一望，遠近諸山皆若培塿。山陰又有靈源巖。

怡山。在侯官縣西南十五里。一名西禪山。有龜吐泉，周圍多荔枝。其北曰鳳山。

高蓋山。在侯官縣西南三十里，與閩縣連界。中有三峯九島，府城第三重案山也。山巔有天壇，壇有池曰青龍，俗曰天池。有徐女峯，相傳唐開元中，徐水仙第三女上昇處。旁有水曰桃花溪。又有洞曰蘆灣洞，洞旁有仙人井。山南齊姓居之，曰齊坑山，地屬侯官。山北王姓居之，曰北園山，地屬閩縣。按：府境有兩高蓋山，俱著名，而永福尤著。

雞籠山。在侯官縣西南高蓋山之西。一名斗門山。西爲鳳岡。舊志：岡濱建江，首起城南三十里，尾盡城西二十里。江水環繞，爲村皁三十六。居人遍植荔枝，多至數百萬株。通志：三十六宅，宋劉彝諸賢所居，曰劉宅。

仙崎山。在侯官縣西南方山之南。一名陰崎山，與陽崎山隔江對峙。通志：山上居民稠密，江水蜿蜒出其下。

瓜山。在侯官縣西南方山之西。其支爲南陽山，山巔有烏岡，潭四，以風、雲、雷、雨爲名。巖石險怪，人跡罕到。

古靈山。在侯官縣西南七十里，瓜山之西。一名大帽山，又名蓆帽山。山腰有石室曰太乙巖，有甘泉曰安德泉，瀑布懸崖千尺。又有碧玉潭，潭底沙石五色，燦若機錦。有古靈書院，爲宋儒陳襄讀書處。

花嶼山。在侯官縣西南七十里。一名嶼頭，其西爲華棣山、赤塘山，與石門山對峙。

龍潭山。在侯官縣西南百餘里，赤塘山之西。潭在山上，禱雨輒應。

清泉山。在侯官縣西十里，其西爲祭酒嶺。五代閩時，光州湛温事王延翰爲國子祭酒，建州刺史王延禀遣使來覘虛實，延翰命温餞且酖之。温恐延禀兄弟生隙，遂自飲以死。閩人哀之葬此，遂以名山。又曰洪山，亦曰洪塘山。有嶺曰東岐嶺，枕江，亦曰妙峯，宋林遹著書於此。又縣西笏山，有石如笏，亦名龜通谷山，宋潘牥讀書於此。

旗山。在侯官縣西五十里，江之西岸。一名水西山，上有勾漏洞。明統志：與閩縣鼓山並峙。相傳左鼓右旗，全閩二絶。又白鶴山，在旗山南，一名仙宗山。其山多松，縈紆四十里。

象山。在侯官縣旗山之西。山形外抱中平，如蹲象然。上有觀音泉。又有洞，深里許，多蝙蝠。下爲梅溪，盤折十餘里。其東爲崎頭山，下横長江，曰浯江，有磯，曰醉魚磯。其旁曰蘇岐山、蟳山、月山、龍岐山，俱在江次。

石門山。在侯官縣西六十里。兩崖壁立，中貫清溪，有石門峽。

石岊山。在侯官縣西北三十里，桐溪上流，建江流經其下。通志：相傳山爲越王遊憩之所，有亭，今廢。山下即芋原驛。又西爲葛岐山。又西爲五奇仙山。

雪峯山。在侯官縣西北一百八十里。周四十里，盤踞侯官、閩清、古田、羅源四縣之境。舊名象骨峯，五代王閩時改今名。有鳳凰岡、烏石嶺、應潮泉、蘸月池、豐澤潭、枯木庵、鼇山閣、留香臺、乘雲臺諸勝。三山志：山峯巒險拔，四面回環，未冬或雪，盛夏無暑。其旁爲丁山，如丁字。又有雙髻山，山麓多温泉，上多美石。又南爲梅埔山，下有鐘潭。

螺峯山。在侯官縣北。一名羅峯山。石晉天福二年，方士言有白龍夜見於此，閩主昶因作白龍寺。稍北爲大鵬山。陶隱居集曰：晉太康中，任敦自茅山往居大鵬山王霸宅，得金版仙訣，即此。

鳳池山。在侯官縣北七里。有池，廣三四畝。相傳有五色文鳥浴於此。宋元絳、曾鞏、陳襄、李綱皆有詩。

昇山。在侯官縣北十里。隋書地理志：閩縣有岱山、飛山。寰宇記：昇山在閩縣西北十四里。越王勾踐時，一夕從會稽飛來，舊名飛山。臨海人任敦於此昇仙。唐天寶六載，敕改爲昇山。通志：今洗藥池、任公臺遺址猶存。又有不溢泉、鬼磨石、昇仙巖諸勝。

蓮花山。在侯官縣北二十里。下圓上鋭，形若菡萏，郡之主山也。五代唐同光三年，閩王審知卒，葬鳳池山。長興三年，改葬蓮花山，即此。

芙蓉山。在侯官縣北六十里。山形秀麗如芙蓉。别麓有洞曰靈洞，洞口可丈許，遊人束炬以入，紆迴十餘里，莫窮其際。通志：洞内有五代僧義存所闢開山堂，石牀、石鼓、石盆猶存。

壽山。在侯官縣北六十里。産美石，可硯可印，瑩潔柔潤，蓋珉也。距山五里，有五色石坑，以石有五色而名。通志：又北爲黄巖山，有瀑布高百餘丈，聲聞十餘里。

九峯山。在侯官縣北七十里。峯頂九出，峭拔若華，與芙蓉、壽山亦並稱「三山」。有嶺曰長箕嶺，一名長岐嶺，又名桃枝嶺，路出古田、羅源二縣。西北曰梧桐嶺，産甘蔗。五代晉天福四年，閩人作亂，王昶出北關，至梧桐嶺爲衆所殺，即此。

壺井山。在長樂縣東六十里，濱海。山陲有井狀如壺，潮至則鹹，潮退則淡。上有巖石聳拔，俯臨滄海，名百丈巖。其旁峯巒巖岫之奇勝不一，迤東則羣山錯峙。又有王母礁，在壺井山南，二礁對峙海中，宋末楊妃負福王、益王航海時經此。

御國山。在長樂縣東七十里，蹲峙海濱，高出雲表。夷舶入貢，每視此爲準。俗呼牛角山。又有鐘門山，在海中，當舟行之道，有小嶼如鐘。

龍泉山。在長樂縣東南二十餘里。有卧牛、仙冠、品石、梯雲、蓮花五峯，並高峻仙冠峯之麓，有巨石，宋朱子勒「朝陽」二字。其南羣峯連接，最著者曰福湖山，上有獅子峯。朱子勒「魁龍」二字於石。又名魁龍山。

屏山。在長樂縣東南四十里。高與靈峯山埒。上有五鯉石，又名鯉石山。

靈峯山。在長樂縣東南五十里。一名天池山。多靈勝，有曾公巖、香爐峯、歸雲洞、半月池、品字池諸勝。其麓曰龍龕，絶頂有望海亭。

董奉山。在長樂縣東南建賢里。閩書：漢時董奉煉丹於此。中有董巖，又曰董峯山，又名福山。元和志：福州因州西北福山爲名。寰宇記：在州西，水路十八里，高二里，上有神人散髮修真，見者必獲福，故名。下有仙人董奉宅。明統志：在永福縣西北。按：圖經、閩書、通志、府志俱云在長樂縣，與諸説不同。

南山。在長樂縣南半里，縣之案山也。亦曰鼇頭山。其巔曰登高山。宋蔡襄詩有「滿前青嶂千屏立〔二〕，直下澄江一帶横」之句。迤南五峯並峙，曰五馬山。又南有三峯山。

七巖山。在長樂縣西南三十里。上有七巖。其北則諸山環峙如城，亦曰羅山，又曰羅城。相近有溪湄山。頂有湖，廣數畝，冬夏不竭，曰珠湖。

六平山。在長樂縣東北一里。蜿蜒六曲，其上平坦，故名。通志：宋寶慶中太傅陳俞居其下，又名太傅山。又北曰首石山。巔有巨石高數十丈，廣二十餘丈，中有竅泉，四顧見水，名四水石。

越遷山。在長樂縣東北三十里，亦曰越王山。周圍三十里，相傳越王無彊之後居此，因名。

太常山。在長樂縣越遷山北。一名大斛山。左接籌巖山，右連石首山，最爲高峻。舊志：唐林愼思讀書籌巖，朱子題曰「德成巖」。府志：太常之陽有巔曰風門，陰有嶺曰浮崎嶺，凡三十六灣，接閩縣界。

瑞巖山。在福清縣東十五里。有佛窟巖，天章巖，香山、天台、玉虛三洞，通海井，一滴泉。通志：明嘉靖中戚繼光於山北闢大洞天，有宜睡洞、歸雲洞、振衣臺、望闕臺諸勝。

烽火山。在福清縣東二十里海邊鎮東城外。海道有警，則舉燧於此，故名。山頂嵌巖如屋，凡三十六間，名曰虎屋。

龍山。在福清縣東二十餘里，亦曰瑞峯。海口、鎮東二城在焉。其巔有石塔，可觀日出。又鎮東城東北有拱辰山，三峯北拱，形如牛角，俗呼牛角山。有石洞，風生其下，深窅難入，又有湧泉。

鹿角山。在福清縣東二十七里。有石形如鹿角，有仙篆數字，人莫能識。旁有仙井極深。

大姨山。在福清縣東一百五十里大海中。舊志：山當風色晴空，東向極望，有如空青，微露水面，爲小琉球國。海水深碧，東流不返，莎蔓如組，柁不容轉。必刳木爲盂，乃能旋開浮莎以濟海。舟遇暴風，不夙避者，往往漂至於此。中國人爲其所得，則以藤貫其足令耕作。故此山昔忌夜火，恐其國人望之而來也。是爲東角洋，蓋岐海之窮徼矣。通志：俗傳望見小琉球，三日必有暴風。

錦屏山。在福清縣東南十里。山形如屏，相近曰鐘山，爲縣第二水口。

郭廬山。在福清縣東南三十里。明天啓中改曰福廬山，有三天門、千人望，及異香、玲瓏、鳴玉等洞，飲虹澗、靈液泉。舊志：相連曰靈巖山，巖石迴環，幾數十里，與福廬並稱名勝。又東數里曰東營山，周環皆海，明嘉靖中戚繼光破賊於此。

里，其山如壇，南北長而東西狹。上多雲氣，亦名東嵐山。唐時爲牧馬地，後漸有寺宇。宋初置牧監，尋罷。皇祐中許民耕墾，淳熙中有三千餘户。元時民户嘗滿四萬，多以漁爲業。明洪武二十年，詔徙其民於縣而空其地。隆慶初始添設海壇游兵。萬曆中復命增設水砦，與興化府南日砦相援。今有總兵官鎮守。舊志：山西麓曰霸前，曰金崎頭。又有支山曰水馬山。其南曰黄崎，曰紫瀾，曰牧上，曰砦頭，曰沉頭，曰大、小場，曰滸頭，曰鐵藏，皆爲泊船澳。有三十六派湖，環繞峯巒如畫。宋宣和以後，大雨雹，湖皆決入於海。又南即南匿嶼，迤東高者爲軍山，其間曰浚門，曰獺步，曰廣州埕，曰小牆，曰東牆。小牆之北曰十二藍焦。東牆之北曰白兵焦。大桑、小桑兩桑間曰桑門，而兩牆間曰鸕鷀門。是外則極東之島，舟不可行矣。其北有沙澳，又西抵鐘門嶼，玲瓏如鐘，菰蒲四圍，海水鹹鹵，而此泉獨淡。近嶼有石高二丈，方二十丈，其中井泉與潮候應，取水集焉，亦泊船之都會也。半潮抵磁澳，則爲長樂縣界。通志：有小練山在縣東海中。山周十里，旁有大練門、小練門。五代以後爲海賈互市之地，號小揚州。明初與海壇之民同徙，其地遂空。

海壇山。在福清縣東南大海中。元和志：在長樂縣東一百二十里大海中，周迴三百里。福清縣志：在今縣東少南七十

萬石山。在福清縣東南百餘里。有翔鳳峯，靈棲、宜遠二巖，石賓、佳塘等洞。洞之廣者可容萬人，其容千人者不可勝計。又東南數里即萬安所，近所有南匿山，舊産鹽。有南匿場，宋於此置巡司。

白嶼山。在福清縣南六十里。一名陳田。絶頂有鴻休巖，巖竇天成，下瞰滄海。相近有雙嶼，二山突起海中。有百年洞，又有井甚甘冽。

黄蘗山。在福清縣西南三十里。上多蘗木，故名。有佛座、香鑪、吉祥、寶峯、鉢盂、報雨、寶月、羅漢、天樂、屏障、天柱、文筆十二峯。中有黄蘗寺，寺西有嵩頭陀巖。石罅間出乳香，亦曰乳香巖。有飛瀑循崖懸空而下，瀦爲兩潭。其上復有一潭，人跡罕至。梁江淹詩：「南州饒奇怪，赤縣多靈仙。金峯各虧日，銅石共臨天。陽岫照鸞采，陰溪噴龍泉。禽鳴丹壁上，猿嘯青崖間。」

靈石山。在福清縣西南四十餘里。磅礴百里，峻拔千仞，有九疊、留雲、報雨三峯，仙人巖、碧玉洞、戲龍潭諸勝。通志：

報雨峯，久晴，鳴則必雨；久雨，鳴則必晴。

雙髻山。在福清縣西南五十里。上有仙壇，高二丈餘，上平如削。宋乾道二年，雷震爲二，形如雙髻，故名。其西有瀑布泉，高數十丈，下瀦爲三潭。通志：山有靈峯、雲峯、鷓鴣峯。有白石巖，巨石下覆，中爲石門，可坐數十人。按：閩清縣東南三十里亦有雙髻山，周二十里，高五千五百丈，上有摩天嶺。

石竹山。在福清縣西二十四里。山多産筍，上有獅子、象王等峯，虎溪巖、紫雲洞、卧龍潭，無患溪出其下。三山志：昔有林元光煉丹於此，騎虎上昇。明林鴻有詩。

斂石山。在福清縣西北。有歸雲、玉女等峯。下有龍潭三，交溪水出此。

靈鷲山。在福清縣北，縣之主山也。亦曰鷲峯山。其巔曰玉屏峯，稍西即金翅山，在縣西北。通志：縣北枕靈鷲，南拱案山，曰玉融山。左有雙旌山，峭立若旌。右有五馬山，勢奔騰如五馬連絡，爲縣水口。

覆釜山。在連江縣東二十里。巔有巨石，形如覆釜。有玉人峯、玉華洞、清陰洞、半月池諸勝。南麓有二石對峙，路出其中，曰石門。

荻蘆山。在連江縣東南。寰宇記：在縣東南三十里。先名九龍山，連石鼓山而來。相傳秦始皇令掘斷山脊，見蘆根一莖，長數丈，斷之有血，故名。明統志：山在縣東南四十里，下有荻蘆峽。

玉泉山。在連江縣西一里許。有玉泉巖、仙桃巖、靈羊洞、擁秀堂、清潤閣。

龍潀山。在連江縣北，縣之主山也。岡巒如龍潀水，夾溪而下，有潭曰五峯潭。北五里曰湖山，高秀出羣山之上。

雲居山。在連江縣北三十里。通志：有蓮花石，狀若蓮花，周圍有瓣，輕摇則動，力撼反否。西麓爲東岱山。

香爐山。在連江縣北四十里，雲居山之北。道書以爲第七十一福地。有峯曰章仙峯。又有童井，深僅尺許，不溢不涸。

馬鞍山。在連江縣東北五十里。山勢逶迤，達於海上。又東有三德山，舊名三台山。三峯並列，下瞰海門。

上竿塘山。在連江縣東北八十餘里大海中。有竹扈、湖尾等六澳。並峙者曰下竿塘山，突出海岸，有白沙、鏡港等七澳。明洪武二年，徙其民於内地，二山之地遂空。

鳳山。在羅源縣城内北隅。山勢聳起，如張兩翼。通志：左爲下梅嶺，右爲上梅嶺。有嶼曰鯽魚嶼。

簾山。在羅源縣東濱海。又東，諸山環峙，俱臨海上。其峙海上者曰金螺障，與楊梅灣相對。

松崎山。在羅源縣東南六里。對峙者曰鶴嶼，在縣南十五里江中。

蓮花山。在羅源縣南一里。一名南山，下臨城市。中有聖水巖，井泉可愈疾。通志：即衆寶山。其旁爲席帽山、羅漢山。西南爲金鐘、鐵障二山。按：此與侯官縣之蓮花山名同地異。

四明山。在羅源縣西。寰宇記：在永貞縣西五里。四峯高列，中有古壇，生鈞絲竹，交蔭其上。有石井，泉甘如蜜。府志：一名毒火山。中有窪泉，即石井也。通志：相傳赤松子煉丹處。時聞絲竹之聲。有棋局，上黏牡蠣殼。按：長樂縣西北亦有山名四明，然非寰宇記所載之四明山也。明統志誤以寰宇記語注長樂縣山，今改。

萬石山。在羅源縣西北。俗名破石山。怪石萬狀，邑稱奇觀。按：此與福清縣之萬石山名同地異。

文殊山。在羅源縣北一里。上有群玉峯、章突洞，迤北曰尖山，有王家林嶺。又東曰南華洞。

寶勝山。在羅源縣東北。山最高大，黄沙溪水出焉。

洞宫山。在羅源縣東北。高三百八十步。寰宇記：在永貞縣東北六里，自武夷巖前連接岡阜。晉中興初，以有王氣，詔掘斷山脊，皆有血流。通志：上有神姥石、童子峯。

仙茅山。在羅源縣東北十里。兩山相連，曰大茅、小茅。相傳徐登嘗採仙茅於此。絶頂有羅喜洞，中多奇石。又縣東北有堆禾山，山圓如囷，並有錦潭甘泉。

旗山。在古田縣東百里。稍東南爲鼓山。通志：縣有兩旗山，一在崇禮里，一在杉洋。又有馬山，在旗、鼓之間。按：此與侯官縣之旗山、閩縣之鼓山名同地異。

五華山。在古田縣西南三十餘里。五峯連峙，聳峭千仞。一名大仙山，亦曰大佛嶺。又縣西南八十里有九龍山，九峯峭立。

北臺山。在古田縣西一里。高聳如臺。又二十里爲黄蘗山，其地多桃，有桃湖、桃溪、桃塢、桃洲，每春時桃花夾岸，爲遊觀之勝。

極樂山。在古田縣西北二里許。山後有巖曰仙巖，又北有鳳翀峯〔三〕。

翠屏山。在古田縣北一里。一名環屏山，縣之主山也。南爲醴隯山，甘泉出焉。

走馬山。在屏南縣治東。又有御傘山，山形亭亭如蓋。

龜山。在屏南縣東。新志：山形如龜，有洞曰藍洞。其東有金仙巖，一峯挺拔，曰文筆峯。有磨劍石。又東北爲牛頭嶺。又東爲囷闗，有青山書院，舊祀宋朱子。隔溪有山曰小武當。

大丘山。在屏南縣西。其西北有將軍山、金鐘山、馬鞍山。

三台山。在屏南縣治北。又名筆架山。

太湖山。在閩清縣東十里。山椒有湖，約半里許。

臺山。在閩清縣西南半里。山勢半衍，其狀如臺，縣之主山也。又南有鍾南山，上有盤谷巖。舊志：石塔山在縣南，爲縣案山。

芹山。在閩清縣西南二里。高一千五百丈。舊志：相傳白玉蟾煉丹處。

留錢山。在閩清縣西南。舊志：相傳唐乾符間嘗雨錢於此，聲錚錚然，以億萬計，樹木皆折，故名。

大帽山。在閩清縣西南五十里，接永福縣界。周十里，高三千五百丈。舊傳其巔時有鼓聲，雲覆其上，禱雨則應。山半有白巖，高一千五百丈。相近有石屋山、朱頂山。

鼎峯山。在閩清縣西二十里。有雙巖，梅溪流繞其下。又白面山，在縣西，有温泉。

白雲山。在閩清縣西北八十五里。周十五里，高五千八百丈。林木蓊蔚，白雲吞吐。一名棋盤山。中有仙峯巨石。

樫峯山。在閩清縣西北一百里。舊志：山周三十五里，高六千三百丈，北通尤溪縣。通志：樫峯有樫樹，大數十圍，根分枝合，故名。

鳳凰山。在閩清縣東北。形如翔鳳。宋陳祥道與其弟安道，暘卜居山下，其旁有石竹山。舊志：在縣東北二十五里，周十五里，高四十丈。按：此石竹山與福清之山同名。

鐘湖山。在閩清縣東北二十八里大江之西，與侯官、梅埔接界。高五千丈，下有鐘潭，蛟龍出没，人不敢近。山半有湖，水應海潮。

龍泉山。在永福縣東五十里。其巔有湖曰雁湖，地高水深，與侯官雪峯山相望。古諺云：「雁湖深，雪峯沈。雁湖淺，雪峯現。」按：此與長樂縣之龍泉山名同地異。

觀獵山。在永福縣東六十里。相傳越王嘗觀獵於此，故名。元末故總管王翰避地山中，聞元亡自盡。因又名官烈山。

大妃、小妃山。在永福縣東南四十里。寰宇記：在縣東南五十里。昔越王葬二妃於此山，故名。通志：有村曰三島村，旁有巨石潭。上爲方廣巖，有泉如練。元王翰鎸「飛佩」二字。

陳山。在永福縣南十里。中有石龍山，山如龍形。循山之脊爲路，俗呼登龍山。舊志：語云，縣通福清，則龍嶼溪爲十八灣；通興化，則此山爲十八摺。又斗湖山，與陳山並峙。上有四湖，亦名倒湖。湖旁有田。

六洞仙山。在永福縣南陳山之東。相傳有仙居之。每風雨晦冥，時有音樂聲。舊志：山極高秀，西南爲二水之匯。

大張山。在永福縣南二十餘里。穹窿磅礴，羣山拱列其旁。通志：左有小張山。相近有鐵券山，有巖曰曹溪巖，上摩蒼穹。相傳張、趙二仙嘗遊此。

高蓋山。在永福縣西南六十里。寰宇記：在縣西七十里。嘗有紫雲蓋之，故名。有水色如金，亦曰金支山。土人徐登在此得仙。縣志：在縣西四十里。道書以爲第七福地。王閩時嘗封爲西嶽。拾級而上，巨石如牆，道出其中。上有東、西二石室對峙。東室有水簾，自千仞崖巔垂空而下，崖下承之以池，曰龍吟池。峯巒泉石，種種奇勝。通志：徐登得修煉訣，趙炳訪之，徐喜與共飲，正值霜月，草木凋敝，徐噴餘瀝，頃刻林花遍開。今所居名花林莊。徐與兄弟姊妹七人同時上昇，故其地有七仙亭及徐、趙二仙祠。

摩笄山。在永福縣東北三十里。縣之主山也。

常思嶺。在閩縣東南一百里，又東南至福清縣四十五里，爲二縣交界處。高數百仞。一名相思嶺。

北嶺。在侯官縣北三十里，路通連江縣。懸崖而躋，高幾千丈。宋嘉祐三年，侯官令樊紀夷高直曲，踣凹續陷，嶺失故險，今爲往來通道。

鶴嶺。在長樂縣東，西通縣治，東由雲洞大路，達广石、梅花等處。今爲北鄉往來通道。

石尤嶺。在長樂縣南四十里，與福清縣分界。府志：亦名石湖嶺，在縣西南六十里，福清縣北二十五里，兩縣之界。

瀉水嶺。在長樂縣西。旁有巖數十丈，澗水飛瀑可觀。

蒜嶺。在福清縣西南六十里。以山形如蒜瓣而名。登其巔望海，瀰漫無際。舊有照海亭。少東爲棉亭嶺。又縣西六十里有百丈嶺，與莆田縣接界。縣西北有臺嶺，路通閩縣。

螺嶺。在福清縣西北六十里，與閩縣接界。山色黛緑如螺，故名。嶺勢峻岌如懸梯狀，北瞰方山如咫尺。其西北有傀儡嶺，在驛路旁。下有應石，高數丈，過者呼之，其應如答。螺嶺西有仙舉巖，峭拔千仞，與永福縣接界。

金仙嶺。在古田縣東北五里。石磴盤曲，登之可以望遠。上有爛柯石。又縣東北二十餘里有牛頭嶺，宋張浚有詩。

嵩洲嶺。在屏南縣南。巉巖延亘，與古田縣接界。

梅林嶺。在屏南縣。紆迴盤繞，共十八層。

紫微峯。在長樂縣東南。一名柯林山。有白龍潭、瀑布泉。

龍峯。在長樂縣北十里。其西有巖，宋劉砥、劉礪與朱子講學於此，因名曰晦翁巖。

降虎峯。在連江縣西。明統志：在縣西五十里。嘗有虎爲矢所傷，至獨覺禪師庵前，若有所訴。覺爲拔箭，虎馴伏相隨，故名。

寶峯。在閩清縣東北九十里。周二十里，高五千九百丈。

龍都峯。在永福縣西北。拔起千仞，雙崖對峙，宛若洞門，有三石室。最高者曰玳瑁峯，峯南爲雞巖，峯北之半有白巖，即閩清縣界。

道者巖。在羅源縣北。高十餘丈，廣百餘丈，中有石洞。

梅巖。在永福縣東南四十里。高出衆峯，登之可望三江口。

西興巖。在永福縣西。極高，有瀑布水。又西有獅子巖，懸崖出澄潭上。中有石穴，深不可測。鄉人結飛樓於其巔，至今爲通道駐足之地。

極樂巖。在永福縣東北十里。形如伏獅，中有四洞，每洞可容數十人。又縣北有白鶴仙巖，極高秀。

方廣巖。在永福縣東北四十里。舊志：峭拔千仞，上有石室，周圍二千丈，可容千人。石乳參差，下垂瀑布千丈，有泉曰龍尾泉。又有龍樹巖、聽泉巖、瑞松塢、望仙臺諸勝，明林鴻有詩。相近有九天巖。

榴花洞。在閩縣東山。唐永泰中，樵者藍超逐白鹿入石門內，有雞犬人家。見一翁與榴花一枝而出，既而莫知所在。宋蔡襄有詩。

靈源洞。在閩縣鼓山湧泉寺左。巖竇嵌怪，兩旁皆石壁，中劈枯澗深可三丈。相傳王閩時僧神晏安禪於此，惡水聲喧，喝之，水逆東流，西澗遂涸。是謂喝水巖。

越王禁石。在長樂縣東北广石海中。長十餘丈，產紫菜，味珍。王閩時採以充貢，禁民私取，故名。

海。北自福寧府寧德縣界接入府境，南環羅源縣東，又西南環連江縣東，又南環閩縣東、南，又南環長樂縣北及東、南，又南環福清縣東，迤西環縣南，又西南接興化府莆田縣界。元和志：連江縣海在縣東五里。閩縣海在縣東南一百六十里。長樂縣大海在縣東七十里。福唐縣大海在縣東四十五里。閩縣志：閩縣東、南濱海，海潮南則由粗蘆門北湧，東則由閩安鎮西湧，皆會於馬頭江。長樂縣志：縣東南、東北皆濱海，山港澳嶼，迴環爲險。福清縣志：縣潮汐分二派，一派入迎仙港逕江，一派入龍江。而海壇、雙嶼諸處，爲汛守要地。又縣東近境之海，謂之九海，以港嶼曲折也。其外爲大海。海防考：長樂縣西北閩安鎮、五虎門諸處，實爲省城門户。東北广石、梅花所突入海中，與連江縣定海所相對，亦省城右臂也。自梅花至松下巡司，中歷十一澳，皆東沿大海，波濤衝激，並岸水淺，寇船難近。獨松下漸南，與福清接壤，廣、浙商船往往泊此。海壇包其東南，亦有觀音澳、蘇澳可以暫憩。故松下之備宜豫。

閩江。即建江。自延平府南平縣界東南流入，經古田縣西南黄田驛，又五十里至縣南百里之水口驛，北受古田溪水，江始出險就平。又東五十里經閩清縣西北之小箬驛，又東十里，曰閩清口，西受梅溪水。又東南四十里經侯官縣西北八十里之白沙驛，又東南流至縣西北二十五里甘蔗塘南，亦曰馬瀆江。又南流分爲二派。一派自北而東南，歷侯官市至芋原驛，曰芋原江。濱江有石岊山，亦曰石岊江。又曰螺女江，寰宇記所謂在州西北二十五里是也。又東南曰金鎖江，寰宇記所謂在州西二十里是也。又東南至縣西十里，曰洪山江，亦曰洪塘江。又東南入閩縣界，經釣龍臺山下，曰南臺江，亦曰白龍江，寰宇記所謂「南臺江在州南九里，闊九里」是也。又東南經鼓山下而東出爲馬頭江，有巨石如馬頭，潮退則現。亦曰東峽江，而與西峽江會。一派自西而南，經侯官縣西南三十里之高蓋山，曰陶江，亦曰瀨江。又南循縣南五十里之方山西麓，至仙崎山，曰仙崎江，亦曰陽崎江。折而東流，經閩縣界，曰西峽江。兩山夾峙，下通潮汐，闊十餘里。中流有石如砥柱，名浮焦石。俗亦謂之烏龍江。又東至閩縣東南五十餘里，與馬頭江會。二派合而東流，江面益闊。馬頭之北支流曰上洞江，其南曰下洞江。中有獅子石，與方山對峙，巨浸不没。諺云：「水浸方山鼻，不浸獅子耳。」東流經長樂縣西北半里之急水門，閩縣東四十里之閩安鎮，江與大海相接，浩瀚數十里。其北經琅崎山下，曰琅崎江。又東爲閩縣東百里之五虎門，入大海。按：閩江名目不一，其自閩安鎮以東尤多異名。以輿圖按之，長樂縣東北五十里之梅花江，又北曰广石江，皆即馬頭江之海口。又東至五虎門，則大海口也。舊志及通志皆似誤爲分析。

澤苗江。在侯官縣西南。其源爲大樟溪，自永春州德化縣界東北流入永福縣界，合洑口溪。又三十里至窩口，合尤溪界水。又五十里合興化水。又六十里至永福縣治，合閩清界水。又六十里，合福清界水，曰大樟溪。經縣界二百餘里，凡三十五灘，悉皆險峻。又東北流至侯官縣西南之瓜山，曰澤苗江。北注於陰崎江。按：舊志侯官縣西南有浯江，一名黄岸江。受永福諸水，東流爲陰崎江。下注陽崎江。以輿圖考之，當即閩江分流之南派仙崎江，非另有一水也。惟澤苗源資樟溪，是爲巨流。

壺井江。在長樂縣東壺井山下，亦曰壺井澳。舊志：山突江中，居人漸繞成市。又東北曰磁澳江，中有孤山峙海中，分東、西、南、北四澳。可以避風，海舟常泊於此。按：壺井亦即閩江入海處，分歧而名，非有兩江也。

松林江。在福清縣東，去海口鎮十里。至長樂縣東南三十里入海，亦曰松下澳。相近者曰大祉、小祉、龍下等澳。又有海下里江，源出福清縣北二十五里之石尤嶺，下流注江以入海。

龍江。在福清縣南。元和志：丹步渡在縣南百步，其水謂之無患溪。縣志：江有數源：一源自百丈嶺，至鶴林爲鶴溪；一源自靈石山，出與鶴溪合，爲無患溪；一源自斂石山，出爲交溪；西南一源自臺嶺，出爲蘆溪；一源自七仙巖，曰闕溪；一源自石尤嶺，曰澗溪；並流至水陸橋南，衆溪合流，名曰西溪。又東經縣南曰龍首河，又東廣五里，初曰螺文江，宋時改名龍江。又東入海。

逕江。在福清縣南三十里。其源有二：一出故興化縣界金支大澤，流合漁溪；一出黄蘗山，北過鐵場邊，又北與漁溪合爲逕港。南至棉亭，東抵烏嶼門。又南至雙頭嶼，歧而爲二，西出後嶼，東出白嶼，又東復合入海。又有南匿江，在縣南南日里。自莆田縣流入，至南匿山入海。

連江。在連江縣南。元和志：在縣南三百步。府志：一名鼇江，源出羅源縣黄土溪、黄柏潭，古田縣芝浮溪，侯官舊懷安縣桃洲之密溪。三派合流而東，經縣南，環抱如帶。東下合磁窑峽口入海，亦名岱江。江濱有漁滄潭。

羅川。在羅源縣南，源出縣西蔣山。流合金鐘潭，至縣西分爲南、北二溪。北溪穿城中，南溪繞城外，至南莊潭，又分一派入城，曰中溪。至南門，中、北二溪復出與南溪會，合流過南亭橋，旋轉九曲，亦曰環溪。經縣東南六里之松崎山入海，又名松崎港。

桑溪。在閩縣東十二里。通志：閩越王流觴處也。一名龍窟。

鱔溪。在閩縣東。寰宇記：在縣東二十里，源出鼓峯半。名勝志：閩越王郢時，有鱔長三丈，爲民害。郢之第三子曰白馬三郎者，射中之，鱔纏以尾，三郎人馬與鱔俱斃。按：五代史王審知常乘白馬，軍中號白馬三郎。然則稱三郎爲漢閩越王郢之子，亦訛傳耳。

義溪。在閩縣東南六十里。舊志：源出福清縣界，流十五里爲榕溪，又流經緑楊橋曰義溪，入西峽江。

沙溪。在侯官縣西北二十里。源出分水關，經建、劍而下，中有湧沙成堆，故名。流經芋原驛入江。

桐溪。在侯官縣西北三十里。俗謂之桐口。其相近有陳塘溪，俱流入昆江。按：府志有成塘溪，出府西北山中，西南流至甘蔗塘，東南入江，當即陳塘溪也。

大目溪。在侯官縣西北七十里。「目」一作「麥」，亦作「穆」。源出古田縣界。其南爲小目溪，出永福縣界，皆西北流注於馬瀆江。

九溪。在長樂縣東嶺口。舊志：源出六平、首石諸山，流經太平橋，曰觀音溪。又經縣南，下流入馬頭江。又有中溪、竹林溪、資聖溪，皆入江。

祉溪。在長樂縣東南四十里。海濱志：源出福清縣之鏡嶺，流至小祉澳入海。

三溪。在長樂縣南。舊志：福清縣諸溪匯於破石潭，分流爲三，如鼎足，亦名鼎溪。歷四十里，轉由東山港入海。又星溪，在縣西南，源出七巖山，亦曰獵溪，與三溪同入海。溉田千餘畝。

長樂大溪。在長樂縣。源出福清縣仰辰山，流經縣東南三十三里，縈迴溉田千餘頃。西北流入海。

蘇溪。在福清縣西南四十里。源出興化府莆田縣界，流入縣境，合漁溪，匯於逕江。漁溪在縣西南三十五里，源出黄蘗山裏洋，與蘇溪合。又蒜溪，源出蒜嶺，亦流入逕江。

竹溪。在連江縣南。流經龍塘入海。又財溪，在縣東南，源出百丈漈，下流入海。皆有灌溉之利。

周溪。在連江縣西南。又利坑溪，在縣東南，皆流入鼇江。

霍口溪。在羅源縣西四十里。自古田縣流入，又南流入連江縣，即鼇江之上流也。

起步溪。在羅源縣北五里。源出縣西北善化里山頂，南流合松崎港。又九龍溪，在縣北，南流入起步溪。又黄沙溪，在縣西北，流入九龍溪。

古田溪。在古田縣東。三山志：源出建寧界，東南流曰横溪。至上生院，南合薦溪潭，數里合桃溪，東流至縣東北隅龍津橋，合東北溪。又南經戴星洲、鳴玉灘、磨劍石，下百丈漈，曰水口。舊志：横溪在縣西北。又桃溪，出縣西黄蘗山，流合焉。又南合於建江，亦謂之嵩溪。溪上有嵩溪館。縣志：水口爲羣溪匯合之處，亦曰囦溪。水流寬平，無灘石之阻，上下舟楫恒泊於此。

按：此即西溪，爲古田大溪之上源，輿圖所謂出白漈嶺下者是也。古田縣西北與建安界處，今屬屏南縣，曰横溪里，有水曰横溪，東南流，北合屏南縣境雙溪、禹溪、倭溪諸水，至古田縣城北與東溪合，又南流，東合西洋溪水，又南至水口鎮。輿圖亦作劍溪。舊志誤分爲二水。

東溪。在古田縣東。源出縣東北杉洋鎮，西流至縣東，合古田溪。又甘溪，古名藍溪、感溪，一名錦溪，俱流入東溪。

按：輿圖此溪即黄居嶺下之水西流者。感溪即西洋溪。

瀨溪。在古田縣西五十里。舊名瀨里溪。東流經縣南二十五里，入古田溪。

虎溪。在古田縣西八十里。舊志：明洪武初谷口巡司熊彦迪嘗置虎溪寨於此。按輿圖，當即黄田驛東之上洋溪也，南入建江。

梅溪。在閩清縣西五里。源出永福縣西北山中，北流經頂峯山下。又十餘里，雙崖聳峙，中瀉三灘，名曰龍門。又東北流經閩清縣西，又東北經縣北里許，又東北入建江。舊志：江水濁而溪水獨清，故縣以「閩清」爲名。三山志謂之閩清水。又瞿曇溪，在閩清縣西南三十里，源亦出永福縣界，流入梅溪。又演水溪，在縣西二十里，源出尤溪縣界，東流入梅溪。按輿圖，即閩清之南溪也。演水溪即梩嶺下之水東流者。尚有下際溪，出閩清縣東南下際嶺，西北流至縣西，入梅溪。舊志及通志俱未載。

雙溪。在永福縣西三里越峯山下。有二派：一出縣西南山中者，曰洑口溪，亦曰南溪；一出縣西北十七里瑞峯山者，曰漈溪，亦曰西溪。合流爲雙溪，會流入大樟溪，爲澤苗江。

龍嶼溪。在永福縣東南。府志：源出福清縣界，流經縣東之龍嶼，逶迤九曲，十有八折，凡四十里，合大樟溪。

元祐港。在長樂縣東南三十里。舊志：舊有港入海，爲沙所壅。宋元祐中，縣令袁正規開卓嶺後山爲港，抵陳塘港，西注之海。又鑿林岊莊前之山爲渠，直出漳港石梁，南注之江，名曰元祐港。

陳塘港。在長樂縣東北四十里。舊志：宋末陳文龍築田砌塘，因名。水源自梅花山下，會東西濱潤湖、嚴湖，并七十二洋之水，至此深數丈，長十餘里。

西湖。在侯官縣西三里。元和志：在縣西三里。方輿紀要：在府西南三里。晉太守嚴高所鑿，引西北諸山溪水注之，周二十餘里。又有東湖，在府東北三里，亦嚴高所鑿，引東北諸山溪水注之，周二十里。二湖與海潮通，引流溉田，爲利甚溥。唐貞元十一年，觀察使王翃又開南湖於城西南五里，廣二百四十步，接西湖之水，灌於東南。後王審知於子城外環築羅城及南北夾城，皆取土於西湖旁，湖周至四十里。宋慶曆中漸微。嘉祐二年，蔡襄復請濬治。熙寧中，曹穎叔、程師孟相繼修築(四)。淳熙中，趙汝愚復請濬西湖。明萬曆中，亦嘗疏濬。後日就淺隘。舊志：東湖至宋已涸，南湖遂堙，西湖亦僅同池沼。本朝康熙二十二年，總督姚啓聖、巡撫金鋐會議開濬西湖。四十二年，總督金世榮、巡撫梅鋗重濬。旋又湮塞。乾隆十三年，總督喀爾吉善偕巡撫潘思榘，重興工疏濬爲隄，葺湖心之開化寺，及湖旁褒忠祠，其用取贖鍰并入官之田直。事載府志。巡撫潘思榘有記。

長林湖。在長樂縣東。舊志：長三里，闊五十餘丈。宋紹興中，縣令陳可大開溝引湖水溉田，西洩於海，亦名陳令津。

延祥湖。在長樂縣南三里龍門前澳。一帶兩歧，亦宋、元故址。潮汐往來，可通舟楫，溉田千頃。

桃枝湖。在長樂縣南十餘里。舊志：一名桃坑湖。五代王閩時所鑿。宋咸平、熙寧中再濬。周五百餘丈，溉田二十九頃。又南有横嶼湖，一名福湖，亦唐、宋故址，周三百餘丈。

嚴湖。在長樂縣東北。舊志：陳太建初，里人嚴光捨田鑿此。周三千二百八十丈，瀦大畬溪水，又名放生湖。中有小阜曰蠏山。後漸堙。明正統十年，縣民劉彦良疏請濬治，從之。未幾復廢。

濱潤湖。在長樂縣東北。舊志：唐天寶五載，沙合成陂。大曆中，里人林鶚因捨田鑿爲上、下二湖。周一千三百丈，溉民田七百頃。又開溝洩水入陳塘港，至登賢官路而止，名曰東溝。宋元祐中，縣令袁正規鑿卓嶺水道，及登賢官路，遂與東溝相接，名曰龍津。明隆慶、崇禎中，兩經疏濬。其南有林婆湖，相傳林鶚妻趙氏捨奩田所開也。

東塘湖。在連江縣北。瀦水五百頃，溉田四萬畝。隋開皇十三年肇興，唐咸通初令劉逵、宋淳化初知縣事鞠仲謀重浚。明天順四年，知縣歐陽翰大加清飭。天啓末復湮。本朝康熙六年重濬如故。

鑑湖。在永福縣東北。一名沖灣潭，清深莫測。又有龍窟，在縣東，與鑑湖隔仙掌陂，地脈潛通，水痕相應，下流皆注大樟溪。

二龍潭。在長樂縣東南十里。舊志：宋祥符間夏月雷雨，有黑、白二龍從演江飛起，白者處山之陽，因名曰白龍潭，黑者居山之陰，曰黑龍潭，亦曰祥雲潭。

柏山潭。在福清縣東南三十里龍堂山中。又横山潭，在縣西南三十里。龍首漈潭，去横山潭十五里。

清界潭。在福清縣西北十餘里。上有瀑布，下深數十丈。

漁滄潭。在連江縣南。通志：有石刻「漁滄天乙之門」。

湖汰潭。在永福縣。舊志：在縣西十里許，樟溪所經也。溪流皆灘石險隘，僅有小港容舟，惟此潭瀰漫渟蓄，時有龍見。又赤壁潭，在縣東臨海，石壁峭拔皆赤色，故名。

龍湫。在羅源縣。舊志：有二，一在縣西南金鐘山；一在縣西北福源山。二湫相去二十餘里，而泉脉相通。又橫峯龍潭，在縣東南，險絶，人跡罕到。又百丈龍潭，在縣西北山頂，下注爲溪。又險巖龍潭，在縣西北，巖壁高峻，飛瀑百丈，下注於潭。

鳴玉灘。在古田縣東。府志：東西溪合流里許，有石灘横截中流，亘東西岸。舊名洪瀨灘。宋景德中，縣令李堪改名鳴玉灘。

大灣灘。在古田縣南水口鎮二十里閩江險處也。舊志：自水口已上達於浦城，計程六百里。灘石嵯峨，縱横林立，舟行石罅中。至水口則灘險已盡，江流浩瀚，以風阻爲虞矣。

龍門三灘。在永福縣。通志：北連閩清梅溪之水，沿山而流，至十餘里，瀉爲三灘。宋黄幹有龍門三灘記。

螺洲。在閩縣南方山北一里，環洲居民數百家。又投桃洲，在縣東南馬頭江中，有田數千畝。

芹洲。在侯官縣西南澤苗江西岸。湍飛迅急，壅而成洲。周迴二十餘里，居人隱然闤闠。洲多産芹，故名。又名瀛洲。

甘蔗洲。在侯官縣西北二十五里。横亘江心，居民皆種蔗爲業。相近有白龍洲。

罾浦。在閩縣東南。府志：州人多就浦罾魚，故名。石晉開運三年，南唐兵圍李仁達於福州。仁達求救於吴越。吴越兵至自罾浦南，潛入州城，即此。

白鰕浦。在閩縣南。府志：五代漢初，吴越將余安自海道赴救福州。至白鰕浦，海岸泥淖，布竹簀而前。既登岸，奮擊南唐兵，大破之，即此。

歐冶池。在府城内。明統志：在布政司治後，昔歐冶子鑄劍之地，周數里。府志：在冶山之麓，今漸堙塞。

温泉。府境有五：一在閩縣東南城隅湯井巷，二在縣東崇賢里及易俗里，一在連江縣西北光臨里，一在閩清縣東北賀恩里。

神移泉。在閩縣東東山大乘寺側。唐開元中僧守正患汲井遠，一夕靈泉迸發，視遠井則已涸矣。又山有聖泉，唐僧懷一卜居愛同寺西，苦乏水，一日二禽鬬噪於地，卓錫其所，有泉湧出。宋蔡襄有聖泉詩，註云：「俗傳泉湧則民安。是泉涸十餘年矣，今始湧也。」

茖泉。在侯官縣北龍腰山。一名龍腰井，府境第一泉也。通志：宋蔡襄守福州，日試茗，必於龍腰取水，手書「茖泉」二字立泉側。府志：一名龍舌泉。

應潮泉。在侯官縣西北雪峯寺。廣二三尺，水纔數寸，進退淺深，與潮候無少差。

虎跑泉。在連江縣北中鵠里降虎峯下。

惠民泉。在屏南縣西。勺水不盈尺許，潦不見溢，旱不見涸。

七星井。在閩縣。亦名七福井。通志：其六在宣政街東西，一在還珠門外。宋慶曆中，提刑蘇舜元所鑿。紹興間砌七石盂於譙樓之北，注水以厭火災。

煉丹井。在侯官縣烏石山巔。亦名仙井。仙人任放煉丹於此，鑿石得泉。又崔公井，在山旁尊勝堂前。唐觀察使崔干賞其甘美，故名。

古蹟

冶縣故城。在閩縣東北冶山之麓。史記：漢五年立故越王無諸爲閩越王，都東冶。　建元六年，分立餘善爲東越王。　元鼎六年，餘善反。元封元年滅之，詔徙其民江、淮間，東越地遂虚。宋書州郡志：冶縣蓋勾踐冶鑄之所，故謂之冶。吴志：建安初，會稽太守王朗奔東冶，侯官長商升爲朗起兵。孫休永安二年，黜其兄會稽王亮爲侯官侯。宋書州郡志：晉安太守領縣侯官。前漢無，後漢曰東侯官，屬會稽。通考：閩越王無諸開國都冶，依山置壘，據將軍山歐冶池以爲勝。舊志：唐中和間觀察使鄭鎰拓郡城東南隅，是曰子城。天復元年，節度使王審知於子城外環築羅城，周四十里。梁開平元年，審知又築南北夾城，謂之月城。宋開寶七年，刺史錢昱又築東南夾城。太平興國三年，錢氏納土，詔盡毁其城。熙寧二年，郡守程師孟據子城舊基修築，復增拓其西南隅。咸淳九年，嘗增築外城。元至元中復墮廢。至正二十四年，陳友定稍繕完之，即今治也。通志：宋治平中，張伯玉守福州，編户植榕。熙、豐以來，緑陰滿城，暑不張蓋。閩書：榕樹生至福州而止，故福州號爲榕城，或曰榕海。

侯官故城。在今縣治西北。元和志：武德六年，於今州西北三十一里置。八年廢。長安三年重置。貞觀五年，觀察使鄭叔則奏移於州郭。寰宇記：元和三年，觀察使陸淮復奏省入閩縣。五年復置，仍爲州治。舊志：五代晉開運二年，南唐將陳覺欲取福州，自劍州緣江東下。李仁達將楊崇保率舟師拒之，覺等敗之於侯官，即侯官故縣也。今故址名侯官市，亦曰侯官閣。

新寧故城。在長樂縣南。唐置，尋改曰長樂。元和志：縣西至福州一百里。縣志：故城在縣南十五里。唐上元元年，移置六平山吴航頭，即今治。

福清故城。在今縣治東南。唐析長樂地置。寰宇記：縣在州東南一百一十里。明郭萬程縣治辨略：舊治永慶，即今縣永東里，石晉初徙南臺，即今臺嶺。

温麻故城。在連江縣北。晉太康四年，以温麻船屯置縣。元和志：縣西南至福州水陸一百六十里。晉立温麻縣。武德六年，移於連江之北，改爲連江縣。三山志：在今州東北九十里。蓋南宋後始徙而南也。

古田故城。今縣治。唐置。元和志：縣東至福州一百七十里。開元二十三年，開山洞置。東與連江、西與沙縣分界。閩中記：開元二十八年，溪洞逋民劉疆等千餘歸化。都督李亞丘以聞，明年始立爲縣。當環峯複嶂間，平陸二十五里，版垣墉高丈許，步三百，右挾建溪，州城實東南面也。永泰二年，析侯官、尤溪二縣地以益之。宋縣令李堪古田縣記：太平興國五年，轉運使楊克讓奏遷邑治於水口。端拱元年，轉運使崔策復還舊治。舊志：縣舊置於雙溪之匯，屏山之南，即今治也。其宋初所移，即今水口鎮。

原豐廢縣。在閩縣。晉置，屬晉安郡。宋書州郡志：太康三年，省建安典船校尉所立。按：陳置豐州，取縣爲名。後以縣廢入侯官，因改侯官爲原豐。

懷安廢縣。在侯官縣西北。宋置。寰宇記：縣在州西北四十五里。太平興國六年，割閩縣敦業等九鄉置。三山志：縣初治芋原江北三十里。咸平二年，移置石岊，廣故驛爲縣治。東南去州城二十五里。府志：元至元二十二年，遷於縣西，尋復故。明洪武十二年，移入郭内。萬曆八年，併入侯官縣。

永貞廢縣。在羅源縣南。五代時王閩置。寰宇記：縣在州東北二百十里。唐大中元年，割連江一鄉置羅源場。至後唐長興四年，改爲永貞縣。宋改曰羅源。邑人陳祚羅源縣記略：舊治在今水陸寺西隅，界雙溪之間，水潦時至。慶曆八年，遷於戴坑。四山環合，其背如翔鳳，其前則奇峰拱列，東兩溪夾左，西三川夾右。即今治也。

永泰廢縣。在永福縣西。唐永泰二年，析侯官、尤溪二縣地置，以年號爲名。元和志：縣東北至福州二百五十里。觀察使李承昭開山洞置。縣東水路沿流至侯官縣，西泝流至南安。南北俱抵大山，並無行路。三山志：在州西一百二十里。崇寧初避哲宗陵名，改曰永福。

福州故衛。在閩縣。明統志：左衛、右衛俱在府治東北，中衛在左衛東。俱洪武二十一年置，本朝康熙五年裁。

梅花廢所。在長樂縣東少北四十里梅江頭山上。本曰北鄉巡司，明洪武十年始築城。二十年，移置巡司於蕉山，改建梅花所。增拓舊城，周六百四十八丈，門三，外環以濠。本朝康熙三年裁。

萬安廢所。在福清縣東南一百二十餘里。明洪武二十年置千户所。築城周五百二十五丈，門三。本朝康熙三年裁。

定海廢所。在連江縣東北八十里。明洪武二十年置千户所。築城周三里有奇，門三。本朝康熙三年裁。

校尉營。在閩縣東芝山南。三國吴立典船校尉，造船於此。

梅溪場。今閩清縣治。舊唐書志：福州有梅溪縣，新置。寰宇記：閩清縣在州西北一百五十里。唐貞元元年，割侯官一十里爲梅溪場。梁乾化元年，改置爲縣。按：新唐志貞元初置梅溪縣。今元和志福州領九縣，無梅溪，舊唐書亦曰新置。斷以寰宇記爲是。

毬場。在侯官縣治山東南麓。唐馮審毬場記曰：刺史裴次元闢毬場於城之東偏，曰左衙營。其北乃連接山麓，搆亭爲記，稱「二十九奇景」。

銀場。在永福縣西。九域志：永泰縣有黄洋、保德二銀場。府志：縣西有保德里。又有銀礦在縣西，地名太原。宋元豐中嘗鑿取之。

鹽場。在長樂縣。九域志：長樂縣有鹽場一。又羅源縣有鹽場一。長樂縣志：嶺口鹽場，舊在縣治西隅臨水渡側。宋熙寧中運使賈青移置於東隅嶺口。歲納鹽二百四十萬斤。寶祐中革。

金坑。在古田縣東北六十里。九域志：縣有金坑一。又縣有寶興銀場。縣志：銀場在縣西北二百里，近三峯、禹溪，當建安、壽寧、松溪、政和諸縣之衝。宋天禧二年開，紹聖二年罷。明初屢開屢罷，弘治五年設軍防戍。又有龍嶺坑、游家坑、赤巖坑，皆有銀礦。嘉定初賊據寶興叛。萬曆二十七年復開採，尋以利微而罷。三十三年封閉。

進貢廠。在閩縣東南門外柔遠驛北。明初建爲外國使臣館舍。

陶竈。在侯官縣戰坂西。通志：梁開平元年，閩王審知築夾城，陶甎於此。審知命陶者每甎上印錢文。其後國歸吴越錢氏，人以爲先兆云。

啓運宫。在閩縣東開元寺。舊志：宋景德初建於西京，以奉六聖神御。後遷東京。建炎初東京陷，遷於福州。

水晶宫。在侯官縣西西湖上。舊志：閩王時築室，時攜後宫遊焉。

垂拱殿。在府城布政司署内。舊志：即五代王閩時明威殿。宋端宗航海時駐此，重建改名。又有長春、寶皇、大明、紫微、東華、躍龍諸宫，及文德、文明、大酺等殿，皆王閩時所造。錢氏納土後悉燬。

全閩第一樓。在府城布政司儀門之南。通志：唐元和十年，觀察使元錫建，即威武軍門也。宋嘉祐八年，郡守元絳更爲雙門，建樓十楹。熙寧二年，程師孟始置壺漏鼓角。又爲兩樓以翼之，左曰宣詔，右曰班春。後屢燬屢修。其銅壺爲宋儒陳普所鑄，晷刻不差，今無存矣。

鎮海樓。在府城北越王山巔。明初跨山築城，先作樓爲式樣，名「樣樓」。後更名鎮海樓。本朝乾隆六十年修。

清風樓。在閩縣。三山志：在舊小廳西南。蔡襄詩：「郭外清溪溪外山，溪雲飛上破山顔。清明天氣琉璃色，何處峯頭帶雨還。」

拱極樓。在閩縣英達坊。宋鄭性之建，理宗親書扁，石刻尚存。

蕃宣樓。在侯官縣。三山志：在府城西北隅，舊碧峯亭也。熙寧中改築子城，上建九樓，曰蕃宣、西河、五雲、三山、清微、東山、堆玉、綬帶、望雲。今惟清微、東山與此樓存。

經史閣。在府學内。宋教授常濬孫建，朱子作記。

衣錦閣。在閩縣。三山志：在九仙樓東，舊名賞心閣。宣和五年，以余深典鄉郡改名。

三山閣。在閩縣平遠臺東。宋時建，許敦仁有詩。

超凡閣。在閩縣鼓山。飛搆層巔，登眺使人有超然出塵之想。

澄瀾閣。在侯官縣西湖上。三山志：趙汝愚建。

鎮閩臺。在府城布政司南虎節門外。五代王審知築。宋大中祥符間改名還珠門。本朝康熙二十年改建，名獅子樓。六十年重建。

坐嘯臺。在閩縣逍遥堂之北，舊養和亭也。宋熙寧二年，程師孟築爲臺，名玩月。紹興二年，程邁改今名。

威武臺。在閩縣。三山志：在城隍廟東。熙寧二年，程師孟築。

平遠臺。在閩縣九仙山最高處。

釣龍臺。在閩縣南臺山上，亦名越王臺。寰宇記：越王無諸於此釣得白龍，因名。閩書：舊記越王餘善釣得白龍於此，築臺表瑞。臺高四丈，週迴三十六步。臺上可坐百餘人，有達觀亭、碧光亭。宋時諸公皆有詩。

長樂臺。在侯官縣烏石山上千福院中，郡人遊眺之所。宋湛俞詩：「茉莉曉迷瓊檻白，茘支秋映綺筵紅。」又絶頂有鄰霄臺，一名凌霄臺。東峯有沖天臺，舊名放鶴亭，爲唐崔干放鶴處。

高風臺。在侯官縣西鳳凰山下香巖寺之西。通志：舊有臺址。元貢師泰增築之，名曰高風。上建鳴鳳亭。師泰皆自爲記。

任公臺。在侯官縣北昇山絶頂。唐任敦於此上昇。宋陳鑄有詩。

乘雲臺。在侯官縣西北雪峯山上。

春野亭。在閩縣。三山志：在日新堂東南，慶曆二年蔡襄建。又舊州治有雙松亭，亦襄建，并書額。

萬象亭。在閩縣。三山志：在燕堂之北，紹興十四年葉夢得建。

元公亭。在閩縣鼓山。宋嘉祐中建。元絳詩：「誰書吾姓揭亭顔，棟宇飛甍氣象寛。谷口秋風吹鬢髮，海東朝日上欄干。」今爲郡人遊玩之地。

天風海濤亭。在閩縣鼓山大頂峯。宋淳熙間建。趙汝愚詩：「幾年奔走厭塵埃，此日登臨亦快哉。江月不隨流水去，天風直送海濤來。」朱子愛之，遂書四字刻石，因以名亭，并書扁焉。

道山亭。在侯官縣烏石山。宋程師孟建。曾鞏記曰：程公爲是州，得閩山嶺岑之際，爲亭於其處，以爲登覽之勝。可比於道家所謂蓬萊、方丈、瀛洲之山，故名之曰道山亭。

環峯亭。在侯官縣越王山。宋乾道中賜宸翰。

四見亭。在侯官縣越王山。宋建。劉瑾有詩。

奎華亭。在侯官縣西怡山西禪寺中。藏宋太宗宸翰。

馬江亭。在長樂縣西北半里馬江渡之北。舊名臨江館。宋元祐中建。明隆慶三年，知縣蔣以忠重建爲駐節堂。

迎恩亭。在長樂縣西北馬江，地名吴航頭。蓋五代吴越兵入閩時泊船處也。今名馬頭埠。

溪山第一亭。在古田縣北。宋淳熙二年建。有朱子書扁。

日新堂。在閩縣。三山志：慶曆六年蔡襄建。建炎三年，以爲安撫廳。

止戈堂。在閩縣。三山志：安撫廳舊甲仗庫後，有堂曰武備。紹興二年，韓世忠討平建寇改名。

燕堂。在閩縣。三山志：嘉祐四年，燕度建安民堂。熙寧中改名。

眉壽堂。在閩縣。三山志：在燕堂西南。紹興十年，張浚判福州，爲其母秦國夫人建。

松風堂。在閩縣鹽倉山。宋李綱謫居時寓之。有海月、來薰二亭。又有明極堂。

風月堂。在羅源縣南華洞。宋林迥隱居處。陳襄詩：「四時花木錦繡谷，十里江山水墨屏。」

石室清隱齋。在侯官縣烏石山麓。宋朱子講學處，手書「石室清隱」四大字鐫於石。

安適軒。在長樂縣東南竹林寺。宋唐最有詩。

虞公庵。在閩縣東山之麓。梁、陳時虞寄所居。陳寶應遣人燒之，寄安卧不動，縱火者旋自救之。

甘棠院。在閩縣舊州治。三山志：開寶九年，郡守錢昱建。中爲夢蝶、枕流、臨風、綺霞四亭。其南爲門，牓曰甘棠。皇祐四年，劉夔於其東建逍遥堂。治平元年，元絳又建忠義堂於逍遥堂南。熙寧八年，元積中更甘棠門名爲春臺館。

德成精舍。在長樂縣東北籌峯山。唐林愼思讀書處。宋朱子題其巖曰「德成」，以水部德成於此也。

滄洲草屋。在長樂縣籌嶺。明陳亮隱此，中有儲玉樓、滄洲十勝，與高棅、王恭文酒過從，爲「九老社」。

同仁館。在長樂縣西。明弘治五年，知縣潘府建。

環玉館。在羅源縣西一里許。宋余深建爲聚書之所。周環皆水，故名。

柏衙。在閩縣東南通津門外，元行省郎中拜特穆爾居此，俗呼柏衙前。「拜特穆爾」舊作「柏帖穆爾」，今改正。

王審知宅。在閩縣東慶城寺南。

許將宅。在閩縣舊縣治東鳳池坊。

朱倬宅。在閩縣舊縣治西。

鄭善夫宅。在閩縣鼇峰坊。自題其堂曰「遲清以見志」。又有别業曰桑苧園，在高湖墩，自書「少谷柴門」。有清野堂。

周朴宅。在侯官縣烏石山鱗次臺。

陳襄宅。在侯官縣古靈村。

張經宅。在侯官縣文儒坊。舊在洪塘半洲。

陳貴誼宅。在福清縣埸前街。

葉向高宅。在福清縣魚市街。

鄭俠宅。在福清縣南。今名鄭公坊。

黄祖舜宅。在福清縣東南大壤山。

李彌遜宅。在連江縣西北清河里濂湖山之麓。有筠溪、釣臺，彌遜所築，舊址猶存。

陳祥道宅。在閩清縣東北鳳凰山下。

黄定宅。在永福縣東。方輿紀勝：宋乾道丙戌狀元蕭國梁居縣之重峯，己丑狀元鄭僑居縣之龜嶺，壬辰狀元黄定居縣之龍湫，時稱「百里三狀元」。

古籀文石刻。在閩縣鼓山。通志：有石横亘五十餘丈，刻籀文其上，多不可識。

般若臺大篆。在侯官縣烏石山華嚴巖左。唐大曆七年，李陽冰書。與處州新驛記、縉雲縣城隍記、麗水忘歸臺銘，世稱「四絶」。

石室仙篆。在永福縣六洞仙山。通志：山南石室，有古篆十字，不知何代書。

關隘

雙溪公館隘。在屏南縣北，接政和縣界。明萬曆十七年，以礦徒作亂創建，撥兵防守。又分水隘，去雙溪八十里，與建安縣接境。禹溪隘、嚴家洋隘，去雙溪五十里，與政和縣接境。嚴家坑隘，去雙溪四十餘里；前墩隘，去雙溪七十里；皆與寧德縣接境。並萬曆中置守兵。

閩安鎮巡司。在閩縣東。九域志：閩縣有閩安鎮。府志：在閩縣東四十里，有巡司。明洪武二年置。又有閩安税課局，與巡司同置。今廢。海防考：海水潮汐，與馬江會於閩安鎮。有兩口，一東出雙龜門外，繞壺江、五虎；一南出琅崎門外，繞广石、梅花。閩安爲江海之鎖鑰，而會城之門户也。通志：鎮有城，本朝順治十五年建。

五虎門巡司。在閩縣東南海中五虎山。明洪武二年，置官母嶼巡司。本朝初移駐南臺。乾隆四十五年復舊。

永慶巡司。在閩縣南尚幹里。本朝乾隆十年設。

竹崎巡司。在侯官縣西北六十里，濱江。明正統六年置。

五縣寨巡司。在侯官縣西北九十里。舊屬懷安，以其地接閩縣、侯官、古田、閩清五縣交界，故名。元至元三年置巡司。本朝雍正十二年，移駐南嶼。

江口巡司。在福清縣南江陰里。元置巡司於南日里，名南日巡司。明洪武二十年，移置於壁頭山，在縣南百里。

東岱巡司。在連江縣東。舊有城，本朝康熙八年修，移北茭巡司駐此。

潦門巡司。在永福縣西四十里。宋時置巡司於縣南之辜嶺寨。元至元中移於保德里之潦門。明景泰四年，又移於縣西嵩口埕。成化八年爲水所圮，仍復故所。

小祉鎮。在長樂縣東二十五里。舊有巡司，明洪武初置。嘉靖四十年，葺寨爲城，周一百八十七丈。崇禎六年，移治大祉澳，南去舊治數里。又縣東北四十餘里，有黄崎寨，與仙崎、广石、東山，名「把截四寨」，爲沿海要地。

石梁蕉山鎮。在長樂縣東三十里。旁有蕉山，故名。明洪武二十年，自梅花所移巡司於此。隆慶三年，知縣蔣以忠始城之。周三百六十丈，門四，今廢。

松下鎮。在長樂縣東南三十五里。舊有巡司。明洪武初置於福清海口。二十年移置於此。爲長樂咽喉，福清門户。嘉靖三十九年，拓寨爲城，周三百十六丈。崇禎九年，知縣夏允彝更擴之，周四百八十丈，門四，水關一。又龍下城，在縣東南三十里。嘉靖四十年，居民築以備倭，周一里。

海口鎮。在福清縣東二十里。九域志：福清縣有海口鎮。舊志：北倚龍山，南去瑞巖山二里。宋里人林遷創建。有城，周八百八十五丈，門五。元時置海口務於城内。明初改爲海口税課局，並置河泊所於此。今廢。

化南鎮。在福清縣東南六十里。地名前薛，有民城。明嘉靖中築以禦倭。其東北數里曰化北鎮。相傳隋時掠琉球五千戶居此，因名。

牛頭門鎮。在福清縣東南一百里。明洪武十二年，移逕江口巡司於此，改名。又有錦屏巡司，在縣東南。今俱廢。

沙塘鎮。在福清縣南五十里。有民城。明隆慶間築。又逕江鎮，在縣西南。宋置逕口務，明洪武初改爲逕口税課局。

蛤沙鎮。在連江縣東北五十里。崖石峭立如壁。明洪武十六年，置河泊所於此。二十年築城。今廢。十八年圮於水，因自水南移於水北。又南門税課局，在縣南龍首河北。元置南門務，明初改。今皆廢。

北茭鎮。在連江縣東北一百里海中。西北至羅源縣八十里。本名荻蘆鎮。宋淳祐三年，置荻蘆寨，有水軍千人，亦曰武濟水軍。元置巡司。明洪武二十年改今名，並築城，與定海相爲脣齒。今廢。

應德鎮。在羅源縣西南二十五里，與連江縣接界，爲往來通道。

杉洋鎮。在古田縣東一百二十里。東去羅源縣一百三十里。舊有巡司。宋、元時置，地有銀坑，多礦盜。明正德二年，增設通判駐此。嘉靖十年革巡司，改置捕盜館於此。

水口鎮。在古田縣南九十里。九域志：古田縣有水口鎮。縣志：東南至府城一百八十里，即宋初所遷縣治也。延津上游，此爲鎖鑰之口。景德遷縣後，設監鎮官於此。又鹽運分司亦治焉，有浮橋横於江津，朝夕驗放，亦曰水口關。自水口而上五里，有塔嶺亭。西往南平，北往古田，分歧於此。又鎮有水口驛，舊設驛丞。本朝乾隆八年裁，移縣丞駐此。

谷口鎮。在古田縣西南八十里。舊有巡司。宋大中祥符五年，置於水口鎮。元移置於此，改曰谷口巡司，明正統初革。又西溪鎮，宋置巡司，明洪武十二年革。

青窑鎮。在閩清縣東。舊有巡司。又縣南有税務，皆元置明廢。

大樟鎮。在永福縣東五十里。舊名永泰鎮，後改。

金牌寨。在閩縣東。又圓山寨、崇新寨、登高寨及塘頭、中洲礮城、羅星塔，舊皆有民城，明嘉靖間爲備倭築。本朝康熙五十六年，總督覺羅滿保修葺。

鎮東寨。在福清縣東二十里。明洪武二十年，置鎮東衛，築城，周八百八十餘丈，門四。本朝康熙三年裁衛，改爲寨，有守備駐防。

小埕寨。在連江縣東一百二十里海中。明初置。籌海説：小埕，北連烽火，南接南日。連江爲福郡之門户，而小埕又連江之門户也。

南灣寨。在羅源縣東北五十里。舊有巡司。元初置於簾山，後徙於此。明初廢。

大田驛。在閩縣南七十里。

三山驛。在侯官縣西南中衛鋪。西抵芋原，南抵大田。明洪武間置驛丞。本朝康熙三十八年裁。

芋原驛。在侯官縣西北三十里。舊有驛丞。本朝康熙三十八年裁。

白沙驛。在侯官縣西北八十里。北至水口驛一百二十里。

宏路驛。在福清縣西三十里。北去閩縣大田驛六十里。元至元間置。

蒜嶺驛。在福清縣西南六十里。元至元間置站。明洪武間改爲驛。

黄田驛。在古田縣西南八十里。南至水口驛五十里，北至延平府嵢峽司四十里。

校勘記

〔一〕屬會稽郡　「郡」，原作「部」，據乾隆志卷三二五福州府建置沿革（下同卷簡稱乾隆志）及本志上文改。

〔二〕滿前青嶂千屏立　「立」，乾隆志同，明弘治八閩通志卷七三宫室志引蔡殯詩作「列」。

〔三〕又北有鳳翀峯　「翀」，原作「肿」，據乾隆志及雍正福建通志卷三山川改。

〔四〕熙寧中曹穎叔程師孟相繼修築　「曹穎叔」，原作「曹穎升」，乾隆志作「曹穎督」，皆誤。考萬曆福州府志卷八建置志西湖條云：「其初甚廣，五季漸湮，宋守曹穎叔、程師孟、蔡襄漸次修築。」乾隆福州府志亦云。曹穎叔，宋史卷三〇四有傳，云「儂智高寇嶺南，朝議以閩中久弛兵備，擢天章閣待制、知福州」，則曹穎叔其人無誤。蓋叔、升、督三字行草書相近，故傳寫訛也。今據改。又考儂智高反事在宋皇祐間，則曹穎叔知福州亦當在其時，此統言熙寧中，亦殊誤。

大清一統志卷四百二十六

福州府二

津梁

去思橋。在府城内東門。舊名澳橋。宋郡守謝泌甃石重建，後人思之，故名。又有横嶼斗門橋，在縣東，爲閩及連江二縣水利所關。

安泰橋。在府城内南街。宋宣和中郡守陸藻建，並創亭其上。亭今廢。

萬壽橋。在閩縣南十里，跨南臺江上。元大德七年建。本朝乾隆五十九年重修。石梁長三百餘丈，水門三十九，翼以石欄，南北搆亭，俗名大橋。

中洲橋。在閩縣萬壽橋之南，又名江南橋。本朝乾隆十六年，因舊址甃石爲梁，長四百四十尺，廣三十八尺。邑人何際述等捐修，巡撫潘思榘爲記。

行善橋。在閩縣雙溪里。本朝乾隆三十五年修。又相近有鳳坂墩橋，四十九年修。江墘橋、鱔潭橋、聖公橋、秀嶺墩橋、上下渡橋，俱五十五年修。歸善橋、長壽橋，俱六十年修。

長福橋。在閩縣鼓山里。本朝嘉慶元年修。又相近有福善橋、將軍橋、通濟橋，俱二年修。

十四門橋。在侯官縣西南超山下。釃水爲十四道。

洪山橋。在侯官縣西十里洪塘鋪口。明成化中建。本朝康熙二十五年、乾隆二十四年修，嘉慶二十三年重修。長一百二十三丈，水門三十有四，蓋橋屋九十三間。府境橋梁，洪山與萬壽最巨。

太平橋。在長樂縣東。一名觀音橋。明隆慶五年重建。

錦橋。在長樂縣東南。宋淳熙十二年建。石梁十五間，長五十丈，上接元祐港，下通漳港。其石欄鑱文如錦，故名。

龍江橋。在福清縣東南十五里。宋政和三年建。長一百八十餘丈，爲梁四十有二。初名螺江橋，後更名永平，紹興中又改今名。

龍首橋。在福清縣東南。宋建。明萬曆三十四年重建。本朝康熙十年、雍正五年修，乾隆二十六年重修。長五十五丈。

光賢橋。在福清縣西南蒜嶺，跨東溪之上。本朝乾隆十六年修。

交溪橋。在福清縣西。宋宣和四年建。跨交溪，長四十丈，爲梁二十。後又改名登龍。

通仙橋。在連江縣東安海嶺之西。一名仙安橋。宋嘉定十六年建，本朝乾隆三十六年修。又鼓樓巷橋，在學宫陳祠前。初甚狹，亦於是年拓修。

通濟橋。在連江縣南，跨鼇江。累石爲梁，凡一十六間，長五十六丈有奇。俗呼爲江南橋。宋政和中建，本朝康熙、雍正、乾隆年間屢修，嘉慶六年重修。

安利橋。在連江縣西南。宋建。爲梁十九，長六十五丈。初名惠政橋，後改。又名潘渡橋。

迎恩橋。在連江縣西門外。本朝康熙四十二年重建，嘉慶六年修。

朱公橋。在連江縣西北。宋嘉祐三年建。長二十一丈，水門七。本朝康熙初修，乾隆四十四年重修。

拱辰橋。在連江縣北門外。本朝康熙五十一年修，嘉慶六年重修。

溪尾橋。在連江縣北。長十餘丈。宋淳熙三年建。本朝乾隆二十八年重建，嘉慶二年修。

賢義橋。在連江縣。舊名塔橋。長十七丈。明萬曆四年修。本朝雍正十三年、乾隆二十六年、嘉慶元年重修。

紅亭橋。在連江縣。本朝康熙八年建，嘉慶七年修，并建橋亭。

週溪橋。在連江縣陀嶺。本朝雍正五年修，嘉慶九年重修。

傅溪橋。在連江縣白鷺洋。本朝康熙四十九年建，嘉慶元年修。又普利橋，乾隆十三年建，嘉慶元年修。

金橋。在連江縣官嶺。本朝乾隆三十三年建，嘉慶九年修。

長興橋。在羅源縣招賢里。明嘉靖間建。

萬安橋。在古田縣東，跨東溪，構亭其上，四十七間。元建。

丁字橋。在古田縣東北六十里，地名重峯。宋建。二水合流，一縱一横，形如「丁」字，故名。

玉帶橋。在屏南縣南，有玉帶河，故名。

龍津橋。在閩清縣東。宋建，元至正十年重建，覆以亭。

樟鎮橋。在永福縣東大樟溪口。

大義渡。在閩縣東南。唐貞觀中，州帥衛總持見其處商旅賓主有序，因名。三山志：蔡襄知福州日，自大義渡夾道植松，達於泉、漳，人歌之曰：「夾道松，夾道松，問誰栽之我蔡公。行人六月不知暑，千古萬古搖清風。」

西峽渡。在閩縣東南。峽門風濤險惡，元至正中置渡船，兩岸有亭，爲行人憩息之所。

陽崎渡。在侯官縣西南。波流最險，元鄭潛造舟濟之，有石刻曰「鄭公渡」。又澤苗渡，一名白苗渡，亦潛所置。

隄堰

海隄。在閩縣。新唐書志：在閩縣東五里，太和二年，令李茸築。先是，每六月潮水鹹鹵，禾苗多死，隄成，瀦水植稻，其地三百户皆爲良田。

西湖隄。在侯官縣。府志：在府西南三里。因湖八里有餘，爲隄一千三百六十二丈有奇。乾隆十三年，總督喀爾吉善、巡撫潘思榘興工疏濬爲隄。

長樂海隄。在長樂縣。新唐書志：在長樂縣東十里。太和七年，令李茸築。立十斗門以禦潮，旱則瀦水，雨則洩水，遂成良田。

棉亭洋隄。在福清縣西南，自雙髻山至鷓鴣峯下。宋祥符元年，僧惟真截溪十八派，築隄八百十丈，溉田四十餘頃。又白鱗、蟹嶼二洋，皆在逕江金山邊，長千餘丈。

淋汶堰。在侯官縣西。長二百餘丈。明萬曆間築。本朝康熙五十九年，溪漲衝決。雍正六年修。

洋塘。在長樂縣東。長一千二百丈，以蓄清禦鹹，大爲民利。又有西洋塘，長九百五十丈。舊志：二塘即今所謂白芒坑也。相近又有崔塘，西抵海埕，長一千一百二十丈。

閭山塘。在長樂縣東。一名旅山塘，長三千餘步。明洪武中典史黄本築，瀦陳塘港水以溉田。又海路塘，長一千五百餘丈，東至小嶼山，南至沙京斗門。宋時築以障海潮，明初修。

普塘。在長樂縣東南。長一千五百丈，隄長三萬餘丈。明弘治十二年，知縣王涣修。

大塘。在長樂縣西南。長三千七百丈，從二斗門達海。旱則瀦，潦則洩。又縣南有丁塘，長七百丈。前曾塘，長二百丈。

瑞雲陂。在侯官縣保安里。長一百十丈，闊三尺，深二尺。

祥符陂。在福清縣東南。一名石塘陂。長五里。宋祥符中知縣郎簡築。

元符陂。在福清縣西南。唐天寶間築，名天寶陂。宋祥符中修。元符中知縣莊柔正鎔銅汁以固其基，名元符陂，圳長七百餘丈。

蘇溪陂。在福清縣西南。宋天聖中築。溉田千餘頃，派别爲蓮塘十六頃。

賢良陂。在閩清縣西南。舊志：宋陳暘拜石得泉，獲灌溉之利。暘嘗應賢良科，故名。

南莊潭壩。在羅源縣西南半里。引羅川水，溉田二千餘畝。又蔣坑壩，在縣西北半里。引水溉縣北田百餘頃。

陵墓

漢

閩越王郢墓。在閩縣東遂勝里。

閩越王無諸墓。在閩縣南二里嘉崇里祖廟亭後，有廟在南臺山。

東越王餘善墓。在侯官縣西舊懷安縣靈耆里。

大妃、小妃墓。在永福縣。寰宇記：在永福縣東南五十里，昔越王葬二妃於此，鑄鐵蓋以掩之。

唐

陳巖墓。在侯官縣北。通志：在府城北關外太平里。歲久湮没。本朝康熙四十三年，土人掘地，得參軍黄璞所撰巖墓銘石，移置府學中。五十年，里人修復巖墓，納銘於塚，搆山亭其旁。按：五代史閩世家：光啓二年，福建觀察使陳巖表王潮泉州刺史。景福元年，巖卒，其壻范暉自稱留後，則巖之墓當在景福、乾寧間也。

林慎思墓。在長樂縣東十四都大墓山。

常衮墓。在永福縣。通志：在永福縣葛嶺。衮卒於官，子遂宰永福，卜居連江，葬衮於此。本朝雍正七年修。

五代

閩王王審知墓。在侯官縣北蓮花峯下。通志：明宣德四年，爲盜所發。萬曆三十六年，裔孫苑馬卿臨海王亮重修。

宋

劉彝墓。在閩縣東東山薯坑。

許將墓。在閩縣東北湯門外澗田。

楊宏中墓。在閩縣厚山。

林之奇墓。在侯官縣西一都清泉山。本朝雍正八年修。

李綱墓。在侯官縣西北沙溪山。

黄幹墓。在侯官縣北長箕山。

朱倬墓。在侯官縣賢沙山。

黄洽墓。在侯官縣靈光山。

趙以夫墓。在長樂縣東十餘步。

鄭性之墓。在長樂縣南八都阮山。

高應松墓。在長樂縣泉元里。

敖陶孫墓。在福清縣東東皋山。

林公遇墓。在福清縣西南清遠里翁陂山。

劉砥墓。在福清縣西修仁里應乾寺後。

李彌遜墓。在連江縣南新安里石門寺側。

劉礪墓。在連江縣寶林寺東。

張璠墓。在羅源縣西重下里鳳山寺後。

趙汝騰墓。在古田縣西十二都半坑壠。

林用中墓。在古田縣北屏山下。

鄭俠墓。在閩清縣西南新豐里水南山。

陳祥道墓。在閩清縣東北賀恩里白雲寺東。

元

王翰墓。在永福縣龍泉山。

明

羅泰墓。在閩縣瑞峯山。

葉向高墓。在閩縣臺嶺山。

鄭善夫墓。在侯官縣西五里梅亭山。明郡守汪文盛營造。墓前有「閩少谷子墓」五字。本朝康熙三年，知府吴六一修。

林瀚墓。在侯官縣北龍腰山。子庭棉墓，在閩縣樟林山；庭機墓，在侯官縣沙溪山。孫爊墓，在侯官縣芋原山；熞墓，在閩縣永南里。

葉福墓。在侯官縣前園山。

古麻剌國王墓。在侯官縣茶園山。通志：明永樂間國王入貢，以疾卒，賜謚康靖，葬於此。

林春澤墓。在侯官縣錦溪山。

張經墓。在侯官縣芋坑山。墓前有東南戰功第一坊。

李騏墓。在長樂縣東南沙京龍窟山。

林公黼墓。在長樂縣東南十三都大馬山。

馬鐸墓。在長樂縣東北大宏里龍臺山。

高棅墓。在長樂縣半占山。

祠廟

常公祠。在府學。祀唐觀察使常袞。唐書：閩人春秋配享袞於學宮。

朱子祠。一在府城内天皇嶺；一在烏石山麓，曰先賢石室；一在冶山東，曰文筆書院；一在城西門外，曰西湖書院；一在石井巷；一在共學書院；一在九仙山麓；一在合北里。

黄勉齋祠。在府學射圃之左，祀宋儒黄幹。又貢院南有道原祠，幹與林之奇並祀。

曾公祠。在閩縣九仙山麓，祀宋太守曾鞏。

羅豫章祠。在閩縣嵩山麓，祀宋儒羅從彦。舊在郡城北，本朝雍正十年遷建，以李侗、朱子配。

胡氏五賢祠。在閩縣藤山麓。祀宋儒胡安國父子及從子憲。本朝康熙四十五年，賜額曰「霜松雪柏」。乾隆三年修。

劉氏諸賢祠。在閩縣鳳岡。祀宋儒劉彝、劉康夫、劉藻、劉砥、劉礪。明永樂中建，本朝康熙十六年修。

樟隱祠。在閩縣龍山左所。祀宋祝穆。舊在城内東街。明崇禎三年建，本朝康熙元年燬，乾隆二十八年遷建。

林素齋祠。在閩縣金鼎峯。祀明濮州知州林真。建文末靖難師起，真不屈死，妻陳氏自焚。本朝雍正七年建，乾隆十七年修。

世忠祠。在閩縣治左。祀明林瀚及子庭㭿、庭機，孫爁、熞。

崇報祠。在閩縣九仙山南。祀明都御史林廷玉、副使高文達。又山巔有報功祠，祀明户部尚書馬森。

林公祠。在侯官縣山兜尾。一在長樂縣大宏里，祀唐林慎思。

六賢祠。在侯官縣越王山。祀宋儒周敦頤、程顥、程頤、邵雍、張載、朱子。

周子祠。在侯官縣烏石山麓。祀宋儒周敦頤。本朝乾隆十一年重建。

九賢祠。在侯官縣烏石山般若臺旁。一名清苕書院，祀宋儒楊時、游酢、胡安國、羅從彦、李侗、蔡元定、蔡沈、黄幹、真德秀。本朝康熙年間學臣沈涵奏建，以明提學道沈儆炌配，後肖像祀涵於後堂。乾隆九年修，二十九年重修。

道南祠。在侯官縣光禄坊。祀宋儒楊時。宋寶祐六年建，明成化元年重建，並祀羅從彦、李侗、朱子。本朝康熙二十四年修。

李延平祠。一在侯官縣楊橋巷；一在越王山；一在古田縣南門。祀宋儒李侗。

古靈祠。在侯官縣西門外象山麓。祀宋陳襄。舊在城内萬歲巷，本朝康熙元年遷建，雍正八年修。一在古靈故里。

李忠定祠。在侯官縣西門外。祀宋李綱。

林文昭祠。在侯官縣三山驛南。祀宋儒林之奇。之奇與其徒吕祖謙講學處，後因立祠祀焉。

張襄愍祠。在侯官縣洪江。祀明張經。萬曆二十八年建，本朝乾隆九年、二十七年修。

范忠貞公祠。在侯官縣烏石山麓。祀本朝總督范承謨。康熙十八年建，三十四年御賜「忠貞炳日」扁額并碑文，以與難幕客嵇永仁、王龍光、沈天成及其弟承譜配祀。

陳忠毅祠。在侯官縣城西荷亭左。祀本朝巡海道陳啓泰。康熙二十二年，御賜「忠毅流芳」扁額。又烏石山麓有陳忠毅祠，祀本朝温處道陳丹赤，俱乾隆年間修。

五賢祠。在長樂縣東城外。祀宋朱子，以黄幹、劉砥、劉礪、陳枅配。明正德七年建。又三賢祠，在晦翁巖，爲朱子講學處，亦祀朱子及劉砥、劉礪。

忠烈祠。一在福清縣東門外，祀宋招撫使劉仝祖夫婦，及仝祖妻兄林同。一在郡城西善化坊，祀明參政孫燧。一在郡城水部門外河口，祀明兵科都給事中姚銑。

一拂先生祠。在福清縣西門外。祀宋鄭俠。初名忠愛祠，明正德中建。本朝乾隆年間修。

戚公祠。在福清縣西門内。祀明總兵戚繼光。一在縣東龍江書院之左。

劉鞠二公祠。在連江縣北東湖壩上。祀唐縣令劉逵、宋縣令鞠仲謀。

崇德祠。在古田縣坊三堡。祀明參議魏棨。

熊公祠。在古田縣坊三堡。祀明谷口巡檢熊彦迪。

文昌廟。在府城内東街。本朝嘉慶十七年建。

閩越王廟。在閩縣南釣龍臺西。祀漢閩越王騶無諸。

閩忠懿王廟。在閩縣東慶城寺之側。祀五代閩王王審知。廟即其故宅。通志：歷代以迎春日郡守遣祭，取其碑下土爲春牛。又福清縣潯洋里、海壇里俱有廟。

陳尚書廟。在閩縣南臺。祀宋陳文龍。本朝嘉慶十四年，欽頒「效順報功」扁額。又有拏公廟，亦於是年欽頒「惠洽維桑」扁額。

剛顯廟。在侯官縣烏石山上。祀唐處士周朴。

昭利廟。在侯官縣越王山麓。祀唐觀察使陳巖長子延晦。宋宣和間建。又長樂縣十五都、連江縣東演嶼俱有廟。

螺女廟。在侯官縣螺女江濱。

靈應廟。在古田縣西北。祀宋縣令李堪。

天后宫。一在閩縣南臺，宋宣和中建，本朝雍正十一年修，欽頒「錫福安瀾」扁額。一在水部門，明建，本朝乾隆十九年重建。一在南臺霞浦，乾隆二十八年建。一在雲門山，元建，本朝乾隆二十三年修。一在五虎門怡山院，本朝嘉慶十四年，欽頒「昭佑孚誠」扁額。

寺觀

開元寺。在閩縣芝山南。梁太清三年建靈山寺。唐初改名龍興，開元中改今名。本朝順治十四年重建，康熙三十八年賜額，嘉慶十六年修。

法海寺。在閩縣羅山下。晉開運二年建，有羅山堂、金積園、萬緣堂諸勝。本朝嘉慶十五年修。又相近有化城寺，嘉慶十六年修。白塔寺，嘉慶二十四年修。

湧泉寺。在閩縣鼓山。唐建中間建。本朝順治初修，康熙四十九年賜額，嘉慶二十三年重修。

南澗寺。在侯官縣烏石山東。梁大通六年，蘇清捨宅爲之，以居澗旁，故名。唐周朴、黄滔有詩。又山麓有神光寺。唐大曆十年，析南澗爲金光明院。大中間，宣宗夜夢神人發光殿廷，賜今名。有絓月蘭若、碧雲禪窟、幞頭石諸勝。

積翠寺。在侯官縣烏石山麓。本朝康熙年間建，嘉慶二十四年重建。相近有彌陀寺，乾隆五十七年建。

大中寺。在侯官縣鐘山。梁太守袁士俊宅，嘗有鐘聲，因捨爲寺。隋改爲鴻業寺，唐大中四年賜今額。本朝嘉慶四年修。

慈慶寺。在侯官縣倉前鋪西園故址。本朝嘉慶十三年建。

西禪寺。在侯官縣二都怡山。唐咸通中建，後唐長興中更名長慶。明宣德中重建，有奎華閣、明遠亭、紫翠亭、放生池諸勝。本朝順治初修。

鳳池寺。在侯官縣鳳池山。漢乾祐中建。通志：宋陳瓘被放後，蒙恩自便，嘗居焉。

北禪寺。在侯官縣三十八都。本朝康熙年間建，乾隆三十二年修。

黄蘗寺。在福清縣西南。唐貞元初建。

靈石寺。在福清縣靈石山。唐宣宗賜「靈石俱胝院」額。明統志：中有朱子所書「蒼霞亭」字。

瑞峯寺。在福清縣海口城東北龍山之巔。宋皇祐中建。

石門寺。在連江縣覆盆山下。唐中和間建。

聖水寺。在羅源縣蓮花山下。宋紹興中建。有仙源泉、玉壺井、棲雲洞諸勝。

秀峯寺。在古田縣四十都。漢乾祐初建。

寶興寺。在屏南縣三十一都。後唐長興中建。

方廣寺。在永福縣方廣巖下。石室可容千人。漢乾祐二年建，明永樂十四年重建。通志：宋黄飛熊讀書其中，嘗摭山中十奇，刻詩於石。明謝肇淛有方廣志。

九仙觀。在閩縣九仙山之巔。舊名萬壽觀，宋崇寧中建，元至正初改今名。本朝順治年間重建。

芹山觀。在閩清縣鍾南山左。通志：舊傳白玉蟾鍊丹處。

沖虛宫。在侯官縣二都西禪寺東。通志：唐貞元中觀察使李若初嘗登樓西望，有五色雲當王霸宅，遂作沖虛宫祀霸及徐登、董奉、任敦四仙。本朝康熙二十一年修。

名宦

晉

嚴高。瑯琊人。太康三年，爲晉安太守。時初置郡，城隘不足容衆，遂改築子城。又鑿渠通舟楫，濬東、西二湖以溉田。

南北朝 宋

虞愿。餘姚人。泰始末爲晉安太守。前政與百姓交關，質録其兒婦，愿遣人於道取還。在郡立學堂教授。海邊有越王石，嘗隱雲霧，相傳太守清廉乃見。愿往觀，清徹無隱蔽。

梁

范縝。舞陰人。天監初爲晉安太守。在郡清約，資公禄而已。

劉𩐕。相人。天監中爲晉安太守。以廉潔著名。

江蒨。考城人。天監中爲晉安内史。莅政精明，務在寬惠。

羊侃。泰山人。大通六年，爲晉安太守。閩越俗好亂，前後太守莫能止息。侃至討擊，斬其渠魁，於是郡内肅清，莫敢犯者。

臧厥。東莞人。中大通間爲晉安太守。郡居山海，嘗結聚逋逃〔一〕，前二千石討捕不能止。厥下車宣化，兇黨負襁而出，自是居人復業。

隋

劉弘。彭城人。開皇中拜泉州刺史。會高智慧作亂，以兵攻州，弘城守百餘日，救兵不至。前後出戰，死亡大半，糧盡，與士卒數百人煮犀甲腰帶，又剥樹皮食之。賊知其飢餓，欲降之，弘抗節彌厲，城陷爲賊所害。帝聞而嗟歎，賜物二千段。

楊景祥。煬帝時爲建安太守。賊鄭文雅等陷城，景祥死之。

唐

李茸。太和三年爲閩縣令。築海隄以禦潮。時潮水鹹鹵，禾苗多死，隄成，瀦溪水殖稻，其地三百户皆爲良田。

劉逵。咸通初爲連江令。奏復東湖水利，民廟祀之。

宋

鞠仲謀。端拱二年知連江。大興東湖水利，邑人與劉逵並祀。

謝泌。歙縣人。景德初知福州。及代還卒，民懷其愛，刻石以紀去思。

郎簡。臨安人。大中祥符間徙福清令。縣有石塘陂，歲久湮塞，募民浚築，溉廢田百餘頃，邑人爲立生祠。

章頻。浦城人。天禧初知福州。王氏時賦民官田，歲輸租税而已。至是或謂鬻之可得緡錢二十餘萬，頻疏悉蠲除之。

王臻。汝陰人。天禧中徙知福州。閩俗欲報讐，或先食野葛而後趨讐家求鬬，即死其處，以誣讐人。臻辨察格鬬狀，被誣者往往釋去，俗爲之少變。又民間數以火訛相驚，悉捕首惡杖之，流海上，民乃定。

蔡襄。莆田人。嘉祐初再知福州，疏導附城湖浦水利。郡士周希孟、陳烈、陳襄、鄭穆以行義著，襄備禮招賢，誨諸生以經學。俗重凶儀，親亡或秘不舉，至破産飯僧，下令禁止之。

程師孟。吳縣人。熙寧初知福州。築子城，建學舍，濬河隍，治橋梁，政簡而嚴，擿伏如神，治行爲東南最。民立生祠。

曾鞏。南豐人。熙寧末知福州。將樂盜廖恩既赦罪出降，餘衆潰復合，居人慴恐，鞏以計羅致之，自歸者三百輩。又擒海寇數十人，境内盜息。福州官無職田，歲鬻園蔬收其直，常三四十萬。鞏曰：「太守與民争利可乎？」罷之。後至者亦不復取也。

孫覺。高郵人。元豐初知福州。閩俗厚於婚喪，其費無藝。覺裁爲中法，使資裝無得過百千。令下，嫁娶以百數，葬埋之費亦率減什五。

袁正規。陵陽人。元祐中知長樂。嘗濬港道溉民田三萬畝，民請名曰袁公港。正規曰：「此朝廷之德也。」易名爲元祐港。

莊柔正。莆田人。元符間知福清。有方略。嘗改築天寶陂，聽訟陂旁樹下，令投牒者人負一石，理屈者以石爲罰。不數月陂成，陂石皆鎔鐵錮之，名曰元符陂。爲後世利。

吳及。静海人。年十七登進士。元符中爲侯官尉。閩俗多自毒死以誣讐家，官司莫能辨。及悉爲讞正，前後活五十三人。提點刑獄，移其法於一路。

徐壽。哲宗時爲閩清縣尹。鹽法初行，能守官不撓，民以故不多受課。吏部郎中張汝賢言於朝，加賞焉。

張守。晉陵人。紹興初知福州。州自范汝爲之亂，公私困蔽。守在鎮四年，撫綏凋瘵，且請於朝，蠲除福州所貸常平緡錢十五萬。

薛弼。永嘉人。紹興中福州盜熾，守臣莫將議委漳、泉、汀、建，乃以弼知州事。弼至郡，奏周虎臣爲副將，陳敏爲巡檢，責以滅賊，凡四年而盜平。

張致遠。沙縣人。紹興中以海寇鄭廣未平，改知福州。六年，廣降，致遠選留四百人，置營城外，餘遣還業。復遣廣討他郡諸盜，數月悉平。

顏師魯。龍溪人。紹興中知福清縣。嘗決水利滯訟，闢陂洫，延四十里。歲大祲，發廩勸分有方，而不遏糴價，船粟畢湊，市糴更平。

汪應辰。玉山人。隆興初知福州。寬厚愛民，奏蠲一切苛賦。

趙子潚。宋宗室。隆興初知福州。歲饑，告糴旁郡，米價頓平，民賴以濟。

趙汝愚。宋宗室。淳熙九年，以集英殿修撰知福州。和易廉潔。開城西湖，溉民田數萬畝。紹熙初復以敷文閣學士知州事。

梁克家。晉江人。淳熙中以資政殿大學士知福州。在鎮有治績，修三山志四十卷。

陳傅良。瑞安人。淳熙中通判福州。丞相梁克家領帥事，委成於傅良，傅良平理曲直，强禦者不得售其私。

劉爚。建陽人。淳熙中知閩縣。治以清簡，庭無滯訟，興利去害，知無不爲。

傅伯成。晉江人。淳熙中知連江縣。課農桑，裁浮靡。邑有東湖，溉田二十餘頃，隄壞，即下流南港爲石隄三百丈，民蒙其利。

陳居仁。莆田人。慶元初知福州。入境有饑民嘯聚，部分牙兵遮擊之，首惡計窮自經死。治宗室之横暴，申蠱毒之嚴禁。

黄度。新昌人。嘉定中知福州。始至訟牒日千餘，度隨事裁決，日未中而畢。

真德秀。浦城人。端平初知福州。罷市令司，閩縣里正苦督賦，罷之。屬縣苦貴糴，便宜發常平倉賑之。海寇縱横，次第擒殄。聘耆儒臨講席，以教郡之子弟。

問，子果溺死。

王邁。仙遊人。爲南外睦宗院教授。真德秀守福州，邁竭忠以裨郡政。

游義肅。建陽人。嘉熙間知連江縣。復東湖，浚九井，創平糴倉以利民。

陳宜中。永嘉人。景定中知福州。在官得民心。

洪天錫。晉江人。理宗時知古田縣。行鄉飲酒禮。邑劇，牒訴猥多，天錫剖决無留難。有倚藩邸勢殺人者，誅之不少貸。

杜杲。邵武人。福建提點刑獄陳彭壽檄攝閩尉。民有甲之子死，誣乙殺之，驗髮中得沙，而甲舍旁有池沙類髮中者，鞫

元

董楨。至順中知閩清縣。爲政恩威兼至，在官六年，流亡多歸之。

劉濬。河南人。至正間爲連江縣巡檢。江西賊王善攻破福州，衆皆潰去。濬妻史有才略，悉出奩物募兵。濬與其子健帥兵突陣，屢捷，斬前鋒五人。賊兵大至，鏖戰三時頃，濬中箭墜馬，被獲。濬忿，戟手大罵，賊縛濬階下，先斫一指，罵彌厲，再斫一指，亦如之。指且盡，斫兩腕，次及兩足，濬色不少變，罵聲猶不絶。遂劃其喉舌而死。健歸，結壯士百餘人入賊營，斬殺父者，並擒王善等。事上，立祠祀之。

吕復。至正末以行省命攝長樂縣尹。福州既下，復曰：「吾世食君禄，今雖攝官，若不以死報國，無以見先人於地下。」引繩自經死。

明

鄭復初。開封人。洪武四年知羅源縣。大兵剿山寇，復初慮被擄者遭戮，親詣軍中辨釋無辜。亂定，復撫其民，招使

復業。

趙允。潮陽人。洪武中長樂丞。縣十一都海塘隄圮害稼，允爲修築，至今賴之。

齊普。天台人。宣德間知長樂縣。事親以孝聞，躬修率下，不嚴而治。

黄瑜。香山人。景泰中知長樂縣。改建學校，進諸生討論。有兄弟相訟者，開導之，皆涕泣相讓而退。以直道忤上官，浩然求去，民立祠祀焉。

唐珣。華亭人。成化間知福州府。增置書院。創迎春亭於東郊，以省耕斂。江洲可田者，令民墾之。築塘於五虎山下，以捍海潮。均會城監司徭役於七郡，置義倉，設叢塚。凡便民之事，無不力爲之。

潘府。上虞人。弘治初知長樂縣。作橋河滸以渡行人。改南山寺爲書院，聚士講學，教民遵行朱子家禮。時周行郊野，勞問疾苦，田夫野老，咸得獻其誠。境内大治。

歐陽鐸。泰和人。正德末知福州府。數裁鎮守中貴横需，中貴尚春怒，至攘臂肆詈，鐸不爲動。會議里役，以諸貴家多産，請得與民分役，民困爲蘇。嘉靖三年，舉治行第一。

唐相。灌陽人。正德間連江典史，明於折獄。嘗築湖閘有功，邑人歌之。

汪文盛。崇陽人。嘉靖三年知福州府。值歲大祲，疏乞蠲租發廩，復四鄰社倉，仿朱子備荒法行之。爲郡興水利，開上王舊港，塞新河，灌田四千餘頃。

葉經。上虞人。嘉靖間福州推官。勵節操，矜容止，遇事屹然。後入爲臺諫，尤尚名節，爲宵小所憚。

閔溶。福州左衛指揮使。嘉靖末倭寇閩，溶率兵禦之，前後斬首千級。後與賊戰舟山，力不敵死。

汪泗論。休寧人。萬曆中以進士知福清。興除利弊，定倉糧折色之例，歲省編户金錢以萬計。尤加意振興文教，士皆悦服。

周順昌。吴縣人。萬曆末福州推官。税監高寀横甚，獨不爲禮。又捕置其下之作奸者，民賴以蘇。崇禎初贈太常寺卿，謚忠介。

夏允彝。華亭人。崇禎中知長樂縣。視民若子，善決疑獄，居五年，邑大治。

本朝

翁曰賓。署永福縣。順治三年，山寇陷城，不屈死。

周景福。蘇州人。知永福縣。順治四年，賊陷城，不屈，絶食死。

楊繼生。閬州人。順治三年知連江縣。寇陷城，繼生縊死城樓。妻劉氏同日殉節。

李岱生。高密人。康熙初知長樂縣。潔己愛民。時遷界議起，瀕海人户應調遷者，有糧無地，多逃散。岱生力爲申請，豁浮賦，廣招徠，民感其德。

王之儀。漢軍正藍旗人。康熙中知福州府。耿逆之亂，變起倉卒，人人震慴。之儀獨奮呼曰：「賊敢反耶！」語未絶，刀戟交下立斃。長子琅、妻張氏，皆自殺。

劉嘉猷。金谿人。康熙中知侯官縣。忠信慈惠，有古循良風。耿逆之變，被害。

廖有功。奉天人。任福州千總。耿逆變亂，總督范承謨被執，有功大呼奮救，手刃十餘人。躍馬至通衢，逆兵追擊，遂遇害。

吴廷華。仁和人。康熙中由中書舍人出任福州海防同知，所至以經學飾吏治。值臺灣諸羅奸民揭竿，事起倉卒，令弁束手。廷華按形勢，糾兵民分督，殲其魁，民以安集。所著有三禮疑義，閩人士奉爲圭臬。

戴永椿。烏程人。乾隆九年知長樂縣。重濬文洽浦及濱潤湖，溉田七萬餘畝。民德之，立祠祀焉。

人物

唐

侯固。字子重，閩縣人。太和九年及第，官至鄜坊靈武易定節度使、同平章事。固操履仁厚，言動皆有規準，鄉人愛而敬之。

鄭誠。字中虞，閩縣人。會昌進士，累官國子司業，郢、安、鄧三州刺史。誠與同邑林滋、詹雄並有文名，時號「閩中三絶」。

林勗。字公懋，閩縣人。大中五年以開元禮登科，歷官至吉州刺史。清節著聞，民服其廉，謂在官惟飲吉水而已。

林慎思。字虔中，長樂人。咸通進士，自校書郎至水部郎中。僖宗時與宦者燕嬉，慎思累疏切諫不納，出爲萬年令。黄巢入長安，迫以僞秩，慎思不屈，駡賊死。著有續孟子、伸蒙子諸書。

王棨。字輔之，福清人。咸通進士，復中博學宏詞科，累官水部郎中。博學工詩賦，著有麟角集行世。

黄璞。字德温，侯官人。大順進士，官崇文館校書郎。昭宗時歸隱杜門，自號霧居子。著閩川名士傳及文集二十卷。子仁藻、仁渥、仁渭，從弟滔，與璞同時館職，號「一門五學士」。

翁承贊。字文饒，福清人。乾寧三年進士第三，再中博學宏詞科，歷右拾遺。抗章言方鎮交結權倖，終必誤國，直聲震中外。遷諫議大夫歸，賜鄉名文秀，里曰光賢。朱温以門下侍郎召，稱疾不起。著有晝錦、宏詞等集。

張謹。字信美，閩縣人。累官福建招討使。黄巢寇閩中，謹與戰於鐵山，多所斬獲。賊以奇兵絶餉道，士卒乏食疲困，謹與偏將鄧榮等十八人馳突賊陣。自旦至晡，十八人俱死，謹握刀箕踞，瞠目大駡爲賊所害。

黄碣。閩縣人。初爲閩小將，喜學問。董昌爲威勝軍節度使，表碣自副。昌反，碣諫曰：「大王不盡忠王朝，妄自尊大，誅滅無種矣。」昌大怒斬碣，滅其家。昌敗，詔贈司徒。

李彦堅。字成實，閩縣人。累官御史中丞。乾符間黄巢寇閩，命守建州，未至，刺史李乾祐棄城走。彦堅召募民兵，與賊戰於政和之高宅，不克，退保東漈。賊進逼之，自刃死。

宋

黄夷簡。字明舉，福州人。少孤好學，有名江東。隨錢俶來朝，掌名表，人稱得體。祥符中特授檢校秘書監。

謝德權。字士衡，福州人。父文節，南唐時以驍勇聞，拒宋師戰殁。咸平中德權提點京師倉草場。有兇人劉曄、僧澄雅訟執政，真宗命德權與謝泌等鞫之〔二〕，按驗無狀。泌謂「追攝大臣，獄狀乃具」。德權曰：「若使大臣無罪受辱，則人君何以使臣？臣下何以事君？」事乃解。命城新樂縣，又命浚北平砦濠，葺蒲陰城，提轄三司衙司。德權爲設條制，均其差役。

劉若虚。字叔揚，閩縣人。咸平進士，以大理評事歷屯田員外郎，知邵武軍，卒。若虚事親孝，親有疾，不食酒肉，居親側，雖大暑必嚴衣冠。丁謂爲相，聞若虚名，欲屈見之，終辭不往。

林槩。字端父，福清人。父高，歷知建平縣，有治行。槩幼警悟，登景祐元年進士，爲校書郎。程琳禁蜀人不得自爲渠堰，槩奏罷之。又言蜀飢，願罷川峽漕，發常平粟貸民租，除商旅之禁。官至集賢校理。著有史論、辨國語。

劉彝。字執中，若虛從子。慶曆進士。幼從胡瑗學，瑗稱其善治水。神宗時爲都水丞。久雨汴漲，彝請啓楊橋斗門，水遂退。著七經中義百七十卷，明善集三十卷，居易集三十卷。

陳襄。字述古，侯官人。慶曆進士。少與陳烈、周希孟、鄭穆爲友，相與倡道海濱，謂之「四先生」。襄爲侍御史，論青苗法不便，望貶斥王安石、吕惠卿以謝天下。又乞罷韓絳政府，韓維不當爲中丞，劉述、范純仁無罪，宜復官。皆不聽。尋直學士院。在經筵時，神宗嘗訪人才之可用者，襄以司馬光、韓維、吕公著、蘇頌、范純仁、蘇軾至鄭俠三十三人對。

陳烈。字季慈，侯官人。篤於孝友，學行端飭，里中人敬之。冠婚喪祭，請而後行。屢詔不起，公卿交薦，以爲本州教授。歐陽修又言之，召爲國子直講，皆不拜。

周希孟。字公闢，侯官人。通五經，尤邃於易。部使者交薦其賢，授將仕郎。試四門助教，上表辭。門下教授七百餘人。著有詩、春秋義并文集。

鄭穆。字閎中，侯官人。皇祐進士。性好學，容止必以禮。元祐初拜國子祭酒，請老，空學出祖汴東門外，都人聚觀。

許將。字沖元，閩縣人。嘉祐八年進士第一。歐陽修讀其賦曰：「君辭氣似沂公，未可量也。」紹聖初拜門下平章事。章惇、蔡卞羅織元祐諸臣，欲舉漢、唐誅戮故事。將諫曰：「本朝治道所以遠過漢、唐者，未嘗輒戮大臣也。」又奏發司馬光墓，將曰：「發人之墓，非盛德事。」乃止。後爲朱諤誣劾，致仕奉祠。卒，謚文定。子份，崇寧進士，官國史編修，歷知鄧、蔡、揚州。有惠政，遷龍圖閣學士。

王回。字深父，侯官人。敦行孝友，不求名譽。舉嘉祐進士，爲衛真簿。有所不合，稱病自免。在廷多薦者，與常秩友善。熙寧中秩上其文集，補其子汾爲郊社齋郎。回弟向，字子直。同，字容季。皆舉進士，爲文長於序事。

林旦。字次中，槩之子。嘉祐進士，熙寧中爲監察御史裏行，以論李定事罷。元祐初拜侍御史，論吕惠卿、鄧綰及崔台符、賈種民之罪，皆逐之。子膚，坐元符上書，陷黨籍。

鄭俠。字介夫，福清人。治平進士，數以書言法之爲民害者於王安石。久之，監安上門。流民扶攜塞道，身無完衣，被鎖械，負瓦揭木，賣以償官。俠知安石不可諫，悉繪所見爲圖，奏疏詣閤門，不納，乃假稱密急，發馬遞上之銀臺司。安石去，吕惠卿執政，俠又上書論之。惠卿議置之死，帝曰：「俠所言，非爲身也，豈宜深罪。」徙英州。哲宗立，始得歸。徽宗時還故官，又爲蔡京所奪。

陳祥道。字祐之，閩清人。治平進士，著禮書一百五十卷。近臣以聞，詔尚書給紙筆録進，除國子監直講。官終秘書省正字。

劉詵。字應伯，福清人。熙寧進士。崇寧初上歷代雅樂因革，及宋制作之旨，言：「宋火德，音尚徵，臣按古制，旋十二宫，以七聲得正徵一調。」徽宗是其言。歷官太常少卿，纂續因革禮。詵居母喪盡禮，有雙芝生墓側，人以爲孝感。

陳暘。字晉之，祥道弟。紹聖進士。建中靖國初，進迓衡集以勸導紹述。趙挺之言暘所著樂書，貫串明備，乞援其兄祥道進禮書故事給札。既上，遷太常丞，爲講議司參詳禮樂官。歷禮部侍郎。

張觷。字柔直，侯官人。舉進士。不與世詭隨。時蔡京當國，求訓子弟者，或以觷薦，觷謂諸生曰：「汝曹學走乎？」諸生駭問。觷曰：「天下被而翁破壞，賊來先至而家，惟善走庶可逃死耳。」京見觷問計，觷以羅天下忠義之士，分布内外，爲第一義。以楊時薦。後累官秘閣修撰，卒。

辛炳。字如晦，侯官人。元符進士，權侍御史。蔡京改轉般倉爲直達綱，炳極疏其弊。紹興中劾罷吕頤浩，又論張浚敗事誤國。進中丞。言和議不可恃，宜講求守禦攻戰之策。

黃龜年。字德邵，永福人。崇寧進士，累官侍御史。劾秦檜專主和議，植黨專權，並劾檜黨王㬇等，罷之。又請以檜惡暴於天下。

朱廷傑。字世英，永福人。崇寧進士，建炎中爲北海令，尋攝倅。時金兵來犯，官屬悉遁，廷傑獨堅守。城隅有水，取野葛投之，敵多中毒死。俄金兵破城，廷傑與知州韓浩力戰死。

李彌遜。字似之，連江人，僑居吳縣。父撰，爲彭澤令，以介特稱。彌遜登大觀進士，建炎中歷中書舍人、户部侍郎。秦檜再相，胡銓、范如圭、曾開相繼貶逐，彌遜請對，力陳議和之不可。檜嘗邀彌遜私第，曰政府方虛員，苟和好無異議，當以兩地相浼。彌遜拒之。次日上疏，言愈切直。檜大怒，彌遜引疾。帝諭留之，上疏乞歸，落職家居十餘年卒。朝廷思其忠節，詔復敷文閣待制，謚忠肅。弟彌大，工部尚書。彌正，吏部郎中。曾孫韶，端明殿學士。皆立朝有風節。

朱倬。字漢章，閩縣人。宣和進士。紹興中帝以劉豫爲憂，倬因賜對策其必敗。屢忤秦檜。復遷中丞，奏疏數十進。參知政事史浩、虞允文、陳俊卿等皆倬所薦。卒，謚忠靖。

黃祖舜。字繼道，福清人。宣和進士，紹興中權刑部侍郎。進論語講義，兼給事中。楊愿家乞遺表恩，祖舜言愿陰濟秦檜，寢其命。秦熺贈太傅，祖舜奏追奪之。

林之奇。字少穎，侯官人。從呂本中學，登紹興進士，爲校書郎。朝廷欲令學者參用王安石三經義，之奇言王氏三經，率爲新法地，正所謂邪説、詖行、淫詞之不可訓者。金兵欲南下，之奇作書抵當路，以爲「金非果欲戰，所以堅吾和。欲與之和，宜無憚於戰，則其權在我」。東萊呂祖謙嘗受學焉。有書、春秋、周禮説、論、孟、揚子講義，道山紀聞等書行世。

王蘋。字信伯，福清人。言行純懿，爲程門高弟。紹興中孫佑列其學行於朝，召見，賜進士出身，除秘書省正字。官至左朝奉郎。胡安國薦蘋，謂其學有師承，識通時務，使司獻納，必有補於聖躬。楊時嘗曰：「同門後來成就，莫踰吾信伯矣。」著有論語集解、著作集行世。

蕭德藻。字東大，閩清人。紹興進士，爲烏程令。後遂家焉，居屏山，自號千巖老人。楊萬里稱：「近世詩人，若范石湖之清新，尤梁溪之平淡，陸放翁之敷腴，蕭千巖之工緻，余所畏也。」著有千巖擇稿。

黄洽。字德潤，侯官人。隆興中爲御史，所論列未嘗攟摭細故。拜參知政事，竭誠無所趨避。嘗言居家不欺親，仕不欺君，仰不欺天，俯不欺人，幽不欺鬼神，何用求福報。有文集、奏議八十五卷。

鄭湜。字溥之，閩縣人。乾道進士，慶元中官起居郎，權直學士院。趙汝愚罷相，湜草制，有「持危定傾、任忠竭節」語。韓侂胄以其無貶詞，惡之，出知福州。後爲刑部侍郎，入僞學黨。

劉砥。字履之，長樂人。六歲日誦千言。弟礪，字用之，幼穎悟，中童子科。聞朱子得濂洛之傳，俱師事焉，朱子深器之。乾道二年，同舉進士，以時方攻道學，遂不復仕進。

鄭昭先。字景紹，閩縣人。淳熙進士，初授浦城主簿。聞朱子講明濂洛之旨，往遊其門。擢知歸安縣，居官有惠政。累遷諫議大夫，知樞密院事，進右丞相，辭不拜。昭先居政府，以愛護人材，振拔淹滯爲己任。卒，謚文清。有日湖遺稿五十卷行世。

林亦之。字學可，福清人。師事莆田林光朝。趙汝愚帥閩，上其學業於朝，命未下卒。學者稱網山先生。亦之傳其學於同邑陳藻，藻傳於同邑林希逸。希逸既貴，言於朝，以亦之與藻經明行修，終於布衣，宜褒録以勵後學，詔贈迪功郎。

敖陶孫。字器之，福清人。韓侂胄用事，朱子貶外，陶孫時遊太學，以詩送之。趙汝愚死貶所，復哭之以詩，揭通衢壁上。侂胄大怒遣捕，陶孫變姓名得免。後登慶元五年進士，官温陵簽判。

陳貴誼。字正甫，福清人。慶元進士，再中博學宏詞科，累官太學博士。時議更楮幣，貴誼援熙寧新法爲諫。理宗時遷中書舍人，内侍濫受恩賞，輒封還詔書。拜參知政事，五上章乞歸。將行，猶以出師汴洛，上疏力爭。

黄幹。字直卿，閩縣人。父瑀。建炎中爲監察御史，以篤行直道著聞。幹受業朱子。朱子嘗曰：「直卿志堅思苦，與之處甚有益。」遂以其子妻之。編禮書，獨以喪、祭二編屬之。病革，以深衣及所著書授幹曰：「吾道之託在此，吾無憾矣。」歷官臨川、新淦令，通判安豐軍，知漢陽軍、安慶府，皆有善政。理宗召赴行在所奏事，除大理丞，不拜。爲御史李楠所劾，遂歸里。弟子日盛，編禮著書，日不暇給，朝夕往來，質疑請益，如朱子時。卒，謚文肅，學者稱勉齋先生。有經解、文集行世。

林用中。字擇之，古田人。慶元間特奏名。從朱子學，朱子喜其篤信，嘗目之曰畏友。與蔡元定齊名。弟允中，字擴之。朱子稱其晦外而明於内，樸外而敏其中。時兄弟同受業者，又有侯官陳孔夙、陳孔碩，潘植、潘柄，永福林學蒙、林學履。

陳韡。字子華，侯官人。父孔碩，爲朱子、吕祖謙門人。韡登開禧進士，與弟韔從葉適學。淮帥賈涉辟京東、河北幹官，韡爲畫策，遂有堂門之捷。紹定初盜起閩中，以韡爲招捕使，汀境皆平。再平衢寇，又破贛寇陳三槍斬之。累官參知政事。卒，贈太師，謚忠肅。

楊宏中。字充甫，侯官人。弱冠補國子生。趙汝愚竄永州，宏中與諸生林仲麟、徐範、張衜、蔣傳、周端朝五人上書，不報，則繳副封於臺諫、侍從。韓侂胄將竄之嶺南，余端禮丐免遠徙，上許之，乃送太平州編管。天下號爲「六君子」。宏中登開禧進士，以余嶸等薦，累遷太學正。夏旱上封事，指切無隱，時論益壯之。又有華岳，字子西，爲武學生。韓侂胄當國，將有事北征，岳上書論之，侂胄誅。爲殿前司官屬，謀去丞相史彌遠，下臨安獄。帝欲生之，彌遠曰：「是欲殺臣者。」竟杖死東市。

徐範。字彝父，侯官人。少孤，授徒養母。與兄同舉於鄉，入太學。丞相趙汝愚去位，祭酒李祥、博士楊簡論救之，俱被斥逐。範與同舍生叩閽上書，書奏，送五百里編管。範謫臨海。後登嘉定進士，累遷國子監主簿。入對，言願懲既往之失，廢無用之文，一意養民，以培國本。

許應龍。字恭甫，閩縣人。嘉定進士，累遷宗學博士。寶慶初再遷著作郎，出知潮州。時有盜陳三槍與鍾全合黨逼潮，應龍訓練有備，賊不敢犯，羣寇悉平。朝廷嘉其治潮，親勞焉，拜僉書樞密院事。卒，贈銀青光禄大夫，謚文簡。

鄭性之。字信之，初名自誠，侯官人。嘉定元年進士第一。端平初召爲吏部侍郎，請開言路以通壅蔽。性之少從朱子學，治郡所至，務崇教化，厚風俗，爲民去害就利。立朝無所依附，累拜參知政事。卒，謚文定。著有端平奏議、宋編年備要行世。

張磻。字渭老，羅源人。嘉定進士。淳祐四年，史嵩之有奪情起復之命。磻因太學發策言之，會臺臣共論其事，遂寢。後嵩之終禫，謀復入。磻時爲大司成，率同列言之甚切，復格不行。由此名動天下。累官參知政事。卒，贈少師。

唐璘。字伯玉，古田人。嘉定進士。爲御史，疏論執政鄭清之妄庸誤國。又請號召士豪〔三〕，經理荆、襄，急擇帥臣，安集淮西數事。居母喪，哀毁不食，久之遂卒。璘立臺僅百日，直聲震朝野，世謂唐介再見。

林夔孫。字子武，古田人。從朱子遊，黨禁起，學者懼禍，多變其學，夔孫從講論不輟。嘉定七年特奏名，爲縣尉。有書本義、中庸章句、蒙谷集行世。時受業朱子者，同邑林師魯、林大春、程若中、余偶、蔣康國，閩縣鄭文遹、曾逢震，侯官林憲卿，長樂陳枅、鄭申之，連江林謨，皆其最著也。

趙汝騰。字茂實，古田人。登寶慶進士，官秘書郎。輪對，言節用先自乘輿宫掖始。累遷禮部尚書。言：「前後奸諛之臣，何益陛下，而深損於聖德；興利之臣，何益陛下，而深戕於國脈。則陛下私惠羣小之心，可以息矣。」

黄師雍。字子敬，閩清人。寶慶進士。少從黄榦學。恥出史彌遠門，不往見之。爲監察御史。首疏削金淵秩。史嵩之終喪，正言李昴英、殿中侍御史章琰〔四〕，共疏乞竄斥之，師雍亦上疏論列。又乞籍嵩之家隸張叔儀，皆從之。官終禮部侍郎。

潘牥。字庭堅，閩縣人。端平二年策進士，牥對：「陛下承休上帝，皈德匹夫，何異爲人子孫，身荷父母劬勞之賜，乃指豪奴悍婢爲恩私之地。」日食應詔，上封事曰：「熙寧初元日食，詔郡縣掩骼。故王一坏淺土，其爲暴骸亦大矣。請以王禮改葬。」

常挺。字方叔，連江人。嘉熙進士。爲御史，疏言邊閫三事：辟實才，奏實功，招實兵。朝廷二事：選良吏，擢正人。官終參知政事。

林琦。閩縣人。德祐二年，元兵迫臨安，琦於赭山結集忠義數千人，捍禦海道。以功補宣教郎。文天祥開府南劍，琦佐其幕。及潮州移屯，琦俱被執。至建康，以憂憤死。

鄭思肖。字憶翁，號所南，連江人。以太學生應博學宏詞科。元兵南下，叩闕上書。元人爭物色之，遂變名思肖，僑居吳下。坐必向南，時望臨安舊都野哭若狂。終身不見朝士。

林同。字子真，福清人。舉進士，歷知縣，解官家居。益王立，張世傑圍泉州，乃率鄉人黃必大、劉仝祖，即其家開忠義局，起義兵，復永福縣。時王積翁以福安送款世傑，實密約北兵至，屠永福。同盛服坐堂上，嚙指血書壁云：「生爲忠義臣，死爲忠義鬼。」俄見執，不屈死。

元

敖繼公。字君善，長樂人。精研經史，尤長於三禮。以儀禮一經鄭氏舊註多疵，因詳爲删定，取賈疏及先儒之説，補其闕文，附以己見，名曰集説。大德中寓居吳興，吳士多從之遊。趙子昂，其弟子也。後以薦爲信州教授。

林興祖。字宗起，羅源人。至治進士，知鉛山州。誅州豪吴友文，州中稱治。擢道州路總管。峒猺叛，聞興祖至，憚其威名不敢犯。

林泉生。字清源，永福人。天曆二年鄉舉，授福清州同知〔五〕。海寇充斥，以計殲之。轉泉州經歷。泉民負酒税者多瘐死，悉破械出之。司理漳州，畲洞相戒勿犯。擢知福清州。會紅巾寇連江，乃創保甲，置屯栅，誅鹽丁謀亂者七人，捕殺長樂謀爲内應者三十餘人，賊驚潰。俗好訟，有殺孤幼以誣人求直者，立連逮親鄰法，民不敢犯。著有春秋論斷、覺是集。

明

林鴻。字子羽，福清人。洪武時以人才薦。至京師，太祖臨軒，試龍池、孤雁二詩稱旨，名動長安。歷官膳部員外郎，與閩縣周元、鄭定，侯官黄元、王褒、唐泰，長樂高棅、王恭、陳亮，永福王偁，號「閩中十才子」。

林英。字章叔，古田人。洪武末以貢爲監察御史。建文四年，燕兵入，抗節不屈死。妻宋氏亦自經死。福王時追謚毅節。本朝乾隆四十一年，賜謚節愍。

葉福。字叔疇，閩縣人。建文進士，爲刑科給事中。燕兵至，福守金川門，城陷，死之。本朝乾隆四十一年，賜謚節愍。

連楹。古田人。建文中官御史。京師陷，叩馬欲犯成祖，被殺，屍直立不仆。

高棅。字彦恢，更名廷禮，長樂人。博學善屬文，永樂中歷官典籍。所輯有唐詩品彙、唐詩正聲行於世。

馬鐸。字彦聲，長樂人。永樂壬辰進士第一，博通經史，臨義勇爲。洪熙中帝謂楊士奇曰：「馬鐸可爲質實無二。」每翰林學士、國子祭酒缺，常命鐸攝之。

李騏。字德良，長樂人。初名馬，永樂丁酉鄉試、戊戌廷試皆第一，御改今名。耿介有氣節，在内廷纂修及典畿試，以公慎著。事父母孝，奉繼母尤謹。交友和而直，人有過必面告之，退無所毁。

黄澤。字敷仲，閩縣人。永樂進士，官河南左參政。拊循南陽流民，無失所者。宣德初上疏陳十事，其言遠變倖，尤切時弊。擢浙江布政使，請罷銀冶諸坑，語甚切摯。

王善。字師舜，侯官人。永樂進士，爲刑部主事。決獄平恕。有誣其受賕者，成祖因善入朝留之，遣使檢其邸，惟賜鈔半錠。歎曰：「廉吏也！」擢郎中。宣德中爲雲南參政，以廉惠聞。

姚銑。字孟聲，侯官人。永樂進士，正統初用大臣薦，授兵科都給事中。己巳北狩，銑扈駕死。

薩琦。字廷珪，先西域人，後著籍閩縣。宣德中舉進士，選庶吉士，預修實録。歷官禮部侍郎。有文學，爲人狷介，持正不苟合。

黄鎬。字叔高，侯官人。正統進士，以御史按貴州。時羣苗叛，圍鎬於平越。鎬固守九月，城卒全。成化時爲南京户部尚書。卒，贈太子少保，謚襄敏。

趙榮。字孟仁，閩縣人。爲中書舍人。英宗北狩，額森兵屯德勝門，朝議遣使，榮獨請行。景泰元年，復與都御史楊善往迎英宗。天順中進尚書。「額森」舊作「也先」，今改正。

謝士元。字仲仁，長樂人。景泰進士，歷建昌知府。治行稱最。弘治初累官右副都御史，巡撫四川。士元性孝友，家居行誼甚備，治官事如其家。遇事不顧利害，必達其志。

林錦。字彦章，連江人。景泰中廣寇充斥，巡撫葉盛檄錦署靈山縣事，賊不敢逼。成化初擢廉州知府，進副使，皆有政績。錦前後雖在兵間，而以修學校、勸農桑爲務，所在祀之。

陳煒。字文耀，閩縣人。天順進士，成化初擢御史。疏劾錦衣指揮使門達竊弄威福，上寘於法，中外稱快。歷官浙江布政使。

高瑶。字庭堅，閩縣人。由鄉舉爲荆門州訓導。成化三年，陳十事，其一言郕王宜追加廟號，盡親親之恩。帝感其言，久之竟復帝號。後知番禺，有異政。

林瀚。字亨大，閩縣人。父元美，永樂進士，撫州知府，有惠政。瀚舉成化丙戌進士，授編修，屢遷禮部右侍郎，掌國子監事。教士嚴而有恩，力拒請謁，以次營立署舍，師儒免僦居。再遷南京吏部尚書，以災異率羣僚陳十二事。正德初復陳養正心、崇正道、務正學、親正人四事。已而率羣僚條列時政十二。就改兵部，數裁抑内臣。劉瑾銜之，謫參政。瑾誅，復官致仕。卒，贈太子太保，謚文安。子庭棉、庭機。庭棉子炫，庭機子燫、烴，皆舉進士。庭棉工部尚書，贈少保，謚康懿。庭機入翰林，歷南京國子祭酒，終南京禮部尚書。孝友婣睦，爲士類所宗。贈太子太保，謚文僖。炫仕至通政參議。燫亦入翰林，歷國子祭酒、南京禮部尚書，文學行誼不愧祖父，贈太子少保，謚文恪。明世三世爲尚書，且爲祭酒並謚文，林氏一家而已。烴亦至南京工部尚書，恬淡貞素，不墜家聲。

林世勤。字天懋，燫次子。性篤孝，父卒，枕塊三年，哀毁骨立。侍母黄氏不離側，有靈芝三見，枯篁復青，禾兩歧、瓜雙蒂之異。御史上其事，被旌。

林泮。字用養，閩縣人。成化進士，歷廣州知府，有平蠻功。正德時屢遷南京户部尚書。劉瑾惡其不附己，未出都，遂令致仕。泮居官廉，歸無第宅，常寓止僧寺。及卒不能殮，有司爲庀喪具。天啓初追謚恭靖。

林廷玉。字粹夫，侯官人。成化進士，授吏科給事中。弘治初條籌邊翊治十事。又上保治八箴，劾太監王瓚弟碧冒濫授職、奸僧繼曉漏網逋誅。轉工科給事中，以劾程敏政下獄，謫判海州。入爲通政，以僉都御史巡撫保定，劾太僕寺丞張鑑點馬貪黷，調掌南都察院事。乞歸。正德中閩卒倡亂，廷玉與高文達造壘，諭以朝廷威德，羣黨解散。未幾復亂，又撫定之。嘉靖末詔立祠與文達並祀。

許天錫。字啓衷〔六〕，閩縣人。弘治進士，由庶吉士除吏科給事中。大同失事，奉詔往覈，上巡撫洪漢等敗衄掩覆狀。又因天變，疏請京官五品以下，六年考察，堂上官悉令自陳。遂著爲令。正德時，因清覈内庫，得劉瑾侵匿數十事。將奏聞，瑾怒，夜中遣人縊殺之。

鄭善夫。字繼之，閩縣人。弘治進士。武宗南巡，偕同列切諫被杖。嘉靖中用薦起刑部郎中。爲人矜名敦行，婚嫁七弟妹，貲財悉推與之。葬母黨二十餘人，所交盡天下名士。虚懷下善，人皆愛而親之。作詩力摹少陵，有少谷集二十五卷。

劉世揚。字實甫，閩縣人。正德進士，由庶吉士除給事中。嘉靖初議加興獻帝皇號，世揚疏諫。又列上先朝直臣舒芬等二十人，請加恩數，以旌忠直。由是諸臣各進秩一等。既偕同官劾張璁、桂萼黨王瓊、彭澤等，又陳修省八事，語皆切時弊。爲璁等所搆，謫江西布政司照磨，歷官河南提學僉事。所至皆有聲。

謝蕡。字維盛，閩縣人。正德進士，授禮科給事中。嘉靖初疏諫乳媪劉氏、宫人孫氏濫封，因勸節恩澤，戢内侍。南京災，疏請勉力行，修德政，以答天心。復陳科舉之弊，諸所建白，皆關國體。大禮議起，與百官伏闕泣諫，詔杖闕下。福建海門，自鑿新港，民日以敝，蕡上疏陳六害，乞塞之以甦地方、弭海寇。從之。出知太平府，未任卒。隆慶初録嘉靖言事諸臣，贈太常寺少卿。

林春澤。字德敷，侯官人。正德進士，授户部主事。武宗南巡，諫者皆廷杖罰跪，春澤疏千餘言救之得免。江彬扈從，擅威福，春澤持正不阿，彬爲氣奪。後爲程番知府，歸。春澤邃於禮經，詩詞宏偉，著有人瑞集。卒年百有四歲。

張經。字廷彝，侯官人。正德進士，嘉靖初爲給事中。劾尚書金獻民等，又極言官校之害，請罷勿遣。總督兩廣，討平斷藤峽賊侯公丁等。與尚書毛伯温定計，撫定安南。積功進兵部尚書。倭寇起，命經總制七省軍務，便宜行事，選將練兵，爲擣巢計。會趙文華以祭海至，與浙江巡按御史胡宗憲比，趣速戰。經固俟永靖、保順兵至，文華怒，疏劾經。比被逮而經方大戰於王江涇，斬賊首一千九百餘級，卒不赦論斬。隆慶初復官，謚襄愍。

林公黼。字質夫，長樂人。正德進士，官大理評事。時帝下詔南巡，諸臣諫者皆罰跪闕前，禍且不測。公黼偕同官懇諫，請寬諸臣罪，帝怒加甚，詔下獄被杖死。公黼夜草疏時，聞暗中泣歎聲，奮筆不顧。嘉靖初贈太常丞，福王時追謚忠恪。

馬森。字孔養，侯官人。嘉靖進士，授户部主事，累遷江西巡撫。入爲刑部侍郎，改户部，調大理卿。屢駁疑獄，與鄭曉、周延稱爲「三平」。遷户部尚書。隆慶初嘗命中官崔敏取户部銀帀黄金，森言：「故事，御札皆由内閣下，無司禮徑傳者。」事乃止。既又命購珠寶，森亦力争，不聽。尋以母老乞養歸。值閩卒倡亂，諭散之，鄉人爲立祠。卒，贈太子少保，謚恭敏。

鄭世威。字中孚，長樂人。嘉靖進士，官江西僉事副使。數以事忤夏言、嚴嵩，遷四川參政。時嚴嵩方柄政，遂致仕。嵩敗，以薦起，累擢左副都御史，再遷刑部侍郎。詔採珠寶，疏諫不聽，謝病歸。世威篤志正學，持身嚴苦，家居環堵蕭然，躬課耕桑。卒，贈刑部尚書，謚恭介。

陳見。福清人。嘉靖中舉於鄉。倭寇來犯，率家衆禦之，與訓導鄔中涵同被執，駡賊不屈死。

陳第。字季立，連江人。初爲諸生，都督俞大猷聞其名，召致幕下，授以古今兵法、南北戰守方略。尚書譚綸見而奇之，用爲京營裨將。歷蘇鎮遊擊將軍，居鎮十年，邊備甚飭。萬曆十一年，戚繼光罷鎮，邊事漸壞，遂棄官歸。所著有毛詩古音考、伏羲先天圖贊、尚書疏衍、麟經直指、屈宋音義、松軒講義、防海事宜、蘇門兵事、東番記、五岳遊草諸書〔七〕。

林大有。永福人。嘉靖間倭陷城，大有時爲諸生，與知縣周焕並力戰死。

鄧原岳。字汝高，閩縣人。萬曆進士，爲雲南提學僉事。税璫恣横，其爪牙笞辱諸生。原岳捕治之，荷校於市。長於詩，所著有西樓存稿。

徐𤊹。字惟起，閩縣人。博聞多識，善草、隸書，積書鼇峯書舍至數萬卷。以布衣終。兄熥，字惟和，萬曆舉人。與𤊹俱擅才名。閩中詩文自林鴻、高棅後，閲百餘年，鄭善夫繼之。迨萬曆年，曹學佺、徐𤊹輩繼起，謝肇淛、鄧原岳和之，風雅復振焉。

林材。字謹任，閩縣人。萬曆進士，官工科給事中。伉直敢言，以忤時謫典史。天啓中歷南京通政使。崇禎初贈右都御史。

董應舉。字崇相，閩縣人。萬曆進士，天啓初累官太常少卿。時遼事方棘，疏陳急務數事。又請誉田近京，乃擢太僕卿，經理天津至山海屯務。應舉安插遼東流民萬數千人，廣募開墾，獲穀充餉。進工部侍郎，兼户部，并理鹽政。爲魏黨劾歸。應舉好學善古文，居官慷慨任事，在鄉里好興利捍患，人皆頌之。

翁正春。字兆震，侯官人。萬曆壬辰進士第一，累官禮部左侍郎。署部事，作八箴以獻。王貴妃薨，以費多久不葬，正春言：「貴妃誕育元良，奈何以天下儉？」青宮輟講久，屢疏懇請，並及福王之國、瑞王婚禮，語並切摯。天啓初以抗論忤魏忠賢，被旨譙責，乞歸。仕至禮部尚書，卒謚文簡。

曹學佺。字能始，侯官人。萬曆進士。天啓二年，官廣西參議。劉廷元以附魏忠賢得志，劾學佺私撰野史，遂削籍。崇禎初起副使，辭不就。明亡，入山投繯死。平生詩文甚富，總名石倉集。本朝乾隆四十一年，賜謚忠節。

謝肇淛。字在杭，長樂人。萬曆進士，爲工部郎中。視河張秋，作北河紀略，詳載河流源委，及歷代治河利病。出爲雲南參政，極言礦税害民，帝亦容之。學詩於王穉登，有小草齋集。

葉向高。字進卿，福清人。萬曆進士，選庶吉士，累官吏部尚書，建極殿大學士。時神宗倦勤，庶政不理，朝署空虛，羣黨角立。向高深憂之，在位務以調劑羣情、輯和異同爲事。數言時政得失，帝不能納，遂因病歸。光宗立，召還。天啓改元，魏忠賢擅政，欲興大獄，憚向高未敢逞。一時善類，賴以保全。已知時事不可爲，力求去位。忠賢遂無所顧忌，大肆羅織，善類爲之一空。年六十九卒於家。崇禎初贈太師，謚文忠。

郭應響。字希聲，福清人。萬曆丙午舉鄉試第一，崇禎五年，以榆林兵備副使署鄜延事。賊犯鄜州，應響禦之，斬常山虎等十五人。至是，混天猴率衆夜突至，應響登北關，集士卒拒守，手殺三賊，力不支遂死。事聞，贈太常寺卿，謚忠烈。

林汝翥。字大葳，福清人。萬曆舉人，授沛縣知縣，以功擢御史。天啓中巡視京城，忤魏忠賢，矯旨廷杖，削籍歸。崇禎初起瓊州道，魯王召爲兵部右侍郎。與同邑員外郎林垐攻福寧，戰敗被執，吞金屑死。垐歿於陣。本朝乾隆四十一年，賜汝翥謚忠節，垐謚烈愍。

鄭逢蘭。字楚澤，侯官人。天啓舉人，崇禎末官兵部員外郎。闖賊破京師，逢蘭分守西直門，被執不屈，齧舌噴血，罵賊觸牆死。本朝乾隆四十一年，賜謚節愍。

馬思理。字達生，長樂人。天啓進士，歷官右通政。以涂仲吉疏救黄道周事下獄，後得出。明亡，不食死。同邑撫州同知高飛聲、御史王恩及、閩縣中書鄭羽儀、福清袁州同知李時興、永福給事中鄢正畿、御史林逢經，皆死之。本朝乾隆四十一年，俱賜謚節愍。

黄儒。字三未，永福人。天啓舉人，崇禎末知滎經縣。張獻忠餘黨陷城，令儒屈膝。儒不從，駡不絶口，遂磔死。妾林氏、李氏皆焚死。本朝乾隆四十一年，賜謚節愍。

胡上琛。字席公，閩縣人。世襲福州右衛指揮使。好讀書，能詩。崇禎丙子舉武鄉試。唐王時署都督僉事。王被執，上琛謂家人曰：「吾世臣，不可苟活。」妾劉，年二十，願同死。上琛喜曰：「汝幼婦亦能死耶？」遂整冠帶，賦詩題壁，共飲藥酒而卒。本朝乾隆四十一年，賜謚節愍。

劉沂春。字泗哲，長樂人。崇禎進士，歷官刑部主事。行人熊開元以建言繫獄，沂春讞之，不阿上意，屢旨鐫責，遂落職歸。

鄢廷誨。字藎獻，永福人。崇禎中以歲貢授登封縣令。流賊破城，不屈死。本朝乾隆四十一年，賜謚節愍。

本朝

陳丹赤。字獻之，侯官人。順治辛卯舉人。初爲四川推官，遷兵部郎中，擢分巡温處道。值耿逆變作，總兵祖宏勳將叛，擁兵郡城大觀亭，邀丹赤議事。丹赤至，城守楊春芳厲聲曰：「兵餉俱無，何以出戰？」丹赤曰：「提標前鋒已集，計有五千，何謂無兵？糧甫給至六月，何謂無餉？封疆之臣，守死封疆，不知其他也。」宏勳目左右執斧者劈其肩，丹赤駡聲不絶，即挾出磔殺之。

事聞，贈通政使，謚忠毅。子一夔，以廕知浙江安吉州，入爲兵部刑部郎，出守湖州、寧波。所在興利除弊，公廉愛民，擢浙江糧儲道。後以服闋赴召，卒於都，囊橐蕭然，至無以爲殮。祀名宦祠。

陳子達。字仲兼，閩縣人。順治壬辰進士，官檢討。歛歷楚、蜀、秦，所至皆有實績。後臬秦，愈清慎自砥，人謂有關西四知風。以裁缺歸，雖久宦不置田廬，僑寓柘浦，蕭然若儒素云。

蕭震。字長源，侯官人。順治壬辰進士，由順德推官擢御史。假歸，值耿逆變作，陰與邵武府張瑞午、建昌府高天爵密圖討賊。謀洩，縊死南關下。方震被執時，妻林氏與妾張氏、子婦鄭氏、婢曾氏，先後懸樑投井死。雍正六年，諭祭建坊，祀忠臣廟。震生平遇事敢言，爲文章上追史、漢，著有西臺奏議、蟄菴存稿、道山紀略諸書。

鄭江。字若谷，侯官人。慷慨有至性，母葉病將革，江刲股羹進，母霍然愈。後父母歿，遇諱日或展墓，哀痛若初喪。時戊子大饑，數斛穀可易頃田。江語其妻陳曰：「人爲子孫田宅計，吾爲兄弟目前計。」竟不以穀易田。其孝友類如此。次子開極，少年登第，由翰林歷官諭德。孝友敦睦，一如其父。致仕四十餘年，當事罕見其面。碩德耆年，爲一時重望。

何履鉌。福清人，泰寧諸生。事父至孝，順治丁酉海寇至，履鉌父率鄉勇禦之被困。履鉌冒死突救，父已攖刃。履鉌抱屍踴哭不去，遂遇害。

陳彥弼。字子卿，連江人。母病脚且瞽，臥牀二十年，彥弼承奉無懈。順治丁亥，土寇謀陷縣城，陰使人夜開門。彥弼率衆力拒之，邑賴無恙。

黃成富。連江人。力於耕作，同居六世，家有六十餘口。凡工作諸藝，皆令其子弟自習之，各執其事。諸婦遇兒饑則乳之，不問爲誰兒。遇衣垢則浣之，不問爲誰衣。客至治具供食，家長主之，家中不聞一言。

蔣垣。字用崇，侯官人。康熙壬子舉人。母歿，刺血追寫遺像，廬墓三年，有羣烏集鳴墓側，人咸以爲孝感。耿逆變亂，逃匿橘園洲，逆黨以宿學交薦，垣詐爲廢疾拒之，密約李天然等謀内應以延王師。事洩，天然等十三人被害，垣遁得免。雍正二年，祀忠孝祠。時又有同邑吴士宏者，與其父江夏知縣吴日來、舉人陳學夔，俱遯跡橘園洲。三年中堅辭逆職，誓死不屈。雍正二年，祀忠義祠。

施大晁。字觀宏，福清人。康熙癸丑進士。耿逆變亂，羅致紳士，大晁抗節不受逆職。僞縣令李傳甲偵知匿所，逼以僞檄。大晁忠憤激烈，嚼舌唾罵，逆黨羣毆之，嘔血死。

李馥。字汝嘉，福清人。康熙甲子舉人，由刑部郎中出守重慶。郡經流寇亂後，田賦無考，馥履畝清丈，侵佔弊息。累遷江蘇按察使。制府擒治奸民，株連百餘人。馥察其冤濫者，盡白釋之。擢浙江巡撫。時亢旱，請截漕二十萬，民不知飢。又漕米例用白糧，馥疏請兼用紅白，民便之。在官以廉慎稱，歸田二十年，借屋以棲，與士大夫文酒往還。年八十餘卒。

林文英。字碧山，侯官人。康熙戊辰進士，由庶吉士歷禮部郎，出守保定、瓊州。性至孝，丁内外艱，苫塊三年，舉動一稟家禮。生平崇正學，歷官所至，修建蘇軾、丘濬、楊繼盛、海瑞祠宇。卒於瓊，祀名宦祠。

余正健。字乾行，古田人。康熙丁丑進士，由編修累遷國子監祭酒，督學江南。條教不煩，苞苴請謁，無一及者。疏請范仲淹從祀廟廷，上廉其學守，召爲順天府尹。剔姦弊，省囹圄，勤於奉職，數月晉秩副都御史，再奉命督學滇南。疾作，予告歸。乾隆十三年，祀鄉賢祠。

黄任。字于莘，永福人。康熙壬午舉人，知四會縣。罷官歸里，惟端石數枚、詩稿兩束而已。所著詩流麗悱惻，尤長於七絶。嘉興杭世駿著全閩詩話，謂其秀韻獨出，兼饒逸氣，較諸體更爲擅場。家居蓄十硯，因以名其齋。

鄭任鑰。字惟啓，長樂人。康熙丙戌進士，選庶吉士，歷官侍講。典試江西，督學江南，所拔多知名士。雍正初元，擢湖南布政使，尋調湖北，升巡撫，署湖廣總督。討湖南逆賊謝録正等，平之，入爲副都御史。命往江南查倉穀，民戴之，建祠祀焉。著有朱子或問小註、自治要纂諸書。

林侗。字同人，侯官人。博涉經史，精於金石碑板，爲尤溪教諭。以親老歸，隱城西荔水莊，著有來齋選古、金石考略諸書。弟佶，字吉人。受詩於王士禛。康熙壬辰，欽賜進士，官内閣中書。平生博覽羣書，尤得力於韓、曾。工篆、隸、行、楷，著有樸學齋詩文集，及焦山古鼎、甘泉宫瓦詩各一卷。

許友。字有介，侯官人。工詩及書畫，爲朱彝尊所稱。著有米友堂集。子遇，遇子鼎、均，皆有宦績。自友至其曾孫王臣以下，同居七世，丁衍百餘。乾隆五十年旌，御書扁額曰「海國醇風」。

林枝春。字繼仁，福清人。乾隆丁巳進士第二，授編修，歷官通政司副使。性孝友，讀書崇實學。督學河南時，有三教堂百餘所，設儒、道、釋三像，以佛居中。枝春奏禁之。乞假歸，掌教鼇峯書院，朔望集諸生於講堂，示以立品持躬之要、文章器識之大，閩士争出其門。家居十一年卒。

孟超然。字朝舉，閩縣人。乾隆庚辰進士，由庶吉士歷官吏部考功司郎中。督學四川，清操甚著。歸里後主鼇峯書院講席，課士有方，成材者衆。嘉慶二十一年，祀鄉賢祠。

流寓

陳

虞寄。餘姚人。張彪往臨川，强寄俱行。彪將鄭瑋刦寄奔晉安，時陳寶應據閩中，得寄甚喜。寄每陳逆順之理以諷諫，寶應不從，乃居東山，僞稱腳疾不起。

宋

張浚。綿竹人。辛炳爲御史中丞，率同列劾浚，提舉洞霄宫，居福州。

元

圖多卜鼎。回回人。累官廣東廉訪司僉事。寓居福州，城陷，以石繫其腰投井死。其兄曰穆嚕鼎者官建康，曰赫嚕鼎者官信州，亦皆死國難云。「圖多卜鼎」舊作「獲獨步丁」，「穆嚕鼎」舊作「穆魯丁」，「赫嚕鼎」舊作「海魯丁」，今並改正。

王翰。靈武人。累官福州路治中。元亡，屏居永福山中。洪武初有薦之者，翰曰：「女可更適人哉？」遂自引決。

列女

五代

石氏二女。羅源人。長月英、次雪英。王審知時，青巾賊亂，二女遇賊不屈，投水死。水旁有石，人因命曰十八娘巖。

宋

唐璘母。古田人。璘擢監察御史，有憂色。母問其故，璘曰：「此官須爲朝廷争是非，一咈上意，或忤權貴，恐重爲大人累。」母曰：「而第盡言，吾有而兄在，勿憂。」璘居官大節，母教之助爲多。

陳氏。閩縣人。笄年守志，壽踰九十。理宗時詔旌其門。

林子埜妻陳氏。長樂人。年十八歸林，甫十七日而寡。守節不移，至九十餘卒。詔旌其門。

李仲敏妻王氏。福清人。適仲敏早卒，王年二十三，哀慟幾絶。既殯，乃屏家人自縊死。

劉仝祖妻林氏。福清人。宋末仝祖起義兵，亡命自經死。林氏爲有司所執，令具反狀。林叱曰：「林、劉二族，世爲宋臣，欲以忠義報國，何爲反乎？」遂遇害。

元

陳氏。長樂人。海賊刼石梁，其夫適在縣郭。陳氏遇賊被執，且行且罵。賊亂捶之，扶以登舟，罵不已，自投江中。其父方卧病，見其女至，呼之不應。駭曰：「吾豈夢耶？」既而自賊中歸者言陳氏死狀，明日屍逆流而上，止石梁岸旁。鄉里莫不駭歎，乃舁歸葬之。

穆什頁庫妻。色目人。穆什頁庫奉使廣東，妻留福州。時悍卒爲變，逼脅之。穆什頁庫妻因持斧擊殺卒，遂爲同營卒所殺。時長樂柯宗實妻陳氏、古田蔣國秀妻陳氏、林氏女娥，皆遇賊被害。「穆什頁庫」舊作「馬速忽」，今改正。

明

李廣妻盧氏。名佳娘，福清人。成婚甫十月，廣卒。既殮，哭輒僵仆，伺家人防懈，潛入室自縊。同邑游政妻倪氏，亦夫亡自經。

韓一敬繼妻林氏。福清人。夫死踰年，撫前子成立，遂與娣姒訣，抱鏡自投於江。

陳九敘妻吴氏。長樂人。嘉靖中爲倭寇所獲，驅之不行，罵不絶口，延頸受刃。賊遍斫其膚而死。同邑林長淮妻陳氏，適長淮一載，長淮病。以目睨婦，婦揣知夫意，入室自經，爲家人所覺。越三日夫亡後自縊死。

陳商聘妻王瓊妹。福清人。許字未婚而商卒，請於母歸陳爲持喪。居數歲，會倭寇作，被執不辱，拾刀自殺。賊義而殮之。

林侹妻何氏。福清人。嘉靖中倭亂，侹父子被執，侹求免父執己。氏見翁還而夫不在，欲自殺以殉，家慰以稍待。既而有言侹死狀，何爲夫招魂，從容自縊。時同邑張季臨妻林氏，亦與姑同被執。氏願以身代，姑得免。氏紿賊曰：「我宅前池中有金寶。」賊信之，氏導往，自投於水，賊刺殺之。林師學妻廉氏，夫婦被擄，擁迫登舟。謂夫曰：「汝可潛歸，吾死矣，不受辱也。」遂投海死。

鄭大鸞妻周氏。福清人。夫卒，氏絶而甦者三。既殯夫於寢右，氏命左之，詰旦自經於柩側，乃知其虚右以待也。

鄭濬元聘妻俞氏。福清人。受聘未婚，夫死，奔喪哭奠，以刀自刎。姑遽奪之，又以簪刺不死，復自經。姑又解救之，竟絶粒二十八日而死。

林用進妻謝氏。福清人。夫早卒，氏誓以身殉，絶粒待斃。越旬餘不死，取所藏金雜鉛粉吞之，又不死。面腫目湧，僅留殘喘。偶家人挈用進書篋至，大慟嘔血盈盆，遂絶，年二十有一。

林汝瞻妻尤氏。羅源人。廣東流寇至，一家被擄，舟至鑑江港口，氏歎曰：「此爲吾故土，死於此足矣。」遂抱女投江中，一時諸媳妯娌三十四口皆同死。

本朝

林儼妻翁氏。侯官人。儼溺水死，翁矢節不移。寇掠洪塘，被執，露刃逼之，不從且駡，斷手屠面終不屈，賊怒寸磔之。

葉日炳聘妻陳氏。侯官人。許字未婚，夫卒訃至。陳閉户自縊，以救免。乃毁妝茹素，守貞十一年。日炳父母俱逝，其兄弟以禮迎歸，擇兄子爲嗣。時方襁褓，氏朝夕對木主哭奠〔八〕。又六年嗣子已六歲，即於所居投繯殉節，年三十六。同邑王荷天妻莊氏、王孔璽妻陳氏，俱夫亡殉節。張大光婢張氏，亦以烈殉。

林邦楨妻鄭氏。侯官人。事姑以孝聞，夫卒家貧，矢志撫孤。苦節幾三十年，守禮不踰尺寸，親課二子學成，人稱賢母。又同邑鄭澍聘妻郭氏，幼聰慧善書字，未婚而澍夭。氏歸鄭門，執婦道甚謹，夫家欲以其節請旌，謝曰：「吾自盡吾職耳，敢因以爲名哉？」年七十八卒。其貞静爲人所難。

林德潟妻黄氏。福清人。海寇突至，黄遇賊刦之行，不從，賊刃之，斷五指仆地。賊義而捨之。後德潟遘疾，黄知不起，誓以死殉。夫卒七日，乃縊。

林百驎妻黄氏。福清人。驎溺死，黄爲夫殮畢，以刀割喉，流血仆地，氣絶復甦。即引喉傷向石階往來刮磨，爲家人救持。懸樑者再，繩俱斷，復以敗絮塞口不得死。家人憐之，聽其速死，乃取鐵筯刺入喉傷處，攪斷喉根而絶，年二十有三。同邑翁鐄妻俞氏，亦夫亡殉節。

陳得棟妻蔣氏。福清人。與五都陳雲元妻周氏同被賊掠，逼污不從，賊露刃於頸。二婦力拒且罵，賊怒磔之，兩屍噴血道上不滅。

施延哲聘妻吴氏。福清人。受聘未婚，延哲卒。既葬訃至，女哀請奔喪，拜夫墓前自縊，家人解之。至夜蒙被復縊，家人又解之。次夜復縊於牀，繩斷移於樑，屋震如濤。久之繩又斷，自是水漿不入口者十三日，含笑而逝，年二十。又同邑張可育聘妻方氏，未婚而夫卒，奔喪殉節。

趙蓁聘妻鄭氏。連江人。許字未婚，聞夫卒，奔喪殉節。

林秉寬聘妻李氏。名定宋。閩縣人。未婚而秉寬卒，母憐不以聞。踰年將别議婚，定宋覺之，泣請守志。縞素歸於夫家，撫嗣子成立。乾隆中旌。

何裕妻陳氏。閩縣人。裕遘重疾，氏刲股和藥以進。裕卒，水漿不入口者七日。事舅姑彌勤摯，繼從子爲嗣，教以讀書立品。乾隆中旌。同邑莊篤培妻林氏、陳道泳妻李氏、劉經妻林氏、余成名妻劉氏、林德懋妻邱氏、宣洪祚妻周氏、游君禧妻陳氏、生員陳聯芳妻葉氏、邵文光妻黄氏、李建極妻王氏、陳日輝妻蔡氏、鄭田遠繼妻陳氏、陳以柱妻江氏、傅世哲妻陳氏、林賢煜妻陳氏、張繼妻林氏、高坦妻陳氏、吴文標妻鄭氏、董孔亮妻陳氏、林良誠妻范氏、陳敦夫妻林氏、林翼爲妻楊氏、黄紫善妻林氏、李文烜妻吴氏、金極妻葉氏、陳嘉譽妻林氏、嚴棟妻林氏、高堯檍妻林氏、俞德威妻陳氏、陳永在妻曾氏、黄縉爵妻陳氏、何奕炎妻陳氏、張士美妻施氏、林尚飄妻蔡氏、張爾喜妻鄭氏、張恒蘭妻蔡氏、陳超然妻鄒氏、高鳳芳妻黄氏、施友瓊妻葉氏、楊廷棟妻辛氏、沈學源妻黄氏、林人標妻陳氏、李湧生妻葉氏、林守澤妻陳氏、林汝耀妻李氏、王廷允妻李氏、李良棟妻林氏、黄汝采妻傅氏、陳世禧妻林氏、羅正城妻吴氏、黄金章妻張氏、歐溶妻何氏、范希禹妻翁氏、陳啓先妻鄭氏、陳天栻妻王氏、邵康石妻鄭氏、翁宏向妻林氏、周永和妻陳氏、王恒升妻林氏、趙經邦妻史氏、倪達善妻鄭氏、車孟清妻王氏、梁繡璧妻余氏、施子顯妻林氏、蕭大貽妻董氏、薛澤明妻王氏、薛惟華妻王氏、周文邦妻林氏、王肇詠妻張氏、王肇謀妻劉氏、葉士緯妻翁氏、周時東妻邵氏、黄用思妻鄢氏、黄秉弼妻陳氏、葉瑞雲妻姚氏、林宗學妻黃氏、魏繼成妻徐氏、洗亨成妻王氏、薛日泰妻陳氏、陳日履妻王氏，烈婦黃德國妻林氏、鄒居時妻陳氏、陳元煒妻林氏、鄧必捷妻雷氏、林某妻劉氏、鄭某妻劉氏、杜某妻劉氏，貞女吳暐聘妻莊氏、林世澄聘妻鄭氏、趙大賓聘妻陳氏，烈女林承治聘妻蕭淑官、朱聖卿聘妻林淑玉、張敬耀聘妻鄭氏、陳盛棟聘妻黃氏，俱乾隆年間旌。

陳允遴妻林氏。侯官人。年二十四而寡，甘貧茹苦，事姑至孝，撫孤成立爲諸生。守節三十一載。乾隆二年旌。同邑薛僊妻曾氏、陳弼哲妻林氏、倪次文妻張氏、翁長琮妻洪氏、莊森妻陳氏、舉人林芷淳妻蔣氏、林日文妻陳氏、莊仁妻周氏、黃麟會妻方氏、儲懋木妻陳氏、吳湘妻蔡氏、何然妻陳氏、莊濂妻王氏、劉敬義妻陳氏、高苹妻莊氏、陳日贊妻鄭氏、甘昌衍妻陳氏、高鳳適妻葛氏、翁從賓妻陳氏、葛經邦妻葉氏、蕭士品妻陳氏、鄭任鉉妻林氏、施天資妻李氏、陳爾光妻唐氏、魏雯妻陳氏、林立九妻高氏、林圭妻吳氏、吳東昇妻蕭氏、黃仕灼妻吳氏、何衷伍妻陳氏、蔣邃妻紀氏、林德慎妻官氏、陳師孔妻林氏、洪溥妻王氏、陳履安妻戴氏、姚鵬妻郭氏、謝希哲妻洪氏、鄭啓宴妻謝氏、牛北灶妻陳氏、林允通妻潘氏、方裔若妻江氏、宋君臺妻陳氏、劉世璋妻林氏、王克周妻林氏、王安妻鄭氏、林士培妻藍氏、姚禮章妻鄭氏、謝大成妻李氏、張大振妻吳氏、高士龍妻楊氏、王若喬妻郭氏、江安侯妻任氏、蔡鐸妻周氏、妾鄭氏、陳書繼妻朱氏、齊長錦妻謝氏、陳義振妻蔡氏、倪庚化妻詹氏、吳茂協妻鍾氏、李涵元妻林氏、舉人張正卿妻翁氏、林光棟妻郭氏、何元渙妻陳氏、陳邦珽妻鄭氏、張汝清妻鄭氏、劉佳容妻張氏、劉佳安妻鄭氏、林雄臣妻郭氏、何恒淳妻吳氏、妾陳氏、蔣蕙妻陳氏、妾張氏、危秉直妻朱氏、夏大珩妻黃氏、江澍妻梁氏、周時楷妻葉氏、陳峻耀妻林氏、倪茂枝妻王氏、柳澤澧妾王氏、陳治策妻趙氏、池漢章妻徐氏、黃尚拔妻宋氏、張士獻妻唐氏、張實斯妻林氏、翁學海妻蔣氏、張萬選妻謝氏、方鍾聯妻姚氏、王國根妻陳氏、周季允妻葉氏、謝錫章妻鄭氏、謝天驥妻汪氏、徐銘勳妻陳氏、徐蔭麟妻陳氏、陳日章妻郭氏、陳承訓妻鄭氏、吳武卿妻梁氏、陳惠夫妻江氏、盧協中妻龔氏、陳道華妻王氏、鄭霖妻林氏、陳道采妻林氏、林向榮妻黃氏、薩知經妻陳氏、黃廷耀妻潘氏、胡公調妻陳氏、黃信揚妻嚴氏、黃尚安妻李氏、林良鏘妻黃氏、蔣開材妻陳氏、何燧隆妻許氏、池永泰妻陳氏、楊鳴岐妻李氏、楊振基妻柯氏、許尚開妻葉氏、黃善會妻彭氏、鄭上達妻趙氏、林任妻薛氏、江克義妻吳氏、江克哲妻陳氏、王連妻黃氏、葉若蘭妻丁氏、江水鑑妾黄氏，烈婦鄭學書妻應氏、項仁貴妻林氏、貢生林守仁繼妻黄氏、薩知進妻謝氏、陳國霖妻丁氏、路春海妻張氏、林家駒妻唐氏、程利長妻張氏，烈女楊世旺聘妻許氏、程貞寶聘妻洪氏，俱乾隆年間旌。

陳元秀妻鄭氏。長樂人。年十八歸陳，夫病，刲股和藥罔效。及卒，誓志守貞，事翁姑盡孝。會姑病篤，又刲股以療。課子孫嚴而有法，年七十四卒。同邑謝宸浩妻潘氏、聘媳林氏、陳天寶妻卓氏、陳天球妻鄭氏、柯萬明妻王氏、柯國標妻吴氏、陳良興妻潘氏、鄭純鏞妻陳氏、江元曉妻鄭氏、陳吉甫妻彭氏、蔣文欽妻林氏、陳于上妻鄭氏、陳亨圭妻黄氏、陳昶妻林氏、鄭興超妻陳氏、林天蓮妻陳氏、林元秋妻吴氏、柯天弼妻楊氏、陳夏妻盧氏、陳簡元妻林氏、李文浩妻陳氏、陳利笏妻柯氏、江霽妻高氏、李開元妻劉氏、陳元金妻林氏、黄德錦妻陳氏、陳典安妻田氏、曹雲妻陳氏、林德彬妻陳氏、林有騰妻陳氏、林兹惠妻邱氏、林開熾妻廖氏、林文滋妻邱氏、鄭良樂妻陳氏、林行敏妻陳氏、陳行大妻張氏、陳式泰妻江氏、張春泰妻程氏、陳有彩妻鄭氏、陳友萬妻林氏、陳震藻妻吴氏、陳亨駿妻韋氏、徐必伸妻陳氏、陳廷基妻林氏、鄭代極妻陳氏、陳錫圭妻林氏、曾忠江妻鄭氏、黄肇經妻官氏、謝璋妻林氏、陳愛雍妻鄭氏、鄭良岱妻謝氏、陳立品妻鄭氏、陳位泉妻劉氏、陳應春妻鄭氏、鄭維應妻陳氏、馮建昇妻林氏、王大西妻陳氏、王文藩妻林氏、陳亨玉妻李氏、陳亨某妻張氏、鄭泉妻鄒氏、葉長富妻林氏、劉棟妻鄒氏、陳宗德妻張氏、鄭學鄉妻林氏、鄭邦龍妻陳氏、鄭善繼妻戴氏、蔣崧高妻陳氏、曹道隆妻陳氏，烈婦邱宗莊妻林氏、王平妻鄭氏、高顯宗妻陳氏、高某妻陳氏、胡某妻魏氏、黄某妻林氏，貞女鄭茂鴻聘妻周氏，俱乾隆年間旌。

余宏生妻何氏。福清人。于歸四載，夫殁，無子，遺二女，爲夫擇嗣，教養備至。次女許字陳文乾，未婚殉節。何氏持家儉勤，舅姑及夫窀穸經營盡禮，守志四十餘年。乾隆二年旌。同邑王則錫妻魏氏、陳可俅妻吴氏、周君明妻王氏、吴世錦妻林氏、媳蔡氏、翁兆瑞妻何氏、張士亨妻翁氏、施正粱妻李氏、吴融朗妻何氏、林百范妻李氏、葉廷和妻魏氏、林兆則妻陳氏、孫學孟妻王氏、俞順人妻陳氏、何述四妻林氏、林嘉相妻李氏、葉崇仁妻陳氏、念允啓妻何氏、陳春元妻林氏、嚴常輔妻陳氏、鄭建敷妻俞氏、鄭灼祖妻吴氏、余瑞傳妻戴氏、林家彬妻陳氏、許茂粱妻游氏、林有棗妻陳氏、蔡永耀妻江氏、俞崇星妻陳氏、吴泉侯妻陳氏、何藻儒妻葉氏、林在江妻鄭氏、倪天鈞妻林氏、林公衛妻歐氏、蔡開鍾妻林氏、薛崇周妻林氏、妾陳氏、翁克方妻王氏、林崇本妻陳氏，烈婦楊文鸞妻劉氏、陳孔亮妻黃氏，貞女王朝元聘妻張氏，烈女陳氏、林光湖聘妻倪氏，俱乾隆年間旌。

鄭家樑妻孫氏。連江人。夫亡守節，食貧撫孤。同邑吳力行妻朱氏、黃萬年妻葉氏、陳光禄妻王氏、孫斯若妻陳氏、謝正仁妻莊氏、陳時超妻黃氏、陳堯文妻王氏、黃蕭安妻葉氏、林紹妻吳氏、邱欽士妻楊氏、游有濟妻趙氏、熊元鼎妻孫氏、葉德介妻林氏、陳光堂妻王氏、謝庭徽妻孫氏、趙克修妻陳氏、董能禮妻林氏、邱懷玉妻陳氏、孫貽能妻鄭氏、林子騰妻陳氏、周達妻易氏、陳光枝妻邵氏、周士嚴妻葉氏、陳繼祖妻葉氏、陳汝垂妻吳氏、戴君培妻陳氏、陳榮達妻張氏、陳榮泮妻瞿氏、林敬上妻陳氏、鄭宗淑妻林氏、王廷賓妻吳氏、王子珮妻林氏、余良楝繼妻王氏、游時贊妻魏氏、吳仕璋妻柳氏、趙若太妻章氏、林國仲妻鄭氏、黃廷授妻林氏、鄭國鼎妻趙氏、黃殿選妻陳氏、黃肇鏞妻田氏、林殿栻妻孫氏、林玉階妻孫氏，烈婦李天樞妻黃氏、孫日賓妻鄭氏、陳建輝妻林氏、林蔭長妻陳氏、鄭攸仲妻陳氏、張廷枝妻謝氏、李朝卿妻陳氏、鄭質仲妻楊氏、陳方宙妻吳氏、胡締仞妻陳氏、陳文均妻王氏、楊廷牧妻游氏、余樞元妻廖氏、章祚猷妻孫氏、吳廷枝妻游氏、王翼鵠妻吳氏，貞女黃羽聘妻謝氏、吳思錦聘妻官氏、陳紹祖聘妻游氏、王廷明聘妻陳氏、滕正朝聘妻孫氏、吳孝挺聘妻周氏、吳秉鋼聘妻黎氏，烈女余起燦聘妻陳舜英、孫建均聘妻魏氏、周大鶯聘妻吳氏、陳紀聘妻葉氏、邱敏達聘妻吳氏、王翼鶴聘妻鄭氏、孫應達聘妻陳氏、鄭紹賢聘妻章氏、陳起瑜聘妻滕氏、游德盛聘妻鄭氏、趙元達聘妻陳氏、吳正爵聘妻王氏、張廷蔚聘妻孫氏、陳思鳳聘妻方氏、陳芳煜聘妻吳氏，俱乾隆年間旌。

蕭時嘉妻黃氏。羅源人。夫亡守節，乾隆三年旌。同邑林濟時妻鄭氏、游奕輝妻朱氏、陳掄妻鄭氏、葉綱妻黃氏、尤倜妻黃氏、黃廷桂妻尤氏、游於京妻黃氏、歐玉行妻程氏、黃洪達妻鄭氏，烈婦黃國梁妻陳氏，俱乾隆年間旌。

余時卿妻張氏。古田人。年二十八歲，夫歿守節。子端士相繼卒，妻李氏，年二十九，誓不再適。未幾長子、次子又歿，長婦李氏、次婦陳氏，皆年少守志。姑媳妯娌，相依爲命。嗣孫登林復天，妻李氏亦年少，一門四代五寡，均勵節操。同邑陳耀南妻熊氏、黃國樞妻李氏、魏潤妻丁氏、陳聖昌妻章氏、阮鴻杰妻余氏、薛大衍妻黃氏、長媳陳氏、次媳李氏、三媳朱氏、陳作霖妻李氏、林夢鳳妻徐氏、余永燦妻吴氏、余希旦妻李氏、翁維珍妻陳氏、翁維璿妾張氏、熊貢吉妻夏氏、朱兆斯妻魏氏、甘自桐妻陳氏、陳紹芳妻曾氏、賴應璋妻陳氏、林爲馨妻葉氏、程必捷妻陳氏、卓錦豸妻張氏、鄭光耀妻陳氏、魏元略妻林氏、江永祚妻李氏、鍾士耀妻李氏、丁大雄妻鄭氏、俞茂鎬妻黄氏、黄光訓妻阮氏、蔣紹聖妻朱氏、陳業成妻葛氏、丁濯起妻游氏、林傳繼妻包氏、蔣必顯妻陳氏、葉登書妻林氏、葉天化妻吴氏、蔣鴻標妻張氏、妾黎氏、黄鏜妻江氏、魏致楝妻陳氏、藍基焕妻魏氏、廖將霖妻魏氏、黄邦彦妻鄭氏、魏獻瑛妻范氏、郭貽屏妻張氏、陳起鵬妻胡氏、丁鼎祝妻林氏，貞女李鏊聘妻黄氏，俱乾隆年間旌。

陸瑞金妻張氏。屏南人。歸瑞金三載夫亡。矢志不移，營翁姑窀穸，課孤子成立，苦節垂六十年。同邑張禄贈妻孫氏、張旭旦妻周氏、胡永裕妻黄氏、包國珍妻蕭氏、張正模妻徐氏、韋元佐妻謝氏、蘇聖瑞妻吴氏、包增爵妻甘氏、孫維正妻鄭氏、蘇爲璿妻楊氏、黄賽觀妻周氏、周天麟妻蘇氏、張宗亮妻陸氏、楊宗璋妻徐氏、陸簡生妻葉氏，烈婦張顯名妻韓氏，俱乾隆年間旌。

曾興踞妻林氏。閩清人。年二十一于歸，夫卒，姑病瘋卧牀。氏甘貧堅守，侍病姑朝夕不離者十三年，撫孤子克盡仁慈。同邑黄君士妻傅氏、詹子愷妻吴氏、姚縈妻周氏、詹永哲妻鄭氏、林璧萬妻陳氏、陳志鋭妻姚氏、鄭宗生妻葉氏、毛右公妻劉氏、程孟達妻吴氏、劉一鴻妻陳氏、許孔鎬妻余氏、張爾盛妻吴氏、陳研妻許氏、詹宜之妻陳氏、毛鳴雷妻孫氏、孫克繩妻林氏、許學亨妻林氏、王仲啓妻蕭氏、黄植圃妻許氏、劉承謨妻謝氏，貞女許而甫聘妻劉氏、詹颺詩聘妻張氏，烈女劉作沛聘妻許氏，俱乾隆年間旌。

柯大焕妻林氏。永福人。年二十九夫亡。飲蘖茹荼，課子成立，苦節歷三十餘年。同邑貞女謝秀連，年十三，父母繼殁，遺弟妹俱幼。秀連自矢不字，撫弟妹成立，爲之婚嫁，營葬二親，孝友兼盡。又節婦黄士拔妻林氏、張世堪妻陳氏、媳黄氏、董克驥妻林氏、陳瑞亨妻蔡氏、齊一鴻妻劉氏、黄毓長妻陳氏、杜世炳妻林氏、張昌儀妻林氏、生員薛世隆妻林氏、薛學海妻汪氏、薛學參妻陳氏、李世廣妻楊氏、金光祖妻袁氏、余成龍妻邵氏，烈婦羅文質妻陳氏，貞女柯氏、黄際春聘妻張氏，俱乾隆年間旌。

鄭維玉妻林氏。閩縣人。夫亡守節。同邑楊其芬妻張氏、邱如夔妻王氏、邱如筠妻林氏、詹益煌妻陳氏、李士洸妻陳氏、孫聯登妻陳氏、李定國妻王氏、楊大殷妻林氏、鄭祝曾妻薛氏、張國寶妻劉氏、魏家駒妻陳氏、官卿統妻王氏、林伯楊妻陳氏、陳振侯妻許氏、劉時紫妻王氏、劉邦盈妻佘氏、金聖籙妻林氏、何英妻曾氏、吴士泰妻曾氏、薛廷佐妻何氏、許人吉妻林氏、錢繼祖妻盧氏、張得器妻劉氏、董章洪妻葉氏、陳孔哲妻林氏、陳可廣妻黄氏、高得洋妻林氏、藍季隆妻鄭氏、陳春鐸妻林氏、蕭日章繼妻謝氏、妾郭氏、陸文煃妻方氏、陳仲經妻葉氏、蕭朝超妻鄭氏、陳德侯妻孫氏、林尚恭妻吴氏、鄭則選妻陳氏、鄭有來妻黄氏、林華士妻徐氏、郭開勳妻李氏、陳裕國妻宋氏、李大音妻陳氏、林克砥妻陳氏、王溥妻葉氏、李廷齊妻吴氏、王宗猷妻蔡氏、林爲國妻徐氏、鄧聖春妻鄭氏、郭德宇妻張氏、王升玉妻陳氏、林邦建妻陳氏、何恒銓妻陳氏、吕在盛妻蔡氏、董孝中妻高氏、李耀先妻曹氏、陶學國妻佘氏、吴維正妻張氏、鄭本培妻廖氏、張敦祥妻鄭氏、曾之偉妻金氏、曾如琳妻張氏、方奇卓妻江氏、林遵乾妻黄氏、李應階妻張氏、周朝鼎妻丁氏、薛嘉連妻葉氏、謝崇耀妻翁氏、夏蔭妻蘇氏、黄廷樑妻張氏、李傳瑞妻葉氏、鄧文騰妻汪氏、黄泳發妻錢氏、林國綬妻王氏、李明經妻張氏、楊應超妻高氏、孟君邦妻唐氏、張廷經妻吴氏、張如燮妻陳氏、陳起元妻許氏、馮光鈐妻林氏、知縣王源學妾謝氏、林景清妻王氏、翁徽準妻曾氏、林肇康妾佘氏、陳氏、郭端乾妻陳氏、高文駒妻劉氏、祝士洽妻鄭氏、陳以都妻鄭氏、王滎侯繼妻李氏、孫永元妻林氏、鄭大侯妻李氏、臧上林妻魏氏，烈婦梁志雄妻李氏、王昌球妻甘氏、廣東廣糧通判李光瑚妻蔡氏，貞女莊澤書聘妻鄭氏、林繼大聘妻葉氏、劉茂猷聘妻郭氏、鄭則聖聘妻陳氏，俱嘉慶年間旌。

陳成植妻張氏。侯官人。夫亡守節。同邑鄭日華妻程氏、韓光榮妻李氏、馮瀾妻蔡氏、龔一振妻江氏、林世良妻陳氏、林鴻業妻葉氏、葉大潮妻林氏、魏而銓妻陳氏、林肇恭妻潘氏、江惟舉妻鄭氏、葛增光妻許氏、林常振妻洪氏、梁宜英妻黄氏、馬洪聲妻楊氏、陳元煊妻葉氏、林光珠妻劉氏、吴鳴皋妻魏氏、鄭青藻妻莊氏、鄭東卿妻葛氏、鄭朝蒼妻周氏、林錡妻陳氏、何君耳妻葉氏、張三綱妻林氏、許占鼇妻林氏、倪季嶽妻陳氏、胡劍光妻劉氏、葉常居妻劉氏、楊光震妻陳氏、謝庭詔妻林氏、黄學濂妻程氏、佘學田妻江氏、鄭天麟妻李氏、陳鉎妻葉氏、林有一妻王氏、施國瑄妻陳氏、廖王詔妻李氏、張祝侯妻王氏、何鵬舉妻王氏、陳鳳翼妻謝氏、嚴捷光妻聶氏、薛賡聖妻陳氏、黄海明妻張氏、胡永補妻馬氏、薛伯崇妻沈氏、洪志潮妻沈氏、何如龍妻胡氏、陳克潮妻連氏、潘忠馨妻鄭氏、鄒錦妻劉氏、進士張人龍妻葛氏、陳哲風妻楊氏、黄維玉妻齊氏、鄭國寶妻陳氏、葛永燈妻鄭氏、王照光妻鄭氏、陳清泉妻葛氏、劉用春妻佘氏、林昌任妻高氏、李垂朝妻陳氏、生員陳逢源妻蕭氏、邱音中妻何氏、薛伯行妻鄭氏，烈婦董國柱妻江氏、唐克容妻林氏、陳高妻王氏，貞女魏守緒聘妻陳氏，烈女徐厚通聘妻吴氏，俱嘉慶年間旌。

陳如瀛妻吴氏。侯官人。少讀書，知大義。既嫁，食貧勤操作，事耄翁以孝聞。嘉慶十年，瀛客於外而翁歿，氏拮据治喪如禮。瀛歸亦遘疾，氏侍湯藥，忘寢食者累月。既而醫告死期，氏泣曰：「疾不可爲也，吾惟籲神請代耳。」夜焚香於庭，搏顙無數，返而潛縊。越日乃斂，容如生。瀛竟不起，里人莫不哀之。

鄭文澤妻王氏。長樂人。夫亡守節。同邑謝希玉妻林氏、李顯御妻陳氏、鄭如圭妻陳氏、王代興妻鄭氏、鄭光浩妻謝氏、林宜木妻高氏、陳宗華妻蔣氏、蔣廷璧妻陳氏、劉克耀妻陳氏、張孟乾妻林氏、鄭序時妻林氏、鄭道釗妻王氏、董道臣妻黄氏、林道欽妻施氏、林廷嵒妻楊氏、陳學程妻蔣氏、林以謙妻李氏、鄭茂藩妻林氏、柯孝達妻李氏、謝日講妻蔣氏、馮元錡妻彭氏、何亮俊妻陳氏、鄭興選妻陳氏、李于雅妻陳氏、王代喜妻董氏、陳道疇妻蔣氏、陳永琬妻林氏、陳有波妻李氏、林梅誠妻李氏，烈婦施孔武妻林氏，俱嘉慶年間旌。

陳天德妻俞氏。福清人。夫亡守節。同邑黄國源妾孫氏、陳崇雅妻俞氏、周承東妻吴氏、周孝極妻陳氏、蔡長齡妻林氏、倪若淑妻翁氏、陳開武妻林氏、王本興妻劉氏、吴兆鐘妻陳氏、俞蒲夫妻葉氏、葉逢晀妻陳氏、陳子澤妻林氏、陳宗瓊妻黄氏、林光琳妻鄭氏、葉逢春妻陳氏、李正卿妻姚氏、池明德妻辛氏、池明達妻鄭氏、倪亨衢繼妻何氏、妾陳氏、俞爾禮妻鄭氏、生員何嘉妻趙氏、張孝亭妻陳氏、林孔言妻鄭氏、生員李光渭繼妻陳氏、鄭承熒妻吴氏、生員俞國士妻侯氏、陳進湖妻柳氏、吴科聯妾鄭氏、田氏，烈婦葉昂霄妻林氏，貞女周桐聘妻林氏，俱嘉慶年間旌。

陳鼎秀妻林氏。連江人。夫亡守節。同邑周瑞彬妻林氏、周瑞櫝妻陳氏、陳有成妻楊氏、陳起卿妻林氏、陳質友妻林氏、施昌立妻倪氏、施宗繩妻趙氏、鄭聯舉妻趙氏、游肇嘉妻陳氏、楊乃重妻鄭氏、金國秀妻饒氏、吴長榮妻鄭氏、陳萬尉妻周氏、陳焜妻吴氏、俞亨賜妻傅氏、趙次聰妻林氏、孫述端妻林氏、陳景龍妻吴氏、林邦輝妻孫氏、陳會升妻林氏、林襄中妻趙氏、陳應堯妻鄭氏、俞大受妻鄭氏、陳國齊妻鄭氏、陳維敬繼妻史氏、吴廷蕃妻陳氏、陳禮文妻林氏、吴遵源妻邱氏、鄭文海妻蘇氏、趙必堅妻陳氏、陳乾德妻黄氏、林志日妻趙氏、陳信德妻王氏、黄身治妻陳氏、林邦悦妻李氏、林超如妻孫氏、張希尚妻黄氏、曾兆英妻徐氏、陳淑棣妻何氏、葉日藻妻林氏、吴熜妻林氏、吴馨周妻卓氏、葉日博妻邱氏、周振法妻陳氏、陳啓亮妻胡氏、李孝永妻陳氏、陳嘉悠妻劉氏，烈婦林漢昇妻朱氏、丁信侯妻原氏、陳志庚妻林氏、林功修妻張氏、林捷三妻黄氏、官鳳堯妻陳氏、吴孝統妻陳氏、李昌期妻陳氏、謝學珠妻任氏、林乃如繼妻王氏、章朝橘妻謝氏、陳裕春妻林氏、陳久台妻林氏、盧祖儀妻李氏、陳其華妻林氏、黄學權妻夏氏，貞女鄭賜舉聘妻潘氏、林秉鉞聘妻賀氏、王翼漢聘妻吴氏、方肇濤聘妻林氏、生員章春芳聘妻熊氏，烈女方紹周聘妻吴氏、魏高興聘妻吴氏、邱瑞麟聘妻余氏、江鼇標聘妻鄭氏，俱嘉慶年間旌。

陳鼎鐫聘妻黄氏。羅源人。許字未婚，夫亡守節。嘉慶八年旌。

陳世珍妻蘇氏。古田人。夫亡守節。同邑生員余大綸妻林氏、妾鄭氏、張氏、葉登榜妻周氏、余名章妻鄭氏、曾金樑妻丁氏、曾高文妻李氏、陳如泰妻游氏、余光式妻許氏、阮祥津妻黄氏、丁玉山妻魏氏、鄭朝輔妻李氏、丁彝鼎妻藍氏、生員丁仕聰妻林氏、廩生丁步鴻妻陳氏、吴學顯妻游氏、黄蘇卿繼妻翁氏、甘大綸妻胡氏、吴斯崇妻包氏、林孔學妻周氏、劉昌邁繼妻朱氏、妾吴氏、吴名章妻李氏、藍文萃妻張氏、魏三聯妻廖氏、江振德妻廖氏，貞女張玉海聘妻余氏，俱嘉慶年間旌。

陳健妻周氏。屏南人。夫亡守節。同邑張宗壽妻陸氏、張文標妻周氏、張世禄妻李氏、張大烈妻陸氏、鄭日琳妻孫氏、張宗慶妻葉氏、胡昌期妻周氏、張永鵬妻熊氏、林代根妻張氏、武舉薛文潮妻陸氏、張祖祥妻章氏、張祖貞妻彭氏、張永楷妻吴氏、生員陳士昂妻林氏、生員張永彝妻陸氏，俱嘉慶年間旌。

劉世乾妻許氏。閩清人。夫亡守節。同邑高振鳳妻林氏、張沛然妻毛氏、蔡天益妻羅氏、陳國生妻余氏，俱嘉慶年間旌。

陳登岸妻葉氏。永福人。夫亡守節。同邑陳子惠妻林氏、張貽拔妻倪氏、鄧廷健妻李氏、魏世昭妻陳氏、陳永培妻張氏，貞女林氏、林士韌聘妻張氏、黄三捷聘妻謝氏、林啓俊聘妻張氏，俱嘉慶年間旌。

仙釋

漢

徐登。永福人。少牧牛山巔，遇異人得仙術。與東陽趙炳遇於高蓋山，各試所能。登能禁水不流，炳噴飯著樹輒成花云。

三國　吴

董奉。士燮傳注：葛洪神仙傳云：「燮嘗病死已三日，仙人董奉以一丸藥與服，半日能起坐，四日復能語，遂復常。董奉字君異，侯官人也。」

梁

王霸。自齊時父增渡江入閩，善黄老術。霸幼習之，於怡山鑿井鍊藥，點瓦爲金。歲飢則鬻金市米，以濟貧者。唐貞元中即其宅建沖虚宫祀之，並祀徐登、董奉、任敦，爲四仙祠。

唐

任敦。天寶中修鍊於福州大鵬山。後於飛山上昇〔九〕，因改山名爲昇山。今昇山洗藥池、昇仙臺遺址尚存。按：閩書、通志、府志作任放。陶隱居集作晉太康時人。

懷海。長樂人。幼事龍泉禪師，浣巾於井，見二小龍戲水中，以鉢探二龍獻於師。師奇之，令受戒具，曰：「逢馬則參，逢丈則止。」後至百丈山參馬祖禪得道。元和中謚大知禪師。

五代

僧義淑。有道行，居萬壽寺。嘗苦旱，持鉢祈雨，頃有黑雲從鉢起，大雨如注。已而黑雲復歸鉢中，烈日如初。

宋

僧銓。居連江獨覺巖，與怡山大潙爲友。峯頂有巨石，銓指叱之，詰旦移山下，儼成一室，銓趺坐其中。巖有猛虎爲獵矢所中，銓爲拔矢而馴擾之，出入相隨。政和中謚慈惠禪師。

土産

鹽。新唐志：侯官、長樂、連江縣出。

金。寰宇記：土産麩金。

鐵。明統志：閩、福清二縣出。

綿絹。元和志：福州貢綿絹。寰宇記：土産輕絹絲布。

紵布。元和志：閩清、古田諸縣出，土貢。

蕉布。元和志：貢白蕉。新唐志：土貢蕉布。寰宇記：土産蕉葛。

文扇。新唐書：閩縣、侯官出，土貢。

簟。寰宇記：土産。

白藤箱。寰宇記：土産。

蚺蛇膽。乾薑。元和志：俱列貢品。

茶。橄欖。新唐志：俱土貢。

荔支。方輿勝覽：譜有江家緑、十八孃紅、狀元紅、將軍紅，皆絶品。有蜜漬、白曬諸名，爲此地所珍。

龍眼。明統志：各縣出。

柑。通志：閩縣、侯官、福清、連江出。

酸棗。通志：糜其肉，雜以蔗糖，可以爲糕。

筍笴。寰宇記：閩縣土産。

蔗。明統志：府城西有甘蔗洲。

乾白沙糖。寰宇記：各邑土産最饒。

海蛤。鹿角菜。紫菜。明統志：俱濱海縣出。

壽山石。方輿勝覽：出懷安縣稷下里。潔浄如玉，柔而易鐫，蓋珉類。

金銀沙。明統志：在閩縣東山。文殊般若院出金沙，普賢院出銀沙。

香櫞。明統志：各縣出。

末麗。蔡襄詩：「團團末麗叢，繁香暑中坼。」今謂之茉莉。

素馨。方輿勝覽：土産。譜載潔白芬芳。

畲民

羅源縣畲民。居深山，聚族以處。今侯官縣亦有之。通志：汀猺人與虔、漳、潮、潯接壤，以槃、藍、雷爲姓。連江縣志：畲民五溪槃瓠之後也，今居羅源者，祇藍、雷二姓，相爲婚姻，或云海南民藍奇、雷聲，隨王審知入閩，因居羅源村中，其習俗誠樸，與土著無異，無酋長統轄，多在荒僻山巔，結茅爲屋，男女相助力作，采薪捕魚，以供食用。男椎髻短衣，荷笠攜鋤，婦挽髻蒙以花布，間有戴小冠者，貫緑石如數珠，垂兩鬢間，圍裙著履，其服色多以青藍布。

古田縣畲民。即羅源一種，散處縣之上洋等村。以耕漁爲業，竹笠草履，勤於負擔，婦以藍布裹髮，或戴冠狀如狗頭，短衣布帶，裙不蔽膝，常荷鋤跣足而行，以助力作。

校勘記

〔一〕嘗結聚逋逃　「逋」，原作「通」，據乾隆志卷三二六福州府名宦（下同卷簡稱乾隆志）及梁書卷四二臧厥傳改。

〔二〕真宗命德權與謝泌等鞫之　「泌」，原作「秘」，據乾隆志及宋史卷三〇九謝德權傳改。下文同改。

〔三〕又請號召土豪　「又」，原作「及」，乾隆志同，據宋史卷四〇九唐璘傳改。

〔四〕殿中侍御史章琰　「琰」，原作「炎」，據乾隆志及宋史卷四二四黄師雍傳改。按，本志避清仁宗諱改也。

〔五〕授福清州同知　「同知」，原作「司知」，據八閩通志卷六二人物志改。

〔六〕許天錫字啓衷　「衷」，原作「東」，據乾隆志及明史卷一八八許天錫傳改。

〔七〕五岳遊草諸書　「草」，原作「事」，據乾隆志改。按，陳第五岳遊草七卷，今日本内閣文庫尚藏有明萬曆刻本，民國十八年有石印本行世，上海圖書館有藏本。

〔八〕氏朝夕對木主哭奠　「哭」，原作「器」。考乾隆志及雍正福建通志卷五四列女、乾隆福州府志卷六六列女皆有此條，謂陳氏「哭奠殯所，即閉户密室，朝夕對木主哭泣」，本志略有改作，其意則彷彿，因知「器」爲「哭」字之訛，據改。

〔九〕後於飛山上昇　乾隆志作「後於此山上昇」，雍正福建通志卷三山川「昇山」條亦謂「於此昇舉」，並無「飛山」之名。蓋本志欲改作「後於此山飛昇」而勾塗有誤也。

興化府圖

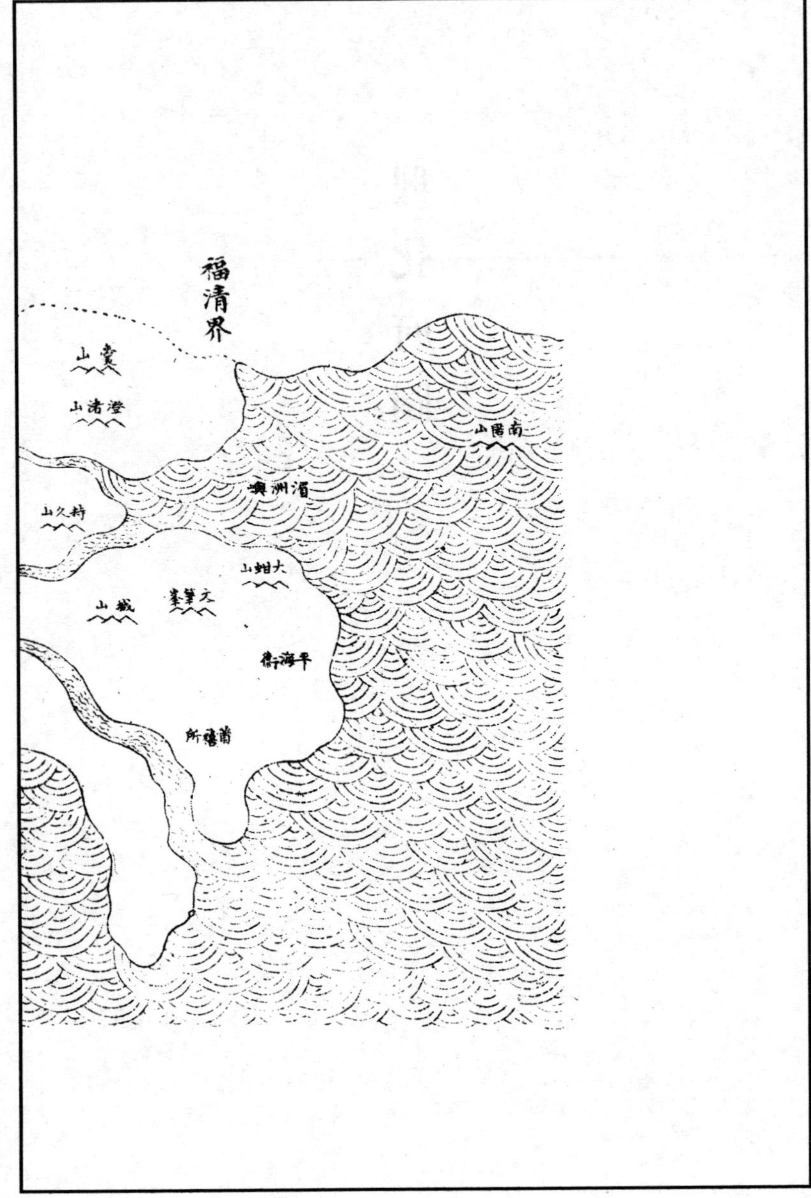
福清界
囊山
澄渚山
湄洲嶼
南日山
大蚶山
文筆峯
城山
平海衛
莆禧所

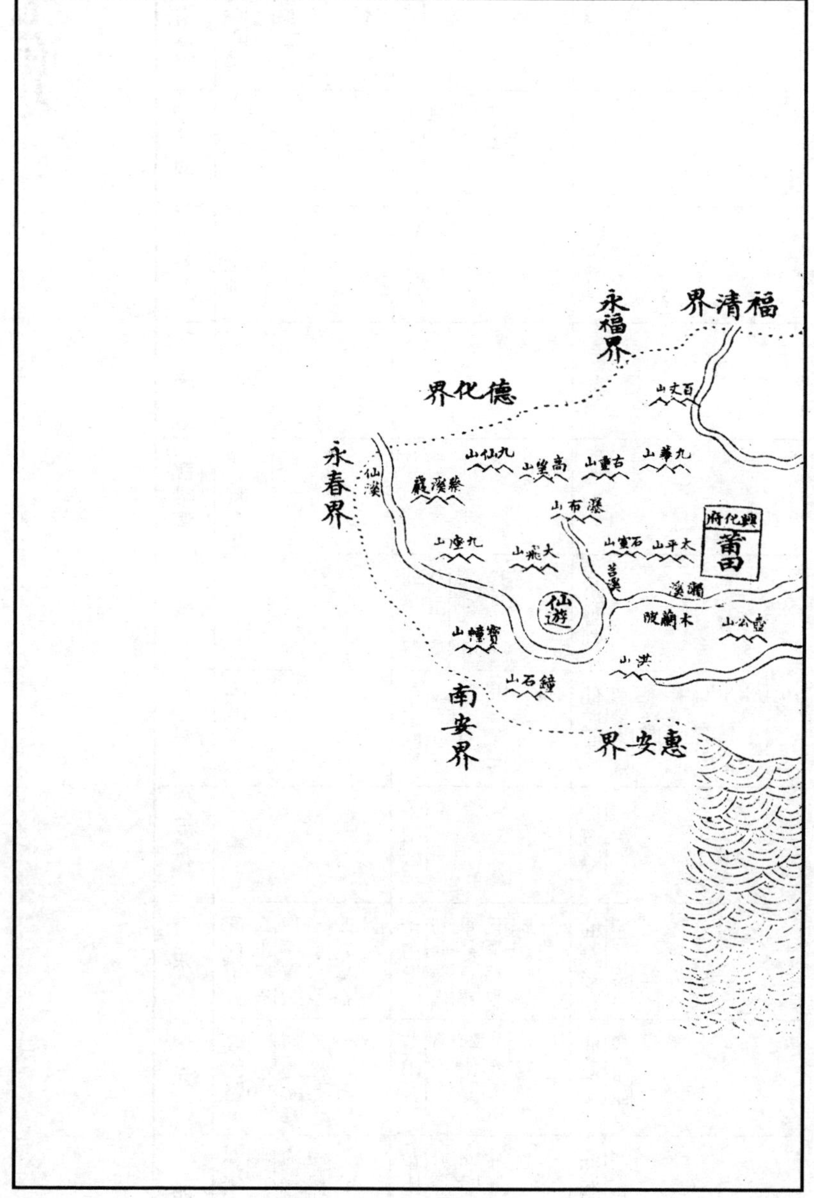
福清界
永福界
德化界
百丈山
永春界
仙溪
九仙山
高望山
古臺山
九華山
蔡溪巖
瀑布山
興化府
莆田
九座山
大飛山
石室山
太平山
苦溪
瀨溪
仙遊
木蘭陂
壺公山
寶幢山
洪山
鍾石山
南安界
惠安界

興化府表

	興化府	莆田縣	仙遊縣
兩漢	會稽郡地。後漢會稽南部地。	冶縣地。	冶縣地。
三國		吴東安縣地。	
晉	晉安郡地。	晉安縣地。	晉安縣地。
宋			
齊梁陳	梁、陳爲南安郡地。		
隋		開皇中置莆田縣。尋省入南安縣。	南安縣地。
唐	泉州地。	莆田縣 武德中復置，屬豐州。景雲二年屬泉州。	仙遊縣 初爲莆田縣地。聖曆二年置清源縣，屬武榮州。尋屬泉州。天寶初更名。
五代		莆田縣	仙遊縣
宋	興化軍 太平興國四年置太平軍。尋改名，屬福建路。	莆田縣 初屬興化軍，後自興化縣移軍來治。	仙遊縣 屬興化軍。
元	興化路 至元中升路，屬福建道宣慰司。	莆田縣 路治。興化縣 皇慶初移治，屬興化路。	仙遊縣 屬興化路。
明	興化府 洪武初改府，屬福建布政司。	莆田縣 府治。正統十三年省。	仙遊縣 屬興化府。

續表

	皇慶初徙。	興化縣 太平興國四年置,爲興化軍治。八年,軍徙縣屬。									

大清一統志卷四百二十七

興化府

在福建省治南二百四十里。東西距二百十里，南北距八十五里。東至大海九十里，西至永春州界一百二十里，南至大海四十里，北至福州府福清縣界四十五里。東南至大海一百里，西南至泉州府惠安縣界六十里，東北至福清縣治一百二十里，西北至永春州德化縣治二百里。自府治至京師六千四百三里。

分野

天文牽牛、須女分野，星紀之次。

建置沿革

禹貢揚州南境。周爲七閩地，後屬越。秦爲閩中郡地。漢爲會稽郡冶縣地。後漢爲會稽南部都尉地。三國吴爲東安縣地。晉爲晉安郡晉安縣地，宋、齊因之。梁、陳爲南安郡地。隋開皇九年，析南安縣地，置莆田縣，屬泉州，尋廢。唐武德五年，復置，屬豐州，尋屬泉州。五代因之。宋太平興國四年，析泉州地置太平軍，尋改曰興化軍，置興化縣爲軍治。八年，移軍治於莆田，屬福建路。元至元十四年，升興化路，屬福建道宣慰司。明洪武元年，改爲興化府，屬福建布政使司。正統十三年，省興化縣。以其地分屬莆田、仙遊。本朝因之，屬福建省，領縣二。

莆田縣。附郭。東西距一百二十里，南北距八十五里。東至大海九十里，西至仙遊縣界三十里，南至大海四十里，北至福州府福清縣界四十五里。東南至大海一百里，西南至仙遊縣界六十里，東北至福清縣界四十五里，西北至福州府永福縣界一百二十里。漢冶縣地。三國吴爲東安縣地。晉以後爲晉安縣地。隋開皇九年，分置莆田縣，尋廢入南安縣。唐武德五年復置，屬豐州。景雲二年，割屬泉州。五代因之。宋太平興國四年，置興化軍，治興化縣。八年，移興化軍來治。元爲興化路治。明爲興化府治，本朝因之。

仙遊縣。在府西七十里。東西距九十里，南北距一百五十五里。東至莆田縣界四十里，西至永春州界五十里，南至泉州府惠安縣界七十五里，北至福州府永福縣界八十里。東南至惠安縣界五十里，西南至泉州府南安縣界三十五里，東北至莆田縣界一百里，西北至永春州德化縣界一百里。漢冶縣地。晉以後爲晉安縣地。隋爲南安縣地。唐初爲莆田縣地，聖曆二年，析置清源縣，屬武榮州，尋屬泉州。天寶元年，改曰仙遊。五代因之。宋太平興國四年，改屬興化軍。元屬興化路。明屬興化府，本朝因之。

形勢

南揖壺公，北枕陳巖，木蘭、壽溪，環流左右。宋志。介泉、福之間，海道舟車所會。宋游醇通判廳壁記。山川之秀，甲於閩中。明統志。

風俗

比屋業儒，俊造如林。唐獨孤及廟碑。文物之邦，習俗好尚，有東周齊魯遺風。宋黃公度學記。舊俗儉嗇勤力，衣服古樸，重廉恥，惜行檢，以讀書爲故業，科名之盛，甲於閩中。府志。

城池

興化府城。周十一里，門四。左引壽溪水，右引木蘭溪水爲濠，西北負山鑿爲旱濠。宋太平興國八年建。明洪武十二年、萬曆九年先後拓建。本朝雍正八年修，嘉慶四年重修。莆田縣附郭。

仙遊縣城。周六里一百六十四步，門四。宋乾道中土築。明正德八年甃甓，嘉靖二年砌石。本朝順治十二年修，乾隆十二年重修。

學校

興化府學。在府城内東南。宋咸平初建。本朝康熙十三年修，二十一年、雍正元年、乾隆二年重修。入學額數二十名。

莆田縣學。在莆田縣治西南薛公池旁。宋附興化軍學，元至順中遷建。本朝康熙二十一年修，三十九年、雍正六年、乾隆八年重修。入學額數二十名。

仙遊縣學。在仙遊縣治南。宋咸平中建。本朝康熙十七年修，雍正八年、乾隆五年重修。入學額數二十名。

芝山書院。在府城西北隅芝山之麓。宋建，祀朱子，初名龍江書院。明成化間拓建。本朝康熙五十四年，於文公祠東建仰文書院，尋合龍江、仰文二書院爲一，改今名。乾隆二十一年修。

擢英書院。在莆田縣治東。本朝嘉慶十一年建。

洞橋書院。在莆田縣治舊衛學西。本朝康熙三年建，乾隆二十八年修。

海濱書院。在莆田縣東十里。本朝雍正八年建。

涵江書院。在莆田縣東北。方輿勝覽：在涵頭，去軍二十里，宋知軍事楊棟建。景定四年，知軍事徐諒奏請書額。本朝康熙元年修，三十一年重修。

金石書院。在仙遊縣城内東北隅。本朝乾隆十四年建。

同蘭書院。在仙遊縣西郊。本朝康熙中建。按：舊志載鍾山書院，在莆田縣東，舊爲考亭書院，後燬，里人曾光愈重建，改今名。瑶臺書院，在莆田縣東南景德里，元至正四年建。珠壖書院，在莆田縣東南，宋監丞陳篪建。水南書院，在莆田縣東南二十里黄石街，舊紅泉宫地，祀唐觀察使裴次元。明正德中改建。壽澤書院，在莆田縣東北虎坡山，宋爲靈慈祠，明嘉靖中改建。紫陽書院，在仙遊縣城北，明嘉靖中建。朝天書院，在仙遊縣西四十里，舊名朝天院，明正德中，邑人尚書鄭紀改建。謹附記。

户口

原額人丁一十一萬五千二百八十九，今滋生男婦大小共四十九萬三千四百三十三名口，計一十萬一百九十六户。又屯民男婦共三萬七千五百五十七名口，計五千一百三十五户。

田賦

田地一萬三千五百七十五頃六十三畝一分七釐有奇，額徵地丁正、雜銀八萬五千五百三十三兩八錢一分一釐，米一萬一千一百二十石四升三合九勺。屯田七百三十五頃九十七畝五分六釐有奇，額徵丁糧銀四千二百一兩四錢四分九釐，米二千四百八十七石三斗七升九合六勺。

山川

東山。在莆田縣東興福里。山多異産，宋鄭樵有東山採藥詩。

雙髻山。在莆田縣東十五里。一名筆架山。舊志：積石巉巖，上摩霄漢，山有五峯，又名五侯。自西視之則二，故名雙髻。自郡城視之則五。上有湧泉巖。又塔山，在縣東十五里，一名文峯巖。

持久山。在莆田縣東。發脈自雙髻山，崒嵂蜿蜒數里許入海，海中突起二嶼，一色鬱葱，名青嶼。一色如瑀，名赤嶼。皆壘石如覆釜，居郡水口。

大蚶山。在莆田縣東七十里海濱。山勢崒嵂，有蚶田百頃，十里之内，水草皆香。又有大動、小動石。相近者曰青山。

南匿山。在莆田縣東九十里大海中，與琉球相望。一名南日，明初設寨於此，後徙入内地。

白塔山。在莆田縣東南十五里。小而圓秀，下爲東州，南爲横塘，北爲小横塘。相近有萬玉山，在馬峯街後，一名周坑山。

城山。在莆田縣東南二十里，與壺公山對峙，黄石鎮主山也。前臨國清塘，一名穀城山，舊有竹隱、梅隱、松隱三巖。

芝山。在莆田縣東南醴泉里。巖石巑岏，林木蓊鬱，爲海濱勝處。山巔有萬松庵，相近有金山，上有石室，可容十許人，下有金溪，發源於仙人臺。

柯山。在莆田縣東南三十里。舊名松山，以山下多柯姓居此，故名。

嵩山。在莆田縣東南海濱。上有石室，苔紋成「文筆峯」三字，宛然如書，刮去復然。旁有石室，俗呼仙姑巖。

瓊山。在莆田縣東南。有二，大瓊山在百丈沙中，小瓊山在沙盡處，皆潔白如玉。

華胥山。在莆田縣東南，與湄州嶼隔海相望。下有東西兩澳，東爲南日山水寨，南爲吉了巡司。居民蕃盛，商旅輻輳。又縣南七里有横山，南爲上横山，北爲下横山。相近有木蘭山，下爲木蘭溪。

門夾山。在莆田縣東南，近莆禧城。兩山相夾如門，故名。一名文甲山。

印山。在莆田縣東南六十里雙髻山南。上有石如印。相近有九湖山。府志謂之九跳山，自南逆行而北，凡九跳，故名。

吴山。在莆田縣東南六十里海中。其山頗大，相近有銅山，産自然銅。又有赤崎山、礪山，俱在縣東南海中。

鯽魚山。在莆田縣東南六十里雙髻山東，爲南渚林後山。下有潭。相近有石鼓山，其前曰石海山，上産白石。

壺公山。在莆田縣南。九域志：軍有壺公山，昔有人隱此，遇一老人，引於絶頂，見宫闕臺殿，曰：「此壺中日月也。」因名。山在城南二十里，頂有泉脈通海，視潮盈縮。舊志：與縣治相對，高聳千餘仞，蟠踞數十里，山有八面，其形方鋭如圭首，峙如展屏，秀特端重，爲郡之鎮山。頂有泉，出石穴中，中有雙蟹，名曰蟹井。絶頂有真浄巖，莆中風物一覽可盡。山之陽有靈雲巖，上有桃花洞、醮月池。又有虎丘巖，爲最勝。其麓曰名山，多靈蹟，有雲覆頂即雨。

天馬山。在莆田縣西南三里。其形腰陷首昂如馬，東麓爲鳳凰山，舊時山下有湖，一名南湖，山左有月峯。

鼓角山。在莆田縣西南十五里南白沙村之南。舊志：白雲之東，壺公之西，於隈隩處，連發數峯，高出天表，是爲鼓角。

將軍山。在莆田縣西南二十餘里。一名將軍巖，宋蔡襄有詩。

石梯山。在莆田縣西南三十五里。盤礴峭拔，高千餘仞。絶頂有鑪峯巖，南望海潮，如在脚底，産茶次於鼉山。北行至溪潭，截然而止，分爲九條，名爲九龍山。下有九龍潭。

太平山。在莆田縣西一里。峯巒峻拔，爲縣主山。又縣西有甘露山。

石室山。在莆田縣西。方輿勝覽謂之石室巖，在縣西三里，有二石室。舊志：與天馬山相連，其西有大象峯，楓溪水出焉，北流入延壽溪。

鼉山。在莆田縣西二十里。一名鼉洋山，産茶爲縣之最，東南有瀑布泉。其相連者曰紫帽山。

九華山。在莆田縣西北五里。山峯三疊，其頂峯巒攢簇如蓮花，名蓮花峯，又名陳巖。方輿勝覽：陳巖在城北十里，古有陳姓者隱此，故名。上有石洞，廣可數丈。明統志：山有桃花塢、燕子洞、仙篆石、黏蠔石、淘金井，山之西北爲高陽山，其後有苦竹山。又縣西北四里有天壺山，在莒溪之南。

福平山。在莆田縣西北二十里。歐陽詹讀書處。舊志：在縣北，一名北平山，相近者爲烽火山、尖山。

薌林山。在莆田縣西北廢興化縣南。下有靈龜潭，有石梁跨其上。相近有楓嶺。

棋山。在莆田縣西北廢興化縣西南。山有五奇：一曰仙掌峯，有石高三十餘丈，特立如掌；二曰文筆峯，一名石竹峯，峯之麓爲舊興化縣治；三曰香鑪峯，一名朝天馬峯；四曰仙人臺；五曰出風穴，大石上有穴如斗，風自内出。傍有龍山巖，如圍屏，瀑水高三十尺，下瀦爲小潭。又有石如室，深廣一二丈。傍有四石臺。

夾漈山。在莆田縣西北廢興化縣西。一名東山，旁有西巖，即鄭樵讀書處。山之麓曰藻湖，一名萍湖。又縣西北廢興化縣北有蔣山、大帽山。

百丈山。在莆田縣西北八十里。方輿勝覽：在興化東北，亦名華蓋山，山有六巖，一曰客廳，二曰古仙，三曰石塔，四曰石傘，五曰石樓，六曰重元。又有百丈嶺，接福清縣界。

浮山。在莆田縣北十里。山側懸崖掛瀑，兼有智泉、鍾潭之勝，而幽深瑩潔險絶過之。

戴帽山。在莆田縣北四十五里。高千仞，上有鸛鴿巖。又縣東北十里有暢山。

烏石山。在莆田縣東北。方輿勝覽：在城北一里。舊志：在城内西北隅。明洪武初闢城，始圍其半於城内。又梅山，與烏石山相連，其西南偏爲州峯，上有春臺。

澄渚山。在莆田縣東北十五里仁德里。名勝志：一名陳渚山。

囊山。在莆田縣東北三十里。形如懸囊，亦名土囊。有辟支巖，中可容數榻。唐黄滔有詩。

雙魚山。在莆田縣東北四十里迎仙溪上。下爲子魚潭。

金石山。在仙遊縣城東北隅。爲登臨勝處。

鐵山。在仙遊縣東七里。昔燕王築城其上，一名城山。

石鼓山。在仙遊縣東南四里。上有巨石如鼓，縣之水口山也。

留仙山。在仙遊縣東南五里。何仙兄弟嘗憩此，今石棋局猶存。

洪山。在仙遊縣東南十五里。其崖險峻，層巒清麗，天陰有火星出巖罅間。相連者曰魁山。

白巖山。在仙遊縣南十里。孤標秀異，林木蔚然，白石成巖，下插清溪。又南五里爲香山，旁有清溪，源出晉江縣界。

九龍山。在仙遊縣南四十里。分九支而下。

寶幢山。在仙遊縣西南十二里。有二峯對拱，東曰玉幢，西曰金貂。

鐘石山。在仙遊縣西南二十里。形如覆鐘，下有仙門洞。石門高闊丈餘，有白虹、黄虹二漈。

九座山。在仙遊縣西北。即古仙遊山也。元和志：仙遊山在縣西三十里，縣因以名。通志：九座山在縣西北七十里，重巒疊嶂，中巍然高峙者凡九峯，上有九座院，院後有盤髻峯，亦名鳳頂山。院東三百步有棲真巖，巖下有錫杖泉。院西三十步有大澗，出於窮山，曰徹雲洞。自澗北上五里許有龍潭。其相連者曰大勳山，一名大汾山。

飛烏山。在仙遊縣西北十五里。下有飛烏溪。

泗州臺山。在仙遊縣西北三十五里。相傳有仙人往來其間，一名仙人臺。唐鄭良士有詩。

果山。在仙遊縣西北。方輿勝覽：在縣西四十里平田中，突起一峯，高插霄漢，有靈源洞。

大飛山。在仙遊縣北五里。九域志：大飛山，地本平湖數頃，一夕風雷暴至，旦見此山聳峙，因名。舊志謂之大小二飛山，縣之主山也。自九座分宗東來，高可千仞，延亘百里，矗爲二山，形勢聳拔，翼然如飛。下有鐘鼎、馬鞍二山。其東爲將軍山，屹立千丈，頂若兜牟。後爲天馬山。

瀑布山。在仙遊縣東北五里。其山峭拔懸崖，有瀑泉千尺而下。府志：在飛山之北，峭拔空闊，林木森聳，下有龍潭。

古重山。在仙遊縣東少北二十里紫洋之東，延袤二十里。上有古重巖，深廣各四丈，傍有石室十餘所，隙路相通，皆神仙窟宅。又縣東二十里曰瓊山，一名瓊山巖，上有石瑩潔如玉，高數丈，廣十餘丈，可坐數百人。

高望山。在仙遊縣東北三十里何巖西北谷。自山之南，其峯高聳，宜遠眺。上有萬高洞，南有雙髻峯，下有龍潭，其東爲鳳髻山。

九仙山。在仙遊縣東北四十五里。九域志：昔有何氏兄弟九人棲此登仙，故名。府志：在縣東北三十五里高望山之東，林木森翠，石涌飛泉，色白味甘。

高陽山。在仙遊縣東北六十里何巖之西。高百餘仞，崒嵂臨湖，一名谷目山。崇林蔽翳，居人斲木以識出入，後訛爲谷目云。

石所山。在仙遊縣東北六十里何巖東。高數千仞，盤踞百餘里。何巖居羣峯上頭，此山復爲何巖之望。上有烏頭巖，山石黝黑，草色蒼然。頂傍有雲居巖，高千仞，有方沼瀦其巔。其東有麥斜巖，亦名樵谷山。左有兩石洞，又東里許有滴水巖，陡削壁立，水自巔下，涓涓不絕。

蓮花山。在仙遊縣東北六十五里。數峯參差，奇秀可愛。又縣東北八十里爲覆鼎山，與蓮花、石所二山並峙。

尋陽山。在仙遊縣東北六十五里。有大山自西北來，峙爲三峯，中曰大雪，北曰仙臺，西曰香鑪，各分支而發。由香鑪峯南出，曰大象山。由大雪峯中出，曰鴉髻巖。由仙臺北出，曰雲頂峯、紅袍山。由仙臺東出，曰筆架山。又北曰笏山、烽山，皆尋陽之支也。

小巖山。在仙遊縣東北九十里。疊嶂環拱，絶澗争喧。由石門入，中有石屏、石鏡。

吴嶺。在莆田縣西北七里。又三里爲松嶺，嶺半有觀音泉，下二里爲茅洋。

澳嶺。在莆田縣西北廢興化縣南。其下爲澳村。又平牀嶺，在廢縣西南，盤繞十餘里。

何嶺。在仙遊縣東北二十五里。延袤數十里，上爲何巖。有古何城，城之東有石洞，可坐百餘人。又東爲羅漢巖，巖北爲石門，南即九鯉湖，相近有磨石嶺，即九鯉之峽也，與莆田縣接界。

長嶺。在仙遊縣東北七十五里何嶺東北，趨郡孔道也。

皋嶺。在仙遊縣東北。宋置巡司於此。

靈峯。在莆田縣東北四十五里。五峯環立，形勢特異。相對者曰香山巖，一名𡸣山。有天然井在石盤中，泉極清冽，亦名香泉，下有鑑池。

越王峯。在莆田縣西北。又名越王臺。環山巔累臺十餘層，礎石儼然，傍有三燧峯。

瑞雲峯。在莆田縣西北。石壁峭立，旁一里許有轉水巖，有泉在黄茅中，東礙大石，西流入永福縣界崖壑中。其後歲旱石開，水轉而東，溉田數百頃，故名。

仙壽峯。在莆田縣西北。絶頂有平地，周十餘丈，登以眺遠，則游洋諸峯奇狀畢獻。峯之陽有寒泉，俗呼仙人井。相近曰長壽峯。

永興巖。在莆田縣西北。一名鬼巖。縣舊志：相傳宋紹興中，山鬼爲厲，有張君以巨石封鎮之，患始息。削壁可三十丈，上有飛瀑若垂練然，巖左有石獅、石象、香鑪、玉女諸峯，前有將軍、石門峯，皆極形似。

望江巖。在莆田縣西北。層崖千仞，東望滄溟，風檣浪舶，宛在目睫。又白龍巖，在廢興化縣西，有上下二巖，内極寬廣，有石龍，長可丈餘，騰驤其上，有泉自爪牙中出。

北坑巖。在仙遊縣南四十里。巖石周環如城，元末寇亂，鄉人避難於此，力守隘口，寇不能犯，因呼其地曰無煩惱。

蔡溪巖。在仙遊縣東北六十里。巖前有石如雙闕，曰石門，高三十餘丈，廣百十丈。石門之北，峭壁環立，飛瀑數百丈，直瀉而下，瀑盡處爲龍潭，流爲蔡溪。又有普陀巖，石壁間可坐三五十人，相對有羅漢洞。石門之下有幻游洞，巖水至此會流，如犇雷聲，瀦爲一湖。

北山巖。在仙遊縣東北尋陽羣山之巔。方輿勝覽：在廢興化縣北十里，有石室可坐百許人。宋鄭樵有詩。

大孤嶼。在莆田縣東七十里海上。平田中突起一阜，其形如龜，又名大龜嶼。又有小孤嶼，又縣東有演嶼，相傳宋少帝泊舟於此。

小嶼。在莆田縣東南嵩山南海中。一名猴嶼，潮退有石橋可渡，居民千家，舊有巡司。明嘉靖間，民自築城爲衛。

湄洲嶼〔二〕。在莆田縣東。方輿勝覽：在郡東北七十里海上，與琉球相望。舊志：在縣東南九十里大海中，去岸約六七里許，名鯑山。有田數十頃，魚米饒足。明洪武初，都指揮李彝奏遷内地，虚其島。嘉靖末，總兵戚繼光奏復。

海。在莆田縣東南一百里，西接泉州府惠安縣界，北接福州府福清縣界。元和志：在縣東十五里。寰宇記：縣東至海七十里，南至海四十里，東南至奉國里大海一百里。府志：通潮凡四派：一自擊蓼入，通仙遊楓亭雙溪。一自下黄竿入，抵白潮港。一自上黄竿入，抵涵頭港。一自碧頭入，抵迎仙港。

瀨溪。在府境，通謂之大溪。上流曰仙溪，自永春州德化縣界流入，東南經仙遊縣西而南折，東北流經縣城南曰南溪，又曰藍溪。又東莒溪水自北來注之，又東經莆田縣西南，又東經縣南木蘭山下爲木蘭陂，一名北港，又歧而爲三，又東復合爲三斗門入海。府志：仙遊縣前，大溪横界縣中，首起西北，受永春、德化諸水，東南行至縣前，環繞如帶，東過青龍橋，歷石馬俞潭，出莆田縣，爲瀨溪，此水善爲曲折，舊號羊腸，即所謂莆水也。自木蘭陂而東，縈紆曲折，有大潭三，總謂之清江潭。又中岳溪在仙遊縣西北，周溪、可溪在縣南，坤溪在縣東南，浯溪在縣東，皆入瀨溪。

白沙溪。在莆田縣西南。發源於白雲、鼓角諸山，合流縈紆，北與大溪合。又寶勝溪、粱溪，俱在縣南，與大溪合。

上溪。在莆田縣西二里。舊志：一名北磨溪，發源縣西甘露林，流五里至南門，與木蘭溪合。

湘溪。在莆田縣西北廢興化縣前。發源石竹峯，縈紆數里，瀦爲黿潭，南達於荻蘆陂，合於江以入海。又碧溪、杉溪俱入荻蘆陂。

洙溪。在莆田縣西北廢興化縣南。一名蘇溪。又大松溪，源出大松嶺，過馬洋，合洙溪。

澳溪。在莆田縣西北廢興化縣南。發源自澳嶺山，下合洙溪，逾荻蘆溪入海。又北荻蘆溪，在澳溪下流，至荻蘆陂歧而爲二，皆入海。

蒜溪。在莆田縣北四十五里。源出福清縣界，南合迎仙溪。

迎仙溪。在莆田縣東北四十里。源出北荻蘆溪，東合蒜溪諸水，至江口入海。

百丈溪。在莆田縣東北。寰宇記：東去興化縣七十里，有山巖百丈水流入福清縣。

安吉溪。在仙遊縣東十五里。源出九座山之龍湫，東南行四十里爲碧溪，又五里爲清光潭，又五里爲龍擊溪，又南爲崑溪，入於大溪。

楓亭溪。在仙遊縣東南四十五里。其源有二：一出阜洋，合吴坑水而下爲焦溪。一出新嶺，東流爲沙溪，合流南出楓亭市曰雙溪口。又東北爲太平港，由莆田縣界入海。府志又有清澤溪，在縣南四十里，入楓亭溪。

九溪。在仙遊縣南十里。亦名九重溪，水繞香山九曲，北通仙溪。舊志謂之錦溪。

大目溪。在仙遊縣西。九域志：軍有大目溪。府志：在今縣西四十里，其源有三：一出九座巖，一出佘溪，一出石獅嶺，東流與衆水會。縣志謂之文殊溪，以西有文殊庵，故名。

大濟溪。在仙遊縣西十里。源出九座山，合平流過石峽爲飛烏溪，又三里爲龜峯潭，東南入三會溪。

三會溪。在仙遊縣西十五里。其源有二：一出白隔嶺，東過古瀨村；一出金華嶺，合大目溪，與古瀨溪會。

游洋溪。在仙遊縣東北。寰宇記：溪從興化縣前西流入永春縣，舊游洋鎮因此爲名。通志：在縣東北舊興化縣西，源出上院山，與郭洋、石馬二溪合爲洙溪，又與尋陽溪合爲虺潭，又達於龜嶺溪，逾永福、大樟入於海。

莒溪。源出仙遊縣東北蔡溪巖，歷九鯉湖，東南流至莆田縣西北五十里，合於瀨溪以東入海。府志：莒溪至莆田縣西北四十五里，合南荻蘆溪，又二十五里爲漁滄溪，又南十里爲八瀨溪，又過延壽村爲延壽溪，分流爲新港、蘆浦、湍平三斗門，入海。按：莒溪，考輿圖即九鯉溪，發源仙遊曰蔡溪，流經莆田曰莒溪，合瀨溪向東入海。府志南荻蘆溪以下，皆瀨溪之别名也。

白湖。在莆田縣東南二里。一名玉湖，俗名白水塘。又凝翠湖，在縣東南，與清江潭相襟帶。清江潭，源出木蘭溪。

西湖。在仙遊縣西郭門外。發源大飛山，匯爲此湖。宋淳祐間，郡守楊棟修復，烟波浩渺，一邑奇觀。又南湖引西湖水，東湖引南湖水，三湖今皆塞。

赤湖。在仙遊縣南四十里楓亭市西。周五里，土石皆紫，其下爲焦坑。

九鯉湖。在仙遊縣東北。九域志：軍有九鯉湖。府志：在縣東北六十里舊縣西南，去郡城七十里。漢元狩間，何氏兄弟九人煉丹於此，煉成，各乘一鯉仙去，因名。上有九仙宫。其中一水，沿石澗，由宫之左而下匯於湖。湖上下凡九漈，一曰雷轟，二曰瀑布，三曰珠簾，四曰玉柱，五曰石門，六曰五星，七曰飛鳳，八曰棋盤，九曰將軍。自湖至此，不啻二十里，過此即爲莒溪矣。唐許稷有詩。

鐘潭。在莆田縣西南錦亭西二里許。石壁峻削，下爲潭，相傳古有鐘飛入，故名。水自龜山歷平洋來注，懸崖千仞，流湍激石，最爲奇勝。

龍潭。在莆田縣東北囊山東里許。水自山凹出，懸瀑丈餘，其下爲潭，深緑如澱。循潭上東行三里許〔二〕，有桃源洞，石壁峭列，洞在其底，從隙而入，目境頓開。

子魚潭。在莆田縣東北。亦名小姑潭。方輿勝覽：在莆田縣東北五十里迎仙橋下，潭僅十步，所産子魚甚佳。

串珠池。在仙遊縣功建里。溉田一頃十二畝。

何巖水。在仙遊縣東北，又東入莆田縣界。通志：其源有二。一曰谷目溪，會衆水出瀨溪，匯於木蘭陂。一曰楊梅溪，東南流注於鯉湖，下莒溪。一自蓮花峯發源，與長嶺小溪合爲壽水入海。

智泉。在莆田縣西石室巖後。流出三溪口，散入溝塍。舊名梅花漈。

西淙瀑布泉。在莆田縣西龜山東南。懸崖萬仞，飛流如練。

葆光泉。在莆田縣東北二十五里。巨石下盤，有窪泉湧出其中。

温泉。有三：一在莆田縣西南五里淤泥中，浴之愈瘡；一在仙遊縣東南永興里雙林院前；一在仙遊縣東北安賢里大柱庵側。又有桃源温湯池，在莆田縣東北，流入迎仙港。

古蹟

莆田故城。在莆田縣東南。陳書：天嘉五年，陳寶應爲章昭達所敗，走至莆田。隋志：平陳置莆田縣，尋廢入南安縣。

元和志：縣西南至州一百五十里。府志：莆田里在縣東十五里。又有莆頭村，在縣東南三十里，相傳即故莆口也。

清源故城。在仙遊縣西北。元和志：仙遊縣南至泉州一百六十里，聖曆二年，析莆田縣西界，於今縣西北十五里置清源縣。天寶元年，移於今理，改名曰仙遊。寰宇記：在興化軍西八十五里大飛山前五里，即今治也。

興化故城。在仙遊縣東北。寰宇記：興化縣在興化軍北八十里，本泉州莆田縣地。太平興國四年，於泉州游洋鎮置興化軍，以游洋百丈鎮共六里，仍析莆田縣二里，置興化縣。八年，從轉運使楊克讓之請，以游洋地不當要衝，移軍理於莆田縣，以興化縣屬焉。九域志：在軍北七十里。府志：游洋鎮在縣東北八十里興泰里萬山中。元皇慶元年，遷於莆田縣界湘溪。明正統十三年省，分其西北永貴鄉尋陽、興建、福興、來蘇四里爲興泰里，屬仙遊。

興化廢縣。在莆田縣西北八十里湘溪村。宋初置縣，在今仙遊縣界。元皇慶初移治於此，名曰新縣。明正統十三年省，分其南長樂、武化二鄉，崇仁、安仁、清源東西中五里，爲廣業里，屬莆田。

興化故衛。在莆田縣城内。明洪武元年建，本朝康熙五年裁。

平海故衛。在莆田縣東九十里。舊名南嘯，置巡司。明洪武二十年倭警，始改置衛。二十一年，築城周八百六丈七尺，門四，城北地勢高峻，築臺以瞭海洋。嘉靖四十二年，爲倭寇所陷重修。本朝康熙五年裁。

莆禧廢所。在莆田縣東南九十里。舊有鎮務。明洪武二十年，置千户所。二十一年，築城周五百九十丈，門四，東、南、北三面阻海，西鑿旱濠。本朝康熙三年裁。

雞子城。在仙遊縣東北十里。相傳越王無諸所築，一名雞鳴城。相近有鼓城，又有蛇灣城，皆傳爲越王所築，遺址尚存。

静邊都。在莆田縣東北桃源村。五代末留從效所置，基址尚存。

至孝闕。在莆田縣北。寰宇記：唐貞元十三年，居人林攢廬於父墳，至孝上感，甘露下降，敕旌表門閭，置闕在縣北。縣志：唐表其里曰孝義，在縣北十里。王十朋有詩。又有郭孝子闕，在縣東北十五里魏塘。宋紹興十三年，詔爲郭義重立，後義重四世孫道卿及子廷煒，元至大中俱以孝旌，因並祀焉。今名三孝祠。

登瀛閣。在莆田縣東。唐建，中大夫蘇直記。

六經閣。在仙遊縣學宫之後。

見遠臺。在莆田縣治。一名和風堂。

轉水臺。在莆田縣東北山巖下。有水泉，或歲旱，居人擁水回流，入故興化縣城，應期而雨。

共樂亭。在莆田縣治。輿地紀勝：在州峯之巔，爲城中登眺勝處。宋蔡襄有詩。

濯纓亭。在莆田縣東南國清塘，朱子題曰「天光雲影」。

望梅亭。在莆田縣梅峯上。

觀止亭。在莆田縣八瀨溪上。

十洲亭。在仙遊縣東九仙門外東塘之側。有蓮二十畝，爲水閣臨其上。明統志：迎賓亭，在仙遊縣東，唐爲迎賓館。鄭良士有記。宋重建，一名十洲亭。通志：寶祐初，更名迎仙館。

壺山堂。在莆田縣治。又謂之壺公堂。宋建，前有壺公山，故名。

東井書堂。在莆田縣東二十里五侯山前。宋林回年延林光朝講學處〔三〕。

湖山書堂。在莆田縣南門外鳳凰山下。陳鄭露讀書於此，後舍爲寺，唐賜額「靈巖」，宋賜額「廣化」。相近爲東峯書堂，唐黄滔讀書處。

夾漈草堂。在莆田縣西北薌林山。宋鄭樵讀書處。
澄渚書堂。在莆田縣東北十五里澄渚山下。唐林藻、林蘊讀書處。
歐陽詹別墅。在莆田縣北福平山下，有福平書堂。
陳俊卿宅。在莆田縣東門外白湖市，其地界木蘭、延壽二水間。
柯潛宅。在莆田縣東南二十里柯山。
彭韶宅。在莆田縣東南涵口村。
蔡襄宅。在莆田縣南門外，俗名蔡宅。又仙遊縣南牛山之麓，亦有蔡襄宅。
徐寅宅。在莆田縣北五里延壽溪北。有徐潭，潭有釣磯。
鄭樵宅。在莆田縣東北霞溪前。有日月井。
王邁宅。在仙遊縣東牛歇亭山。
陳洪進宅。在仙遊縣南馬嶺西。
傅楫宅。在仙遊縣南羅山豸井之東。
陳讜宅。在仙遊縣西三十里。
葉子昂宅。在仙遊縣西古瀨村。
李尚芬宅。在仙遊縣西北八十里。
張濬宅。在仙遊縣北大蜚山麓。

鄭僑宅。在仙遊縣東北雲頂峯前。

關隘

陳瞳關。在仙遊縣南，接惠安縣界。

淩洋巡司。在莆田縣西北。舊爲吉了司，今改駐於此。

迎仙寨巡司。在莆田縣東北四十里江口鼓樓山。宋置巡司，在縣東施水亭。熙寧四年，徙迎仙市北。明初改建於此。前臨海，後負江。通志：迎仙、沖沁、嵌頭、青山、小嶼、吉了六巡司。皆有城，俱洪武二十年築。

涵江巡司。在莆田縣東北。本朝順治年間，移嵌頭司駐此，裁沖沁司歸併兼轄。

楓亭巡司。在仙遊縣東南五十里，東北去莆田六十里，東南去惠安五十里。唐爲楓亭館，宋改太平驛，元曰楓亭驛，明置巡司，本朝康熙元年築堡，自驛左至黄石巷。又有官城，順治十六年築，以遊擊鎮之。雍正十二年，改設巡司，兼理驛務。

興泰里巡司。在仙遊縣東北八十里。本朝雍正十二年設。

寧海鎮〔四〕。在莆田縣東。九域志：縣有寧海、安德二鎮。縣志：寧海鎮，在縣東二十餘里東際橋北，今廢。

崎頭鎮。在莆田縣東八十里，東去平海衛二十里。明初置巡司，後廢。嘉靖三十九年倭亂，鄉民吴文宗等自築土城，周四百五丈。四十二年，倭賊自興化走平海衛，結巢崎頭城。萬曆二年展築，今圮。

沖沁寨。在莆田縣東四十里，三面阻海，與崎頭、三江、澳港相接。舊有巡司，本朝順治年間裁。

嵌頭寨。在莆田縣東六十里，界山海間，爲登陟要地。舊有巡司，本朝順治年間裁。

青山寨。在莆田縣東八十里，東、西、南三面阻海，番舶多由此入。南日山峙其南，渡海不過五十里，爲郡之門户，舊有巡司，今裁。

南日水寨。在莆田縣東南吉了之東，濱海。明洪武初置於南日山下，北遏南交、湖井之衝〔五〕，南阻湄洲、岱嶼之阨〔六〕，景泰以後移於此，名仍其舊，而舊寨遂廢。

小嶼寨。在莆田縣東南三十里，明嘉靖十三年，移仙遊白隔嶺。三十八年倭亂，因舊寨築城，周九百丈。舊有巡司，今裁。

吉了寨。在莆田縣東南八十里華胥山下。宋置曰擊蓼寨，亦曰極了，以莆田至此而極也，後訛爲吉了。前控南日，右引小嶼，左帶湄洲，迫臨大海。舊有巡司，今裁。東有吉了水寨。

大洋寨。在莆田縣西北八十里萬山中，東至福清，西至白沙，南至仙遊，北至永福，地當要衝。明萬曆十七年，箐寇曾廷邦等嘯聚爲亂，未幾就擒，置巡司。本朝乾隆五十四年裁。

陽山寨。在仙遊縣東二十里新桂里。

白嶺寨。在仙遊縣西四十里，路通永春、德化。明嘉靖三年，寇頓永春，典史蘇廖鎔率民兵於此保截，横岡壘石爲城，中爲關門。十六年，知縣蕭弘魯奏移莆田縣小嶼巡司於此。二十二年，移於縣西三十里文殊寨。路通白隔嶺，後又燬，移駐城中。

廣橋寨。在仙遊縣西南二十里，路當晉江、南安、安溪之衝，設木爲寨。其南爲南關寨，皆里人魏昇鳩工造設。

磨石寨。在仙遊縣西北五十里磨石嶺，路通永春、德化。其北爲蔣埕寨，在縣西北五十五里蔣埕嶺下。

黄石市。在莆田縣東南二十五里。居民千餘家，多讀書登第，雖非商賈所聚，而市井之盛爲邑之最。宋置黄石務，在景德里市埕。元至正間火，移於塘尾。明洪武初改爲税課局，正統二年省。又有河泊所，嘉靖中省。

涵頭市。在莆田縣東北二十五里，濱海，長三里許，路通永福、尤溪諸處，人居稠密，商賈輻輳。元至元十六年，設管勾司董鹺事。延祐二年，改爲司令司。明洪武二年，改爲都轉運鹽使司分司，管上里、下里二場鹽課司。又有莆田縣税課局，洪武元年置，正統二年省，三年復置。又有莆田河泊所，皆嘉靖中省。

龍華市。在仙遊縣西南十里。九域志：府有太平、碧潭、龍華三鎮，太平即楓亭，碧潭蓋即潭邊也。

潭邊市。在仙遊縣西三十五里。舊有鎮寨，嘗置巡司。

蒜嶺驛。在莆田縣東北五十里。

莆陽驛。在莆田縣北。明置。

津梁

東際橋。在莆田縣東二十里連江里。有支海自下黄竿入，至此兩涯宏闊，長八十二丈，疏爲一十五門。元元統二年建，本朝康熙十八年修，乾隆十一年重修。

通濟橋。在莆田縣東南三里。舊爲白湖渡，宋熙、豐間，造舟爲梁。靖康元年，累石爲址，長四十尋，釃水爲八道。本朝康熙四十二年修。

小嶼橋。在莆田縣東南。宋景炎初建，長半里許，中爲港橋，潮退涉海而渡。

石屐橋。在莆田縣東南六十里石屐埭，臨海，百有餘門，元建。

萬壽橋。在莆田縣南半里。又永豐陡門橋，在縣南二里。迴瀾橋，在縣南七里。

溪東橋。在莆田縣南。明成化間建，本朝乾隆二十一年修。

瀨溪橋。在莆田縣西。舊爲莆陽渡，當南北要衝。宋淳熙中建橋，長五十丈有奇，一十四門。本朝康熙三年修，三十九年、雍正八年重修。

陳倉橋。在莆田縣北十里。宋建，長十五丈有奇，釃水爲七道。

江口橋。在莆田縣東北四十五里。一名龍津橋，又名當陽橋，北與福清縣接界，爲官道衝。江面宏闊，分三十四門，門狹水悍易壞，乃疏爲二十五門以殺水勢。宋淳祐二年建，本朝雍正元年修。

太平橋。在仙遊縣東南楓亭市，雙溪所會。宋慶曆元年建，橋狀如曲尺，一名金鎖橋。

仙溪橋。在仙遊縣南迎薰門外。俗名南橋，亦名昇仙橋，計一十九門。宋紹興中建，本朝康熙、雍正年間屢修，乾隆十三年重修。

赤石橋。在仙遊縣東北二十五里兩山之麓，跨赤石溪，鎖兩溪之水。明天啓中建，本朝康熙年間重建，改名錦橋。

荻蘆溪渡。在莆田縣興教里。

仙橋渡。在仙遊縣永興里。

隄堰

海隄。在莆田縣東。潮水衝激，舊以石砌。明洪武二十年拆之，以砌平海、莆禧二城隄，僅用泥築。自後隨圮隨修。

鎮前孔泄隄。在莆田縣鎮前，長四十八丈。本朝乾隆十一年築。

國清塘。在莆田縣東南二十里。唐貞觀中置，宋鄭耕老有詩。府志：水與木蘭陂相灌注，澄碧萬頃，元廢。今濯纓池是也。

頡洋塘。在莆田縣東南四十里。周十里，溉田二百頃。宋改名萬年放生池。

瀝嶼塘。在莆田縣南五里，地名東埔。周一里，蔡澤、下林二水匯入，溉田百四十頃。

永豐塘。在莆田縣西南二里。一名篠塘，周一里，溉田百頃，中有島曰倒影鳳凰山。

木蘭陂。在莆田縣南七里木蘭山下。溪源自永春、德化、仙遊，下合溪澗之水三百有六十，匯流東注於海，溉田萬餘頃。本朝乾隆十六年重築，並修南北陂石梁，濬水道二百餘丈。

均惠陂。在莆田縣西瀑布泉下。舊名官陂，下分爲二渠，一溉田十四頃，一溉田五頃有奇。

使華陂。在莆田縣西北五里。旁有使華亭，故名。

延壽陂。在莆田縣北七里。溉田四百餘頃。

太平陂。在莆田縣北十五里。一名太和陂，溉田七百頃。

南安陂。在莆田縣東北四十五里。宋陳洪進創上、下洋二陂，上陂溉田四十頃，下陂溉田六十頃。明正統七年，知縣劉玭始合爲一。

尚賢陂。在仙遊縣西。通志：舊名新田，後爲洪潦推流，莫能修築。明成化間，居民曾尚賢因水勢移上流數十步築堰，鑿山引水，農賴灌溉之利，遂易今名。

陵墓

陳

鄭露墓。在莆田縣南壺公山寶勝院東。

唐

歐陽詹墓。在莆田縣南廣化寺北。

林攢墓。在莆田縣西文賦里潘嶺之原，即攢父葬處。亦名林葬坑，又名甘露林。攢後亦葬此。

黄滔墓。在莆田縣西北招福院後。

徐寅墓。在莆田縣西北常泰里北神山。

林披墓。在莆田縣東北澄渚山。又楓林積翠菴後有九牧林氏墓。披九子列葬於此。

張濬墓。在仙遊縣北龍堀犬眠山前。

宋

陳靖墓。在莆田縣蔣山。

黄公度墓。在莆田縣楓蓮塘。

龔茂良墓。在莆田縣雙牌石馬山。

林光朝墓。在莆田縣南門外洗塘口。

鄭樵墓。在莆田縣西北越王山前白沙。

陳俊卿墓。在莆田縣西北妙寂院前。子宓墓，在縣西陳巖山。

劉克莊墓。在莆田縣北孝義里鼓樓山。

鄭僑墓。在莆田縣東北龍嶺。

蔡襄墓。在仙遊縣南四十八里楓亭蔡山。

朱紱墓。在仙遊縣南香山之麓。

王邁墓。在仙遊縣南慈孝里珠嶺。

葉子昂墓。在仙遊縣西烏石大旗山下遊塘嶺。

明

柯潛墓。在莆田縣東南二十里安樂里和溫山。

彭韶墓。在莆田縣西文賦里新亭。

黄仲昭墓。在莆田縣西文峯。

郭應聘墓。在莆田縣西寶溪。

林環墓。在莆田縣西北使華陂白石山之原。

林俊墓。在莆田縣西北十里尊賢里大觀山。

王家彦墓。在莆田縣後卓山。

鄭紀墓。在仙遊縣西善化里蓮山。

祠廟

四賢祠。在莆田縣城隍廟左，祀宋蔡襄、陳俊卿、林光朝、龔茂良。明成化中建。

五賢祠。在莆田縣城西洞橋頭，祀宋先賢周、二程、張、朱五子。本朝雍正四年建，乾隆二十八年修。

岳公祠。在莆田縣東北涵江書院東，祀明知府岳正。

二烈祠。在莆田縣大有倉後巷，祀明靖難死事陳繼之、陳彦回。正德中建。

戚公祠。在莆田縣東水南龍塘，祀明總兵戚繼光。

忠勇祠。有四：一在莆田縣南門外，祀明千户白仁。一在莆田縣南驛前街，祀明千户魯師亮。二在平海衛，祀明千户丘珍、葉巨卿。

朱文公祠。在仙遊縣北養正書院内。

壯烈祠。在仙遊縣東街，祀明死事義勇魏昇及其子瑞周。

報恩祠。在仙遊縣東郊，祀明戚繼光暨從軍死事三百餘人。明嘉靖間建，本朝順治九年重修，增撫軍譚綸、監軍汪道昆諸人。又縣南街下鄭前有崇勳祠，亦祀戚繼光。

吴長官廟。在莆田縣北五里。長官名興，唐神龍中築延壽陂，溉田萬頃，復築長隄以障海。時有蛟數潰隄，興入水斬蛟，與蛟俱斃，鄉人立祠祀之。宋紹興中封義勇侯。

李長者廟。在莆田縣南木蘭陂。長者名宏，侯官人。宋熙寧中傾貲築陂以灌田，邑人德之，立廟祀焉。景定初封惠濟侯。

何仙廟。在仙遊縣東北九鯉湖上，祀何氏九仙。

寺觀

萬安永福寺。在莆田縣城内鳳山。唐開元中建萬安水陸院。宋太平興國初建永福塔院。元至正間合建一寺，賜今額。

靈巖廣化寺。在莆田縣城南。陳時邑人鄭露捨宅建，唐景雲初賜名靈巖，柳公權書額。宋太平興國初改賜今額。寺有十奇。

慈壽寺。在莆田縣城東。一名囊山寺，唐中和初建，寺中景有十六奇。

龍華寺。在仙遊縣西南。隋大業中有白龍銜白蓮自空中來獻，故名。宋林彖、陳易嘗隱於此。

名宦

五代

賈郁。侯官人。閩王審知時爲仙遊令，正身奉法。吏有以新果饋者，郁曰：「若敢以此啗我耶？」既代，復再任。吏盜庫錢，遂抵法。

宋

段鵬。京兆人。太平興國五年，知興化縣。後遷郡治於莆，擢知軍事。經理創制，皆所綜理，教民禮樂，鄰郡向化。

薛奎。絳州人。雍熙三年，知莆田縣。請蠲南閩時税鹹魚蒲草錢，民德之。擢參政。

李及。范陽人。淳化中以大理寺丞知興化軍。清介簡嚴，喜薦引下吏，而樂道人之善。

凌景陽。寧德人。天聖中爲仙遊尉。時蔡襄與弟高方髫稚，景陽見而異之，攜至官舍，授以經。後襄、高俱擢第。

曹修古。建安人。天聖末知興化軍。卒，家貧不能歸葬，賓佐賻錢五十萬，季女泣白其母曰：「奈何以是累吾先人也？」卒拒不納。

劉諤。蔡州人。嘉祐中知興化軍。創太平陂，溉田萬餘頃。

劉子翬。崇安人。建炎中通判興化軍。寇楊勍犯閩境，子翬與郡將張當世畫計備禦，賊不敢犯。

鄭昭叔。寧德人。紹興中知仙遊縣。時朝廷行經界法，昭叔閉閤覃思旬日，集同官吏令折辯，始定差役，以户部事目給示所部，散遣打量，不兩月已有次第。朱子守漳日，嘗備録其説以示屬部。

張允蹈。毘陵人。隆興元年，知興化軍。先是，延、建山寇起，轉運使暫移本軍苗米二萬餘石以佐軍興，已遂沿爲成例，名「猶剩米」，民不勝病。允蹈奏蠲其半，民便之。

鍾離松。淮東人。乾道三年，以朝請郎知興化軍事。前守張允蹈奏蠲軍米之半，松至，請於朝盡蠲之。

廖德明。順昌人。乾道中知莆田縣。民有奉淫祠者，罪之，沉像於江。有顯者欲取邑地廣其居，守會僚屬諭之，德明曰：「太守，天子守土臣，未聞以土地與人者。」守慚服。

陳仲微。高安人。慶元五年調莆田尉，臺閫委以縣事。時歲凶，部卒挾饑民作亂，仲微立召首亂者戮之。籍閉糴，抑强糴，一境以肅。有誦仲微於當路而密授以薦牘者，仲微受而藏之。踰年，其家負縣租，竟逮其奴，仲微還其牘。其人慚謝，終其任不敢撓以私。

王居安。黄巖人。開禧中知興化軍。條奏便民事，乞行經界。且言番舶往來貿易，崇侈俗，洩銅鏹，有損無益，宜遏絶禁止。通商賈以平米價，誅劇盗以去民害。

陳彭壽。天台人。嘉定中知莆田縣。廉介明勁，鋤擊强暴，安撫善良，不遺餘力，郡人祀之。

曾用虎。晉江人。紹定中知興化軍。始築軍城，又修太平陂，悉易以石，人更其名曰曾公陂。

張友。毘陵人。嘉熙二年，以直秘閣知軍事。嘗謂莆田褊小，而魁人韻士居多，出金錢二十萬以贍學費，割田租三百斛以佐學廩，又以撙節錢二千緡修十三齋，諸生肖像祀之。

楊棟。青城人。淳祐十年知興化軍。曲阜孔氏有僑居涵江者，棟爲創置書院，訓其子弟。後以彗星出，請逐賈似道，被劾去。

張日中。南城人。景炎中通判興化軍。起兵應文天祥，兵敗死之。

元

烏克遜澤。臨潢人，至元十四年，改興化軍爲路。十六年，授澤行總管府事。郡新殘於兵，首下掩骼之令，衣食流離之民有棄子於道者，置慈幼院，籍而撫育之。郡中惡年少喜爲不義，以資求竄名卒伍，冀後得計功版授官。吏恐激變，不敢詰，澤悉追毁所授，誅其尤無良者，貪暴始戢。期年大興學校，召長老及諸生講肄經義，行鄉飲酒禮，旁郡聞而慕之。郡人以澤與常袞、方儀並肖像祀於學。「烏克遜澤」舊作「烏古孫澤」，今改正。

噶達爾。皇慶間爲興化總管。嘗創萬金陡門，引木蘭陂水，溉北洋田萬餘頃。遷秩而功未遂，張仲儀繼之，益開山浚河，引水繞郡城之北，於木蘭陂重造通濟橋，砌蘆浦、陳壩二陡門，以殺水勢。莆人謂噶達爾善創，張仲儀善承。「噶達爾」舊作「郭朵兒」，今改正。

蔡真。延祐中知興化縣。德政及人，士民刻石頌之。後泰定中，九江吴厚亦令興化，有政聲，民有「前蔡後吴」之謡。

明

顧思敬。崇德人，洪武初知仙遊縣。歲歉，悉心賑濟，民賴以全。

李春。滎澤人，洪武中知興化府。展築郡城，修治西湖陡門隄堰，撙節爲之，民以不擾。

尉遲潤。鞏昌人。洪武中通判興化。以公勤清白著。

王彝。四明人。宣德中知仙遊縣。招撫逃亡，均免賦役，縣治學宮壇壝，皆以次修治。

葉叔文。湖州人。宣德間任莆田縣丞。時木蘭陂壞，檄叔文修治，極力營造，各易以石。南北溝洫，洋城、林墩、蘆浦諸陡門，以次重新。

岳正。漷縣人。成化間知興化府。建涵江書院，新學宮禮器，作小西湖，開兼濟河。三年乞歸。

王弼。黄巖人。弘治三年，知興化府。剔弊息訟，盗賊屏跡，治行爲一時最。及卒，士民留其衣冠，葬篠塘山下。

翁理。饒平人。弘治中爲興化推官。鎮守中官入興化養鶴，懸牌識之，爲市犬所斃，屬理究治，理書牘曰：「鶴雖帶牌，犬不識字。禽獸相殘，於人何事？」人服其不撓。

張琦。鄞縣人。正德十年知興化府。政尚簡易，以儒術飾吏治，有古循吏風。每臨山水，輒題詩巖壁，號文章太守。課績爲一時冠。

雷應龍。上元人。正德中知莆田縣。有鬻子納税者，出俸贖還，且痛自引咎曰：「我獨不能爲陽城，俾民至此哉！」時與郡守馮馴並稱良吏。

鍾善經。順德人。正德中爲興化推官。決獄明允，以廉能著。姦人楊日新，詐爲朝官入境，僚屬率加禮，善經立縛治之。鎮守太監使人執府吏，善經曰：「府吏即有罪，府官治之，敕使何得自執？」卒不與。

蔡宗兖。山陰人。正德中爲興化府學教授。會御史行學，故事教官率弟子員長跪，宗兖令諸生列立道旁，明倫堂會講，宗兖請遵令甲陪坐，忤御史，即辭去。

蘇廖鎔。雷州人。正德十六年，任仙遊典史。嘉靖初寇薄仙邑，率兵往禦，寇不敢近。

白仁。涿州人。爲興化衛千户。嘉靖二十四年，與海寇戰於東嶽廟口，兵寡力困，死於賊。事聞，贈明威將軍。

陳大有。南海人。嘉靖四十二年知仙遊縣。倭寇破莆，乘鋭來攻，大有諭衆堅守，經五十餘日，參將戚繼光援至，城賴以全。

易道談。巴陵人。嘉靖四十二年知興化府。郡新被倭，道談繕城樓，築羅城。夫保、館夫二役，最爲弊法，道談白去之。

周大禮。崑山人。嘉靖間知興化府。嚴緝盗牛諸犯置之法，民賴以安。嘗請發帑錢數千緡，糴粟以濟饑民，全活無數。

鄭思道。永嘉人。萬曆十年，爲興化衛經歷。給散月糧，斥罷例錢。奉檄勘屯田，策馬以行，裹糧自隨。歷九載，清苦一轍。又置公田於游洋，人呼爲周公洋。

徐觀復。上虞人。萬曆四十一年知仙遊縣。稔知邑有食鹽之苦，以龍華寺廢租抵輸鹽課。秩未滿調去，民立祠祀之。

吴麟徵。海鹽人。天啓中任興化推官。清潔自守，人莫敢干以私，凡訟獄冤滯，多所平反。

祁彪佳。山陰人。天啓末任興化推官。遇事明敏，讞决多得情實。

劉永祚。武進人。崇禎間，由選貢生屢遷興化同知。禽賊曾旺。後以副使知興化府事。大兵入城，仰藥死。

本朝

黎樹聲。烏程人。順治四年，以福州推官署興化府事。海寇逼城，晝夜巡守十餘月，明年城破，與遊擊尚香策巷戰力竭死。事聞，贈按察司僉事，廕一子。

陳有虞。富平人。順治十年，知仙遊縣。海寇迫城，與遊擊王嘉禎嚴督守禦，夜遣鄉壯縋城擊賊。明年圍益急，援兵不至，賊穿地入，城遂陷。有虞揮刀巷戰死，嘉禎力竭，猶手刃一賊，死於東城。事聞贈卹。

張彦珩。洛陽人。順治十一年，知興化府。歲饑，繪流民圖進之，發粟爲糜，以賑饑者。

史允琦。江寧人。順治十六年，任興化推官。性明決，吏不敢以身扞文網，鞫獄多平反。

康廉采。陵縣人。康熙初任興化推官。治尚寬厚，不忍輕置人於法，接士温温，飲人以和。

趙世安。漢軍鑲紅旗人。康熙二十七年，擢興化同知。嚴毅有幹略，尤嚴禁賭博，凡摴蒱之戲，有犯必懲，罰鍰入公，爲修木蘭陂之用。

沈起元。太倉人。雍正中，由吏部員外郎出知興化府。居官嚴肅而慈惠，毁淫祠，興水利，鋤暴安良，士民德之。其書院督課，鼓勵士子，尤詳而有法。

人物

南北朝　陳

鄭露。字恩叟，莆田人，自永泰徙居。搆書堂於南山，與弟莊、淑共修儒業，莆人化之，號南湖三先生。郡人業儒自露始。

唐

林披。字茂則，莆田人。天寶十一年，以明經擢第，授臨汀郡曹掾〔七〕。地多山鬼淫祠，著無鬼論曉民。以御史大夫李栖筠蔫，檢校太子詹事，兼蘇州別駕，贈睦州刺史。子九人，皆官刺史，號「九牧林家」。

林藻。字緯乾，披次子。少有志尚，與歐陽詹讀書龜巖，學成負笈而西。以詞賦擢貞元七年進士，省試合浦還珠賦，主司杜黄裳謂其語有神助。官至殿中侍御史，邑人第進士自藻始。

林蘊。字夢復，披六子。貞元四年，以明經及第。西川節度使韋皋辟爲推官。劉闢反，蘊切諫，闢怒，命殺之，又惜其直，陰戒刑人抽劍，磨其頸以脅服之。蘊叱曰：「死即死，我頸豈頑奴砥石耶？」闢捨之。及闢敗，蘊名重京師。遷禮部員外郎，出爲邵州刺史，卒。

林攢。字仰山，披從孫。貞元初爲福唐尉。母老，未及迎而病，攢聞，棄官還。及母亡，水漿不入口五日，自埏甓作塚，廬其右。有白烏來，甘露降，觀察使遣官驗實，露將晞而復集，烏亦回翔。詔作二闕於墓前，又表其閭，時號「闕下林家」。

鄭良士。字君夢，仙遊人。景福二年，獻詩五百篇，授國子四門博士，累遷御史中丞，後棄官歸。王審知辟爲左散騎常侍。著有白巖詩文集、中壘集。

徐寅。字昭夢，莆田人。乾寧進士，授祕書省正字。平生博涉經史，尤長於賦，著有賦五卷，詩八卷，探龍集五卷。

黄滔。字文江，莆田人。乾寧進士，唐末强藩多僭位，王審知據全閩，終其身爲節將，滔規正有力焉。朱温移唐祚，遂不復西。中州名士，避地來閩者，悉主於滔。著有文集十五卷，泉山秀句集三十卷。

宋

潘慎修。字成德，莆田人。以父承祐任爲南唐秘書省正字。開寶末，李煜遣隨其弟從鎰入貢，捷書至邸，吏督從鎰入賀，慎修以爲：「國且亡，當待罪，何賀也？」從鎰即奉表請罪。帝嘉其得體。景德初，擢爲右諫議大夫、翰林院侍讀學士。從幸澶州，遘疾，詔令先歸，卒。慎修風度藴藉，博涉文史，善清談，士大夫與之遊者，咸推其素尚。有集五卷。

陳靖。字道卿，莆田人。好學通古今。謁轉運使楊克巽，陳討賊策，授陽翟主簿。遼兵犯邊，上機略五策，累遷太常博士。議均田，命爲京西勸農使，歷江南轉運使。極論前李氏横賦於民，凡十七事，詔爲罷其尤者。後以秘書監致仕，卒。靖平生多建畫，而於農事尤詳。嘗取淳化、咸平以來所陳表章，目曰勸農奏議録上之。

方偕。字齊古，莆田人。大中祥符五年進士，爲温州軍事推官，累遷御史臺推直官。澧州逃卒至農民家，誣告民事摩駝神，逮其族三百人繫獄，久不決。偕被詔就劾，事遂辨，卒以誣告論死。南京鴻慶宫災，偕引漢罷原廟故事，請勿復修。偕以吏事進，治杭州有能聲，以太常少卿分司西京，遷光禄卿，卒。

蔡襄。字君謨，莆田人。天聖進士，爲西京留守推官。慶曆初知諫院，兼修起居注，任職論事，無所回撓。御史唐介劾宰相，貶春州，襄疏言此必死之謫，得改英州。進知制誥，每除授非當職，輒封還之。後乞知杭州，拜端明殿學士以往。尋卒，謚忠惠。襄工書爲當時第一，於朋友尚信義。弟高，字君山，第進士，爲長溪尉及太康簿，誅盜安民。刻苦力學，遺稿十數萬言，皆經世要務，年二十八卒。襄孫傳，著述甚多，歷官南京留守司。佃，崇寧二年進士第二，與弟伷、伸俱有聲，號「三蔡」。

任澤。字天錫，仙遊人，仙遊夫人母弟。英宗入繼大統，授西頭供奉官，尋拜嘉州刺史，卒。澤起田里，際會恩寵，能自安繩檢，帝欲廣其居，固辭，當任子弗請，其篤謹如此。

茅知至。仙遊人。操尚介潔，不求聞達，著有周詩義、至性書。

黄隱。字仲光，莆田人。治平進士，官侍御史。剛直敢言，元祐初爲國子司業，力排王安石之學，取三經板火之。

朱紱。字君貺，仙遊人。治平進士，歷都官員外郎，後入元祐黨籍。五年，起知福州，蔡京復相，紱遂罷。

傅楫。字元通，仙遊人。少從陳襄學，襄以女妻之。登治平進士，調揚州司户參軍。徽宗以端王就資善堂學，進楫侍講、翊善，一府嚴憚之。徽宗即位，拜中書舍人。時曾布當國，凡命令有不當，用人有未厭，悉極論之。帝多所延訪，楫每以遵祖宗法度、安静自然爲言。在朝歲餘，見事寖異，歎曰：「禍其始此乎！」遂丐去。以龍圖閣待制知亳州，卒。

王回。字景深，仙遊人。熙寧進士，爲睦親宅講書，與鄒浩友善。賢妃劉氏立，浩將論之，回曰：「事孰有大於此者乎？」浩南遷，人莫敢顧，回斂錢與治裝，邏者以聞，逮詣詔獄，獄上除名，即徒步出都門。徽宗立，召復官，卒。

陳次升。字當時，仙遊人。熙寧進士，知安丘縣，紹聖中爲御史，轉殿中。吕升卿察訪廣南，次升言升卿資性慘刻，乃止。尋擬謫監全州酒税，改南安軍。徽宗立，召爲侍御史，極論章惇、蔡卞、曾布、蔡京之惡，竄惇於雷，居卞於池，出京於江寧。遷右諫議大夫，獻體道、稽古、修身、仁民、崇儉、節用六事，言多規切。崇寧初，以寶文閣待制知潁昌府，降集賢殿修撰，尋徙建昌，編管循州，皆以論京、卞故。政和中復舊職，卒。

方公衮。字汝補，莆田人。元豐進士，擢諸王宫教授，韓琦稱其論事剴切，正而不阿，立己公忠，清而不撓。

阮駿。字千里，莆田人。紹聖進士，爲河南府少尹。金兵南下，駿率部兵擁護神御殿，兵敗，抱神御指敵大駡，死之。

張弼。字舜元，仙遊人。恬淡好學，尤刻意於易，推明爲書，有漢、晋易家所不到者。紹聖初大臣以其名聞，并上所著易解九卷，賜號葆光處士。

陳淬。字君鋭，莆田人。宣和中拜忠州團練使，真定府路副總管。金兵入真定，淬以孤軍禦之，妻孥八人皆遇害。建炎元年，敗金兵於南華，擢知恩州。王善襲恩，淬與長子仲剛拒戰，賊飛刃及淬，仲剛以身蔽刃死。明年，善復圍陳州，淬大敗善兵。李成叛，詔淬討之，三戰三捷。未幾，金兵犯板橋，淬獨與戰，力盡大駡，與從子仲敏俱死，詔贈拱衛大夫、明州觀察使。

林冲之。字和叔，莆田人。元符進士，歷御史臺檢法官。靖康初，爲主客郎中，副陳過庭使金，同被拘執，冲之奮厲見詞色，金人怒，徙之奉聖州，逼仕僞齊，不屈。徙上京，又不屈，置顯州極北沍寒之地，幽佛寺十餘年，病亟，恨國讎未復，南向一慟而絶，僧窆之寺隅。洪皓還朝以聞，詔與二子官。子郁，從子震、霆。郁爲福建茶司幹官，建州卒爲亂，郁入諭遇害。震仕至秘書少監，以不附二蔡有聲。霆爲敕令所删定官，詆紹興和議，謂不宜置二帝萬里外不通問，即挂冠出都門。權臣怒，廢放以死，莆人稱爲「忠義林氏」，即所居立祠。

宋旅。字廷實，莆田人。大觀進士，知剡縣。方臘之亂，旅率民拒守，力不敵，死之。

方軫。字叔時，莆田人。以廕補太廟齋郎。蔡京復相，軫列其罪千二百餘言，詔以疏示京。下御史臺鞫治，獄具，編管嶺南。後官鄞縣令。

陳自仁。字克廣，莆田人。宣和進士，爲永豐縣尉。隆祐太后護衛兵叛，自仁集尉卒，調民兵，戮力拒討，兵疲援絶，與知縣趙訓之皆戰死。

鄭振。字亨叔，仙遊人。建炎中，盜楊勍起，邑令檄振糾集民兵禦之，振力戰，賊衆遁去。羣盜曾少龍等衆至數萬，帥司檄振行，盜素聞振名，不戰自屈。盜詹夜叉入振井里，振帥衆拒之遇害，里人爲振立祠。

鄭樵。字漁仲，莆田人。好著書，游名山大川，搜奇訪古，遇藏書家，必借留讀盡乃去。初爲經旨、禮樂、文字、天文、地理、蟲魚、草木、方書之學，皆有論辨。紹興中召對，帝曰：「聞卿名久矣，敷陳古學，自成一家，何相見之晚耶？」授右迪功郎，入爲樞密院編修官。金兵犯邊，樵言歲星在宋，金主將自斃，後果然。帝幸建康，命以通志進，會病卒。樵居夾漈山，學者稱夾漈先生。

郭義重。字處仁，莆田人。早遊太學，以操尚稱。紹興七年，隨駕至錢塘，聞母喪徒跣奔歸，每一慟輒嘔血，聚土爲墳，手蒔松竹，而廬於其旁，甘露降於墓上，烏鵲馴集。詔旌其閭，於所居前安綽楔，左右建土臺，仍植所宜木。

黄公度。字師憲，莆田人。紹興八年進士第一，除秘書正字。時秦檜當國，坐與趙鼎往來，譏切時政，出判肇慶府。秦檜死，召還，遷考功員外郎。著有知稼集。

陳俊卿。字應求，莆田人。紹興八年進士第二，授泉州觀察推官。秩滿，秦檜當國，察其不附己，以爲南外睦宗院教授。檜死，召兼王府教授，正色特立。孝宗時，授尚書右僕射、同中書門下平章事，兼樞密使。俊卿以用人爲己任，所除吏皆一時選，後以少師、魏國公致仕，薨。上聞嗟悼，輟視朝，贈太保，謚正獻。俊卿孝友忠敬，得於天資，清嚴好禮，終日無惰容，平居恂恂若不能言，而在朝廷，正色危論，分别邪正，斥權勢無顧避。凡所奏請，關治亂安危之大。其薨也，朱子往哭之，又狀其行。有集二十卷。子守、定、宓皆從朱子受學。

龔茂良。字實之，莆田人。紹興進士，歷官監察御史。江、浙大水，詔陳闕失，茂良疏曰：「願先去心腹之疾，然後政事闕失，可次第言矣。」時内侍梁珂、曾覿、龍大淵皆用事，故茂良及之。拜參知政事。淮南旱，奏取封樁米十四萬賑之。後疏言恢復六事，謝廓然因劾之，遂責降安置英州。既卒，上曰：「茂良本無罪。」復資政殿學士，謚莊敏。茂良平生不喜言兵，去國之日，乃言恢復事。没數年，朱子從其子得副本讀之，則事雖言恢復，而其意乃極論不可輕舉，猶平生素論也，深爲之歎息云。

陳居仁。字安行，莆田人。父膏，爲御史，鄞僧王法恩謀逆事覺，或請屠城，膏力論多殺非盛世事，脅從悉寬宥之。居仁年十四而孤，蔭授鉛山尉。紹興中舉進士，有勸以一見秦檜，可得美官，終不自通。魏杞以宗正少卿使金，辟居仁幕下，諭金人開道入，卒成禮，減歲幣而還。知徽州，秩滿，爲户部右曹郎官，命未下，朝方推會要賞，帝曰：「陳居仁治行爲天下第一。」賞之。再進華文閣直學士，提舉太平興國宫，卒。居仁風度凝遠，處己應物，一以誠信，臨事毅然有守。所至號稱循吏，皆立祠祀之。有奏議、制藁、詩文行世。

林光朝。字謙之，莆田人。聞吴中陸子正受學於尹焞，從之游，專心聖賢踐履之學，通六經，貫百氏，言動必以禮。南渡後以伊洛之學倡東南，自光朝始。登隆興元年進士，調袁州司户參軍。大臣論薦，召試館職，歷著作佐郎，出爲廣西提點刑獄，移廣東。茶寇薄嶺南，光朝自將郡兵擊敗之，除中書舍人。謝廓然由曾覿薦，賜同進士出身，除侍御史。光朝曰：「是輕臺諫而羞科目也。」立封還詞頭。後引疾，提舉興國宫，卒，謚文節。有集二十卷，學者稱艾軒先生。

劉夙。字賓之，莆田人。與弟朔師事林光朝。登紹興進士，除著作郎。疏言嚴法守、裁僥倖等事。後知温州，引疾歸，卒。子彌正，嘗爲朱子定謚曰文。彌正子克莊，淳祐中除秘書少監兼中書舍人，奏史嵩之罪，爲章琰劾罷〔八〕。尋復職，歷龍圖閣學士，致仕。卒，謚文定。著有後村居士集。

葉顗。仙遊人。中武藝謀略科，官承節郎，守禦京城。金兵圍急，謂弟顒曰〔九〕：「忠孝不能兩全，吾登陴死，爾歸養。」相持泣別，力戰死。

葉顒。字子昂，顗弟。紹興進士，爲南海主簿。賀正中薦顒静退，召見，論國讎未復，其語剴切，帝嘉納之。又言：「恢復莫先於將相，張浚無恙，是天留以相陛下也。」除吏部侍郎。林安宅、王伯庠論之，鞫對無蹟，上曰：「卿之清德，自是愈光矣。」進尚書左僕射。薦汪應辰、王十朋等，上嘉納。後以觀文殿學士致仕。卒，謚正簡。顒爲人簡易清介，與物若無忤，處大事毅然不可奪，自初任至宰相，服食、僮妾、田宅不改其舊。

鄭僑。字惠叔，莆田人。乾道五年進士第一，以春秋侍講東宮，拳拳於父子君臣、君子小人之際。累遷中書舍人，充金國賀正使，趣就東上閤門進書〔一〇〕，不屈遣回。慶元中拜參知政事，進知樞密院事。上章求退，以觀文殿學士致仕。卒，贈太師，謚忠惠。

陳卓。字立道，居仁子。紹熙進士，知江州，移寧國府。丞相以故欲見之，卓謝不往，丞相益器之。進簽書樞密院事，丐祠，卒。

鄭勳。字景周，仙遊人。嘉泰進士，知博羅縣。戍卒亂，焚掠州縣，勳衣冠坐廳事，賊迫之不爲動，遂遇害。事聞，贈朝奉郎。

方信孺。字孚若，莆田人。有雋材，以父崧卿蔭，補番禺縣尉。韓侂胄開邊釁，假信孺朝奉郎使金，自春至秋三往返，以口舌折强敵。歸忤侂胄，奪三秩。已而王柟定和議，增幣儀，皆信孺所持不可者。柟歸，具言金人每問信孺安在，乃起通判肇慶府。

陳宓。字師復，俊卿子。以父任歷泉州南安監税，主管南外睦宗院。嘉定中，入監進奏院，上封事，丞相史彌遠不樂，而中宫慶壽，三牙獻遺，爲之罷卻。累官直秘閣，進職一等致仕。宓天性剛毅，信道尤篤，自言居官必如顔真卿，居家必如陶潛，而深愛諸葛亮「身死家無餘財、庫無餘帛」之言，庶乎能蹈其實者。端平初，贈直龍圖閣。著有論語註義問答、文集等書。

鄭可學。字子上，莆田人。早孤，撫諸弟，裹糧千里，從朱子遊。朱子嘗以刪定大學一編示諸生曰：「此書欲付得其人，惟子上可託。」凡學者有問，必使可學正之。竟日端坐，不見怠容。著有春秋博議、師説、三朝北盟舉要。

黄士毅。字子洪，莆田人。僑寓吴中。慶元中學禁方嚴，徒步入閩，師事朱子。命日觀一書，夜叩所見，居數月，授以大學章句而歸，自是充然有得。嘗譔次朱子書説、文集、語類三書。

方耒。字耕道，莆田人。少孤力學，家貧奉母。師事朱子於建安，朱子稱其明敏强毅，進學不倦。時同受業者，又有同郡方大壯、方壬、余元。

王邁。字實之，仙遊人。嘉定進士，爲潭州觀察推官。俄召試學士院，因策楮幣論及時事，真德秀聞而善之。又言吴知古、陳洵益撓政，輪對言「君不可欺天，臣不可欺君，厚權臣而薄同氣，爲欺天之著」。淳祐中以亢旱求言，邁奏七事，而以徹龍翔宫、立濟王後爲先。後予祠，卒。邁以學問文章發身，尤練世務，評宰輔，世服其公。

陳均。字平甫，莆田人。嘗用綱目義例，爲宋編年舉要、備要二書，端平初詔取其書，賜迪功郎。

陳咸。字逢儒，莆田人。辟四川宣撫幕。吴曦叛，首脅之，咸不往。曦誅，安丙奏以咸總蜀賦。咸晝夜精勤，調度有方。

卓得慶。字善夫，莆田人。紹定進士，歷著作郎。景炎二年，兼制司參謀官。元兵逼城被執，與二子規、權俱死。

李丑父。字良翁，莆田人。端平進士，除太學博士。忤丁大全罷，起爲著作郎。言苛征黷貨及競侈等事，提舉湖南常平義倉，尋罷。

陳文龍。字君賁，俊卿五世從孫。能文章，負氣節。咸淳五年廷對第一。賈似道禮重之，拜監察御史。臺中相承，凡有建白，皆呈藁似道，文龍獨不呈藁，又請罷范文虎、趙溍、黄萬石，似道大怒，使臺臣劾罷之。尋起爲左司諫，累遷參知政事，乞歸。益王稱制，復以文龍參知政事。興化石手軍叛，討平之。已而建寧、泉、福皆降於元，文龍發民兵堅守，力窮被執。欲降之，不屈餓死。其從叔瓚復舉兵殺叛將林華，據興化，未幾城破，巷戰死之。

元

郭道卿。莆田人。四世祖義重至孝，鄉人爲立孝子祠。至元初盜起，居人竄匿，道卿與弟佐卿獨守孝子祠不去，被執。盜將殺佐卿，道卿泣告曰：「吾有兒已長，弟弱子幼，請代弟死。」佐卿亦泣告曰：「吾家事賴兄以理，請殺我。」道卿因引頸就刃，盜相顧曰：「汝孝門兄弟若此，吾何忍害！」兩釋之。

陳旅。字衆仲，莆田人。少孤力學，用薦爲閩海儒學官。適御史中丞馬祖常使泉南，一見奇之，謂曰：「子館閣器也，胡爲留滯於此？」因相勉游京師。既至，學士虞集見其所爲文，歎曰：「此所謂我老將休，付子斯文者矣。」與祖常交口游譽於諸公間。除國子助教，居三年考滿，諸生不忍其去，請於朝再任焉。

林以順。字子木，莆田人。至治進士，知慶元縣。有弟殺兄，陰以賂免，以順發其獄誅之。移浦江縣，平反冤獄。升江西儒學提舉，改知福清州。時豪强横起，海港中多劫殺，以順以次捕除。除福州路同知，卒。

鄭杓。字子經，仙遊人。嘗著春秋解義、表義、覽古編、次夾漈餘聲樂府，又著衍極書。吴與弼謂其考論字學最爲近正，宣撫使齊履謙爲上於朝。

林濟孫。字石友，仙遊人。元久罷科舉，至元元年始再舉行，濟孫第進士第一，授翰林院修撰，尋除侍講。時饑饉洊至，盜賊蜂起，濟孫上治安十策，順帝奇其才。三年，奉詔與歐陽玄、呂思誠修宋、遼、金三史〔一〕。十一年，上治河十策，詔同運使賈魯塞北河，通南河，以復故道，凡五閱月告竣。

明

吴源。字性傳，莆田人。洪武中以林廷綱薦，授四輔官兼太子賓客，以老乞歸。後復召爲國子司業，卒官。所著有文集二十卷，及莆陽名公事蹟。

陳彦回。字士淵，莆田人。建文初知徽州府，有善政。燕兵逼江左，糾集義勇勤王，及成祖嗣位，械入京，不屈死。本朝乾隆四十一年，賜謚忠烈。

陳繼之。莆田人。建文進士，爲户科給事中。江南僧道多腴田，繼之請人限五畝，餘以賦民，從之。燕兵起，疏陳備禦六事，復請除徐增壽以阻其謀，不聽。成祖即位，不屈死。本朝乾隆四十一年，賜謚節愍。

林長懋。字景時，莆田人。永樂中由教授擢翰林編修，簡侍皇太孫講讀。太孫好射獵，長懋數直諫。及即位，由中允出爲鬱林知州，坐怨望，逮繫詔獄。英宗立，始命復任，有善政。

黄約仲。名守，以字行，莆田人。少負才名，永樂初應詔至京，試上林曉鶯及天馬歌，擢第一。官翰林典籍，預修永樂大典，進檢討。有黄檢討集。

林時。字學敏，莆田人。永樂進士，歷陝西僉事，奏請鳳、延等郡民與寧夏、甘、凉戍卒，得以粟布自相對輸。又奏設武學，令軍中子弟得由科目進用，於是天下皆設衛學。

翁世資。字資甫，莆田人。正統進士，授户部主事，天順元年擢工部右侍郎。時東南水潦，蘇杭織造世資議減其半，貶知衡州。成化中遷江西左布政使，奏蠲民賦百七十餘萬石。巡撫山東，歲饑，發廩賑卹，民賴以濟。歷户部左侍郎，進尚書，以太子少保致仕，卒。著有冰崖集。

陳俊。字時英，莆田人。正統進士，授户部主事。成化時升南京太常少卿，累遷南京吏部尚書，加太子少保。俊誠心體國，識大體，負德望，稱一時名臣。卒，謚康懿。

柯潛。字孟時，莆田人。數歲能詩。景泰二年進士第一，授修撰，屢遷翰林學士、少詹事。慈懿太后之喪，率僚屬疏請祔葬，未報。潛曰：「朝廷大事，臣子大節，舍是奚所用心！」再疏争之，竟得如禮。爲學士時，即院中搆清風亭，植二柏於後堂，人稱其亭爲柯亭，柏爲「學士柏」。

陳爕。字廷輔，仙遊人。景泰舉人，肄業太學，會兩京御史缺員，詔嚴考監生，拔其尤者，與進士相兼補用。爕名在優等，拜監察御史。巡視倉儲，剔蠹釐奸，豪强不得逞。遷廣東僉事。時洋船諸司皆有例錢，爕獨不受。未三載，卒於官。

彭韶。字鳳儀，莆田人。天順進士，歷刑部員外郎。成化中疏論僉都御史張岐憸邪，乞召還王竑、李秉、葉盛，忤旨下獄。尋復職，進郎中。太后弟周彧乞武强、武邑二縣閒田，命偕御史季悰覆勘，周視徑歸，上疏自劾曰：「誠不忍奪小民衣食，附益貴戚。」復下獄，得釋。時與何喬新並有重名，人稱「何彭」。弘治初爲刑部侍郎，巡視浙江。改吏部，與尚書王恕甄别人才，士路爲清。進刑部尚書，秉節無私，事關大體，皆抗疏極論，與王恕及喬新稱「三大老」，而貴戚近習深疾之，遂乞休歸。卒，贈太子少保，謚惠安。

吴希賢。字汝賢，莆田人。天順進士，官檢討，預修英宗實録。有貴介密求爲父增飾其美，希賢曰：「吾將見董狐於地下，可曲筆乎？」後官侍講學士，卒。

陳音。字師詔，莆田人。天順進士，授編修，疏陳養君德、進人才、開言路、闢異端四事。權璫黄賜母死，翰林有欲往弔者，音艴然曰：「翰林清要，相率而拜内豎之門，天下謂何？」歷官太常卿。

楊琅。字朝重，莆田人。天順進士，授御史。成化初詔罷鎮守中官，已復求鎮，琅抗疏切諫。及羅倫謫官，又言士氣不可沮抑，被旨切責。琅居職敢言，頗爲時忌，出爲山東提學僉事。

鄭紀。字廷綱，仙遊人。天順進士，官檢討，累遷太常少卿。武宗在東宫，紀采帝王嘉言善行，繪圖作贊，名曰聖功圖以進。歷南京户部尚書，致仕卒。

黄仲昭。名潛，以字行，莆田人。成化進士，授編修，與章懋、莊昶同以直諫被杖謫官。弘治初起江西提學僉事，誨士以正學。乞休歸，日事著述，學者稱未軒先生，所著有未軒集。

周瑛。字梁石，莆田人。成化進士，知廣德州。弘治初爲四川參政，進右布政使，咸有善績，尤勵清操。其學以居敬爲主，嘗謂心存然後可以窮理。學者稱翠渠先生。

周軫。字公載，瑛從子。成化進士，授户部主事。時因星變求直言，軫言變由梁芳、李孜省輩，請誅之，並請汰内豎、罷方書、親儒臣、重臺諫、杜僥倖數事，不納。出爲山東運使。

林元甫。字秉仁，莆田人。成化進士，授工科給事中。言事忤旨，調外任，已復遷都給事中。諫受土魯番獅子，汪直、王越謀起用，諫止之。因災異又陳七事，皆切時政。子有孚、有年、有禄。有孚由進士官給事中，嘉靖初鄧繼曾直言下獄，總兵朱麟有罪被劾，帝不問，有孚抗章論之。有年官御史，武宗遣中官迎佛衛藏，上疏切諫，繫獄。母死廬墓，火至反風。有禄官安慶同知，宸濠反，戮力固守有功。「衛藏」舊作「烏斯藏」，今改正。

林俊。字待用，莆田人。成化進士，除刑部主事，進員外，疏請斬妖僧繼曉，並罪中貴梁芳。下詔獄，謫姚州判官。尋復官，進雲南按察使，調湖廣，引疾歸。起南京右僉都御史，督操江。薦謝鐸、儲瓘、楊廉、曹時中、處士劉閔，堪輔導皇儲。江西民王武爲盜，命俊巡視，悉擒賊黨。宸濠貪暴，俊屢裁抑之。正德四年撫四川，賊起大破之，璽書奬勵，尋致仕。嘉靖初起工部尚書，有大政，侃侃陳論，中外想望其丰采。後乞致仕，卒。俊歷事四朝，抗辭敢諫，以禮進退，始終一節。隆慶初贈少保，謚貞肅。

鄭瑗。字仲璧，莆田人。成化進士，爲文章渾雄深粹，詩有唐人風，所著有蛃笑集。

宋端儀。字孔時，莆田人。成化進士，官禮部主事。雲南缺提學官，部議屬之，偶爲吏所洩，端儀曰：「啓事未登，已喧傳衆口，人其謂我何？」力辭之。進員外郎，擢廣東提學僉事。力祛積弊，抑奔競，時望鬱然。子元瀚，知朝陽縣，有善政，邑人祠祀之。

陳仁。字子居，莆田人。成化進士，弘治中官户部郎中。闕里文廟災，疏請修省。陝西進古璽，抗疏斥其僞。正德初劉瑾以贋銀事坐尚書韓文罪，仁並謫。後遷南京兵部員外郎。瑾誅，累擢至浙江右布政使。

鄭寶。字時珍，莆田人。成化舉人，官鬱林州同知，署北流縣事。賊李通寶攻縣，寶經略庫藏案牘，選卒間道護至州，身率兵與戰，陷堅被創死。子圭馳救，亦死焉。事聞贈官。

張炫。字德昭，仙遊人。成化舉人，知博羅縣有聲。以老歸，結茅金石山。著有金石遺音十卷。

方良永。字壽卿，莆田人。弘治進士。督逋兩廣，峻卻饋遺，擢廣東僉事。瓊州賊符南蛇爲亂，會兵討平之。正德初父喪除，待銓闕下，鴻臚導詣左順門叩頭畢，令東向揖劉瑾，良永竟出，瑾怒，勒致仕。瑾誅，起湖廣副使，遷山東右布政使，調浙江左布政使，尋乞休。嘉靖中起巡撫應天，推刑部尚書〔一二〕，乞致仕，未報，卒。謚簡肅。良永侍父疾，衣不解帶者三月，居喪倚廬哀毁，稱純孝焉。弟良節，官廣東布政使，有治行。子重杰，舉於鄉，以孝聞。

鄭岳。字汝華，莆田人。弘治進士，授刑部主事。嘉靖初爲大理卿。帝數不豫，岳請遵聖祖寡欲勤治之訓，退朝即御文華，裁決章奏，日暮還宫，以養壽命之源。又陳刑獄失平八事。遷兵部右侍郎，轉左，乞休歸。

陳茂烈。字時周，莆田人。弘治進士，奉使廣東。受業陳獻章之門，退作静思録。入爲監察御史，袍服樸陋，乘一疲馬，彈劾一無所避。以母老終養，治畦汲水，身自操作，吏部以其貧，奏給月米。林俊謂其穎悟既深，充養益熟，隱衷粹行，可對天地，質鬼神，黄憲之流也。

劉閔。字子賢，莆田人。生而純慤，絶意科舉，求古聖禔躬訓家之法，率而行之。弘治中，僉都御史林俊上言：「皇太子年踰幼學，罕接外傅，豫教未備。布衣劉閔，恭慎純粹，孝行高古，日無二粥，身無完衣，處之晏如。監司劉大夏、徐貫、知府王弼等，恒禮敬之。臣謂可禮致，令布衣入侍，必能涵育薰陶，裨益睿質。」時不能用。正德元年，遥授儒學訓導。

黄鞏。字伯固，莆田人。弘治進士，正德中由德安推官歷武選郎中。南巡詔下，本江彬誘惑，鞏請誅彬，不可。上疏切諫，下詔獄，復跪午門五日，廷杖斥爲民。既歸，潛心著述，日中未爨，晏如也。嘉靖初召爲南京大理丞，卒贈大理少卿。天啓初追謚忠裕。

馬思聰。字懋聞，莆田人。弘治進士，歷南京户部主事，督糧江西。宸濠反，被執不屈，絶食六日死，贈光禄少卿。

林大輅。字以乘，莆田人。正德進士，官工部員外郎。武宗南巡，黄鞏以諫下詔獄，大輅與同官蔣山卿、何遵疏救，帝怒，廷杖百，尋外謫。妻黄氏，被誣以咒詛，並逮入獄，廷鞫備極慘毒，後得免。嘉靖時大輅官至巡撫湖廣副都御史。所著有槐瘖集。

張曰韜。字席珍，莆田人。正德進士，授常州推官。嘉靖初召爲御史，席書以中旨拜尚書，曰韜抗疏力争，後抗論大禮，既受杖，猶占疏劾姦人陳洸罪，未幾竟死。隆慶初，追贈光禄少卿。

鄭一鵬。字九萬，莆田人。正德進士，改庶吉士。嘉靖初官户科左給事中。一鵬性伉直，居諫垣中最敢言，武定侯郭勛欲得虎賁左衛以廣其第，一鵬劾以驕縱罔上，勛甚銜之。復以李福達獄劾勛，因坐以妄奏，拷掠除名，卒。隆慶初贈光禄少卿。

戴大賓。字寅仲，莆田人。正德戊辰進士第三，授編修。劉瑾兄女有才姿，欲室之，爲飾邸舍，大賓佯狂得免。

馬明衡。字子莘，思聰子。正德進士，授太常博士。嘉靖初爲御史，甫旬日，昭聖皇太后生辰，有旨免命婦朝賀，明衡與同官朱淛疏諫，並得罪。同縣林應驄，明衡同年進士，官户部員外郎，以疏救淛，明衡謫閩喜縣丞。代其長朝觀，疏陳時事，多議行。

朱淛。字必東，莆田人。嘉靖進士，授御史。甫閱月，疏諫免賀皇太后生辰，帝怒，欲殺之，閣臣蔣冕爲請，乃杖八十除名。淛爲人長者，鄉里利病，必與有司言。家居三十餘年，卒。隆慶初，贈光禄少卿。

柯維騏。字奇純，莆田人。嘉靖進士，授南京户部主事，未赴引疾歸，專志讀書，門下四百餘人。維騏作左右二銘、講義、問答等篇，訓學者以務實。合宋、遼、金三史爲一，義例嚴整，名曰宋史新編。所作詩文集，並行於世。維騏家困甚，終不妄取，世味無所嗜。隆慶初廷臣復薦，授承德郎致仕。

鄒守愚。字君哲，莆田人。嘉靖進士，歷廣州知府，有能名。議征安南，擢守愚爲副使，乃上便宜五事，親提兵入廉州，先聲大震。會憂去。起補江西，轉湖廣參政，禦苗賑饑有功，入爲户部侍郎。賑卹陝西、河南，以勞卒，贈右都御史，謚襄惠。

郭應聘。字君賓，莆田人。嘉靖進士，授户部主事。以不附嚴嵩，出爲南寧知府，用治行第一，擢威茂兵備副使。累遷廣西布政使，所至有擊賊功。巡撫廣西，討平府江及懷遠諸猺，進總督兩廣。歷遷南京兵部尚書，與海瑞躬行儉素，南都士大夫侈汰之習爲之一變。卒，贈太子少保，謚襄靖。

林潤。字若雨，莆田人。嘉靖進士，授臨川知縣。以事之永豐，寇猝至，計卻之，徵授南京御史。首論祭酒沈坤擅殺人，置之理。伊王典楧不道，復糾之，嚴世蕃戍雷州不赴，羅龍文戍潯州，逃還徽州，潤按視江防，馳疏乞正刑章，詔潤逮捕，遂伏誅。隆慶元年，巡撫應天，多惠政。居三年，卒。潤鄉郡興化陷倭，特疏請蠲復賑卹，鄉人德之。喪歸，遮道四十里，爲位祭哭凡三日。

陳經邦。字公望，莆田人。嘉靖進士，授編修。神宗在東宫，經邦侍講讀。即位，復充經筵，每進講，音吐洪亮，上改容聽之。張居正奪情，朝臣皆希旨疏留，經邦獨否，以此銜之。居正卒，始擢禮部侍郎，進尚書，尋乞歸，卒。

陳雄。仙遊人。母病，卧榻旁九年，山寇至，欲刃其母，請以身代，賊兩釋焉。

林兆珂。字孟鳴，莆田人。萬曆進士，官刑部郎，歷知廉州、安慶，乞歸。著有宙合、多識二編。

戴士衡。字章尹，莆田人。萬曆進士，歷吏科給事中，屢有建白，皆裨時政，後以力争國本謫戍。天啓中贈太僕少卿。

黄諫卿。字箴伯，莆田人。萬曆舉人，崇禎間官四川兵備。張獻忠陷蜀，諫卿獨至瀘州，遇賊抗節不屈死，僕鄭奇等五人亦從死。贈太僕卿。本朝乾隆四十一年，賜謚烈愍。

朱繼祚。莆田人。萬曆進士，授編修，崇禎初歷官南京禮部尚書。唐王時召爲東閣大學士，王敗，繼祚舉兵應魯王，攻取興化，大兵至，繼祚死之。本朝乾隆四十一年，賜謚忠節。同邑給事中林嵋，字小眉，由進士爲吴江知縣。蘇州失，歸從唐王，至是自縊死。本朝乾隆四十一年，賜謚節愍。

曾楚卿。字元贊，莆田人。萬曆進士，授檢討，天啓初官南京禮部侍郎。宦寺擅政，楚卿以爲憂，累疏言之，巨璫矯旨，以張鼎謗議朝政，連及楚卿，并削職歸。崇禎初起侍郎，進尚書，乞休，卒。

鄭瑞星。字廷奎，仙遊人。萬曆進士，知信陽州，改調崖州。州峒蠻久爲民患，瑞星恩威並用，遂歸化，州賴以安。擢刑部員外，左遷贛郡通判。郡長淮之廟灣，盜藪也，瑞星築壕，擒賊首陳注華等，自是商舶無虞。性嗜學，雖莅事亦以文史自隨。尋以養歸。

王家彦。字開美，莆田人。天啓進士，官刑科給事中。崇禎初，疏陳太僕種馬徵銀之弊。累遷户部右侍郎。都城被兵，命協理戎政，寢處城樓者半載。十七年，賊逼京師，分守安定門，城陷，自縊死。贈兵部尚書，謚忠端。本朝順治初，賜謚忠毅。

林衍培。字仲卿，莆田人。崇禎己卯以貢入雍，值遴選雍貢，准舉人用，授江西興國知縣。每讞獄，片言斷折。時土寇蹦吉、贛，興國爲贛門户，衍培選内外壯丁，以忠義激發之，訓練精鋭，屢挫賊鋒，邑恃以無恐。當事重其才，薦授職方主事，仍管縣事，賊不敢犯，擢爲監軍僉事。以母年老，堅請歸養，屢徵不起。

林不息。字司籥，莆田人。崇禎中以貢生知臨湘縣，張獻忠既破武昌，所過望風走，不息獨誓死守。獻忠以百騎來偵，不息獲二十七騎，尸之城上。賊悉衆來攻，城陷被執，斷手割耳鼻，駡不絶聲死。本朝乾隆四十一年，賜謚烈愍。

林佳鼎。字漢宗，莆田人。崇禎進士，歷官廣東提學副使。公慎自矢，凛若神明。明亡，蹈海死。本朝乾隆四十一年，賜謚節愍。同邑舉人林尊賓，闖賊陷京師，死之。本朝乾隆四十一年，祀忠義祠。

黄斌卿。字明輔，莆田人。崇禎中以功累遷浙江副總兵，駐防舟山，招撫賊船百餘艘，降其魁陳虎，威名益著。甲申聞變，率舟師入援，爲馬士英、阮大鋮所沮，浮海歸，死於舟山。同邑曾英，爲十三崖都司，張獻忠餘賊詭降，軍亂中矢，躍入江中死。本朝乾隆四十一年，俱賜謚節愍。

林蘭友。字翰荃，仙遊人。崇禎進士，知臨桂縣。時宗藩有謀奪嫡者，蘭友曉以禍福，刑其罪首，藩嗣以定。擢南京御史。疏劾大學士張至發、薛國觀、楊嗣昌，吏部尚書田惟嘉等，與何楷、黄道周、劉同升、趙士春稱長安五諫。

本朝

林煇章。字繼衮，莆田人。順治中授平樂府推官，擢守犨昌，加意拊循，蠲除積逋，以勞卒於官。

張松齡。字鶴生，莆田人。順治進士，選庶吉士，擢給事中，奉命清刑獄，疏錢法，轉四川參議，以裁缺歸。耿逆變作，逼受逆職，不從，被囚數月，終不屈卒。

劉從龍。字孟乾，莆田人。順治舉人，知遂安縣。耿逆寇遂安，從龍率民兵登陴固守，賊帥數以書招之，從龍函其書，併所獲逆黨，上之督撫，有「堅守孤城，誓死無二」之語。總督李之芳疏聞，得旨：「劉從龍三首逆書，忠貞可嘉，俟事平日以員外郎用。」會病歸，卒。

彭鵬。字奮斯，莆田人。順治舉人。康熙甲寅，耿逆變作，逼脅受職，堅卧不起。逆平，授三河知縣，以廉能第一，擢工科給事中。關中旱蝗，鵬陳顛連狀，詔發米賑之。居言路歲餘，彈劾無所避。後巡撫粵東，卒，賜祭葬。

王鳳九。字而軒，莆田人。順治舉人，知涉縣。捐築水隄，忤上官劾歸。時耿逆蓄異志，拘鳳九餌以好官，不爲屈，得間逃歸。耿敗，家居著書二十年，晚尤究心理數、性命、天文、地理之學，於漢、宋儒外多所發明。著有霞菴文集四卷。

吴名煌。字繩朱，仙遊人。母董氏有賢德，善訓課。名煌舉順治間鄉試，授廣平府推官，治獄多所平反。曲周盜賺城劫獄，有司捕未獲，以良民抵，名煌反覆辨訊，屢拂上官意不稍屈，卒爲之白。以裁缺歸。

劉渭龍。字載公，莆田人。康熙舉人。耿逆爲亂，欲招致之，屢加逼脅，渭龍剪髮匿深山，露眠草食，幾浹旬死。雍正三年，祀忠孝祠。

吴英。字爲高，莆田人。康熙中海寇煽亂，從征金門、厦門，授都司。耿逆叛，率師收復温、台、處州諸縣，鄭經四出攻略，英分兵三路克之。洊升同安鎮總兵，從施琅進取臺、澎。入覲，奏臺灣設兵八千，請半爲鎮守，半爲屯種，則兵有恒産，而餽可省半。歷福建水師提督，加授威略將軍，御製七言詩存問，卒於官。贈太子少保，賜祭葬。

朱天貴。莆田人。康熙中授平陽鎮總兵，從征臺灣，攻克澎湖，奮勇追擊，斬獲無算。會中礮死，詔贈太子少保，謚忠壯，祀昭忠祠。

陳維屏。字選士，莆田人。康熙中率兵千餘扼泉南，以克東石功授興化鎮左營守備。與吴英收復澎湖，功加左都督，遷寧夏遊擊。三十五年，從征噶爾丹，屯守翁錦，策應糧餉。大師凱旋，翁錦未奉撤回，至九月始令班師，敵以數萬衆追之，維屏率所部千餘騎死戰，被重創卒。事聞，賜祭葬，廕一子守備。「噶爾丹」舊作「噶𡁻㕰」，「翁錦」舊作「甕金」，今並改正。

聶國翰。莆田人。康熙中由臺灣把總以功歷官遊擊，遷象山副將，施粥賑饑，兵民德之。進金門鎮總兵，調南澳，屢值歲歉，捐貲賑濟，全活無算，卒於官。詔贈都督僉事，祀忠義祠。

施而寬。字容臣，仙遊人。康熙中委署同安守備。值王師南征海寇，而寬率偏師進剿，復海壇、平海、湄洲，直抵金、厦兩島，奉檄從攻澎湖，克臺灣，功加左都督，累遷虎門副將。會洋盜騷擾，而寬單騎往撫平之，遷狼山鎮總兵。絶規例，甄將材，立義塾，瘞遺骼，士民感其德，爲建祠立碑。卒於官，贈太子少保，賜祭葬。

程震元。字清士，仙遊人。康熙舉人，知新田縣。新田故巖邑，俗悍民困，初下車，即禁雜派，革行户，除值日，絶餽送，民愛戴之。時苗民梗化，加意撫綏，邑賴以安。擢刑部主事，邑人立去思碑。

朱孟愷。仙遊人。事父以孝聞，父每讌集，孟愷必詣酒所，露立門外，以俟扶歸。海寇陷仙遊，舁父逃山中，道遇寇將殺其父，請以身代，寇感其孝釋之。叔死於寇，遺骸莫辨，孟愷淋指血認歸。父歿，廬墓三年。雍正四年旌。

陳克明。莆田人。嘉慶十八年以孝旌。

流寓

唐

孔仲良。曲阜人。貞元中官莆田令，因家涵江。

歐陽詹。晉江人。未第時與林藴等讀書於莆田之南山靈巖精舍，又有别墅在福平山下，卒葬於靈巖浮屠之陰，後裔遂居莆焉。

宋

趙鼎。聞喜人。秦檜忌其復用，諷王次翁論其嘗受僞命，乾没都督府錢十七萬緡，謫官居興化軍。

林亦之。福清人。謁林光朝於紅泉，師之三十餘年，遂爲高弟。光朝卒，亦之嗣居講席。亦之卒，其門人陳藻復繼之。後藻門人林希逸即城山立祠，以祀光朝及亦之、藻，并刻其遺文爲三先生集。

列女

唐

江梅妃。莆田人。開元中選爲妃，會楊太真入侍，作樓東賦以寓意。明皇嘗封珍珠一斛賜妃，妃不受，以詩付使者曰：「桂葉雙眉久不描，殘妝和淚污紅綃。長門自是無梳洗，何必明珠慰寂寥。」明皇覽詩惻然，令樂工度爲新聲，號一斛珠。及安禄山犯闕，妃守節不屈死。

宋

蔡高妻程氏。莆田人。高爲太康主簿，卒官，民以錢百二十千爲賻，程泣曰：「吾家世爲廉吏，不可以此污吾夫。」卻不受。

鄭如理聘妻伊氏。莆田人。未嫁夫亡，伊服喪三年畢，自縊殉之。

林坊妻薛氏。莆田人。坊死，薛年十八，父母議嫁之，薛漆身爲癩，以自堅其志。

陳文龍母林氏。莆田人。文龍爲元人械繫送杭餓死，母繫福州尼寺中，病甚，無醫藥，左右視之泣下。母曰：「吾與吾兒同死，又何恨？」亦死。衆歎曰：「有斯母，宜有斯兒。」爲收葬之。

陳用虎妻朱氏。用虎，文龍弟，文龍被執，其母以繫卒，朱亦自縊死。

明

蔡本澄妻戴氏。名清，莆田人。歸本澄年甫十四。居二年，本澄以世籍戍遼東，戴父與約曰：「遼左天末，五年不歸，吾女當改嫁矣。」至期，父語清如約，清泣不從，獨居十五年。本澄歸而病歿，清哀毁幾絶。父潛受吴公瑞聘，清聞之曰：「人呼女蔡本澄婦，又云吴耶？」公瑞訟之官，官判令守節，表曰「寡婦清之門」。時同邑歐茂仁妻胡氏，守節嚴苦，内外重之。

俞某妻徐氏。字德英，莆田人。善屬文，早寡，女紅外未嘗釋卷，所著有建文紀、孟母贊。

方某聘妻林氏。字貞一，莆田人。年十三，許字方氏子，未婚而方遠戍，尋卒。貞一爲服喪三年，守節終身。

許有容聘妻陳氏。名冰娘，莆田人。年十八，未婚夫死，以烈殉。同邑朱紀聘妻翁氏、林嘉猷聘妻鄭一娘、卓爾植聘妻何氏、舒郎聘妻陳若瑛，俱未婚殉節。

朱朝勳妻陳氏。莆田人。夫病，封股籲天請代，及卒，視殮畢自縊。同邑朱雲衢妻陳氏、魏雲章妻林氏、陳端妻黄氏、顧大名妻林氏、吴鴻猷妻莫氏、唐端位妻張氏、陳伯瑜妻林氏，俱夫死殉節。

詹秉直妻黄氏。莆田人。嘉靖間倭寇猝至，與姑同被獲，賊索姑金帛，箠撻慘酷，黄號哭願以身代。賊殺其姑，黄厲聲哭罵，奪其刀自殺。事聞旌表。同邑黄河妻陳氏，城陷，賊執河以索鏹，陳遍貸無所得，乃詣賊壘告賊曰：「必放夫出，鏹乃可得。」逾旬河不至，賊以爲紿己，割其乳立斃。

林廷準妻黄氏。莆田人。廷準祖母王遇賊欲刃之，廷準曰：「祖母守節，願殺吾。」賊殺準而釋王氏。黄氏聞夫死，不食死。準弟廷溉，亦爲賊所殺。婦鄭氏被縶，自投白馬潭中。同邑陳準妻邱氏、王待魁女王二娘、李塗妻陳氏、雍士憲妻林氏、鄭日新妾蕭翠鬟、水關旁女、釘壁女子、二圳女、邱氏女、劉氏二女，俱遇寇抗節死。

北門嫗。莆田人。賊殺其姑，抱哭同死。

林承芳妻鄭氏。莆田人。遇賊憤罵，賊怒，割其左耳，罵益厲。復割其右耳，又罵，賊割其鼻，逐之。時夫死室燬，乃歸父母家，與弟拾野菜取松毛以自給。又後村婦人，失其姓氏，容色甚盛，遇賊請受刃，賊不忍殺，置之房。乃自垢其面，請死益切，復以火燬面皮決之，賊舍之。

槐樹女子。賊入莆田，與父同執，賊欲執其父，取金贖，女曰：「吾女流無能爲也，可放吾父。」賊出其父，女知父貧無所取金，遂代父死。

方孝女。莆田人。父瀾官京師卒，女年十四，偕叔扶櫬南歸。渡揚子江，櫬舟覆，女大哭，赴水死。經三日，屍浮父櫬之旁，同泊南岸。

嚴士貞聘妻薛氏。仙遊人。未婚而夫卒，訃至欲奔喪，父母難之。翼日訣父母，入門衰絰拜哭，七日不食，端坐自經死。

本朝

魏煜妻黄氏。莆田人。幼時母嬰危病，虔籲而應。年十六歸煜，翁病篤，刲股調羹以進亦愈。煜卒，黄年二十四，苦節以終。

吴公拔妻陳氏。莆田人。早寡，順治中海寇至，姑被擒，陳挺身救姑，姑得脱而已被留。寇逼之，引頸受刃死。同邑林國鼎女、陳開妻林氏、吴誠聘妻趙氏、謝某聘妻楊氏，俱寇變不辱死。

葉如橓妻吴氏。仙遊人。與林茂烈妻陳氏俱寇變不辱死。又同邑何琮妻陳氏、屠玉珊妻林氏，俱夫亡殉節。

鄭福聘妻周氏。莆田人。年十七，許字鄭福，福於康熙癸亥從攻澎湖，墮海死。周奔夫家守節事姑，以女紅供甘旨，二十年如一日。同邑邱陽仲聘妻黄氏、歐元聘妻林氏、郭尾聘妻楊氏、連某聘妻戴氏、陳麟聘妻俞氏，俱未婚守節。

蕭傑妻陳氏。莆田人。夫病，剖肝和藥以進，立愈。明年又病，復剖肝不效，遂自縊。同邑張誨妻鄒氏、邱晉仲妻陳氏、林興妻周氏、林翼生妻張氏、陳士欽妻李氏、姚某妻范氏、潘仁師妻吴氏、潘舜光妻吴氏，俱夫亡殉節。

鄭雪聘妻陳氏。名義娘，莆田人。許字鄭雪。雪，漁人也，没於海，氏聞訃奔其門，拜謁舅姑，哭祭江滸，歸而自縊。同邑朱點聘妻黄來姊、歐濳聘妻黄氏、陳三郎聘妻劉氏、侯某聘妻曾道娘、王天麟聘妻黄氏、林文恢聘妻趙氏、曾申聘妻鄭氏、曾科聘妻林涵姐、林普聘妻宋氏，俱未婚殉節。

林榮署妻陳氏。仙遊人。年十九夫死，絶粒十日，翁姑以雙老無依諭之，遂忍死奉侍。翁病篤，封股得痊。姑病目，以舌舐之，目復明。守節三十年。

陳元士妻黄氏。仙遊人。元士殁，遺子一五齡，一甫三月。氏茹苦集蓼，以養以教。先是，地多海氛，氏奉姑避難，艱危中忍飢哺姑，糗糒以時進。姑病目翳，每晨舐之，目爲重明，人稱孝感。

鄭光春妻葉氏。莆田人。年二十三，夫往雲南不返，家貧翁姑俱老，子文炳幼，姑患瘋癱七年。氏操作持家，課子讀書，嗣爲翁姑營窀穸。四十八年中，備嘗辛勤。雍正年間旌。後文炳娶吴氏，合巹之日，文炳以父客遊，不忍成婚，吴逡巡問故，因勸其行，且曰堂上事身任之。文炳遂行，比歸而吳已逝。一門節孝，鄉人重之。

陳昊伯妻林氏。莆田人。夫亡守節。同邑朱如玉妻張氏、生員黄嶠妻林氏、林鳳慶妻佘氏，俱雍正年間旌。

林大韶妻辜氏。莆田人。夫亡守節。同邑陳憲紀妻郭氏、卓君墀妻張氏、廪生黄斐妻喻氏、貢生李樹本妻林氏、鄭珩菴妻黄氏、教諭陳射斗妻李氏、黄懋潤妻陳氏、陳聖敏妻劉氏、陳建中妻程氏、葉萬璣妻林氏、周潛妻林氏、張懷寬妻陳氏、鄭獻壽妻郭氏、程學成妻朱氏、陳元長妻黄氏、陳元雲妻李氏、陳元模妻林氏、陳元華妻鄭氏、鄭學伊妻黄氏、童方銘妻林氏、李子彦妻歐陽氏、周言妻吳氏、林慎章妻蕭氏、舉人顧宏烈妻林氏、黄慶源妻王氏、鄭協升妻翁氏、林模厚妻黄氏、林大巒妻盧氏、黄芸妻林氏、程繩祖妻林氏、俞少敏妻蕭氏、方豹斯妻陳氏、方悦公妻張氏、吳雲鸞妻葉氏、徐炎妻李氏、徐星妻林氏、蔡志遠妻翁氏、翁源熙妻黄氏、姚鼎立妻葉氏、黄聖芳妻林氏、彭朝位妻許氏、宋葉妻林氏、林大鵬妻宋氏、王樹槐妻黄氏、蔣漢春妻林氏、王孫佩妻黄氏、徐信妻方氏、姚孟如妻彭氏、生員俞雄妻程氏、林恒妻周氏、蔡建清妻林氏、生員阮荆妻黄氏、許瑞豹妻彭氏、李瓊上妻陳氏、吳確軒妻姚氏、陳應霖妻黄氏、張繡妻鄒氏、朱聖從妻陳氏、朱聖焜妻黄氏、許元上妻趙氏、貢生吕坤陞繼妻宋氏，貞女林氏、程學珪聘妻吳氏、范瑞麟聘妻林氏、朱峻欒聘妻林氏、吳彦輝聘妻王氏、張綵聘妻陳氏，俱乾隆年間旌。

何昌期妻林氏。仙遊人。夫亡守節。同邑蘇際隆妻嚴氏、嚴廷訓妻黄氏、林紹忠妻葉氏、李楫玉妻鄭氏、李元義妻傅氏、吳廷武妻劉氏、媳林氏、生員劉子第妻吳氏、吳廷鱗妻黄氏、陳幼蘭妻李氏、顔啓芳妻陳氏、顔晉妻陳氏、陳十兒妻張氏、黄廷若妻任氏、黄聖美妻陳氏、嚴宗妻蔡氏、黄震甫妻陳氏、吳堯煒妻林氏、劉廣侯妻謝氏、詹聖儉妻林氏、朱孟嘗妻林氏、陳元都妻温氏、生員陳玉崑妻蔡氏、林炳日妻王氏、李庸祚妻陳氏、生員林心妻鄭氏、黄幼亨妻陳氏、唐德求妻趙氏、陳達侯妻黄氏、生員吳必甲妻陳氏、林光日妻李氏、媳唐氏、黄學穎妻盧氏、黄雲鳳妾孫氏、林瑚仲妻葉氏、唐廷掄妻何氏、黄雲竹妻李氏、茅元琳妻傅氏、詹伯永妻彭氏、茅起鐮妻林氏、弟起鋐妻陳氏、姪朝妻蕭氏、余文兹妻李氏、鄭天福妻薛氏、陳鎮洪妻邱氏、陳華峪妻康氏、陳華崢妻林氏、歐敬妻唐氏、程明卿繼妻朱氏、蕭其鍔妻何氏、王儼然妻鄭氏、林雲説妻張氏、生員林廷隆妻嚴氏、王士絢妻陳氏、陳榕妻嚴氏、黄序温妻吴氏、郭皇建妻吴氏、黄見龍妻鄭氏、王元崇妻陳氏、林先博妻何氏、李書勤妻胡氏、朱宿士妻林氏、黄興漢妻徐氏、陳配侯妻林氏、林樂思妻邱氏、張汝章妻陳氏、林漢生妻吴氏、張進仙妻吴氏、謝廷聘繼妻林氏，貞女陳鱗聘妻王氏，俱乾隆年間旌。

陳振鳳繼妻林氏。莆田人。夫亡守節。同邑曾春若妻田氏、黄惟仲妻林氏、林世岐妻黄氏、曾任若妻黄氏、曾應詔妻林氏、蔡弈成妻黄氏、羅君錫妻方氏、朱雅士妻張氏、鄭啓興妻陳氏、林桓妻鄭氏、生員游炳妻林氏、王永萬妻黄氏、俞天墀妻吴氏、吴信侯妻康氏、林雲鵬妻蘇氏、林鐙妻黄氏、林大柱妻游氏、劉涣伯妻鄭氏、翁文簡妻朱氏、陳若成妻林氏、羅夢茨妾林氏、彭陞周妻林氏、林元珍妻朱氏、生員鄭綬恩妻宋氏、何潤賢妻朱氏、林仰峯妻朱氏、林華仲妻張氏、林孫陽妻鄭氏、生員陳一杏妻顧氏、黄鉽妻歐氏、解永蕃妻黄氏，烈婦林某妻陳氏，俱嘉慶年間旌。

鄭永水妻周氏。仙遊人。夫亡守節。同邑鄭萬甫妻徐氏、林高侯妻吴氏，俱嘉慶年間旌。

仙釋

何氏九仙。其世代莫可考，兄弟九人，居仙遊東北山中修道，因名其山曰九仙山。又居湖側煉丹，丹成，各乘赤鯉仙去，名其湖曰九鯉湖。

宋

天后。世居莆之湄洲嶼，宋都巡檢林愿第六女。始生時有祥光異香，長能乘席渡海，馭雲遊島嶼間。雍熙四年昇化，是後嘗衣朱衣，屢示靈海上，里人祀之。宋、元、明時累著靈蹟，加封號。本朝康熙十九年，封護國庇民妙靈昭應弘仁普濟天妃，遣官致祭。二十二年，克澎湖，恍有神兵導引，及屯兵天妃澳，靖海侯施琅謁廟，見神衣半濕，始悟實邀神助。又澳中駐師萬餘，忽湧甘泉，施琅上其靈應，敕建神祠於湄洲，勒文以紀功德，加封天后。五十九年，奉旨春秋致祭，編入祀典。雍正四年，御賜「神昭海表」額。十一年，賜「錫福安瀾」額。並令有江海各省一體葺祠致祭。乾隆二年，加號「福佑羣生」。二十年，加號「誠感咸孚」。五十二年，賜「翊靈綏祐」額。五十三年，加號「顯神贊順」，賜「祐濟昭靈」額。嘉慶五年，加號「垂慈篤祐」。六年，敕封神父爲積慶公，神母爲積慶公夫人，建後殿以時致祭。

土産

絲布。通志：細緝苧麻雜絲織之，宋時本軍土貢葛布，後代之以此。

苧布。通志：二縣皆有，莆田之涵頭、吉了出者尤佳。

鹽。

糖。

蠟。

波羅蜜。

荔支。宋蔡襄荔支譜：閩中惟四郡有之，興化軍最爲奇特，園池勝處，惟種荔支，尤重陳紫，色香與味爲天下第一。

紫菜。通志：生海石上，色青，乾之則紫，其纖者味尤珍。

蠣房。通志：生海石上，其殼磈礧相黏如房，故名。

子魚。通志：似烏魚而小，冬深子盈腹，味尤珍。明統志：宋黄公度云：莆中所産，惟子魚、紫菜、荔支、蠣房。

蠣魚。通志：大者長五六寸，白質黑文，味美少鯁。

西施舌。即沙蛤。通志：殻紫而薄，肉白如乳，形酷肖舌，味極甘美。

校勘記

〔一〕湄洲嶼　乾隆志卷三二七興化府山川(下同卷簡稱乾隆志)同，本志前文華胥山條作「湄州嶼」，蓋州、洲通用也。

〔二〕循潭上東行三里許　「循」，原作「湑」，據乾隆志改。

〔三〕宋林回年延林光朝講學處　按，考八閩通志卷四五學校，興化府有東井書堂，謂林國鈞創，延光朝爲師。該志卷七二人物：「林國鈞字公秉，號回年，莆田人。」則林回年即林國鈞。據本志體例，此當書林國鈞，不當書其號。乾隆志訛作「王回李」，謬甚。

〔四〕寧海鎮　「寧」，原作「安」，據乾隆志及讀史方輿紀要卷九六福建興化府改。按，本志避清宣宗諱改字，今改回。下文同。

〔五〕北遏南交湖井之衝　「南交」，乾隆志同，乾隆福州府志卷一三海防、鄭開陽雜著及讀史方輿紀要卷九六福建興化府等作「南茭」。

〔六〕南阻湄洲岱嶼之阨　「岱嶼」，乾隆志同，乾隆福州府志卷一三海防、鄭開陽雜著及讀史方輿紀要卷九六福建興化府均作「岱墜」。

〔七〕授臨汀郡曹掾　「掾」，原作「椽」，據雍正福建通志卷四四人物改。

〔八〕爲章琰劾罷　「琰」，原作「炎」，據乾隆志及宋史卷四二四黄師雍傳改。按，本志避清仁宗諱改字也，今改回。

〔九〕謂弟顒曰　「顒」，原作「容」，據乾隆志及八閩通志卷七二人物志葉覬傳改。按，本志避清仁宗諱改字也，今改回。下葉顒條「顒」原亦作「容」，同改。

〔一〇〕趣就東上閤門進書　「閤」，原作「閣」，據雍正福建通志卷四三人物志鄭僑傳改。

〔一一〕奉詔與歐陽玄吕思誠修宋遼金三史　「吕思誠」，原作「吕思議」，乾隆志作「吕修議」。考續通典卷二三職官「都總裁」條列宋、遼、金三史總裁官，有吕思誠，並無「吕思議」或「吕修議」其名。元史卷一八五吕思誠傳亦謂其「總裁遼、金、宋三史」。則「吕思誠」三字爲是，本志蓋以「誠」、「議」字形相近而訛也。因據改。

〔一二〕推刑部尚書　「推」，乾隆志同，疑當作「擢」字。據明史卷二〇一方良永傳，所除官爲南京刑部尚書，此當補「南京」或「南」字。

泉州府圖

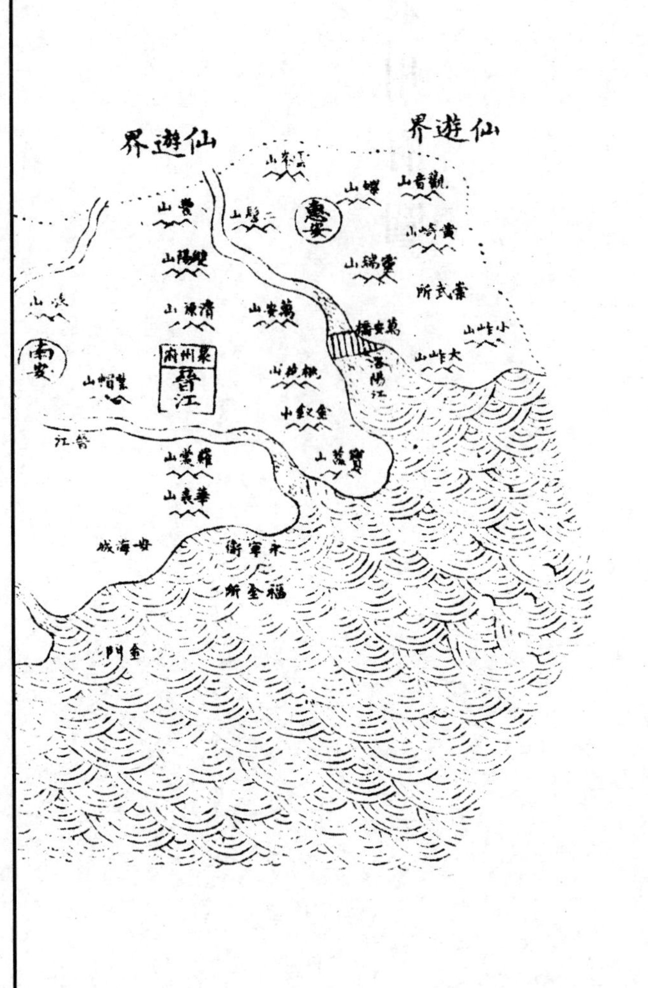

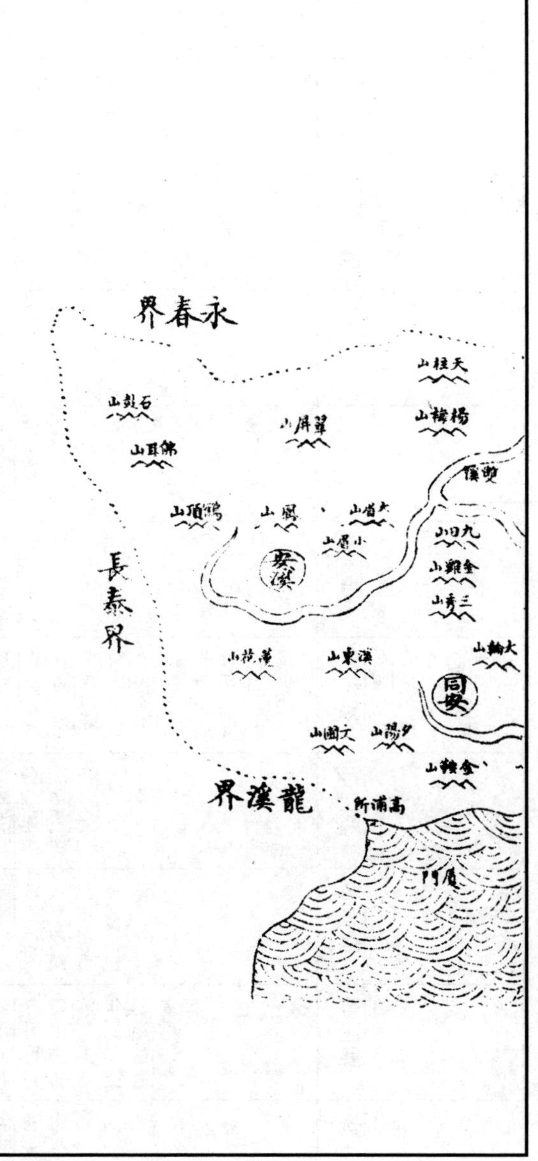
永春界
天柱山
石鼓山
翠屏山
楊梅山
佛耳山
鶴頂山
九日山
金雞山
三秀山
長泰界
安溪
溪東山
大輪山
同安
文圃山
夕陽山
龍溪界
高浦所
厦門

泉州府表

	泉州府	晉江縣
兩漢	會稽郡地。後漢會稽南部地。	冶縣地。
三國		
晉	晉安郡地。	晉安縣地。
宋		
齊梁陳	南安郡 梁天監中置，屬東揚州。	
隋	開皇九年廢，爲建安郡地。	南安縣地。
唐	泉州 清源郡 武德五年置豐州。貞觀初廢。聖曆二年置武榮州。景雲二年更名。天寶初改郡。乾元初復爲泉州。	晉江縣 久視初爲武榮州治。開元六年置縣，爲泉州治。
五代	泉州 初屬王閩。晉開運中屬南唐，置清源軍。	晉江縣
宋	泉州 乾德二年改平海軍。太平興國三年復爲州，屬福建路。	晉江縣
元	泉州路 至元十五年升路爲行中書省治。十八年，省，徙屬福建道宣慰司。	晉江縣 路治。
明	泉州府 洪武初改府，屬福建布政司。	晉江縣 府治。

續表

南安縣	惠安縣	同安縣	安溪縣
治縣也。	治縣地。	治縣地。	治縣地。
東安縣吳置，屬建安郡。			
晉安縣太康初更名，屬晉安郡。	晉安縣地。	同安縣太康三年置，屬晉安郡。尋省入晉安縣。	晉安縣地。
晉安縣			
晉安縣梁爲南安郡治。			
南安縣開皇中更名，屬建安郡。	南安縣地。	南安縣地。	南安縣地。
南安縣武德初爲豐州治。聖曆初爲武榮州治。景雲初屬泉州。	晉江縣地。		
南安縣		同安縣後唐天成四年王閩置，屬泉州。	清溪縣南唐保大中置，屬泉州。
南安縣	惠安縣太平興國六年置，屬泉州。	同安縣	安溪縣宣和三年更名，仍屬泉州。
南安縣屬泉州路。	惠安縣屬泉州路。	同安縣屬泉州路。	安溪縣屬泉州路。
南安縣屬泉州府。	惠安縣屬泉州府。	同安縣屬泉州府。	安溪縣屬泉州府。

大清一統志卷四百二十八

泉州府

在福建省治西南四百一十里。東西距二百八十里，南北距二百三十三里。東至海一百三十里，西至漳州府長泰縣界一百五十里，南至海一百三里，北至興化府仙遊縣界一百三十里。東南至海八十三里，西南至漳州府龍溪縣界一百四十里，東北至仙遊縣界九十里，西北至永春州界一百五里。自府治至京師七千二百五十五里。

分野

天文牽牛、須女分野，星紀之次。

建置沿革

禹貢揚州南境。周爲七閩地，後屬越。秦閩中郡地。漢爲會稽郡治縣地，後漢爲會稽南部都尉地。三國吴分置東安縣。晉改曰晉安，屬晉安郡，宋、齊因之。梁天監中分置南安郡，陳因之。隋平陳，廢郡改縣曰南安，屬建安郡。唐武德五年，置豐州。貞觀元年，州廢，屬泉州。時泉州治閩縣。聖曆二年，置武榮州，唐志：析泉州之南安、莆田、龍溪置，治南安。三年廢。久視元年復置，景雲二年改曰泉州。元和志：即今理。天寶初改清源郡，乾元初復曰泉州，屬江南東道。五代初屬王閩，晉開運中屬南唐，置清源軍節度使。宋乾德二年，改平海軍，太平興國三年復爲州，屬福建路。元至元十五年升泉州路總管府。是年置行中書省，十八年徙福州。明洪武初改曰泉州府，屬福建布政使司。本朝因之，屬福建省，領縣五。舊領縣七，雍正十二年，升永春縣爲永春直隸州，以德化縣屬之。

晉江縣。附郭。東西距二十八里，南北距二百三十三里。東至惠安縣界二十里，西至南安縣界八里，南至海一百三里，北至興化府仙遊縣界一百三十里。東南至海八十三里，西南至南安縣界三十里，東北至仙遊縣界九十里，西北至南安縣界十里。漢治縣地。晉以後爲晉安縣地。隋爲南安縣地。唐久視元年，置武榮州。景雲二年，改泉州。開元六年，析南安縣置晉江縣，爲州治。五代、宋因之。元爲泉州路治。明爲泉州府治，本朝因之。

南安縣。在府西少北十五里。東西距七十五里，南北距一百七十里。東至晉江縣界八里，西至安溪縣界六十七里，南至同安縣界八十里，北至永春州界九十里。東南至晉江縣界二十五里，西南至同安縣界一百一十里，東北至興化府仙遊縣治一百七十里，西北至永春州界九十里。漢治縣地。三國吳分置東安縣。晉太康初改曰晉安，屬晉安郡。宋、齊因之，梁爲南安郡治。隋廢郡改縣曰南安，屬建安郡。唐武德五年爲豐州治，貞觀元年州廢。聖曆二年，爲武榮州治，三年州又廢。久視元年，於縣東北界置武榮州，尋改泉州，以南安屬焉。宋因之。元屬泉州路。明屬泉州府，本朝因之。

惠安縣。在府東北五十里。東西距七十五里，南北距九十五里。東至海四十五里，西至晉江縣界三十里，南至海四十五里，北至興化府仙遊縣界五十里。東南至海五十里，西南至晉江縣界三十里，東北至仙遊縣界四十五里，西北至仙遊縣界四十五里。漢冶縣地。晉以後爲晉安縣地。隋爲南安縣地。唐爲晉江縣地。宋太平興國六年，析置惠安縣，屬泉州。元屬泉州路。明屬泉州府，本朝因之。

同安縣。在府西南一百三十里。東西距一百十五里，南北距一百三十五里。東至南安縣界四十里，西至漳州府龍溪縣界七十五里，南至海八十里，北至安溪縣界五十五里。東南至南安縣界四十五里，西南至龍溪縣界七十五里，東北至南安縣界四十里，西北至漳州府長泰縣界五十里。漢冶縣地。晉太康三年，析置同安縣，屬晉安郡，尋省入晉安縣。隋、唐爲南安縣地，五代後唐天成四年，王閩復置同安縣，屬泉州。宋因之。元屬泉州路。明屬泉州府，本朝因之。

安溪縣。在府西一百五里。東西距八十五里，南北距八十五里。東至南安縣界二十五里，西至同安縣界六十里，南至南安縣界二十五里，北至永春州界六十里。東南至南安縣界四十里，西南至同安縣界六十里，東北至永春州界九十里，西北至龍巖州漳平縣界一百七十里。漢冶縣地。晉以後爲晉安縣地。隋、唐爲南安縣地。五代南唐保大中分置清溪縣，屬泉州。宋宣和三年改曰安溪。元屬泉州路。明屬泉州府，本朝因之。

形勢

川逼溟渤，山連蒼梧。唐歐陽詹二公亭記。閩越奥區，地帶嶺海，宋錢熙記。表以紫帽、龍首之峯，帶以金溪、石筍之阻。宋陳知柔修二門記。北枕清源，西拱紫帽，漲海經其南，岱嶼襟其會，宋淳祐志。北負洛陽，南面晉江，倚泉山而城，三台山，八卦水〔一〕。明王世懋閩部疏。

風俗

民淳訟簡，素稱易治。宋王十朋止訟文。地推多士，素習詩書。宋曹修睦建學表。其地少寒，故曰温陵。圖經。煑鹽鬻魚爲業，商賈鱗集。圖經。俗尚儉樸，號曰海濱鄒魯。隆慶府志。

城池

泉州府城。周三十里，門六，水門三。唐天祐中建。元至正十二年拓建。明萬曆三十二年重建。本朝順治十五年修，康熙三年、十七年、雍正九年、乾隆十六年、嘉慶五年重修。晉江縣附郭。

南安縣城。周七百七十四丈，門四，引萬石陂水環城爲濠。明嘉靖三十八年建。本朝順治十三年重建，康熙三年修，乾隆十一年重修。

惠安縣城。周九百八十六丈，門四，濠周一千二十丈。明嘉靖三十一年建，萬曆三十八年重建。本朝順治四年修，康熙十七年、乾隆十六年重修。

同安縣城。周八百四十六丈，門五，各爲重門，濠周一千九十六丈。宋紹興十五年建。明景泰元年重建。本朝順治十二年修，康熙十七年、二十四年、乾隆二十二年重修。

安溪縣城。周六百二十六丈，門四，水門二。明嘉靖四十一年建。本朝順治十三年重建，雍正二年修，乾隆五年、十六年重修。

學校

泉州府學。在府治南育材坊。宋太平興國七年建。本朝康熙十二年修，雍正二年、乾隆二十六年、嘉慶十六年重修。入學額數二十名。

晉江縣學。在縣治東行春門外。宋淳熙四年建於行春門内，明洪武初移建今所。本朝康熙七年修，五十二年、乾隆十四年重修。入學額數二十名。

南安縣學。在縣城東二里。宋紹興中建。本朝順治中修，雍正十二年、乾隆二十七年重修。入學額數二十名。

惠安縣學。在縣治東。元元貞初建。本朝雍正十三年修。入學額數二十名。

同安縣學。在縣治東南。宋紹興十年建。本朝康熙元年修，五十五年、雍正九年、乾隆十年、二十年重修。入學額數二十名。

安溪縣學。在縣治東南。宋紹興十二年建。本朝康熙二十五年重建，雍正元年修，乾隆二十年重修。入學額數二十名。

温陵書院。在府治東蔡巷。明正德十年建。本朝乾隆七年拓建。

清源書院。在府治東南。本朝乾隆三十二年建。

小山叢竹書院。在府治東北城隍廟旁。本朝康熙四十年建，中有亭，宋朱子題額曰「小山叢竹」，因取以名書院。

梅石書院。在府治東北。舊名一峯書院，明嘉靖八年，以羅倫謫官講學於此，因建。本朝乾隆十五年重建，改今名。嘉慶十三年修。

石井書院。在府城西南安平鎮西。舊名鼇頭精舍。宋紹興初，朱松爲鎮官，講學於此。嘉定四年建。本朝康熙三十九年重建，乾隆十四年修，增臺門及兩廡。

豐州書院。在南安縣治東。本朝乾隆二十年建。

螺陽書院。在惠安縣學宫右。舊在縣署右，本朝康熙年間建，乾隆十四年移建今所。

雙溪書院。在同安縣治東。本朝乾隆二年建，十八年拓建。

文公書院。在同安縣大輪山麓。初在城隍廟左，元至正初賜額「大同」，明成化間遷於儒學東，嘉靖間改建今所。本朝康熙二十七年修，乾隆十七年重修。

玉屏書院。在同安縣厦門城内。本朝乾隆十六年建。

紫陽書院。在同安縣厦門朝天宫後。本朝雍正二年建，四年拓建。又安溪縣東南啓聖祠前亦有紫陽書院，朱子簿同安時，嘗按事於此。

考亭書院。在安溪縣治城隍廟東。本朝康熙五十二年建，乾隆二十二年修。按：舊志載歐陽書院，在晉江縣東北清源山，唐歐陽詹、林藴、林藻讀書處。奉先書院，在南安縣西三里九日山，宋建，乾道中改爲墨妙堂。浯州書院，在同安縣東南浯州嶼，元建。鳳山書院，在安溪縣北鳳山，明正德十六年建。謹附記。

户口

原額人丁一十二萬七千七百七十九，今滋生男婦大小共二百三十八萬一千四百二十九名口，計四十五萬三千一百二十九户。又屯民男婦共六萬七千八十三名口，計三千九百五十五户。

田賦

田地一萬三千七百五十九頃八十一畝二分六釐有奇，額徵地丁正雜銀一十二萬七千七十九兩六錢二分七釐，米五千九百七石三升四合一勺。屯田五百七十一頃九十八畝一分六釐有奇，額徵丁糧銀二千二百四十四兩三錢二分，米五千五百一石九升三合。

山川

清源山。在府城北五里。郡主山也。舊名泉山，一名北山，又以高頂常雲，名齊雲山。寰宇記：山有孔泉，故名。朱買臣傳謂東越王所保之泉山是也。上下皆石，上石如殼，下石如砥，中坼孔竅而泉出焉。方輿勝覽：山周環四十里，有石乳泉，下達於江，其巔有清源洞，以「泉」名山及州，以清源名郡，蓋本於此。通志：在晉江縣東北八里，高數千仞，上多巖洞，其得名者凡三十六。閩書三十六巖洞，純陽洞、紫澤宫、東巖、西巖、海潮室、南臺巖、遵巖、半嶺巖、棲霞巖、大道巖、泰嘉巖、靈源菴、碧霄巖、不易巖、瑞像巖、寒山巖、日休巖、妙覺巖、獅巖、龜巖、虎巖、賜恩巖、中巖、下巖、巢雲巖、彌陀巖、觀音巖、梅巖、木龍巖、勢至巖、清泰巖、羽仙巖、片瓦巖、泰空室、無塵菴、楞伽院是也。縣志：上起三峯，中峯有上、下二洞，上洞名純陽，下洞名紫澤，上下洞之間即清源泉也。府志：自清源之陰分而東行爲萬安山，至洛陽江南岸而止。相近曰梁相山，其迤而入郡城者，東北曰虎頭山，一名松灣，折而北曰雲山，爲宋時州治，韓琦生時榕樹開花處。迤南曰鸚鵡山，有巨石卓立如鸚鵡，故名。更折而西南曰昇文山，以漢末王朗登臨於此，亦名朗山。一名龍頭山。又西曰莪山，山有莪泉。

萬歲山。在晉江縣東南十里。一名法石山，下有法石寺。宋初陳洪進築壇遥祝，以效嵩呼，後人名其地曰萬歲坡。其左有石頭山，山有三石傑出。又雁塔山，亦在縣東南十里，平地突起，高岡圓秀。

靈山。在晉江縣東南二十里，下瞰東湖。前有盤石，可觴坐百人。上有懸石，撼之輒動摇不止，名「碧玉毬」。左爲雲谷山，明蔡清嘗讀書於此。上有塔院，名雲谷室。又十里有桃花山，山土紅如桃花，相連爲赤蝦山。

金釵山。在晉江縣東南三十里。兩峯延袤數百丈，若釵股然。左有石鏡峯，右有石獅巖，上有六勝塔，頗壯麗。浯嶼水寨移置於此。以地名石湖，亦曰石湖山。

寶蓋山。在晉江縣東南四十五里。一名大孤山。絶頂有石塔，名關鎖塔，聳出雲表，商船望此爲抵岸之標，俗謂之姑嫂塔。下有聖泉井，隨海潮汐爲盈縮。山半有虎岫巖，東南跨海，旁有金鞍山，俗呼小孤山，亦名天馬山，中有月菴。

岱峯山。在晉江縣東南。閩書：中有石佛巖，相傳宋嘉定中，石露夜光三道，僧守浄鐫彌陀、觀音、勢至三尊，旁刻「泉南佛國」四大字，宋王十朋書，字高六尺許。

獅山。在晉江縣南十里。昔人嘗置烽火於此，一名烽山。山前有行輦山，相傳宋幼主南行，至此下輦，故名。又南二十里有象陷山，山勢雄大，其東南爲石龜山。

羅裳山。在晉江縣南三十里，爲府城案山。山東有玉髻峯，下有畫馬石。又有龍湫六井，汲一井則五井皆動。

華表山。在晉江縣南四十里。頂有巨石聳立，形如劍戟。相近有高州山，尖聳秀浄，與府城相對。

靈源山。在晉江縣南四十里。其山蜿蜒數十里，高出東南諸山。舊名吴明山，以有靈泉大旱不竭，改今名。上有望江石，南瞰大海外，如在眉睫。絶頂有紫雲峯。

靈秀山。在晉江縣南五十里。上有小巖，潮至則石潤，潮退則石燥，名海潮巖。

横山。在晉江縣南七十里，横於郡南，長數里許。龍、蛇二水出焉。

石塔山。在晉江縣西南二里筍江上。其山從腰至麓，乃一大磐石，長二百餘丈，其穿伏水底，尤不可測，號萬家石。宋初有僧建塔於頂，因名。左爲龜山，有石卓立二丈許，名石筍。又西南里許有鼓雷山，有石如鼓，叩之聲如雷。又二里有龍首山，亦名龍頭嶺。下有妙峯堂，唐歐陽詹别墅在焉。

紫帽山。在晉江縣西南，與南安縣接界。方輿勝覽：州有紫帽山，爲郡之前山，嵯峨摩天，絶頂常有紫雲，故名。山椒有龍池。府志：在縣西南五里，其南即南安縣界。山脉自南安烏石山蜿蜒而來，有十二峯，峯之最高者有二，左峯之陰有金粟洞，右峯絶頂有淩霄塔，西有石鼓、丹竈、試劍、棋局、仙跡、仙掌諸峯，北有天湖巖。

雙陽山。在晉江縣北十里，與南安縣接界。郡城望之，微有大小，曰大陽、小陽。南安望之則兩山並峙〔二〕，一名朋山。舊志：朋山大陽之巔，有泉深不可測，名爲龍潭。

五洋山。在晉江縣北五十里。山頂有田千畝，宋時有五姓居此，今訛「五」爲「吴」。有小髻洞，山麓有清水巖。

豐山。在晉江縣北六十里。每遇水旱，鄉人禱之常豐，故名。山頂有雙丫，亦名雙髻山。又縣東南三十里亦有豐山。南安縣南七十里有大豐山。

鳳山。在晉江縣東北。勢如飛鳳，故名。一名黄積山，又名皇績山。明嘉靖三十七年，倭賊掠鳳山、清源山犯南安，即此地。相連爲大旗山。下有石鏡，亦名鏡山。明何喬遠築精舍其下。

龍山。在南安縣東六里。形如龍，蜿蜒而西，偃而復起者九。亦曰西山。

靈秀山。在南安縣東南七里。山狀如屏障。山上有巖泉〔三〕，旱禱輒應。相連者曰佛跡山。九域志：上有足跡，相傳以爲佛跡。舊志：相近有翠屏山，有大、小潘山。按：此與晉江縣之靈秀山名同地異。又惠安縣南亦有靈秀山。

雄山。在南安縣南六十里。山勢高大，諸峯皆在其下。又有半月山，以形似名，與壺公山相近。

仙境山。在南安縣南七十里。一名高田山，楊樵夫遇仙處。下有白家坡，通九溪水。又雞籠山，亦在縣南七十里。

覆鼎山。在南安縣南八十里。有壽溪出此，縈行二十里，溉田三千頃〔四〕。

楊子山。在南安縣南八十里。山多泉源，清泚常流，巔有清水泉，從石罅出，禱雨輒應。舊志：相近有黄漸山，與同安縣接界，山麓多野菊，亦名黄菊山。

圭峯山。在南安縣西南三里。下有報親寺，後爲錦田鄉，明傅夏器居之，手植荔支諸珍果自給。

烏石山。在南安縣西南二十五里。俗名烏山，有石光黑如漆，因名。絶頂有三石列峙，號三公石。其東爲九洲巖，又東有龍水巖，巖下有小井，四時不竭。

鳳棲山。在南安縣西南三十里，自烏石盤旋連亘而來。東南有石柱，端方峭拔，高五丈餘，闊一丈四尺，天欲雨則柱出泉，相傳昔有鳳棲其上。舊志：相近有松崎山，氣候常温，古名陽調坪。

五峯山。在南安縣西南五十里。山頂有石，方廣十餘丈，下覆如屋，可容五百餘人，其色黯然。一名白石山，亦名一片瓦。

西下半里許有白雲巖、獅子巖，下有靈泉。又有覺海巖，亦名燕巖，上産佳茗，中有寺。

柏峯山。在南安縣西南六十里。山多柏木。亦名靈秀山，産嘉茗，九溪之源出焉。

麗碧山。在南安縣西南六十里。峯巒秀麗，山石娟好，潔白可愛，故名。

九日山。在南安縣西三里。方輿紀勝：去城五里，俗常以重陽日登高於此，故名。府志：或云有道人言「吾自戴雲山來此，九日乃到」，因名。山故有三十六奇，朱子嘗與傅伯成載酒過此，後復與陳知柔賦詩懷古，上有朱子書「九日山」三字。其西有高士峯，東爲姜相峯。

金雞山。在南安縣西三里。寰宇記：在縣西南六里。縣志：相傳有金雞止其上，故名。雙溪之水，流經其北，謂之金溪。

大帽山。在南安縣西三十里，與同安縣接界，廣袤十餘里。頂有巨石九層，其形似帽。有象潭，四時皆盈，旱禱輒應。同安縣志：大帽山在縣東北三十五里。又有西大帽山，在縣西八十里。

宋傅自得與朱子泛舟于此，朱子詩：「扁舟轉空濶，煙水浩將平。月色中流滿，秋聲兩岸生。」

福泉山。在南安縣西四十五里。山勢雄峻，中有流泉。一名覆船，一名象卧，皆以形似名。有八尺嶺。

大羅山。在南安縣西五十里，接同安縣界。山高而險，東田溪水出焉。又名靈水山。同安縣志：在縣東北五十里，西南巔有螺巖，一名螺巖。又西南有浮潮山，相傳潮水至則此山若浮。

九峯山。在南安縣西北三里。山有九峯，峯頂有巖曰西華巖，五代時譚峭居此。

石硿山。在南安縣西北七里。山皆細文白石，郡中用石皆需此。

雙溪山。在南安縣西北十里。永春、安溪二水至此會合，故名。山上有石似印，亦名印峯山。

楊梅山。在南安縣西北二十里。下有虎廳巖，横亘如列屏。又十里有齊雲山。

大安山。在南安縣西北三十里。山陡絶難於登陟。頂有真武巖，巖中可容百人。

龍源山。在南安縣西北三十里。其下有泉從石罅出，永春水經其下，曰洪瀨溪。

御看山。在南安縣西北三十里。上有聖泉，出石凹中，可療眼疾。

囷山。在南安縣西北四十里。秀鋭峭拔，其形如囷，航海者率以此爲標凖。下有龍窟泉。

英岌山。在南安縣西北五十里。亦名英山，盤踞數十里，中峯尖而勢差伏，旁二峯兩翼布張如鷹隼，又名鷹山。安溪縣治之對山也。産茶甚佳，下爲英洋溪。又有九仰山，衆峯九面環仰此山，故名。

翔雲山。在南安縣西北六十里，接同安、安溪二縣界。其形似象，又名象運山。東有池溪巖，英溪之水出焉。

葵山。在南安縣北六里。疊石如筴，號疊經石，又如葵花然，爲縣主山。

城山。在南安縣北三十里。樹木周匝如城，山前有温泉四，三熱而一温。相近有奇龍山、四瑞山。

盧嶺山。在南安縣北四十里。下有瀘溪。相近有洪巖山。

高蓋山。在南安縣北少西五十里。山頂方平如蓋。以有歐陽詹詩，亦名詩山。下有村曰詩村，詩溪水出焉，東入永春溪。

高田山。在南安縣北少西六十里。山最高峻，頂上闢田數十畝，土人種瑞香花，高大異常。

天柱山。在南安縣北少西七十里。高可以望郡中。四圍八山拱向，中有田數百畝，田中有數小山如棋子，俗謂之「八仙弈棋」云。

五公山。在惠安縣東二十七里。府志：相傳蕭梁時，唐公、誌公、寶公、化公、朗公共隱此，故名。

峯崎山。在惠安縣東二十五里，爲縣水口。又北三里有輞川山。

黃崎山。在惠安縣東四十里，與圭峯對峙於海門。土色微黃，三面皆海，鹵氣吹盪，不生草木。宋時産鐵，嘗置鑪於此。又名揚旗山。又南十里爲香山。

松洋山。在惠安縣東南三十里。山最高大，爲一方巨鎮。頂有兩石對峙，山北有松洋洞，洞口僅容一人側入，其中可容二三百人。宋、元之末，居民避難於此。

靈瑞山。在惠安縣東南三十里。横列如屏障然。上有靈瑞巖，東麓有龍泉，亦名龍泉山。

浄山。在惠安縣東南海中。圓浄尖秀，下瞰東溟，上多怪石，如水囓射狀。最高而峭拔者三峯，登之可觀日出。

小岞山。在惠安縣東南四十五里，浄山東十里，北對黃崎，南控大岞。縣境諸山之東趨於海者，至此三山而止。

大岞山。在惠安縣東南小岞南海中。山頂有洞，由小石門入丈餘，折而右轉，巨石如屏可蔽内外，中容百人。一人持戟守門，百人攻之不得入。明初居民避倭寇於此，寇不能攻，乃捨去。山石有如鐘磬者，叩之聲聞數里。

文筆山。在惠安縣南二十里。舊名香鑪山，三石錯峙，旁列鼎耳，縣治之前山也。又南五里有九峯山，九峯競秀，故名。

錦田山。在惠安縣南四十里。九域志：州有錦田山。舊志：山下有腴田萬頃，有溪曰錦溪，五代時豪民黃氏居其下，亦曰黃田山。

青山。在惠安縣南四十餘里，山面大海。五代時閩將張梱嘗立寨於此，以禦海寇。

盤龍山。在惠安縣西南數里。自雲峯分支西南行，復起七峯，重疊而來，如龍之盤，故名。又馬山，在縣西南三十餘里。

城山。在惠安縣西南三十餘里盤龍之南，東連大海，西接長江，延袤如城。按：此與南安縣之城山名同地異。

登科山。在惠安縣治西。舊名登高，宋盧瞻讀書其上，舉八行科，故易今名。

東平山。在惠安縣西二十餘里。羣山連屬，東有平原三四里，復起一峯，因名。又東南數里曰卧龍山，盤曲回復，中起一峯，如龍昂首。

鶴堂山。在惠安縣西二十五里，下瞰洛陽江。頂有巨石，高五丈餘。

泗州山。在惠安縣西北。山頂有天開巖，遥望大海，歷歷如掌上。

雲峯山。在惠安縣西北泗州山西。前有萬歲坡。舊志：坡上大石，高廣四丈餘，復有一石，上廣下削，架於其上，若將墜焉，併力推之不動，兒童以芥挺之輒動，俗呼危石。其西曰大中山。

大帽山。在惠安縣西北四十里雲峯之北。屹立千仞，絶頂寬平，廣百餘丈，有泉一泓，其深莫測。山產磁石、黄精、萬年松。按：此與南安、同安之大帽山名同地異。

三髻山。在惠安縣西北四十里。高聳千仞，頂拔三峯，形如環髻。上有仙人橋，横跨兩崖，崖甚深杳。旁有龍湫，其西爲雞籠山。

沂山。在惠安縣西北。一名芹嶺，下有芹溪，上有寶蓋巖、坐禪臺、濟龍潭。

太白山。在惠安縣西北四十里。一名蓮花峯。有石方直如碑碣，宋蔡襄書「太白峯」三字於上。

螺山。在惠安縣治。舊名羅山，以形如螺髻，更今名。又名登龍峯。又龍蟠山，在縣北門外。稍東爲觀音山。

崑崙山。在惠安縣東北三十里。志勝：山勢高聳，望之如祥雲然。上有清泉、石室，宋蔡襄嘗讀書於此。大中祥符間，有僧道養居山南巖下，能伏虎，因名伏虎巖。

胡盧山。在同安縣城西北隅。平地特起，形若葫蘆，旁又有四小山，俗呼五蘆山。宋蘇頌居此山下。

九躍山。在同安縣東一里許。山形蜿蜒，九頓九伏，至雙溪口。一名鳳山。

三魁山。在同安縣東四十里。山峯奇秀，爲邑境諸山之最。相近有鴻漸山，其山高冠羣峯，與浯洲嶼隔海相對，山後爲南安縣界。

寶蓋山。在同安縣南三十里。又名寶傘，一名美人山。相連者曰豪山，山巔有龍潭，天將雨，龍則擊水，聲如鐘磬，山麓有祠，禱雨輒應。按：此與晉江縣之寶蓋山名同地異。

金鞍山。在同安縣南三十里。上有泉自石罅出，大旱不竭。一名天馬山。

夕陽山。在同安縣西南七十里。以在西方最高，遥接落日，故名。上有遁跡巖、真寂寺，相傳唐宣宗居邸時，遁跡於此。

文圃山。在同安縣西南七十里。方輿勝覽：在同安縣西，上有花圃，唐文士謝翛及弟修嘗居此。舊志：南近海濱，接海澄縣界，層巒疊嶂，深洞長谷，有龍池巖及雲嶽、雲峯、雲泉、雲嶠諸勝。其南曰崑山，有石如盤，上有巨人跡。

三重山。在同安縣西六十里，與海澄縣接界。複嶺重岡，高聳千仞，下有溪水出焉。

溪東山。在同安縣西北三十里。山麓有龍潭，旁有大盤石，高下位置不一。石中有眼，大小參差，大者如井如盤，小者如甌如碟，中俱有水。天將雨，其聲如雷。

蓮花山。在同安縣西北三十里。峯巒秀聳，狀若蓮花。一名金冠山，又名夫人山。山有太華巖，朱子書字。又西爲苧溪山，下有苧溪。又西十里爲大尖山，與安溪縣分界。

三秀山。在同安縣北十里。三峯秀出，一名仙人掌，爲縣之北鎮。

大鳳山。在同安縣北三十里。山勢延袤，形如鳳翅。朱子詩：「門前寒水青銅闕，林外晴峯紫帽孤。記得南垞通柳浪，依稀全是輞川圖。」

大輪山。在同安縣東北。方輿勝覽：去縣一里，羣峯環列，如異人奇鬼，或乘車張蓋，或衣冕峩冠，或如帶甲，或如躍馬，勢若奔輪，故名。舊志：山與應城山相接，横亘十餘里，西南一峯屹然倚空，曰羅漢峯，下有金光井、蒼翠岑、金牛石、湫流泉、達天巖諸勝，而留月巖爲最奇。山北有二松，朱子書「戰龍松」三字。

同山。在同安縣東北一里許。一名梅山，與大輪山對峙。石上鐫「同山」二字，朱子筆也。

北辰山。在同安縣東北二十五里。王閩時爲北鎮，上有巖，其側有十二龍潭。

崑嶺山。在同安縣東北三十里。平地突起，下有二溪夾流，會合入海，名曰蓮溪。

大眉山。在安溪縣東十里。又名眉田山。相近有小眉山，又東爲高田山，與南安縣接界。

北觀山。在安溪縣東南五里。山有石筍高五丈，曰牛心石。下有溪水，回環縣治，名北地灣。

金龜山。在安溪縣東南。其形如龜，當縣水口。

旗山。在安溪縣東南。山勢如旗，一名馬旗山。

黄龍山。在安溪縣南，與縣北鳳山相對。上有石如帽如牀几狀，下有黄龍津，一名登高山。其東爲三公山，山有三峯，中峯稍低，旁有兩峯相對峙如「公」字，故名。

黄蘗山。在安溪縣南十五里。一名南山，又名午山，爲邑中衆山之宗。深林邃谷，有筍蕨菱稻之饒。山腹有五峯巖，五峯尖秀，亦名頭陀巖。

産坑山。在安溪縣南。唐周朴居此。上有瀑布泉，其前有塘。一名周塘山。相近有宫山，山半有盤石，可坐數十人，其中空虚如宫然。

閬山。在安溪縣西南二十餘里。一名浪來山，謂山勢如浪也。山半有閬苑巖，巖有巨罅，其上平廣可坐數十人。下有月潭，形似半月，潭中蓮花石，出水三丈餘。

龍塘山。在安溪縣西南二十餘里。上有龍門嶺，兩石夾峙如門，懸瀑數十丈。舊有龍門驛。

蓬萊山。在安溪縣西十里。舊名張巖山，上有清水巖，巖下出泉，四時不竭。

駟馬山。在安溪縣西二十里。亦名駟嶺，俗名赤嶺，蘆汀、霞坑二水合流於此。其左有聖泉巖，上產茶極佳。相近有碧水巖。山北有石可容百餘人，水出其下曰碧水。

鶴頂山。在安溪縣西北。自佛耳山蜿蜒數十里，頓起高峯，崔巍插漢，惟秋冬時露山尖，陟其頂可望千里，爲泉、漳間巨鎮。山下水口有石柱亘峙水中，高五十餘丈，大數十圍，名砥流石。

佛耳山。在安溪縣西北八十里。一名佛天山，山絶高大，可耕可廬。其前曰九峯山，亦名九仙。詹敦仁搆望雲亭面峯，以寓思親之意。

石鼓山。在安溪縣西北百里。有石如鼓，下有穴廣丈餘。相連有石梯嶺，巨石高峻，有五十餘層。

朝天山。在安溪縣西北一百餘里。以勢若插天而名，上有天寧巖〔五〕。相近有坑源山，兩旁高聳百餘丈，中有坑最深。

南斗山。在安溪縣西北一百二十里。上有六小山，布列如南斗，故名。

鐵礦山。在安溪縣西北一百五十里。以產鐵名。

鳳山。在安溪縣北。一峯特立，分爲兩翼，若鳳翥然。一名鳳髻山。爲縣治主山。按：此與晉江縣之鳳山名同地異。

翠屏山。在安溪縣北五十里。本名大尖山，山有巨峯，高出羣山之表。其東有小尖山。

雪山。在安溪縣北五十里。山上有積雪處，歲旱禱之，若巖溜滴瀝即雨。

覆鼎山。在安溪縣東北八十里，接永春州界。形如覆鼎，不生草木。明嘉靖二十六年，賊陳日輝據覆鼎山爲寇，出没泉、漳、汀之交，僉事余礦討平之。　按：此與南安縣之覆鼎山名同地異。

瞻跡嶺。在晉江縣東北洛陽江南。

湖洋嶺。在南安縣西北四十里。鵬溪水出焉。又蓬萊嶺，在縣北五十里，勢極高峻。

五通嶺。在同安縣南七十里。舊志：相傳文天祥侍幼主，避元兵至縣，越城南下輦，過縣東龍窟村登舟經此。路通新安角嶼，路旁有巨石二，天祥書「龍門」二字。　按：龍窟村在縣西南十五里，有三巨石連接水中，名御踏石。

吟詩嶺。在安溪縣西北八十里。相近有石人嶺，嶺上有巨石如人。又大宇嶺，在縣東南，接南安縣界。東嶺，在縣西南，接同安縣界。磨鎗嶺，在縣西，接長泰縣界。打鼓嶺、吉滐嶺，俱在縣北，接永春州界。

舟峯。在晉江縣東北清源山五台峯東。卧石去地千尺，懸崖若風帆，下有無塵菴，左有林洞，唐林藴、林藻讀書處。宋劉子翬有謁舟峯詩。

蓮花峯。在南安縣西北二里。八石迸開，若蓮花然。上有蓮花臺，宋黄庭堅作蓮花巖銘，朱子有詩。左爲不老亭，西行數百步爲奇石室，有石門。

圭峯。在惠安縣東北四十里，與黄崎山相對。其北有大聖崖，巖壑幽絶，東臨大海。

清水巖。在惠安縣西南二十八里。山石相撑，自然成室，頂有泉一泓，澄澈不涸。

烏嶼。在晉江縣東二十里。四面湖水環繞，民居輻輳。舊有石頭路，潮至則没。宋寳祐中始作石橋，以通往來。

岱嶼。在晉江縣東南五十里，介於石湖、北鎮兩山間。其相連爲白嶼，聳出江中，爲洛陽、石湖諸港湍流分匯之處，左右多沈沙，遷徙不常，屢爲商船患。

獺窟嶼。在惠安縣南五十里海中。舊志：宋開禧間僧道詢運石成橋七百七十間，直渡海門，約五里許，潮半落則通人行，至今藉其利。亦曰獺窟山。又樂嶼，在縣東北。

白嶼。在同安縣東南四十五里海中。周四里。稍西爲汭洲嶼。按：此與晉江縣白嶼地異。

寶珠嶼。在同安縣東南四十五里高浦所前。狀如寶珠，故名。

大嶝嶼。在同安縣東南五十里。廣六七里。又南有小嶝嶼，在縣東南六十里。下有品字石泉，瑩冽甘寒，一名仙人井。又有夾嶼，在大、小嶝二嶼間。

大擔嶼。在同安縣東南八十里。周圍五里。相連有小擔嶼，在厦門所前，周圍四里。又有檳榔嶼，與小擔相連。明嘉靖二十七年，賊攻沙頭嶼，衝大擔外嶼，官軍擊卻之。

烈嶼。在同安縣東南八十里金門、厦門之中。周二十里，中有大小山數十，其高者曰吴山、牧山、樓山、湖山，而吴山爲最。牧山之前，舊有牧祠，有軍營，山後有馬寨，有草湖，唐置牧馬場於此。

浯洲嶼。在同安縣東南海中。一名金門，去縣陸行九十里，水行五十里，廣袤五十餘里。有山數十，最高者曰太武，狀若兜鍪，山有海印上下二巖，又有太武巖、玉几案、蘸月池、眠雲石、偃蓋松、跨鼇石、石門、石室、蟖眼泉、倒影塔、千丈壁、一覽亭等十二奇。又南有南太武山，特立海中，高出羣峯，其地亦曰五澳。

汭洲嶼。在同安縣南四十里。周四里，東西二溪水合流經此入海。舊志：以在丙方而名。

嘉禾嶼。在同安縣西南六十里海中。舊嘗産嘉禾，故名。一名鷺嶼，一名厦門，廣袤五十餘里。五峯並峙，而無盡巖居中。最高曰洪濟山，上有雲頂巖，兩旁大石爲門。西北有薛嶺，嶺南爲唐陳黯居，嶺北爲薛令之居，時號南陳北薛。有金榜山堂，側有金榜石，黯讀書處。臨海有石名釣魚磯，黯垂釣處。又有動石，在篔簹港口，潮至石動。又有浮沈石，潮漲則浮水面，潮退則沈海底，天將風則石有聲。又有虎溪巖，一名玉屏山，與萬石巖相對。又有虎山，山麓有龍湫亭，下有龍洞，四時不涸。

鼓浪嶼。在同安縣西南六十里廈門西北。多大石。相近有雜浦嶼，在高崎西北。

鸕鷀礁。在晉江縣東南海中。上有巨石百餘丈，一塔峙其上，如簪筆然。

海。府境四縣濱海。自興化府莆田縣西南接界，環經惠安縣東南四十里，又西南經晉江縣東南百里，又西南經南安縣南七十五里，又西經同安縣南八十里，又西接漳州府海澄縣界。元和志：泉州，東至大海、南至大海一百里。南安縣：海在縣東南九十里。新唐志：泉州自州正東行二日至高華嶼，又二日至䵶鼊嶼，又一日至流求國。舊志：府境之海，東接莆田，西接海澄，延袤三百餘里。明時分設衛所以防門户，佛堂、蚶江兩澳爲肘腋要地。南安縣東南海口有石井巡司，及淗尋、運河二澳頭，爲守禦之處。惠安縣東南濱海，北自樂嶼，南屬岱嶼，並海凡百餘里。明時築沿江五城以爲屏障。同安縣三面距海，其浯洲與嘉禾俱沿海衝要之地。圖説：晉江之永安衛，同安之金門、廈門、高浦三所，爲沿海重鎮。

晉江。在晉江縣南，上源即南安縣之雙溪也。雙溪一曰桃溪，出永春州。一曰藍溪，出安溪縣。自南安縣西北十里雙溪口合流，東過金雞山曰金溪，又東，溪流益大，繞縣南曰黄龍江，又東南，經晉江縣界石筍山下曰筍江，又東，至縣南門外曰浯江，亦曰蚶江，通名曰晉江。又東至溜石渡，曰溜石江。環城東南流，經法石司南，又東達於岱嶼入海。元和志：晉江縣置在晉江之北，因名。新唐志：縣北一里有晉江，開元二十九年，別駕趙頤貞鑿溝通舟楫至城下。寰宇記：晉江在州南一里，自南安縣來，流五十里入海。方輿勝覽：晉南渡後，衣冠士族避地者，多沿江以居，故名。黄龍江在南安縣，相傳有黄龍見於溪南，而曾楚公爲進士第二。乾道四年龍復見，石起宗亦爲第二。府志：晉江縣南有紫帽、龍首、烏石等山，凡十有六水，皆達於縣西南二里東山渡入海。按：晉江古名南安江，元和志曰「南安縣，晉爲晉安縣地〔六〕。陳立，爲南安郡〔七〕，因郡南安江取以爲名」

是也。晋江縣自唐開元六年初析，即在晋江之北，而新唐志謂晋江在縣北一里，「縣北」宜作「縣南」，係字畫之誤。以元和志及寰宇記證之自明。

洛陽江。在晋江縣東北二十里，去惠安縣西南三十里，爲晋、惠二邑界江。晋江東北諸山之溪、惠安南紀之水俱匯於此入海。九域志：泉州有樂洋江。方輿勝覽：洛陽江在泉州東二十里，發源惠安，自晋江入海，廣三百丈。舊志：江北羣山逶迤數百里至江而盡，相傳唐宣宗微時嘗遊行至此，覽山水勝概，有「類吾洛陽」之語，故名。

甍竉溪。在晋江縣南。舊志：自南安縣滎第、蝌坑諸山發源。又有葛洲溪，自南安洪嶺、湖洋、五峯諸山發源，入晋江縣界，合靈源山北諸澗，凡九十九水，俱會於清洋陂，又東北會於煙浦埭，出溜石六里陂入晋江。按：通志於甍竉溪、九溪二水，分晰未明。清洋陂會九十九溪之水，亦呼九溪，非由安海港入海之九溪也。舊志謂源發滎第、蝌坑，地亦可疑。二山在南安縣西北四十里，溪流豈能越桃、藍、雙溪而南？存以待考。

九溪。在南安縣西南二十五里。源出柏峯山，逶迤而東，分爲九派，匯爲龍潭。又東南達於晋江縣西南六十里之安海鎮，出安平橋南入海。

桃溪。即永春溪。自永春州東南流入，經南安縣西北，至雙溪口，南與安溪水合爲晋江。寰宇記：桃林溪在南安縣西二十里，自龍溪縣界來，與錦田溪合，入晋江縣界。府志：上流有二派，一接永春東關之水，曰水江村，右有四水來會，一接小姑山之水，曰塔口村。左有八水來會，二派至便口而合流，達於洪瀨渡。諸溪水來會者，共四十四溪，又與晋江、凌斜溪之出澗埕渡者，同達於雙溪口。

英溪。在南安縣西，亦曰英洋溪。源出翔雲山，流經英山，入安溪曰翁溪口。

瀘溪。在南安縣北。源出盧嶺山小澗，流入洪瀨溪。按：輿圖南安縣西北有羅溪，西流經小羅村南，又西注桃溪。當即是瀘溪。「羅」與「瀘」音相近而訛也。

宣妙溪。在惠安縣南。源發縣西南三十里城山，東流至前澳溪，會金山溪水。金山溪源發九峯山下，循文筆東麓，又東至前澳溪，與宣妙溪合，又東至東井埭入前林港，由大岞、小岞二山間入海。舊志：前林港，在縣東南四十里，上源即宣妙溪。

曾溪。在惠安縣西南。舊志：有二源，一出上曾溪，一出上苑溪，會於充口，亦曰下曾溪，入於馬山埭，入海。又有黄坑溪，發源鶴嶺坑，亦入馬山埭。

龍津溪。源發惠安縣西二十餘里東平山，東流繞縣治前，達下謝溪，至王孫走馬埭，入峯崎港注海。又南坑溪，出縣西馬壠、洋坑溪，出縣東南松洋山，流至下林溪而合，北至走馬埭入峯崎港。又菱溪，出縣北觀音山，東南流。驛坂溪，出縣西北大帽山，東流至縣東北埔頭溪而合，南入峯崎港。又芟布溪，出雲峯山。又一溪，出五峯巖，流至前灣而合，入峰崎港。舊志：峯崎港在縣東五十里，縣境中紀之水匯於此。

沙溪。在惠安縣西。舊志：有三源，一出三髻山，曰白巖溪。一出湖坑山，曰前郭溪。一出晉江縣柯山嶺，曰澳溪。匯流經谷口橋，入洛陽江。

證果東溪。源出惠安縣北之涂嶺山，東南流至下盧溪，會真如溪水。真如溪，出横溪嶺，東南流與證果東溪合，又東南入添崎港注於海。舊志：添崎港，在縣東北，縣境北紀之水匯於此。

西充溪。在惠安縣東北。源出小鼓溪及小溪，合流而東，至傅埭入海。

東溪。在同安縣東門外。發源東北大羅山，南流三十里合曾溪水，逶迤曲折，爲第一溪、第二溪、第三溪，至太師橋曰東溪，繞經縣南至銅魚橋，與西溪會，又東南流至白嶼，入於海。

蓮溪。在同安縣東四十里。源出縣東北鴻漸山。又一溪，源出東大帽山，流至蔡塘而合，經通濟橋，東入於海。

西溪。在同安縣西門外。源出安溪縣西南山中，流入縣西北界，匯諸溪水，南抵西安橋爲西溪。又繞縣南至銅魚橋，與東溪會，東南流入海。

苧溪。在同安縣西三十里。源出蓮花峯，東南流合小同溪入海。小同溪，源出安溪縣烏石山。

沙溪。在同安縣西五十餘里。自長泰縣流入，合三重山水，至林埭村入海。

藍溪。即安溪。自安溪縣西北，南流經縣城西，折而東繞城南，又東流至南安縣西北之雙溪口，北與桃溪水會爲晉江。明統志：源出萬山中，環繞一邑，水深而碧，故名。縣志：有二源：一出縣北覆鼎諸山，南流與龍潭溪合，至縣西北五里爲吴埔渡。一出縣西北吟詩諸山，合縣西諸水至澳下渡始通小舟，至吴埔渡而二水會合，總名曰安溪，亦曰藍溪。又繞縣南，又東出羅渡，入南安縣界。舊志：自羅渡而下，至雙溪口，諸水來會者，共二十有七。按：安溪北源，即湖頭溪也。西北源，輿圖作碧溪，二流至縣西北魁斗村東南而合，南流經縣城西南，有歸溪水自縣西南來北注之。歸溪，舊志及通志俱未載。

下湖溪。在安溪縣西北。源出銅鈸山，合龍潭溪入安溪。

東湖。在晉江縣東一里，一名萬婆湖。縣境諸湖，此爲最大。唐時周圍四十頃，後漸壅塞。宋慶元六年，郡守劉穎濬之，積土湖中爲四山，置斗門四於西南隅，引爲放生池，歲久寖廢。淳祐三年，郡守顔頤仲復濬，又積土湖中爲三山，統名曰七星墩，郡人名其湖曰七星湖。明初分爲上、下二塘，中有岸爲界，天啓五年重濬。唐歐陽詹有東湖宴序。

龍湖。在晉江縣南七十里横山南，周二千餘丈，積水三丈。寰宇記：在晉江縣南一百里，有廟。八閩通志：旁有龍湖亭。元至順二年建。縣志：周可二十里，諸溪澗水匯流於此。閩書：龍湖與虺湖相去僅咫，龍湖大而水緑，虺湖小而水赤，二湖若雌雄然。龍湖舊傳與海通，湧沙界其中，或見龍出没焉。又相近有方湖，深四丈，廣二百八十丈。

許坑湖。在同安縣東南浯洲嶼，爲金門下流，瀦水不竭。

赤泉龍潭。在南安縣西南六十五里山邊赤石間，縣境龍潭有五，此其一也。一在縣東北十二里平洋中，其水深黑。一在縣西烏石山。一在縣西南六十里留旆山。一在縣西北石硿山下。

弓潭。在南安縣北四十里。有上、中、下三涵如竇，三泓如甕，涵水各入泓中，其聲如鐘，相傳有龍潛焉。一名溪潭。

吴潭。在南安縣北六十里。兩山夾峙，流注石壁間，泉色深黑，人目爲海眼。

廣濟巖龍潭。在同安縣東北。旱禱多現靈物，若蜥蜴狀則雨。有瀑布飛落可三十丈。又侯山龍潭，在縣東南。

百丈漈龍潭。在安溪縣西。懸崖飛瀑，陰晴萬狀，下有潭，潭口巨石山立。

八卦溝。在府城内。支分條貫，外通潮汐。明弘治中御史張敏開城中溝，掘得大瓶，鑄有「巽」字，因名。歲久淤塞。本朝康熙年間、嘉慶八年俱重濬。

夫子泉。在府學洙泗橋之北。閩書：隆興初清泉見於禮殿之庭，甘香特異，教授黄啓宗視役夫薙蕪得之，迺率諸生拜祝，環甃其旁，名夫子泉。傅自得爲記，王十朋有詩。

藜杖泉。在晉江縣東北清源山。閩書：界上下洞間，左有泉曰藜杖泉，在道旁若坎井然，相傳蔡如金握藜杖戳之而泉出，故名。又左峯梅巖，有雲根漱玉泉，右峯彌陀巖，有飛瀑泉。

瑞泉。在晉江縣東北清源山。閩書：妙覺巖有泉出石屏之底曰瑞泉。宋志云：瑞香泉，在興福院香積厨傍，味極甘芳。又同安縣東南六十里海崖中，有石如臼，甘泉湧出，可愈久疾，亦名瑞泉。

洪前鹽泉。在同安縣東東山浮洋海中，海潮所不到處。天氣晴明，輒有小泉自沙土中流出，鄉人取而淋之，遂煎成鹽。

小崎温泉。在同安縣東南三十五里。有二泉俱自石孔中出，石池天成，不假修砌。又董塘温泉在縣東，湯岸温泉在縣西，西源温泉在縣北。

石井。在南安縣西南七十五里。有二石並峙海沙上，下有盤石，泉出小竇，下流如盂，挹盡輒盈，潮來則没，潮去則流。

古蹟

晉江故城。今府治。本南安縣地，唐析置縣爲泉州治。元和志：久視元年，縣人孫師業訴稱赴州遥遠，遂於南安縣東北界置武榮州。景雲二年，改爲泉州。開元六年，刺史馮仁緣州郭無縣，請析南安縣東置，在晉江之北，因名。方輿勝覽：州城，留從效重加版築，旁植刺桐環繞，名曰桐城。如先葉後花，其年五穀豐登，否則反是。故謂之「瑞桐」。舊志：五代時名葫蘆城，以城不方正也，改築後又名鯉魚城。按：王審知於唐天祐中築子城，周三里，後留從效又於子城内築衙城，於子城外築羅城，周圍二十里，門七，東北阻山麓。宋太平興國初，三城俱隳，今城乃元至正十二年，監郡奇哩所拓基址也。「奇哩」舊作「偰玉立」，今改正。

南安故城。今南安縣治。本漢冶縣地。沈約宋志：吴立曰東安，晉武帝改名晉安。隋志：建安郡領南安縣，舊曰晉安。元和志：南安縣東北至州十八里。九域志：縣在州西十三里。府志：宋大中祥符間，始建治在蓮花峯南。元至大三年，遷郡城西，至治二年仍復舊所。

惠安故城。在今惠安縣東北。寰宇記：去泉州四十五里，本晉江縣北鄉，宋太平興國六年析置。通志：舊縣治在縣東北六都龍窟嶺下，故址尚存，後徙於螺山之陽，即今治。

同安故城。今同安縣治。本南安縣地，五代王閩置縣。寰宇記：縣在泉州西南一百六十二里，唐貞元十九年，析南安縣四鄉，置大同場。福州僞命己亥歲，升爲同安縣。九域志：在州西南一百二十五里，舊城東西廣而南北隘，如銀錠然，亦曰銀城。

又城南溪有二石，狀如魚，色若銅，亦名銅魚城。

安溪故城。今安溪縣治。本南安縣地，五代王閩置縣，宋改今名。寰宇記：縣在泉州西一百五十七里，唐咸通五年，析南安縣西界兩鄉置小溪場，江南僞命乙卯歲，升爲清溪縣。舊志：宋宣和三年，睦州清溪洞盗起，時惡其名相同，故曰安溪。

泉州故衛。在晉江縣治西。明洪武初建，本朝康熙五年裁。

永安故衛。在晉江縣東南六十里。舊永安里地。宋乾道八年置水澳寨。明洪武二十年，改置永安衛，二十七年築城，周八百七十五丈，門五，爲海濱重鎮。嘉靖三十七年，倭寇至，不得入。四十一年爲賊所陷。本朝康熙五年裁。

福全廢所。在晉江縣東南八十里大溜村，東北距故衛城二十里。明洪武初置千户所，二十年築城，周六百五十丈，門四。本朝順治十四年裁。

崇武廢所。在惠安縣東南四十里，爲海道入州界首。宋置小兜巡司寨，明洪武二十年，移巡司於小岞山，改置千户所於此，築城周七百三十七丈，門四。本朝順治十四年裁。

高浦廢所。在同安縣西南六十里。明洪武二十三年，徙右安衛中右千户所於此，築城周四百五十丈，門四，轄高浦、大員、馬鑾三寨。本朝順治十四年裁。

青陽鐵場。在安溪縣西北。九域志：清溪縣有青陽鐵場。舊志：在龍興里，俗訛爲清陽，宋開今閉。又潘田鐵場，在縣西北鐵礦山。又龍池銀場，在縣西崇信里。宋熙寧三年開，元豐元年閉。

潯美鹽場。在晉江縣。九域志：晉江縣有鹽亭一百六十一。舊志：場在縣東南七十里，元至元十六年，置管勾司。至大二年，改司令局。明洪武初，改爲潯美場。二十五年，改鹽課司，轄倉埕二十所。又浯洲場，在縣東南七十里，亦元置，明初改。

惠安鹽場。在惠安縣。九域志：惠安縣有鹽亭一百二十九。舊志：場在縣東南三十八里五埕。元至元十六年，設管勾司，尋改司令局。明洪武十五年，改轉運分司。二十五年，又改鹽運分司，轄廣運等倉埕，凡八所。

北樓。在晉江縣北舊州治後。輿地紀勝：城樓也，唐守席相建，歐陽詹爲記，宋王十朋重修。

明遠樓。在南安縣治左。輿地紀勝：宋鄭丙有新建門樓記。

經史閣。在同安縣學後。宋紹興中朱子建，以蓄古今書籍。

姜相臺。在南安縣西九日山姜相峯下。唐姜公輔謫泉州，嘗登此。

真濟亭。在晉江縣。舊志：在府治西南，宋守真德秀自書扁。

小山叢竹亭。在晉江縣治東北。朱子嘗講學於此，親書「小山叢竹」四字留之。元至正中，僧智潤建亭，取以爲名。

東湖亭。在晉江縣東一里。輿地紀勝：唐守席相宴赴舉秀才於此，歐陽詹爲序。又有二公亭，刺史席相、別駕姜公輔遊憩於此，郡人因搆此亭，亦詹爲記。

秦君亭。在南安縣西九日山高士峯下。唐秦系隱此。元張翥詩：「石守唐日硯，樹有晉朝松。」

廓然亭。在南安縣西九日山。宋元豐中建，朱子詩：「遲留訪隱古祠旁，眼底樛松老更蒼。山得吾儕應改觀，坐無惡客自生涼。」

歐陽亭。在南安縣北二里。歐陽詹嘗遊憩於此，因名。

忠獻堂。在舊州治。閩書：以韓琦生此得名，後易以清暑，王十朋仍舊名。十朋詩：「仁風未慰黎民意，何忍堂中暑獨清。」

中和堂。在舊州治。府志：初名愛松，宋時建。蔡襄詩：「偏愛東堂砌下松，三年瀟灑伴衰翁。寒聲動盪潮初上，疏影孤圓月正中。」王十朋詩：「堂前老木幾經春，閲遍泉南舊守臣。盡向中和堂上坐，中和爲治有何人。」

安静堂。在舊州治。閩書：蔡襄所作，襄嘗於此書荔支譜。王十朋詩：「前賢治迹尚堪尋，留得堂名直至今。若要斯民盡安静，要須安静自家心。」

瑞蓮堂。在府學講堂右。府志：紹興二十九年秋，堂下池産雙蓮，是年克家領鄉解首，明年廷試第一。乾道七年，教授林岊建堂，額曰「瑞蓮」。輿地紀勝：解邦俊記云：「紹興己卯，雙蓮生於梁文靖讀書堂，次年梁克家廷對，魁天下士。乾道戊子，生於貢院，石起宗復以亞魁顯。慶元戊午，雙蓮復生於州學之槐亭，曾從龍作第一人。因改槐亭爲魁瑞亭。」

思古堂。在南安縣西九日山。宋朱子建，書扁曰「仰高」，取景行姜、秦之意。

鳴皋堂。在惠安縣治。輿地紀勝：龍溪李侯宰惠安，惟一鶴隨行，李蒞止斯堂，與士友商較古今，鶴侍其旁，時或一鳴，聲徹雲霄，因名。

高士軒。在同安縣治右主簿廳西北隅。朱子爲簿時建，自爲記，有詩。

畏壘菴。在同安縣西北。宋邑人陳良傑所居，朱子嘗假館焉。人謂庶乎庚桑子之居畏壘，因以名之，朱子爲記。

梁克家宅。在晉江縣學東。

曾公亮宅。在晉江縣治舊南城下狀元坊左。

留正宅。在晉江縣治西甲第巷。

蔡清宅。在晉江縣治西曾井舖，今爲祠。又有蒙引樓，在清平舖，清著書處。

傅察宅。在晉江縣治舊通津門。宅前有忠肅坊，至今尚存。

歐陽詹宅。在晉江縣西南二里潘湖。舊志：今爲浮屠宅。

李廷機宅。在晉江縣臨漳門外筍江上石塔山側。

蘇頌宅。在同安縣治葫蘆山下。

林棐宅。在同安縣治前街。

丘葵宅。在同安縣東南小登嶼。

淳化閣帖石刻。在府學宮。相傳宋季南狩，遺於泉州，石刻久湮，池中時出光怪，櫪馬驚怖，發之得是帖，故名其帖爲「馬蹄真蹟」。

梵天寺石刻。在同安縣大輪山之頂，有朱子所書「極目」二字。又有「瞻亭」二字倒挂於石。

萬安橋碑。在晉江縣東北洛陽橋上。宋守蔡襄建橋並手書刻碑以紀其事，書法精絶。今二石立橋畔祠中。

關隘

鎮南關。在同安縣南。舊爲鴻店亭，後置關，爲海濱要地。

金門。在同安縣東南五十里海中浯洲嶼。有城周六百三十丈，門四。明洪武二十年築，置千户所於此，轄縣東劉五店、澳頭、牛嶺、檅林、踏石等五寨，縣西洪山、西山、天寶等三寨。本朝順治十四年所裁，有總兵官鎮守。

廈門。在同安縣西南五十里海中嘉禾嶼。有城周四百二十五丈，門四。明洪武二十七年創築，徙永寧衛中左千户所於此，轄東澳、五通二寨。本朝順治十四年所裁，有水師提督分巡興泉、永道及府同知駐其地。乾隆五十三年平定臺灣逆匪，欽頒御製紀事文三篇，并御製碑文，勒碑於此，垂示久遠。

鷓鴣巡司。在晉江縣東南十里，移祥芝司駐此。舊志：祥芝司在縣東南五十五里，舊在縣南石湖鎮，復移於此。有城周一百五十丈，南北門二。

洛陽巡司。在晉江縣東北二十里，與惠安縣接界，移深滬司駐此。舊志：深滬司在縣南八十里，元置於縣南五十五里二十都港邊，明洪武二十年移此。有城周一百五十丈，門二。

康店巡司。在南安縣西南六十里，北去府城晉安驛六十里。舊爲大盈驛，宋嘉定中改名康店驛，去海三十里。有土堡，本朝康熙元年築，雍正十二年，改康店驛丞爲巡司，兼理驛事。相近十里爲大盈鎮，有土堡。

良興巡司。在惠安縣前途鄉。本朝乾隆二十五年置。

石潯巡司。在同安縣東南十里石潯港口，移烈嶼司駐此。舊志：烈嶼司在縣東南八十里，有城周一百八十丈，門一，今移於石潯。又縣南六十里，舊有塔頭巡司，有城。縣西四十里有苧溪巡司，明正統初置，今皆廢。

劉五店巡司。在同安縣南七十里，與廈門之五通渡對峙，直達外洋。乾隆五十四年改莆田大洋巡司駐此。

灌口巡司。在同安縣西五十里灌口寨，舊移高浦司駐此。本朝乾隆三十一年裁，四十四年復置。舊志：高浦司在縣西南六十里，舊在縣西積倉坂尾，後移於此。有城周一百四十丈，門二。明萬曆九年移於白礁，後又移於灌口寨。

浦邊鎮。在晉江縣南龜湖浦邊，舊移烏潯司駐此，今裁。舊志：烏潯巡司，在縣東南八十里，本置於安溪縣大西坑，移於此。有城周一百五十丈，南北二門，今廢。

圍頭鎮。在晉江縣南一百里。宋置寶蓋寨。舊志：宋淳熙十三年，于泉州城南十里置寶林寨，城東十五里置法石寨。

嘉定十一年，以海寇衝突圍頭，守臣真德秀移寶林兵戍圍頭，立寨曰寶蓋，即此。明置巡司，今省。又石湖鎮，在縣東南五十二里，亦海濱要地。宋熙寧初置砦戍守，後廢。明萬曆中築石城。

菴上鎮。在晉江縣東北洋埭菴上，舊移圍頭司駐此，今裁。舊志：明永樂中移永春縣陳巖巡司於圍頭。有城周一百六十丈，門二，今廢。

石井鎮。在南安縣南七十五里濱海。宋紹興十四年，置巡司在下坊村，去石井十五里。元移於晉江安海市。明正統後，又自澳頭移巡司於此。本朝順治十八年裁。又連河巡司，在縣西南九十里，明洪武二十年置，後廢。

澳頭鎮。在南安縣西南七十里。有澳頭渡，明正統中置巡司，後併入石井。

輞川鎮。在惠安縣東五公山南。阻山負海，民居繁密，有城周四里，明嘉靖三十七年築。

峯尾鎮。在惠安縣東北四十里，有城。明洪武二十年，移沙格巡司於此。又小岞，在縣東南三十里。黄崎，在縣東四十里。獺窟，在縣南四十五里俱有城。明洪武二十年，各置巡司，今俱省。又塗嶺，在縣東北四十里，元元統二年置巡司，明洪武中省。

踏石鎮。在同安縣東南二十五里踏石寨。舊志：官澳司在浯洲嶼，本置於德化縣東西團，明洪武二十年移此。有城周一百六十丈，門二。後移於踏石寨，今省。又浯洲嶼，舊有田浦巡司、陳坑巡司、峯上巡司，俱有城。明洪武二十年，移安溪縣之源口渡、南安縣之石井鎮及連河三巡司置此，今並裁。

源口鎮。在安溪縣西北五十里源口渡。舊有巡司。明洪武二十年，徙同安縣浯洲嶼爲田浦巡司。正統五年，知縣邵鴻奏復。嘉靖三十五年，移白葉堡，後復舊治。萬曆三十三年省。

都巡寨。在南安縣東五里潘山市。元至順間，徙縣北瀘溪橋爲瀘溪巡司。明洪武中，又徙惠安之獺窟嶼。

酒庫山寨。在南安縣西南七十里，去海五十里。有土堡，本朝康熙九年設。又青石宮寨，在縣西南八十里，有土堡，康熙元年設。攀龍寨，在縣西南六十里，有土堡，康熙八年設。

浯嶼寨。在同安縣東南浯洲嶼中大武山下。明洪武初置，與福州烽火、興化南日爲三寨。景泰間，增漳州銅山、福州小埕，共爲五寨。浯嶼外扼大擔、小擔二嶼之險，内絶海門、月港，爲泉郡咽喉。成化中或言孤島無緣，遷入厦門内港，仍曰浯洲寨，今移於晉江縣金釵山。

古田寨。在安溪縣東十里。里人築以禦寇，明嘉靖辛丑歲，寇圍之四十日不能下。

白葉坂寨。在安溪縣西北八十里。崇山密嶺間，嵐氣最甚。明嘉靖二十六年，僉事余爌既平陳日輝，請建石城於此，發泉州衛千户一員戍守。今廢。

安海城。在晉江縣西南六十里。古名灣海，宋初改名安海市。東曰舊市，西曰新市。海船至州，遣吏榷税於此，曰石井津。建炎四年置石井鎮。紹興二十六年，海寇奄至，鎮官自鎮西偏循東北，築土城壘石爲門備之，後圮。元置石井鎮巡司。明洪武二十年，徙司於同安之陳坑鎮，仍爲商民輳集處。嘉靖三十七年倭亂，甃石拓城，周一千二十七丈，門四，水關大小八，設官軍戍守，亦曰安平鎮。三十八年、四十三年，倭寇屢來攻，皆不能陷。萬曆三十四年，移府通判駐此，後復舊。本朝雍正七年，以地爲濱海扼要，仍移府通判駐焉。今改縣丞駐此。

塘市。在晉江縣南二十里。元置晉江税務司於此，明洪武六年徙於縣南三里車橋村，改曰税課局。正統初省，十二年復置，嘉靖十六年省。又有河泊所，在縣東南三里法石寺，明洪武十四年建，嘉靖間移於縣之蕚輝鋪。又南安縣東鵬溪有税務，宋初置，宣和初始置監官，元移於金雞山，明廢。

洪瀨市。在南安縣西北二十五里。當永春孔道，民居輳集，繁盛倍於縣治。

晉安驛。在晉江縣西肅清門。元置清源店，明洪武九年改爲驛。

錦田驛。在惠安縣西南一里。宋曰皇華，元曰龍山，明洪武八年改今名。

大輪驛。在同安縣治西。宋曰大同，元曰同安，明洪武九年改今名。

深青驛。在同安縣西南六十里。宋置魚浮驛，元改今名。

津梁

梅溪橋。在晉江縣東十里。府志：長五十餘丈，宋紹興十六年建。南北二溪流自南安縣彌陀、梅花二嶺合於此橋。

蘇埭橋。在晉江縣東南十里。宋紹興二十四年建，凡大橋四，計二十三間，小橋一百四十間，共長二千四百餘丈，九十九溪之水分支灌蘇埭者，經流於此。

陳坑橋。在晉江縣東南七十里。宋淳熙初建，釃水爲一百四十道，并甃石路八千餘丈。

順濟橋。在晉江縣南德濟門外，跨浯江上。俗呼新橋。宋嘉定四年建，長一百五十餘丈，本朝雍正八年修，乾隆十六年、二十二年重修。

海岸長橋。在晉江縣南一里許。宋建，架石七百七十餘間，中有亭有庵，以爲憩息祈賽之所。

吟嘯橋。在晉江縣南十五里。宋咸平間建。九十九溪之水，由清洋陂歷大橋及沿江斗門經此。以歐陽詹嘗嘯詠於此，故名。

普利大通橋。在晉江縣南四十里。宋紹興中建，長三百丈，凡一百二十間。本朝康熙五十六年重建。

蚶江橋。在晉江縣南四十里濱海。宋元符中甃石爲路二十里許，中爲大橋三，曰前埭，曰林灣，曰高港，悉覆以亭。

石筍橋。在晉江縣西南臨漳門外，跨筍江上。一名通濟橋。宋皇祐初創浮橋，名履坦，紹興間始作石橋，長八十餘丈，慶元中又造三小石橋，相續以達臨漳門。本朝康熙二十七年修，雍正四年重修。

下輦橋。在晉江縣西南二里。元至元中建，長百餘丈。相近有東山橋，舊爲東山渡，本朝康熙年間建，長五里餘。

玉瀾橋。在晉江縣西南十里。宋紹興中建，跨海港，長千餘丈。

安平橋。在晉江縣西南。方輿勝覽：泉州有安平橋，在石井鎮，紹興中趙令衿建，長八百餘丈。舊志：跨安海港，釃水爲三百六十二道，本朝康熙二十二年、五十一年、雍正四年重修。

東洋橋。在晉江縣西南五十里，亦跨安海港。紹興中建，長四百餘丈，釃水二百四十二道，趙令衿有銘。

萬安橋。在晉江縣東北二十里，接惠安縣界，爲往來通道。方輿勝覽：一名洛陽橋，宋嘉祐中，太守蔡襄累址於淵，立石爲梁，釃水爲四十七道，長三百六十丈，廣一丈五尺。名勝志：舊爲萬安渡，宋慶曆初，郡人李寵始甃石作浮橋，皇祐五年，蔡襄建石橋，左右翼以扶欄，爲南、北、中三亭，橋下種蠣以固其基。閩書：相傳橋未興時，忠惠爲檄使隸投之海若而告之，隸醉卧小艇上，起視則檄已換，第書一「醋」字。忠惠曰：「神示我矣，當廿一日酉時，潮退可址也。」或云明宣德間，蔡錫以給事中知泉州，橋圮壞，石有刻文云：「石摧頹，蔡再來。」錫捐俸修之，海深不可址，檄文海神，遣卒投之，卒醉卧海上，寤視檄面題一「醋」字，錫曰：「酉月廿一日也。」至期潮果不至。橋成，民祠於蔡忠惠祠畔。本朝康熙二十年修，雍正八年、乾隆二十六年、六十年重修。

北平橋。在南安縣西南十五里。宋紹興中建，長百餘丈，名太平橋，淳祐間重建改名。

上陂橋。在南安縣西南十五里長枝洋陂，有兩港，潮汐通焉，橋跨其上，長一百三十餘丈，俗呼蜈蚣橋。

鎮安橋。在南安縣西南六十五里。長三百餘丈，宋淳熙九年建。又縣南亦有鎮安橋，明洪武十七年建。

金雞橋。在南安縣西三里金雞山下。宋宣和間始建浮橋，嘉定間創石墩十有七，架木爲梁，覆以亭，長一百餘丈，今圮，有渡。

從龍橋。在南安縣西。一名卧龍橋，宋治平初架木爲梁，元祐中易以石。

瓊田延壽橋。在惠安縣東五里。宋建，長二里餘，爲梁百二十九間，爲縣南諸溪匯流處。元至正間重建。

輞川橋。在惠安縣東三十里輞川上村。長五十餘丈，明成化二十一年建。

躍津橋。在惠安縣北驛坂溪上。宋崇寧中建，本朝康熙六十年修。

太師橋。在同安縣東門外。一名東橋。方輿勝覽：在同安縣東，宋建隆初，留從效架石，陳洪進嗣成之。舊志：跨東溪，長五十二步，通水入城。

通濟橋。在同安縣東南五十里大擔、大嶼之間，潮没汐現。宋建隆初始甃石爲路，通港爲橋，共長一千三百丈。

銅魚橋。在同安縣南門外，東西兩溪合流處。有銅魚、金車二石，爲水口雄鎮，故城與橋名銅魚，館名金車，石上有朱子題字曰「中流砥柱」。

西安橋。在同安縣西門外二百步，跨西溪。宋元祐中建，長一百丈，石梁十九條，通水十八門。本朝雍正二年重建，易木以石。

湯溪橋。在同安縣西。明天啓間建，本朝乾隆三十二年重建，釃水爲五道，長一十有二丈。

龍津橋。在安溪縣南黄龍山下。宋紹興八年始作浮橋，慶元五年易以石址木梁，嘉泰二年始易以石，長六十八丈，上覆以屋四十三間。明天順間重修，今圮。又惠安縣南三十餘步亦有龍津橋，一名南嶺橋，宋建，本朝康熙年間修，長六十八丈。

鳳池橋。在安溪縣西，接鳳山。宋開禧中建，嘉定中甃石成梁。本朝康熙十二年復建浮梁，又號爲上椽橋，龍津曰下椽橋。

永安橋。在安溪縣永安里，乾隆十七年建。又永安里有大嶺橋，乾隆二十年修。塔口橋，乾隆二十一年建。

東石渡。在晉江縣南六十里。又縣南有溜石渡，西南二里有東山渡，西南安平鎮西，有石井義渡。

珠淵渡。在南安縣西北五十里。舊名烏淹渡。

黄岊渡。在同安縣東南十里。又縣東有五通渡。

吴埔渡。在安溪縣西北五里。

隄堰

天水淮。在晉江縣東南。新唐志：尚書塘西南一里有天水淮，灌田百八十頃。太和三年，刺史趙棨開。通志：在通淮門外，其地曰南洋，唐守趙棨鑿渠環之，疏三十六涵，旁導江流入渠。淮之爲言「圍」也，俗以「淮」名水，後人思趙之德，故以其望爲名。陳洪進重興之，改曰節度淮。宋景祐四年，守曹修睦再濬，又以三十六涵細碎無法，盡撤之，别營三涵，視潮來去，以爲啓閉。爲大渠者一，長二千九百丈；爲小渠者八，積長二千五十八丈。

尚書塘。在晉江縣東。新唐志：縣東一里，有尚書塘，溉田三百餘頃。貞元五年刺史趙昌開，名常稔塘，後昌爲尚書，民思之，因更名。

盈塘。在晉江縣南二十五里。羅裳諸溪澗水俱瀦於此，與大沙塘相通，下流經煙浦埭六斗門出海，長一千三百餘丈，廣三百五十丈。又縣南有大沙塘，周一千八百餘丈。龜湖塘，長一千八百丈。洋塘，長八十三丈，廣二十丈，深二丈。

湫田塘。在晉江縣南三十里。周四千九百八十丈，高州、靈源、東洋諸山之流俱入於此，會流最廣。宋時濬，明天啓五年加築，本朝雍正八年修。

僕射塘。在晉江縣東北八里。唐元和二年，刺史馬總開，灌田數百頃，總後贈僕射，故名。俗號白土塘。今廢。

煙浦埭。在晉江縣東南二十里。舊志：堰水曰埭，縣境之埭九十有四，煙浦最大，廣袤六十里，襟帶三十六埭，水源凡九十九所，計縣田三分之一仰溉於此。

陳埭。在晉江縣南二十五里。本陳洪進所築，其埭最大，受西北吟嘯浦及羅裳山諸澗，西南出分爲衆港，從二斗門入海。南洋田多仰溉焉。

白衣埭。在晉江縣西南三里。元時改名七娘浦，上通清源山水，下通浯溪，長八里餘。

東禪埭。在晉江縣東北二十五里。相近有華慶埭、洋埭、嵩浦埭、莊埭、梅林新舊埭。

馬山埭。在惠安縣西南馬山下。又傅埭，在縣東北四十里。

六里陂。在晉江縣南關外。府志：自永靖、和風、永福、永禄、沙塘、聚仁六里，内積山之源流，外隔海之潮汐，納清瀉滷，以資灌溉，凡水旱蓄洩，設有掌陂之役，必擇才且勤者掌之。明李叔元爲記。

清洋陂。在晉江縣南二十里。舊志：自煙浦而西，水之小者爲溪，大者爲浦，溪浦分流之際，築土爲陂，以溉溪旁之田。縣境陂共八十有二，清洋最大，亦曰陂洋陂，凡九十九溪之水，皆會於此，溉田一千八百頃。宋淳熙七年，始累石捍之，長一百八十丈，廣二丈餘，修小陂於支流者五，爲斗門於下流者七，陂之南北，增築長埠，各三倍其長之數。明嘉靖十年重修，今長三千六百八十丈，廣六百十丈。又縣西南三里有斗門陂，十五里有黄陂。縣北五十里有留公陂，即豐谷陂，宋留元剛所築，俗呼陳三壩。又縣北九十里，有伏烏陂。

萬石陂。在南安縣西三里。源出葵山，流繞九日山，環帶縣城，東經昊亭山前，匯鵬溪、陡門水，繞黄龍江，溉田萬餘頃。

永利圳。在南安縣西北二十里，自董湖蘆口達鄭山，又達琉塘，長萬餘丈，溉田千頃。

陵墓

唐

姜公輔墓。在南安縣西九日山麓。

韓偓墓。在南安縣北葵山麓。

王潮墓。在惠安縣西南盤龍山下。

五代

王延彬墓。在南安縣西雲臺山左。

宋

傅察墓。在晉江縣西南十五里太平嶺。

留從效墓。在晉江縣東北二十里青陽山。

梁克家墓。在晉江縣東北二十里梁相山。

留正墓。在南安縣西南十五里楓林山。

諸葛廷瑞墓。在南安縣西北楊梅山。

蘇緘墓。在南安縣北葵山麓。

李邴墓。在南安縣石鼓山。

呂夏卿墓。在惠安縣西北白巖山。

林棐墓。在同安縣東孤卿山下。

許升墓。在同安縣西西安橋之南。

元

盧琦墓。在惠安縣東南四十里。

明

蔡清墓。在晉江縣東南二十里大桃花山。

顧珀墓。在晉江縣東南萬歲山左。

俞大猷墓。在晉江縣城北。

陳琛墓。在晉江縣秀林山。

周天佐墓。在晉江縣後市里寶蓋山麓。

蔡道憲墓。在晉江縣五都麒麟山。府志：長沙既平，越年其從兄道宜往挈骸歸，其在長沙者衣冠冢也。

王慎中墓。在南安縣竹洋。

張岳墓。在惠安縣東三十里。

林希元墓。在同安縣南豪山坑。

本朝

李光地墓。在安溪縣興二里百葉林〔八〕，康熙五十九年賜葬。

李長庚墓。在同安縣馬家巷坪邊，嘉慶十三年賜葬。

祠廟

五賢祠。在府治左。祀宋郡守韓國華、子魏國公琦、僕射王易、子沂國公曾、先賢朱子。旁有亭，朱子講學之所，即小山叢竹亭也。

韓忠獻公祠。在府學旁。祀宋魏國公韓琦。舊在府治内，琦父國華守郡時，琦生於此，後郡守王十朋即其地建祠。明洪武初圮，萬曆中遷建。

蔡文莊公祠。在府學右。祀明儒蔡清，隆慶四年建。

陳紫峯祠。在府學東。祀明提學僉事陳琛，萬曆五年建。

周忠愍公祠。在府學東。祀明户部主事周天佐。

蔡忠烈公祠。在府學東。祀明長沙推官蔡道憲，本朝康熙四十九年建。

歐陽四門祠。在晉江縣治北。祀唐四門助教歐陽詹，明成化十八年建。

忠孝祠。在晉江縣治東。祀唐林攢、宋蘇緘、宋郡守真德秀建。

王忠文公祠。在晉江縣治東。祀宋郡守王十朋，乾道中建。

蔡忠惠公祠。在晉江縣治東北崇福寺内。祀宋郡守蔡襄，宣和中建。又萬安橋旁亦有祠。

何忠壯公祠。在晉江縣治蔡巷。祀明亳州知州何燮，本朝乾隆十五年建。

羅一峯祠。在晉江縣治東北梅石書院。祀明羅倫。

姜秦祠。在南安縣西九日山南延福寺内。祀唐姜公輔、秦系，宋郡守趙令衿建。又姜公祠，在縣西。

林公祠。在惠安縣東。祀明知縣林咸。

蘇魏公祠。在同安縣學西。祀宋贈司空蘇頌，朱子爲簿時建。

趙忠簡公祠。在同安縣學。祀宋丞相趙鼎，朱子爲簿時建。

朱文公祠。在同安縣學。宋葉適有記。又晉江縣蔡巷、安溪縣北鳳山俱有祠。

李忠毅公祠。在同安縣西門内福星樓大街。祀本朝浙江水師提督李長庚，嘉慶十七年奉旨建。

忠勇祠。在安溪縣西。祀宋鄭振。

榕村祠。在安溪縣北閬山之麓。祀本朝大學士李光地。

忠義廟。在晉江縣鳳山之麓。祀漢漢壽亭侯及唐東平忠靖王張巡、都督許遠，宋紹興中宗室趙汝錫建，後增祀宋司空蘇緘、忠武王岳飛、待制趙卯發、信國公文天祥、左丞相陸秀夫、少傅張世傑。

風神廟。在同安縣厦門。本朝乾隆元年奉旨建。

天后宫。一在府治南門内，宋慶元間建。一在晉江縣十五都圍頭，一在同安縣厦門海口，本朝乾隆五十二年奉旨重修，御書扁額曰「恬瀾貽貺」。

寺觀

開元寺。在晉江縣治西。一名紫雲寺。唐嗣聖三年，邑長者黄守恭捨宅爲寺，賜額蓮花寺，開元中改今名。有東西二石塔，東曰鎮國塔，唐僧文偁以木爲之，宋易以石，高十九丈有奇。西塔閩王審知建，亦以木爲之，號無量壽塔，宋政和中改號仁壽，寶慶中始爲石塔，高十七丈有奇。

承天寺。在晉江縣治東南。一名月臺寺。本五代時留從效南園故址，南唐建爲寺，號南禪，宋景德中賜今名。寺有七佛石塔，有十奇。本朝康熙三十年重修。

崇福寺。在晉江縣治東北隅。名勝志：宋初陳洪進以松灣地建寺，名千佛菴，元祐中改今名。通志：地有晉松四株，本朝順治年間重建，康熙年間屢修，嘉慶十三年重修。

水陸寺。在晉江縣治西南。唐天寶六年置放生池，因建水陸堂。宋嘉祐中蔡襄更爲禪院，明洪武中改今名，邑人蔡清講學於此。今廢。

延福寺。在南安縣西九日山下。唐大曆三年建，有翠光亭、聚秀閣、墨妙堂諸勝。按：墨妙堂有蔡襄諸賢題詠墨蹟，陳知柔爲記。

宣妙寺。在惠安縣南。唐天寶中建，名法華，宋治平中改今名。

梵天寺。在同安縣東北大輪山。隋、唐間建，有菴七十二所。舊名興教，宋熙寧中改今名。

吴山寺。在安溪縣西北感德里。宋時建，舊名化龍寺。明正德七年重建，寺有萬葉菴、半月池諸勝。本朝康熙年間重修。

妙峯寺。在安溪縣北翠屏山麓。明里人李先春建，本朝大學士李光地讀書於此。

玄妙觀。在晉江縣治南。晉太康中爲白雲廟。唐神龍初建觀，名中興，貞元間改今名。其右爲紫極宫，天寶二年賜名，有古檜一株，旁有石刻「晉朝檜」三字。

普照院。在同安縣廈門海島五峯山中。五代時建，初名泗洲，宋治平中改今名。本朝康熙年間重建，改名南普陀。

東嶽行宫。在晉江縣東門外鳳山之陽。宋紹興二十二年建，本朝乾隆二十五年修。又惠安縣南萬歲山、同安縣東三里、安溪縣北鳳山，俱有東嶽行宫。

名宦

唐

薛昱。天寶中爲清源太守，郡人歌云：「郡號清源，官有清德。」

蘇妙。南海人。大曆中刺泉州，有白鵲來巢行春門樓，時稱其惠政焉。

姜公輔。日南人。建中間宰相，論唐安公主造塔，貶泉州別駕，卒於郡。順宗時贈禮部尚書。

趙昌。天水人。貞元中泉州刺史，鑿常稔塘，溉田三百餘頃。後爲尚書，民思之，因更名尚書塘。

馬總。扶風人。貞元中謫泉州別駕，元和初爲泉州刺史。鑿北山下塘以灌民田，民德之。

趙棨。長興人。太和中泉州刺史，瀦洩江水，溉南洋田，民食其利。

廖彦若。祥符人。光啓二年，爲泉州刺史。王潮陷泉州，彦若死之。

五代　南唐

詹敦仁。固始人。周顯德初隱於仙遊植德山下，南唐節度使留從效辟監小溪場，請置縣，即以爲令。政尚德惠，後舉賢自代。愛佛耳山清峭，卜居其上。所著有清隱集。

宋

王文寶。陽武人。太平興國初，陳洪進獻漳、泉地，以文寶監泉州兵。羣盜大起，文寶與轉運使楊克讓等討平之。

何承矩。河南人。太平興國初，監泉州兵，會仙遊、莆田百丈寇賊嘯聚，承矩討平之。疏爲政之害民者數十事上之。

喬維岳。南頓人。太平興國三年，通判泉州。會盜起仙遊，衆十餘萬攻城，城中兵裁三千，勢甚危急，監軍等欲屠其民、燔府庫而遁，維岳抗議，以爲朝廷寄以綏遠，今惠澤未布，盜賊連結，反欲屠城，豈詔意哉？因復監守，既而轉運使楊克讓率兵破賊，圍遂解。詔褒之。

王繼升。阜城人。太平興國中，爲泉州兵馬都監。會游洋洞民叛，繼升潛率精騎夜擊破之，擒其魁，械送闕下，餘黨悉平。

孫逢吉。婺源人。太平興國七年，知泉州，以靖忠厚德見稱。真德秀守泉時，舉與程大昌、顏師魯、林枅、韓國華、陳偁、趙鼎並祀。

韓國華。安陽人。景德中，以太常少卿知泉州，生子琦於官舍，後人名府治之堂曰忠獻。

陳靖。莆田人。大中祥符、天禧間，兩知泉州，重農愛民，郡人德之。

方愼言。莆田人。天聖初，知泉州。會歲饑，大發官廩賑貸，又奏免丁税，父老感泣，生子多以「方」名。時弟愼從亦守漳州，旌麾相望，二州榮之。

蔡襄。莆田人。嘉祐中，知泉州。距州二十里萬安渡，絶海而濟，往來畏其險，襄立石爲梁，長三百六十丈，種蠣於礎以爲固，書碑紀事，至今賴焉。又植松七百里以庇道路，閩人立祠祀焉。

杜純。甄城人。元祐中，爲泉州司法參軍。泉有番舶之饒，雜貨山積，時官於州者，私與爲市，價十不償一，惟知州關詠與純無私買，人亦莫知。後事敗，獄治多相牽繫，獨兩人無與。詠猶以不察免，且檄參對，純憤懣陳書，使者爲訟冤，詠得不坐。

鄭俠。福清人。元豐間，監安上門，上流民圖，忤王安石、吕惠卿，編管英州。元祐初，蘇軾、孫覺薦之，起爲泉州教授。後罷歸，篋惟一拂，世稱爲一拂先生。

朱松。婺源人。紹興初，監泉州石井鎮。抱負經濟，恥於自售。後胡世將撫諭東南，見松奇之，以聞於朝，召試館職。

趙士珸。宋宗室。紹興五年泉州觀察使。時泉邸新建，向學者少，士珸奏宗子善軫文藝卓絶，衆所推譽，乞免文解，由是人知激勸。

劉子羽。崇安人。紹興六年，知泉州。在郡二年，惠澤及民，民愛之如父母。

陳俊卿。莆田人。紹興中，授泉州觀察推官。服勤職業，同僚宴集，恒謝不往。掾屬以失火後至被詰，俊卿不忍自解，亦引謝。守汪藻知其實，歎服以爲不可及。隆興初，以寶文閣待制知泉州。

龔茂良。莆田人。紹興中，爲南安簿，調泉州觀察推官，以廉勤稱。

趙鼎。聞喜人。紹興中，有旨召鼎，鼎至越丐祠，秦檜惡其逼己，徙知泉州。安撫泉民，民甚德之。

陳康伯。弋陽人。紹興中，知泉州。海盜間作，朝廷遣劉寶、成閔逐捕，康伯以上意招懷，盗多出降，籍爲兵。久之不逞者陰倡亂，康伯訊得實，論殺之，州以無事。

朱熹。婺源人。紹興中，主同安簿。選邑秀民充弟子員，日與講説聖賢修己治人之道，禁女婦之爲僧道者，涖官以教養爲先務，興利除弊，士思其教，民懷其惠。

趙令衿。宋宗室。紹興中，知泉州。留心教養。泉屬邑有隱士秦系故廬，唐相姜公輔葬邑旁，令衿建堂合祀之，郡人感其化。

范如圭。建安人。紹興中，知泉州。内外宗正官寄治郡中，挾勢爲暴，占役禁兵以百數，如圭以法義正之，宗官大沮恨，密爲浸潤以去。

辛次膺。萊州人。紹興中，知泉州。爲政清静，務先德化。

趙子潚。宋宗室。乾道初，知泉州。吏有掠民女爲妾者，妻妒悍殺之，女父詣獄訴，官不能決。子潚廉知其事，按法治之。

胡銓。廬陵人。乾道中，以集英殿修撰知泉州。公平仁恕，輕徭省費，民咸愛戴。

王十朋。樂清人。乾道中，知泉州。十朋前在湖，割俸錢創貢闈，又爲泉建之，尤宏壯。布上恩，恤民隱，泉人建梅溪祠以祀。

汪大猷。鄞縣人。乾道中，知泉州。時毗舍邪嘗掠海濱居民，大猷作屋二百區，遣將留屯，寇不復犯。久之，戍兵以真臘大賈誣爲毗舍邪犯境，大猷爲辨白遣之。三佛齊國請鑄銅瓦三萬，詔廣、泉二州守臣督造付之。大猷奏：「銅不下海，中國方禁銷銅，奈何爲其所役？」卒不與。

顔師魯。龍溪人。乾道中，知泉州。閲三年，專以恤民寬屬邑爲政，始至即蠲舶貨，諸商賈胡咸服其清。

趙必愿。宋宗室，居餘干。淳熙中，知泉州。罷白土課，及免差吏榷鐵，諷諸邑行義役，秋旱講行荒政，乞撥永儲、廣儲二倉米賑救。

游酢。建陽人。慶元中，僉書泉州判官。以公勤治民，以道學訓士，政不繁而事集。

倪思。歸安人。嘉泰中，知泉州。浚河渠，造橋梁，葺候館，立養濟院，百廢俱興。

游九功。建陽人。嘉定中，知泉州。以清嚴稱，留心教化。撥五廢寺田於石井書院，爲學徒廩餼。

李韶。連江人。嘉定中，通判泉州。郡守游九功政尚清嚴，惟韶佐治相得。忠厚慈愛，純實便民，州人戴之。

李方子。光澤人。嘉定中，調泉州觀察推官。適真德秀來爲守，以師友禮之，郡事大小咸資焉。

真德秀。浦城人。嘉定中，知泉州。番船畏苛征，至者歲不三四，德秀首寬之，至者驟增至三十六艘。輸租令民自槩，聽訟惟揭示姓名，人自詣州。泉多大家，爲閭里患，痛絶之。海賊作亂，將逼城，德秀親授方略擒之。徧行海濱，審視形勢，增屯要害處以備不虞。紹定五年，再知泉州，迎者塞路，深村百歲老人亦扶杖而出，歡聲動地。入境首禁豫借，決訟自卯至申未已，嘗謂脊郡無力惠民，僅有政平訟理事當勉。所著有心政經，咸傳誦焉。

徐鹿卿。豐城人。真德秀守泉，辟宰南安。既至，首罷科斂之無名者，明版籍，革豫借，決壅滯，達冤抑，邑以大治。德秀尋帥閩，疏其政以勸列邑，歲饑處之有法，富者樂分，民無死徙。

朱在。建安人，朱子第三子。以廕補官，嘉定中通判泉州，爲政一以朱子爲法。入對，以進學問、振紀綱、求放心爲言。歷官工部侍郎、焕章閣待制〔九〕。

陳宓。莆田人。嘉定中，知安溪縣。有經總制錢爲民病，府判監簿欲解補登足，宓免之。

元

雷機。建安人。至元中，知惠安縣。抑豪强，均賦役，創建社學，延師以教邑弟子。

鼐瑪台。蒙古人。至正末，監南安縣。時當寇亂，調度轉輸以給軍餉，勞徠綏輯以復流亡，時稱良吏。「鼐瑪台」舊作「迺穆泰」，今改正。

明

胡器。新喻人。洪武間，知泉州府。革蠹弊，課農桑，修橋渡，興學校，時令父老各誨其子弟。每判死刑，恒鬱鬱不樂，曰：「吾不能化民，故致此。」倉庫火，風猛莫遏，器向風稽首，火遂滅。

顏賢。高安人。洪武間，泉州府司獄。不虐罪囚，每重囚引決，必詣賢謝而後去。

陳永年。新淦人。洪武間，知惠安縣，以廉謹稱。有蝗傷稼，永年仰天嘆曰：「政失致災，令罪也，民則何辜？」俄有羣鳥啄蝗，歲乃大稔。

余慶。新會人。永樂中，知南安縣。革姦弊，興學校，奏免海蕩浮糧一千二百餘石，流亡悉復。

蔡錫。鄞縣人。宣德間，知泉州府。奏除洛陽、東山、大橋三鎮戍兵，公私便之。洛陽橋圮，錫捐俸修之，民立祠蔡襄祠旁。

閔楨。橫州人。宣德間，惠安主簿，有善政。秩滿以邑民留，擢知本縣。情僞利弊，纖悉周知，不事鞭朴而令自行。正統中沙寇掠郡，大兵南討，措辦糧餉，設畫備禦，邑賴以安。

尹宏。歷城人。正統中，知泉州府。廉公愛民，卒於官，民留其衣冠葬城東。

熊尚初。南昌人。正統末，知泉州府，明正廉勤。時羣盜起，上官檄尚初監軍，不旬日降賊數百。已而賊擁衆至，尚初提民兵數百，與晉江主簿史孟常、陰陽訓術正楊仕洪拒賊於古陵坡，兵敗，尚初被執不屈，與孟常、仕洪皆遇害。

羅倫。永豐人。成化初，以疏諫李賢奪情忤旨，謫提舉泉州市舶司。至泉州，有司率諸生從之講學，時於南安片瓦巖徘徊吟詠，人傳誦焉。

張遜。無錫人。成化間，知同安縣。潔己愛民，刑清政舉。擢知福寧州，父老齎金爲贐，峻却之，邑人爲立却金亭。

陳用之。成化中，永安衛知事。衛濱海，絃誦聲稀，用之訪諸貴胄及戍籍子弟之秀者，勸使就學，延興化耆宿陳愈爲之師。既三年，得可造者三十人，附充泉州府學，由是文風日進。

黄濟。臨川人。弘治中，知南安縣。公正廉平，治獄多所平反。邑濱海四十一都，自宣德後苦苛派，復并於豪强，逋亡過半，田地日荒，濟多方招徠，民復故業。後以賢能召爲太僕丞。

張津。博羅人。正德中，知泉州府。時劉瑾私人絡繹郡邑，津以嚴重鎮之，輒屏息去。政平而信，吏民畏服。

李緝。餘干人。正德中，爲泉州府同知。疑獄及積案不可究詰者，緝訊之，無不立剖。嘗歎戎伍勾補之弊，行法獨恕，獨子畸户，多蒙矜恤，民賴以保全者甚衆。

冼文淵。順德人。正德中，知南安縣。性方介不苟，撫愛真誠。劉瑾之使旁午，文淵獨不以累民，民德之。

熊汝達。進賢人。嘉靖間，知泉州府。時倭寇逼郡城，汝達多方禦却。城中有謀爲賊内應者，以計擒除之，郡人頌其政尚清嚴，功多捍禦云。

盧仲佃。襄陽人。嘉靖間，知晉江縣。築安平城，繕完二巡司城。時倭寇猖獗，軍興乏餉，上司議弓兵加征，洛陽橋置官榷税，仲佃申請除豁，民甚德之。

夏汝礪。融縣人。嘉靖間，知南安縣。興築邑城，工完而土寇豬鐸至，堅不能攻，邑賴以全。

林咸。番禺人。嘉靖間，知惠安縣。倭寇來犯，力戰死，贈泉州府同知。

朱炳如。衡陽人。隆慶間，知泉州府。先教化而後刑罰，擇諸生才俊者，談道論文，士皆自奮。

葉春及。歸善人。隆慶間，知惠安縣。單騎入境，采風謡，詢民疾苦。凡邑重役，悉爲申改，官榷徵納規則纖悉曲盡，八郡傳以爲式。毁淫祠，立社學，舉射飲，禮高年。隱士康朔、孝子王定民，皆躬至其廬禮焉。

竇子偁。合肥人。萬曆間，知泉州府。性高潔，敏毅凝重，竿牘苞苴，不至其門。

蔡善繼。烏程人。萬曆間，知泉州府。有異政，負人倫藻鑑。

顧大章。常熟人。萬曆間，爲泉州府推官。温厚明恕，好善如不及，性尤剛介不撓，以異績擢臺省。

彭國光。德化人。萬曆間，知晉江縣。清修敏練，事無巨細，剖决如流。

鍾化民。仁和人。萬曆間，知惠安縣。居官政簡刑清，士民愛敬。

夏建寅。秀水人。萬曆間，知安溪縣。廉明果斷，不發私函。嘗以公事行村落，自攜乾糗，不擾民間。

本朝

徐騰鯨。奉天人。順治三年，署安溪縣。時土寇林艮等聚衆劫殺，騰鯨練鄉勇，設奇計，屢戰斬獲甚衆，四境悉安。

韓曉。長安人。順治十二年，知安溪縣。時海氛未熄，人民凋瘵，城郭傾壞。曉多方安輯，修築城垣，邑人鐫聯於城樓以紀其功。

吴英。莆田人。康熙十八年，任同安總兵。率舟師復平金、厦。歲饑，馳請總督姚啓聖，許沿海百姓出界採捕，全活百萬。

劉國興。宣化人。提標右營遊擊。康熙十七年，海寇圍泉，國興身先士卒，竭力捍禦，城賴以全。

黄允芳。甌寧人。康熙十七年任同安學教諭。時海氛未靖，以學宫屯駐兵馬，允芳以己計偕資斧葢造營房，申請移屯。

楊芳聲。萬全左衛人。康熙二十二年，知同安縣。時傜役繁興，芳聲措置有方，民無派累。歲旱，跣足禱雨，甘霖立應。

常光裕。奉天人。康熙三十四年，知泉州府。爲政安静，聽斷詳慎，摘姦發伏，有神明之稱。

朱奇珍。長沙人。康熙五十一年，知同安縣。革弊除姦，催科不擾，繕囹圄，男女異所，宿繫申豁一空。

胡格。江夏人。雍正十一年，知同安縣。有能聲。十三年，調知晉江縣。催科不擾，治事維勤。每聽訟，霽顔温詞，俾得從容達情，然後徐理其曲直，片言而決，民稱不冤。邑有豪猾柯疇，格偵知其匿處，密擒之，數十年大憝獲除，民頌其德。乾隆六年再任，賢聲益著。

王裕瓆。山陰人。先知惠安、南安縣，有惠政。乾隆十三年，調晉江縣。剛正精明，人莫敢干以私，嚴禁吏役需索，案牘無所假手。每讞獄，曲直立判。後保舉知府，未入覲，卒於官，民追思之。

海禄。蒙古正藍旗人。以征金川功，列入紫光閣功臣畫像。乾隆五十四年，由廣西提督調福建陸路提督。居官清正威重，勤於訓練，嚴於巡緝。時同城晉江知縣史必大，亦廉潔勤敏，故城廂内外軍民安堵，夜户不閉。五十六年卒於官，賜祭葬。

徐觀孫。天津人。乾隆年間署惠安縣事。居心正直，操守清廉，士民安之。嘉慶二十一年，祀名宦祠。

人物

唐

歐陽詹。字行周，晉江人。貞元八年，與韓愈、李觀、李絳、崔羣、王涯、馮宿、庾承宣聯登第，時稱龍虎榜。爲國子四門助教，率其徒伏闕下，舉愈爲博士。詹事父母孝，與朋友信義，其文章切深，往覆明辨。既卒，愈爲作哀辭。從子柜，字降之，開成進士，亦工爲文。吴人陸洿以拾遺棄官歸，後召司勳郎中，無所建明，柜遺書責之，人擬之諍臣論。

許稷。字君苗，晉江人。祖輔乾爲泉州守，父楙文家於莆。稷始居泉州，入山力學三年，出就府薦成進士，官終衡州刺史。工詩歌，與歐陽詹、林藻友善。嘗爲江南春詞甚綺麗，人傳誦之。

楊廷式。晉江人。唐末明經登第，除太子舍人。黄巢之亂，避歸黄浦村中，以清苦名節自立。王審知屢辟不至，人皆稱之。

宋

劉昌言。字禹謨，南安人。少篤學，文詞靡麗，陳洪進辟功曹參軍，掌牋奏。太平興國八年，舉進士第二。淳化初，趙普留守西京，表爲通判，委以府政。普病，屬昌言後事。普卒，昌言感普知己，經理其家事，太宗以爲忠。咸平中，拜工部侍郎，卒。

錢熙。字大雅，南安人。幼穎悟。及長，博貫羣籍。陳洪進以弟之子妻之，辟爲巡官。宰相李昉深加賞重。雍熙初登進士，寇準掌吏部選，薦試中書，累遷右司諫。嘗擬古樂府，著雜言十數篇及措刑論，爲識者所許。

曾會。字宗元，晉江人。端拱二年進士第二，授光禄寺丞，直史館，祥符末出爲兩浙轉運使。丁謂建錢塘捍江之役，發卒萬餘，斬木伐石，傾蕩山谷，中外無敢言者。會奏列其狀，有旨中罷。凡出入四十餘年，歷典七郡，後贈楚國公。

陳從易。字簡夫，晉江人。端拱進士，爲嵐州團練推官，再調彭州軍事推官。王均盜據成都，彭人謀殺兵馬都監應之，時從易攝州事，斬其首謀，率厲將士，修嚴守械。賊聞有備，不敢入境。累遷侍御史、直史館。景德後，文士以雕靡相尚，從易與楊大雅相厚，皆好古篤行，朝廷進二人以風天下。後以龍圖閣直學士知杭州，卒。神宗時，有「清節過馬援」之褒。所著有泉山集、中書制藁、西清奏議。

蘇紳。字儀父，同安人。天禧進士，歷官祠部員外郎，通判洪州，徙揚州歸。上十議，進直史館。召求直言，疏論時事，又陳便宜八事，擢知制誥，爲翰林學士。尋知河陽，徙河中，未行卒。

李沂。字從聖，南安人。以六經、太玄講授閭里，著帝王通録，蘇紳稱其得前史廣記法，詔官繕寫上進。官國子監丞，致仕，遷大理寺丞。

曾公亮。字明仲，會次子。天聖進士，知會稽縣，歷翰林學士、參知政事。嘉祐六年，拜同中書門下平章事。明練文法，習知朝廷臺閣典憲，韓琦每諮訪焉。熙寧中封魯國公，以太保致仕。卒，謚宣靖，配享英宗廟庭。子孝寬，從子孝廣、孝蘊，俱有聲。孝序，以忠義著。

蘇緘。字宣甫，紳從弟。寶元進士，熙寧初爲廣東鈐轄，知邕州。交趾入寇，緘遣子子元拏舟逆戰，斬蠻酋。賊爲雲梯，又爲攻濠洞，蒙以革布，緘悉焚之。蠻計已窮，將引去，知外援不至，囊土登城，緘縱火自焚。神宗嗟悼，贈奉國軍節度使，謚忠勇，以其子子元爲閤門祇候，次子子明、子正，孫廣淵、直温與緘同死，皆褒贈焉。

吕夏卿。字縉叔，晉江人。慶曆進士，同知禮院，陳時務五事。後出知潁州，卒。夏卿長於史，貫穿唐事，創世系諸表，於新唐書最有功。

曾誕。字孚文，公亮從孫。孟后之廢，誕三與鄒浩書，勸力請復后，浩不答。及浩論立劉氏南遷，誕著玉山主人對客問，人以比韓愈諍臣論。

蘇頌。字子容，紳之子。慶曆進士，皇祐五年，詔試館閣校勘，同知太常禮院。議立郭皇后神御殿，曾公亮深歎服之。富弼嘗稱頌爲古君子，與韓琦同表其廉退，以知潁州。後擢知制誥。李定除御史，頌與宋敏求、李大臨封還詞頭，時有「三舍人」之稱。尋出知婺州，方泝桐廬，江水暴迅，母在舟幾溺，頌哀號赴水救之，舟忽自正，人以爲純孝所感。元祐初遷吏部尚書，兼侍讀，每進讀至弭兵息民，必援引古今，以動人主之意。尋拜右僕射、兼中書門下侍郎，其爲相務使百官守法遵職，量能授任，杜僥倖之原，戒疆場之臣邀功生事，論議有未安者，毅然力爭之。徽宗立，進太子太保，累封趙郡公。卒，贈司空，謚正簡。

劉逵。字公達，同安人。元豐進士，調越州觀察推官。崇寧中，同知樞密院事、中書侍郎。勸徽宗碎元祐黨碑，寬上書邪籍之禁。後加資政殿學士，以醴泉觀使召，及都而卒。

温革。字叔皮，惠安人。政和進士，官秘書郎。紹興初，被命使河南修陵寢，歸奏憤激，上爲泣下。忤秦檜，出守延平、漳州，終福建轉運使。

林頤壽。晉江人。祖母楊苦背瘍，潰爛徑寸，頤壽俟其寐舐之，傅藥而愈。後廬父墓，芝草生焉，廬繼母墓，白鵲來巢。

楊世永。晉江人。紹興五年，以特奏召爲端溪尉。寇犯界，世永佩刀跨馬獨出，遇賊戰死，贈承務郎，官一子。

梁克家。字叔子，晉江人。幼聰敏，過目成誦。紹興三十年進士第一，遷著作佐郎。詔求言，克家條六事。乾道中爲右丞相，近戚權倖不少假借，而外濟以和，保護善類甚多。累封鄭國公。卒，贈少師，謚文靖。

諸葛廷瑞。字麟之，南安人。紹興進士，調龍溪尉，改知崇安縣，以政績聞。歷進起居郎，所上章奏，詞意鯁切，皆見嘉納。

李訦。字誠之，晉江人。歷知袁州。蓄米二萬石以備凶儉。遷大理卿，修斷獄例，著爲令。除集英殿修撰，改知建寧，以禮教化民。旋奉祠，卒。

張巽。字子文，惠安人。父寓嘗與張栻共學，遣巽從之。時朱子之學盛行於泉，如楊至、楊履正、陳易輩，稱清源别派，惠安劉鏡者，稱爲高弟，巽從之遊，然疑晦菴之教不止是，乃走武夷謁朱子，以所與栻講論中和之旨告之曰：「此某與南軒晚年晝一功夫也。」臨别教之曰：「南軒記嶽麓，某記石鼓，合而觀之，知所用力矣。」既歸，日從事於涵養體察，久益明淨。築草堂於錦溪之上，學者稱錦溪先生。

許升。字順之，同安人。朱子簿同安，升年十三，從朱子遊，語録中多載其問答之語。同邑王力行，亦遊朱子之門，著有朱氏傳授支派圖。

傅伯成。字景初，晉江人。父自得，以父察死事補承務郎，歷官有聲。伯成少從朱子學。與兄伯壽登隆興進士，累進太府寺丞。言吕祖儉不當以上書貶，朱某大儒不可以僞學目之，又言朋黨之弊，起於人主好惡之偏。出知漳州，律己愛民，推朱子遺意而遵行之。遷工部侍郎。相府災，陳失民心、隳軍政、啓邊釁三事，言甚痛切。後除寶文閣學士，以老病辭。伯成純實無妄，表裏洞達。常慕尸諫，疏草畢，朝服而逝，年八十有四，謚忠簡。

石起宗。字似之，同安人。乾道五年進士第二，除秘書正字，再擢權倉部郎官。上言君子小人之情狀，與天下治亂安危之機，一時稱之。又奏乞取仁宗洪範政鑒與敬天圖，列置左右，帝嘉嘆久之。

楊炳。字若晦，世永孫。淳熙進士。累官左司諫，論治贓吏當自大吏始。遷權吏部尚書。時邊釁寖開，與鄧友龍異議，遂乞外，因疏論用兵之害。開禧中除寶謨閣直學士，奉祠，卒。

曾從龍。字君錫，公亮四世從孫，初名一龍。慶元五年進士第一，累官禮部侍郎、權刑部尚書。嘉定間上言修德政，蓄人材，飭邊備，帝善其言。進簽書樞密院，參知政事。疏論胡榘憸壬，爲榘嗾言者劾罷。起湖南安撫使，撫安峒獠，威惠並行。時有二京之役，極論南兵輕進易退，未幾言驗。進知樞密院事。卒，贈少師。

陳霖。字傅叟，惠安人。嘉定進士，爲瑞金尉。紹定中盜發江、閩，延及東粤，霖出迎敵，被執不屈死。

洪天錫。字君疇，晉江人。寶慶進士，理宗擢拜監察御史。劾董宋臣等，疏上至六七，闔人爲之氣沮。度宗即位，疏病民五事，尋進華文閣直學士，致仕。疾革，猶手草遺表以進。卒，謚文毅。

王大壽。同安人。紹定中爲左翼隊將，海寇犯圍頭，大壽領百人防遏，猝與賊遇，奮前控弦，斃賊十餘，後無援者，遂没。事聞，贈官恤其家。

謝應瑞。泉州民。歲饑自出私鈔四十餘萬，糴米以賑鄉井。理宗詔補進義校尉。

吕中。字時可，晉江人。淳祐進士，官教授，除國史實録院檢閲。上疏言當去小人之根，革贓吏之弊。遷國子監丞，兼崇政殿説書。丁大全忌之，出知汀州，卒。所著有演易十圖、皇朝大事記、治迹要略等書。

吕大圭。字圭叔，南安人。淳祐進士，學於陳淳門人王昭復，專務致知力行。知興化軍，轉知漳州。時蒲壽庚降元，脅大圭署降表，不從見殺。著有論孟集解、易經集解、學易管見、春秋或問行世。

黄巖孫。字景傳，惠安人。寶祐進士，咸淳間令尤溪。興學校，通水利，建橋梁。疏朱子所解太極、通書、西銘，申以己意，名曰輯解，刊於書院。

丘葵。字吉甫，同安人。少慕程朱之學，親炙吕大圭最久。宋末杜門厲學，不求人知。著有易解疑、書口義、詩直講、禮記解、春秋通義、周禮補亡諸書。

元

柯公焕。字德章，晉江人。元貞間爲古田尉。鄰寇侵境，或曰：「可以去乎？」公焕曰：「寇至則去，國誰與守？」遂率其民敵之，力不支而死，其家殲焉。

顔應祐。字孝先，同安人。母許以兵難遷徙失所在，應祐遍行訪求二十六年，有告曰：「汝母在雲南。」即往求之，至蜻蛉嶺得焉，迎以歸。士人歌詩嘉其孝，有「閩泉、南詔各一隅，道塗相去萬里餘」之句。

黄道賢。晉江人。嫡母唐無子，道賢在襁褓，而生母蘇以疾去。既長，屢請於父，得召歸。道賢孝養二母，得其歡心。父卒，廬墓終制。

盧琦。字希韓，惠安人。至正進士，少受學於余子賢，子賢語其友陳忠曰：「希韓經學該貫，爲人簡重無惰容，吾畏友也。」授永春尹，調寧德，擢興泉鹽課司提舉，賑饑均賦，減鹽引，破土寇，所至有聲。著有圭峯集。

明

趙士亨。字應嘉，晉江人。元季隱九峯山，居父母喪，廬墓終制。洪武初以人材薦，授河舶官。尋引疾去。

黄存中。惠安人。以人材授中書舍人，建文中仕至禮部尚書。靖難兵起，死之。

朱鑑。字用明，晉江人。永樂中舉鄉試，授蒲圻教諭，後擢御史，巡按湖廣，諭降梅花峒賊。正統間巡撫山西，外飭戎備，内撫災民，勞瘁備至，前後章疏十餘上，皆邊防大計。致仕歸，卒。

葉秉乾。同安人。正統中，沙、尤寇發，秉乾率民兵討之，戰不利，被擒不屈死。成化初，旌其門曰「忠義」。

崔惠。字迪吉，晉江人。正統末教諭石城，叛賊陳椿陷城，執惠逼降，惠駡不絶口，會賊焚草營，遂自投火死。

李森。安溪人。慷慨好施。天順中歲儉，出粟賑濟，全活無數。授漳州巡檢。

吴文度。字憲之，晉江人。成化進士，歷南京御史，偕同官論妖僧繼曉被杖，尋遷汀州知府。正德初歷雲南巡撫、南京右都御史。劉瑾屢責賄不應，令以南京户部尚書致仕。文度恬淡守素，達官貴人造之，恒避匿不見。

史惠。晉江人。親喪廬墓三年，有白烏宿其樹，成化中被旌。

蔡清。字介夫，晉江人。成化進士，弘治初選禮部主客主事，調吏部稽勳主事。時王恕爲尚書，訪以時事，清薦名士劉大夏等三十餘人，恕皆納用。累官南京吏部文選郎中。正德初，除江西提學副使，與宸濠忤，力辭去。尋起南京國子祭酒，命甫下卒。清之學初主於靜，後主於虛，故以「虛」名齋。所著有易經四書蒙引。萬曆中追謚文莊，贈禮部右侍郎。同邑門人王宣、易時中、林同並有名。

顧珀。字載祥，晉江人。弘治進士，知虹縣及旌德，擢知和州，皆有惠政。入爲兵部武庫司，秉正執法，宿蠧一清。累遷南京户部右侍郎，上便宜十二事，致仕卒。

黄瑗。字純玉，晉江人。弘治進士，知長山縣。時山東旱蝗，瑗多方賑濟。青、齊有疑獄，藩臬多檄瑗鞫之。擢守肇慶，以平賊功，進三品秩。

留志淑。字克全，晉江人。弘治進士，歷知杭州。鎮守太監畢真，宸濠黨也，濠反，謀應之，一夕搆市人火其居，延燒千餘家。志淑令民熄火，所在堅閉毋動，真不得逞，謀益急，志淑縱兵捕之，遂伏辜。武宗征濠，志淑移知徽州，遷湖廣參政。屬邑有腴田數百頃，洪水決爲陂塘，設法疏導，築隄植柳以固之，民呼曰留公隄。累遷浙江布政使，未任卒。

李源。字士達，晉江人。弘治進士，除户部主事，監臨清倉，疏中官與諸吏朋姦乾没狀。劉瑾竊政，以終養乞歸。源至孝，晚歲文名益著。

郭楠。字世重，晉江人。正德進士，歷官御史。嘉靖初請召還直臣王思等，會諸臣争大禮得罪，楠方巡按雲南，馳疏乞賜優容，帝怒逮赴京，廷杖削籍歸。

陳琛。字思獻，晉江人。蔡清得其文異之，曰：「吾得友此人足矣。」琛遂稟學于清。舉正德進士，歷官吏部考功主事，乞終養歸。嘉靖中起貴州提學僉事，俄改江西，皆辭不赴。著有四書淺説、周易通典。學者稱紫峯先生。

史于光。字中裕，晉江人。事親孝，家貧勵志讀書。正德丁丑成進士，官吏科給事，議大禮疏不報，以疾歸。著有易經正蒙。

張岳。字維喬，惠安人。正德進士，授行人。與同官諫南巡，杖闕下謫官。嘉靖初歷主客郎，議禘禮，岳議不如爲皇初祖位，毋實以人，後如岳言。遷廉州知府，時征安南，岳力主撫，卒降之。累撫鄖陽、江西，總督兩廣，著威名，復以右都御史總督湖廣、貴州、四川軍務，破平諸苗。岳自幼好學，以大儒自期，博覽工文章，經術湛深，學以程朱爲宗。前後累奏奇功，爲嚴嵩父子所撓。卒官，贈太子少保，謚襄惠。

林希元。字茂貞，同安人。正德進士，授大理評事。嘉靖初上新政八要，言君道在勤正學，親正人，而息中官機務，罷中官鎮守，上嘉納。會以議獄事被論，棄官歸。大臣交薦之，起爲寺正。遼東兵變，希元極言姑息之弊，謫知欽州。時安南不貢，廷議征討，擢希元兵備海道，希元主必征之策，與督臣異議，罷歸。著易經、四書存疑。學者稱次崖先生。

蕭景腆。晉江人。以掾補長洲尉。時知縣郭波執法，爲織造太監張志聰所撓，執而倒曳之車後，景腆領所部追奪之，市民羣助景腆，梯屋飛瓦，羣擲志聰。志聰還訴於朝，械下詔獄，廷臣會疏救之，仍調尉，上官爲立「仗義英風」之碑。

王愼中。字道思，晉江人。嘉靖進士，授户部主事。時詔簡部郎爲翰林，衆首擬愼中。張孚敬欲一見，辭不赴。累遷河南參政，歲饑賑濟有方，旋罷歸。益肆力古文，演迤詳贍，卓然成家，與唐順之齊名，天下稱曰「王唐」。順之稱其文二百年來當爲中興，後有起者莫能及。有遵巖集行於世。

莊用賓。字君采，晉江人。嘉靖進士，歷官浙江按察僉事，直指行部事不合，必與抗論。上虞丞倚鹺使私人，貪恣不法，暴其狀黜之，罷歸。值倭寇逼郡，父塚爲寇所發，偕弟用晦率鄉勇直搗寇巢，負父骸以歸。用晦奮身擊賊，力不支而斃。事聞，贈太僕寺少卿，子世襲，一子百户。

陳一道。字邦緒，晉江人。嘉靖中以掾吏爲蕪湖丞。倭自浙流劫至南陵，一道赴援，麾衆獨進，爲賊所殺。其從弟子義橫身捍刃，亦死之。事聞，贈應天府通判，子義府經歷。

蔡元偉。字伯瞻，晉江人。嘉靖舉人，授羅田教諭，歷撫州同知，署樂安、崇仁，並著勞績。學宗程朱，勇於自治，作考德録，日識所行事。所著有四書折衷、易經聚正。

周天佐。字宇弼，晉江人。嘉靖進士，任户部主事。九廟災，御史楊爵應詔陳時政闕失，繫詔獄，天佐疏救之，詔廷杖，繫獄死。隆慶初贈光禄寺少卿，天啓中謚忠愍。

許宗鎰。字應衡，晉江人。嘉靖進士，由浦江令歷户部郎中，出知夔州，以清廉爲二千石冠，賜宴褒嘉，擢廣東按察副使。大、小羅山峒寇出没爲害，宗鎰增屯戍，謹關隘，而通鹽米以撫結之。大廟山寇黄顯祖據山爲巢，出剽江艇，請閩、贛二省兵會剿，廣撫檄移其兵，宗鎰以功垂成不遣，坐爲所論，謫貴州參議。尋遷雲南按察副使。獛剌、㹀雞諸蠻剽掠爲俗，舊制有十哨兵屯種守禦，歲久皆廢，宗鎰盡復之。鑿元湖達瀘江，修嶍峨河，灌田防水，教民種蕎菽諸穀，民有所仰食。擢浙江參政，罷歸。

趙恒。字志貞，晉江人。嘉靖進士，教授袁州，累擢姚安知府。郡故雜苗俗，恒爲定婚娶之禮。所著有春秋録。

史朝賓。字應之，晉江人。嘉靖進士，授刑部主事。楊繼盛論嚴嵩罪下獄，朝賓比奏事不實律，署末云：「楊繼盛語雖詿誤，心實無他，惟憫其狂愚，謫發遠戍，庶以全好生之德。」奏入，楊竟坐大辟，朝賓亦謫判泰州。嵩敗，擢鴻臚寺卿，卒。

俞大猷。字志輔，晉江人。世泉州衛百户，舉嘉靖武進士，除千户。尚書毛伯温奇其才，擢廣東都司。平交黎有功，進參將。移浙東，屢以舟師破倭寇，遷總兵。總督胡宗憲誘誅汪直，倭復閧，宗憲委罪大猷。以白衣赴大同立功，擢廣東總兵，平惠、潮羣盜，經略廣西。隆慶中征古田叛猺，夷其峒，建縣治。改福建總兵，尋免。萬曆初，尚書譚綸薦起後府僉書，乞歸。大猷在軍中五十年，長於料敵，未嘗挫衄，忠誠許國，老而彌篤。著有正氣堂集、劍經行世。

伍民憲。晉江人。嘉靖中，倭寇殺其父，民憲往與賊鬬，賊斷其手，卧草中，猶呼其父，三日而絶。

李愷。字克諧，惠安人。嘉靖進士，授番禺令，廉幹有材。遷湖廣按察僉事，擒斬苗寇，降其餘黨。倭寇犯惠安，愷督視築城，力戰拒守，邑賴以全。著有介山集。

康朗。字用晦，惠安人。嘉靖進士，授刑部主事。閲武定侯郭勛獄，以疆直著聲。遷山西參議，備兵曹、濮。劇寇傅伯玉、劉千斤流剽三省〔一〇〕，朗冒矢石，與將吏死戰，斬獲無遺。捷聞，晉僉都御史，開府鄖陽。適漢中降回激變，朗持檄諭之，回遂解散。轉副都御史，致仕歸。

朱一龍。字于田，惠安人。嘉靖進士，歷官廣東左參議。時柘林叛兵突薄會城，藩臬官分門守禦，不納避者。一龍曰：「賊近而啓扃以待，示吾疆也。民急而開門以納，示吾仁也。」傳令大開門，日入男婦以萬計。遷廣西右江。時寇猖獗，條上督撫，請便宜從事，從之。乃密召將領分兵四出，斬獲八百有奇，諸蠻震慴，復遵約束。遷江西參政，罷歸。

陳道基。字以中，同安人。嘉靖進士，歷官應天巡撫。檄下所司，諸告密株連者勿問，謬持人短長快睚眦者必罪。自是告訐之風頓息。以忤張居正被劾歸，後起官南京刑部尚書。乞歸，卒。

洪朝選。字汝尹，同安人。嘉靖進士，歷官刑部侍郎。遼藩獄起，張居正以私憾欲有所旁及，屬朝選往勘，朝選論庶人如法，他無株連。居正銜之，罷歸。九江勞堪任巡撫，希居正意，摭其無實事以聞，命未下，捕置之獄，絶食死。居正卒，朝選妻及子競訟冤闕下，詔復其官。

張弘綱。同安人。倭寇邑，其父與弟皆被掠，索金贖，弘綱家貧，無所得金，乃入賊巢泣曰：「某幼無可假貸，不如歸父，則金可得。」賊信之，刻期而歸其父。及期父不至，賊令縛其兄弟斬之，復紿賊曰：「父歸必有金，可遣吾弟速之。」賊又如言而遣其弟。弟既脱，弘綱乃告賊曰：「家貧金實不可得，吾以全吾父與弟耳。」賊怒爲所賣，懸而殺之。

詹仰庇。字汝欽，安溪人。嘉靖進士，由南海知縣徵授御史。隆慶中疏言陳皇后遷居别宫，上爲心動。會奉命巡視十庫，疏言内官動以供御爲名，肆行侵冒，乞命查覈。疏入忤旨，杖至百，黜爲民。仰庇官臺中八閲月，疏四上，多指斥中官。萬曆初起官刑部侍郎，乞歸，卒。

黄鳳翔。字鳴周，晉江人。隆慶戊辰進士第二，授編修，歷官禮部右侍郎。洮河告警，抗疏請屏遊宴，親政事，以實圖安攘，因進用人理財之説。既以請建儲未得命，請告去。後擢禮部尚書。天啓初謚文簡。

王用汲。字明受，晉江人。爲諸生時，郡遭倭横，會御史至，用汲言之，知府以爲非諸生事，用汲曰：「范希文爲秀才時，以天下爲己任，矧鄉井之禍，不關諸生耶？」知府有慚色。舉隆慶進士，爲員外郎。張居正奪情歸葬，楚督撫以下畢會，按臣趙應元獨不往，被劾除名。用汲憤甚，抗論坐削籍。居正殁，復官，歷南京刑部尚書。用汲剛正，遇事敢任，以彊直故，累遷皆在南。卒，贈太子太保，謚恭質。

王定民。惠安人。家貧鬻楮爲業，能以養志爲孝。父病足，出入恒負之。邑令葉春及詣其廬禮焉。

郭惟賢。字哲卿，晉江人。萬曆進士，官南京御史。張居正既死，諸忤居正得罪者猶未召録，惟賢請復諸臣故秩。時馮保猶用事，謫江山丞。保敗，復官，遂劾左都御史陳炌，薦在籍諸臣王錫爵等，皆從之。尋以救諫内操被謫主事董基忤旨，調南京大理評事。累遷户部左侍郎。卒，贈右都御史，謚恭定。

蘇濬。字君禹，晉江人。萬曆進士，歷官浙江提學僉事，遷廣西參政。興文化俗，治尚簡易。岑溪峒猺反，討平之。擢貴州按察使，不赴，歸家講明心性之學。著四書易經説，與蒙引淺説並傳，學者稱紫溪先生。

李廷機。字爾張，晉江人。隆慶庚午鄉試、萬曆癸未會試皆第一，廷試第二，授編修。歷祭酒，立教以嚴爲主。遷南京吏部右侍郎〔一一〕。典京察，無偏私。署户、工二部事〔一二〕，綜理精密。奏行軫恤行户四事，商困大蘇〔一三〕。廷機遇事有執，尤勵廉潔。累官禮部尚書，兼東閣大學士。致仕，卒，贈少保，謚文節。

楊道賓。字維彦，晉江人。萬曆丙戌進士第二，歷官禮部侍郎。習練朝典。嘗因星變，請釋逮繫言官。南京水災，請御殿决政，章疏毋留中及内降。東宫輟講，疏引唐宦官仇士良語爲戒，深中時忌。卒，贈尚書，謚文恪。

何喬遠。字穉孝，晉江人。萬曆進士，官禮部儀曹郎。力争三王並封，事得寢，坐累謫廣西經歷。歸里二十餘年，中外交薦不起。光宗即位，起光禄卿，進通政。魏忠賢毁首善書院，逐鄒元標等，喬遠抗疏不報，遂乞歸。崇禎初，起南京工部侍郎，尋致仕。卒，贈尚書。所著有名山藏及閩書百五十卷。

黄汝良。字明起，晉江人。萬曆進士，歷南北司業。有監生挾巨璫書至，汝良曰：「國學四方觀型，司成無與中涓通書例。」按治之。擢東宫日講官，每敷引古今，隨事披陳，東宫喜動顔色。天啓中掌詹事，疏言楊、左諸臣宜加贈䘏，要典宜毁。晉禮部尚書。陳時務八要，又力言犴狴填滿，干天和，遂致仕歸。所著有河干集、冰署筆談、野紀矇搜、樂律志諸書。

史繼偕。字世程，晉江人。萬曆壬辰進士第二，授編修。疏言册立東宫，開閣講學，不報。歷南少宰兼户、禮、工三篆，力清盤庫盜帑之姦。改詹事，乞歸。尋起佐銓部，入閣辦事。偕廷臣疏請神宗視朝，并力陳備兵措餉諸事，不報。致政歸。天啓初復召入閣，加少保，引疾歸，卒。崇禎初贈少師，謚文簡。

林學曾。字志唯，晉江人。萬曆進士，授南康推官，以清慎著稱。時有「前林後李，清和無比」之謡。天啓中累官户部尚書。致仕，年踰八十，猶朝夕講誦不輟。厚德雅量，學者宗之。撫□特疏於朝〔一四〕，奉旨存問。從孫胤昌〔一五〕，字爲磐，萬曆進士，授南京户部主事，歷吏部文選郎中。以忤楊嗣昌削職歸，講學于晉江學左之旦氣堂，後即其地祀焉。著有經史耨義、周易口占、易史象解、旦氣語録内外篇諸書。

莊欽鄰。字寅卿，晉江人。萬曆進士，授饒州推官，歷吏部郎中。以忤魏璫削職。崇禎初引用直臣，累遷户部侍郎。黄道周劾楊嗣昌奪情，忤旨下獄，欽鄰與范景文合疏論救。後爲吏部尚書，以母老乞歸，卒。

林欲楫。字仕濟，晉江人。萬曆進士，授編修。天啓中火災，陳修省數事，觸璫忌。累遷禮部尚書，掌詹事府。武陵楊嗣昌議增兵餉，抗言不宜以窮民養驕兵，尋具民窮兵譁疏，力指時弊，不報。乞休，卒。

何燮。字中理，晉江人。萬曆舉人，知靈川、桂東二縣事，卓有政績。崇禎十五年，知亳州。州自八年後寇賊交横，益以饑饉，民死徙過半，燮盡心撫循，營戰守具甚備。甫及三月，齊、豫土寇迭至，力戰擒其渠，撫降數千人。未幾，闖賊至，燮堅守孤城，晝夜擐甲，城陷被執，抗罵不屈，賊斷其足，罵益疾，復剸其胸，旋剸旋罵，賊磔殺之，懸其首於市，三日耳鼻猶動。贈太僕寺少卿，謚忠壯。本朝乾隆四十一年，賜謚烈愍。

蘇茂杓。字弘濟，晉江人。萬曆舉人，知封丘縣。屬旱蝗爲災，捐橐設粥賑之，存活無算。進開封府同知，署府篆。闖賊大舉圍汴，汴水決，賊乘筏蟻進，茂杓度不免，赴水死。本朝乾隆四十一年，賜謚節愍。兄茂相，字弘家，萬曆進士，歷官中外，有政聲。崇禎初仕至刑部尚書，加太傅。乞歸，卒。

莊際昌。字景説，晉江人。萬曆己未會試、廷試第一，以修撰充經筵展書，直起居注。時魏璫煽虐，授事未數日，即乞差歸。丙寅秋當復命，會修三朝要典，蹙然曰：「是固欲以國史爲刑書乎？」無何，爲魏璫所褫奪。璫誅，即家起右諭德，進左庶子。卒，贈詹事。

潘寬。晉江人。兄爲諸生，得危疾，寬刲股療之，肉未進，有鬼物告其兄曰：「君有賢弟，我不敢侮。」食之果瘥。

韋起宗。晉江人。母蔡氏守節。比長，遇士大夫，輒拜跪求文表揚，請於朝幾得之，爲忌者所沮，目爲之盲。久之獲朝命，目復明。母殁，廬墓三年，又追爲父服，亦廬墓三年。萬曆中旌其里爲節孝。

王熺。晉江人。幼孤，母李氏誓死撫育。熺長盡孝，後爲瀧水訓導。子文昇，孝如其父，萬曆中皆被旌。

洪有復。字懋純，南安人。萬曆進士，知武陵縣，以抗直得聲，遷湖廣左布政。適稅璫肆焰，同官馮應京被逮，有復悉力調護，爲民請命，湘澤獲蘇。

洪啓睿。字爾介，南安人。萬曆進士，授禮部主事。首發沈惟敬之姦，疏兵部尚書石星誤國，復請册立東宮。累官浙江布政使。浙東饑，浙西澇，請蠲請折請賑，咸報可。乞休歸。

陳玉輝。字達卿，惠安人。萬曆進士，授吉水令。歷御史，轄屯田馬政，釐剔姦弊，豪右斂手。以艱歸。復起御史，掌大計，風裁嚴峻，書牘不入。視事五月卒。

李獻可。字堯俞，同安人。萬曆進士，歷官禮科都給事中，甫三日，疏請皇太子出閣講學，削籍歸。天啓初録言事諸臣，贈光禄寺卿。

蔡復一。字敬夫，同安人。萬曆進士，歷湖廣參政。時方有事貴州，黔撫議剿，復一獨言撫，不聽，坐免。尋起鎮易州。及安邦彦亂，擢兵部侍郎，賜尚方劍，節制五省。入黔未幾，上首功八十餘級，賊畏不敢渡河。復坐搗巢之役免，移境上候代，卒於軍。贈尚書，謚清憲。

許獬。字子遜，同安人。萬曆辛丑會試第一，授編修。性不諧俗，喜讀書，矢口縱筆，皆有精意。

蔡獻臣。字體國，同安人。萬曆進士，授刑部主事。時神宗久不視朝，獻臣疏請早定國儲。遷禮部郎，疏請福藩之國，鄭貴妃夜發内使執之，獻臣不爲屈，旦入對，據舊典力争，神宗嘉其直。天啓時擢南太常，爲璫所誣，削籍。

李懋檜。字克倉，安溪人。萬曆進士，除六安知州。愷悌得民，歷刑部員外郎。因旱上言皇貴妃及恭妃册封事，又言保聖躬、節内供、御近習等七事，寢不行。尋以給事中邵庶論刺建言諸臣，懋檜疏争，言「陛下欲重百官越職之禁，不若嚴言官失職之罰」，帝責其沽名，貶官。天啓初，終太僕寺少卿。

蔣德璟。字中葆，晉江人。天啓進士，官翰林。陳練兵練將之法，上救荒事宜，性鯁直不設門户。崇禎時累遷禮部尚書，東閣大學士，進御覽備邊册、諸邊撫賞册，又力言召買之苦，練餉之害。乞歸，卒。

黄景昉。字太穉，晉江人。天啓進士，充日講官。會召對，言考選未公，推官成勇、朱天麟廉能素著，不獲與清華選，尚書鄭三俊，四朝老臣，一生清德，以詿誤繫獄，乞從寬宥。尋擢户部尚書、文淵閣大學士。乞假歸。

趙元有。晉江人。天啓舉人，授黄陂令。邑屢被寇災，至則招集流亡，置倉賑䘏。崇禎十六年，張獻忠遣哨至城下索印，死守不與，力盡援絶被執，羈之岐亭，啗以高官，曰：「吾世受國恩，肯作賊官耶？」已復罵賊，支解以死，陂人拾殘骸葬之。本朝乾隆四十一年，賜謚節愍。

蘇夢儀。字羽若，晉江人。天啓武進士。崇禎十六年，以都督同知提督安慶水陸營衛，叛帥左良玉舳艫東下，郡縣望風披靡，夢儀曰：「吾世受國恩，脱力不支，抱忠入地耳。」無何，廢將杜宏域等開城内應，夢儀巷戰被執，百計啗誘，終不屈，遂遇害於南鍾嶺，闔家俱死。贈光禄大夫、太子少保、大都督，謚武愍。

范方。字介卿，同安人。博學善屬文。舉天啓辛酉鄉試第一，授助教，遷户部主事。闖賊陷京師，執方索倉鑰，方曰：「頭可斷，鑰匙不可得也。」鋒刃交下，噴血怒罵而死。長子諸生登楓，號痛絶吭死。同時死者，同邑平涼同知郭寅日及其二子。本朝乾隆四十一年，俱賜謚節愍。

莊鼇獻。字叔瞻，晉江人。崇禎進士，由庶吉士改兵科給事中。上太平十二策，極論東廠之害，忤旨，貶江西布政司照磨。福王時復官。

陳洪謐。字龍甫，晉江人。崇禎進士，授户部主事，歷遷蘇州知府。時方急催科，洪謐以撫循爲事，蠲一切煩苛，吴民戴之，時稱循吏。擢太僕寺少卿。

曾異撰。字弗人，晉江人。家侯官，父爲諸生早卒，母張氏以遺腹生，家窶甚，紡績給晨夕。異撰事母至孝，爲詩古文有奇氣，娶妻不能具牀，恒宿於外，歲凶則採薯葉雜糠籺食之，然性介甚。長吏知其賢，欲爲之地，不屑也。崇禎中舉於鄉。有紡授堂集行世。

吴韓起。字宣伯，晉江人。崇禎進士，知當塗縣，有惠政，擢禮部主事。爲文古雅清勁，海内傳誦。著有四書易經説、青嶽文稿。

蔡道憲。字元白，晉江人。少聰敏博雅。崇禎丁丑進士，爲長沙推官，緝盜鋤强，姦人斂跡。十六年，張獻忠逼長沙，巡撫王聚奎遁，道憲攝太守事，爲死守計。賊遶城呼曰：「軍中久知蔡推官名，速降毋自苦。」道憲命守卒射之斃。越三日，總兵尹先民戰敗降賊，道憲急出百姓十餘萬户，以孤城自誓。城陷被執，百計誘以官，嚼齒大駡。釋其縛，延之上坐，駡如故。賊曰：「汝不降，將盡殺百姓。」道憲大哭曰：「願速殺我，毋害我民。」賊擲刃揕其胸，血濺賊面，賊爲昏仆，遂斷其足，截其手，鉤舌毁齒，抉眼割鼻，寸磔以死，時年二十九。贈太僕寺少卿，謚忠烈。有從役凌國俊、李師孔、陳賢等九人者隨不去，賊先殺五人以懼道憲不動，及以次斬及國俊，國俊請葬主而後就戮，賊許之。國俊解衣裹肉骨，葬之城南醴陵陂，還詣賊自刎死。

蔡肱明。字子起，晉江人。崇禎進士，以召對稱旨，擢職方郎中。出爲四川威茂道，副總兵朱化龍爲變，脅肱明從之，肱明厲聲曰：「反賊，我死則死耳，安能從爾反乎？」與其兄啓明俱遇害。父國烒、妻莊氏及一家三十二人同日俱死。謚忠愍。本朝乾隆四十一年，賜謚烈愍。

郭符甲。字輔伯，晉江人。崇禎進士，授南京户部主事，乞假歸。明末舉兵山中，戰敗死，屍七日不腐，鄉人義而葬之。同邑御史郭承分，亦抗節死於酉陽。本朝乾隆四十一年，俱賜謚節愍。

洪淯鼇。字六生，晉江人。崇禎拔貢。永明王時，總督兩粤、滇、黔等處軍務，拒守荆湘，戰敗死於巫山。本朝乾隆四十一年，賜謚忠節。

葉翼雲。字敬甫，同安人。崇禎進士，知吳江縣，有惠政。遷刑部主事，乞歸。唐王入閩，擢稽勳員外郎，兵敗抗節死，闔門俱殉。本朝乾隆四十一年，賜謚烈愍。

本朝

林維造。字用章，晉江人。順治四年，以廕補鞏昌知府，有惠政，擢西寧副使。李自成餘黨潛蹤山谷，維造剿除之。五年，逆回煽參將蔣國泰爲亂，佯言兵變，擁維造至北關，搤殺之。康熙元年，贈光禄寺卿，賜祭葬。

李先春。字克建，安溪人。年十二，父以非辜淹囹圄，詣郡哀訴，郡守奇之，爲出其父。稍長，慷慨重然諾，歲大饑，設立賑法。賊帥張六角圍寨，先春借庫中錢立賞格，率鄉勇擊敗之。秋成，賊糾夥盜割，先春選壯士擣其營，賊遁去，鄉人德之。

王命岳。字伯咨，晉江人。順治乙未進士，選庶吉士，歷兵、户二科。所條上吏治、樞政、漕弊、興屯、救荒，及密陳靖海疏，皆軍國大計。遷刑科都給事中，後卒於家。

富鴻基。字磐伯，晉江人。順治戊戌進士，授編修，歷内閣學士。耿逆之變，李光地遣人馳蠟書至京，時論以人自賊中來，慮有他變，弗敢以聞。鴻基毅然曰：「孤臣效忠，爲國家東南半壁計，吾遑恤身家哉！」即詣闕代奏，得旨施行。擢禮部右侍郎。己未、壬戌，兩知貢舉，積弊爲之一清。鴻基持身嚴重，潔謹自守。至盈庭聚議，則讜正不隨。以病乞假歸，卒，賜祭葬。

李日焜。字省甫，先春子。康熙中，賊帥劉國軒圍泉，日焜請於將軍拉哈達，自爲鄉導，出安溪進攻，賊遁去。隨陳平海五策，悉見嘉納。授邵武協副將，調臺灣。陳辛倡亂，日焜率五百人收捕，海外帖然。擢永州總兵。乞歸，輯性理諸書以進，御書「方重淳深」四字褒之。「拉哈達」舊作「喇哈達」，今改正。

李光地。字晉卿，先春孫。康熙庚戌進士，授編修，以親老假歸。耿逆變作，沿海巨寇竊發，光地密疏言逆必敗狀，上覽疏嘉歎，擢侍讀學士。白頭賊蔡寅聚衆圍安溪，光地方居父喪，募鄉勇絶賊糧道，賊潰去。臺灣逋寇鄭克塽復圍泉州，巡撫吴興祚提兵南下，將軍拉哈達自漳平進，光地率鄉里夾擊，賊退，郡邑以安。時臺灣尚爲寇據，光地舉内大臣伯施琅有智略，遂平海外。擢兵部侍郎。巡撫直隸，築子牙隄，開柳坌以業窮甿，民受其利。晉吏部尚書，尋拜文淵閣大學士，欽定朱子全書、周易折中及性理精義等書皆承旨纂修。卒，謚文貞，祀賢良祠。子鍾倫，康熙癸酉舉人，著周禮訓纂二十一卷，未仕而卒。孫清植，曾孫宗文，俱官禮部侍郎。

李光坡。字耜卿，光地弟。少爲諸生，受學家庭，宗尚宋儒。壯歲專意三禮，積四十年成述註六十九卷，以鄭康成爲主，疏解簡明，自成一家言。旋入都與光地講貫，著性理三篇，辨論理氣先後動静，以訂近儒之差。光地嘗論東吴顧炎武與光坡，皆數十年用心經學，可以自通於後者。上詢學古通經之士，御書「道通月窟天根裏，人在清泉白石間」對聯以賜。雍正元年舉孝廉，未赴卒。

丁煒。字澹汝，晉江人。康熙中以人才舉，授漳平教諭，改魯山丞，升獻縣令，以最擢户部主事，歷官贛南道。郡以産榖名，藩檄行郡，徵米艘税，協餉定南，煒摘其十弊，請於總督于成龍革除之。升湖廣按察使，省寃獄二十餘人。煒工詩，濟南王士禛稱之。著有涉江問山詩文集。

萬正色。字惟高，晉江人。康熙十二年，吴三桂反，正色以遊擊從軍討逆，累立戰功，擢岳州總兵。前後十七戰，兵無頓刃，長沙、常德諸郡以次削平。海寇陸梁，加太子少保，提督福建水師，恢復海澄、金門、厦門，招撫降附，四民安堵。

施琅。字尊侯，晉江人。累功官福建水師提督，進爵内大臣伯。海寇鄭成功世據臺灣，授琅靖海將軍，率舟師征之。火矢交攻，賊艘覆溺無算，乞降，琅議設郡縣防守，海外悉平。封靖海侯世襲。卒，贈太子少傅，謚襄壯，祀賢良祠。子世驃，以水師守備隨父戰澎湖、臺灣有功，累官至福建水師提督。康熙六十年，臺灣逆匪朱一貴陷郡城，世驃督兵剿平之，以疾卒於軍。贈太子少保，謚勇果。

施世綸。字文賢，琅仲子。以廕知泰州，遷知揚州府。嚴禁蕩遊，俗尚一變。累遷順天府尹、副都御史。令行禁止，畿輔肅然。擢户部侍郎，總督漕運。通阻礙，懲逗遛，漕政次第畢舉。以治河勞瘁卒於官，賜祭葬。世綸性警敏，聽斷如神，自司牧歷大吏，清白自持，始終如一。

許謙吉。字二言，晉江人。康熙己酉舉人，任將樂教諭。整飭學校，訓士有方。擢知湖廣江華縣事。邑有橐胥擾害閭閻，積數十年官莫能治，謙吉甫莅任，廉其狀置之死，士民大悦。尋以病歸。

陳遷鶴。字聲士，晉江人。康熙乙丑進士，授編修，歷官左庶子。立品端粹，博通經學，李光地見其所爲太極太虚論，曰：「經生中有是人耶？」晚年家居，綜述尤富，著有易説、尚書私記、毛詩國風繹、春秋紀疑、春樹堂、上峯堂文集諸書。嘉慶二十二年，祀鄉賢祠。子萬策，康熙戊戌進士，由編修歷官詹事，有文名，著近道齋詩文集。

陳大玠。字元臣，晉江人。祖曙，以孝旌。大玠登雍正甲辰進士，授臨漳令。邑苦河患，濬百陽、萬公、普濟、福惠四渠，俾積水入河。課農桑，興學校。以臨漳漕米甲豫省，而離水次遠，輸運維艱，請豁減四千三百五十五石，永爲例，邑人德之。入爲中書科中書，升禮部主事，擢浙江道御史。遷吏科給事中，建言皆關政體。歷官太常寺少卿。著有筍湄内篇、經史講義、文集、詩集諸書。

李雲永。字世瞻，晉江人。母傅氏病，晝夜不離，母歿，結廬墓側，夙夜哀號。惠安張元嘉，事嗣母得歡心。俱雍正年間旌。

李清芳。安溪人。乾隆丙辰進士，授編修，改御史。奏言「御史之設，所以防壅蔽，必取其特立孤行無所依傍者，然後不負厥職。今迺令各衙門保舉，恐夤緣之弊，由此而生」，上韙其言。又奏請寬奉天海禁，及陳福建、湖廣捐監之弊，皆從之。以給事中巡視淮南漕務，疏濬鎮江、坍山、京口運河，得旨嘉獎。歷官兵部右侍郎。回籍侍養，卒於家。

官獻瑶。字瑜卿，安溪人。乾隆元年，用楊名時薦，爲國子監助教。甫入學，上事宜六條於其長。己未成進士，授編修，主浙江鄉試，督學廣西、陝、甘。居官廉慎，導士以誠。擢洗馬。乞養母歸。獻瑶經學淹貫，尤邃於禮。所著有周官偶記、儀禮讀、喪服私鈔、雜記諸書。嘉慶十四年，祀鄉賢祠。

陳桂洲。字文馥，南安人。乾隆壬戌進士，授檢討，歷官翰林院侍讀學士、順天府府丞。督學廣西、廣東，持躬端謹，試士公明。嘉慶二十一年，祀鄉賢祠。

李清時。安溪人。乾隆壬戌進士，授編修，出知嘉興府，歷升河東河道總督。以運河水小，恐微山湖宣洩過多，請於滚壩磯心增設石槽閘板，及應行疏濬堵閉各事宜，俱稱旨。官終山東巡撫。

莊紉蘭。惠安人。乾隆乙酉舉人，由教職遷湖北來鳳縣知縣。嘉慶元年，教匪滋事，倉猝來犯，紉蘭禦之遇害。恩予卹典。

胡振聲。同安人，提督胡貴之子。嘉慶五年，授温州鎮總兵，偕提督李長庚會勦洋匪，攻擊水溪、鳳尾兩幫盜船，斬獲無算。又擒蔡牽黨陳贊等百四十名。九年六月，以兵船二十六隻會捕蔡牽，駛至浮鷹洋面，奮勇追擊，因坐船逼近山麓，爲賊擲火焚燒被害。事聞，賜祭葬，謚武壯。

李長庚。字超人，同安人。乾隆辛卯武進士，由藍翎侍衛任浙江衢州都司。嘉慶三年，累遷定海鎮總兵，勦捕洋匪，所向有功。六年，擢浙江提督，調福建水師提督，又調浙江，特命總統閩、浙水師。前後率舟師往來閩、粤、浙洋面，擊逆匪蔡牽，身先士卒，斬獲無算，賊勢日蹙。十二年十二月，追賊於黑水外洋，賊僅存三舟，長庚發礮擊蔡逆船幾覆，賊倉皇落水者不可勝數，乃别用火攻，乘風絓其後艄，火礮交下，長庚忽爲流礮所中卒。事聞，追封三等壯烈伯世襲，賜祭葬，謚忠毅，祀昭忠祠，並詔立專祠於同安，春秋致祭。

梁廷珪。字伯寅，南安人。少爲諸生，力學敦行，言動一秉於禮。居母喪，哀毁備至。事祖母盡誠敬。著有自儆日新録。嘉慶二十一年以孝旌。

邱良功。同安人。嘉慶十年，署臺灣副將，隨李長庚剿捕蔡牽，復攻擊朱濆幫船，屢立戰功。十三年，遷定海鎮總兵。十四年，擢浙江提督，會剿蔡牽，追至魚山外洋，擊覆其船，蔡牽及其黨殲焉。封三等男。二十二年，入覲回任，卒於途。賜祭葬，謚剛勇。

流寓

唐

秦系。會稽人。天寶末避亂南安，結廬九日山上，穴石爲研，註老子，彌年不出。刺史薛播數往見之，歲時致羊酒，而系未嘗至城門。姜公輔謫泉，訪系與語，輒窮日不能去，乃築室依焉。公輔卒，妻子在遠，系爲葬山下。系與劉長卿倡和，權德輿曰：「長卿五言長城，系用偏師攻之。」南安人爲立亭曰秦君亭，號其峯爲高士峯。

陳黯。潁川人。避黄巢亂，隱於同安之嘉禾嶼，讀書終身。所著有裨正書，朱子得於其家，因爲之序。

羅隱。餘杭人。工詩，自號江東生。咸通中累舉不第。嘗遊晉江羅裳山五髻石壁，及惠安螺山，所至多靈異。

韓偓。京兆人。官兵部侍郎。昭宗反正，勵精政事，偓處分機密，欲以爲相，朱全忠忌貶之，昭宗握手流涕。後挈家族來依王審知，僑居南安，卒。

周朴。吴興人。避亂寓安溪南山下，所居有塘，因名周塘山。又隱惠安産坑山，與李穎、方干友善。後隱於福州烏石山，黄巢陷閩求得之，朴曰：「我向不臣天子，肯從賊乎？」巢怒殺之。

宋

劉子羽。崇安人。爲言者所論，責授單州團練副使，泉州安置。

李邴。鉅野人。歷官參知政事。寓泉州幾二十年，好遊山水，以詩自娱。著有草堂前後集一百卷，稱雲龕先生。

列女

宋

吕仲洙女。名良子，晉江人。父疾篤，女焚香祝天，願以身代。女弟細娘亦相從拜禱，良子卻之。細娘曰：「豈姊能之，兒不能耶？」時夜中羣鴉繞屋飛噪，仰視空中，大星如月者三。翌日父瘳。太守真德秀嘉之，表其居曰「懿孝」。

徐伯嵩妻傅氏。南安人，朝散郎烈女兄。伯嵩登進士，爲縣令卒，親老子幼，氏力貧以奉舅姑，喪葬中禮，擇師教子，皆底於成。

楊安國女。同安人。父患血疾，逾年不愈，女取肝爲粥以進，父隨瘳。

元

王氏女。名珠娘，晋江人。甫及笄，盗掠其鄉被虜，恐爲所污，乃紿賊曰：「我家有金寶，盍同取之？」盗以爲然。至大溪深處投水死。

黄嫣助妻林氏。晋江人。夫殁，矢志撫孤成立爲諸生，至今子孫蕃衍，人謂貞節之貽。

明

李某妻莊氏。名盡娘，晋江人。洪武元年，夫以事詣京，偕行至崑山，夫卒，氏寓書歸遺其親，自溺死。

翁慶女。晋江人。永樂中慶爲御史，坐累下獄，無子，女詣闕上書請代。仁孝皇后召入宫，留之三月，爲宫中師，人以比緹縈。

陳登選聘妻沈氏。名孫娘，晋江人。許字未嫁，夫殁，氏佩聘釵，起居不離，年四十終。同邑莊允祥妻曾氏，名選玉，夫早亡，氏盡出奩資，勤勞營葬，孝養舅姑，撫子女成立，卒年八十有三。尤惠妻李氏，名妙嚴，繼姑虐甚，李曲盡孝養，姑亦潛爲轉移。夫早殁，子女皆幼，氏撫育經營，諸孤成立，有司奏請旌表，卒年九十有八。梁黼妻莊氏，年二十五而寡，撫孤懷仁，掇科第，爲時所推，氏年八十餘卒。

王國助妻陳氏。名媚姜，晋江人。年十七夫死，一日從母往外祖家，回舟江中，猝遇賊，氏度不免，赴水死。越四日屍浮，面色如生。

杜義姑。晋江人。父早喪，奉母佘氏，撫其弟華，娶王氏，生子昆。華復夭，族右謀奪其産，侵凌之，女矢死不嫁，偕王氏事母鞠孤，力持門户，家稱義姑。年七十餘卒。

林泗妻李氏。名純香，晉江人。年十九，泗贅其家，甫五旬泗卒，氏水漿不納者七日，卒哭縊死。嘉靖中旌。同邑南澳總兵歐陽寨妻鄭氏、安海無名女氏，俱遇倭寇駡賊死。吴天錦妻李氏、陳宗球妻史氏、黄熙耀妻李氏、王爵妻陳氏、徐訔妻黄氏、林有栻妻許氏、蔡國襄妻吕氏、江甲耀妻黄氏、方其娠妻陳氏、謝應祚妻陳氏、蔡之升妻劉氏、吴鳳來妻蔡氏、陳般道妻郭氏、黄興妻莊氏、徐渡妻張氏，俱夫亡殉節。

黄祥獬聘妻藍氏。名明娘，晉江人。許字未婚而夫卒，明娘聞訃自經死。其家在南門橋，因名爲藍橋。同邑余汝麗聘妻林氏、蔡遵課聘妻陳氏、姚楷聘妻陳氏、黄崇樠聘妻陳氏、李某聘妻林氏、何公保聘妻趙氏、吕仲熙聘妻陳氏、陳廷策聘妻林氏、許世鐘聘妻王氏、王酉忠聘妻許氏、吴維裾聘妻楊氏、曾某聘妻郭氏、傅帛聘妻許氏、陳五美聘妻謝氏，俱未婚殉節。

李義姑。南安人。父陷事死，母兄先歿，二弟一姪皆幼，姑撫育之。既成立，遂不復嫁，年八十卒，海上稱爲「貞孝義姑」。同邑洪有臨妻史氏，夫亡，年二十五歲，遺子啓聰，鞠育教誨，後啓聰成進士爲郎，詔書旌表。黄逸妻蔡氏，字端謹，晉江蔡清之妹，逸赴京歿於途，氏年二十五，一子存實方在抱，獨處一室三十餘年，接見兄弟不踰閾，晝夜績紝，撫遺孤而教之。傅廷雅妻葉氏，歸二年夫故，舅姑先亡，遺夫弟妹四人皆幼，氏守志撫育，族人服其苦節，詔旌其門。

蘇希益妻陳氏。南安人。嘉靖中爲倭寇所掠，義不受辱，乘間投水，賊以矛刺之，駡不絶口，與幼男俱被害。

何伯瑾妻林氏。惠安人。年二十四而寡，撫子公陽成立，辛勤備至，年七十四卒，詔旌其門。同邑王維信妻何氏，年二十三夫殁，鞠子良輔成立，長爲娶婦康氏，事姑尤孝，姑病刲股以進，病立痊。康母亦節婦，抱病復刲股以愈母。有司旌其門曰「内行雙奇」。

宋某妻許氏。名梅，同安人。適宋隱山之子，夫得痼疾，梅奉之恬然。夫死不二，父母憐其少，使再適，遂投海死。同邑殉節。

洪伯大妻陳氏、王湍妻林氏、李一陽妻莊氏、吕潤妻陳氏、張鳳岐妻陳氏、許志超妻葉氏、吴泰妻康氏、黄應考妻盧氏、黄舍人妻祖氏、傅禧光妻蘇氏、王從彝妻陳氏、葉啓翼妻蔡氏、張廷諧妻許氏、黄思詔妾陳氏、吴從憲妾沈氏、陳殷莊妻張氏、張綏妻周氏、張一睦妻葉氏、楊廷樹妻范氏、許元妻洪氏、陳肇崗妻劉氏、黄鼎在妻許氏、李躍龍妻郭氏、劉仲芝聘妻吴氏、葉秀春聘妻康氏，俱夫亡

蔡士訓妻洪氏。同安人。嘉靖間避倭大磴寨中，爲所虜，驅之不行，頓坐於地，以瓦石擊賊，厲聲哭駡。賊殺一婢以恐之，不爲動，又殺其女及二稚子，哭駡愈甚，賊刺其胸而死。時同邑諸生王式妻吴氏，亦避倭大磴寨中被執，駡不絶口，見道旁有泉，遂投而死，後人名其泉曰義泉。又陳汝光妻許氏、周仕昂妻陳氏、鷺門王義娘，俱遇寇不辱死。

張英時妻劉氏。同安人。夫殁，子思睿方週，貞守十九年而思睿又亡，取夫兄子思頊爲嗣。思頊壯年客死於外，妻陳氏，教育五子成立，人稱姑婦雙節。同邑黄釗妻梁氏，年二十餘，夫往安溪，爲人所害，氏奔喪殯殮。時值饑饉，勤女工，養二子成立，卒年八十有二。許從鋭妻盧氏，年十九，夫殁無子，以夫姪爲嗣，撫之成立，卒年八十有四。許元夫妻蔡氏，歸五年，舅姑殁，夫蕩産棄家。氏就食母家，遇年節及舅姑忌辰，必歸祭盡誠。夫客死，氏以許姓血食無依，遂躬績二十餘年，贖夫所典田宅，以供祀事，議立繼嗣，卒時囑祔葬舅姑墓側。

林超南妻黄氏。安溪人。年二十三夫亡，時值倭警，氏對柩泣曰：「寇來吾死柩前矣。」及卒哭，遂自經。

楊魁杰妻詹氏。安溪人。夫溺水死，氏年二十三歲，哭三日，得屍歸葬如禮，孀居五十載卒。同邑舉人林應漢妻王氏，應漢卒，遺孤樆等尚幼，氏鞠育成人，自二十八歲至八十歲，勞瘁如一日，樆後以孝稱。鄭耀寰妻吴氏，年二十二而寡，矢志撫孤，時堂前五燕化烏爲白。遭寇，舅被掠索賂，氏脱簪珥贖舅歸，朝夕孝養。有司旌其門。

李鏜妻林氏。安溪人。山寇掠其鄉，遇追度不免，紿曰：「吾藏金某處，同往發之。」行至黄石潭躍水死，三日屍出，倚石而立。本朝康熙五十四年，御書「女宗挺節」四字旌之。

本朝

林某聘妻歐氏。晉江人。許字林氏子，未歸而殞，父母旋歿，一弟十歲，氏摩其頂哭曰：「吾死於林，義也，顧父母死，爾何依？」自是躬紡績而課讀不輟。順治丁亥，遭寇，自毀其面。弟被執，氏哀號抱持，瀕死不去，主兵者憐而釋之。弟成立，氏一慟而絶。

歐陽八哥妻林氏。晉江人。夫以醫遊四方，林紡紝自給。順治丁亥，山賊至，林恐爲所污，偕女子二人投於池，時林之母家，嫂妹三人，一經於卧内，二赴水死，蓋同日有六烈云。

歐廷琰妻林氏〔一六〕。晉江人。順治丁亥，土賊據衛城，率二女赴水死，里中女從死者十餘人。數日屍浮，皆相抱持不可解。

王定安妻陳氏。惠安人。順治間寇亂，子被殺，媳游氏投井死。氏曰：「婦能殉夫，余忍獨存？」亦繼之。

二烈婦。同安人，失其姓。順治戊子寇亂，嫂與小姑避賊石馬，寇至，挾小姑不從，以刃揕其胷。旋挾嫂，嫂又不從，賊亂斮之。二屍顔色如生。同邑紀四妻蔡五娘，亦遇寇不辱死。

鄧某妾扈氏。北平人。年十七，歸晉江鄧某爲妾。嫡妒閉氏幽室，鄧歿嫡乃出之，氏哭奠柩前自經死，衣帶中遺詩二絶，有「願從野蝶依青草，携手雙雙到鬼門」之句。

林忍娘。同安人。夫從軍死於海澄，林請於主將，願從夫於地下，求合葬，許之，遂自縊。

楊六妻王氏。同安人。夫亡，氏年十七，撤帷之日，投繯而逝。同邑劉修妻鄭氏、陳某妻林城娘，俱夫亡殉節。

陳京妻許氏。名初娘，同安人。爲豪家所逼，義不受辱，被擊死。

謝昂聘妻林氏。名雅娘，同安人。許字未婚，昂病劇，昂母彷彿見女子在榻前。昂死，雅娘自縊，昂母往視其殮，驚曰：「曩日侍兒病者，乃吾婦也耶？吾習其容久矣。」兩家異之。同邑蘇獻臣聘妻鄭氏、陳陣舍聘妻紀氏、蔡德聘妻劉氏、李燕聘妻林氏、鄭毓濬聘妻洪氏、陳郊聘妻張氏、王鳳聘妻黄氏、林萬燧聘妻陳氏、林炷聘妻吴氏、林原聘妻石氏，俱夫亡殉節。

高洛聘妻詹氏。名京娘，安溪人。父母早亡依叔，洛外出不還，舅姑許改適，京娘守義不移，待字二十載，聞洛卒，投溪死。

郭彦郁妻李氏。晉江人。夫歿家貧，寄居母家，勤女工，課子必緒成名，年九十一卒。雍正三年旌。同邑鄭承棟妻陳氏、陳兆麟妻王氏、生員林登驪妻黄氏、蘇夔妻孫氏、黄時可妻傅氏、楊銘鼒妻王氏、黄頤騶妻陳氏、楊朝勳妻姚氏、車乘鳳妻劉氏、周泰可妻陶氏，俱雍正年間旌。

陳貞姑。晉江人。父年老喪媪，貞姑未字，治女紅以奉甘脆，自誓不嫁。父年九十五卒，貞姑哀痛繼殞，里人比之北宫嬰兒云。

胡氏。晉江人。遇暴不辱自縊。同邑陳士蘅聘妻黄氏、黄汝觀聘妻徐氏，夫亡殉節，俱雍正年間旌。

黄巽望妻李氏。南安人。夫爲諸生，歿時氏年二十四，撫遺腹子讀書成立，家極貧苦，日織布三丈，積之爲兒娶婦，卒年八十六。雍正三年旌。

王中静妻洪氏。南安人。年十九而寡，勤女紅以事舅姑，立夫姪爲嗣，孀守三十三載，雍正四年旌。同邑傅思樂聘妻吴氏，未婚而夫亡殉節。

張煃妻黄氏。惠安人。年二十一寡居，遭寇亂，挈老姑避山中，孝養不離晨夕，教諸子讀書成立，年八十一卒。雍正三年旌。

孫洪籌妻鄭氏。惠安人。夫亡殉節。同邑烈女吴蘂娘，遇暴不辱自縊。雍正五年旌。

王天祐妻何氏。同安人。年二十夫故，辛勤紡紝，仰事七旬舅姑，鞠育週歲弱嗣，及舅姑殁，拮据殯殮如禮。卒年八十有九。雍正六年旌。同邑張應斗妻李氏、黄忠妻蔡氏，俱雍正年間旌。

謝復淑妻劉氏。安溪人。年二十九歲，孀守茹苦，課子讀書成立，氏壽踰百齡。雍正十一年旌。

鄭可階妻黄氏。晉江人。夫亡守節。同邑教諭陳爊繼妻謝氏、施世騮妻黄氏、莊延祝繼妻張氏、蘇褒紹妻陳氏、莊頤妻蕭氏、林偉烈妻施氏、王元侯妻黄氏、黄球圖妻鄭氏、池繼澤妻王氏、蘇得鱗繼妻張氏、何希哲妻萬氏、鄭廷璧妻柯氏、黄璿妻李氏、蔡翼升妻林氏、何宗文妻蔡氏、王鳳翼妻林氏、楊興業妻黄氏、林祥鎮妻鍾氏、張文秩妻吴氏、許臣驥妻鄭氏、柯懿肯妻吴氏、蔡正春妻林氏、江子趾妻曾氏、鄭汝瑶妻許氏、柯士鼇妻洪氏、蔡奕樞妻林氏、陳向榮妻黄氏、張鴻模妻林氏、陳兆菁妻温氏、蔡士震妻賴氏、伍維騏妻蘇氏、曾承烈妻黄氏、陳維推妻吴氏、蘇琛妻李氏、陳士秀妻紀氏、紀天純妻黄氏、唐士芳妻杜氏、高謀中妻萬氏、朱尚卿繼妻張氏、吴士箴妻李氏、蔣階奮妻黄氏、王奕運妻洪氏、浙江觀風整俗使蔡仕舢妾陶氏、李學桂妻楊氏、王志贈妻余氏、王榮昇妻陳氏、薛文燦妻杜氏、王興祖妻汪氏、張文煌妻莊氏、曾濟烈妻張氏、蔡立泉妻林氏、陳斌聯妻許氏、陶經麟妻林氏、楊承珍妻薛氏、李維羆妻張氏、趙與理妻鄭氏、李克忠妻王氏、吴世美妻王氏、邵士戬妻高氏、黄清編妻商氏、黄世達妻歐陽氏、朱正豔妻賴氏、朱萬庚妻陳氏、吴奕忠妻高氏、王濬改妻薛氏、粘紹熙妻黄氏、楊曾澤妻蔡氏、黄時敏妻鄭氏、曾道美妻王氏、黄奕禄妻賴氏、曾望遠妻陳氏、林重龍妻何氏、林道玠妻吴氏，烈婦陳用妻林氏，烈女鍾片娘、翁成娘、楊慈娘、粱玉女粱氏，俱乾隆年間旌。

許才高妻秦氏。晉江人。夫爲諸生，赴省鄉試，病殁喪歸，氏慟哭幾絶。家貧，女紅自給，事舅姑盡孝，課子繼元成名，守志三十一年，年六十卒。胞姪賜元，娶曾氏，年二十八而寡，撫孤甫婚而殁，復嗣幼孫，艱阻備歷，人服其苦節。

李尚德妻楊氏。南安人。夫亡守節。同邑洪奕曠妻黄氏、洪奕浘妻朱氏、蔡雄達妻陸氏、黄洽命妻吴氏、黄洽泰妻伍氏、黄洽遴妻吴氏、洪士綱妻葉氏、陳文龍妻蔡氏、潘鼎發妻謝氏、洪鳴珂妻郭氏、傅幾德妻柯氏、黄胎玉妻陳氏、戴隆齡妻鄭氏、蘇振璽妻黄氏、傅儲瑾妻陳氏、黄世芳妻張氏、張士煒妻尤氏、貢生楊從謙妻施氏、黄綜伍妻楊氏、王朝璋妻趙氏、王世喜妻卓氏、鄭德禮妻洪氏、鄭哲輝妻林氏、黄元賓妻曾氏、黄元畏妻陳氏、吴恂樸妻蔡氏、傅懷正妻李氏、傅登雲妻陳氏、何成章妻傅氏、余啓思妻陳氏、黄廷賡妻侯氏、陳祖恭妻蘇氏、吴肇紀妻張氏、王隱竹妻黄氏、蘇敦實妻何氏、王宗導妻林氏、葉紹參妻洪氏、黄天秩妻蘇氏、黄楨亭妻戴氏，俱乾隆年間旌。

朱中晢妻陳氏。惠安人。夫亡守節。同邑舉人張焻妻駱氏、駱道宏妻洪氏、駱紹高妻劉氏、張龍起妻余氏、張偉如妻蘇氏、駱其驊妻張氏、曾飛龍妻王氏、陳良燦妻周氏、仇毓正妻黄氏、魏德峻妻王氏、黄文科妻陳氏、陳雅詩妻王氏、陳景從妻吴氏、陳基妻駱氏、葉啓興妻陳氏、陳聞遠妻李氏、邱繼緒妻莊氏、詹方星妻劉氏、莊維禄妻黄氏、王某妻陳氏、陳樸直妻駱氏、陳甫觀妻曾氏、陳如山妻李氏、詹聯芳妻英氏、黄鍾瑞妻傅氏、張元超妻黄氏、郭禄觀妻駱氏、王鳳翔妻黄氏、劉洙漢妻黄氏、劉懋然妻陳氏、莊紹祖妻陳氏、饒益德妻林氏，烈婦柯答妻王氏、林彦妻陳氏、甘五妻陳氏，貞女陳玉瑛聘妻邱氏，俱乾隆年間旌。

黄日旭妻王氏。同安人。夫亡守節。同邑池源珍妻楊氏、李其文妻黄氏、劉世輔妻顔氏、陳元灉妻劉氏、李彦登妻葉氏、陳霜妻朱氏、黄佐賢妻柯氏、王登泰妻張氏、李産登妻葉氏、莊允升妻張氏、馬簡授妻蔡氏、林贊育妻杜氏、余修健妻王氏、周嚴永妻陳氏、汪德行妻葉氏、許助觀妻吕氏、蘇大連妻杜氏、陳奇芳妻鄭氏、鄭文貞妻楊氏、蔡建妻柯氏、陳世芳妻顔氏，烈婦陳表妻楊氏、洪塵妻陳珠娘、粟洋妻葉訪娘，貞女蔡建聘妻康氏，烈女楊憐聘妻郭氏，俱乾隆年間旌。

李慎卿妻傅氏。安溪人。夫亡守節。同邑李際炅妻林氏、劉元桂妻王氏、潘元俊妻林氏、李文脱妻葉氏、唐邦拱妻黄氏、李培岳妻陳氏、葉琦齡妻王氏、貢生陳士宜妻王氏、劉元鈐妻楊氏、謝天籟妻郭氏、李衍基妻趙氏、陳殿捷妻洪氏、李樹松妻鄧氏、王士符妻林氏、夔州府知府李復發繼妻沈氏，烈婦陳左之妻吴氏、陳州妻白氏，烈女林天郎女酉娘，俱乾隆年間旌。

劉重焕妻林氏。晉江人。夫亡守節，同邑紀創業妻蔡氏、顔淳海妻方氏、楊茂秀妻黄氏、生員陳國器妻蔡氏、涂成業妻蔣氏、洪攀妻林氏、李繼才妻王氏、陳夢龍妻王氏、生員朱拱峯妻林氏、周尚田妻唐氏、生員陳夢魁妻施氏、薛維孝妻周氏、洪有容妻高氏、張方大妾施氏、莊澤涵妻陳氏、何文培妻胡氏、黃嘉言妻周氏、龔更人妻黃氏、林寶祖妻王氏、陳士求妻王氏、謝思順妻陳氏、謝思和妻涂氏、楊懿亭妻宋氏、王鳴鸞妾伍氏、陳謙敬妻龔氏、吳瑞階妻張氏、蔡思權妻傅氏、粘瑞雲妻賴氏、邢正恩妻陳氏、粘飄芳妻黃氏、陳南飛妻葉氏、曾洵妻陳氏、丁經士妻林氏、蔡宏鋭妻吕氏、黃元兩妻王氏、曾毓均妻王氏，烈婦陳天定妻吕氏、蔡振文妻蕭氏，貞女郭世澤聘妻魏氏，俱嘉慶年間旌。

蘇光聲妻黃氏。南安人。夫亡守節。同邑傅爾詹妻周氏、傅觀我妻黃氏、潘文竚妻黃氏、葉文哲妻陳氏、陳肇龍妻黃氏、葉繼忠妻林氏、陳向菴妻黃氏、吳樹第妻王氏、生員陳儀之妻王氏、蘇直毅妻黃氏，貞女洪德家聘妻許氏，俱嘉慶年間旌。

曾培立妻何氏。惠安人。夫亡守節。同邑林永祚妻黃氏、陳錫虞妻潘氏、生員莊步灃妻林氏、陳光瑞妻王氏，孝女張愛娘，俱嘉慶年間旌。

許玉田妻陳氏。同安人。夫亡守節。同邑李卜豐妻曹氏、童本仁妻葉氏、李祥卿妻陳氏、曾懷妾阮氏、邱至仁妻許氏、葉玉雲妻陳氏、許志正妻莊氏、王純開妻陳氏、王乘妻石氏、葉維忠妻林氏、黃青培妻吳氏、林升中妻陳氏、黃明觀妻葉氏、林祖訓妻蘇氏、陳君熾妻洪氏、洪密觀妻蔣氏、方宗漢妻涂氏、陳秉忠妻葉氏，俱嘉慶年間旌。

仙釋

唐

蔡如金。南安人。天寶間爲太原守，棄官居清源紫澤洞，宋封沖應真人。

鄭文叔。有道術，號元德真人，隱於晉江紫帽山。有羽士寄以書，文叔握粟犒使，歸視，精金也。因名其洞爲金粟洞。

五代

譚紫霄。名峭，晉江人。博學能文，嗜黄、老。閩王昶封爲正一先生，後寓廬山棲隱洞。南唐主召至建康，賜之道號，階以金紫，皆不受，歸隱於紫澤洞。嘗作化書授宋齊丘，後尸解去。

宋

定光。姓鄭，名自嚴，同安人。年十一出家，十七遊豫章，除蛟患。乾德二年，住汀州武平南巖，蟒虎蟠伏，屢顯奇蹟。城南有龍潭爲民害，光投以偈，沙湧成洲。郡守趙良以聞，賜「南安均慶院」額。真宗朝因御齋赴謁，上問何來，答曰：「今早自汀州來。」問守是誰，曰：「屯田胡咸秩。」上故令持食賜，至郡食尚温，咸秩驚表謝。淳化八年坐化，紹定庚寅，磜寇圍州城，咸覩光像，賊衆奔潰，列狀奏請，賜額曰定光院。

吴本。同安人。生太平興國四年，不茹葷，不受室，業醫濟人，雖奇疾沈痾立愈。景祐中卒。屬虔賊猖獗，居民籲禱獲安，創祠祀之，賜額「慈濟」。後累封普祐真君。明永樂中封保生大帝。

裴道人。不知何許人，語音似江東。紹興中來泉，頭戴通草花，行歌於市，曰：「好酒喫三杯，好花插一枝。思量今古事，安樂是便宜。」後數載坐化於清源洞石嵌中，郡人泥軀祀之，號爲蜕巖。

明

董伯華。晉江人。性至孝，得道術。成化中畫雷兒童掌中，伸之有聲，市中兒悉出錢與買，伯華得錢鬻食自飽，散其餘以給市人。後尸解紫澤洞，即其身塑像祀焉，祈雨輒應。

土產

土絹。

布。棉布，晉江、南安、同安出。苧布，諸縣皆出，惠安北鎮者極佳。蕉布、葛布，南安、同安、安溪皆出。

鐵。同安、安溪出。

鹽。出晉江、惠安、同安，有場。

茶。諸縣皆有，晉江清源洞、南安一片瓦產者尤佳。

荔支。

龍眼。

柑。

橄欖。

楊梅。府志：紫、白二種，紫者長蒂最佳，白者出南安。

蔗。府志：菅蔗，舊志所謂荻蔗，諸縣沙園植之，磨以煮糖。甘蔗，不中煮糖，但充果食而已。

海苔。俗呼滸苔。府志：生海中，狀如緑髮，以同安鼓浪嶼所出爲最。

蠣房。府志：俗名曰蠔，生晉江、安海、東石者最佳。明統志：晉江洛陽江出。

江珧柱。府志：惠安縣出。

校勘記

〔一〕三台山八卦水　按，王世懋閩部疏原文作「堪輿家謂爲三台山、八卦水，故多縉紳」，此節略意嫌未明。

〔二〕南安望之則兩山並峙　「安」，原脱，據乾隆志卷三二八泉州府山川（下同卷簡稱乾隆志）補。讀史方輿紀要卷九九福建泉州府「雙陽山」條亦云：「兩峰並峙，曰大陽、小陽，在南安縣則謂之朋山。」

〔三〕山上有巖泉　「泉」，原脱，據乾隆志補。按，未聞有禱巖石而求雨者，此脱「泉」字明甚。

〔四〕溉田三千頃　「三千頃」，乾隆志同，讀史方輿紀要卷九九福建泉州府「覆鼎山」條作「三千餘畝」。

〔五〕上有天寧巖　「寧」，原作「安」，據乾隆志及讀史方輿紀要卷九九福建泉州府改。按，此志避清宣宗諱改字，今改回。

〔六〕南安縣晉爲晉安縣地　「地」，原作「也」，乾隆志同，據元和郡縣志卷二九江南道五改。

〔七〕陳立爲南安郡　「郡」，乾隆志及元和郡縣志卷二九江南道五均作「縣」。按，考隋書卷三一地理志云「南安舊曰晉安，置南安郡，平陳，郡廢」，則南安郡爲陳置。本志蓋據隋志改元和志文也。

〔八〕李光地墓在安溪縣與二里百葉林　「百葉林」，雍正福建通志卷七三藝文載李光地墓誌銘作「白葉林」。按，今其地又稱「柏葉林」。

〔九〕歷官工部侍郎煥章閣待制　「待」，原作「侍」，據雍正福建通志卷四七人物朱在傳改。

〔一〇〕劇寇傅伯玉劉千斤流剽三省　「傅伯玉」，原作「傅伯王」，據乾隆志及雍正福建通志卷四五人物改。

〔一一〕遷南京吏部右侍郎　「右」，原脱，據明史卷二一七李廷機傳補。

〔一二〕署戶工二部事　「工」，原作「二」，據明史卷二一七李廷機傳改。

〔一三〕商困大蘇　「困」，原作「因」，據明史卷二一七李廷機傳改。

〔一四〕撫□特疏於朝　「撫」下原爲空格，此當有脱誤。考閩中理學淵源考卷七六林學曾小傳云「閩省直指使者張巡撫熊特疏於朝」，蓋本志所稱之事。

〔一五〕從孫胤昌　「胤」，原作「孕」，據明史卷九六藝文志「林胤昌周易耨義六卷」條及千頃堂書目卷一「林胤昌春秋易義十二卷」條改。按，本志乃避清世宗諱改字。

〔一六〕歐廷琰妻林氏　「琰」，原作「炎」，據雍正福建通志卷五六列女改。按，本志乃避清仁宗諱改字，今改回。

漳州府圖

安溪界
同安界
長泰
九龍江
漳州府
龍溪
南靖
海澄
漳浦
鎮海衛
漳江
陸鼇所
銅山營
懸鐘所

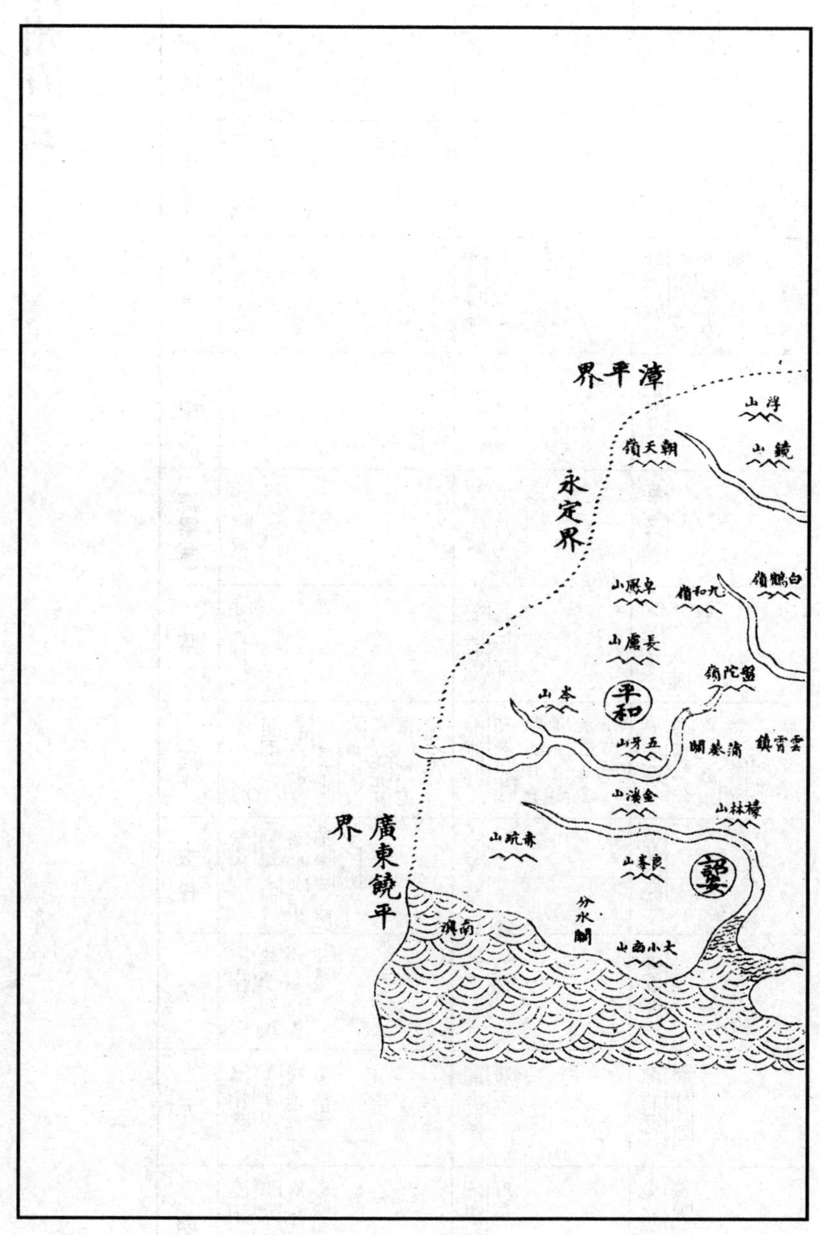
漳平界
浮山
鏡山
朝天嶺
永定界
白鶴嶺
九和嶺
平和
雲霄鎮
赤坑山
廣東饒平界
分水關

漳州府表

	漳州府	龍溪縣	漳浦縣
兩漢	會稽、南海二郡地。後漢會稽南部地。	冶縣地。	冶縣及南海郡揭陽縣地。
三國	吴建安郡地。		
晉	晉安、義安二郡地。	晉安縣地。	綏安縣義熙九年置，屬義安郡。
宋			綏安縣
齊梁陳	梁、陳爲南安郡地。	龍溪縣梁置，屬南安郡。	綏安縣
隋	建安郡地。	龍溪縣屬建安郡。	開皇十三年省入龍溪。
唐	漳州漳浦郡垂拱二年置州，治漳浦。天寶中改郡。乾元初復爲州，徙治龍溪。	龍溪縣初屬泉州。開元中屬漳州。乾元二年爲州治。	漳浦縣垂拱二年置，爲漳州治。乾元二年州徙，縣屬。
五代	漳州初屬王閩。晉開運中屬南唐，改名南州。	龍溪縣	漳浦縣
宋	漳州乾德初復州名，屬福建路。	龍溪縣	漳浦縣
元	漳州路至元中升路，屬福建道宣慰司。	龍溪縣路治。	漳浦縣屬漳州路。
明	漳州府洪武初改府，屬福建布政司。	龍溪縣府治。	漳浦縣屬漳州府。

續表

海澄縣	南靖縣	長泰縣	平和縣	詔安縣
治縣地。	治縣地。	治縣地。	治縣地。	南海郡揭陽縣地。
晉安縣地。	晉安縣地。	晉安縣地。	晉安、新羅二縣地。	綏安縣地。
梁爲龍溪縣地。	蘭水縣 梁置，屬南安郡。		梁爲龍溪縣地。後又爲蘭水縣地。	
	開皇十二年省入龍溪。	南安縣地。	龍溪縣地。	
			龍溪、漳浦、龍巖三縣地。	懷恩縣 垂拱二年置，屬漳州。開元中省入漳浦。
		長泰縣 南唐保大中置，屬泉州。		
		長泰縣 太平興國五年改，屬漳州。		
	南靖縣 至治中置南勝縣。至正十六年移治更名，屬漳州路。	長泰縣 屬漳州路。	至治中爲南勝縣地。至正中爲南靖縣地。	
海澄縣 嘉靖四十四年置，屬漳州府。	南靖縣 屬漳州府。	長泰縣 屬漳州府。	平和縣 正德十四年置，屬漳州府。	詔安縣 嘉靖九年置，屬漳州府。

大清一統志卷四百二十九

漳州府

在福建省治西南六百八十里。東西距二百七十里，南北距二百九十里。東至泉州府同安縣界七十里，西至汀州府永定縣界二百里，南至海一百八十里，北至泉州府安溪縣界一百十里。東南至海一百八十里，西南至廣東潮州府饒平縣界二百八十里，東北至同安縣界一百二十里，西北至龍巖州漳平縣界一百四十里。自府治至京師七千五百二十五里。

分野

天文牽牛、須女分野，星紀之次。

建置沿革

禹貢揚州南境。周七閩地，後屬越。秦爲閩中郡地。漢爲會稽、南海二郡地。後漢爲會稽南部都尉地。三國吴爲建安郡地。晉以後爲晉安、義安二郡地。梁分置龍溪縣，屬南安郡。隋屬建安郡。唐初屬泉州。即今福州。垂拱二年,置漳州。初治漳浦,後移龍溪。天寶元年,改漳浦郡。乾元元年,復曰漳州,屬江南東道。五代初屬王閩,後屬南唐,改曰南州。宋乾德四年,復曰漳州,屬福建路。元至元十八年,升漳州路,屬福建道宣慰司。明洪武元年,改曰漳州府,屬福建布政使司。本朝因之,屬福建省,領縣七。舊領縣十,雍正十二年,升龍巖縣爲龍巖直隸州,割漳平、寧洋二縣屬焉。

龍溪縣。附郭。東西距一百里,南北距七十五里。東至泉州府同安縣界七十里,西至南靖縣界三十里,南至漳浦縣界五十里,北至長泰縣界二十五里。東南至海澄縣治五十里,西南至平和縣治二百十里,東北至長泰縣治四十里,西北至龍巖州漳平縣治二百二十里。漢冶縣地。晉以後爲晉安縣地。梁大同四年,分置龍溪縣,屬南安郡。隋屬建安郡。唐初屬泉州,開元二十九年,割屬漳州,乾元二年,爲漳州治。五代、宋因之。元爲漳州路治。明爲漳州府治,本朝因之。

漳浦縣。在府南一百二十里。東西距二百四十里,南北距一百十里。東至海八十里,西至南靖縣界六十里,南至詔安縣界六十里,北至龍溪縣界五十里。東南至海八十里,西南至詔安縣界八十里,東北至海澄縣治七十里,西北至南靖縣治一百三十里。漢冶縣及南海郡揭陽縣地。晉義熙九年,分置綏安縣,屬義安郡。宋、齊以後因之。隋開皇十三年,併入龍溪。唐垂拱二年,分置漳浦縣,爲漳州治。乾元二年,徙州治龍溪,以漳浦爲屬縣。五代、宋因之。元屬漳州路。明屬漳州府,本朝因之。

海澄縣。在府東南五十里。東西距八十里,南北距五十里。東至漳浦縣界六十五里,西至龍溪縣界十五里,南至漳浦縣界四十里,北至龍溪縣界十里。東南至海一里,西南至漳浦縣治七十里,東北至泉州府同安縣治一百四十里,西北至龍溪縣界十五里。漢冶縣地。晉以後爲晉安縣地。梁以後爲龍溪縣地。明嘉靖四十四年,割龍溪及漳浦縣地置海澄縣,屬漳州府。本朝因之。

南靖縣。在府西四十里。東西距一百三十里，南北距二百三十里。東至龍溪縣界十里，西至龍巖州漳平縣界一百二十里，南至漳浦縣界一百里，北至漳平縣界一百三十里。東南至漳浦縣治一百三十里，西南至平和縣界五十里，東北至長泰縣治七十五里，西北至漳平縣界一百里。漢冶縣地。晉以後爲晉安縣地。梁置蘭水縣，屬南安郡。隋開皇間，省入龍溪縣。元至治中，析置南勝縣，治在今縣西南，至正十六年，移南勝縣來治，改曰南靖，屬漳州路。明屬漳州府，本朝因之。

長泰縣。在府東北四十里。東西距九十五里，南北距八十五里。東至泉州府同安縣界六十里，西至龍溪縣界三十五里，南至龍溪縣界五里，北至泉州府安溪縣八十里。東南至同安縣界五十里，西南至龍溪縣界十五里，東北至同安縣界八十里，西北至龍溪縣界五十里。漢冶縣地。晉以後爲晉安縣地。隋爲南安縣地。五代南唐保大中，分置長泰縣，屬泉州。宋太平興國五年，改屬漳州。元屬漳州路。明屬漳州府，本朝因之。

平和縣。在府西南二百五里。東西距一百七十里，南北距三百十里。東至南靖縣界一百四十里，西至廣東潮州府大埔縣界三十里，南至詔安縣界一百里，北至汀州府永定縣界一百十里。東南至漳浦縣界一百八十里，西南至潮州府饒平縣治一百里，東北至南靖縣治一百七十里，西北至永定縣治二百二十里。漢冶縣地。晉以後爲晉安、新羅二縣地。梁爲龍溪縣地，後又爲蘭水縣地。隋仍爲龍溪縣地。唐爲龍溪、漳浦、龍巖三縣地。元初爲南勝縣地，至正以後爲南靖縣地。明正德十四年，析南靖、漳浦二縣地置平和縣，屬漳州府。本朝因之。

詔安縣。在府西南二百五十里。東西距一百二十里，南北距七十里。東至海八十里，西至廣東潮州府饒平縣界四十里，南至饒平縣界三十里，北至平和縣界四十里。東南至海三十里，西南至饒平縣界一百里，東北至漳浦縣界八十里，西北至饒平縣界一百里。漢南海郡揭陽縣地。晉爲綏安縣地。唐垂拱二年，置懷恩縣，屬漳州。開元二十九年，省入漳浦縣。明嘉靖九年，析置詔安縣，屬漳州府。本朝因之。

形勢

地極七閩，境連百粤。唐陳元光建郡表。地曠土沃。宋傅自得道院記。兩山擁翼，二江襟帶。宋陳淳北溪集。山川清秀，原野坦平，蔚爲江外名邦。宋吴與圖經序〔一〕。控引番禺，襟喉嶺表，府志。天寶、紫芝奠於後，丹霞、名第拱於前，鶴峯踞其左，員山聳其右。同上。

風俗

其民務本，不事末作，而資用饒給。宋傅自得道院記。民有田以耕，紡苧爲布，弗迫於衣食，樂善遠罪。宋郭祥正記。質樸謹畏，俗尚淫祀。宋陳北溪集。其人以業文爲不貲，以舶海爲恒産，故文則揚葩而吐藻，武則輕生而鬬雄。明王世懋閩部疏。

城池

漳州府城。周十里三百四十二步，門四，南北水門二。南臨大溪，北依山溝，東西浚濠。宋咸平中建。本朝順治十二年重建，康熙三十六年修，雍正十年、乾隆二年、嘉慶十二年重修。龍溪縣附郭。

漳浦縣城。周九里三百五十六步，門四，東西水門二。宋乾道中建。本朝順治十二年重建，康熙四十六年修，雍正二年、乾隆十二年重修。

海澄縣城。周三里三百二十四步，門四。明嘉靖三十六年建。本朝康熙二十七年修，雍正七年、乾隆十二年重修。

南靖縣城。周三里一百七十四步，門四。元至正十六年土築。明嘉靖六年甃石。本朝順治十二年重建，乾隆十二年修。

長泰縣城。周五里二十三步，門四。東臨溪，南浚濠，西北因山爲塹。宋端平中土築。明正德十三年甃石。本朝順治十二年修，乾隆十二年重修。

平和縣城。周三里一百十二步，門四，水門二。明正德十四年建。本朝順治十二年重建。

詔安縣城。周三里二百八十六步，門四。明弘治十七年，因舊址拓建。本朝順治十二年重建，康熙六十年修，雍正七年、乾隆十二年重修。

學校

漳州府學。在府治東南隅。宋慶曆中建。本朝康熙二十一年修，四十三年、乾隆八年重修。入學額數二十名。

龍溪縣學。在縣治南。宋嘉祐中建。本朝康熙二十一年重建，二十六年修，乾隆八年、三十六年重修。入學額數二十名。

漳浦縣學。在縣治南。宋初建於縣西北隅，凡再徙，熙寧三年始建今所。本朝康熙十九年修，三十八年重修。入學額數二十名。

海澄縣學。在縣西九都城中。明隆慶初建。本朝康熙十年重建，雍正四年修，乾隆十一年、二十二年重修。入學額數二十名。

南靖縣學。在縣治東。元至正中建。明嘉靖間遷新縣，萬曆中復還故址。本朝康熙二十年修，三十五年、乾隆八年、三十四年重修。入學額數二十名。

長泰縣學。在縣治東。宋紹興三年建，嘉定間遷於縣東南，紹定六年，復還故址。本朝順治十七年重建，康熙二十一年修，雍正六年、乾隆三年重修。入學額數十五名。

平和縣學。在縣治南。明正德十四年建。本朝順治十八年修，康熙三十一年、乾隆二十五年重修。入學額數二十名。

詔安縣學。在縣治南。明嘉靖十年建。本朝順治十七年重建，康熙十七年修，四十三年、乾隆十二年重修。入學額數十五名。

丹霞書院。在府治東南。本朝乾隆二年建，二十六年拓建。

芝山書院。在府治西北登高山。初名龍江書院，宋郡守危稹建。本朝康熙二十一年重建。五十四年，復即其東增建仰文書院，尋合二書院爲一，改今名。乾隆二十一年修。

霞北書院。在府治北。本朝康熙四十一年建，乾隆二十年修。

鄴山書院。在府治鄴侯山。明崇禎間，郡人黄道周講學於此，建與善、三近、樂性諸堂。本朝乾隆十四年改建。

錦江書院。在龍溪縣十一都。本朝康熙六十一年建，乾隆十四年修。

觀瀾書院。在龍溪縣十一都。宋時建。明洪武間遷於南陂，弘治間遷於文山之麓，正德四年，移建察院西地。

儒山書院。在海澄縣治北。本朝乾隆二年建，二十七年拓建。

九和書院。在平和縣治後山。本朝乾隆二十六年建。

丹詔書院。在詔安縣南門内文公祠東。本朝乾隆二十九年建。按：舊志載育德書院，在府城西隅，本朝康熙二十六年建。建溪書院，在龍溪縣西南翁建社，明洪武間建。養正書院，在龍溪縣西南高亭山下，明隆慶間郡守羅青霄建。薌江書院，在龍溪縣東北二十里，明洪武二十二年建，本朝康熙三十六年重建。梁山書院，在漳浦縣南梁山，唐潘存實讀書處。龍津書院，在長泰縣東，明洪武三十一年建。石屏書院，在詔安縣東漸山，宋陳景肅講學處。東瀛書院，在詔安縣東懸鐘所。南溟書院，在詔安縣銅山所，俱明嘉靖五年參政蔡潮建。謹附記。

户口

原額人丁一十九萬三百七十六，今滋生男婦大小共三百三十三萬六千七百二十七名口，計七十一萬二千一十七户。又屯民男婦共六萬一千三十五名口，計一萬四千三百四十户。

田賦

田地一萬二百八十四頃七十三畝九分九釐有奇，額徵地丁正、雜銀一十四萬四千七十四兩三錢七分，米二千七百五十二石二斗九升四合八勺。屯田五百五十四頃八十八畝五分九釐有奇，額徵丁糧銀一千六百六十五兩八錢一分五釐，米八千八百五十二石四斗七升九合四勺。

山川

隆壽山。在府城東。鄭樵通志：居其下者，人多壽考，故名。宋時在城内，今附城址。

丹霞山。在府城南。閩書：土石皆赤，晨夕映日，色若丹霞，故郡東、西、南、北四郊，皆以霞稱。

保福山。在府城西。山爲郡龍入脈之地。

登高山。在府城西北隅。方輿勝覽：在州治西二里。府志：脈自天寶山來，蜿蜒起伏三十餘里，至郡城西北一峯聳拔，名曰望高山，其南麓爲登高山，原名紫芝之山，郡城繞焉。頂有威鎮亭，明洪武中建，山之東爲日華、萬松諸峯，禪月、隆壽等山，其西爲浄安峯，爲騰龍、起鳳諸山。舊志：騰龍山，一名龍亭山，平地特起，奇石攢湊，俯瞰溪流。相傳昔有龍騰溪中，因建亭溪上而名。相峙者曰起鳳山，一名高亭山，與日華諸峯綿亘連絡，繞城内外。皆紫芝之支隴也。

好景山。在龍溪縣東十五里。紆迴起伏，風景奇勝。元和志：縣東十五里至山，險絶無路。蓋即此。又漳浦縣西北里許，亦有好景山，縣城枕其麓。一名石虎山，以山嶺有石如虎也。

文山。在龍溪縣東二十里。一名觀音巖，北臨大溪，三面通潮。其右爲水頭山，脈自縣南太平嶺而下，至溪而止。與鳳凰、石壁並稱爲水口。

鳳凰山。在龍溪縣東二十里，與文山、水頭品峙。中有萬松嶺，舊名馬岐，爲郡孔道。明正統間，郡人植松夾道，連陰十里，因改今名。

岐山。在龍溪縣東二十餘里。宋郭功父嘗有岐山仙亭十咏。府志：由文山逾溪以北，曰鶴鳴山，亦名石壁山，其下爲雲洞，又北而岐者爲岐山，二峯連峙，延袤十里許，秀聳龍江之上，巖壑奇勝。又有千人洞，洞口狹而暗，中甚寬朗，容千人。唐黄巢之亂，民多避難於此。

白石山。在龍溪縣東六十里。山多白石。一名鸖石山，中有石硿，可容千人。相近曰覆舟山。

龍潾山。在龍溪縣東南二十五里。下有龍潭，飛泉百尺，直瀉而下。旁有梟翠山，雙峰如削，高出龍潾之上，俗名魚刺山。

南巖山。在龍溪縣南七里。延袤數里，峯巒奇秀，怪石錯列，有石獅、寶月、南泉、玉泉諸巖，以石獅爲最勝。下有清泉曰白鹿泉。

名第山。在龍溪縣南十里。方輿勝覽：州有天成山，一曰名第山。志勝：唐周匡物、潘存實讀書於此，元和十一年，匡物進士及第，爲漳登進士之始。十三年，存實亦登進士，憲宗敕改今名。劉禹錫有名第山詩。

員山。在龍溪縣西南十里。前後望之，分十二面。頂有石池，又有琵琶坂，今名大仙巖。

天寶山。在龍溪縣西北三十里。五峯峭立，周百餘里，郡之望山也。宋大中祥符中，嘗産明珠入貢，因名。上有芙蓉城、寶巖洞、百丈泉諸勝。

儀鳳山。在龍溪縣西北三十里。高聳明秀，峯頂清籟時時如鳳鳴。

九龍山。在龍溪縣西北三十里。寰宇記：九龍山，一名鬼候山，其北有九龍水，一名金溪水。

石蠔山。在龍溪縣西北四十里。圓聳千仞，頂石多粘蠔蠣殼，因名。南下小山纍纍，天寶山所由發脉也。

石鼓山。在龍溪縣北十里，山形圓秀。又縣北二十餘里有銅鉢山，山勢延亘數里，一峯中窪而外圓，其形如鉢，故名。又縣北有天公山，上有瀑布飛瀉數十丈。

龍山。在龍溪縣東北十里。北來諸山，此爲最秀，其地宜茶。相近有望月山，秀出羣山。

金雞山。在龍溪縣東北五十里東溪口，與長泰縣接界。巖石屹起，山頂有石，如雞展翅而色赤，故名。

海雲山。在漳浦縣東二十里。上有清泉不涸，山半有海雲巖，一名巖山。

竈山。在漳浦縣東五十里。疊嶂高大，周四十里，高數百仞，以中有仙人丹竈而名。

臺山。在漳浦縣東五十里。高數十仞，平坦如臺，近視與諸山相等，海舟望之，則迴出諸山之上。又東有燈火山，距海里許，海舟夜行者，咸見山上有光焰如火，故名。

良山。在漳浦縣東南三十里。一名鼇峯山，嶷然屹立，下臨鹿溪，與隔溪柘港山對峙，爲縣水口。佈溪水出焉，入于大溪。

古雷山。在漳浦縣東南五十里。一名鼓雷山，斷岸千尺，下瞰大江，每潮至，怒浪急濤，其聲如雷。

梁山。在漳浦縣南。新唐書地理志：漳浦縣有梁山。方輿勝覽：古記云，梁岳，閩中之望也，秀麗而崇圓，又名圓山。大峯十有二，其中峯曰蓮峯石，相傳爲齊武帝所賞。晉亭在其西。府志：在縣南稍西三十里，盤亘百里，高千仞，有九十九峯，其蓮花、獅子、金剛、力士、雙髻、長劍、七星、八柱、觀日、臨海、晉亭、青閣十二峯爲最著。上有瀑布泉，東南磐石上，有穴如井，水泉湧出，大旱不竭，謂之靈泉。南北麓各有湯泉。又長源溪、錦溪、萬頃溪、仙溪、盛溪、錦石溪、垂玉溪、龍潭溪皆出焉，入于漳水。上有水晶坪，產水晶。其北有蔡陂山，蔡陂水出焉。

將軍山。在漳浦縣西南八十里雲霄城西。明統志：山與南靖接界，唐戍將陳元光征蠻時據此而名。又有大臣山，一名大神山，在漳水之南，與將軍對峙，有仙人、玉女二峯。

摩頂山。在漳浦縣西北二十里。山高而圓潔，其上平坦如佛頂然。有水出東流，經黽山之陰，至於横口，入馬口溪。

羅山。在漳浦縣北十里。諸山羅列拱揖，故名。其支爲東羅巖。

後到山。在漳浦縣北十七里，與羅山並峙，而高聳過之，爲邑之屏山。蜿蜒而下，秀潤清奇，邑中望之如蛾眉然。其東有白鶴嶺。

黽山。在漳浦縣東北二十里。聳立横列，爲縣東北之肩峯。

戴帽山。在漳浦縣東北五十里。亦名大帽山。山大而峻，四面林木蓊鬱，獨頂上有黄茅，形如戴帽，故名。山上有玉川瀑布、新村石鼓、龍漈潭、寶珠石諸勝，北麓爲磁竈山，下臨大江，爲海澄境。其山産茶。又東爲虎嶺，路通鎮海衛，林木深阻，舊多虎患。明弘治三年，知縣王臣以文祭之，患得息，因改名麟山嶺。

太武山。在漳浦縣東北一百餘里。高千仞，屹立海上，東望大洋，汪洋無際。陟其嶺，則漳、泉二郡皆在目中。中多奇跡，好事者列爲十四景。有小石城，相傳南越王建德避漢兵保此，亦名建德城。又有石塔，名曰延壽，高數仞，海中歸舶，望以爲標。

吴養山。在海澄縣東十里許。下揖海門，上障南溪，逶迤疊聳，聯亘數處。稍北支峯曰槐浦山。

鹿石山。在海澄縣東南。一名獨石山。雄峭壁立，頂石巉巖多蠔殼，相傳以爲海潮至此。

雲蓋山。在海澄縣東南十餘里。雲氣常覆其上，故名。上有室可容百人，懸崖有泉沸出，曰卓錫泉。

席帽山。在海澄縣南七里。高聳圓秀，狀如冠帽，兩旁有翅，一名筆架山。其西爲常春山，林麓葱蒨，拱揖縣治。

儒山。在海澄縣西南二里，縣之主山也。圓秀特起，俗呼爲蔡前山。

南岐山。在海澄縣西南十五里。南溪之水自橡潯而下，大海之水自浮宫而入，至此會合，倒流紆延，而分繞於邑内。亦名倒港山。

漸山。在海澄縣西南。聳起高峯，雄大尖秀，擁峙水口。山下人民輻輳，其東爲吴山，面繞南溪，飛鶖寨卓立其上。

文圃山。在海澄縣北隔江，與同安縣接界。世謂北山。下多文士，故名。四面圓秀，一名十八面山。

大巖山。在海澄縣北。周迴延亘二十餘里，三面臨海，其上有巖。

峽口山。在南靖縣東十五里。兩山相夾如門，雙溪流經其中。

西天山。在南靖縣東南二十餘里。一名獅山。列嶂如翠屏，爲郡之西扆。

鼓旗山。在南靖縣南，縣之案山也。内山圓如鼓，外山展如旗，俗呼扳旗山。又湖山，在縣南雙溪之南，山下有湖。

紫荆山。在南靖縣西南二十五里。五峯翠聳，亦名五峯山。中有龍潭，禱雨輒應。又西南有翠微山，接平和縣界，草木蓊蘙。

鏡山。在南靖縣西北五里。每斜陽返照，炫然有光。其南曰寶珠山，形圓如珠，夾於鏡山、磨石之間，山多怪石，下有溪流迴繞。

浮山。在南靖縣西北八十里，接龍巖州界。其山當路，形如覆甌，與上下山不相連屬，如浮空然，亦名浮丘山。

歐寮山。在南靖縣北一里，爲縣主山。一名大帽山，又名三鳳山。後有五峯峙立，端嚴峭拔，周百餘里。

羅侯山。在長泰縣治後。其東爲新寨山，東瞰大溪，宋時設泰安寨，因名。其西爲水晶山，形如覆釜，土産水晶。稍北爲重桂山，又有登科山，在縣治前，舊名競秀，又名來青。縣城壤地故蹙，而五山環列，位置天設。

天柱山。在長泰縣東五十里。東、西、南、北有四石門，又有石室、石梯、應潮泉、暗水泉、香爐峯、海濤巖等二十奇，宋曾循稱爲「臨漳第一勝處」。絶頂曰紫玉峯最高，環眺千里，如襟帶間。

鼎山。在長泰縣南五里，接龍溪縣界。其山高大，圓如覆鼎，絶頂有臍，俗呼鼎臍山。上有龍泰巖，以當龍溪、長泰二縣之交，故名。

良岡山。在長泰縣西北五十里，爲縣主山。其脊大石層列，有龍鬚泉，湧流不竭，瀑布出焉。有良岡嶺，高危險峻，亘十餘里，相近曰真應巖，四面皆石，嵯峨峻峭。又臨溪有金岡湖山，出金沙。

董奉山。在長泰縣北五十里。九域志：州境有董奉山，仙人董奉嘗遊此。府志：形如卓筆，有丹竈、棋枰、琴室。

鼓鳴山。在長泰縣東北四十餘里。高聳爲邑之望，下有洞，風吹則成鼓聲。

曷山。在長泰縣東北五十里。雄峻少樹木，高處有四十餘頃，流水成渠，可引以灌溉。一名吴田山。

内方山。在長泰縣東北八十里。下有銀礦，明萬曆二十七年，中使奉命開採，商徒蝟集，奸宄乘機攘奪，尋封閉。

大峯山。在平和縣東南。一名大枋山，邑之鎮山也。高峻巉巖，罩絡羣岫，漳浦、詔安、海澄、鎮海衛諸山皆發脉於此。自麓至嶺，可五十餘里，登陟一望，遠近城邑悉在目前。商船渡海，每以此山爲表。山有石峯十七，其青雲峯，中可坐三十餘人，山背有靈通巖，劈立半山，泉石奇勝，泉瀆四注，畫地成川，高山、河上、徐坑、港頭諸溪皆出於此。又新巖山，爲大峯山之別支，中有銅鼓山、兜寶峯、瑞雲、明月四巖。

五牙山。在平和縣東南。五峯聳立，如牙笏然。産礬石，一名礬山，南勝縣初置於此。

鵞公髻山。在平和縣東南陳溪村。視衆山獨高，爲漳浦、海澄、詔安、饒平四縣發脉之所。

三平山。在平和縣東南。巖谷深邃，詰曲崎危，登陟者必歷三險三平，乃至其巔，故名。有龜蛇峯、九層巖、高柯巓、煎茶塢、虎爬泉諸勝。

天馬山。在平和縣南。雙峯矗起，如天馬馳驟，爲縣治案山。

樓宅山。在平和縣西數里。以形如樓閣而名。稍東曰岑山，與東山遥對。

横坑山。在平和縣西，與廣東大埔縣接界，延亘數十里，險阻蓊薱，又西北七十里有象湖山，亦與大埔縣接界，舊皆爲盜藪。

蘆溪山。在平和縣西北八十里。山勢雄壯。又北爲流恩山。明正德中，王守仁撫南贛，敗信豐、龍南等賊，賊走象湖山，復入流恩、山岡等巢。

長盧山。在平和縣北十里，爲縣之主山。又北爲卓鳳山〔一〕，形如飛鳳，其聳然峙於東者曰東山，有九嶺如列屏，名九和嶺。

洪瀨山。在平和縣東北，大溪所經。

葵岡山。在詔安縣東四十五里。山勢延亘。中有兩小山相峙，名相見嶺。有古關隘，壘石而成，宋爲沿海道巡海所，明萬曆中，以上湖、後港諸村豪黠刧掠，撥浙兵守之。

餘甘嶺山。在詔安縣東六十里，盤亘曠邈，爲詔安、漳浦接壤處。舊時路出山嶺，明萬曆二十五年，知縣夏宏改由山腰，至今便之。

川陵山。在詔安縣東海濱，半入海。舊志：俗傳帝昺南渡，將都南澳，築此爲東京，地遂缺陷爲海，今城堞尚存。其峯青聳秀麗，號爲蘇尖，一名東山，北去銅山營十里。

大帽山。在詔安縣東海濱，勢極高聳。舊志：宋末丞相陸秀夫扶帝昺泊舟於此。又有甘山，在縣東海中，遠望山嶺若小髻然，天將颶風，變幻不一。四面皆海，中有一井，水獨甘淡，故名。

梅嶺山。在詔安縣東南三十里海濱。踰嶺爲懸鐘山，去懸鐘所十里，舊時郡之洋船實發於此。原設安邊公館，置捕盜主簿屯駐防衛。嘉靖四十三年，海賊吴平結巢於此，都督戚繼光追逐遠遁，殲其餘黨，築爲京觀。

沔州山。在詔安縣東南懸鐘所北海中。一名敏州山。衆水匯處，一邑關鎖，雙峯高峙，蒼翠如畫。

漸山。在詔安縣東南五十里。高峭千仞，頂分二峯，中有潭，深不可測。西南巨室，若屋廬然，内有泉清冽，遠近汲之。山下有石屏書院，爲宋陳景肅講學處。按：此與海澄縣之漸山名同地異。

羊角山。在詔安縣南十里。府志：石屏屹立，旁一石雙歧，若羊角然，中有石鼓、石船、鼇頭、研池、風動石、嘯臺諸勝，西曰青雲洞，有三鯉石、鳳尾松。

大、小南山。在詔安縣南十五里。兩峯鋭秀，俗名大尖、小尖。自山而西，延亘數十里，若巨屏森立，接於龜山。

龜山。在詔安縣西南二十五里。上有巨壑，相傳有龍潛焉。又有石洞，可容數十人。少西爲漳、潮分界處。

南澳山。在詔安縣西南百餘里，接饒平縣界。砥柱海中，周二百餘里。其山之遠者曰黄芒山，長三十里，爲汛地要害。又有獵嶼山，長二十里，中可樵牧。又有洋嶼，中多平田。漳浦民雜處耕佃於此。

良峯山。在詔安縣西一里。聳拔奇秀，爲縣主山。

赤坑山。在詔安縣西三十餘里。攢聚若五星然。新志謂之出卿山，少北曰小篆山，俗名犂頭山，嵯峨巉險，爲縣要害。

金溪山。在詔安縣西北四十里。一名金雞山。又二十里有六洞山，二山聯接。舊有銀坑，萬曆中議開採，居民岌岌驚變，尋封閉。

九侯山。在詔安縣北二十五里。九域志：漳州有九侯山。舊志：九峯並列，中有石門、棋盤山、天然橋諸勝。其東爲初稽山，山半有三潭不竭，上有巨石，出泉清冽，號玉泉。

烏山。在詔安縣北三十里，與九侯相連，東接檺林山。峯頭巨石嵯峨，半插天表，爲邑後障。或稱爲火焰山，以其形尖聳如火也。

九上落山。在詔安縣東北十五里。其山九上九下，故名。舊時路出北門，爲通道所經，賊竊伏崖谷中，時出剽掠。嘉靖二十四年，知縣廖暹改由東門，設東溪、洋尾二渡，即鳳頭山立鳳頭鋪，以民兵守之，寇患始息。

檺林山。在詔安縣東北五十里。山勢巃嵸，崖石林立，與九侯連絡，爲邑鎮山。有石屋數十處，可容百人，稱十八洞。明嘉靖末，附山劇寇，嘯聚谷中。天啓中烏山賊起[三]，亦營此爲別窟，箐林峭險，姦慝恒遁居焉。

太平嶺。在龍溪縣南十里。嶺道平坦。又三十里爲九龍嶺，兩山夾峙，中縈石磴，凡十里許，路通潮廣，巡司在焉。

新嶺。在龍溪縣西北天寶山西。石磴盤迴十餘里，路通安溪、龍巖、漳平三縣，舊設亭障其上。

揭鴻嶺。在龍溪縣西北四十里，路通安溪、大田。上有營頭亭，下有唐屯軍營故址。府志：漢唐時西北向長安故道，皆由此行。

華峯嶺。在龍溪縣西北五十里。一名龍頭嶺，高千餘丈，累磴鑿石，以梯行人。北溪之流經其下，灘瀨麤惡，怪石巉巖，有三碚二花之名，舟楫不通，上下皆踰嶺，溪旁有石狀如龍頭，因名。

玳瑁嶺。在龍溪縣天寶山東北。高百丈，亘三十餘里，接長泰縣界，爲郡北之屏障。

盤陀嶺。在漳浦縣西南三十里梁山之西。叢薄崎峻，盤亘可十里，爲入潮、廣要隘。

龍門嶺。在海澄縣北。上有石高十餘丈。舊志：宋末文天祥奉少帝南奔道經此。

朝天嶺。在南靖縣西北百里，當龍巖、漳平兩州縣界。山最高聳，四時雲霧接天。又長泰縣東南三十里亦有朝天嶺，東連天柱，西接金雞、雙髻，舊爲入京之道，因名。

峯蒼嶺。在南靖縣東北十六里，即府界天寶山之西麓也。石磴盤迴，上有亭及公館。

黎壁嶺。在長泰縣西北六十餘里，崖壁陡絶。又鸕鷀嶺，亦名大鸕鷀，在良岡山，隔口有隘。

磨鎗嶺。在長泰縣東北，接安溪縣界。上有巡檢坪，相傳爲舊巡司址。

琉嶺。在詔安縣西南分水關之右，與大南山相接。形如列屏，路通廣東柘林寨，多盜。

白雲巖。在龍溪縣南二十里白雲山。唐僧虔誠卓錫處，今有卓錫泉。宋朱子嘗遊此，書「與造物遊」四字。

赤石巖。在平和縣西三十里。巖石千仞，聳立雙溪水旁，爲縣水口雄鎮。

魚腸嶼。在漳浦縣東南三十里海中。又有竹嶼、石城嶼、菜嶼、將軍嶼、大桑、小桑、大澉、小澉等嶼。

圭嶼。在海澄縣東北，屹立海中。狀如龜浮水面，亦名龜嶼，俗又名雞嶼。明隆慶六年，嘗議移海門、濠門二巡司於此，築城八面，以象八卦，名曰神龜負圖，後廢。萬曆四十五年，重築石城，廣二百餘丈，設兵防守。天啓二年，紅夷巨艦由鷺門入迫圭嶼，知縣劉斯崍又築銃城數垛，後皆爲賊所毁，嶼遂荒廢。又有錢嶼、木嶼，與圭嶼相望，劉斯崍皆嘗築銃城守之。

嵩嶼。在海澄縣東北，與中左所相對。舊志：宋末少帝浮舟經此，遇誕辰，羣臣搆行殿，呼嵩行禮，故名。遺址猶存。

長嶼。在海澄縣東北。去語嶼、濠門甚近，三面臨海，居民數百家，有土堡。

胡使二嶼。在海澄縣東北海門。上下延袤數里，俗呼爲海門東北山。先是，居民憑海盜亂，明正統中，太守甘瑛奏移其民，墟其地。

白葉洞。在詔安縣西少北六十里，接饒平縣。叢山峻崕，賊倚爲巢，洞水下流入東溪。

海。在府境東、南、西三面。龍溪、漳浦、海澄、詔安四縣皆列海壖。元和志：去龍溪縣五十四里，南接海澄，西接漳浦、詔安，東北接泉州府界。

九龍江。一名龍溪，自龍巖州漳平縣流入龍溪縣界，經九龍山，因名九龍江。其下流一名柳營江，又東南分爲二派，入海澄縣，由港以注於海。

柳營江。在龍溪縣南四十里。唐時宿重兵於此，因號柳營。有橋曰虎渡橋，爲漳南第一形勝。

漳江。源出平和縣大峯山，東南流入漳浦縣，又東南入海。新唐志：漳州以南有漳水而名。方輿勝覽：漳江在梁山下。府志：源出平和縣界，曰西林溪，南流過雲霄鎮城之北，亦名雲霄溪。又南流而東，納梁山以南諸水，至古雷山南銅山所北入海。

黃如江。亦名鴻儒江，在漳浦縣東五十里。源出龜山之陽，南會鼉山水，由井尾澳入海。舊設鴻江營，以此爲名。通典：漳州東南至黃如江一百里。

港口江。在海澄縣北，自龍溪縣流入，即九龍江下流也。自縣以西北諸水悉由此入海。亦名港口大溪，中有許茂、烏礁、紫泥三洲。

天宮溪。在龍溪縣西北三十餘里。源出天宮山，下入龍溪，亦曰天宮大瀨，爲漫潭之上流。中有石漈高丈餘，其水傾瀉潭中，激成水泡，自底滚出，水面泡散，有聲如擊鼓，次第不停，俗謂之更鼓水。

苦竹溪。在龍溪縣西北二十餘里，源出龍巖州界，歷南靖縣入南溪。九域志：州有苦竹溪。

九曲溪。在漳浦縣西。源出盤陀北麓，曰盤陀溪。北流十里，匯白沙、蔡陂、内湖諸水，爲九曲溪，合於大溪。

綏安溪。在漳浦縣南四十里。源出縣界，東流入海。又有温源溪，在縣西南，兩泉並出，一微暖，一極熱，合流入縣前溪。

北溪。在漳浦縣北。一出羅山陰白鶴嶺，一出羅山陽，至羅山合流入南溪。

三團溪。在南靖縣西一百三十里。源出汀州府永定縣界，入大溪。又深渡溪，在縣西北五十里，源出龍巖州界，入小溪。

雙溪。在南靖縣南。一曰大溪，自平和縣流入。一曰小溪，源出龍巖州界，歷金山湧口，亦名湧口溪。至縣南與大溪合，曰雙溪，東流出夾口，又東入龍溪縣界，爲南門溪，亦曰南溪。

馬洋溪。源出長泰縣東洪巖林，有二源，合流南入龍溪縣界，合北溪。

高層溪。源出安溪縣界，流經長泰縣北四十里，入龍溪縣界，合北溪。又龍津溪，亦出安溪縣界，流經長泰縣，合青坑、内方、梣林口、芹果、洋山諸溪水，入龍溪縣界，合北溪。

高山溪。在平和縣東。亦曰瑄溪。源出大峯山，東北流曰溪口溪，又東出洪瀨，入南靖縣界爲大溪。土人呼爲高坑石神溪，蓋即古石牓溪之訛也。通典：漳州西北至石牓溪一百五十里。

南溪。一名李澳川，自平和縣東流經漳浦縣南，又東流入海澄縣西南，匯漸山、橑潯諸水入於海。府志：南溪有二源，一自平和五寨，一自南靖、龍嶺、白崎溪，合流至漳浦縣西，合九曲溪，又經縣南爲南溪，又東合北溪，又東至縣東南爲鹿溪，又東由陸鼇所入海。

東溪。源出平和縣大峯山，南流入詔安縣西北界，亦名站前溪。小篆溪自南來會，樊沙溪自北來會。又西南受白葉洞水，又南過縣城東，折而西，至南山橫嶺渡入海。

馬口溪。源出平和縣三平山百丈漈，東北流經漳浦、龍溪二縣界，又東流入海澄縣入海。

徐坑溪。源出平和縣大峯山，南流爲合溪，又南入詔安縣東爲東溪。

河上溪。在平和縣東南。源出大峯支麓，東南流經西林，爲西林溪，又南入漳浦縣界，即漳江之上源也。

大陂溪。在詔安縣東四十里。源出縣北馬洋山，東南至大陂，南抵漸山入海。

港頭溪。在詔安縣西。源自長坑五斗，至港頭會湖水，又至象頭入海。

走馬溪。在詔安縣東南五十里海濱，距懸鐘、梅嶺俱二十里。乃海水之條入者，非淡水溪也。内有東澳，爲海口藏風之處。

文山港。在龍溪縣東南二十里。有前、後二港，前港由北江入，後港由西洋渡入，南接龍漈水，又東南分爲福河、錦江、雲梯三港，其流頗長，溉田萬頃。

流岡港。在龍溪縣東北十五里。東通翁建港，接九龍江，西通東港，接南溪，溉田萬頃。

官港。在龍溪縣東四十里。上通柳營江，下通石美，長三十里，灌田二百餘頃。

盧沈港。在海澄縣西石馬鎮東。上接南溪，下通海口三洲，溉田萬頃。稍東又有普賢港，上通龍溪九十七坑之水入海。

月港。在海澄縣西，南接南溪，東北通海潮。其形如月，故名。

新河。在南靖縣北。明隆慶六年，知縣曾球濬，長三里許，引大溪水溉田萬頃。

西湖。在龍溪縣西。方輿勝覽：西湖泉極甘美，辟瘴癘。府志：在縣西廂，發源自金仙院，南流折而東，遂瀦爲湖。宋紹興中填塞幾平。又漳浦縣西亦有西湖，宋嘉定八年，縣令趙師縉開。

鑑湖。在漳浦縣東五十里。周二里，水清如鑑，相傳其穴通海。

龍潭。在漳浦縣南。廣五六丈，約二里達南溪。又詔安縣西有龍潭，周迴六七里，其深不測，禱雨多應，灌田數百畝。

海子潭。在南靖縣西三里。深渡、湧口二溪，匯流於此，磨石、寶珠兩峰，對峙如壁，一港如門，淵深莫測。

峯蒼澗。在南靖縣東北五里。源出峯蒼嶺，南流入雙溪。

麗藻池。在府學東南。相傳朱子解經處，以蛙聲喧鬧，作字投之，至今夏月無蛙聲，故又名斷蛙池。

温泉。府境有九：一在府南廂城址下，源通西溪，温煖可灌；六在南靖縣芒里社、居仁里、龍山社、深渡社、員沙社、張染社；二在平和縣清安里、新安里。

玉帶泉。在漳浦縣游澳大海中，海水鹹，此泉獨淡。相傳宋少帝航海至此，楊太后取玉帶投海中以祝，既而湧出甘泉，故名。

龍湫井。有三：一在府城北門外五里，半塞無泉，周土塞滿，數日其深如故。一在漳浦縣城北塹河之側，其味甘美，每暴雨河水奔流，井澄碧如鏡，或謂其中有龍焉。一在海澄縣青礁吴真君祠内，相傳建祠時靈泉湧出階下，飲之宿疾頓消。宋莊夏有記。

仙井。有二：一在南靖縣白沙村，深百餘尺，泉甚清冽，大旱不涸。一在詔安縣洋尾山，磐石中有二孔，大如盤，深尺許，泉源不竭，旁有仙人掌石。

古蹟

漳州故城。在漳浦縣西南。元和志：漳州，垂拱二年析龍溪南界置，因漳水爲名。初置於今漳浦縣西八十里。開元四年，改移就李澳川，即今漳浦縣東舊城是。乾元二年，又以李澳川有瘴，遂移州於龍溪，而漳浦縣東北至州一百二十里。明統志：故漳州城，在今縣西南八十里，即今雲霄驛。

龍溪故城。在今縣南。隋志：梁置。元和志：陳分晉安置，屬南安郡，後屬閩州。開元二十九年，割屬漳州。府志有古縣，在今縣南十里十二三都。

綏安故城。在漳浦縣西南，漢揭陽縣地。晉置，隋開皇中併入龍溪。宋吳與圖經序：漳浦，故廢綏安縣地也。舊志：在今縣西南百里。

南靖故城。有二，皆在今縣西南平和縣界。元至治中置縣，曰南勝。至正十六年，縣尹韓景晦徙治雙溪之北，改名南靖，即今治也。明嘉靖四十五年，知縣林挺春又移治大帽山麓，南去舊城二里許。萬曆二十三年，復還舊治。

懷恩廢縣。在漳浦縣南。元和志：廢懷恩縣，在漳州西南三百十里。垂拱二年置，開元二十九年廢爲鎮。明統志：在漳浦縣西南二百里。應在今詔安縣界。

蘭水廢縣。在南靖縣界。梁置，屬南安郡。隋開皇十二年，併入龍溪。

漳州故衛。在龍溪縣治西。明洪武三年置。本朝康熙五年裁。

鎮海故衛。在漳浦縣東北一百里鴻江上。明洪武二十年置，築城周八百七十三丈，門五。本朝順治十四年裁。

陸鼇廢所。在漳浦縣東南七十里竈山南。本青山巡司地，明洪武二十年置守禦千户所，屬鎮海衛，築城周五百五十丈，門五。本朝順治十四年裁。

懸鐘廢所。在詔安縣東南四十里。明洪武二十年置守禦千户所，屬鎮海衛，築城周五百五十丈，門四。嘉靖四十一年爲倭所陷。本朝順治十四年裁。又縣東八十里，舊有銅山所，與懸鐘同置。今爲銅山營。

河頭中營。今平和縣治。本南靖縣地。明正德十四年，南贛撫臣王守仁討平象湖、流恩等賊，上言：「南靖縣治僻在一隅，所轄蘆溪、平和、長樂等處，地里遥遠，政教不及，盜竊時作。有河頭社、大洋陂，背山面水，地勢寬平，西接廣東饒平，北連三團、蘆溪，可以置縣。」因分南靖清寧、新安二里，及漳浦縣二、三都地置縣，以河頭中營爲治，取盜平民和之義，名曰平和。

武德場。今長泰縣治。寰宇記：長泰縣在漳州東北五十里，本屬泉州。唐乾符三年，析大同場西界六里置武德場。南唐乙卯歲，升爲長泰縣。太平興國五年，割屬漳州。九域志：在州北三十七里。

南詔場。今詔安縣治。本漳浦縣治。宋爲南詔場，置西尉主之。後又爲沿邊巡檢寨。元至正十四年，汀、漳盜起，屯官陳君用始築石城。明初置把截所，尋罷。弘治十七年，廣寇突入劫掠，調漳州後衛所官軍來守。十八年，因置南詔守禦千户所，始拓城西偏廣之。正德十四年，增設捕盜通判，尋廢。嘉靖九年，始分漳浦縣二、三、四、五都置縣，取「南詔靖安」之義，敕名詔安。縣志：南詔所，在縣治東。

鹽場。在龍溪縣。九域志：縣有吴慣、沐犢、中栅三場鹽團。府志：有中栅保，在縣南，有寨。又吴慣村，在縣東南一、二、三都，分屬海澄。

靖海館。今海澄縣治。其地舊名月港，自唐、宋以來，爲海濱大聚落。元時嘗置巡司，明正德中，土民私造巨舶航海，與諸番貿易。嘉靖中遂誘佛郎機夷内入浯嶼。二十七年，巡海道柯喬議設縣治於月港。三十年，於月港置靖海館，以通判往來巡緝。未幾，倭賊入寇，累出月港，奸民乘機構逆，結巢盤踞，殆同化外。四十二年，撫臣譚綸招撫之，奏設海防同知。四十四年，知府唐九德始議割龍溪、漳浦二縣地置縣，賜名海澄。

安邊館。在海澄縣東北二十里海滄澳。明嘉靖九年置，委通判駐守。四十三年，寇吴平巢於此，都督戚繼光討逐之。及縣置而守罷，館燬於賊。崇禎中更築，名曰觀化堂。

風月樓。在府治右。宋開禧中，通判留筠重修瑞鵲堂，創樓其上，取平分風月之意爲名。

喜雨樓。在府治舊土城上。舊名留觀閣，宋趙汝讜禱雨獲應，因名。

南樓。在府治南。唐尹柔、宋郭祥正皆有詩。

環珠樓。在長泰縣治南。元至正中建。

齊雲閣。在府治西北開元寺西。宋蔡襄有詩。

御書閣。在龍溪縣學泮池左。宋紹定間，知縣傅天驥建。

浄涼閣。在漳浦縣治西偏。舊有池亭，扁曰「水閣」，宋嘉定間縣令歐賡改名。

臨漳臺。在龍溪縣登高山巔，據溪山最勝處。又半漳臺，在登高山半，宋郭祥正詩：「危簷飛赤壓層丘，見盡臨漳一半州。」宋朱子守漳時，於此地講學，郡守危稹建龍江書院於此。

嘯臺。在龍溪縣員山。郭祥正有詩。

覽勝臺。在長泰縣治北。舊名小蓬萊，宋縣令鄭師申改名。

九區亭。在府治前，朱子建，後守方來更新之，又於府治西子城作仰高亭，致景慕之意。

君子亭。在府治後。舊爲復軒，朱子建，後守趙汝讜建爲亭，名曰君子，并有詩。

喜雨亭。在府治東南隅，爲一郡勝槩。舊名水雲館，後改今名。

澤露亭。在府城內。宋李亨伯守邕管，遭母憂不許解官，亨伯五上章哀請後許，明年甘露降其家庭柏上，因名。張商英作詩賦其事。

月淵亭。在府城内舊浄衆院。宋郭祥正有詩。

留珮亭。在龍溪縣東二十六都。宋都判鄭涣代去，郡人攀留，涣留珮以爲別，後人即其地建亭，因名。

得仙亭。在龍溪縣南名第山。唐周匡物登第，有贈之詩云：「元和天子丙申年，三十三人同得仙。」故名。劉禹錫詩：

「危亭誰結據山椒，名第山人不可招。繞闔溪山敞圖畫，萬家樓閣插雲霄。」

美報亭。在漳浦縣東。宋嘉定中，縣令歐賡因鑿放生池建。

仁智亭。在長泰縣治東，依山瞰溪。宋嘉定中縣令王自强建，取「智者樂水，仁者樂山」之義。

熙春亭。在長泰縣學東。元至正中建。

仙人亭。在平和縣東北三平山。

瑞鵲堂。在府治内東偏。宋熙寧間，通判柯述賑活饑民，感二鵲棲其廳事，比去任，鵲送之，遂不復至，故名。蘇軾爲賦異鵲詩。

同樂堂。在府治。舊名安静，宋慶元間郡守趙伯逷建，嘉定中趙汝讜改名。

周潘書堂。在龍溪縣南名第山。唐周匡物與潘存實讀書處。又有自隱堂，亦匡物讀書處。

吴奉議書堂。在漳浦縣良山下。邑人奉議郎吴與，家藏書籍甚富，鄭樵云：「古文尚書音，唐、宋並無，今見於漳州吴氏，其書目自算術一家有數種，又師春二卷，甘氏星經二卷，漢官典儀十卷，京房易鈔十卷，今世所傳俱出吴氏，皆三館四庫所無也。」

鄴山講堂。在龍溪縣柳營江。明黄道周講學於此，四方人士多從之遊。中有蓬萊峽、避雨巖諸勝。

梅雪齋。在府城内。明林弼建爲讀書之所。

木棉庵。在龍溪縣南二十里。舊志：宋鄭虎臣殺賈似道於此。

顔師魯宅。在龍溪縣西西清橋。

陳淳宅。在龍溪縣北北溪香洲。

高登宅。在漳浦縣杜潯新堡角獸山下。又梁山之白石庵，有高東溪書室，登讀易處，手植松柏，尚有存者。

關隘

萬松關。在龍溪縣東三十里，鶴鳴岐山之間，即堆雲嶺也。山勢險峻，爲渡江必由之道。明崇禎二年，知府施邦曜築關於此。

蒲葵關。在漳浦縣西南四十里。淳祐志：驛西南一舍度嶺，有漢時南越蒲葵關。府志：即盤陀嶺，漢時南越故關也，漢元鼎五年擊南越，東越王餘善以兵從至揭陽，心持兩端，漢破番禺，引兵還擊之，破此關而入。

中權關。在海澄縣港口城北，往來各舟灣泊處。明崇禎初知縣余應桂設，東連腰城守禦要地。又有東關，在縣北門外，與港口土城相連。北關，在八都土堡北門，西偏臨水，皆明天啓中知縣劉斯崍增築。

朝天嶺隘。在長泰縣東南三十里。明正統五年，知縣劉奎以嶺巖險多盜，置巡司，今裁。

江東巡司。在龍溪縣東三十里柳營江之東。明洪武三年，設掣制所於江之西，隸福建都轉鹽運使司。十四年，改批驗鹽引所。正統九年，改柳營江巡司。本朝乾隆三十一年移駐，改今名。

海門巡司。在海澄縣東二十里。舊有海門社，在縣東北海門山。明正統六年，太守甘瑛以其地險民悍，奏設巡司。七年，徙其民於內地，因移司於青浦社，仍舊名。

和溪巡司。在南靖縣西北七十里，接龍巖州界。明正統五年置。

永豐巡司。在南靖縣北八十里永豐里。明正統五年，置韓婆巡司。景泰二年，改今名。府志：弘治中道臣杜啓設韓婆徑隘，甃石爲門，爲戍守處。

漳汀巡司。在平和縣西北八十里蘆溪山麓。元置小溪巡司，在縣東琯水之陽。明洪武二十年，移於漳浦縣界古雷山。正統五年，小溪草寇竊發，復置巡司。正德中既析置縣，又以蘆溪枋頭坂地勢頗雄，因移司於此，改今名，築土城。

漳潮分界巡司。在詔安縣西二十五里分水關，爲漳、潮分界處。明洪武二十年，築石城。正德十五年，移東沈赤山巡司於此，改今名。

海口鎮。在龍溪縣東南，接海澄縣界。九域志：縣有海口、峽口、清遠之鎮。舊志：宋置，以收海道商税。

敦照鎮。在漳浦縣東南。九域志：漳浦有敦照一鎮。新志有舊鎮市，在縣東南三十里，蓋即敦照也。

古雷鎮。在漳浦縣東南五十里古雷山下，舊有巡司。明正統六年，自南靖縣移此，城周一百十五丈，門四。又井尾巡司，在縣東一百里鎮海衛南，有土城，周一百十五丈，東、西、南三門。後葛巡司，在縣東南五十五里，亦有土城，皆與古雷同置。青山巡司，在縣東南七十里，明洪武二十年置於青山，後以司地置陸鼇所，乃遷司於月嶼，在陸鼇之北。正德中築土城，周一百十五丈，東、西、南三門。今並裁。

雲霄鎮。在漳浦縣西南六十里。元置雲霄驛。明正德初，鄉人以寇亂築土城，尋燬。嘉靖五年重築，周八百二十五丈，門四。三十九年，爲賊所陷。隆慶六年，設海防館於城内，以督捕通判駐此，爲戍守要地。本朝康熙三十五年，移盤陀巡司駐此。乾隆元年，以縣丞駐此。嘉慶二年，改南勝同知駐此。又盤陀巡司，在縣西南盤陀嶺，明正統六年置，本朝康熙三十五年裁。乾隆元年復設，嘉慶三年裁。

金石鎮。在詔安縣東八十里海中。舊有巡司，元設於龍巖縣聚賢里，明洪武二十年徙於此，築城周一百十五丈，門三。又洪淡巡司，在縣東六十里，元置於四都之沔洲，明洪武二十年徙於五都北埔，今並裁。

銅山營。在詔安縣東八十里。其地舊名東山，爲民間牧藪，明洪武二十年，始置守禦千户所，屬鎮海衛。二十五年，築城周五百五十一丈，門四，三面環海。本朝順治十四年裁所，改爲銅山營，今有參將駐守。

石美堡。在龍溪縣東七十里福舟山下。明嘉靖三十六年建，有土城。又玉洲土城，在縣東四十里。長橋土城，在縣北十里。皆嘉靖中土人築以禦寇。

福河堡。在龍溪縣東南三十五里。明嘉靖中鄉人以其地係各港之要害，築土城以防倭，尋置官兵戍守。

九都堡城。在海澄縣西隔港。又港口堡城，在縣北，皆明嘉靖中與八都堡同築。隆慶初以八都堡建縣，因以九都堡設立儒學。天啓三年，知縣劉斯埰重修港口城，東、北面海，改甃以石，周三百五十丈。九都則四面皆砌以石，周三百三十丈有奇，與縣城鼎峙。

甲洲土城。在詔安縣東。明嘉靖二十五年築。又梅洲土城，在縣東四十餘里，正德三年築。少北又有上湖土城，嘉靖二十四年築。

岑頭土城。在詔安縣北。周八百四十丈。

銃城。在海澄縣北。凡三，一周一百十三丈有奇，一周六十六丈八尺，一周七十丈有奇，皆明天啓、崇禎間築，置銃以備海寇。

江東驛。在龍溪縣東四十里，北至長泰縣三十里。宋置通源驛，元改今名。

丹霞驛。在龍溪縣治西。

甘棠驛。在龍溪縣南四十里，接漳浦縣界。元置。

臨漳驛。在漳浦縣南，東北至甘棠驛五十里。

雲霄驛。在雲霄廳南，東至臨漳驛七十里。

平南驛。在南靖縣西北九十里。明成化六年置。

南詔驛。在詔安縣南，東南至雲霄驛八十里。

津梁

金水橋。在府城開元寺前。有亭，明知縣鍾宣建。

瀛洲橋。在府城南。本朝乾隆二十六年建。

南門橋。在府城通津門外，跨南溪，溪濶二十五丈。宋嘉定初，郡守薛揚祖累石爲址七而梁之，長二十六丈，翼以欄，因名薛公橋。

流岡橋。在龍溪縣東十五里，亦跨南溪。長一百二十餘丈，上有亭，四百六十餘間，俗呼長橋。

虎渡橋。在龍溪縣東四十里，跨柳營江。長二百丈，釃水十五道，亦名江東橋。宋建，明嘉靖四十四年加築，本朝康熙五十二年砌石，乾隆二十一年修。又長泰縣東南亦有虎渡橋，宋紹定間建。

東溪橋。在漳浦縣東門外。宋慶元四年建。

浯江橋。在漳浦縣東南四十里。宋淳祐二年建，長九丈，釃水十五道。浯江水出海雲山，合竹嶼水入海。

五鳳橋。在漳浦縣南門外。宋淳祐間累石爲址，跨以石梁，長三十丈。其南爲乾橋三十間，長二百丈。

月溪橋。在海澄縣西門外。俗呼舊橋，居民架屋，貿易其上。本朝康熙二十九年修，四十五年易以石。又有新橋，亦在縣西，明萬曆初建，介八、九二都之間，左右翼以小肆貿易。

滄江橋。在海澄縣東北海滄鎮。宋建，名黄公橋。明嘉靖間重建改名，釃水爲七道，兩端有亭。本朝康熙三十六年修。

永濟橋。在南靖縣南門外。明萬曆間建。

湯坑橋。在南靖縣西北。元至正間建。又西北有平南橋，在平南驛前，爲往來津要。

朝京橋。在長泰縣東南一里。宋建，長百丈，凡址十八，亭五十一間，後圮。今有渡。

西安橋。在長泰縣西門外。明萬曆初建，長四十餘丈，石址二十五間。今名石步橋。

圓濟橋。在平和縣東北翠微社。元建。

東溪橋。在詔安縣東門外，溪濶七十丈。明嘉靖間建。

洋尾橋。在詔安縣東五里。舊爲洋尾官渡，明萬曆七年，創建石橋，長二百餘丈。一名廣南橋。

大陂橋。在詔安縣東四十里。明嘉靖間架木爲橋，萬曆間易以石，改名永濟橋。

平寨橋。在詔安縣南五里。明萬曆間建。

烏礁渡。在龍溪縣東二十八都。

松柏門渡。在詔安縣東八十餘里。一名長沙尾渡。

隄堰

梧桐隄。在龍溪縣鄭輪堡。發源程溪，溉田千餘畝。

山兜堰。在龍溪縣間闗下保。本朝乾隆年間築。

郭坑塘。在龍溪縣東。明成化間郡守姜諒重濬。又有鄒塘、浯淇塘，在縣南，亦諒所濬。

廣濟陂。在海澄縣東。宋郡守傅伯成築石爲堰，袤一百三十丈，溉田千有餘頃。

太保陂。在海澄縣西。縣地本海滷，宋都官郎中謝伯宜始築成田。紹興中邑人陳香復引十都九十九坑之水，注於九都侯山，築陂開圳，長三十餘丈，導以灌田，遂成沃土。香官太保，故名。

巖橋陂。在海澄縣六八都。俗呼鹿石陂。明弘治初郡守洪天瑞築，設大斗門引溪流，溉田十餘萬頃。正德六年，郡守陳弘謨再築。

龍漈陂。在南靖縣南。發源獨座山，溉田三千餘畝。

洋溪陂。在長泰縣彰信里。宋嘉定元年濬。本朝乾隆十三年重濬，并築陂岸，溉田一萬餘頃。

溪東陂。在詔安縣西北。明洪武二十七年築。又有小篆、金溪等陂，皆嘉靖間築，溉田二千餘頃。

坑頭隴大溪圳。在南靖縣東南。源出南境山，長八千餘丈，溉田二百餘頃。明弘治十二年濬，嘉靖十三年砌石修築。

墨場堡石壩。在龍溪縣二十一都，長五百七十二丈。本朝乾隆二十七年修，五十九年重修。

雙溪石壩。在漳浦縣梅林保。本朝康熙三十四年修，乾隆二十六年重修。

陵墓

唐

陳元光墓。在龍溪縣北二十里松州保高波山。今名石鼓山。

長孫沖墓。在漳浦縣東東壠塘。沖，無忌之子，仕爲秘書監，流嶺南，卒葬於此。

陳政墓。在漳浦縣西南，雲霄將軍山麓，故修竹里。

宋

王遇墓。在龍溪縣南十里橡林。

顔師魯墓。在龍溪縣西二十里。

陳淳墓。在龍溪縣北二十里坂頭保崎嶺社。宋莆田陳宓大書其阡，曰「嗚呼，有宋北溪陳先生之墓」。

勇士墓。在漳浦縣西門外。紹興間山寇焚縣治，左翼軍步兵蔡青、鄒進、熊保俱力戰死，邑人爲合葬於此。

謝伯宜墓。在海澄縣西山。曾孫明之墓亦在焉。

陳香墓。在海澄縣西陳坑山。

元

締拉密什墓。在龍溪縣東郊。墓前有表忠祠。「締拉密什」舊作「迭里彌實」，今改正。

羅良墓。在龍溪縣西十里雙路口。

明

陳真晟墓。在龍溪縣東趙塘山。天順中提學周孟中立石，表曰「大明闕下兩上書請補正學布衣陳先生之墓」。

潘榮墓。在龍溪縣南門外。

周起元墓。在龍溪縣西門外西渡頭。

黄道周墓。在漳浦縣北一里北山演武亭後。墓側又有道周門人別駕毛玉潔，六合人；兵部主事趙士超，閩縣人；中書蔡春溶，龍溪人；中書賴繼謹，平和人。皆從道周死于金陵。邑人趙之璧等收其首領歸，合葬於此，稱四君子墓。按：四君子，本朝乾隆四十一年，俱賜謚烈愍。

李貞墓。在南靖縣南林壁山。

唐泰墓。在長泰縣東北彰信里。

本朝

黃梧墓。在龍溪縣石浦山。康熙十六年賜葬。子芳度墓在縣東郊外嶽口。

蔡世遠墓。在漳浦縣東坂龍仔山。雍正十一年賜葬。

祠廟

朱文公祠。府境凡五。一在龍溪縣芝山之陽，本朝康熙十七年重建。一在長泰縣南登科山，名泰亨書院，明洪武十三年建。一在平和縣東南西林。一在海澄縣北門外。一在詔安縣學東。

旌忠祠。在府學西。祀明贈兵部侍郎謚忠愍周起元，崇禎間敕建。本朝康熙四十六年修。

陳北溪祠。在龍溪縣城西北舊光孝院地。祀宋陳淳。

黃勉齋祠。在龍溪縣登高山麓。祀宋黃榦。

王東湖祠。在龍溪縣東門外。祀宋王遇。

文信國祠。在龍溪縣西北。祀宋文天祥。

雙節祠。在龍溪縣東門外。祀元萬户府知事闞文興及妻王氏。

忠勇祠。在漳浦縣盤陀嶺。明嘉靖時，戚繼光追倭寇，官兵傷死者八十餘人，繼光立祠祀之。隆慶五年，增祀從征陣亡朱璣、王世實、戴守、陳文標、劉大有五人。本朝康熙三十七年修。

周濂溪祠。在南靖縣西寶珠山。今廢。

王陽明祠。在平和縣東門外。祀明王守仁。舊在縣學西南隅。明嘉靖三十三年建，崇禎六年遷建。本朝康熙五十年修。

嘉濟廟。在府城東坂後。祀後漢石敬純。其父勤，勒季弟也，嘗帥兵擊燕，以牛昌隱譏見殺。敬純方幼，偕母崔氏謫居海上。及長知之，遂討昌隱，斬之，立廟於此，屢見靈異。元賜額嘉濟。

威惠廟。有三。一在龍溪縣北門外，宋建炎中建。一在漳浦縣西三里。一在詔安縣西北良峯山之麓。皆祀唐將陳元光。

寺觀

開元淨慧寺。在府治西北紫芝山麓。唐嗣聖間建，開元中賜額曰開元。內有明皇銅像。宋末燬於兵。元元貞中與淨慧寺合爲一，賜今額。明洪武間扁曰紫芝峯。

淨衆寺。在府治西北。梁貞明二年建。

興教寺。在漳浦縣治北。唐景福元年建。

應城寺。在漳浦縣城東。宋熙寧間建。

正峯寺。在南靖縣東南。宋開禧三年建。

祥光寺。在長泰縣治東南。宋乾德二年建。

良岡寺。在長泰縣良岡山之麓。唐時建。

清泉寺。在詔安縣西北。宋胡頫隱於此。寺前有清泉，因名。

大巖寺。在海澄縣大巖山，一名雲塔院。

玄妙觀。在府治西隅。唐開元中建，名開元觀，元改今名。

緑蘿菴。在龍溪縣西湖白蓮院。宋郭祥正有詩。

名宦

唐

陳元光。固始人。父政，總章二年，統嶺南行軍總管事，平蠻獠之亂，進屯雲霄鎮居焉。父卒，代領其衆。永隆初擊降潮州盜，奏請建漳州於泉、潮間，以控嶺表。詔從之，即命元光鎮撫。元光翦荆棘，開村落，招流亡，務農積粟，千里無枹鼓之聲。後以討南流寇戰歿，廟食於漳。子珦，善詞賦，舉明經，授翰林承旨、直學士，代刺州事二十餘年，澤洽化行。

許天正。固始人。博學能文，長於訓練。代陳元光領泉、潮事，平惠、潮、虔、撫諸寇，置堡三十六所，嶺海肅清。進中奉大夫，兼嶺南團練副使。裴採訪、張燕公薦掌史館，天正力辭。歷官副使、宣成將軍，民廟祀之。宋時追封順應侯。

韓泰。貞元中，爲漳州刺史。悉心爲治，官吏奉法，百姓安堵。韓愈刺袁州，嘗舉以自代。

宋

方慎從。莆田人。景祐初，知漳州，有惠政。越十五年，又以屯田郎中知州事，漳人懽呼曰：「吾父復來矣。」

呂璹。晉江人。景祐間，知漳浦縣。時汀、虔寇發，璹募民爲兵，教以攻守之法，賊不敢犯。境有虎患，璹設穽祝曰：「暴吾民者入吾穽。」三日虎自投穽。既去，民祀之。

柯述。南安人。熙寧間，以員外郎通判漳州。救饑得民心，有雙鵲棲其廳事，迨去任，鵲亦隨之。蘇軾爲賦異鵲詩。

傅希龍。仙遊人。元祐間，知漳浦縣。振興文教，鑿河引潮水自鹿溪入泮池，人呼爲傅公河。

王濟。饒陽人。政和初，補龍溪主簿。時調福建輸鶴翎爲箭羽，有司督責急，一羽至直數百錢，民甚苦之。濟諭民取鵞翎代輸，仍驛奏其事，因詔旁郡悉如濟所陳。縣有陂塘數百頃，爲鄉豪專其利，會歲旱，濟悉導之分溉民田。

綦崇禮。高密人。建炎四年，知漳州，屬有巨寇起建州，聲撼鄰境，崇禮牧民御衆，一如常日，盜息，安堵如故。

廖剛。順昌人。紹興中，以徽猷閣直學士知漳州。漳俗侈靡，婚葬踰制，剛立條約諭之。後以言事拜御史中丞。

李彌遜。連江人。紹興九年，知漳州、建州學。復慶曆舊規，郡人德之。

劉才邵。廬陵人。紹興中，知漳州。即城東開渠十有四，爲牐與斗門，以瀦匯決，溉田數千畝。

陳敏。石城人。紹興中，閩地多寇，以敏爲統制，漳州駐劄，敏按諸郡要害，凡十有三處，悉分兵扼之，盜發輒獲。

胡銓。廬陵人。乾道初，以集英殿修撰知漳州。清介愛民，上章數秦檜孫近等力主和議之罪，尋改知泉州。

趙公綢。宋宗室。淳熙中，知漳州。去官鹽法，使民得自貿易。又罷戍卒及郡兵每歲供應，民大稱便。

翁德廣。建寧人。淳熙中，知龍溪縣。隨事處斷，終朝而畢。朱子疏薦稱其庶幾古之循吏云。

朱子。婺源人。紹熙初，知漳州。奏除屬縣無名之賦七百萬，減經總制錢四百萬，采古喪葬嫁娶之儀，命父老解説以教子弟。土俗崇信釋氏，悉禁之。病經界不行之害，乃訪事宜，擇人物，及方量之法上之。

傅伯成。晉江人。慶元初，知漳州。以律己愛民爲本，推朱子遺意而遵行之，創惠民局，濟民病以革禨鬼之俗。由郡南門至漳浦，爲橋三十五，治道千二百丈。

莊夏。永春人。慶元中，知漳州。建通濟橋，罷高荒俵寄莊錢，民納苗米，聽自槩量，郡人德之。

趙汝讜。宋宗室。與兄汝談齊名，嘉定初知漳州。修學校，造南石橋，建城東門。奏捐經總制錢五之一。

危稹。臨川人。嘉定中，知漳州。漳俗，親喪往往棲寄僧剎，久而不葬。稹命營高燥地爲義塚三，約期責之葬，其無主名，若有主名而力弗給者，官爲葬之，凡二千三百有奇〔四〕。有經總制無名錢，歲五千緡，稹疏於朝悉罷之。

趙師縉。宋宗室。紹定間，知漳浦縣。邑西有古陂，歲久淤塞，闢而治之，沿陂爲隄，立斗門以資蓄洩，溉民田甚多。民立祠祀之。

趙以夫。宋宗室，居長樂。端平初，知漳州。丁米錢久爲民患，以夫請以廢寺租爲民代輸，真德秀上其事，謂可爲守土者法。詔從之。

李韶。連江人。端平中，知漳州，號稱廉平。朝廷分遣部使者諸路，稱提官楮，韶疏極言其弊。

黃師雍。閩清人。寶慶間，知龍溪縣，轉運使王伯大上其邑最。後歷禮部侍郎。

元

闞文興。建康人。爲漳州萬户府知事。至元十七年，陳弔眼作亂，文興率兵與戰，死之。妻王氏被掠，義不受辱，亦死。

烏克遜良楨。臨潢人。至治初漳州路推官。獄有疑者，悉平反之。「烏克遜良楨」舊作「烏古孫良楨」，今改正。

羅良。長汀人。至正中南勝賊李志甫圍漳州，良傾貲募兵平之。後以屢平劇盜，升光禄大夫，世襲漳州路總管。至正二十六年，陳友定據福建，大發兵攻良，良迎戰馬岐山，敗績。友定兵入城，良巷戰死。良守漳，爲政周密，修學校，定賦役，課農桑，設屯田於南詔場，人無遠輸，軍無多取。其卒也，人甚哀之。

鄧朝陽。至正中龍溪縣尹。興利除害，擇學行之士爲鄉師以教民，革其獷悍之俗，民畏懷之。

瑪什都蘭。至正中，任漳浦縣達魯噶齊，廉勤愛民。時縣無堅城，賊至不能守，瑪什都蘭命工築石，邑賴以全，民立祠祀之。「瑪什都蘭」舊作「買撒都刺」，「達魯噶齊」舊作「達魯花赤」，今並改正。

庫特和卓。至正中長泰縣尹。廉介精明，不避權倖，鋤强梗，植善良，工役以時，百廢具舉。「庫特和卓」舊作「勿都火者」，今改正。

韓景晦。至正中南勝縣尹。時縣畬寇亂，兼苦瘴癘，景晦請徙縣治於雙溪，改南勝爲南靖，完城堡，興學校，民至今思之。

締拉密什。西域人。至正末，爲漳州路達魯噶齊。居三年，興利鋤害，民安之。明兵取福州，興化、泉州皆納款，吏走白招諭使者至，請出城迓之。乃詣廳事，具公服，北面再拜畢，引斧斫其印文，大書手版曰「大元臣子」，入位端坐，援所佩刀刲喉死。郡民聚哭，斂其尸葬東門外。「締拉密什」舊作「迭里彌實」，今改正。

明

潘琳。平陽人。洪武初，知漳州府。作新郡治，勸課農桑，崇獎士類，莅政七載，治績卓然。

鄧清。陵州人。洪武中，知長泰縣。均徭薄斂，清訟獄，革奸弊，莅政三年，凋瘵以蘇，流移以復。

王禕。義烏人。洪武中，爲漳州府通判。文學政事，推重一時。嘗爲漳南十詠，以紀風土民俗，爲人傳誦。

劉孟雍。南昌人。洪武末，知龍溪縣。以計擒積寇陳永定。勸農桑，輕刑罰，均徭役，禁淫祠，崇禮教，扶善抑奸，邑内大治。秩滿，邑人乞留，以知州秩仍治龍溪。卒官，民肖像立祠。

陳思賢。茂名人。建文時，爲漳州府教授。永樂詔至，率諸生吴性原、陳應宗、林珏、鄒君默、曾廷瑞、吕賢六人，即明倫堂爲建文帝位，哭臨如禮。被繫入京，與六生皆死。

劉奎。博羅人。宣德初，知長泰縣。疏治陂塘溝洫，民户逃亡者，招回復業。復均浮糧以衈民困。縣有朝天嶺，崎嶇爲盗藪，奏立巡檢司以禦之。秩滿，民相率借留，治邑凡二十一年乃歸。

顧斌。鳳陽人。漳州衛指揮僉事。正統間，鄧茂七黨楊福率數萬人圍漳城。斌時督兵備倭海上，突圍入城，盡散其家貲，募死士爲神兵，開門迎戰，連敗賊衆，城賴以全。

陳士名。無錫人。正統末，知南靖縣。時值鄧茂七亂後，邑里殘破，士名多方招輯賑濟，縣乃復初。

謝騫。當塗人。景泰中，知漳州府。政尚嚴明，吏人畏愛。月港、海滄民多貨番爲盗，騫隨地編甲，以聯屬其人户，約五日一赴府點校，其違式船隻皆拆毁，惟五六尺者烙以官印，使出海採捕，朝出暮歸，由是盗息民安。

姜諒。嘉興人。成化間，知漳州府。擒殲海上盜魁，築長隄以捍傍海瀉鹵諸田，凡一百八十六所。郡中田賦，爲里胥乾没、飛射、詭寄者，悉斷理俾復其舊。置倉以備旱潦，境内盜息民安。

胥文相。巴陵人。正德中，知漳浦縣。時苦蝗患，文相引愆修省，蝗悉赴海死。邑金谿舊有礦山，歲久脉微，採取不充額賦，重爲民困，文相奏罷之。

陳洪謨。武陵人。正德中，知漳州府。討平巨寇林廣周。俗尚奢好訟，乃頒呂氏鄉約，朔望躬親講諭，民多從化。復朱子書院，簡俊士肄業其中。濬龍溪陂，灌田萬餘頃，人號陳公陂。

紀鏞。永豐人。正德中漳浦縣丞。廣寇滋蔓，鎮巡會剿，賊退保大帽山寨。鏞率民兵深入攻圍，賊突出，兵潰被殺。事聞，廕其子。

鍾湘。興國人。正德中，知漳州府。時南靖賊黨未平，湘詣賊壘招撫之，帖然聽命，兵遂罷，因請設平和縣。會歲飢，賑濟有方，又立社學以訓民。卒於官，漳人像祀之。

覃桓。沔陽人。襲漳州衛指揮僉事。正德中，討擒南靖諸賊，招撫海寇。後攻象湖山，援兵未至，爲叢戟刺死。

黄直。金溪人。嘉靖初，除漳州府推官。居官廉，馭下嚴，屬吏無敢縱。以漳俗尚鬼，盡廢境内淫祠，易其材以葺橋梁公廨。

唐九德。湘潭人。嘉靖中，知漳州府。既至，廉諸附賊者悉擒之。調遣諸軍，夜從間道夾擊賊營，大破之。山賊蘇阿普據穴旁掠，請乘勝撲滅，山寨悉平。時軍興之費巨萬，一切倚辦於漳，多方籌畫，所需輒應，故民不擾而師有成功。事聞，賜金幣。

王禄。新城人。嘉靖中，知平和縣。時縣尚草創，禄開社學，置學田，設壇廟義塚，修鋪舍養濟院。在任五年，庶事畢舉。

何春。雩都人。嘉靖中，知詔安縣。教民行鄉約，習朱子家禮。簿書暇日，詣明倫堂與諸生講學。政務化民，爲循良第一。

蕭廷宣。廬陵人。嘉靖中，知長泰縣。值倭亂，廷宣豫修城垣以備之。踰年寇至，率諸生王得麟等，督民兵防守，城賴以全。

龔有成。嘉定人。嘉靖中，知詔安縣。值倭發，土寇乘之，有成繕城浚濠，經營防禦，剿滅溪東、小篆二賊，以民兵戰倭於三都，解後溪圍。倭賊壓境，大雨城壞，有成先取犁鏵牛皮覆其外，且禦且築，天明而城就，賊詫爲神。先後六年，被倭者十，饒寇者二，土寇者三，內和外戰，爲漳南保障第一。

王謹。漳州衛指揮使。嘉靖三十九年，追倭於梅嶼海洋之小蟹礁，力戰死。詔立祠祀之。

謝明德。高要人。嘉靖間，知平和縣。除苛政，捕宿惡，討平詔安白葉洞諸賊，四境歡呼。

梁士楚。番禺人。嘉靖末，知詔安縣。擒斬山海諸賊，增築縣城。後擢福建僉事，練兵於詔，嘗築二都勾藤徑新陂，灌田千頃。詔人至今祀之。

羅青霄。忠州人。隆慶中，知漳州府。創天寶學田，築四門、月城。時軍餉加派，丁四米八，青霄議減半，著爲例。

曾球。海陽人。隆慶間，知南靖縣。邑西橋南有田數千畝，恒苦旱，球鑿渠通海子潭，達銅山草湖，以資灌溉。又開濬城濠，接引溪流而東之，墨場等二十四鄉均賴焉。

王穀。臨海人。隆慶間，知海澄縣。用意真誠，勤恤民隱，創築縣城，民不知擾。邑人號城曰王公城。

范鳴謙。江陰人。萬曆初，知龍溪縣。縣有陷江虛懸米一千六百餘石，民苦賠累。鳴謙曰：「激水之下，必有洄洑之所，纔生泥泊。」乃率縣丞躬詣築田，按田之廣狹〔五〕，受懸糧之多寡，得六千四百餘畝。又察諸詭没者，令歸户以補懸糧。士民勒碑頌之。

汪康謠。休寧人。萬曆中，知漳州府。有負重貲販洋遇逆風迴舟者七十餘人，時寨帥利其有，誣爲海寇，將盡殲之。康謠爲剖晰矜全，給還原金。漳俗生女不舉，康謠嚴諭禁止。遇重獄，虚心推鞫，夜分不寐，多所矜活。以忤璫罷。崇禎間起爲福寧道。

朱廷益。嘉興人。萬曆中，知漳浦縣。以文學飾吏治。先是，議召商行鹽，前令房寰力争得罷。至是復欲籍鹽船出港行榷，廷益亟上房前牘，事乃寢。歲飢，發庫金，募飢民，修馬道，全活萬計，當事韙之，檄通省爲式。

陳思謨。河源人。萬曆中，龍溪主簿。布衣疏食，以治行升本縣尹。嘗執經相講勸，廨有産芝九莖之瑞。

尹瑾。東莞人。萬曆間，爲漳州府推官。治獄多所平反。嘗命家人於署種蔬自給。政暇，集諸生教以行誼，民名其坊曰甘棠坊。

閔夢得。烏程人。萬曆間，知漳州府。寬平爲政，嘗均僧租以給民，民立祠祀之。

施邦曜。餘姚人。天啓中，知漳州府。明爽廉幹，盡知屬縣奸盜主名，每發輒得，闔郡驚爲神。盜劉香、李魁奇横行海上，邦曜縶香母誘之，香就擒。魁奇請撫，邦曜曰：「若然，又爲閩封殖一蠹也。」言於巡撫鄒維璉〔六〕，卒討平之。

劉斯㻋。南昌人。天啓中，知海澄縣。在任六年，豪强屏跡。捍遏紅夷，繕縣城及學宫，港口二城悉易以石，并築障水裔，置銃礮待敵。後人銃城礮臺，實祖其制。

蔡以藩。泉州人。崇禎時，爲海澄營把總。視師三日，賊入寇，與戰，援絶而死。知府施邦曜祠而祀之。後又有同安吴兆㸂，亦官把總，以破賊擢守備。崇禎五年，賊寇福滸，亦戰死。

彭瑄。永州人。崇禎中，爲漳州府推官。古貌古心，時稱兩古推官。嘗署府事，吏以羨金進，曰：「此例也。」瑄曰：「今日革之，則不爲例矣。」終却之。

本朝

許國楠。咸陽人。順治初，知漳浦縣。修身潔己，一介不取。設計擒捕山寇，浦人賴焉。楊學皋謀陷城，變出叵測，國楠赴井死。

傅永吉。漢軍鑲紅旗人。順治中，知長泰縣。海寇圍城，率驍勇力戰，殪其渠。永吉方射賊時，中礮洞腹死，城賴以全。

甘體垣。奉天人。順治中，知海澄縣。參將郝文興叛降賊，攻陷海澄，欲汙以僞命，不受，縛而沉諸海。邑人建祠祀之。

王顯謨。慈溪人。漳州府同知，攝平和縣事。順治九年，鄭寇攻平和，顯謨率士民固守，力屈城陷。賊欲降之，顯謨罵不已，賊怒，埋其身而露其首，數日死。

歐陽明憲。宿州人。順治中，知詔安縣。平環沙寇。蔡四踞烏山，流刧遠近，明憲定計搜捕，脱囚縶男婦百餘人，搗其穴。葺學宫，課諸生，邑人銘德，至今稱賢令者，曰猶見歐陽也。

王三薦。湖廣人。康熙二年，授漳州府推官。性寬厚，不事擊斷。臬司責以舉劾，三薦曰：「民困於下，官疲於上，推官不忍爲察察之行。」卒於官，士民惜之。

白拱薇。沔陽人。康熙六年，知南靖縣。弭水患，均徭賦，剔奸蠹，除積弊。康熙五十二年，祀名宦祠。

傅宏基。金華人，康熙中，漳州城守遊擊，分防長泰縣。海寇圍城，宏基嬰城固守，援絶城陷，被執不屈死。

陳汝咸。鄞縣人。康熙三十五年，知漳浦縣。均賦役，革弊便民，興學校，建南溟書院并四門義學，每朔望身往會講。邑遇水災，設法拯之，全活者以千數，士民愛戴。在浦十三年，改調南靖，民環擁不得行，夜半單騎啓北門而去。旋行取刑部主事，升大理寺少卿。

猾吏無敢詆諆者。

曹家甲。新建人。康熙四十一年，知龍溪縣。除賦税包納之弊，催科不用吏役，復爲減耗之半。俗多停柩不葬，購北廂、江東、日照巖義塚三所，以掩暴骸。去之日，民若失慈父，攀轅數十里。子繩柱，爲福建按察使，進布政使，復以厚德聞於官。

申景雲。吴縣人。雍正十三年，知龍溪縣。時有饋以盆蘭者，發泥視之，乃金也，卻不受。卒於官，邑人士賻之，乃得歸。

李芬。漢軍正藍旗人。乾隆三年，知龍溪縣，五年再任。值歲歉，平糶以甦飢民。開濬城濠，使水不壅遏。尤長於摘發，猾吏無敢詆諆者。

人物

唐

周匡物。字幾本，龍溪人。元和十一年進士，名譽蚤著，嘗賦軒轅古鏡歌，王播見而異之。御試學殖賦、鶯出谷詩，爲時傳誦。官至高州刺史。郡人舉進士自匡物始。兄匡業，亦登第，爲鄱陽令，與匡物齊名。

潘存實。字鎮之，漳浦人。與龍溪周匡物相友善，時稱周潘。元和十三年，試禮耕情田賦、玉聲如樂詩登第。歷官户部侍郎。

赫連韜。漳浦人。會昌、咸通間，與莆田陳黯並爲布衣祭酒，黄滔稱其有不羈之才，而自坎於命。同時有莆田王肱、蕭樞、林顥、福州陳蔵、陳發、詹雄，與黯、韜齊名，稱「八賢」。

謝脩。龍溪人。清心藻思，迥拔流俗。當僖宗西幸，恥於事逆，晦跡窮巖中，與弟修著書自適。至光啓迴鑾，乃出登第。

後人以其所居之山爲文圃山。又五季分裂，主簿洪文用不爲時屈。宋熙寧間有石蕡者，字華甫，以世胄薄遊，鯁論忤權貴，浩然而歸，俱隱於此，所著詩文，皆以「文圃」名集。數百年間，後先相望，清風照世。鄉人楊志作三賢堂以祀之。

宋

蔡瑗。字希蘧，龍溪人。嘉祐進士，歷典五郡，累官至朝請大夫。徽宗時上封事，言商三宗寅畏，周文王無逸，爲萬世法，帝嘉納之。著有鶖城集及古今名賢録行世。

謝伯宜。字希聖，龍溪人。熙寧進士，知長興縣。有惠政，開水利，蝗不入境。歷官尚書都官郎，秩滿家居，疏通九十九坑之水，築海成田，由是八、九都皆成沃土，邑人祀之。

吴與。字可權，漳浦人。元豐進士，累官通判潮州。故人張天覺當國，或諷之使見，與曰：「平生與天覺語皆忠義，反呈身干進乎？」卒不往。家藏書二萬卷，鄭樵稱海内藏書四家，與其一也。

鄭柟。字嘉樹，龍溪人。初立功西夏，歷官修武郎。靖康初，金人圍都城，柟爲四門都巡檢，力戰死。劉光世上其事，補其子綸承信郎。

高登。字彦先，漳浦人。少孤力學，宣和中爲太學生。金人犯京師，登與陳東等上書，乞斬六賊。紹興中上疏萬言，及時議六篇，秦檜恐其譏己，編管瑩州。聞朝廷行事小失，則顰蹙不樂，大失則慟哭隨之。臨卒，所言皆天下大計。登事母至孝，其學以慎獨爲本，其所設施，治獄賑飢，興學除暴，咸有條理。著家論、忠辨等篇，有東溪集行世。後朱子爲守，奏乞褒録，贈承務郎。

顔師魯。字幾聖，龍溪人。紹興進士，陳俊卿器重之。爲御史，遇事盡言，無所阿撓。爲國子祭酒，學行素孚，規約率以身先。除禮部侍郎，一時典禮，多師魯裁定。晉吏部尚書。師魯孝友天至，嘗曰：「窮達自有定分，枉道希世，徒喪所守。」故其大節確如金石。進寶文閣學士，卒。元泰定二年，追謚定肅。

林宗臣。字實夫，龍溪人。受業高登之門。登乾道進士，官主簿，貽書執政，罷本州鬻鹽。素有藻鑒，見陳淳謂曰：「習科舉之文，非聖賢大業。」授以近思録，淳卒爲儒宗。

王遇。字子合，龍溪人。乾道進士。少受業於張栻、呂祖謙之門，與廖德明、黄榦、陳淳友善。守毘陵，歲旱講求荒政，民被實惠。歷官户部郎中。所著有論孟講義、兩漢博議。學者稱東湖先生。

孫昭先。字延父，龍溪人。淳熙進士。嘉泰初除司農寺簿，應詔陳闕失，上疏言五事。遷寺丞，出知衢州。嘉定中除吏部郎，入對言朝綱未清、邦用未節、士氣未振、民病未蘇四事。官終太府少卿。子叔謹，歷知潮州，有賢聲。

陳淳。字安卿，龍溪人。朱子來守其鄉，淳請受教，朱子數語人以「南來，吾道喜得陳淳」。性至孝。母病亟，號泣於天，乞以身代。弟妹未有室家者，皆婚嫁之，葬宗族之喪無歸者。居鄉不沽名，恬然退守，而憂時論事，感慨動人。嘗歎張、陸、王學問無源，全用禪家宗旨，反託聖門以自標榜，遂發明吾道之體統、師友之淵源、用功之節目、讀書之次序，爲四章以示學者。以特奏恩授迪功郎、安溪主簿，未上而歿。著有語、孟、學、庸口義等書。學者稱北溪先生。

黄子信。長泰人。嘉定四年特奏名，以文學行誼爲學者師。調新會場鹽官，清介不阿，賦詩自娱。所著有散翁集。

黄學皋。字習之，龍溪人。博通經史，尤長於詩、書、春秋。朱子守漳，學皋與同邑宋聞禮俱以稚年講論。嘉定十六年登第，終泉州察推。時同郡朱飛卿，亦受業朱子，大全集中載其問答甚多。石洪慶、施允壽、李唐咨、林易簡，並爲朱子所稱。延至學宫，爲諸生楷式。

陳竈立。名植，以字行，漳浦人。淳祐進士，督嶺南兵馬。帝昺航海，植以舟師應援，馳檄諸蠻，圖立宋後。聞張世傑覆舟，變姓名匿九侯山。臨終命葬海濱，曰：「吾死猶可望厓山也。」弟格，爲監簿。帝昺亡，死之。

元

林廣發。字明卿，龍溪人。歷汀、漳屯田萬户府經歷。屢有差遣，不及理府事，兵民請諸分省曰：「願還林君，活我邊人。」有三溪集傳世。子弼，明洪武中知登州，民感其化。所著有梅雪齋文集等書。

蕭景茂。龍溪人。性剛直孝友。至元四年，南勝縣民李知甫作亂，掠龍溪，景茂與兄佑集鄉丁拒之，戰敗被執，賊脅使從己，景茂駡曰：「我生爲大元民，死作隔洲鬼，豈從汝爲逆耶？」隔洲其所居里也。賊臠其肉，决其口至耳傍，景茂駡不絶聲而死。朝廷褒表之。

王初應。長泰人。至大四年，從父義士樵劉嶺山，有虎出叢棘中搏義士，傷右肩，初應赴救，抽鐮刀刺虎鼻殺之，義士得生。又同縣施合德，父真祐出耘，爲虎扼於田，合德與從弟發仔持斧前殺虎，父得生。並旌其門。

明

胡宗華。龍溪人。隱居武林赤石巖，潛心理學，自號草澗居士。洪武初，以明經薦爲本府訓導，講説經籍，爲諸生法。著草澗集六卷。子宜衡，永樂中舉賢良。春同，爲教授。俱篤學好修，郡人稱「三胡先生」。

陳汶輝。字耿光，詔安人。洪武初薦授禮科給事中。帝頗好釋氏教，汶輝疏言「古帝王以來，未有縉紳緇流雜居同事，可相濟也」。帝不聽。汶輝累官大理少卿，數言得失。年九十餘，最後忤旨，投金水橋下死。

劉宗道。名駟，以字行，龍溪人。洪武中以秀才被徵，對策第一，舉德行特異，復居首。拜都御史。詔求直言，上格君心、澤民物二十事，並見嘉納。自是每侍食華蓋殿，多所譏切，爲人所搆，徙南詔。著愛禮集十卷，鄉人稱愛禮先生。

周宗起。漳浦人。洪武進士，任寺丞。燕兵入，父子俱投水死。

李貞。南靖人。永樂乙未進士第二，授翰林院編修，與修五經四書大全。後以不肯修佛書，貶高州府教授，卒。

唐泰。字師廓，長泰人。通五經，尤邃於易。登永樂進士，知祁州。以文學辟召，御試稱旨，欲大用之，以親老乞歸侍養。四方受業者日衆，隨才誨誘，皆有成就。著有思誠齋銘。學者稱東里先生。

謝璉〔七〕。字重器，龍溪人。宣德丁未進士第三，累遷侍講。上治安策十五事，中言王振不可用，于謙、胡濙、王文可託。後歷南京户部侍郎，卒。

周宣。字正舉，龍溪人。正統進士，授户部主事，出爲潮州知府。時潮寇竊發，宣入境，約日招降。賊懷猶豫，省臣欲乘勢盡戮，宣謂脅從罔治，全活以數萬計，潮地悉平。遷太僕寺卿。所著有易齋稿。

潘榮。字尊用，龍溪人。正統進士，除吏科給事中。景泰初，疏論停起復、抑奔競數事，帝納之。數進讜言，終南京户部尚書。榮恬淡謹厚，服官數十年，奉職無過。卒，贈太子少保。

林雍。字萬容，龍溪人。景泰進士，授行人。成化初上疏勸修德格天，親賢講學。請進周、程、朱子於顔、曾、思、孟之後，不報。歷駕部郎中，乞歸。修藍田鄉約，與鄉人規勸。其學始終本末，有序有要。學者稱爲蒙菴先生。

陳真晟。字晦德，改字剩夫，漳浦人。務爲聖賢踐履之學，嘗曰：「大學誠意，乃鐵門關；『主一』二字，乃玉鑰匙也。」天順間，詣闕上程朱正學纂要，不報。家居作正教正考會通，各有條例可據而行。學者稱「布衣先生」。著有布衣藏稿。

林同。字進卿，龍溪人。天順進士，爲户部郎中。撮錢穀樞要作指南録。歷官廣東左布政使，巡按王哲奏爲廉能第一。

沈源。字澄之，海澄人。天順進士，爲南京御史。因天變陳修德弭災十事，皆切時政。巡視上江，諸勳貴不便，爲所中，貶盧氏知縣。均徭清訟，政教大行。

魏富。字仲禮，龍溪人。成化進士，授御史，巡按廣東。時林蠻洞蜑爲厲，富廉不法吏置于理，蠻蜑皆隸編户。遷浙江副使，明慎庶獄，賑濟饑民，皆有實政。擢撫順天，持憲廉明，無敢干者。正德初遷刑部右侍郎，致仕卒。

陳昂。南靖人。成化舉人，授太常簿。明飭禮樂，考究律吕。時宫庭慶賀雜用優伶，昂奏「聖誕之辰，當備百順，以事至尊而養其中和，奈何用侏儒雜劇」，帝嘉之。遷太僕丞，旋升少卿。著有法夔遺論。

洪異。字大同，龍溪人。弘治舉人，知崇德縣。擒江淮劇盗。開天長河，溉田萬餘頃。擢御史，巡按廣東，擻平海寇。升廣西參議，歸。

林魁。字廷元，龍溪人。弘治進士，爲户部郎中。永壽伯朱德見幸，武宗欲廢太平倉賜之，魁力諫。西僧大乘法王奪民田，疏其不法。歷廣東參政，歸。著有白石稿、歸田録。

林祺。字子祥，龍溪人。母卒，哀毁骨立，足不踰户。嘗輯續朱子伊洛淵源録、考亭麗澤録、古今指掌録。

戴時宗。字宗道，長泰人。正德進士，官吏部主事。武宗南巡，疏諫忤旨，罰跪受杖。歷文選郎中，塞倖門，清選法。出撫鄖、襄，發粟賑濟，全活二十餘萬人。奏薛侃獄，開釋株連甚衆。入爲左僉都御史，歸。

蔡烈。字文繼，龍溪人。受學於晉江蔡清及莆田陳茂烈，隱居鶴鳴山之白雲洞。嘉靖間詔舉遺逸，以母老辭。所著有孝經定本、大學格物致知傳、道南録、朱子晚年定論、大儒粹言。

蔡文。字孚仲，龍溪人。嘉靖進士，選庶吉士，歷廣西參議。除柳州劇盗及横暴土酋。累官至貴州巡撫，平都匀、麻哈、大華，凡三奏捷。以母喪歸，卒。

盧岐嶷。字希稷，長泰人。嘉靖進士，爲兵部郎。條上平倭二策。出爲江西僉事，賊寇臨江，親與接戰，斬獲數千級，平之。轉雲南參議，以平鳳繼祖功，擢貴州按察使。

蔡應科。字思成，龍溪人。隆慶進士，累官右副都御史，巡撫廣西，軍民畏威，溪洞蠻猺皆讋服。屢遷南京左都御史，時中朝朋黨既興，是非淆亂，應科以爲憂，言禍將貽之國。卒於官。

唐堯欽。字寅可，長泰人。隆慶進士，歷官刑科都給事中。帝給鄭貴妃祖鄭福墳價五千兩，堯欽上疏言，妃祖無與葬例。貴戚肅然。司禮監張鯨怙權黷貨，事發，帝誅遣其黨，特宥鯨。堯欽抗疏，語多觸忌。後官南京太僕寺卿，歸。卒，賜祭葬。

鄭懷魁。字輅思，龍溪人。萬曆進士，爲户部郎，管北新、大軍二廨，宿弊一清。上供大璫索珠貝睛緑急，懷魁抗疏，得減十之三。後爲處州知府，聽斷甚簡，民稱「半餐太守」。著有葵圃集。

鄭鼎。字爾調，龍溪人。萬曆舉人，爲貴州廣順知州。土酋安邦彦反，罵賊不屈死，僕從死者六人。贈光禄寺卿，有司建祠祀之。

馬鳴起。字伯龍，龍溪人。萬曆進士。爲御史，時保母客氏比魏璫，權傾中外，鳴起抗言六不便，帝怒杖一百。葉向高力争之，得不死。崇禎中起官，歷右都御史，晉吏部尚書，命下卒。謚忠簡。

林釬。字實甫，龍溪人。萬曆丙辰進士第三，累官祭酒。一日國子生請立魏忠賢像，釬斥之，因稱病去。崇禎初復官，陳用人、理財、靖寇、安邊四策。晉東閣大學士，卒於官。謚文穆。

張燮。字紹和，龍溪人。萬曆舉人，嗜學有文名。崇禎中巡按以理學名儒薦，有詔徵用，不就。所著詩文及他編輯凡數百卷。

蔡時鼎。字台甫，漳浦人。萬曆進士。爲御史，遇事敢言。巡鹽兩淮，疏列惠商裕課十事，捐其羨爲開河費，置屬邑學田。順天鄉試不售者，造爲飛語，褫奪主考，時鼎力争忤旨，謫典史。後起吏部主事，尋進南京禮部郎中。卒官，貧不具含殮，士大夫賻而治其喪。

顏容暄。字孚儒，漳浦人。萬曆進士，任鳳陽知府。崇禎中賊犯鳳陽，容暄被執，大駡，賊杖殺之，血浸石階，宛如其像，滌之不滅，闔家俱從死。事聞，贈侍郎，謚忠惠。

周起元。字仲先，海澄人。萬曆進士，巡按陝西，風采甚著。卒以東林故，出爲廣西參議。天啓中擢撫蘇松，劾織造中官李實貪恣不法數事，魏忠賢銜之，逮起元斃獄中。崇禎初贈兵部侍郎，謚忠愍，特祠祀之。

林秉漢。字伯昭，長泰人。萬曆進士，授御史。楚假王議起，郭正域力請行勘，首輔沈一貫庇王，計逐正域，秉漢亦請詳勘，且言王既非假，何憚於勘，遂忤一貫，貶貴州按察司檢校。天啓中贈太僕少卿。

張佐治。字思謨，平和人。萬曆進士，歷寧波知府。雪孀婦王氏冤獄，捕殺人棄尸之盜，人稱爲神。擢天津兵備道，闢屯田數萬頃。以勞卒於官。

林日瑞。字浴元，詔安人。萬曆進士，歷官右僉都御史，巡撫甘肅。李自成陷甘州城，駡賊被磔。贈兵部尚書。本朝乾隆四十一年，賜謚忠烈。

陳瓆。字賓王，漳浦人。天啓進士，崇禎十年爲袁州府推官。拒楚賊有功，屢遷湖廣參議，討平八排賊。十六年，張獻忠陷長沙，圍參政周鳳岐於澧州，瓆督兵往救，軍敗被執，欲降之，奮駡不屈，斷手剖肝而死。事聞，贈都御史，謚忠貞。本朝乾隆四十一年，賜謚忠烈。

陳士奇。字平人，漳浦人。天啓進士，歷官右僉都御史，巡撫四川。崇禎十六年，候代將行，聞京師告變，留駐重慶，遣將擊張獻忠。援兵不至，或勸「公已謝事，宜去」，士奇不可。賊抵城下，擊以滚礮，賊死無數。後賊穴地轟城，城陷，士奇被執，大駡，賊將殺之，忽雷雨晦冥，咫尺不見，久乃晴霽。士奇駡不絶口而死。贈兵部尚書。本朝乾隆四十一年，賜謚忠烈。

何楷。字元子，漳浦人。生有異質，讀書過目不忘，天啓乙丑成進士。值魏忠賢亂政，不謁選而歸，建紫芝書院，講學其中。崇禎時授給事中。鳳陽陷，疏劾撫按罪，末刺輔臣温體仁、王應熊以訟獄繁興，列上八議，言最詳悉。楊嗣昌奪情，與黄道周等劾之。調南京國子監丞。福王時擢户部右侍郎，唐王用爲户部尚書，以忤鄭芝龍請告歸，卒。楷博綜羣書，邃於經學，所著周易訂詁、詩經世本、春秋繹，學者傳之。

黄道周。字幼平，漳浦人。天啓進士，授編修。崇禎初進中允，疏陳用人行政之失，刺大學士周延儒、温體仁，斥爲民。九年復故官，進右諭德，以文章風節高天下。嚴冷方剛，不諧流俗，公卿多畏而忌之。所建白未嘗得一俞旨，顧言不已。以劾楊嗣昌奪情削籍，謫戍廣西。唐王時督師至婺源，遇大兵被執，死於金陵。道周學貫古今，精天文、皇極諸書，所著易象正、三易洞璣及太函經，用以推驗治亂，百不失一。所至學者雲集。銅山有石室，道周坐卧其中，故稱石齋先生。本朝乾隆四十一年，賜謚忠端。

洪應斗。海澄人。天啓武進士，授福建水師把總。海寇亂，率所部南援，副將陳希范駐師銅山，日酣飲，賊乘風直下，應斗獨迎敵，賊艘圍之，手刃數十人，度不得出，乃抱鐵銃自沉死。

徐有度。字宗裴，平和人。天啓間以貢授順慶府經歷，遷博羅令。未行，會闖賊陷京師，罵賊不屈死。本朝乾隆四十一年，賜謚節愍。

魏呈潤。字中嚴，龍溪人。崇禎進士，官兵科給事中。疏陳兵屯之策，請敕撫臣練所部壯士。又陳閩海剿撫機宜，復請大脩北方水政。初，司業朱之俊議建魏忠賢祠國學旁，至是呈潤發其奸，請與陸萬齡棄市。宣府監視中官王坤，劾罷按臣胡良機，呈潤力争，坐貶秩歸。

吕鳴世。龍溪人。崇禎間由恩貢生爲麟遊知縣。兵燹後拊民有恩，城陷，賊不忍加害，自絶食六日卒。本朝乾隆四十一年，賜謚節愍。

涂仲吉。字德公，漳浦人。入太學。崇禎中聞黄道周繫獄，上疏論救忤旨，予杖下獄鞫之，榜指盡折，不稍挫，乃與道周俱論戍。尋赦歸，授御史，嘔血卒。

陳一韓。字穉卿，海澄人。崇禎間以貢任山西理問，署遼州事。流寇至，一韓出家貲募士以守，援絶城陷，率家兵巷戰死。本朝乾隆四十一年，賜謚烈愍。

王興。字電輝，漳州人。明季避地廣州順德之文村，團練丁壯，以恩信得衆心。桂王入廣州，興以功累拜都督，晉虎賁將軍，拒守累年。大兵堅壁困之，食且盡，興妻率侍妾等十五人入内自經，十五人分兩列從死。興具冠服出堂上拜，手解十六人尸置火藥上，遂自焚。本朝乾隆四十一年，賜謚烈愍。

本朝

朱王造。字矯士，平和人。順治三年，以貢任永寧州。吴三桂亂，王造義不從賊，被繫死獄中。

黄梧。字君宣，平和人。順治初以海澄來歸，封一等公爵世襲。康熙中耿逆變作，梧病中投袂而起，癰口迸裂，遂卒。贈太保，謚忠恪。子芳度襲爵守漳城，叛將吴淑等開門降賊，投井死，賊臠解之。贈王爵，謚忠勇，祀昭忠祠。芳度妻李氏，罵賊自經。從弟芳名守北門被執，不屈死。伯父榲，弟芳聲、芳祐，男女三十餘人俱遇害。從弟芳世，承襲公爵，兼福建水師提督。後平漳寇，以疾卒於軍，贈少保，謚忠襄。時與芳度同死者，總兵黄翼、遊擊鄭宗渙及戴鏻、陳謙、張濟、黄香、蔡隆、吴友、朱武、陳驥等，俱予贈卹。同邑人賴陞，從梧攻復閩安，授參將。後守海澄被圍，抗節死。詔卹其家。

蔡而烜。字邦鄂，漳浦人。順治戊戌進士，知桐柏縣。革陋規，除冗役，善決疑獄。妻林氏，教婦女治績紝，民歌曰：「蔡公夫婦，杜母召父。」致仕歸，老幼遮道送之。

蔡而烷。字邦璧，而烜弟。順治壬辰進士，授東昌府推官，多所平反。臺使薦之，有「明如秋水，肅若秋霜」之語。後謝病歸。

戴璣。字利衡，長泰人。順治己丑進士，歷官廣西參議，分守柳州。唐應元之亂，親斬渠魁，猺獞畏服。以裁缺歸。康熙十三年，耿逆結海寇圍漳州，璣出貲招鄉勇捍禦，賊遁去。十七年，長泰失守，全家被掠，賊餌以官，不屈絶粒死。

唐朝彝。字偕藻，漳浦人。康熙丁未進士，選庶吉士，授御史。疏請嚴禁官吏侵漁害民，及上司差役往來、濫派民夫、折銀供應之弊。歷官宗人府府丞，乞歸。通籍三十年，不能營一室，數椽自蔽，處之怡然。所著有先後天卦圖説。祀鄉賢祠。

黄相。龍溪人。康熙十三年，任廣東副將，討高明、壠汫賊，被執不屈死。事聞，贈都督僉事，廕其子。

歐陽凱。漳浦人。康熙六十年，爲臺灣鎮總兵。逆匪朱一貴倡亂，凱率兵剿捕，賊黨數萬圍之於春牛埔，力戰中鎗墜馬，賊割其首去。事聞，贈太子少保，祀昭忠祠。

藍廷珍。字荆璞，漳浦人。歷官南澳鎮總兵。康熙六十年，臺灣朱一貴倡亂，廷珍偕提督施世驃率師逼鹿耳門，拔之，乘勝取安平鎮。賊衆尚數十萬，復率精鋭掩擊，連敗之，臺灣平。雍正元年，擢福建水師提督。卒，贈太子少保，謚襄毅。孫元枚，乾隆五十二年以福建水師提督授參贊，統兵會剿林爽文，卒於軍。贈太子太保，謚襄毅。

藍鼎元。字玉霖，廷珍族弟。以拔貢隨征臺灣。當羽檄交馳，裁答如流，決勝擒賊，多出其計。著平臺紀略、東征記等書。以薦入都，上奏略五千言。授普寧令，所至多善政。仕至廣州知府。

許雲。海澄人。康熙六十年，爲臺灣水師副將，朱一貴攻郡城，雲率子方度赴春牛埔援總兵歐陽凱，至則鎮兵俱陷，雲兵寡被圍，衝突血戰，所向披靡。次日賊大至，雲矢窮礮盡，重創徧體，乃命其子方度曰：「我分當捐軀於此，汝速出，將安平、鹿耳門各礮位密行封釘，無畀賊用。」方度出，雲左臂被賊斫斷，猶手刃數人以殁。賜祭葬，祀昭忠祠。同時陣亡者，遊擊游崇功，被執不屈遇害者，把總李茂吉。均漳浦人。

蔡世遠。字聞之，漳浦人。康熙己丑進士。粹德高文，並爲時推重。嘗主講福州鼇峯書院，士習以端。由編修歷官禮部左侍郎，雍正元年，入直上書房。居官勤於其職，作文以昌黎爲宗，嘗言惟理足可以載道，氣盛可以達辭。著有二希堂集，御賜序以榮之。卒，贈尚書，謚文勤。乾隆四年，祀鄉賢祠。六十年，加贈太傅。次子長澐，官兵部右侍郎。

莊亨陽。字元仲，南靖人。康熙戊戌進士，授濰縣令。乾隆元年，以薦授國子助教，歷官徐州知府。值水災，亨陽相川澤，詢耆民，請開上游水以洩異漲。兩遇大荒，勤於賑事。擢淮海道。海州有鹽河，蓄水通商運，故障塞海口，雖異漲，非遍告大府監司不能開。亨陽請遇水漲，先開而後報聞，民免沈溺。所著有河防算法書、秋水堂集行世。

蔡新。字次明，世遠族子。乾隆丙辰進士，授編修，入直上書房，累遷工部侍郎，調刑部。以母老歸養家居。命爲總師傅，辭乞留養。歷官吏、禮、兵、工部尚書，文華殿大學士。新少孤，篤於內行，人品端正，學問深醇。在內廷四十一年，恪共奉職。乾隆五十年，以年近八旬致仕歸，加太子太師。上親製詩章以寵其行，有「八閩鍾碩彥，四輔仰英賢」之句。嘉慶四年，卒於家，贈太傅，謚文恭。八年，祀鄉賢祠。

林國良。海澄人。由世職累官廣東左翼鎮總兵。嘉慶十三年六月，追剿盜匪烏石二於丫洲洋面，力戰死。事聞，賜祭葬，謚果壯，祀昭忠祠。

流寓

宋

劉子羽。崇安人。紹興八年，御史常同論子羽十罪，上批出「白州安置」。趙鼎曰：「上謂章疏中論及結吴玠事，今方倚玠，恐不自安。」同疏再上，以散官安置漳州。

趙鼎。聞喜人。紹興中爲相，謫官居漳州。

岳震。飛子。飛被誣，震謫嶺南，後移於漳。

向士璧。常州人。賈似道疾其解漳州圍之功，諷御史罷之，出漳州安置。

明

豐熙。鄞縣人。嘉靖初爲翰林學士。與獻王尊稱禮定，熙疏諫不得命，伏哭左順門，遂下詔獄掠治，復杖之闕廷，遣戍鎮海衛。屢更大赦不原，熙處之恬然，寓居雲洞，日以讀書爲事。閲十有三年，竟卒於戍所。

邵經邦。仁和人。嘉靖中以日食建言，謫戍鎮海，與同戍豐熙、陳九川時相討論。居三十七年卒。

李材。豐城人。爲都御史，坐事戍鎮海，一時從遊者衆，稱爲見羅先生。

列女

宋

陳氏女。龍溪人。年十五父病，禱神刲肝以進，父食之愈。慶曆間，有司表其居曰旌孝坊。

吴與母王氏。漳浦人。適吴登，早寡，撫子與成立。與爲懷安令，迎母居官舍。母日治絲枲，與請其少休，母曰：「吾少而治之，如吾兒治公事之外，更復讀書，何間然也？」數戒與以事君臨民大節，令其勤公潔己，移孝作忠，無貽母羞。與所至有聲，母有力焉。

岳氏。飛女。許配漳浦高登第四子。飛被收，女方幼，抱銀瓶赴井死。

謝某妻林氏。龍溪人。年十九適謝，踰年而寡，父母欲奪而嫁之，林誓不從。爲夫立後，守節六十餘年。

蘇宋傑妻王氏。龍溪人。年二十一而寡，時已有娠，父母欲奪其志，王指腹誓曰：「生男守男，生女守女。」父母怒，絶其往來。既生男，孀居八十五歲終，子孫多貴顯。

元

陳端才妻蔡氏。名三玉，龍溪人。盜起漳州，父廣瑞與端才各竄去，三玉獨偕夫妹出避神祠中。盜入斫夫妹，見三玉美，不忍傷，驅納舟中。行至柳營江，迫妻之。三玉佯許諾，因起更衣，自投江水而死。越三日，尸流至廣瑞舟側，廣瑞辨識爲女，收斂之。

魏亦顔妻廖氏。龍溪人。年二十四，夫卒。時閩地騷擾未靖，氏扶姑攜子轉徙村落間，截髮自誓。同邑蔡安繼妻黄妙觀並以節旌。

高耿妻阮氏。漳浦人。耿年二十卒，頓柩於外，外姻竊用火化之。氏聞奔往，投烈燄死。

朱填妻翁氏。填，朱子六世孫。翁名壽安。填爲長泰令，任甫三日，以公事入都，寇卒起攻城陷。翁方盛年，二女俱及笄，有美姿。翁語二女曰：「女以貞潔爲守，雖死，義不受辱。」長女先赴井死，次女繼之，翁引刀自刎，賊相顧駭歎，因全其子鎬焉。

明

陳景育妻黄氏。龍溪人。年二十四，夫卒，父母欲奪其志，斷髮自誓。子國華妻韓氏、孫道源妻魏氏俱早寡，三世一節。同邑王嘉圍妻李氏，早寡，立兄子瑱爲後，瑱聘吴三姐，未婚而卒，吴自縊，李以節終。

邱孔文妻戴氏。龍溪人。年二十夫亡，投水死。同邑吴可贊妻鄭氏、黄裏誠妻朱氏、蔡子善妻林氏、昌森妻蔡氏、陳思程妻林氏、霍通妻林氏、陳應美妻郭氏、王從彝妻陳氏、陳漢鳳妻李氏、康光顯聘妻徐氏，俱夫亡殉節。

李能方妻黄氏。龍溪人。嘉靖間爲流寇所獲，不汙投河死。同邑鄭伯謙妻蔡氏、丁椿女亦遭賊抗節死。

黄烈女。龍溪人。少許字林夔，後夔嫌其貧别娶，黄義不他適，自經死。

柯乾恭女。名三娘，龍溪人。乾恭無嗣，女不肯適人，侍養以終。

林琥妻王氏。漳浦人。與徐輔妻林氏、子婦周氏、林惇聘妻程氏，俱夫亡守節。同邑許惟長妻郭氏、張品妻陳氏、程嗣衮妻王氏、康起鳴妻陳氏、沈同訓妻許氏、陳類妻徐氏、詹瀚妻陳氏、蕭誓妻黄氏、林作惠妻郭氏、陳纘妻程氏、陸瓊妻陳氏、鄒大澤妻許氏、黄龍妻吴氏、林纘振妻方氏、林華妻莊氏、郭道膏妻蔡氏、朱賢良妻黄氏、陳維妻林氏、陳美章妻林氏，俱夫亡殉節。張冠期妻朱氏、李某妻楊氏、王大景妻蘇氏、陳應科妻黄氏、林可貞妻游氏、陳基妻黄氏、黄師文妻朱氏、夫妹黄氏、翁瑞夫妻林氏、吴志豪妻陳氏、黄輝妻王氏、朱鐸妻戴氏、李春元妻邱氏、朱簧妻蕭氏、蘇攀妹，俱遭賊抗節死。

張明女。漳浦人。許字衛指揮王瑶次子。瑶長子聘桂氏，富室也。長子死，以次子娶桂氏。明怒，女曰：「貪富人之常情，願父母勿以女故自傷。」遂自經。

程念梅女。名瑗姐，漳浦人。以父無嗣，侍養終身。家貧，授讀自給，閨秀多從之。

江必鸞妻李氏。海澄人。與郭禺仰聘妻蔡氏，俱夫亡守節。同邑周某妻蘇氏、馬鵬振妻林氏、劉運復聘妻郭氏、曾省研聘妻鍾氏、楊應鈞聘妻謝氏、黄旭炯聘妻吴氏、郭遯聘妻吴氏，俱夫亡殉節。林鳳翔妻葉氏、謝君福妻許氏、許光妻朱氏、許瑞妻鍾氏，俱遭賊抗節死。

許思謙妻李氏。南靖人。與陳江妻杜氏、夫妹陳氏俱夫亡守節。同邑林茂馨妻許氏、女二姐、王維垣妻楊氏，俱遭賊抗節死。

李吼子妻杜氏。南靖人。家貧事姑至孝。嘗與夫上山採筍，虎攫夫去，杜追及，拔其尾，斫其背，虎爲舍去。負還復生，鄉里驚異。

李德淵妻陳氏。長泰人。與楊佳任妻張氏，俱夫亡守節。同邑王天保妻陳氏、劉志鉉聘妻黄氏，俱夫亡殉節。

張淵妻戴氏。平和人。偕子周楫妻郭氏，俱夫亡守節。同邑李思賢妻張氏，夫亡殉節。

毛氏。詔安人。與孫信妻張氏、孫价妻湯氏、陳養望妻吴氏、許傍妻林氏、胡士麒妻鍾氏、陳誥妻王氏，俱夫亡殉節。

黄道周繼妻蔡氏。字玉卿，漳浦人。幼讀書知大義，與其姊割臂療母疾。及歸道周，事姑以孝聞，益淹究古今，通達性理，代道周作行草幾奪真。道周死，流離播越，不脱衰絰。與子姪言不踰閾。晚卜居龍潭，長齋二十載，卒年八十三。

本朝

朱傅妻林氏。龍溪人。年十八，傅歿於外，訃至，林投繯死。同邑李氏、黄義妻郭氏，俱遭賊抗節死。魏士睿妻翁氏、鄒延平妻許氏、鄭曇妻李氏、柯上迪妻郭氏、歐諒妻劉氏、吴世德妻王氏、鄭欽第妻許氏、吴穆聘妻楊氏、姚錦聘妻陳氏、張則謙聘妻方氏、吴奇聘妻趙氏，俱夫亡殉節。

陳友妻廖氏。漳浦人。與林就妻康氏、林乾妻程氏、商兆琛妻陳氏、吴氏女，俱遭賊抗節死。同邑林甫妻朱氏、游晏妻鄭氏、薛燕妻洪氏、許榜妻程氏、林攀聘妻湯氏、楊某聘妻黄氏、吴鶴聘妻林氏、黄陣聘妻陳氏，俱夫亡殉節。

張敏妻劉氏。名馮姐，漳浦人。年十五，鄰人窺敏出牧，逼之，堅拒得脱，卒自縊。

林日暄妻顔氏。海澄人。與謝楚材妻吴氏，俱遭賊抗節死。

陳氏。海澄人。與李樂只妻謝氏、李忍妻蘇氏、陳宜之妻林氏、曾合妻鄭氏、曾美妻鄭氏俱夫亡殉節。

莊介夫妻謝氏。南靖人。與邱萬妻蔣氏、鄭澤妻莊氏俱夫亡殉節。

楊平妻藍氏。平和人。年十八，值賊攻東寨，平出走，藍與訣曰：「苟不免，當畢命一刀。」後賊平，夫歸，藍果死，一刃植胸，倚壁不仆。同邑黄賓妻張氏，遭賊抗節死。曾檜妻林氏、張士習妻賴氏、李思賢妻張氏、趙某聘妻李氏、朱某聘妻楊氏，俱夫亡殉節。

陳夢龍妻張氏。平和人。夢龍病革時，忽黑風從室中起，家人駭匿。須臾風定，視之，張已自刎。後七日，合葬道旁。

許良惇妻沈氏。詔安人。與林樞妻吴氏、胡欣然妻鄭氏、沈種妻黄氏俱夫亡殉節。

陳天行妻林氏。龍溪人。年二十五，夫亡守節，事姑盡孝。姑病，刲股愈之。同邑徐子壯妻鄭氏、林長裔妻張氏、林登瀛妻葉氏，俱雍正年間旌。

蘇宏濟聘妻李氏。海澄人。未婚而夫亡守節。雍正年間旌。

鄭時宏妻王氏。長泰人。夫亡守節。雍正年間旌。同邑邵旦妻陳氏、王某妻嚴氏俱夫亡殉節。

張思語妻陳氏。龍溪人。年十九于歸，三載而夫歿，撫週歲孤，茹荼教育。媳陳氏、孫媳吴氏，皆少寡守志。乾隆十二年旌。同邑李天階妻陳氏、黄大德妻楊氏、趙與湯妻蘇氏、顔家駒妻林氏、謝汝諧妻高氏、蔡一德妻廖氏、陳天禄妻黄氏、郭植妻許氏、邱倚炳妻蕭氏、柯日焜妻陳氏、鄭景慧妻李氏、錢光禄妻陳氏、林純直妻王氏、林兆咸妻陳氏、徐賡儉妻林氏、方啓化妻郭氏、黄遇和妻劉氏、媳鄒氏、陳氏、陳惟灼妻黄氏、韓宗文妻陳氏、王公誠妻林氏、楊振恩妻許氏、陳璧妻莊氏、許紹崇妻蔡氏、顔士欣妻覃氏、黄世甲妻鄭氏、鄭懋銓妻王氏、黄廷燦妻陳氏、饒嗣焕妻黄氏、姚經妻唐氏、陳日覃妻郭氏、李拔其妻王氏、陳士璧妻吴氏、張夢麟妻葉氏、張得麟妻林氏、張爾純妻林氏、謝與韜妻楊氏、陳啓茂妻楊氏、吴琨琳妻周氏、丁堂妻魏氏、張莞妻李氏、黄芳生妻陳氏、王伯强妻林氏、丁肇貞妻吴氏、王德嘉妻郭氏、鄭爲龍妻林氏、韓哲夫妻陳氏、鄭朝隨妻謝氏、吕廷玉妻楊氏、林錫籌妻李氏、余遵時妻李氏、黄家駒妻陳氏、侯秉元妻蔡氏、陳世茂妻莊氏、李景雲妻鍾氏、郭映綸妻翁氏、洪元春妻鄭氏、洪光沛妻陳氏、黄洪緒妻池氏、陳斌妻鄭氏、鄭光揚妻李氏、陳永扶妻蔡氏、游聖培妻楊氏、郭朝柱妻葉氏、生員郭長欣妻林氏，烈婦楊永基妻李氏，貞女陳元智聘妻郭氏，俱乾隆年間旌。

蔡衍鏄妻林氏。漳浦人。年十九歸衍鏄，二十八而寡，遺二孤，湝甫六齡，新甫週歲。姑病舅老，家徒壁立。氏紡績課讀，教子宦成。年八十三卒。乾隆二年旌。

唐廷藝妻江氏。漳浦人。年二十二夫歿，矢志守貞，事姑不懈，教子有成。苦節四十四年，乾隆中旌。同邑商琳光妻蔡氏、黄彦章妻林氏、李懃學妻周氏、李振起妻林氏、商聲妻林氏、劉學周妻張氏、李友倫妻林氏、生員趙茂青妻何氏、何天江妻蔡氏、何獻彩妻許氏、劉祖源妻許氏、蔡長渚妻陳氏、蔡衍錦妻楊氏、蔡長浩妻林氏、陳江琛妻蔡氏，烈婦劉氏、余氏、生員林源妻許氏，貞女盧鴻荅聘妻林氏、湯速聘妻胡氏、林日衍聘妻許氏、邱錫泗聘妻陳氏、林禄聘妻余氏，俱乾隆年間旌。

劉廷妻郭氏。海澄人。夫客死，氏年二十七，遺腹六月生子，事舅姑，勤鞠育，苦節六十餘年，年九十三卒。乾隆元年旌。同邑林德懋妻邱氏、郭纘緒妻李氏、陳元坙妻邱氏、許良植妻甘氏、郭皋妻黄氏、許彦詔妻甘氏、周松妻許氏、陳錫類妻甘氏、黄錫瑞妻許氏、葉以寬妻吴氏、林純仁妻李氏、吴亨用妻黄氏、林耀澄妻陳氏、生員洪其盛妻許氏、林一鳳妻薛氏、葉光章妻黄氏、黄錫濬妻王氏、林鳴岐妻顔氏、曾光華妻程氏、黄錫瑾妻許氏、李文逵妻蔡氏、鍾居常妻王氏、曾文揚妻曹氏、倪沛宗妻鄒氏、曾兆麟妻郭氏、劉長晰妻紀氏、鍾洪綸妻黄氏、江柔妻許氏、温鴻木妻許氏，貞女李玉章聘妻藍氏，俱乾隆年間旌。

陳躋聘妻林氏。南靖人。年十八許字未婚，夫亡，奔喪守節。乾隆八年旌。

許奇生妻林氏。南靖人。年二十二夫歿，欲捐軀以殉，姑力阻乃止。茹齋衣布，足不踰外户。姑老病篤，衣不解帶。訓諸子成立，苦節垂四十年。乾隆十二年旌。同邑王印滌妻陳氏、吴上球妻邱氏、張與華妻莊氏、魏睿衷妻簡氏、黄日芳妻吴氏、許本坤妻陳氏、許長美妻黄氏、許本宣妻郭氏、許茂猷妻林氏、黄兆睿妻林氏、吴廷芹妻王氏、生員莊大涉妻柯氏、陳世德妻李氏、張新瀓妻施氏、許健行妻黄氏、劉廷佐妻韓氏，烈婦張訪妻鄭氏、吴寒妻張氏，貞女林中聘妻盧氏，俱乾隆年間旌。

戴宗杓妻李氏。長泰人。年二十四寡居，事祖姑盡孝，持家以儉，撫妾子如己出。乾隆三年旌。同邑張元章妻戴氏、胡訓夫妻林氏、林茂興妻莊氏、陳倪天妻謝氏，烈婦王補妻洪氏、謝孝妻蕭氏，俱乾隆年間旌。

陳丹蓋妻楊氏。平和人。年二十夫故，孝事舅姑，侍疾勤苦。課督孤子，艱虞備至。乾隆元年壽百歲，旌表。同邑陳其志妻何氏、黄色紅妻沈氏、陳繼志妻何氏、生員葉鵬飛妻曾氏、林世杰妻張氏、何元聲妻林氏、生員賴天柱妻王氏、何文志妻賴氏、賴元城妻林氏、賴世銘妻林氏、吴德棫妻游氏、生員張時敏妻李氏、張飛哲妻黄氏、生員賴彤華妻黄氏、張登南妻林氏，烈婦朱赫妻杜氏、曾滿妻賴氏，貞女曾文籍聘妻何氏，烈女楊旺聘妻廖心娘、賴其老女賴氏，俱乾隆年間旌。

許郇姊妻沈氏。詔安人。年二十二夫歿，侍翁姑撫孤子，孝慈兼盡，守節七十三年。乾隆中旌。同邑林承勳妻吴氏、廖英讓妻羅氏、沈茂遴妻陳氏、林鳳至妻沈氏、張孟瑛妻江氏、游志密妻黄氏、吴玉柱妻邱氏、江韓妻林氏、張釋夫妻沈氏、沈國琚妻林氏、潘廷雲妻吴氏、生員林開運妻沈氏、胡象周妻林氏、廖元芳妻曾氏、林挺秀妻沈氏、沈升一妻林氏、廖德思妻官氏、沈士英妻許氏、沈士耀妻吳氏、沈士燦妻鄭氏、蔡頫頖妻何氏、黃世佳妻江氏、林克錩妻胡氏、陳振鋭妻沈氏、丁洪生妻許氏、沈邦仁妻涂氏、吳登宗妻沈氏、何光祖妻李氏、林世洽妻沈氏、楊士章妻許氏、生員沈大力妻陳氏、涂坤揆妻鍾氏、涂坤時妻沈氏、涂坤揚妻周氏、涂坤枝妻沈氏、董天育妻涂氏、楊丹書妻林氏，烈婦黃丕妻余氏、王珠妻賴氏、江熙妻廖氏、游盎妻李氏、林信妻張氏、葉蕃妻沈氏，貞女陳氏，烈女沈元科聘妻何氏、張盧聘妻沈氏，俱乾隆年間旌。

陳兆鵬妻張氏。龍溪人。夫亡守節。同邑郭拱明妻黃氏、鄭元鋭妻陳氏、陳天炘妻趙氏、吳秉德妻黃氏、陳作椒妻蔡氏、鄭玉瑛妻錢氏、黃國楷妻陳氏、吳長績妻鄭氏、謝元蘭妻王氏、鄭玉球妻陳氏、黃應錢妻潘氏、王大嶸妻鄭氏、陳作楷妻楊氏、蔡夢蘭妻蕭氏、陳建勳妻莊氏、陳清福妻王氏、嚴廷爵妻林氏、胡壯觀妻陳氏、盧長扶妻陳氏、陳沃芹妻林氏、王廉越妻余氏、李坤衡妻鄭氏、李坤衘妾陳氏、李坤衙妻鄭氏、李坤衙妻吳氏、李廷墉妻方氏、黃斌妻陳氏，俱嘉慶年間旌。

蔡篡聘妻盧氏。漳浦人。未婚而夫亡守節。嘉慶七年旌。

曹子寬妻許氏。海澄人。夫亡守節。同邑蘇士華妻楊氏、蘇呈禮妻黃氏、林長盛妻陳氏、葉文良妻劉氏、洪璟妻黃氏、王振璋妾黃氏、陳溫文妻甘氏，貞女陳瑞國聘妻蔡氏、蔡聲若聘妻王氏，俱嘉慶年間旌。

許體仁妻蔡氏。南靖人。夫亡守節。同邑吳日致妻莊氏、吳源泉妻王氏、蔣禄妻汪氏、生員許炳文妻林氏、魏翹才妻謝氏、陳利明妻王氏、蕭廷宣妻劉氏、劉國孟妻張氏，俱嘉慶年間旌。

黃華國妻楊氏。長泰人。與黃鴻陞妻楊氏俱夫亡守節。嘉慶二十四年旌。

游榮宗妻邱氏。平和人。夫亡守節。同邑生員曾日暉妻李氏、張日光妻林氏、張世榮妻余氏、曾世炙妻林氏、曾永治妻游氏、生員黃玉振妻葉氏、黃宗祥繼妻林氏、黃宗勷妻吳氏、王瑞琦妻蔡氏，烈婦林壠妻陳氏，貞女朱清和聘妻林氏、曾人鸞聘妻朱氏，俱嘉慶年間旌。

朱錫金妻沈氏。詔安人。夫亡守節。同邑陳敬妻沈氏、陳尋妻沈氏、陳巉聘妻沈氏、吴洪僚妻沈氏、沈篤孝妻胡氏、沈華東妻陳氏、林階東妻陳氏、謝廷烘妻沈氏、謝國棟妻何氏、林成渠妻陳氏、朱西崎妻張氏、沈志達妻孫氏，烈婦陳淵妻沈氏，貞女陳泉聘妻沈氏、沈光第聘妻林氏，俱嘉慶年間旌。

仙釋

隋

潛翁。開皇時煉形石壁山，養白蝦蟆以自隨，後不知所終。

唐

義中。楊姓。本高陵人，父仕閩，生於福唐。棄家師本州懷暉，又謁百丈，往撫州見石鞏有悟。寶曆中到漳州，住持三平山，山中鬼魅避跡。

康仙。乾符間賣藥衢市，居員山琵琶坂，常往來西溪渡口，今稱康仙渡。後郡守欲移其廟於山椒，夢仙授以詩曰：「賣藥因循未得還，却因耽酒到人間。有心只戀琵琶坂，無意更登山上山。」廟遂不復移。

清豁。漳州保福院僧。參睡龍有悟，將入苧溪待滅，遺偈於橋，端坐湖頭石上而化。

宋

劉希岳。龍溪人。端拱中爲道士，居西都老子觀中，遇異人得道，號了然子。一日沐浴更衣，陳席而卧，須臾飛出一金蟬，遂失所在。

從謙。慶曆中住開元寺，嘗遊石壁山，見二士對弈，就之，化爲雙鶴，沖天而去，遺一棋子，取而咽之，遂辟穀不食四十年。後歸岐山石門示寂。

懷連。龍溪陳氏子，師事泐潭。皇祐中召對化成殿稱旨，賜號大覺，詔住浄圓院，所賜問答詩頌凡十有七篇。治平中丐歸，英宗賜手詔許之。渡江入四明，郡守迎致建大閣，榜曰「宸奎」，蘇軾爲撰碑。

土産

鐵。明統志：龍溪縣出。

鹽。龍溪、漳浦縣出。宋史地理志：龍溪有吴慣、沐犢、中栅三鹽場。漳浦有黄敦鹽場。九域志：龍溪、漳浦二縣皆有鹽團。

甲香。元和志：漳州貢。通志：即今香螺也，取厴燒炭用之。

蠟。元和志：漳州貢。

鮫魚皮。元和志：漳州貢。寰宇記：漳州土産鯋魚皮。明統志：瀕海各縣出。

茶。寰宇記：漳州産。通志：出龍山者佳。

麂皮。府志：各縣皆出。

海舶香藥。寰宇記：漳州産。

蕉黄。明統志：各縣皆出。

長枝竹。明統志：絲之可以爲器，各縣皆出。

水晶。通志：水晶，漳浦縣大帽山及梁山俱出，掘之至水乃得。

絨。府志：漳絨出龍溪、漳浦。

紗。府志：漳紗舊爲海内所推。

銀魚。明統志：各縣皆出。

通印子魚。明統志：漳浦縣出。

糖。橘餅。府志：各縣皆出。

紫菜。出漳浦海中。

燕窩。出漳浦海中。

荔支。龍眼。柑。府志：各縣皆出。

柚。府志：漳州小溪産者味甚甘，其最佳者爲文旦，出長泰縣溪東。

校勘記

〔一〕宋吳與國經序　乾隆志卷三三九漳州府形勢（下同卷簡稱乾隆志）同，全唐文卷五一三録漳州圖經序，以吳與爲唐貞元時人。待考。

〔二〕又北爲卓鳳山　「又」，原作「人」，據乾隆志改。

〔三〕天啓中烏山賊起　「山」，原脱，據乾隆志補。按，所謂烏山賊者，指天啓年間麥有章、沈金目等起事者，他們嘯聚於烏山、樣林山，劫掠州縣，騷動一時。天下郡國利病書録詔安縣志敘其事頗詳。

〔四〕凡二千三百有奇　「千」，原作「十」，據乾隆志及宋史卷四一五危稹傳改。

〔五〕按田之廣狹　「狹」，原作「挾」，據乾隆志改。

〔六〕言於巡撫鄒維璉　「璉」，原作「連」，據乾隆志及明史卷二六五施邦曜傳改。按，本志蓋避乾隆皇太子永璉諱改字。

〔七〕謝璉　「璉」，原作「連」，據乾隆志及雍正福建通志卷四六人物改。按，本志避清諱改字，參上條校勘記。

延平府圖

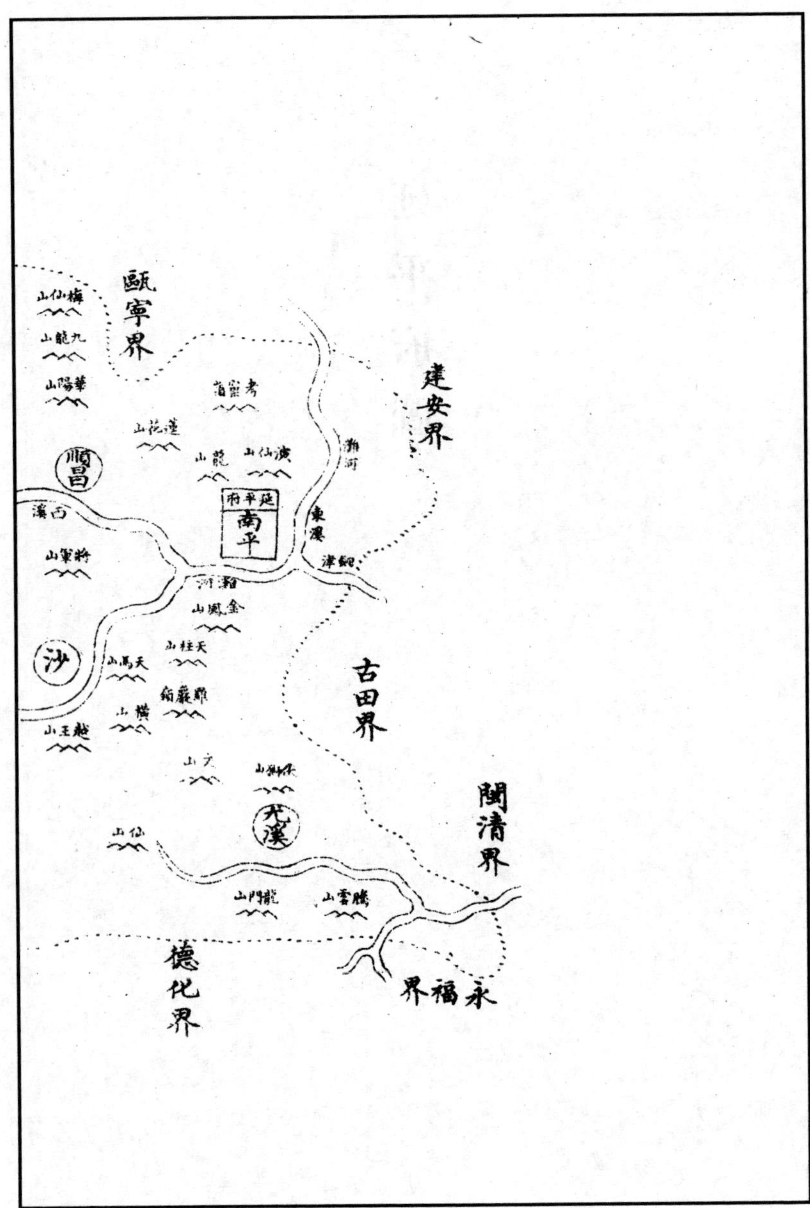
甌寧界
建安界
延平府
南平
順昌
沙
古田界
閩清界
尤溪
永福界
德化界
西溪
東溪
劍津

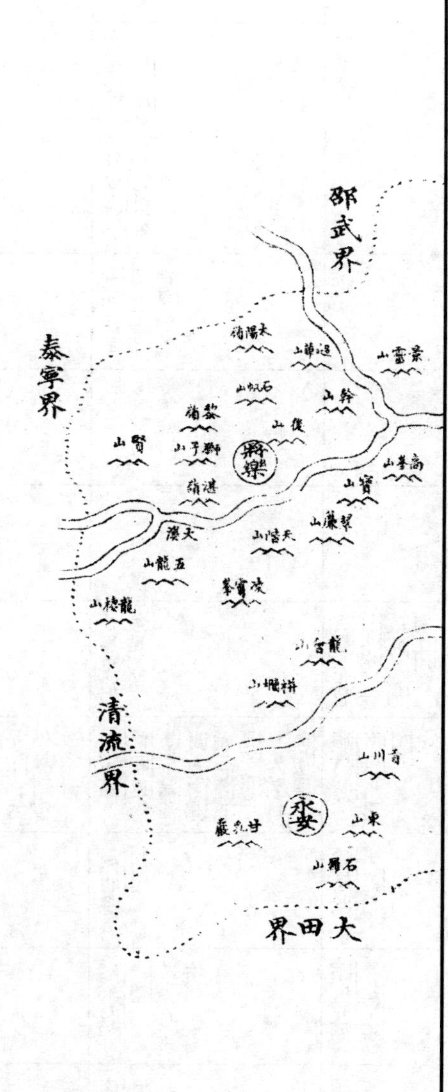
邵武界
泰寧界
清流界
大田界
將樂
永安
太陽嶺
景靈山
石帆山
黎嶺
後山
賢山
獅子山
高峯山
寶山
湛嶺
天階山
五龍山
龍棲山
東山
甘乳巖

延平府表

	延平府	南平縣	順昌縣
兩漢	會稽郡地。後漢會稽南部地。	漢冶縣地。後漢建安初置南平縣。	冶縣地。後漢末爲建安縣地。
三國	吴建安郡地。	南平縣屬建安郡。	將樂縣地。
晉		延平縣太元四年更名。	
宋		泰始四年省入建安、沙村二縣。	
齊梁陳			
隋			
唐	劍州武德三年置延平軍。上元元年改州。	初爲軍治，後爲州治。	貞觀三年置將水場。後改將水鎮，屬建州。
五代	劍州晉開運初王閩改名鐔州。南唐復爲延平軍。尋仍爲州，復故名。	劍浦縣晉開運初王閩置龍津縣，爲鐔州治。南唐爲延平軍治。尋更名，爲劍州治。	順昌縣南唐置，屬劍州。
宋	南劍州太平興國四年更名，屬福建路。	劍浦縣州治。	順昌縣屬南劍州。
元	延平路至元中升南劍路。後更名，屬福建道宣慰司。	南平縣大德初復故名，爲路治。	順昌縣屬延平路。
明	延平府洪武初改府，屬福建布政司。	南平縣府治。	順昌縣屬延平府。

將樂縣	沙縣	尤溪縣	永安縣
冶縣地。後漢末爲建安縣地。	冶縣地。	冶縣地。	冶縣地。
將樂縣吴永安三年置，屬建安郡。			
將樂縣	延平縣地。	延平縣地。	延平縣地。
將樂縣	沙村縣元嘉中置，屬建安郡。	沙村縣地。	沙村縣地。
將樂縣	沙村縣		
開皇中省。	開皇中改名沙縣。尋廢。		
將樂縣武德五年復置，屬建州。尋省。垂拱四年復置。	沙縣武德四年復置，屬劍州。後省。永徽中復置。大曆中改汀州。	尤溪縣開元二十五年置，屬福州。	沙、尤溪二縣地。
將樂縣	沙縣南唐保大中還屬劍州。	尤溪縣南唐保大中改屬劍州。	
將樂縣屬南劍州。	沙縣屬南劍州。	尤溪縣屬南劍州。	
將樂縣屬延平路。	沙縣屬延平路。	尤溪縣屬延平路。	
將樂縣屬延平府。	沙縣屬延平府。	尤溪縣屬延平府。	永安縣景泰三年置，屬延平府。

大清一統志卷四百三十

延平府

在福建省西三百六十里。東西距二百七十五里，南北距三百里。東至建寧府建安縣界五十里，西至汀州府清流縣界二百二十五里，南至福州府古田縣界一百二十里，北至邵武府邵武縣界一百八十里。東南至福州府古田縣界二百二十里，西南至永春州德化縣界三百九十里，東北至建寧府甌寧縣界一百三十里，西北至汀州府歸化縣界二百六十里。自府治至京師五千二百九十三里。

分野

天文牽牛、須女分野，星紀之次。

建置沿革

禹貢揚州之域。周爲七閩地，後屬越。秦爲閩中郡地。漢爲會稽郡冶縣地。後漢爲會稽南部都尉地，建安初分置南平縣。三國吴屬建安郡。晉太元四年，改曰延平，仍屬建安郡。宋省。

自齊至隋皆因之。唐武德三年，置延平軍。上元元年改劍州。五代晉開運初，王延政改名鐔州。南唐復以爲延平軍，尋仍改劍州。宋太平興國四年，更名南劍州，屬福建路。元至元十五年，升爲南劍路。大德六年，改曰延平路，屬福建道宣慰司。明洪武元年，改延平府，屬福建布政使司。本朝因之，屬福建省，領縣六。舊領縣七，雍正十二年割大田縣屬永春直隸州。

南平縣。附郭。東西距一百六十里，南北距一百六十里。東至福州府古田縣界一百里，西至順昌縣界六十里，南至尤溪縣界六十里，北至建寧府甌寧縣界一百里。東南至古田縣治二百二十里，西南至沙縣界六十里，東北至建寧府建安縣治一百三十里，西北至建寧府甌寧縣界一百里。漢冶縣地。後漢建安初置南平縣，屬會稽南部。三國吴屬建安郡。晉太元四年改曰延平。宋泰始四年省。唐武德三年，置延平軍，後改爲永平鎮。五代時，閩王延政以鎮置龍津縣，爲鐔州治。南唐保大四年，州廢，復置延平軍，六年改置劍浦縣，爲劍州治。宋爲南劍州治。元大德初復曰南平，爲延平路治。明爲延平府治，本朝因之。

順昌縣。在府西少北一百二十里。東西距一百里，南北距一百二十里。東至南平縣界五十里，西至將樂縣界五十里，南至沙縣界二十里，北至建寧府甌寧縣界一百里。東南至沙縣界二十里，西南至沙縣治一百里，東北至甌寧縣治二百十里，西北至邵武府邵武縣治一百八十里。漢冶縣地。後漢末爲建安縣地。三國吴以後爲將樂縣地。唐貞觀三年，置將水場，後改將水鎮，屬建州。五代時南唐置順昌縣，屬劍州。宋屬南劍州。元屬延平路。明屬延平府，本朝因之。

將樂縣。在府西二百二十里。東西距一百五十五里，南北距一百四十里。東至順昌縣界五十五里，西至邵武府泰寧縣界一百里，南至沙縣界四十里，北至邵武府邵武縣界一百里。東南至沙縣治一百二十里，西南至汀州府歸化縣治一百三十里，東北至邵武縣界一百二十里，西北至邵武縣治一百六十里。漢冶縣地。後漢末爲建安縣地。三國吴永安三年，分置將樂縣，屬建安郡。晉及宋、齊以後因之。隋開皇十二年省入邵武縣。唐武德中復置，屬建州。七年省。垂拱四年，又析邵武及故綏城縣地置，仍屬建州，元和三年省，五年復置。五代因之。宋屬南劍州。元屬延平路。明屬延平府，本朝因之。

沙縣。在府西南一百二十里。東西距一百五十里，南北距一百四十里。東至南平縣界七十里，西至永安縣界八十里，南至尤溪縣界六十里，北至順昌縣界八十里。東南至尤溪縣治一百四十里，西南至永安縣治一百六十里，東北至順昌縣治一百里，西北至將樂縣治一百二十里。漢冶縣地。晉延平縣地。劉宋元嘉中，分置沙村縣，屬建安郡。齊以後因之。隋開皇中改曰沙縣，尋廢。唐武德四年復置，屬劍州，後省入建安，永徽六年復置，大曆十二年，割屬汀州。五代南唐保大六年還屬劍州。宋屬南劍州。元屬延平路。明屬延平府，本朝因之。

尤溪縣。在府南一百六十里。東西距二百三十里，南北距一百九十里。東至福州府閩清縣界一百里，西至永春州大田縣界一百三十里，南至永春州德化縣界一百三十里，北至沙縣界六十里。東南至福州府永福縣界一百七十里，西南至德化縣治二百二十里，東北至南平縣界八十里，西北至沙縣治一百四十里。漢冶縣地。晉延平縣地。劉宋以後爲沙村縣地。唐開元二十五年，置尤溪縣，屬福州。五代南唐保大六年，割屬劍州。宋屬南劍州。元屬延平路。明屬延平府，本朝因之。

永安縣。在府西南三百里。東西距一百八十里，南北距一百五十里。東至永春州大田縣界一百里，西至汀州府清流縣界八十里，南至龍巖州寧洋縣界六十里，北至沙縣界九十里。東南至大田縣治一百七十里，西南至汀州府連城縣治二百里，東北至沙縣治一百六十里，西北至汀州府歸化縣界一百里。漢冶縣地。晉延平縣地。劉宋以後爲沙村縣地。唐以後爲沙、尤溪二縣地。明景泰三年，析置永安縣，屬延平府。本朝因之。

形勢

負山阻水，爲七閩咽喉。宋延平郡志。劍溪環其左，樵川帶其右。宋余良弼雙溪樓記。山川清明偉麗，爲東南最。宋楊中立乾明修造記。崇山峻嶺爲郛郭，驚湍激流爲溝池。楊中立資聖院記。占溪山之雄，當水陸之會。宋黄裳雙溪閣跋語。

風俗

民儉嗇而尚氣義，質直而不爲姦詐。諸儒講明道義，遺風餘教猶未泯。家樂教子，朝誦暮絃。宋延平郡志。勤於耕耨，婦女雖至貧，紡績不出户。民重遠出，無商賈之贏。俗頗紛華，少千金之積。府志。

城池

延平府城。周九里一百八十步，門八。東南臨建溪，西臨樵川，西北臨山澗，東北環高岡。宋時建。本朝乾隆五十八年修。南平縣附郭。

順昌縣城。周四里三百二十六步，門五。明正德元年建。本朝順治五年修，康熙二十年、四十五年重修。

將樂縣城。周九里有奇，門六。元至正四年建。本朝雍正六年修。

沙縣城。周六里有奇，門五，水門四，東西門俱臨太史溪。明弘治四年建。本朝雍正八年修。

尤溪縣城。周八里，門六。明弘治四年建，嘉靖六年改建。本朝康熙四十九年修，雍正八年重修。

永安縣城。周五里三十步，門四。負山阻溪，獨南門鑿池，注水爲濠。明正統十四年建。本朝雍正六年修。

學校

延平府學。在府治東。明萬曆四十六年建。本朝順治十六年修，康熙八年、二十二年重修。入學額數二十名。

南平縣學。在縣西虎頭山麓。明洪武三年建。本朝雍正二年修，乾隆二年重修。入學額數二十名。

順昌縣學。在縣治左。明崇禎四年建。本朝順治四年修，康熙二十二年、雍正九年、乾隆三十一年重修。入學額數十五名。

將樂縣學。在縣治東南。宋建在下山之麓，明天啓中遷今所。本朝順治十三年重建，雍正六年修。入學額數十五名。

沙縣學。在縣治東。宋慶曆間建，明嘉靖中改建於福聖寺基，萬曆間復還舊址。本朝康熙十一年修，二十二年、三十七年重修。入學額數十五名。

尤溪縣學。在縣西門璠山之麓。宋建在縣城内，明萬曆中移建今所。本朝康熙十八年修，乾隆二十四年重修。入學額數十一名。

永安縣學。在縣治東。明景泰中建。本朝順治初修，雍正四年重修。入學額數十五名。

延平書院。在南平縣南九峯山麓。宋嘉定二年，郡守陳宓建，祀先儒李侗，端平間賜額。本朝順治十四年重建。

道南書院。在南平縣北龍山阿。明正德間建，祀宋儒楊時，以羅從彦、李侗配，亦名道南祠。本朝乾隆十一年修。

龜山書院。在將樂縣東北封山之麓，一名道南祠。宋咸淳二年建，賜額。本朝順治十三年修。

鳳岡書院。在沙縣南鳳凰山。宋淳熙間邑人黄顥建。

豫章書院。在沙縣西洞天巖麓。元至正初建，祀宋儒羅從彦。

開山書院。在尤溪縣舊學宫前。本朝乾隆三十一年建。

正學書院。在尤溪縣晝錦坊。本朝康熙四十八年建。

南溪書院。在尤溪縣公山，宋鄭義齊故館地，朱子生於此。嘉熙初建祠以祀，咸淳初增置書院於其右，德祐元年賜額。明永樂中修。

户口

原額人丁二十二萬三千七百二十八，今滋生男婦大小共八十五萬三千三百四十七名口，計二十萬一千四百四十五户。又屯民男婦共二百六十名口，計八户。

田賦

田地九千八百二十頃九十畝九分六釐有奇，額徵地丁正、雜銀一十萬八千二百九十四兩五錢七分二釐，米一萬五千九百六十八石七斗三升四合八勺。屯田二頃九十七畝二分六釐有奇，額徵丁糧銀一十九兩六錢一分七釐。

山川

梅山。在南平縣城内。府志：在城東隅，以上多梅樹，故名。

龍湖山。在南平縣東八十里。四山環峙，中爲平原，下有龍湖。相近有虎掌山，以形似名，又有虎掌巖。

南山。在南平縣東二十里。宋羅從彦家其下。

屏山。在南平縣東南七十里，形如畫屏，故名。又羣山，在縣東南四十里，以羣峯競出，故名。

金山。在南平縣東南一百里。閩志：山側有石洞，名金鐘，相傳昔有仙居之。

九龍山。有二：一在南平縣東南一百二十里。閩書：九峯蜿蜒如龍，右有獅子巖，巖左有石，壁立聳峭，曰禪巖石。一在順昌縣北六十里。

九峯山。在南平縣南。峯巒九疊，環繞縈迴，爲府境諸山之冠。真德秀紀略云「延平據山爲州，後枕崇阜，前挹大溪，溪南九峯森羅，雄峙天表」是也。

溪源鳳山。在南平縣西南十五里。上一井泉，有龍居焉，歲旱禱雨輒應。

金鳳山。在南平縣西南二十里。山形如鳳，高出羣山，上有井泉。閩書云：半據南平，半臨沙邑，磅礴巇嵲，數都可見。

蓋一山界於兩縣者也。

在履舄。

虎頭山。有二：一在南平縣西，形如虎踞，縣學在其下。一在沙縣西南七十里。閩志：一名虎峯，高入雲際，下視沙城如

天柱山。在南平縣西南五十里。屹立凌空如柱。又西南有天馬山，山勢騰驤，形若天馬。

蓮花山。在南平縣西北六十里。又將樂縣東五里、將樂縣西百里皆有蓮花山，俱以形似名。

寶雲山。在南平縣西北八十里。山勢秀拔，時出雲氣。

篔簹山。在南平縣西北百里。多竹故名。

龍山。有二：一在南平縣北，山勢凌雲，長松蓊鬱。又名龍騎山。一在順昌縣南三里。縣志：登其巔可盡一邑之勝，上有龍頭巖，怪石礧砢，有泉出石罅間。

演仙山。在南平縣東北。寰宇記：在州北十里，故老相傳，云演氏煉丹於此，丹竈餘基猶存。宋吴致堯紀略：延平號山水佳處，衆峯連屬，鳳翥鼇峙，望之蔚然。神刓天畫者，演仙也。輿地紀勝：山東面略通人跡，山中産橘，可以就食，不可攜出。府志：演仙水出此山，當城北爲大河，下穿暗竇入城，流出劍潭。閩書：舊名含源山，漢梅福時時往來此山。方輿勝覽：含源山，即演仙山，在縣東北十里。潛確類書：山有文峯巖，中一石，端拱如佛，又名石佛山。

百丈山。有二：一在南平縣東北六十里，有石鼓嶺，聳絶，方圓凡數丈，中心數尺，以石叩之，其聲如雷。方輿勝覽：在劍浦縣北，越王於此建臺榭。一在將樂縣西北。建安記：百丈山有鳥道，與江西南豐縣分界，上有古蘭若存焉。寰宇記：在縣北一百八十里。其山三面，南將樂，北邵武，西泰寧，皆懸巖絶壁。有越王較獵臺榭遺址。

板山。在順昌縣東南十里。相近又有魚袋山。

高峯山。在順昌縣西南二十五里。其峯拔出羣嶺，下即交溪。又西五里有寶山，峭拔奇秀。

大明山。在順昌縣西南三十里。孤峯特立，日升光照其頂，故名。山左有巖曰白鶴，巔有石高丈餘，曰石馬。相屬者曰金龍山。

鳳山。在順昌縣西二十里。五峯疊翠，高數百仞。

景靈山。在順昌縣西三十三里，與鳳山對峙。時有雲霧蒙其頂，山左有耳珠巖，多生異草。上有黄家洞。

芹山。在順昌縣西四十里。泉甘木茂，多產香芹。

斡山。在順昌縣西五十里。周迴二十里，巔有石洞，可容數百人，清泉出焉。

魚山。在順昌縣西北五十里。二水夾流，山形如魚，故名。

超華山。在順昌縣西北六十里。周圍甚廣，西北接邵武界，幽曠處有田園池塘，居民數十家。中有嶺曰寶嶺，時出光焰，人以爲寶氣。山頂有泉出石罅中，分爲五澗。

七臺山。在順昌縣西北七十里。寰宇記：在縣西四十八里。府志：山有巨石高數丈，空洞可居，樹頂皆禿，積苔若垂髮。徑皆緣山脊行，左右無依附，莓苔厚處(一)，若施茵褥。明統志：高峯峭壁，幾至千丈。山有微雲即雨，人以爲候。

洪山。在順昌縣西北一百五十里。勢極雄壯。

華陽山。在順昌縣北三十里。三峯並列，山半有石門，高廣數丈。中峯頂有烏石巖，有水一泓，旱潦不盈涸，名曰仙水壇。

梅仙山。在順昌縣北七十里，接甌寧縣界。山巔平坦，廣袤數里，相傳梅福嘗煉丹於此，故名。有巖曰藥石巖。

金泉山。在將樂縣城中。建安記：山南枕溪，有細泉出沙，彼人以夏中水小，披沙淘之得金。寰宇記：在縣南二百步。

舊志有五馬山，在縣治西南，五峯森立，如馬馳驟。其一名石壁山，蒼崖壁立，俯瞰金溪潭，俗名金溪山。其二名金泉山。

後山。在將樂縣治後。城環其巔。左支爲含雲山，宋楊時築室讀書於此。有含雲泉。正支爲鍾翠山，山後有後山泉。右支爲花坪山，一名章山，下有琢玉泉。

九仙山。在將樂縣東二十餘里。崇岡疊嶂，如龍翔鳳翥，又如獅伏牛鬭，在邑中山爲最高。夏無暑氣，冬月常雪，舊傳有九異人煉丹於此。秀崖絶壁，泉聲如雷。又尤溪縣南七十里有九仙山，又名蓬萊山。閩書：峯巒秀拔，人跡罕到，上有金鯽池、石碁局、黑白二石馬、煉丹竈，時有仙靈往來，彷彿聞鼓樂音。

孔子山。在將樂縣東二十五里。層巒矗起，屹立溪濱。相近有仙橋山，山勢橫截，狀如飛橋。

寶山。在將樂縣東四十里，與順昌縣接界，邑之外屏也。又有東寶山，在縣南四十里。高聳甲於羣山。

錦被山。在將樂縣東南一里。閩書：縣譙樓之賓山也。隆重蒼翠，下有石洞，名金華洞。磊石巉巖，中有仙跡。其左又有飯羅、株林、通天、烏石、四望等山。

翠簾山。在將樂縣東南五里溪南。蒼翠高聳，如垂簾狀。其巔曰天湖山，三面峯環，中平而曠，有龍窟瀦水，故名。

天階山。在將樂縣東南十五里。建安記：山下有寶華洞，即赤松子採藥之所。寰宇記：在縣南二十里。南劍州有天階山，下有乳泉，服之登山如飛。府志：石磴岁崱，高若升天。有玉華洞，石門低隘，窺之窈黑，秉燭以入，泉自石罅流出，潺潺有聲。洞高處滲液凝結，冰雪崚嶒，其巔七層樓者，峻絶僅容一足，迤邐而登，石竅容光，如五鼓候，俗呼此爲「五更天」。洞之陰有寶華洞，一室谽谺，上有普陀巖；陽有南華洞，石室方平，景物尤勝，縣稱「三華」以此。方輿勝覽：玉華洞去縣十五里，有兩門，相距一二里，中分二路，後復相通。縣志：泉石羅列，奇詭萬端。相近有馬鞍山，一名雙蝶山，二山突兀，並秀入雲，爲縣前屏。

雪裏山。在將樂縣東南二十五里，接沙縣界。閩書：由山麓闢徑，盤折二十餘里，土膏沙礫，絢如白雪。

仙塘山。在將樂縣南七十里，一名隴竹山。明統志謂之仙靈山。閩書：與獅子、雪裏鼎峙，上有曲池，竹根盤結，水面如織。

五龍山。在將樂縣西南七十里。五峯聯聳，惟到頭一峯最高。

龍棲山。在將樂縣西南八十里。閩書：羣峯峭拔，鳥道縈紆，林木幽映。下有潭，相傳有龍潛焉。

三石山。在將樂縣西南。建安記：山上有三石，一高七百尺，一高五百尺，一高四百尺。其石色紅白似人形，俗呼三郎石。

鐘樓山。在將樂縣西。上平如臺，舊名西臺山，巍然高峙，形如巨鐘。五代置鏞州，以此爲名。山麓有真濟洞。

獅子山。在將樂縣西二十餘里。形類方屏，爲縣界羣山之冠，昔人嘗立寨於此。支峯曰五臺山。

賢山。在將樂縣西七十里。山高林茂。相近有九臺山，其勢屈曲，諸村羅列其下。

封山。在將樂縣東北五里。土色常赤。其巔有泉，其麓有楊真君洞，窈然莫窺其遠近。明統志：其山高大，羣峯環拱，爲一邑之鎮。其支峯曰龜山，狀如伏龜，蜿蜒城左，即宋楊時歸休處。

石帆山。在將樂縣東北三十里。坤元録：將樂石似張帆，山畔有泉，四時皆澄清。

鳳岡山。在沙縣治北，縣鎮山也。府志：沙縣治在沙源之地，唐中和四年，始移鳳林岡。又縣東有勒馬山。

巖山。在沙縣東十里。頂有寨，爲昔人避兵處。其右稍平曰平山。又東曰翠峯山，羣峯環繞，奇秀可愛，上有二石，平廣可容數百人。

玉山。在沙縣東三十餘里。閩書：有玉山寺，寺有玉溪漈，飛流約二十餘丈，上有石橋，中有石窟如井。對峙者曰鐵鉢山。

天湖山。在沙縣東七十里。其巔有泉，遇旱不竭。府志：相近又有太平山，接南平縣之太平里。

越王山。在沙縣東南十里。山側有寨，相傳越王嘗屯兵於此，俗呼越王寨山。下有漈峽。其南爲武仙山，勢極高峻，其頂夷曠，可容千餘人，拱揖縣治，俗呼爲報銜山，又名天馬山。

横山。在沙縣東南四十里。山勢横截，接尤溪縣界。

鳳凰山。在沙縣南溪南。山形如鳳，多産梧桐。其西曰西山，鳳西翼也。其東曰赤珠，東翼也。赤珠山石皆赤，所謂丹山碧水，七閩之勝。其側又有虎丘山，形如虎踞。

七朵山。在沙縣南。石峯嵂屼，森竪溪中，花木叢生，狀若屏障。爲峯七，曰朝陽，曰碧雲，曰妙高，曰真隱，曰桂花，曰凝翠東峯，曰凝翠西峯。潛確類書：山分七峯，涌成石壁，巖面生石椎、青陽、盧木等樹，四時青翠，上有桂花，深秋競發，馨香散漫。

吕峯山。在沙縣西南五十里。高出雲漢，冬常積雪。山頂舊有泉七泓，俗呼吕七塘潭。

龍會山。在沙縣西南六十里，與莘口漈相對。衆山環抱，如龍盤然，故名。又西南數里爲蓮峯頂山，一峯卓起，中分九派，溪流分注。絶頂有石最平曠。

淘金山。在沙縣西六里。邑未成時，嘗屯軍於此，亦名屯軍山。上有奇石，頂平曠可容千人。有洞天巖，石壁峭絶，倚險架閣，景物殊勝。有泉自山巔飛瀑下注數十丈，名洞天巖漈。

獬豸山。在沙縣西北淘金山之東。昔鄧光布云：「百年後當出忠義士，爲國觸邪。」故以獬豸名山。

幼山。在沙縣西北。寰宇記：在縣西北一百二十里，乃龍湫之地。孤峯上聳三十餘里，周迴二百里，上産松檜竹柏。府志：山之脊曰黄竹崎，有晏坐峯、藏雲塢、歸雲洞、風洞，下有龍湫。巖壑泉石，種種奇勝。幼溪出焉。並峙者曰龍山。

將軍山。在沙縣北五十里。山勢高峻。宋紹定三年，山寇嘯聚其中，招捕使陳韡破之，故名。府志又有雞檠山，在縣北六十里，俗呼馬岃頭，路通將樂，險絶可守。

馬笠山。在沙縣東北二十餘里。高出羣山，如人騎而笠者，故名。

天台山。在沙縣東北四十里，接南平、順昌二縣界。巖石高聳，亦名天台巖。

參拜山。在尤溪縣東三里許湖頭溪之右。山勢起伏，若趨拜狀，故名。

碧雞山。在尤溪縣東十里。以形似名。又東二十里有豕角山，高數十丈，盛暑中有寒氣。

五雷山。在尤溪縣東七十里。府志又有金雞山，在縣東八十里，高聳插雲。

石井山。在尤溪縣東南七十里。下有龍潭。

騰雲山。在尤溪縣東南百里。閩書：其山絶頂，可窮覽省會。下有二石井，琢削天成，每欲雨，必有龍緣崖上下，或盤旋波間。

蓆帽山。在尤溪縣東南一百二十里。形如人帽，圓秀可愛。相近有芝山。

白巖山。在尤溪縣東南一百三十里。峯巒聳秀如畫。

眠象山。在尤溪縣南青印溪南。以形似名。閩書：牛嶺在其上。

龍門山。在尤溪縣南九十里。高千餘丈，頂有石穴，泉極清澈，歲旱不涸。又有龍門洞，口廣纔四尺，而其深莫測。中有石竇，滴水如雨，名滴水洞。其水流入石穴，不知所之。

金樓山。在尤溪縣南一百三十里。翠聳雲間，狀如樓閣。

鸕鷀山。在尤溪縣西南八十里。福建續志：三面壁立，鸕鷀灘環其下，一徑盤旋至嶺，若羊腸然，鄉人嘗避寇於此。

仙靈山。在尤溪縣西南一百三十里。唐末人以此爲仙靈窟宅。山嶺有十奇，曰雙鑑池、靈泉井、飛星壇、卓筆峯、宿雲洞、鷹嘴砦、白雲菴、棋盤石、獅子石、仙樂臺。又西南十里有劍門山。

蟠龍山。在尤溪縣西南一百五十里。狀如龍蟠，複嶺崇岡，高聳千仞。又有羅漢山，在縣西南，接德化縣界。高萬丈，頂有巨石屹立，狀如蓮花。

翠帷山。在尤溪縣西里許。一作屏帷山，自貴人峯傍出，環抱縣治西北，如屏帷然。

璠山。在尤溪縣西七里。山勢秀麗，若鸞鷟之翔舞。

雞籠山。在尤溪縣西二十五里。以形似名。

仙山。在尤溪縣西四十里。山勢峻峭，巔有石穴，吐吞雲氣，深不可測。

文山。在尤溪縣西北五里許，爲縣治之右弼。下有高原嶺，一名山後嶺。又有北門坑，發源於此，流與玉溪合。又有公山，與文山對峙，邑人義齋鄭氏故居。宋朱松爲縣尉，秩滿假館鄭氏，生朱子於此。先是，二山草木繁密，及朱子生，野燒同時盡焚，山形畢露，儼若「文公」二字，二山因以此名。

二峯山。在尤溪縣西北七十里。縣志：秀出參天，千里可眺。

七星山。在尤溪縣西北一百里。山有七峯，若七星然，晨昏雲烟不斷。

伏獅山。在尤溪縣城北。明統志：狀如伏獅，爲縣鎮山。其右爲登高山，一名玉釜，屹立羣山間，邑人多於此登眺。其左有巖曰北巖。

董山。在尤溪縣北二十里。上有石室，廣丈餘，相傳爲董真人煉丹之所。

應仙山。在尤溪縣東北四十里，一名雞心山。山形秀麗，絶頂可極覽羣峯。

東華山。在永安縣城中。日出即見，故名。

東山。在永安縣東一里，縣城跨其上。又有三台山，三峯並列。

雪山。在永安縣東九十里。其側有通天巖，崖壁峻絶，山半巨石，横跨如梁，俯首而入，其中夷曠，泉石幽潔。

斗山。在永安縣東南三十里。一名天斗山。其山高峻，頂凹下，廣可五里，狀若斗然。山背有風穴雲洞，磴路險巇，人跡罕至。

石羅山。在永安縣東南九十里。萬山中突起七峯，次第排列。面西有洞，口狹而中廣，昔有隱者居之，井竈並存。相近有黄甲山、白巖山、瓊山。

登雲塔山。在永安縣南一里。山有塔。

馬峯山。在永安縣南六十里，接寧洋縣界。縣志：圓峯插黛，傍一嶺如馬。

吉山。在永安縣西南五十里，在吉溪東。相近曰天臺山，下有潭極深。

金星山。在永安縣城西關兩溪水口，西北臨溪。有石壁巉巖如削，其下爲潭，燕水所匯也。

龍鳳山。在永安縣西北。連亘高大，峙於縣背。

栟櫚山。在永安縣北二十里。明統志：生雲吐霧，隱見無時，草木蒙茸，冬夏一色，多産栟櫚木。九域志：南劍州有栟櫚山，上有徑曰走馬埒，有仙人馬跡存焉。峯之高者爲天柱、射垜諸峯，觀音、集仙、頭陀等巖，降仙、步雲諸臺，及天池、野雲洞、銅盤澗諸勝。李忠定目爲小武夷。又山有修竹灣，無岸路，惟舟可入。灣盡種竹，曲折如虵。中有紫雲砥，爲山絶頂處，俯睇長江，縈迴如帶。

坡山。在永安縣北二十里許。形如屏風，其中坦平，廣可十里。

荆山。在永安縣東北四十里。四時青翠可愛。

貢川山。在永安縣東北四十里。上有桃源洞、聞風臺、一線天諸勝。山峽陡絶，僅可容趾。陟其巔，田廬井井，故有桃源之目。

考窠嶺。在南平縣北。方輿紀要：上有十二峯，平地聳起高十餘丈，中有捷路，直走郡城。舊置砦於此，爲屯兵候望處。

湖頭嶺。在南平縣東北十里。面溪背山，前建浮梁，今廢。

徊村嶺。在順昌縣南十里許。高五十丈，鳥道險峻，至嶺頭路乃平坦，尋小溪而入，徘徊掩映，謂之徊村。四面皆絶壁，一名烹龍嶺。

交槎嶺。在順昌縣西南四十里，接沙縣界。以其近交槎溪，故名。相近有桂嶺，上多桂樹。又縣北松林嶺，甃石爲道，松陰鬱然，上有亭曰泰山。

石湖嶺。在順昌縣北三十里。奇石巉巖，下有石湖。

五岐嶺。在將樂縣東十五里。嶺道峻絶，分爲五岐。嶺半有杯泉。

三崎嶺。在將樂縣東南二十里。陡峻三崎，頂有泉一頃，舊通蛟湖。相近有陂坑嶺，在縣東南一十五里〔二〕，接沙縣界。

亭嶺。在將樂縣南三里。上有泉，其頂崔巍，難於行路。嶺半有亭，爲行人憩息之所。

新嶺。在將樂縣南十餘里。縣西南五都之民，胥由此往來〔三〕，舊路環山下，人苦遠，後改由嶺上，極高峻，有祥道人者，又改由半山，歷禊村、子教等鄉，抵泰寧界八十里，歸化界一百里。

湛嶺。在將樂縣西南十八里。下有蛟湖，又名蛟湖嶺。道僅里許，極險峻，古木數株，俯視大溪。又縣西南四十里有鐵場嶺，亦險峻。

藤嶺。在將樂縣西二里。高峻多藤，下有甘泉。

黎嶺。在將樂縣西北三十五里。又縣西北四十里有臺嶺，抵江西便路。

靈應嶺。在沙縣東門外。舊志：正東之靈應嶺、東南之鎮頭、正南之赤巖、西南之城頭渡、正西之三姑嶺、正北之大小嶺、東北之焦坑嶺，七者爲附郭之險要。

桐岡嶺。在沙縣東南十五里。蜿蜒起伏，長數十里，上多梧桐，故名。

羅巖嶺。在沙縣東南四十餘里。路通尤溪，有巖險絕。府志：縣爲四塞之地，正南通尤溪，則有羅巖；西南通大田，則有湖硿；西通永安，則有新嶺；西北通歸化，則有黄竹崎；正北通將樂，則有分水界；東北通順昌，則有枯藤嶺。爲各界之險要。

禪山嶺。在沙縣西五十五里。下有禪山關，又縣西八十里有新嶺，接永安縣界。

篔簹嶺。在沙縣東北五十里。上有羊角崎，二峯玉立雲表，俯視環邑諸山，如翠濤白浪。

小村嶺。在尤溪縣城東，爲往府大路。又分水嶺，在縣東南六十里。黄龍嶺，在縣東南一百三十里，接閩清縣界，高可五六里。

分枝嶺。在尤溪縣南一百二十里。寰宇記：縣南至德化縣，以嶺爲界。名勝志：嶺上有分枝樹，一枝向南，一枝向北。閩志：其上有關，俗呼大關嶺。

小王嶺。在尤溪縣西南七里。舊通漳、泉二府，峻絶難躋，邑人别開坦途，嶺道遂廢。

安州嶺。在尤溪縣西五里。山石巋然，臨於潭上，俗呼虎頭嶺。

佛嶺。在尤溪縣西四十里。嶺道有石梯，相近有棗嶺，縈迴可五里，頂有瀑布懸流。又有杉嶺，山徑陡絶，上逼雲日，松篁覆地，人影蔽虧，杉溪出此。又有新嶺，在縣西七十里，宋淳熙中嘗開新道於此。

戴公嶺。在尤溪縣西北六十里。嶺道紆迴凡三十二折，有戴公溪出此。又高坑嶺，在縣西北一百二十里，接大田縣界。

丹溪嶺。在尤溪縣東北八十里，接南平縣界。又名桃木嶺。縈迴可十五里，自趾至巔凡三疊，皆數百丈，回視數十里之中，川原隱隱，溝塍棊布，有丹溪流繞其下。

九龍嶺。在永安縣東六十里。又縣東百里有鐵山嶺，産鐵鑛，接大田縣界。

黄田嶺。在永安縣東南六十里，接大田縣及龍巖州界。又三十落嶺，在縣南二里。大望嶺，在縣南六十里，接龍巖州寧洋縣界。梨子嶺，在縣西南六十里，接汀州府連城縣界。又根隔嶺，一名艱隔嶺，在縣西九十里，接汀州府清流縣界。

新嶺。在永安縣東北八十里，接沙縣界。

文筆峯。在南平縣西南六里。峯巒秀麗，奇峭插天。

小鷲峯。在南平縣東北八里。岃峝秀奇，狀如鷲鳥。

七寶峯。在順昌縣南。七峯奇削，上有白雲菴。

君子峯。在將樂縣南四十里。其巔有龍居洞。

凌霄峯。在將樂縣西南六十里。勢如卓筆。閩書：登峯絶頂，可望建寧、歸化、順昌、泰寧四邑。

山門峯。在將樂縣西二十餘里。高聳雲霄，下有兩石對峙如門。

太陽峯。在將樂縣北六十里。高插霄漢，日初出，此峯先得其光，故名。

龍泉峯。在沙縣東南十七里。脈自尤溪縣界分三隴蜿蜒而來，至此崛起三峯。中有龍泉寺。又蓮花三峯，在縣東北二十餘里，三峯疊聳，如蓮花然。

大秀峯。在永安縣東北四十里。一名真陽山。巍然秀拔於羣山之表，山傍有雙峯，號「雙飛蝴蝶」。

百花巖。在南平縣東建溪之東。石壁峭立，春時百花鮮麗，故名。下有碧雲洞，又有隱鱗洞，左抵百花巖，右傍藏春峽，前抵劍潭，即雙劍化龍之所。

麂坑巖。在南平縣南。山多産麂。府志：怪石巉巖，横截溪畔，劍水合流而下，藉以砥柱。

天井巖。在南平縣西南。山石中一竅通天，故名。

聖泉巖。在南平縣西北六十里。泉清而甘，歲旱不涸。

獅子巖。在南平縣西北六十里溹上，以形似名。下有洞可容數十人，半里許有砦，高三十餘丈，中有三十六洞。

中巖。在南平縣東北十餘里。方輿勝覽：在劍浦縣東北五里。明統志：高出衆山，有瀑布自巖中飛下。閩書：巖中有古松，根下結茯苓，泉出其側。

龍興巖。在順昌縣西南十里。舊名豸角山。有泉出巖罅間，明洪武中，知縣張縉引爲西渠，民賴其利。

合掌巖。在順昌縣西北十里。兩石如掌相合，一名仙掌巖。下有圓池。

龍津巖。在將樂縣東五里。崖石森聳，下臨龍潭，其石光潤可爲硯。

龍頭巖。在將樂縣東南十五里。其形類虎，又名虎頭巖。有石門自山下通山頂，明爽可居。下有定光古佛道場，重樓殿閣，爲一邑之勝。宋楊時有記。

西華巖。在將樂縣東南三十里。府志：其巖峻聳，多産方竹。又聖水巖，在縣西南一百餘里，上有泉不盈不涸，病者飲之即痊。

油雲巖。在將樂縣北八十里。巖石嵋岣，瀑泉流瀉，每天欲雨，則雲出其上。有油雲洞。

龍湖巖。在沙縣東三十餘里。下有龍湖。四面皆石壁，其中積水爲湖，有龍居之。又蕉皮巖，在縣東南四十里，下有蕉皮洞，深廣可一里。清泉怪石，樹木陰翳。

竹峯巖。在尤溪縣南八十里。閩書：上有洞窟者九，相近有小蒿巖，崖壁峻絶，幽花異草，四時芬馥。豪峯巖，在縣西五十里。巖石峭拔，其上平廣，可容千餘人。

流溪巖。在尤溪縣西南一百二十里。方輿勝覽：高百餘丈，無草木，其崖石皆鐵鑛，鑿之可冶。

銅盤巖。在尤溪縣西四十里。懸崖峻峭，竹樹陰翳，鳥道縈紆，飛泉濺沫似雨，崖下有潭，資以灌溉。

賴巖。在尤溪縣西北三十五里。其上怪石萬數，巨者如屋，延亘可三里許，宛然一洞府也。洞口緣梯而上，石室聯屬，皆有竇如户。俯而入，中有流泉，石罅如窗牖者數百。

彭坑巖。在尤溪縣東北三十里。有巨石數十圍疊其巔，傍開小洞口，中有池有井，水深不可量。其下曰梅營坂，梅樹多至十里。

蘇巖。在永安縣東九十里。平地拔起千餘丈，中有石龍頭，吐水注石穴中，近巖有池方廣畝許，鱗屬甚多。

甘乳巖。在永安縣西南六十里。有洞廣袤約五十餘丈，洞口怪石森列，有泉自石中迸出，旁有風穴極深。洞後又一洞名透天，相傳爲神仙窟宅。

黄楊巖。在永安縣西北八十里，與歸化縣接界。巖上多産黄楊木。一名萬壽巖，又名鱗峯巖。四壁如削，周迴可十里，角出羣山之上。有三洞相聯，曰靈峯、曰碧雲、曰船篷，皆幽深不測。宋鄧肅詩「芒鞋千尺上崔嵬，手摘星辰足下雷。撥破烟雲得洞户，醉看恐是天門開」是也。又北里許爲侍郎巖。

仙掌巖。在永安縣北栟櫚山下一里許。地名葛里，迤邐曲折，有泉曰九姑泉，其形如釜。或一里半里爲一姑，至九姑則巖之盡處。内爲仙掌巖。

百丈巖。在永安縣北二十五里。與栟櫚山隔溪相望，溪僅通舟，亦名桃源洞，高約百丈，周迴三里，四面削壁。中有一徑陡絶，其巔常有雲氣冒之。其背有洞曰新菴洞。

官寨巖。在永安縣北二十五里。巖石峻絶，相傳舊爲官寨。

蒼峽。在南平縣東南一百十里。一作嵢峽。兩岸青山迴合，劍溪經其間，轉折而東南出。宋時常置寨於此。有二榕樹甚古，碑記云朱文公手植。

坑谷。在順昌縣西北。居民造紙爲業，名池坑紙。

花心洞。在南平縣西南十五里。山有九曲，似花心然。

靈龜洞。在順昌縣東南二十里。明統志：洞有靈龜石，紫色如金。又有石如鐘磬魚鼓之狀，扣之其聲清越。

赤松洞。在順昌縣西八里許。喬木陰翳，一石室可容數十人。

海棠洞。在將樂縣治北。兩山環夾，深入幽邃。後有海棠泉。

靈源洞。在將樂縣東二十餘里。由石徑而上，秀崖絶壁，泉聲如雷。

石燕洞。在將樂縣北一百里。崖壁斜撑遮天，内有暗洞奇絶，居民禱雨輒應，禱時風起，石子能飛如燕。

七仙洞。在沙縣東數里。洞有三，皆寬廣，其二尤深杳莫測。

雨林洞。在沙縣西南三十里。一名金盆洞，深廣可容千人。

凌霄洞。在尤溪縣西北五十里。山崖壁立，惟一竇可躋。又天成洞，在縣東北三十里木溪橋側，洞口可丈餘，深不可渡。

曹巖洞。在永安縣北二十七里。一名龍水洞，空曠可容千人。府志又有紅旗崖，在曹巖水尾。

建溪。自建寧府建安縣流入，經南平縣東，又東南入福州府古田縣界，即閩江上游也。亦曰東溪，亦曰劍津，亦曰劍潭，亦曰龍津，亦曰劍溪，亦曰龍潭，亦曰延平津。晉書張華傳：華聞豫章人雷煥妙達緯象，因與討論。煥曰：「斗牛間紫氣，乃寶劍之精，上徹於天耳。」華即令煥至豐城掘獄屋，入地五丈得石，石中有雙劍，一曰龍泉，一曰太阿。其夕斗牛間氣遂隱，遣使以一與華，一留自佩。後華誅，失劍所在。煥卒，其子爲州從事，持劍行經延平津，劍忽躍出投水中，但見兩龍各數丈，故名。寰宇記：三溪在州前，東溪、西溪、南溪合流南歸於海。自古謂之險灘。方輿勝覽：州有交劍潭，即躍劍之所。東溪自建安來，西溪自邵武、順昌、沙縣來，合流於此。舊志：東溪自建安縣房村鋪十里至大横驛，又三十里爲黯淡灘，又五里至府城東南與西溪合，俗呼爲丁字水，通謂之南溪。又東南四十里曰吉溪口，十八里曰茶洋驛，又三十二里曰尤溪口，又十五里曰樟湖坂，十二里曰蒼峽巡司，又二十里曰黄田驛，入古田縣界。

南平吉溪。在南平縣東南四十里。發源自建安蓼溪，經普安、遷喬等里，由吉溪橋入建溪，曰吉溪口。道通古田縣，爲津要處。

西溪。在南平縣西南。自邵武縣界東南流入，經順昌縣西南，與將樂之大溪合流，至南平縣西南，又南與沙溪水合，又過府城南而注於建溪。閩書：源出邵武之光澤，即邵武之紫雲溪也。東南流入順昌縣治西，謂之西溪，亦謂之礶砧溪。東流合順陽溪而入大溪。通志：源出長汀縣，自順昌縣流入南平縣界，與邵武溪合，經王臺驛前，至沙溪口與沙縣溪合，又東四十里而入劍溪，是謂郡之西溪。

大芹溪。在南平縣西南四十里。源出尤溪縣丹溪嶺下，流三十里入西溪。又大源里溪，源出府城西南八十里大源里，流經蔡坑口至伏溪口，約二十餘里，至大芹石橋下同入西溪。又開平里溪，在府城西南三十餘里，源亦出大源里，流五十餘里至武口，又十餘里入西溪。

羅源里溪。在南平縣西南二十里。源出威溪，流經羅源里，至縣南壽山里入建溪。又雲蓋里溪，在縣西南四十里。源出尤溪縣林平〔四〕，聚流成下澗，經羅源里至壽山里，合羅源溪。

太平里溪。在南平縣西七十里。源出沙縣界黄泥隔，流三十餘里，至篔簹峽入西溪。

徊村溪。在順昌縣南。寰宇記：其水自沙縣疵源分水爲界，沿流至嶺頭，頓落石崖兩處，成瀑布各長十丈，下成石井，深不可測，每天欲風雨，隨其聲大小〔五〕。舊志：在縣南十五里。其水亦入大溪。

交溪。在順昌縣西南四十里。源出交槎嶺，與瞿村小溪流合。又縣東十里竹步溪，源出甌寧縣界，二水俱入大溪。

富屯溪。在順昌縣西六十里。源出邵武縣界，流入西溪。

順陽溪。在順昌縣西北六十里順陽鄉，縣以此名。源出建陽縣界，西南流至白芒畲始通小舟〔六〕，合沙溪、密溪，至縣西與西溪合，入大溪。

龍池溪。在將樂縣東五里。源出泰寧縣張源嶺下，會諸澗流八十里入大溪。

安福口溪。在將樂縣東二十里。其源有三：一出縣北八十里龍渡；一出泰寧界，至龍溪始合；一出邵武界，經安仁至萬安，合流九十里入大溪。

漠村溪。在將樂縣東南，有二源：一出沙縣，一出順昌界，合流至曹溪，凡八十里入大溪。

大溪。在將樂縣南。自邵武府之建寧縣界流入，經將樂縣西南，又東北經縣城東南，又東北至順昌縣西南，與邵武之西溪合流而東，即古梅溪也。亦曰西南溪。寰宇記：梅溪在縣西北八十里，與邵武分界。閩志：發源南自清流，北自建寧、泰寧，合流至縣金溪。縈紆經縣前，折而東，至順昌會邵武溪，至府城入三溪。閩志：西南溪一名大溪，與礶砧溪合流六十里，會沙縣溪，東流至劍溪。舊志：水源有二，一出邵武，一出建寧，至泰寧縣梅口合流，東南入將樂縣界，經縣南，又東入順昌縣界，爲西南溪之上源。又東與西溪合，又東經縣南，又東三十餘里，接南平縣界。

池湖溪。在將樂縣南六十里。源出汀州府歸化縣界鐵嶺下，匯諸溪澗水入大溪。

桃溪。在將樂縣南十里。發自桃源漈，懸崖飛瀑，傾注若練，匯而爲潭。亦曰西湖，一名野水。下流入大溪。

將溪。在將樂縣西南。元和志：將樂縣溪，源出百丈嶺，東北流經縣界。寰宇記：將溪源從縣西南屈曲數百里，合諸山水入邑界。舊志：在縣西南八十里義豐都，其地有石牌場，溪源出焉。東北流有灘曰將溪灘，有洲曰鼇洲。又東有橋洲，東北流入大溪。

楊溪。在沙縣東。源曰梅花漈，瀑流飛注，巖石數十丈，石激散沫，如梅花然。漈下石窪清深，名窟溪潭，溪流出焉。南入大溪。

玉溪。在沙縣東三十里。源出玉山，曰玉溪漈。南流經百丈漈入大溪。

洛陽溪。在沙縣東南。源出尤溪縣界濁水，西北流至曹溪，繞洛陽里入大溪。又洛溪，在縣東南，源出尤溪縣界，北流合小洛溪、雙溪、塵程溪，入大溪。

沙溪。在沙縣南，舊名大溪。自汀州府清流縣流入，經永安縣北曰燕溪，又東北流經沙縣南，亦曰太史溪，又東入南平縣西南，北與西溪、大溪會，東流入建溪。元和志：沙縣溪水，自縣西來，經縣郭東北，流入建安溪。寰宇記：水出汀州府寧化縣界，曰沙源水，經沙縣南二百步，水勢懸峻，聲音如雷〔七〕，險巇如龍門，過縣東一百二十里，合邵武、將樂溪水。方輿勝覽：太史溪，在七峯之下，丞相李伯紀初以太史謫官於此，故名。二水分流，中隔一岡，似燕尾，故名燕溪。源自汀州之寧化，至永安縣爲燕溪，又東合左坂溪，入沙縣界，東合鬱溪、固發溪、黄沙溪，經縣南門，至朝陽峯下，與北鄉溪合。又東合洛溪、玉溪〔八〕、陽溪、丹溪、漁溪、下湧溪、篔簹溪，而至南平縣界沙溪口，與順昌、將樂溪合，直抵府城下合西溪。

北鄉溪。在沙縣東北，一名東溪，又名茂溪，又名半溪。源出將樂縣界，南流遶北鄉寨，合湧溪、幼溪、庇口溪，至縣東入大溪。湧溪在縣北，源出將樂縣界。幼溪在縣北，源出幼山。庇口溪在縣東北，源出順昌縣界。俱入北鄉溪。

尤溪。在尤溪縣南。自永春州大田縣流入，東北經尤溪縣南，又東北經南平縣南，曰尤溪口，入建溪。元和志：尤溪縣東水路沿流至侯官，縣西水路泝流至龍巖縣。舊志：一名湖頭溪，源出德化縣，流入尤溪縣界，西北迤逦會湯泉等二十溪，轉北爲湖頭溪。又東北七十里，至尤溪口，入劍溪。通志：南溪即尤溪，自尤溪縣流入南平縣東南，九十里入建溪，曰尤溪口。

青印溪。在尤溪縣西。溪中有青石如印，故名。源出縣西九十里沙縣界，曰莒積溪，東流合枕溪，會爲青印溪，入尤溪。

枕溪。在尤溪縣北八十里。兩山崇擁，石壁如削，瀑水懸注，千仞而下，有石如枕，横截中流，山民放木筏至此，必躡石磴，循山而行，其筏則釋令隨水射入潭底，或移時自浮出，或了無寸木可尋者。

梅溪。在永安縣東。源出東南大梅漈頭，由後溪直至縣北塔下，入沙溪。

吉溪。在永安縣西南一里許。源出汀州府連城縣姑田里，東北流入縣界，至吉山下，謂之吉溪。東至賴口，與龍溪合。

寧洋溪。在永安縣西南。源出龍巖州寧洋縣界馬家山，北流入縣界，合沙溪。

蛟湖。在將樂縣西南二十里。相傳有蛟藏此。又蛟洋湖，在縣西南一百餘里。孤峯絶頂，水光澄澈。

石湖。在順昌縣西北三十里，一名龍湖。兩岸相峙，溪流其間，停而爲淵，傳爲龍窟。

沅湖。在尤溪縣東北六十里。兩岸巉巖怪石，緑波渟澄，可二三里。又縣西北天湖，在蓮花峯頂，水色紺碧，歲旱不竭。

大湖。在永安縣北二十餘里。一名清水塘。其水由龍溪入巖穴，伏流至此，四時不竭。

九里潭。在南平縣東南六十里。上下皆急灘，惟潭九里澄碧，其平如掌。又萬丈潭，在縣西南十五里，其深莫測。上有萬丈亭。

鯷潭。在順昌縣西山下。水産鯷魚，其味甘美。

苦竹潭。在尤溪縣南八十里。相傳有五龍潛其中。又鑿柄潭，在縣西南一百二十里苦竹上流，峭壁萬仞，攀蘿捫石，方可進步。

虎跳潭。在尤溪縣西坦履橋下。其水澄碧，深不可測，兩岸濶數十丈，俗以虎可跳而過，名曰虎跳。

白水漈。在將樂縣南六十里。一水自高巖而下，可百餘丈，望之如白虹。又睡龍漈，在縣西南三十五里。斷崖湖湃，如龍噴珠。

莘口銀河漈。在沙縣西七十里。下有石橋，跨兩山間，飛流百餘丈，如銀河下注。漈中有石，黄色狀如牛，名曰黄牛石。又有東漈，在縣東南七十里，高三五丈。西漈，在縣西南八十里，高險百餘丈。

黯淡灘〔九〕。在南平縣東。方輿勝覽：在郡東十里，極峻。通志：港灘在東溪者五，西溪者十有七，南溪者九。其水湍急，其石廉利，舟上下一失勢輒破溺。縣志：東溪諸灘，曰汾，曰竹林後，曰高桐，曰鑿，曰黯淡，黯淡最險。西溪諸灘，曰石柱，曰扛猪，曰張八嫂，曰三門，曰小黄口，曰大黄口，曰張巖，曰虎口，曰樟槎口，曰蘇坑口，曰星窟，曰大湍，曰小湍，曰城門，曰將軍，曰黄墩頭，曰慈油，三門、虎口最險。南溪諸灘，曰劍鞘，曰嵩口，曰大觴，曰小觴，曰五港，曰天柱，曰鳩道，曰同場，曰龍窟，大觴、天柱、龍窟最險。

黄竹灘。在將樂縣南十里。縣志：亂石相錯，水勢洶湧，約一里許。又三澗灘，在縣東南二十里，聚石成洲，春漲則分流爲三。又常口灘，在縣東南三十里，南有亂石成洲，北有石嘴横出，頗險。

蕉峽灘。在沙縣西南三十八里大溪中，最險。方輿紀要：暴雨流濁，舟不可行。又黄石灘，在縣西二十餘里，一名黄龍灘。水底隱一巨石，横亘中流，轟濤掣浪，舟行常有覆溺之患。

大截灘。在尤溪縣南湖頭溪上流。上踝、上下池，會小湖溪激而成灘。德化縣於此截界，故名。縣志：湖頭溪上流有灘三十四，青印溪上流有灘七。二溪合而東下，又有灘二十一，以達於尤溪口。

仙洲。在南平縣東。有山介於二水之間，俗呼仙洲。少南又有洲曰黄龍洲，一名黄龍沙。又蒙洲，在縣東北五十里。

山洲。在沙縣東門對岸。一名崇安洲。溪旁三面皆阻水，唐時崇安鎮置於此。

大洲。在沙縣西南溪中。一名長洲，一名虯洲，以形若潛虯出水也。舊長數百丈，溪水至此中分，有居民千餘家。後洲漸落，猶長二三十丈，土人謂之金沙墩。溪之上流多險巇，至此則稍平緩。

安沙。在永安縣西八十里。相傳聚沙成岸，水漲不頹，故名。或云舟出九龍，至此始安也，縣名永安取此。

馬坑。在南平縣西南十餘里。源出浴嶺後興化院前及林坑、胡坑諸源，流至坑口化龍橋下。相近有西門坑，源出小浴嶺下，流至舊縣尉司前石橋下。又花心洞坑，源出洞口，流大浴嶺下，約十餘里至羅源鎮口鎮安橋下。又水磨坑，源出劍津里尤溪，約七里至坑口。又田坑，源出廣教寺東西坑，至中巖合流，經水雲村，至縣西四鶴橋下，俱入西溪。又林塘坑，在府城南二十里壽山里，流入建溪。

常坑。在南平縣東北十餘里。相近有小常村、小涪村、大涪村、鑿灘、小鑿、大鑿、峰溪村等七坑，俱發源山谷間，下入東溪。

官溝。在將樂縣城中。源出鍾山小嶺，流入縣西安福門左，兼受城中諸溝渠水，流出縣北萬安門右。共有九曲而洩於濠。

龍池。在沙縣。有二：一在縣治前，其水九曲，名九曲龍池；一在縣東二十里，其水頗温。

盤澗泉。在南平縣西南十餘里。源出山巔，盤迴石澗，泓深清潔。舊志：郡居山椒，清泉自石巖奔迸而下，用巨竹引之，延亘數里，徧及郡城。又有金泉，在府城西二里許，潭中有沙，人淘之往往得金。又縣南育德泉，宋羅豫章、李延平、朱紫陽講道於此，美其甘冽，名曰育德，蓋取諸蒙。

聖泉。在沙縣東南六十里。舊志：其泉有三，一在基口巖中，一在大基頭巖穴中，一在八都泡塢山巖中〔一〇〕，鄉人禱雨輒應。

古蹟

延平故城。在南平縣西南。漢末置南平縣。三國志：建安八年，侯官既平，而建安、南平復亂，賀齊進兵討平之。晉改曰延平。寰宇記：南唐保大四年，復立延平軍，因析沙縣、順昌、建安等縣所管交溪、上陽、篔簹、逐咨、芹哨、富沙等六里户口，共成九里，爲軍額；六年，仍割古田積善、賴溪二里共十一里，爲劍浦縣，爲劍州治。元復曰南平。舊志：今縣西南延平鄉，蓋古治也。

將樂故城。今將樂縣治。三國吴置。元和志：永安三年置。隋開皇九年省。唐武德五年復置。九域志：縣在南劍州西二百四十里。

沙縣故城。在沙縣東。元和志：沙縣西南至汀州一百八十里，本宋置，因沙丘爲名。寰宇記：縣在南劍州西南一百六十里，乾符後土寇亂離，漢路阻隔〔一一〕，本縣崇安鎮將鄧光布，自興鄉寨移原縣基於縣西北鄉外八里沙箐陂置，即今治也。九域志：縣在州西一百二十四里。縣志：故城在縣東十里，對古銅場。唐中和四年，始遷於鳳林岡。今猶稱舊治爲舊縣。

尤溪故城。在尤溪縣東。元和志：縣東南水路至福州八百里，開元二十五年，開山洞置。寰宇記：縣治當延平縣東南二百四十里，其地與漳州龍巖縣、汀州沙縣及福州侯官縣三處交界。山洞幽深，溪灘險峻，向有千里，其諸境逃人，多投此洞。開元二十八年，經略使唐修忠以書招諭其人高伏等一千餘户，請書版籍，因以爲縣。此洞先號尤溪，因爲縣名。九域志：在南劍州南一百五十五里，蓋後移今治也。

延平故衛。在南平縣東。明洪武初建，本朝順治十八年裁。

浮流鎮。在永安縣西。唐李肅禦汀賊戰歿於此。宋元祐五年，建浮流寨。明初改置巡司。正統十四年，平鄧茂七之亂，都督范雄奏請築城，置永安千户所。景泰三年，始割沙縣九都、尤溪四都置縣。

永順場。在順昌縣治。寰宇記：順昌縣在南劍州西一百三十里。唐貞觀三年，廢將樂縣，以東南兩鄉屬建安縣，置將水鎮，尋改爲永順場，後立爲縣。舊志：縣有土城在縣北，久廢，濠塹猶存。

茶場。在南平縣。九域志：有雷、大孰、濛州、遊坑、汾常五茶焙。縣志：汾常里在縣東北五十里，濛州亦在其地。

銀場。在將樂、沙、尤溪三縣。九域志：南平縣有大演、石城二銀場，將樂縣有石牌、安福二銀場〔一二〕，沙縣有龍泉銀場，尤溪縣有寶應、安仁、漆坑、龍門、新豐、小安仁、杜唐、梅營、龍蓬九銀場。

樂野宫。在將樂縣西鄉。漢東越王時建。齊兖州刺史桓崇祖受册封於此。一在邵武。

高平苑。在將樂縣南六十里。寰宇記：苑爲越王校獵之所。大夫、將軍校獵謂之大校，兵士校獵謂之子校，故將樂有大校、子校二村。後漢時此邑爲建安縣之校鄉，則其義也。越王乘象輅曲蓋，大夫、將軍自執平蓋，今有平蓋村。載烏旗，鳴鉦鐃〔一三〕，今有鳴鐃山。縣志又有校獵臺，在縣南。

落星穴。在將樂縣。九域志：南劍州有落星穴。縣志：在城北。

鐵鑪。在永安縣東南。通志：有下坑、地坪坑、圍坑、火燒橋坑、溪南坑、舍兜坑，皆在縣東南百里許。縣志：縣東六十里有鳳凰尾鑪，縣東南百里有東溪鑪、蔡坑鑪，縣南六十里有蚌溪鑪。

雙溪閣。在南平縣劍津上。宋陳瓘有詩。

聞猿閣。在南平縣南。寰宇記：在南劍州南。常有二猿長啼，有人誤殺其一，後一猿不復啼。

妙峯閣。在南平縣。輿地紀勝：在郡東十里黯淡院前，有蔡襄題字。

劍歸閣。在南平縣北。有宋李綱書額，即化劍閣，祀晉雷煥。

凝翠閣。在沙縣南太史溪上。李綱有詩。

越王臺。在南平縣東北百丈山。相傳漢越王建。

詠歸臺。在沙縣東學宫前。南面七峯，下臨流水。宋建。

溪山偉觀亭。在府治南。宋真德秀有記。

一覽亭。在沙縣治南。宋張致遠有傳。

六桂堂。在南平縣東。輿地紀勝：宋仁宗朝，范迪簡父子六人相繼登第，因以名堂。陳瓘有詩。

詠歸堂。在南平縣東。宋邑人吴儀建。楊時有詩。又縣南有釣臺，亦吴儀建。楊時亦有詩。

寓軒。在沙縣太史溪濱。宋李綱築。方輿紀要：太史溪，以綱謫官於此得名。

水雲村。在南平縣東北演仙山下。宋黄裳有記。

盤陀石。在南平縣西南六十里。方廣丈餘，四山環峙，清泉湧出，佳木陰森。宋儒李侗、朱子嘗遊息其上，旁有天趣園。

黄裳宅。在南平縣城東隅三魁坊。

羅從彦宅。在南平縣西南南山下。

李侗宅。在南平縣西南六十里。

廖剛宅。在順昌縣西。

楊時宅。在將樂縣北門外。

曹輔宅。在沙縣東三十五里。

鄧肅宅。在沙縣東南。

陳世卿宅。在永安縣東北四十里翠竹峯下。有師古堂。

關隘

黄墩關隘。在南平縣西二十五里。又麻州頭關隘，在縣北五十里。

瀨口關。在將樂縣東四十里高灘都。宋紹定三年，汀寇據此，招捕使陳韡奪其關，賊降，廢爲高灘隘。明嘉靖間重建，甃以甎石。東七十里達順昌。

牢城關。在尤溪縣北崇嶺上。宋建炎二年，范汝爲入寇，邑人以此嶺西接涪坑，北接高原嶺，南抵小村嶺，沿山一帶，易爲寇徑，因設關置砦以守之。

上洋口隘。在順昌縣東三十里。聞見録：自上洋口而北，出大歷口吉陽里，即甌寧縣界。本朝乾隆三十五年，移王臺通判駐此。縣志：上洋東二十里曰下洋，又東三十里，即南平之王臺驛。又源坑隘，在縣西南三十里，山溪盤結，至爲隘要，南通沙縣，西南達汀州府歸化縣。

蜂口隘。在永安縣南四十里。又南二十里曰林田隘，爲出寧洋縣之要路。由此而前，東、西、南三路，皆可達寧洋，凡六十里而近。

嵢峽巡司。在南平縣南一百十餘里。五代時王閩置静江軍。宋元豐二年，置嵢峽寨。明初改置巡司，本朝因之，又置嵢峽遞運所於此，今改爲驛。又大歷巡司，在縣西北二百十里，宋淳祐中置，今省。又西芹税課局，在縣西南二十里，明洪武四年置於西芹鋪，正統十三年燬。成化三年移於王臺館。今省。

萬安寨巡司。在將樂縣北六十里。連壤數十都，中通七臺山下河坑等處。宋元豐元年置寨，並置營於此。明洪武六年，改置巡司。又有萬年税課局，在西市尾，亦洪武六年置，今廢。

北鄉寨巡司。在沙縣北五十里。宋元豐三年建。明洪武八年改置巡司。

高才坂巡司。在尤溪縣西一百二十里紀坂街頭。元置巡司，在今永春州境之高才坂。明嘉靖中分屬大田縣，徙置於此，仍其舊名。

湖口寨巡司。在永安縣西南六十里。與連城、龍巖、寧洋三州縣接界，明正統五年置。

安砂鎮巡司。在永安縣西八十里。明景泰三年，以浮流鎮爲縣治，因移巡司於此。

東津鎮。在南平縣東鑿灘口。九域志：南平縣有東津、西津、羅源、静江四鎮。舊志：東津鎮在府城東，西津鎮在府城西四十里，沙縣、順昌二水合流處。羅源鎮口，在府城西門對岸，自鎮口而南十五里，地名羅源，則舊鎮也。静江鎮，即今嵢峽司。

弓兵營。在南平縣西水門外。宋嘉定五年，郡守陳宓建，越二年壞於洪水。端平三年，郡守董洪重建。又有中軍帳，在縣西北田坑村，爲凭高望遠之處，宋紹興初郡守張觷建此爲斥堠。其南又有廣節營、威果營，在縣西北，牢城營、安節營皆在縣西，保節三營皆在縣東，共七營，皆宋端平間建。元廢。

楊門寨。在南平縣南。宋元豐三年置。又湖頭寨，在縣東北十里湖頭嶺。又鵞鼻頭尖寨，在縣北考窠嶺。皆宋郡守張觷建。又桐嶺寨，在梧桐嶺，宋嘉定七年提舉劉允濟建。又鹵水嶺寨，宋紹興中招捕使陳韡建，今省。

石湖寨。在順昌縣西北三十里，與石湖嶺相近。地勢寬衺，可容千餘家。南唐保大中，别將張彦成領兵置寨於此，故址猶存。又同巡寨，一名土兵寨，在縣西百步許，宋元豐間置。

仁壽寨。在順昌縣西北一百二十里。宋爲仁壽寨，元因之。明洪武初改置巡司，有市，今省。又有仁壽税課局，洪武九年置。仁壽河泊所，洪武十四年置。今皆裁。

仙人堂寨。在將樂縣南九十里，地名余家坪。危峯天末，峭壁萬重，鳥道懸絶，山頂延衺，長亘百里，要害處丸泥可封，有間道通沙、尤、順、永諸處。本朝順治七年，白蓮賊結七十二寨於此，後千總葉自新平之。又黄土寨，在縣南興善都。宋慶元間，以其地界清流縣境，民俗頑悍，特置寨以備之，元廢。明洪武元年復置，十三年省。又會石寨，在縣東少北四十里，前臨大溪。孔坪寨，在縣東，由忠孝都入山，皆萬丈深巖，中多坦夷，寨口鳥道，進數十山，即七臺菴。

將軍寨。在沙縣北將軍山。延衺莫計，俯瞰沙、將、順、永，道通三郡。又有大吉、小吉、京山、鑑目、八都等寨，俱在縣南鄉，尤、永、順三邑接壤。

蓮花寨。在永安縣東五里。山形如蓮花，周圍峭壁，惟一小徑可登，僅容側足，鄉人避寇於此，賴以全濟。又黄楊寨，在縣西北八十里黄楊巖下，舊名巖前寨，宋嘉定十七年置寨防禦，紹定四年增兵戍守。元置巡司，明廢。今有巖前市。又龍口寨，在縣北，宋慶元間置寨，設軍屯戍，元廢。又大淘寨，在縣西六十里，元至元中置，後廢。

貢川堡。在永安縣東北四十里，舊名固發口市。明嘉靖三十六年，廣賊犯境，居民築以備禦，廣六百三十二丈，高二丈四尺。今有貢川市。

房村口。在南平縣北五十里，與建安縣接界。自建寧而下者，至此爲水陸會集之道，傍山臨溪，據險而守，足爲府境之保障。又南雅口，在縣北六十五里，地勢高聳，下臨溪流，有閩越王廟。

漠坂市。在順昌縣西南三十里。又富屯市，在縣西六十里。

高灘市。在將樂縣東四十里。又水南市，在縣東南一里三華橋頭。南口市，在縣西南三十里。地湖市，在縣西南六十里。

高砂市。在沙縣東三十五里。又尾歷市，在縣西五十餘里。又有水東、水西二市。

儒林市，在縣西北百里隆集都。太原市，在縣北八十里隆溪上都。

皇澤墟。在南平縣西七十里。又王臺館墟，在府城西六十里。上洋口墟，在府城西北，即古上陽里也。

大槎墟。在順昌縣西南三十里。又鄭坊墟，在縣西南九十里。

茶塢墟。在將樂縣西南六十里白蓮驛。縣志：貨劇人夥，通邑取給。又南口墟，在縣西南三十里永安鋪。村頭墟，在縣西南九十里。坑口墟，在縣西南一百二十里。光明墟，在縣西三十里。

華巖墟。在沙縣東四十里，接南平縣界。其南又有羅墩墟。又新橋墟，在縣西二十五都。新坊墟，在縣西北七十里。富口墟，在縣北三十里。下茂墟，在縣北六十里。高橋墟，在縣東北四十里。黄沙墟，在縣東北五十五里。

新橋墟。在尤溪縣西七十里新橋。

西洋墟。在永安縣南六十里。府志：又洪田墟，在縣西南六十里。嶺後墟，在縣北二十餘里留坊。相近有大湖墟。又吉口墟，在縣北八十里。相近有新橋墟。

三㵎路。在將樂縣北，土名三㵎洄溪。山溪水漲，路多漂圮。明弘治七年，募工修之，至今稱便。

劍浦驛。在府城東。明洪武初置，有驛丞。本朝康熙三十八年裁。又置劍浦遞運所，今廢。

茶洋驛。在府城東南六十里。宋淳祐中置，曰金沙驛。元至元間改名。

王臺驛。在府城西六十里。宋淳祐中置王臺站，以越王臺爲名，元因之。明洪武初改爲驛，正統中燬，景泰間復置。前有公館曰王臺館。

大横驛。在府城東北四十里，水驛也。明洪武初重置，正統間燬，景泰間復修。

雙峯驛。在順昌縣南，西北至富屯驛八十里。

富屯驛。在順昌縣西北六十里。明洪武中建，有驛丞。本朝康熙三十八年裁。聞見録：自富屯七十里至邵武縣拏口驛。又西北八十里至邵武縣。

三華驛。在將樂縣南，西至白蓮驛六十里。

白蓮驛。在將樂縣西南六十里，市尾馬驛也。宋爲將樂館，元至元初改爲站，明初改爲驛。本朝雍正九年裁，尋復設。自驛路行三十里達歸化縣界之鐵嶺隘，水行六十五里達歸化縣界之明溪驛。又有三溪口路，歷牛嶺村，抵沙縣界六十里，抵永安八十里。

七峯驛。在沙縣南。又同節驛，在縣東四十里，俱宋置元廢。

津梁

明翠橋。在南平縣東門外，浮橋也。舊曰明秀，用鐵絙維舟三十有八，橋列大溪中，架木其上。又城南城西有東西兩浮橋。

吉溪橋。在南平縣東南四十里吉溪口。又西芹橋，在縣西南二十里。四鶴橋，在縣西門外。

同仁橋。在南平縣東南九十里。舊名黄龍。明成化初賜金重建，改今名。

延平橋。在南平縣南。舊名柏平。又風雲橋，在南平書院前。俱宋建。

龍溪橋。在順昌縣東南。左負山，右臨澗，路轉山坳，始與橋直。橋久廢，今架木以通往來。

萬載橋。在順昌縣南。舊名濟川。宋元祐中始建浮橋，紹定中累石爲址，而梁其上。明嘉靖中重建，改今名。

龍津橋。在順昌縣南五十里。明建，長一十八丈，有亭十七間。

泰亨橋。在順昌縣西南四十里。有亭十三間，每年四月八日於此集會，以通貨財。

鴻門橋。在順昌縣西。明成化十三年建，上有亭三十間。

萬全橋。在順昌縣西北四十里。一名仁濟。閩見録：自萬全橋又西北二十里至富屯驛，自橋而北一百四十里達甌寧之仁壽鄉，又北接建陽縣界。

龍池橋。在將樂縣東城外。唐建。明萬曆十三年重建。

文昌橋。在將樂縣東五十里，接順昌縣界。

三華橋。在將樂縣南，跨大溪，石墩十四，覆亭六十八。閩志：舊名利涉。宋紹興間建。明永樂三年，疊石爲址，架梁而覆以亭。

昇仙橋。在將樂縣西南六十里將安鋪。有路歷空溪，距沙縣界六十里。閩志：宋淳祐十二年建。

龜山橋。在將樂縣北門外龜山書院之左。宋咸淳中建。

登瀛橋。在沙縣東。一山介二水，俗名山洲。宋李綱改名仙洲，建浮橋，命以登瀛。紹興二十九年，郡守胡舜重建，累石爲址，覆以亭，邑人呼爲胡公橋。明永樂十六年燬，設舟以濟。

翔鳳橋。在沙縣南門外。宋紹聖四年，初建浮橋，名曰平津。明景泰初復建。正德三年，累石中流，凡十有三，搆木爲梁，甃以甎，復覆以屋。

杉溪橋。在沙縣西南杉口，南去永安縣九十里。又福西橋，在縣西南八十里，跨西漈頭。

安仁橋。在尤溪縣東南六十里。縣志：一名南華。又玉溪橋，在縣南玉溪門外。德化橋，在縣南一百二十里，以路通德化，故名。一名林坑。

坦履橋。在尤溪縣西門外虎躍潭上。宋建，本朝乾隆十六年重建。

毓秀橋。在尤溪縣西。宋建。舊名跨鼇，以朱子生於此，改今名。明洪武間重修。

藍下橋。在尤溪縣西七十里藍嶺下。又環翠橋，在縣東北三十里，一名木溪。

聚英橋。在尤溪縣二十八都。本朝乾隆三十二年建。又墘尾橋，在十都，乾隆三十九年重建。中洋橋，在十二都。林下橋，在五十都。俱乾隆四十年重建。

武陵橋。在永安縣東門外，舊名馬陵。本朝順治四年燬，今架通天板橋。又會清橋，在縣東北貢川。相近有固發口渡。

西橋。在永安縣西門外。明嘉靖中修。又邢莊橋，在縣西四十里。

湖頭渡。在南平縣東。又東南有橘溪渡、嶽溪渡。

龍江渡。在沙縣東。又有黄公渡、青州渡、將軍渡。

隄堰

當洋陂。在南平縣南。通志：一名大官陂。

田頭陂。在南平縣南。通志：一名宜陂。

官陂。在尤溪縣西南。通志：方廣數十畝，溉田數千餘頃，浸及德化縣界。

梅溪陂。在永安縣東南。縣志：引梅溪水入山隔官圳，過龍腰、黄竹洋，分三派，溉田數千畝。

張公渠。在順昌縣北。一名西渠。明統志：洪武初知縣張縉開鑿，引龍興巖水經十里分注縣治，灌溉田畝，官民利之。

陵墓

五代

林揆墓。在順昌縣東。墓有石麒麟，舊稱林司空墓。通志：宋判尚書省特之先世，嘗宰順昌，因家焉。以特貴累贈至司空。按世系，特父名保國，大父名揆，司空蓋揆也。舊志失考。

劉瓊墓。在將樂縣南五馬山第三峯下，左有忠臣祠。

閩王墓。在沙縣東南二十餘里。府志：閩王屯兵歿此，因葬焉。

鄧光布墓。在沙縣東北四十里。

盧珗墓。在尤溪縣西。縣志：墓有二，一在乾頭，一在松嶺。珗爲守將歿於寇，二鄉人義而收葬之。

宋

黄裳墓。在南平縣西南劍津里尤坑丘。

羅從彦墓。在南平縣西南劍津里黄潋。

李侗墓。在南平縣西南六十里崇仁里。

范旺墓。在順昌縣東。
余良弼墓。在順昌縣東南龍山。
廖剛墓。在順昌縣西鳳山。
廖德明墓。在順昌縣西南靖安都。
黃伯固墓。在將樂縣東二十里積善都。
楊時墓。在將樂縣東南里許烏石山。
曹輔墓。在沙縣東沙洲尾。弟中墓亦在焉。
鄧肅墓。在沙縣東南二十餘里。
倪閃墓。在沙縣東南半溪長坑。
陳淵墓。在沙縣北天王寺後。
陳世卿墓。在永安縣北二十七都。子偁墓，在沙縣馬坑菴。
羅畸墓。在永安縣東北二十里。

明

胡瓊墓。在南平縣東劍津南莊。
游居敬墓。在南平縣東南吉溪橋西。

羅明墓。在南平縣西北寶雲山麓。

劉璋墓。在南平縣馬坑橋西。

温敬妻余氏墓。在將樂縣西郊。

張烈女貴娘墓。在將樂縣西南六十里池湖都燈心原。

黄琛墓。在將樂縣東北封山之麓。

田頊墓。在尤溪縣東南六十里。

祠廟

四賢祠。在府學内。祀宋楊時、羅從彦、李侗、朱子，紹熙中建。又南平縣東南九龍書院，永安縣北四賢祠，俱祀四子。南平縣東南定夫書院，祀宋游酢。縣西衍山書院，祀宋黄裳。兩吴書院，祀宋吴儀、吴熙。順昌縣西二賢書院，祀宋楊時、朱子，益羅、李爲四賢，後又增廖剛、廖德明爲六賢書院。永安縣北栟櫚書院，祀宋鄧肅。縣東北雲龍書院，祀宋四子，以陳瓘、鄧肅爲配。

惠應祠。在南平縣治西。祀隋泉州守歐陽祐。祐洛陽人，義寧二年守泉，秩滿西還，至邵武聞隋亡，恥事二姓，全家溺水死。鄉人收葬，立祠祀之。

朱文公祠。在南平縣城内。又尤溪縣公山之陽南溪書院左有祠。宋嘉熙初，縣令李修即朱子所生處建祠祀焉。

大忠祠。在南平縣北龍山道南祠之右。祀宋丞相文天祥。

九烈祠。在南平縣北。明嘉靖十三年，郡守沈大楠建，祀宋小常村婦馬氏、廖氏、元林氏愈娘〔一四〕、明張陂娘、縻氏曹婢、張氏貴娘、陳氏月娘、祐溪貞女。

遺愛祠。在將樂縣東南里許水南都。祀五代鏞州刺史郭顯忠。

陳忠肅祠。在沙縣西和仁坊。祀宋陳瓘。舊名諫議書院〔一五〕，亦名了齋書院。宋嘉定二年，郡守徐景瞻即瓘故居建。

曹太師祠。在沙縣西和仁坊。祀宋曹輔。

羅豫章祠。在沙縣西和仁坊。祀宋羅從彦，明洪武間建。本朝康熙五十三年、乾隆十二年重修。

功惠祠。在尤溪縣東溪門外。祀明知府陳能。

戴公祠。在尤溪縣東溪門内。祀明知縣戴朝恩。

鎮山祠。在尤溪縣南公山麓鎮山書院之右。祀明知縣朱衡。

忠勇祠。在永安縣南四十里邢莊。明嘉靖間建，祀義勇邢志宏、邢宗善、邢仲卿、邢景清、邢必崇五人。

六烈祠。在永安縣北貢川。明隆慶間建，祀烈女鄧氏、陳氏、鄧氏、劉氏、姜氏、林尾姑。

愍節廟。在順昌縣東。祀宋范旺。

顯忠廟。在將樂縣治南。祀隋汀州刺史穆肅。肅任滿道經將樂，聞唐受隋禪，赴水死，因立祠。宋時賜額。

旌福廟。在將樂縣城隍廟西。祀宋縣令陳攄。

盧公廟。在尤溪縣南宣化門。祀南唐盧玭。

忠愍廟。在尤溪縣西寶城門内。祀宋趙師檟。

寺觀

光孝寺。在南平縣西隅龍山之麓。唐時爲廣濟寺。宋政和間賜名萬壽〔一六〕，紹興間改名光孝。元燬。明重建。

黯淡寺。在南平縣東北十五里。閩志：唐大順二年建。舊爲院，元改爲寺。寺當黯淡灘之陽，灘水險悍，舟過多覆溺。僧無示者始結菴於此，募工疏鑿，湍勢稍平，因以灘名寺。明宣德十年重建。

興化寺。在南平縣西。五代唐時建，舊名資壽。宋太平興國間，賜名興化院，有李綱扁。元改爲寺。

無量寺。在南平縣東北。宋名定光寺。明改爲南峯塔寺。本朝順治八年，更爲無量寺，稱叢林。

西林寺。在南平縣東南。五代梁時建。朱子謁李侗受學，嘗寓於此。

正識寺。在順昌縣治北。一名天湖藏院。宋隆興二年建。明洪武三十五年重建。

西來寺。在順昌縣西。元至正間建。

證果寺。在將樂縣西南六十里許。唐武德三年建。

含雲寺。在將樂縣含雲山下。宋建中靖國間建。

金泉寺。在將樂縣五馬山第二峯下。唐貞觀間建。

大施寺。在將樂縣東五里。閩志：唐文德元年建。本朝順治十五年重修。

太平興國寺。在沙縣東南凝翠峯前。唐中和二年建，名中興。宋太平興國三年賜額。李綱謫監沙縣稅，嘗寓於此。

福聖寺。在沙縣東北。舊名天王臺，五代晉時建，有僧建塔三級，後燬。得泉一泓，病者飲之輒愈。

保安寺。在尤溪縣東北積善坊。唐乾符三年建，舊爲菴，乾寧四年改爲寺。又永和寺，在縣東北八九都。五代唐清泰二年建，舊爲院，後改爲寺。明洪武間，併入保安寺。

高飛寺。在永安縣城東北隅。唐中和二年建。

栟櫚寺。在永安縣北二十五里。五代晉天福間建。崖壑奔放，林木蓊然，如龍蟠虎伏，雲蒸霞鎖，探勝者墨蹟鱗堵，不可代記。

玄妙觀。在南平縣南九峯麓。名勝志：九峯山在城南，五代周顯德六年，建招仙道院於其麓。宋大中祥符間，改爲天慶觀。元又改爲玄妙觀。舊志内有太乙宫、普化院，左有雲深亭，瀕津有冷風閣。

迎禧觀。在將樂縣東南十五里。舊名梅山觀。宋祥符八年建於城東，相傳梅福嘗煉丹於此。元季燬於兵。陳友定鑿其址爲城濠。明洪武二十四年，徙建今所，即演真道院之旁。

龍興巖庵。在順昌縣西南。下有西渠，構亭石渠上。

劍門庵。在尤溪縣南五十里許。唐乾寧四年建。

白雲庵。在將樂縣東孔子山之陽。宋建，楊時有記。又桃源庵，在陽岸都。鳥道縈迴，春二三月桃花盛開，土人目爲小桃源。

翠雲院。在永安縣西北八十里。宋陳世卿、張若谷嘗肄業於此。明宣德間重建。

名宦

五代

郭顯忠。固始人。仕閩爲鏞州刺史。政尚清簡，以德化民，凡喪不能舉者，以俸賻之。歲歉，發廩以賑。卒，民祠之。

宋

葛宫。江陰人。皇祐中知南劍州。土豪彭深聚衆數百，憑依山澤爲盜，不可捕。宫遣縣尉許抗諭降之。延溪山多産銅鑛，吏挾奸罔利，歲課不登，宫一變其法，歲羨餘六百萬。三司使聞於朝，論當賞，宫曰：「天地所産，吾可盜之以爲功乎？」卒不受。

劉滋。崇安人。天聖中知南劍州。州北有黯淡灘，湍猛多覆舟，滋即灘旁開港，流三巨洲，鑿七盤石，轉山三曲二百餘丈，遂爲安流。

曹修古。建安人。天聖中知南劍州。始建學館，市田餼士，爲諸郡倡，政平訟理，吏民畏服。

辛炳。侯官人。官權殿中侍御史。先是，蔡京廢發運司轉般倉爲直達綱，炳極疏其弊，京怒，以炳爲沮撓，責監南劍州新豐場。廉謹有善政。

張鬵。侯官人。守南劍州。會范汝爲陷建州，遣葉徹擁衆寇南劍。時統制官任士安不肯力戰，鬵獨率州兵與戰，分爲數隊，命城中殺牛羊豕作肉串，仍多具飯，將戰則食第一隊，遣之入陣，次便食第二隊，度所遣兵力困，即遣往代，更迭交戰。徹中流矢死，衆敗走。罽知士安懼無功，即函徹首與之。州兵皆憤，罽曰：「賊必再至，非與大軍合力不能破。」士安得之大喜。未幾，徹子引衆聲言復父讐，縞素來攻。於是士安與州兵夾攻，大敗之，城賴以全。

俞偉。寧波人。元祐中知順昌縣。民生子多不舉，作戒殺子文，召諸鄉父老列坐廡下，親酌而侑之，出其文使歸勸鄉人，歲月間活者千計。轉運判官曹輔上其事，朝廷嘉之，就改一官，仍令再往。

王廷彦。廬陵人。元祐中知尤溪縣。性明敏，力勦强悍，監司有滯訟疑獄，輒委決於廷彦。漕使陳宗按部，過縣境不入，留詩笒洋驛云：「畬田高下趁春耕，野水涓涓照眼明。莫道深山最深處，人人解説長官清。」

李綱。邵武人。宣和元年，京師大水，綱疏言陰氣太盛，當以盜賊外患爲憂。朝廷惡其言，謫監南劍州沙縣稅務。

朱松。婺源人。宣和中補尤溪尉。邑居僻左，終歲無將迎，松於公事之餘，讀書力學，無一息少廢。

吴逵。崇安人。宣和間通判南劍州。三溪有九灘最險，逵募工開鑿，盡平之。

朱倬。閩縣人。紹興中通判南劍州。建寇魏阿衆數千，劍隣於建，兵愞不可用，倬重賞募卒擒獲，境内以平。

陳攄。鄞縣人。紹興中知將樂縣。邑俗家舉一子，富室不過二子，餘悉棄之。攄諭以天性，中以令甲，周之官錢，犯者究治，自兹民無不舉子者。

董居安。松溪人。乾道中知順昌縣，清儉如寒士。時縣鹺法更變，帑藏空虚，吏請如舊令，計民産賃錢，謂之綱本。居安以爲賦外之斂，不聽。優游措置，不勞而辦。

石𡼽〔一七〕。會稽人。乾道中知尤溪縣。學校久廢，𡼽聘古田林用中來掌教事，而增其弟子員，親率佐吏賓客往臨之，因爲陳説聖賢修己治人之學，講求義理至當之歸，聞者興起。鄉豪據險，不輸租賦，𡼽爲榜諭，即斂手聽命。歲大疫，多治藥餌，遣醫散之村落，賴以活者甚衆。及代去，民像祀之。

宋南强。山東人。淳熙間知沙縣，專尚德化。解官去，民立甘棠碑於縣東。南强受學於朱子，嘗貽之書曰：「聽道塗士友之言，具知執事一意撫摩，民不勞苦，官不廢事，是可尚也。」

余嶸。龍游人。嘉定間知南劍州，治事明決。有訟者，諭若家人父子。嘗以錢贖楊時宅，而廩其後於學宫。時楊宏中教授南劍州，嶸與之相得甚歡。

陳宓。莆田人。嘉定中知南劍州。時大旱疫，蠲逋賦十數萬，且弛新輸三之一，躬率僚吏，持錢粟藥餌户給之。創延平書院，悉倣白鹿洞之規。

趙汝造。宋宗室。嘉定中知南劍州。博學通敏，剖斷如流。沙縣巖前鄉山僻民悍，盜賊竊發，汝造據險立寨，置兵防之，患頓息。

陳韡。侯官人。紹定二年冬，盜起閩中，以寶章閣直學士知南劍州，兼福建路招捕使，親提兵至沙縣、順昌、將樂、清流、宣化督捕，所至克捷。進攻五賊營砦，平之。破潭瓦磜賊起之地，夷其巢穴，誅汀州叛卒，諭降連城七十有二砦，汀境皆平。

徐元杰。上饒人。淳祐元年，知南劍州。會峽陽寇作，擒渠魁八人斬之，餘釋不問。父老相語曰：「侯不來，我輩魚肉矣。」郡有延平書院，時與博士會諸生親爲講説。民訟，率呼至，以理化誨，多感悦而去。輸苗聽其自槩，闔郡德之。

黄去疾。邵武人。咸淳中知將樂縣。創龜山書院，集簡册，政暇與士子講習其中。取龜山紀年訂正之，題曰年譜，行於世。

朱士宏。固始人。宋末知南劍州，節制諸軍。時屬邑不靖，從容撫諭，誓不妄殺，民賴以全。已而扈少帝入海，竟死於難。

元

李鉉。至正間襲兄鈞萬户，守延平。平寧化寨寇魏梅受，復擊福安寇於政和泗洲橋〔一八〕，弗克，死之。追贈隴西郡公。

曲惠。正定人。至正中爲尤溪尉，攝縣事。紅巾賊壓境，惠誓以死守，倡勇敢拒戰，邑賴以全。後承閫檄，率兵抵晉安，死於賊，聞者痛悼。

明

唐鐸。虹縣人。洪武元年，湯和克延平，以鐸知府事。撫輯新附，政尚寬平，士民安之。

胡子琪。吉水人。洪武間知延平府。時廳事側有淫祠，數爲妖，前守徙舍以避，琪燬之，更作居室其上。飭教勵士，以禮化民，卒於官。

張縉。澤州人。洪武初知順昌縣。公平廉恕，開渠引龍興巖水以灌民田，民名爲張公渠。

陳善。夏邑人。洪武間知沙縣，捕滅馮谷堡寇黨。興禮重士，吏民悦服。

倪俊。無錫人。洪武末知沙縣。先是，郡五邑税糧，悉從海道轉輸鎮東衛，山民不能駕舟，多致覆溺。俊奏改輸福州、延平二衛，民懷其德。

朱孟常。餘姚人。永樂中知南平縣。爲政不尚苛嚴，有古循吏風。西芹河泊所漁户凋殘，魚課常逋，孟常奏蠲之。江西民兵採木過縣，饑餓瀕死，賑粟全活焉。中官督木，刻期至縣，期迫而木未集，知孟常才委之，從容集事，而民不擾。

陳仕淵。紹興人。永樂間爲尤溪英果寨巡檢。邑盜吴十師寇德化諸縣，仕淵率衆捕戮之。餘黨復起，力戰於羅畬場，兵敗死焉。

李秉。曹州人。正統間授延平推官。沙縣豪誣良民爲盜，而淫其室。秉捕抵罪，豪誣秉坐下獄，副使侯軏論豪如法，由是知名。徵入都察院理刑。

張敏。徐州人。正統間爲尤溪簿。沙寇犯縣，敏率衆禦之，或告以賊勢猖獗，敏曰：「吾盡吾職，死何憾？」賊據險，敏先登與戰，力盡而死。

徐昇。貴溪人。正統間襲正千户，鎮將樂。值沙縣賊鄧茂七攻城，昇運籌戰守，賊造吕公車攻城，將陷，昇設大木抵之，又鎔鐵潑車，乘勢破賊，邑賴保全。

丁瑄。正統間爲御史。時鄧茂七爲亂，黨數萬人，陷二十餘縣，命瑄往招討。瑄令通判倪冕據要害，而身與都指揮雍埜等屢殲其魁，遂斬茂七，招脅從復業。尤溪賊鄭永祖攻延平，復擒斬之，餘黨潰散。

丁泉。汶上人。爲延平衛指揮同知。正統間剿沙寇有功，升行都指揮僉事。以剿上杭盜，死於行間。

孫衍。華亭人。弘治中知延平府。有惠政，盜殺人劫財，縣以良民抵罪，衍捕得正盜，出良民於獄。以禱雨勞瘁卒，郡人祀之。

李震。來賓人。弘治間知順昌縣。沙寇胡天秀倡亂，邑境騷動，震率子姪李文、李武統民兵追剿於大勝菴，民賴以安。

陳大經。上虞人。弘治中知將樂縣。縣歲漕以給莆，莆又漕以給縣，風濤湍悍，覆溺相望。大經請各留本縣，民便之。

李熙。上元人。弘治中知將樂縣。廉勤果毅，不避權貴。立義倉，建浮橋，重祀典，在任六年，百廢具舉。擢監察御史。

歐陽鐸。泰和人。正德中爲延平知府。毁淫祠數十百所，以其材葺學宫。司禮太監蕭敬家奴殺人，立置之辟。

羅珊。南海人。正德中知永安縣。時牟利者訛言縣西南忠洛鄉有銀鑛，其地去縣六十里，密邇大帽山，舊爲盜藪，珊抗言禁阻，事乃得止。

陸相儒。秀水人。嘉靖中知延平府。值兵燹後，首省坊里供億。庫役病民，多至破産，相儒爲條其事，改徵折銀，募人守庫，全閩著爲令。

陸深。上海人。嘉靖中歷國子祭酒，充經筵講官。言講官撰進講章，閣臣不宜改竄，忤輔臣，謫延平同知。較閲簿書，鈎稽奸蠹，不以出自講帷，怠於郡政。

林元倫。台州人。嘉靖中通判延平府。平尤溪盜有功。析置大田縣之議，元倫發之。

徐階。華亭人。嘉靖中爲翰林編修，以論事忤張孚敬，斥爲延平府推官。連攝郡事，出繫囚三百人，毁淫祠，創鄉社學，捕劇盜百二十人，遷黄州府同知去。

海瑞。瓊山人。嘉靖中署南平教諭。御史詣學宫，屬吏咸伏謁，瑞獨長揖，曰：「臺謁當以屬禮，此堂師長教士地，不當屈也。」

鄒維璉（一九）。新昌人。萬曆中授延平推官，耿介有大節。巡撫袁一驥以私憾摭布政竇子偁罪，維璉以去就争。監司欲爲一驥建生祠，維璉抗詞力阻。行取授南京兵部主事。

傅宗臯。豐城人。萬曆中知將樂縣。廉静果斷，弭盜戢奸，至於夜户不閉。徵入爲御史。

解學夔。揚州人。天啓間知沙縣。慈祥樂易，待士有禮。會大旱，親步禱雨，甘霖立沛，人呼爲「解公雨」，立亭紀績。

王士和。金溪人。崇禎中舉於鄉，唐王時擢延平知府。王在延平，寄託甚重。及仙霞關破，王走汀州，士和居守，警報疊至，士和召父老曰：「吾雖一月郡守，當與城存亡。若等可速出，勿膏斧鑕。」衆泣。士和退入内署，從容整衣冠，閉户投繯死。

本朝

錢嘉倫。仁和人。順治三年，以舉人從征入閩，知順昌縣。四年，土寇攻城，嘉倫同典史周世榜、生員劉元鼎悉力拒守。城陷，世榜、元鼎俱死，嘉倫踞坐大駡，賊割其舌支解之。

董漭。江都人。順治三年，從征入閩，知沙縣。時邑初闢，民多流亡，漭次第安集。四年，土寇攻城，守禦三月，糧乏無援，城破，漭急率子亦舒、壻張思治及家丁五十三人巷戰，皆死。漭被執厲駡，賊怒，叢射之，斷其首而去。

高咸臨。錢塘人。順治三年，以貢生從征入閩，知永安縣，寬惠得民心。四年，土寇攻城，招漳平教諭吴之璜設策，率從弟其翰、從子顯宗迎戰，相持四閱月，城破俱死。咸臨被執，脅降不屈，駡賊死。

錢楞。嘉善人。順治三年，以拔貢從征入閩。四年，署將樂縣事。會土寇吴長文、謝七寶等竊發圍城，城中弁兵俱調援順昌未歸，楞與縣丞方抗督鄉勇拒守。九月城陷，楞猶率家丁巷戰，墜馬見殺，闔署被害。雍正六年，追贈按察司僉事，祀忠義祠。

柴自新。濟南人。順治三年，以署守備駐防延、建、汀、邵四郡，屢立戰功。十年，將樂吴賽娘聚衆拒險爲亂，自新單騎入其寨，曉以禍福，賊懷疑未決，因於小樓上置酒，與之結誓，犒其將領於樓下。至二更，自新斬賽娘首，以衣裹之，下樓突圍出，賊黨遂平。

宋可發。膠州人。順治六年，知將樂縣。值巨寇嘯聚，保禦無失。嘗著興革條議六事，至今頒爲全閩定式。

張國柱。奉天人。鎮守延平副總兵官。時土寇蜂起，延平城孤兵寡，國柱從容守禦，衝圍陷陣，每以身先，賊望風披靡，曰：「小張飛來矣。」遂遁去。

余光辰。福清人。順治八年，署南平教諭。耿逆叛，義不從賊，忿恚嘔血而卒。

傅登瀛。蓋州人。康熙三年，知沙縣。首革加派之弊，民感之。時歸城弁兵屯境上，爲量地以居之，民不滋擾，邑人立祠祀焉。

謝象超。安邑人。康熙九年，知沙縣。邑初田賦混淆，民多賠累，相率逃亡，象超從田起賦，豁絶除虚，衆始復業。耿逆之亂，奸民乘機竊發，象超步行户曉，督令自守，邑賴以安。

李塤。湯陰人。康熙九年，知尤溪縣。勸農課士，以清介得民心。耿逆之亂，賊黨至縣，塤不屈被執，百姓號泣擁護不得前，遂遇害。妻傅氏殉。贈按察司僉事，祀忠義祠。

張陛。山陰人。任延平同知。康熙十六年，攝沙縣篆。時邑初脱兵燹，老弱流亡，陛多方招集，又置大塚，收瘞暴骴，以勞卒於官，祀名宦祠。

人物

蕭來鸞。吉安人。康熙間知延平府。與士民相接，必以孝友仁愛爲訓。嘗條陳徵輸良法十六則行之，官民交賴。

胡寶琳。歙縣人。乾隆十三年，由邵武調知延平府。讞獄多所平反，鄰郡奸民魏現聚衆滋事，寶琳偵知之，率將吏擒獲焉。事定，白於上官，脅從者概與末減，全活甚衆。擢山東鹽運使。去之日，百姓遮道攀留，數十里不絶。

五代　南唐

廖澄。順昌人。仕南唐，累官大理評事。宋曹彬取江南，圍金陵甚急，校書郎林特勸之降，澄曰：「吾久仕唐，君臣之義，不可廢也。」乃豫以死事遺蒼頭歸報其家。城陷，從容引決。

宋

陳世卿。字光遠，沙縣人。雍熙進士，再調東川節度推官。會李順寇兩川，同幕謀自全計，世卿正色曰：「食君禄，當委身報國，奈何欲他圖耶？」賊引去。景德初授福建轉運使，歷荆湖北路轉運使。蠻人侵地，命領兵討之，標正經界，取其要領，置澧州、武口等砦以控制之。自是平定。還朝召對，真宗器其材，授秘書少監，知廣州，加賜金紫。卒，贈吏部尚書，録其子南安主簿儼爲太祝。

張若谷。字德繇，沙縣人。淳化進士，爲巴州軍事推官，拒寇有功，調全州。入見，真宗識其名，顧曰：「是在巴州禦賊者耶？」特改大理寺丞。累官至尚書左丞，所至有循良蹟，不激訐取名。

廖正古。字明遠，將樂人。治平進士，知西安縣。有惠政，屢言青苗不便，遂乞歸。著有歸田集。弟正一，字明略，元豐進士，元祐中召試館職，蘇軾得其策，擊節歎賞，名亞四學士。常居言路，著直聲。出知常州，後入元祐黨籍。有白雲集八卷。

楊時。字中立，將樂人。熙寧九年中進士第，調官不赴，以禮謁見程顥於潁昌。其歸也，顥目送之曰：「吾道南矣。」又見程頤於洛。張載著西銘，時疑其近於兼愛，與頤辨論往復，聞理一分殊之説。未嘗求聞達而德望日重，四方之士，不遠千里從之遊，號曰龜山先生。有使高麗者，國王問龜山先生安在，使回以聞，召爲秘書郎，遷著作郎。朝廷方圖燕雲，時陳時政之弊。金人圍京城，勤王之兵四集，時言當立統帥，一號令，又言童貫、梁方平、何灌當正典刑。除右諫議大夫，兼侍講。議者欲割三鎮以講和，時極言不可。靖康中兼國子祭酒，疏王安石邪説之害，安石遂降從祀之列。建炎改元，除工部侍郎，致仕卒，謚文靖。時浮沉州縣四十有七年，晚居諫省，僅九十日，凡所論列，皆切於世道。朱子、張栻之學，得程氏之正，其源委脉絡，皆出於時。子迪，力學通經，亦嘗師程頤云。

馮夢得。字初心，將樂人。篤志嗜學，博洽經史，登嘉祐進士，歷給事中，累官至禮部尚書。居官不私薦拔，嘗奏立龜山書院，請賜田養士，復其後以主祀，時謂扶植道南一脈，夢得之力居多。

周諝。尤溪人。熙寧進士，知新會縣。時行新法，郡縣風靡，諝獨持不可，上書力陳其弊。乞歸。著有孟子解義，學者宗之。

陳瓘。字瑩中，世卿孫。少好讀書。元豐中中甲科，调湖州掌書記判官，蔡卞每事加禮，瓘知其心術，屢引疾求歸。徽宗時爲左司諫，極言蔡卞、章惇、安惇、邢恕之罪。權給事中，書論曾布過，出知泰州。崇寧中除名，竄袁州、廉州，移郴州，稍復宣德郎。子正彙，告蔡京有動摇東宫迹，事下制獄，併逮瓘。獄具，正彙流上海，瓘安置通州。瓘嘗著尊堯集，謂紹聖史官專是王安石日録，改修神宗史，變亂是非，不可傳信。張商英爲相，取其書，既上而商英罷，瓘徙台州，宰相命石悈知州事，窘辱百端，終不能害。屢移楚卒。瓘論京、卞，皆披摘其處心，發露其情慝，最所忌恨，故得禍最酷。靖康初贈諫議大夫，召官正彙。紹興中賜謚忠肅。正彙官直秘閣，志節不忝其父。

黄裳。字冕仲，劍浦人。博學宏詞，尤邃禮經。元豐五年進士第一，政和間知福州，累遷端明殿學士、禮部侍郎，晉尚書。方三舍法行，裳謂宜近不宜遠，宜少不宜老，宜富不宜貧，不如遵祖宗科舉之制，人以爲確論。年八十七卒。著有演仙集六十卷。

吴儀。字國華，劍浦人。清修力學，榮利不入於心，大爲楊時所重。羅從彦常師事之。從弟熙，字秀明，博學勵操，時稱「雙璧」。

曹輔。字載德，沙縣人。元符進士，歷祕書省正字。政和後帝多微行，臣僚阿順莫敢言，輔上疏切諫，上令赴都堂審問。少宰王黼令吏從輔受辭，輔操筆曰：「區區之心，一無所求，愛君而已。」遂編管郴州。處郴六年，怡然不介意。靖康中累官簽書。建炎改元，仍舊職，未幾卒。弟中，字久德，與輔同舉進士，知永州。靖康中聞京城失守，積憤成疾卒。

羅從彦。字仲素，沙縣人。聞同郡楊時得程氏學，遂往學焉，曰：「不至是，幾虚過一生矣。」嘗與時講易至乾九四爻，云：「伊川説甚善。」從彦遂鬻田走洛，見頤問之，既而築室山下，絶意仕進。嘗采祖宗故事爲尊堯録，擬獻闕下，會國難不果。朱子謂龜山倡道東南，士之遊其門者甚衆，然潛思力行，任重詣極，仲素一人而已。學者稱曰豫章先生。淳祐間謚文質。

李侗。字愿中，劍浦人。聞郡人羅從彦得河洛之學，以書謁之，從之累年，授春秋、中庸、語、孟之説，從彦極稱許焉。既而退居山中，謝絶事故四十餘年，食飲或不充，而怡然自適。事親孝謹，親戚有貧不能婚嫁者，則爲經理振助之。其接後學，雖隨人淺深施教，而必自反身自得始。既閑居，若無意當世，而傷時憂國，論事感激動人。朱松雅重侗，遣子從學，卒得其傳。朱子嘗稱侗充養完粹，無復圭角，平日恂恂，於事無甚可否，及酬酢事變，斷以義理，則截然不可犯。又謂自從侗學，辭去復來，則所聞益超絶，其上達不已如此。子友直、信甫，皆舉進士。信甫仕至監察御史，以特立不容於朝云。

鄧肅。字志宏，沙縣人。少警敏能文，李綱奇之，相倡和爲忘年交。居父喪，哀毁踰禮，入太學，時東南貢花石綱，肅作詩十一章，言守令搜求擾民，用事者見之，屏出學。欽宗嗣位，召對便殿，力詆權臣，人以爲狂。欽宗容之，補鴻臚寺簿。金人犯闕，肅被命詣諸敵營，留十五日而還。張邦昌僭位，肅義不屈，奔赴南京，擢左正言。遇事感激，不三月，抗二十疏，言皆切至。會李綱罷，肅奏辯，執政怒，罷歸，病卒。

廖剛。字用中，順昌人。少從陳瓘、楊時學，登崇寧進士，宣和初擢監察御史。時蔡京當國，剛論奏無所避。紹興初盜入順昌，剛遣長子遲諭賊，賊知剛父子信義，散去。召爲吏部員外郎。請經營建康，親擁六師往，爲固守計，以杜金人窺伺。歷拜御史中丞，知無不言，秦檜銜之。金人叛盟，剛乞起舊相之有德望者，檜聞之曰：「是欲置我於何地耶？」改工部尚書，致仕卒。子四人，遲、過、遂、遽，仕皆秉麾節，邦人號爲「萬石廖氏」。

張致遠。字子猷，沙縣人。宣和進士，紹興中除殿中侍御史。時江西帥胡世將請增和買絹折納錢，致遠疏罷之。又請罷榷福建鹽。除户部侍郎，再爲給事中，以顯謨閣待制致仕，卒。致遠鯁亮有學識，歷臺省侍從，言論風旨，卓然可觀。趙鼎嘗謂致遠有士望，他日所守當不渝。識者謂鼎爲能知人。

范旺。順昌人。巡檢司軍校也。順昌盜俞勝等作亂，土軍陳望與射士張衮謀舉砦應之〔二〇〕，旺叱之曰：「吾等父母妻子，皆受國家廪食以活，今力不能討，反更助爲虐，是無天地也。」凶黨忿，剔其目而殺之。子佛勝，年十二，以勇聞，賊詐以父命召之，至則俱死。賊既平，旺死迹在地，隱隱不没，邑人驚異，爲設像城隍廟，歲時祭享。紹興中詔贈承信郎。

馮安國。字彦修，順昌人。力學能文，行誼尤高。建炎中范汝爲據富沙，籍民降附，安國不屈死。

陳淵。字知默，瓘從孫。受學程門。紹興中，廖剛、胡寅、朱震、張致遠等薦充樞密院編修官，李綱辟爲制置司機宜文字。詔侍從舉直言極諫之士，胡安國以淵應。除監察御史，尋遷右正言。面對，論程頤、王安石學術同異。秦檜姻黨鄭億年復資政殿學士，淵言億年有從賊之醜，乞寢其職名。檜怒，嗾何鑄論罷之。

廖德明。字子晦，順昌人。受業朱子，登乾道中進士，累遷吏部左選郎官。嘗語人以仕學之要，曰：「德明自始仕以至爲郎，惟用『三代直道而行』一句而已。」有槎溪集行於世。

黄復。字乾叟，劍浦人。寶慶進士，通判滁州，與守陳廣中協力拒金。廣中中礮死，復攝州事，八十餘日援不至，前後數百戰而歿。制帥趙葵上其事，特爲立祠。著書凡三十卷。子㞐、廣，皆爲從事郎。

元

郭居敬。尤溪人。性至孝，事親左右承順，得其歡心。既歿，哀有過而與禮稱。嘗摭虞舜而下二十四人孝行之概，序而詩之，用訓童蒙。虞集、歐陽玄欲薦於朝，居敬固辭不起。

吴文讓。將樂人。至正間爲龍溪縣尹。漳州李志甫反，文讓散儲募兵往擊之，力戰而死。

陳君用。字子材，南平人。少負氣，勇猛過人。紅巾賊起，閫閫授君用南平縣尹，給錢募兵，君用散家財繼之，復建陽、浦城等縣，以功授同知建寧路事。賊圍福州，君用率兵往援，大敗賊衆。權同知副都元帥。引兵至連江，率壯士六十人，徒步斬殺，賊潰復合，君用大呼轉戰，中槍而死。贈懷遠大將軍、潁川郡侯，謚忠毅。

張昇。字伯起，順昌人。累官江西儒學提舉。至正末陳友諒陷豫章，索昇所署印，昇歎曰：「吾自幼蒙被國恩，今年幾七十，可違義苟生，隳先世而辱名教耶？」遂投印井中，不食死。

明

張智。字原略，昇之子。洪武初以明經舉，授夷陵州學正，才識卓異，召爲禮部右侍郎。凡禮樂制度，多所建明。

鄧文鏗。字德聲，永安人。洪武進士，知茂名縣。治最内擢，歷都御史，風裁凛凛，不畏强禦。出往四川、陝西巡茶，貴戚犯禁者，劾置之法。

葉宜。字守義，南平人。永樂進士，除銅仁府同知，歷遷衛輝知府，升浙江參政，致仕。居官盡職，寬嚴適宜。在衛輝時，蝗爲災，宜禱於城隍，忽有羣鳥飛食之，蝗盡而鳥死，宜命穿穴葬焉，祭之以文，人號爲「鳥塚」。

蕭原。字本初，順昌人。永樂四年，官監察御史。坐事謫交阯新安府推官，單騎之任。屬交阯復反，欲降之，不屈死。

李文殊。字宗禮，將樂人。永樂中用薦除工科給事中，左遷縣丞，後歷刑曹，知廣信府。持身廉介，布素疏食若寒士，乞休歸。會沙、尤寇犯縣，文殊贊畫城守，邑賴以全。又減糧差，甦民困，置永安縣，皆有力焉。

廖文昌。字克盛，沙縣人。永樂舉人，歷官御史，巡按兩廣，風裁甚著。致仕歸，值鄧寇破縣被執，駡賊而死。

上官儀。字必達，沙縣人。家貧役於縣，坐逋賦繫獄，題鬬鳩詩於圜户，知縣見而奇之，命再賦，應聲而成，遂資令讀書。成永樂辛丑進士，授咸寧知縣。三載擢知州，民扶攜老稚泣留，當道聞於朝，以知州復署縣事。六年改任滄州，致仕歸。

黄琛。字廷獻，將樂人。正統進士，爲户部主事，督儲蘇松有聲，旱禱輒應，人呼爲「主事雨」。歷員外郎中，被命賑淮北，全活甚衆。擢江西布政，政務寬簡。會峒寇作，夜攻其砦，俘其酋，餘黨悉平。歷官南户部侍郎，巡撫四川，還京卒。

劉璋。字廷信，南平人。天順進士，歷户部郎中，會計精核，吏不能欺。成化中擢山東參政，歷總督漕運，巡撫鄖陽、四川，政績甚著。弘治時累遷工部尚書。有詔求善造銅鼓及能擊者，璋言四方告災，正徹樂減膳之時，豈宜爲此，又言不宜興大工，動大衆，徵財賄，帝皆納之。以太子少保致仕。

羅明。字文昭，南平人。成化進士，授御史，巡按廣西。時密詔鎮守中官貢禽鳥，抗疏止之。帝範白金爲真武像，遣使送武當山，又疏諫。嘗陳修省事宜，言鑾輿遊幸南城、西苑，賜賚無度，非敬天弭災之道，遷陝西副使，屢遷右副都御史，巡撫甘肅，所至有聲。弘治二年，召拜工部右侍郎，卒。

廖中。字用中，順昌人。成化進士，官刑部員外郎，擢山東按察僉事。築張秋隄岸，以勞進副使，力請致仕。中幼喪母，事繼母以孝聞。異母弟四人，睦之如同産。在刑部時，莆田林俊言事逮獄中，日使人存恤其家。俊謫官，中令其弟晟偕行，又命一僕送至貶所，人咸義之。

廖得金。南平人。世業農，自曾祖迄得金，昆弟諸孫凡五世同居共爨，每晨起，婦女聚一堂，以次列坐，治女工，男子出治農桑，長者荷畚鍤前行，諸子姪各執田器隨之，無敢凌躐。人謂其家有古禮教之遺。

胡瓊。字國華，南平人。正德進士，由慈溪知縣入爲御史，歷按貴州、浙江有聲。嘉靖初席書以中旨拜尚書，瓊抗疏力争，尋偕廷臣伏闕争大禮，下獄廷杖卒。隆慶初贈光禄少卿。

黄焯。字子昭，南平人。正德進士，歷永川知府，嚴禁親喪不葬，及破産飯僧，俗爲丕變。九溪蠻叛服不常，師興率賦諸民，焯取郡鹽引錢貯庫，備軍需以紓民賦，遂著爲令。擢湖廣參政，致仕歸。

蕭崑。字叔岡，將樂人。嘗從蔡清受業，正德丁卯舉於鄉，教諭績溪。聘入粤闈，途次爲宸濠所執，欲降之。崑慷慨言曰：「殿下違祖訓，干天命，復欲辱義士乎？」卒不屈死。

田頊。字希古，尤溪人。正德進士，有文章名，歷兵、禮二部郎中。出督湖廣學政，闢濂溪書院，教飭諸生，與講性命經濟之學。遷貴州副使，以母老乞養歸。母至九十七歲而歿，項擎號擗踴，水漿不入口，人稱其孝。

游居敬。字行簡，南平人。嘉靖進士，改庶吉士，授御史。巡按應天，糾劾豪惡，風采肅然。出爲浙江僉事，累遷副都御史，巡撫雲南。黔國公沐朝弼故恣横，居敬裁之以法，弼銜之。會東川酋阿堂作亂，居敬請合川、貴三省兵剿之，尋伏其辜，升兵部侍郎。未代，朝弼嗾言者論其喜功生事，下獄，杖戍碣石。隆慶初赦歸，薦起刑部侍郎，尋乞歸卒。居敬學務實踐，甘貧茹苦，衣麤食糲，一蓆十年，高風直節，一時鮮儷。

陳潮。永安千户陳燦子。嘉靖中流寇入境，燦督兵禦之，潮從行。賊忽奄至，燦被創仆地，賊將加兵，潮以身蔽父，血流被體，佯死，仍忍痛負父歸以免。

李富。字尚禮，將樂人。邑諸生。以母多病，絶意仕進，居常非慶弔不履市廛。年六十喪母，廬墓號哭，釋服，謂其子曰：「吾早喪父，未能爲服。」遂設位而哭，三載如母喪之儀。

徐尚卿。字師臣，南平人。萬曆舉人，任劍州知州。崇禎十年，李自成、惠登相等以數十萬衆入四川，尚卿聚士民謀曰：「城必不能守，若輩速去，吾死此。」衆泣請偕去，尚卿不可。閲二日城陷，投繯死。贈布政司參議。本朝乾隆四十一年，賜謚節愍。

本朝

鄒儀周。字西齋，南平人。順治中由舉人任丹徒知縣，以清節著。致仕歸。耿逆之變，被拘下獄，誓不屈，嘔血而死。

嚴自泰。字去驕，尤溪人。順治進士，爲亳州牧有聲。致仕家居，耿逆招授以職，不屈繫獄，及大兵至，始得免。

黄中正。永安諸生。順治丁亥，土寇陷城，義不受辱，取繩分給闔門令自盡。長男良詔、婦李氏、女如妹、幼男良諭俱縊。良諭甫五歲，爲賊救甦。同時諸生李秉鐸以駡賊自經。林馥以守城被殺。

廖鼎佐。將樂人。順治戊子，賊陷邑城，扶母避難山中。聞父被執，即奔赴求以身代，賊感悟，並釋之。雍正七年旌。

盧菁。沙縣人。順治戊子，負母避兵，遇虎踞路，菁以身蔽母，號曰：「第噉我，毋傷吾母。」虎俛首去。

鄧可權。字仲達，沙縣人。順治進士。丙申寇犯邑城，有議歛金求和者，可權謂令曰：「吾財有盡，賊欲無厭，非計也。不若以此爲戰守計。」令從之，城賴以全。授荔浦縣，未赴卒。

張存。順昌人。康熙十三年，耿逆爲亂，存糾義旅保元坑鄉，潛使人赴軍前乞援，並條機宜，授存總兵劄，令捍禦建昌、邵武、汀州等地，且爲内應。賊偵知，急攻元坑。元坑地平，無險可恃，存以忠義激衆，屢敗賊，賊恚甚，遣其黨三路夾攻。十五年九月，元坑陷，存被執死之。事聞，贈右都督。

廖騰煃。字占五，將樂人。康熙舉人，初令休寧，冰蘗自守，斷決無滯。俗多以人命誣陷株累者，騰煃痛懲其弊，刁風始息。庚午充江南鄉試同考官，所薦拔稱得人。乙酉典試江南，得人尤盛。歷官户部侍郎，致仕歸。

徐日森。將樂人。幼以孝稱。比長，貿遷於外，忽夢父病，即馳歸，父果呻吟牀褥，尋就愈。後父母俱年至八旬，生平所置産，悉署父名，均分諸弟。雍正六年旌。

廖悦。將樂人。性至孝，年未冠，父爲奸民所執，悦奮身奔救，罄資以贖得免。二親歿，廬墓終身。雍正九年旌。

羅基。沙縣人。年六歲，母疾。躬侍湯藥，晨夕不離。母卒，哭泣拜奠如成人。事繼母曲得其歡心，兄弟八人，友愛雍睦，爲鄉閭所重。

高俊。沙縣人。七歲喪母，哭奠如成人，事繼母無異於所生。十五歲，父攜俊賈江西，尋命歸娶。數年父無音耗，俊往江西尋覓不得，轉江南至浙江，兩足腫潰，道病絶粒，不得已奔回省母。又數年弟稍長，乃與母泣訣，誓不得父不返。復由廣東至湖南，逢人訪問，卒遇父於四川萬縣。時父囊澀不歸十年矣，因奉與俱歸，孝養備至。父以壽終。嘉慶十六年旌。

陳賓。順昌人。嘉慶二十三年以孝旌。

流寓

宋

朱子。婺源人。父松任尤溪尉，寓延平鄭氏而朱子生。後遭父喪，徙崇安，依父友劉子羽居焉。

趙師檟。淮右人。以罪拘管西外宗正司。紹定中，福建提刑王夢龍以智勇可用，屬製軍器。會寇逼尤溪，師檟統卒數百往戍，大書於旗曰：「不與賊俱生。」人皆壯之。迎敵於林嶺，身爲先鋒，戰十餘合，所乘馬適陷田中，賊斷其左臂，師檟以右手拔背刀斬七級，力盡仰天呼曰：「師檟報國，死於此矣。」遂歿。尤溪民爲立廟戰處。贈武節郎。

明

艾南英。東鄉人。明末兩京繼覆，江西郡縣盡失，南英乃入閩，唐王召見，陳十可憂疏，授兵部主事，尋改御史。明年八月，避地西郊興化寺，卒。

彭君選。不知何許人。寓永安文昌橋生祠內。丙戌八月，衣巾北向叩頭畢，赴水死，留題壁間，有「逃來閩地又如此」之句。

王孫蕃。雄縣人。崇禎時爲御史，兩疏劾監軍中官劉元斌殺掠罪狀，並陳剿寇方略。帝御中左門，手其疏示百官，暴元斌罪下之理。後爲馬士英黨修隙落職，隱居延平，坐卧小樓，不通款謁，布衾簞食，儀範凜然。

列女

宋

小常村民婦。南平人。建炎中叛卒楊勍寇南劍州，道出小常村，掠一民婦，欲與亂，誓死不受污，遂遇害，棄屍道旁。賊退，人爲取瘗，屍所枕藉處，跡宛然不滅，每雨則乾，晴則濕，削去則復見，覆以他土，其跡愈明。

范旺妻馬氏。順昌人。旺爲巡檢司軍校，與子佛勝俱爲賊黨陳望等所殺，馬氏聞之，行且哭，賊脅污不從，節解之。

廖氏。沙縣人。性慧解歌舞。紹定三年，爲賊所掠，命之歌舞，廖罵曰：「我恨不磔汝，肯悦汝耶？」賊怒殺之。

元

劉國美妻林氏。名愈娘，沙縣人。至正間江西寇鄧克明破縣，愈娘被掠至安濟橋，謂同行諸婦曰：「吾雖死不受辱。」痛哭而投於河。

施九泰妻卓氏。尤溪人。少有志操，嫁未幾夫卒，卓誓不二志，遺腹生一子，紡織勤劬，以供衣食，教其子成立。至正間旌。

明

彭阿積妻張氏。名陂娘，尤溪人。洪武中夫溺死，氏年十九，誓撫遺孤，後舅姑强之嫁，遂自縊。同邑黄喬如妻某氏，遇賊不屈死。

王文珍聘妻糜氏。名曹婢，延平衛人。許聘未婚，文珍卒，喪過其門，氏登樓於牕間泣送，遂自縊死。

徐氏。名冬使，南平人。少適黄瓊，瓊蕩子也，鬻徐於富商，徐泣請死，商驚異歸之。瓊又誘惡少娶之，徐度不能脱，奔與母訣，遂自縊死。

張文宗妻陳氏。順昌人。正統初爲山寇所執，將獻之賊首。至西渡，陳謂賊曰：「若欲獻我於帥而尚繫我，後必獲譴矣。」賊釋之，遂投水死。同邑葉周安妻吴氏，偕媳高氏，遇寇不辱死。朱廷堦聘妻熊氏，夫亡殉節。

張氏女。名貴娘，將樂人。正統中沙寇入境，女年十八，爲所執，將舁去，紿曰：「請斂衣飾以隨。」潛至屋後自縊。又潘氏女，年十六，被掠不屈，賊殺之松下。同邑沙成文妻熊氏，揭瓊芳妻蕭氏，先後遇亂自盡。温敬妻余氏，夫亡殉節。

祐溪貞女。沙縣人。失其姓名。正統中鄧茂七破沙邑，女匿草間，爲二賊所獲，遇溪橋，女紿賊曰：「扶我過，當從一人。」二賊争趨，挽至橋半，女視溪流急，拽二賊共投，俱溺死。

陳氏婢。沙縣陳仕進使女也。仕進三歲失怙恃，氏撫之。遇鄧茂七之亂，乃負仕進，攜其家簿券匿於山谷，竟存陳氏之門。

胡貴妻陳氏。沙縣人。年十六夫亡，撫子宗旺，長娶姜氏，生子斯祐，三歲而宗旺卒，姜矢志如姑。斯祐娶吴氏，生二子復亡，吴守之成立。三世苦節，人以爲難。

林鳴鳳妻黄氏〔二〕。名怡姐，南平人。嘉靖中爲流寇所獲，至臨溪高橋，奮身投水死。七日收屍，顔色如生，時年十七。

羅舉妻張氏。沙縣人。嘉靖中爲寇所執，賊首悦其美，欲留之，張罵不絶口，賊怒，割乳剖心，棄其首河中。同邑鄧琳祥妻林氏、姜成起妻鄧氏、鄧斯謹妻練氏、羅聘吾妻鄧氏，俱罵賊死。陳師衡妻朱氏、陸文諒妻林氏、張從傳聘妻高氏，俱夫亡殉節。

王珣妻黃氏。沙縣人。嘉靖中寇劫其鄉，與衆婦乘舟避賊，衆匿艙中，氏獨坐於外，衆曰：「不虞賊見乎？」氏曰：「正恐賊來不及死耳。」已賊至，氏急投水死。

何應科妻蔡氏。沙縣人。年十六夫卒，遺腹四月，誓志以守，足不履閾。鄰火延及於庭，泣而禱天，俄風返火滅，人謂誠節所感。

嚴師訓妻鄧氏。永安人。賊執欲污之，大罵不從，賊裂其口殺之。同邑郭茂賢妻林氏、鄧林彩妻陳氏、林安居妻嚴氏、羅立妻劉氏、黃尾四妻鄭氏、劉麟生妻嚴氏、陳氏女，俱遇亂不屈被殺。吳天性妻鄧氏、羅正茂妻劉氏、羅正卿妻姜氏、林向翰妻羅氏、陳漢杜妻鄭氏、李舜元妻楊氏、游景芳聘妻吳氏、王珙妻黃氏、陳某妻林氏、林氏女尾姑，俱遇亂不辱自盡。王貞勝妻陳氏、賴孫盛妻陳氏，俱夫亡殉節。

本朝

趙必珩妻蔡氏。順昌人。寇亂，夫被殺，氏同夫妹匿山下，指古井相誓曰：「此我二人死所也。」賊至，遂相攜投井。同邑陳一證妻孫氏、范鑄妻蔡氏、林杰女，俱遇寇不辱死。

陳正標妻林氏。沙縣人。年二十七，夫亡撫孤，苦節四十餘年。康熙五十四年旌。

余順老妻陳氏。沙縣人。順老出外，氏獨居，強暴突入其室，欲犯之，堅拒不從，扼喉死。康熙六十一年旌。

丁宏緒聘妻梅氏。南平人。年十六，未婚而夫卒，氏聞訃，投繯以殉。

徐天賡妻吴氏。順昌人。年二十七夫卒，孀居五十餘歲。雍正五年旌。

熊彭年女。名烈姑，將樂人。母卒，女哀號欲殉，父諭之曰：「汝忍增我悲耶？」女掩面骨立。父病，侍湯藥不少懈，及歿，女哭曰：「前以父老故，不得死，今何用生爲？」遂閉户自經。同邑伍其清妻蕭氏，夫亡殉節。

楊成久妻廖氏。將樂人。夫死於寇，時年二十五，與伯姊乘舟入城，鳴官報仇。舟至常口灘，月昏波激，舟幾覆，氏禱曰：「我娠三月，幸留一綫以延夫後。」俄而風順得濟。官爲捕寇置之法。後生子嗣武，撫之成名。守節五十餘年，雍正五年旌。

廖啓烘妻黄氏。將樂人。年十九夫歿，苦節五十一載。雍正八年旌。

王仲仁女。沙縣人。年十六，獨處遇暴强執其手，羞忿自經。雍正十三年旌。

邵弼勳妻曾氏。尤溪人。隨夫避亂入山，夫爲賊執，割去左耳，氏於林莽中見之，遽出紿賊曰：「幸釋吾夫，願以身從。」賊信之，氏見夫去遠，遂大罵求死，賊怒殺之。同邑黄季儒妻林氏、徐開淑妻吴氏，遇寇不辱死。俱雍正五年旌。

蕭應正妻林氏。尤溪人。夫亡年二十三，誓志撫孤，歷五十餘年。雍正五年旌。

張可表妻賴氏。永安人。年十八適張，未幾夫卒，氏遍書「烈女不事二夫」六字。服滿，閉門自經死。同邑黄者定妻王氏、陳道遠妻程氏、鄧元英聘妻曾氏，俱夫亡殉節。

鄧頤妻黄氏。永安人。年二十四歸頤，生二子，頤卒，抽刀自刎。舅姑急救得甦，迨長子麟生遊於庠，仲漸成立，一日謂二子曰：「吾偷生已十六年矣，將見汝父於地下。」遂託疾不服藥而逝。麟生妻陳氏，嫁未幾，麟生卒，陳投繯以殉。

邢曰都妻羅氏。永安人。年二十五，夫亡守節，八十五歲卒。雍正七年旌。

黄衮妻林氏。永安人。年二十八而寡，事百歲姑以孝稱，撫子錫祚，長娶張氏，未幾復亡。張年二十三歲，與姑相依，一門雙節。同邑羅世綬妻賴氏、林崇妻陳氏，俱雍正十年旌。

鄒國恩妻吴氏。南平人。年二十夫歿，慟哭欲絶，奉姑命勉自存，課子周謨成名，篝燈紡績，孝事姑嫜。姑卒，氏哀毁七日而歿，人稱節孝兼全。同邑李某妻管氏、萬應海妻黄氏、生員王武妻張氏、俞大本妻張氏、生員徐一德妻駱氏、練韜妻陳氏、生員何仕雲母徐氏、王錫璋妻陳氏、邱易妻嚴氏、魏一廉妻盧氏、魏伯允妻張氏、上官椿妻黄氏、應嗣灝妻翁氏，俱乾隆年間旌。

高洪逵妻任氏。順昌人。年二十六夫歿，守節五十七年。子如峯妻羅氏，亦以節著。同邑楊元榕妻吴氏、孟孔衷妻王氏、孟雲棟妻張氏、周高生妻陳氏、江廷桂妻任氏、謝文光妻范氏、游德鏞妻廖氏、張廷臣妻孫氏、朱爲敬妻俞氏、任紹釗妻高氏、章士仁妻廖氏、吴日湖妻楊氏、吴占千妻高氏、張熺妻佘氏、饒鍾妻林氏、張陽廉妻王氏，俱乾隆年間旌。

林人鳳妻廖氏。將樂人。年二十二夫歿，翁姑年老，二孤穉幼，氏孝事舅姑，紡績課子，艱苦備嘗。同邑王平之妻鄭氏、廖永齡妾林氏，俱乾隆年間旌。

李思國妻王氏。沙縣人。年十七夫歿，遺腹得男，鄰婦勸其他適，力拒之，毁形自誓，勤女紅課子，年躋大耋。同邑陳元治繼妻黄氏、生員林日曜妻鄧氏、羅粹生妻李氏、長媳姜氏、姪媳許氏、鄧光興妻楊氏、高裕達妻廖氏、鄧奎郎妻魏氏、羅文錦妻陳氏、林一鳳妻王氏、黄守愍妻佘氏、楊叔蕡妻黎氏、李克壯妻鄧氏、盧蕚妻張氏、林長祺妻張氏、曹有慶妻樂氏、羅正吾妻鄧氏、羅肇鼎妻鄧氏、林大櫸妻魏氏、黎其德妻林氏、鄧州文妻林氏，俱乾隆年間旌。

陳滄妻王氏。尤溪人。年二十八夫歿，撫孤守節，年六十六卒。同邑胡紹治妻張氏、蔣聿胄妻胡氏，烈女陳必喜聘妻鍾氏，俱乾隆年間旌。

賴大成妻陳氏。永安人。年二十三夫歿，守節五十六年，嗣子伯禩復歿，妻江氏，奉姑守志，撫子五十二年，人稱雙節。同邑賴世績妻鄧氏、陳湯道妻鄭氏、王廷桂妻廖氏、邢錫爵妻陳氏、邢燦英妻朱氏、李騰璘妻陳氏、許增信妻鄧氏、劉廷坦妻黄氏、朱世求妻聶氏、馬學海妻劉氏，俱乾隆年間旌。

楊添嵛妻連氏。順昌人。夫亡守節。同邑廖天明妻黄氏、蔡深九妾李氏，俱嘉慶年間旌。

廖漢耀妻林氏。將樂人。夫亡守節。同邑生員王者觀繼妻葉氏，俱嘉慶年間旌。

鄧世光妻蕭氏。沙縣人。夫亡守節。同邑龔光剛妻潘氏，俱嘉慶年間旌。

程邦定妻蕭氏。尤溪人。夫亡守節。同邑陳聖祥妻李氏、葉芹水妻王氏，俱嘉慶年間旌。

陳漢瓊妻趙氏。永安人。夫亡守節。同邑賴兆昺妻范氏、張朝經妻劉氏，俱嘉慶年間旌。

仙釋

晉

衍客。南平人。避亂隱居郡北之含源山，結廬煉丹，丹成，舉家上昇。

唐

裴頭陀。嘗以鐵履渡水，來居永安栟櫚山，結草廬趺坐。坐側石竅，日湧米二升以贍之，客至則增。今石竅猶存。

宋

上官道人。南平人。辟穀鍊氣，一日偈云：「處世紅塵五十八，混世猶存今始歿。時人若問我歸處，掃盡雲霞一輪月。」

後戍兵於廣西有復見之者。

常總。尤溪施氏子。初，母夢金人長丈餘，持白蓮花授之，覺而娠。總在孩提，聞酒肉氣輒嘔，年十一出家，精釋典，有道行，楊時與論性，謂本然之善，不與惡對，胡安國聞而是之。

饒松。沙縣人。少入山樵採，遇異人，爲人傭工，時亢旱，主家試其術，欲令水溢，松以鋤掘地，水須臾漲溢。後坐化於毗山。宋末文天祥帥師經其處，士卒饑渴，松持壺漿勞之，飲遍而不竭。問其姓名，曰：「吾饒松也。」尋具事以聞，封祐真天師。

慶真。順昌蕭氏子。年十四出家，十九受戒，遊江西得真旨於泐潭禪師，了然開悟。歸將樂含雲寺，大振宗風，尋化去。

土產

銅。唐書地理志：尤溪有銅。明統志：尤溪、沙二縣出。府志：南平、沙二縣東皆有銅場，久廢。

鐵。唐書地理志：尤溪、將樂有鐵。明統志：有冶在南平縣者四，尤溪縣者十七。

稻。寰宇記：延平稻有十種，曰金黍、赤鮮、白稌、先黃、金牛、虎皮、女兒、挾糖、黑林、先白。

茶。宋史地理志：南劍州元豐貢茶。府志：出南平半巖者佳。寰宇記：延平茶有六種，曰白乳、金字、蠟面、骨子、山挺、銀字。九域志：劍浦縣有五焙茶。

白苧布。明統志：白苧布諸縣俱出，將樂尤佳。

紙。閩書：延以竹爲紙。府志：順昌有猫竹，取其筍將成竹者，浸爲竹絲，造各色紙。

石。明統志：南平縣有滷水石，可爲硯。又有花紋石，色青紋素，有山水禽魚形狀，可爲硯爲屏。府志：花紋石，一名花孜石，出黯淡灘下急流處，故不易得。葉夢得硯譜：滷水石，細潤而不甚發墨；黯淡石，宜墨而膚理不逮。

金橘。明統志：南平、沙縣出。

茴香。宋史地理志：南劍州貢土茴香。明統志：南平等縣出。

折筍。府志：一名接筍，大如指，長四五寸，出南平縣高山上。山下有澗泉，土人取筍浸泉中一夕，色白味佳，爲筍之最。

校勘記

〔一〕莓苔厚處　「莓」，原作「每」，據乾隆志卷三〇延平府山川（下同卷簡稱乾隆志）及雍正福建通志卷四山川改。

〔二〕在縣東南一十五里　「十」，原作「千」，據乾隆志改。按，如是一千五里，其地恐遠在大海之中，遥不相接，何謂相近？其謬顯然，蓋「十」之形誤。

〔三〕胥由此往來　「由」，原作「田」，據乾隆志改。

〔四〕源出尤溪縣林平　「林平」，乾隆志同，讀史方輿紀要卷九七福建延平府「雲蓋里溪」條作「臨平嶼」。

〔五〕每天欲風雨隨其聲大小　乾隆志同。按，此語頗費解。查太平寰宇記卷一〇〇江南東道南劍州，原文作「每天欲風雨，其水作聲，風雨隨其聲大小也」。一統志節去數字，遂致茫然。

〔六〕西南流至白芒畲始通小舟　「白」，原作「曰」，據乾隆志及讀史方輿紀要卷九七福建延平府改。

〔七〕聲音如雷　「音」，乾隆志同，太平寰宇記卷一〇〇江南東道南劍州作「殷」。

〔八〕玉溪　原作「王溪」，據乾隆志改。按，據其方位，當即本志上文「沙縣東三十里」之玉溪。

〔九〕黯淡灘　「淡」，乾隆志及方輿勝覽卷一二南劍州均作「黕」。

〔一〇〕一在八都泡塢山巖中　「泡塢山」，原作「泡嗚山」，據乾隆志及八閩通志卷一〇地理志改。

〔一一〕漢路阻隔　「漢」，乾隆志及通行本太平寰宇記卷一〇〇江南東道南劍州同，宋刻殘本太平寰宇記作「溪」。按，當以「溪」爲是。

〔一二〕將樂縣有石隅安福二銀場　「石隅」，乾隆志同，通行本元豐九域志卷九福建路南劍州、宋史卷八九地理志及宋會要輯稿食貨三三之二皆作「石牌」。按，今將樂縣龍棲山有石牌場地方，其地發現大量古代采礦洞址。當以「石牌」爲是，一統志蓋據九域志誤本。

〔一三〕載鳥旗鳴鉦鐃　「旗」，原作「以」，乾隆志同，據宋本太平寰宇記卷一〇〇江南東道南劍州改。「鉦」，原作「征」，據乾隆志及太平寰宇記改。

〔一四〕元林氏愈娘　「林」，原作「材」，據乾隆志及雍正福建通志卷一五祠祀改。

〔一五〕舊名諫議書院　「諫」，原作「詠」，據乾隆志改。按，以陳瓘曾任諫議大夫，故稱諫議書院。

〔一六〕宋政和間賜名萬壽　「萬壽」，乾隆志作「天寧萬壽」。按，本志避清宣宗諱，故略去「天寧」二字。

〔一七〕石嶅　「嶅」，原作「整」，乾隆志同，據雍正福建通志卷三一名宦及八閩通志卷三八秩官改。下文同改。按，石嶅，字子重，號克齋，宋史卷二〇二藝文志著録其中庸集解二卷。

〔一八〕復擊福安寇於政和泗洲橋　「政和」，原與「泗洲」互倒，乾隆志同，據雍正福建通志卷三一名宦及本志卷四三一建寧府津梁泗洲橋條乙正。

〔一九〕鄒維璉 「璉」，原作「連」，據乾隆志及明史卷二三五鄒維璉傳改。下文同改。按，此志蓋避乾隆皇太子永璉諱改字。

〔二〇〕土軍陳望與射士張衮謀舉砦應之 「陳望」，原作「陳旺」，乾隆志同，據宋史卷四四九忠義傳改。按，本志下文列女范旺妻馬氏條作「陳望」不誤，此處蓋涉上文而誤也。

〔二一〕林鳴鳳妻黄氏 「鳴」，原脱，據乾隆志及雍正福建通志卷五七列女補。

建寧府圖

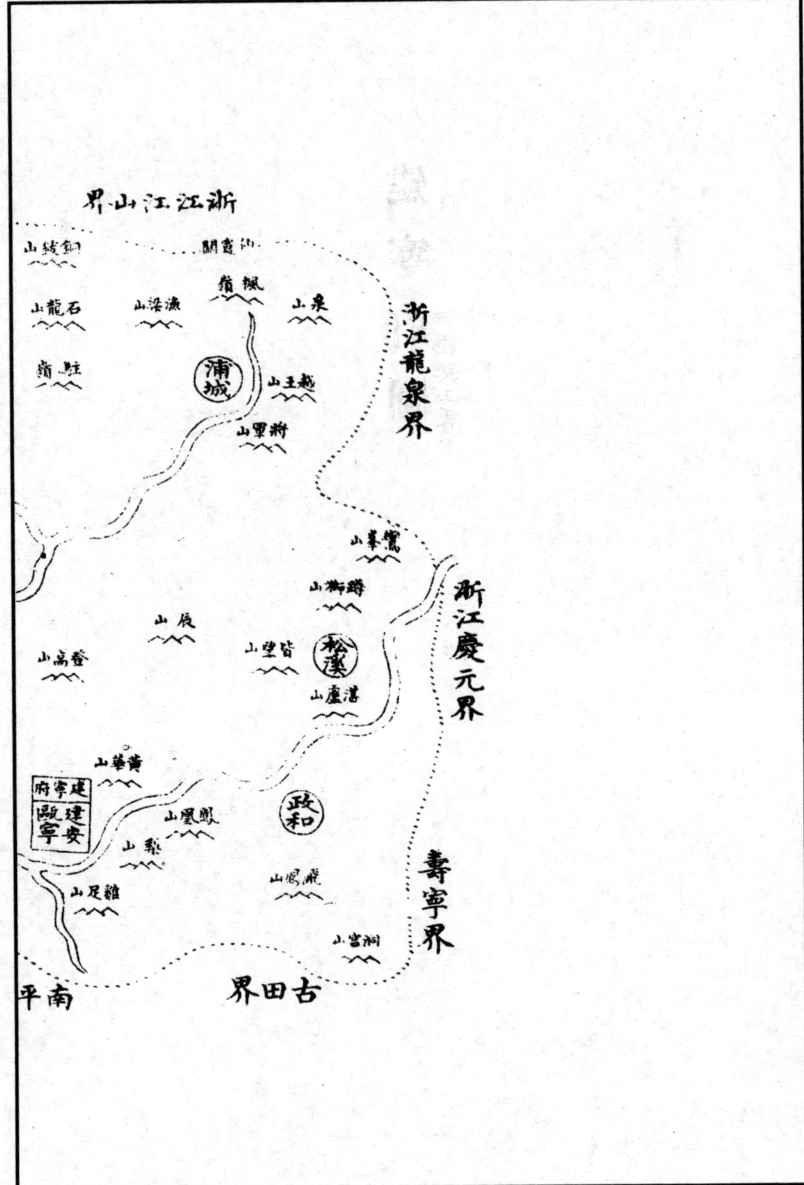
浙江江山界
浙江龍泉界
浙江慶元界
壽寧界
古田界
南平
浦城
松溪
政和
建寧府
建安
甌寧

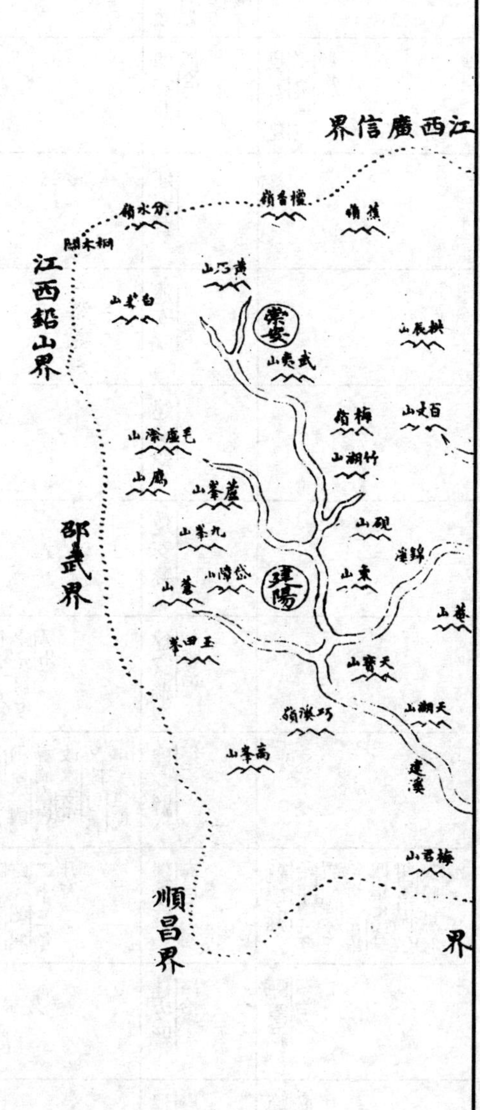
江西廣信界
江西鉛山界
邵武界
順昌界
崇安
建陽
建溪
界

建寧府表

	建寧府	建安縣	甌寧縣
兩漢	會稽郡地。後漢屬會稽南部。建安中爲南部都尉治。	治縣地。後漢侯官縣地。建安初置建安縣。	治縣地。
三國	建安郡吳永安三年置。	建安縣郡治。	建安、建平、吳興三縣地。
晉	建安郡	建安縣	
宋	建安郡	建安縣	
齊梁陳	建安郡	建安縣	
隋	開皇九年廢。	建安縣	
唐	建州建安郡武德初置州。天寶初改郡。乾元初復爲州。	建安縣州郡治。	
五代	建州王閩置鎮武軍。晉天福中王延政據州稱殷國。尋屬南唐，改永安軍。又改忠義軍。後罷。	建安縣	
宋	建寧府初仍曰建州。端拱初改建寧軍，屬福建路。紹興二十三年升府。	建安縣府治。	甌寧縣治平三年置。熙寧三年省。元祐四年復置。紹興中與建安同爲府治。
元	建寧路至元中改路，屬福建道宣慰司。	建安縣路治。	甌寧縣路治。
明	建寧府洪武初復爲府，屬福建布政司。	建安縣府治。	甌寧縣府治。

續表

建陽縣	崇安縣	浦城縣	松溪縣
冶縣地。	冶縣地。	冶縣地。後漢侯官縣地。建安初置漢興縣。	冶縣地。
建平縣吳置,屬建安郡。		吳興縣吳永安三年更名,屬建安郡。	建安縣地。
建陽縣太元四年更名,仍屬建安郡。	建陽縣地。	吳興縣	
建陽縣		吳興縣	
建陽縣		吳興縣	
開皇中省入建安。		開皇中省入建安。	
建陽縣武德四年復置。尋省。垂拱四年復置,屬建州。		浦城縣武德四年置唐興縣,屬建州。天授初更名武寧。神龍初復曰唐興。天寶初更名。	
建陽縣	南唐置崇安場。	浦城縣	松源縣南唐保大中置,屬建州。
嘉禾縣景定初更名,屬建寧府。	崇安縣淳化五年置,屬建州。紹興中屬建寧府。	浦城縣屬建寧府。	松溪縣開寶八年更名,屬建州。
建陽縣復名,屬建寧路。	崇安縣屬建寧路。	浦城縣屬建寧路。	松溪縣屬建寧路。
建陽縣屬建寧府。	崇安縣屬建寧府。	浦城縣屬建寧府。	松溪縣屬建寧府。

政和縣
治縣地。
建安縣地。
政和縣咸平三年置關隸縣，屬建州。政和五年更名。紹興中屬建寧府。
政和縣屬建寧路。
政和縣屬建寧府。

續表

大清一統志卷四百三十一

建寧府

在福建省治西北四百八十里。東西距四百九十五里，南北距四百三十里。東至福寧府壽寧縣界三百四十里，西至邵武府邵武縣界一百五十五里，南至延平府南平縣界八十里，北至浙江衢州府江山縣界三百五十里。東南至福州府古田縣界二百五十里，西南至延平府順昌縣界一百十五里，東北至浙江處州府龍泉縣界二百二十五里，西北至江西廣信府鉛山縣界三百四十五里。自府治至京師五千七百五十五里。

分野

天文牽牛、須女分野，星紀之次。

建置沿革

禹貢揚州之域。周爲七閩地。秦屬閩中郡。漢爲會稽郡冶縣地。後漢屬會稽南部都尉。

建安八年，爲南部都尉治。三國吴永安三年，置建安郡。按：此建安郡治，今建安縣。晉及宋、齊以後皆因之。寰宇記：晉初郡廢，屬晉安郡，東晉復置。而晉、宋志皆不載。隋平陳，郡廢爲縣，屬泉州。大業三年屬建安郡。按：此建安郡治，今福州府。唐武德初置建州，天寶初曰建安郡。按：此建安郡治，今建安縣。乾元初復曰建州，屬江南東道。五代時屬王閩，置鎮武軍節度使。見九域志。石晉天福八年，王延政據州稱殷國。開運三年，屬於南唐，改永安軍，尋又改忠義軍。俱見九域志。舊志作周顯德三年改忠義軍。宋仍曰建州。端拱元年，改置建寧軍節度使，屬福建路。紹興三十二年，升建寧府。元至元二十六年，改建寧路。明洪武元年，仍爲建寧府，屬福建布政使司。本朝因之，屬福建省，領縣七。舊領縣八，雍正十二年割壽寧縣屬福寧府。

建安縣。附郭。東西距一百一里，南北距八十一里。東至政和縣界一百里，西至甌寧縣界一里，南至延平府南平縣界八十里，北至甌寧縣界一里。東南至福州府古田縣治二百五十里，西南至南平縣界七十五里，東北至松溪縣界一百十里，西北至甌寧縣界三里。漢冶縣地。後漢侯官縣地。建安初分置建安縣，屬會稽南部都尉。三國吴爲建安郡治。晉及宋、齊以後因之。隋省郡屬泉州。唐爲建州治，五代因之。宋爲建寧府治。元爲建寧路治。明爲建寧府治，本朝因之。

甌寧縣。附郭。東西距一百一里，南北距一百六十一里。東至建安縣界一里，西至延平府順昌縣界一百里，南至建安縣界一里，北至浦城縣界一百六十里。東南至建安縣界三里，西南至順昌縣界一百八十里，東北至松溪縣界一百里，西北至建陽縣界八十里。漢冶縣地。三國以後爲建安、建陽、吴興三縣地。宋治平三年分置甌寧縣，熙寧三年省，元祐四年復置。元爲建寧路治。明爲建寧府治，本朝因之。

建陽縣。在府西北一百二十里。東西距一百三十五里，南北距七十五里。東至甌寧縣界三十五里，西至邵武府邵武縣界一百里，南至甌寧縣界三十五里，北至崇安縣界四十里。東南至甌寧縣界七十里，西南至延平府順昌縣界一百里，東北至浦城縣治二百二十里，西北至邵武縣界一百三十里。漢冶縣地。後漢建安十年，吴分置建平縣，屬建安郡。晉初因之。太元四年改曰建陽。宋、齊以後因之。隋開皇十年省入建安。唐武德四年復置，屬建州，八年省入建安，垂拱四年復置。五代因之。宋景定元年改曰嘉禾。元復曰建陽，屬建寧路。明屬建寧府，本朝因之。

崇安縣。在府西北二百四十里。東西距一百九十里，南北距一百五十里。東至浦城縣界七十里，西至江西廣信府鉛山縣界一百二十里，南至建陽縣界八十里，北至廣信府上饒縣界七十里。東南至建陽縣治一百二十里，西南至建陽縣界八十里，東北至廣信府廣豐縣治一百三十里，西北至鉛山縣治一百三十里。漢冶縣地。晉以後爲建陽縣地。南唐分置崇安場。宋淳化五年升爲縣，屬建州。元屬建寧路。明屬建寧府，本朝因之。

浦城縣。在府東北二百七十里。東西距一百七十里，南北距一百六十五里。東至浙江處州府龍泉縣界九十里，西至崇安縣界八十里，南至甌寧縣界九十里，北至浙江衢州府江山縣界七十五里。東南至松溪縣界九十里，西南至崇安縣界七十里，東北至江山縣界九十里，西北至江西廣信府廣豐縣界九十里。後漢侯官縣地。建安初分置漢興縣，屬會稽南部都尉。三國吴永安三年改曰吴興，屬建安郡。晉及宋、齊以後因之。隋開皇九年省入建安。唐武德四年復置，改曰唐興，屬建州。天授二年改曰武寧。神龍元年復曰唐興。天寶元年更名浦城。五代因之。宋屬建寧府。元屬建寧路。明屬建寧府，本朝因之。

松溪縣。在府東一百六十里。東西距九十里，南北距二百里。東至浙江處州府慶元縣界四十五里，西至政和縣界四十五里，南至政和縣界二十五里，北至浦城縣界七十五里。東南至政和縣界四十五里，西南至建安縣界四十五里，東北至慶元縣治八十里，西北至浦城縣治一百三十里。漢冶縣地。三國以後爲建安縣地。五代南唐保大中置松源縣，屬建州。宋開寶八年改曰松溪，屬建州。元屬建寧路。明屬建寧府，本朝因之。

政和縣。在府東一百四十里。東西距一百十五里，南北距一百二十里。東至福寧府壽寧縣界八十里，西至建安縣界三十五里，南至福州府古田縣界一百里，北至松溪縣界二十里。東南至福寧府寧德縣治二百五十里，西南至建安縣界三十五里，東北至浙江處州府慶元縣治一百二十里，西北至松溪縣界四十五里。漢冶縣地。三國以後爲建安縣地。宋初爲關隸鎮，咸平三年置關隸縣，屬建州。政和五年改曰政和，紹興中屬建寧府。元屬建寧路。明屬建寧府，本朝因之。

形勢

碧水丹山，梁江淹自序。東閩劇地。唐權德輿序。保界閩越，縣地八百。宋楊億集。東接括蒼，北距上饒。西南抵延平，西北帶建溪。宋建安志。南望鐵獅、紫芝，羣峯以次相連，黃華、白鶴之秀，爲東南勝地。建安志。

風俗

建備五方之俗。宋張叔椿記。家有詩書，户藏法律，貢籍甲東南。宋韓无咎記。山多田少，溪峻水湍。其民尚氣而喜節，易鬬而輕生；處市井者尚侈而好浮，居田里者勤用而樂業。宋郡志。農力甚勤，桑麻被野。建安志。

城池

建寧府城。周十一里一百九十八步，門九。正北依山，西南濱大溪，濠長五百三十一丈，廣五丈五尺。元至正十二年因故址建，明洪武初增建。本朝康熙元年修，乾隆五十八年重修。建安縣、甌寧縣附郭。

建陽縣城。周十里九十六步，門四，濠廣三丈。元至正中因故址土築。明弘治元年甃石。

崇安縣城。周五里有奇，門四。明隆慶二年建。本朝順治十五年修，康熙二年重修。

浦城縣城。周十里，門五。元至正二十三年土築，明正統十四年增築，成化六年甃石。本朝順治四年修，乾隆七年、嘉慶十五年重修。

松溪縣城。周五里一百十步，門四，水門二。明嘉靖六年建。本朝順治十六年修，康熙二年、二十五年重修。

政和縣城。周四里二百四十六步，門五，水門四。明萬曆四年建。本朝康熙三年修。

學校

建寧府學。在府治東北黄華山之麓。宋建在府治南，明永樂初遷今所。本朝順治七年重建，康熙十一年修。入學額數二十名。

建安縣學。在府城内中和坊。宋建在郭門外，明嘉靖元年遷今所。本朝康熙三年重建，十一年修。入學額數二十名。

甌寧縣學。在府城内叢桂坊。明正統十二年建。本朝康熙三十一年重建。入學額數二十名。

建陽縣學。在縣治東同由里。明初建在城西，萬曆間遷今所。本朝康熙二十年重建，乾隆三十二年修。入學額數二十名。

崇安縣學。在縣治西北牛氏巷。明崇禎間建。本朝康熙二十九年修。入學額數二十名。

浦城縣學。在縣治北皇華山之麓。宋建在東南隅龍頭山左，明正德間遷今所。本朝康熙三十一年，還龍頭山左，四十七年仍遷今所。乾隆六年重建，二十一年修，四十九年、嘉慶四年重修。入學額數十五名。

松溪縣學。在縣治東。明嘉靖二十四年建。本朝康熙二年修，十六年重修。入學額數十二名。

政和縣學。在縣治東。明萬曆八年建，本朝順治十四年重建。入學額數八名。

建安書院。在府治北。宋嘉熙中郡守王埜建。本朝康熙三十二年重建。

屏山書院。在甌寧縣治南紫芝上坊宋劉珙故宅。又崇安縣東屏山之麓亦有屏山書院，宋劉子翬故宅。

考亭書院。在建陽縣西南三桂里。宋紹興中，朱子築室於此。淳祐四年，改爲書院，理宗親書「考亭書院」扁於門。本朝康熙中重建。

紫陽書院。在崇安縣南武夷山大隱屏下。舊爲武夷書院，宋朱子建。本朝康熙二十五年重建，改今名，御書扁曰「學達性天」。

南浦書院。在浦城縣越王山之麓。本朝乾隆二十八年，知縣吴鏞建，五十八年修，嘉慶八年重修。按：舊志載鼇峯書院，在建陽縣崇泰里，唐尚書熊祕建。同文書院，在建陽縣崇化里。雲谷書院，在崇泰里。俱宋朱子建。横渠書院，在建陽縣永忠里，宋寶祐間横渠九世孫張德建。廌山書院，在建陽縣禾平里，宋紹興中游酢讀書於此，乾道中建。瑞樟書院，在建陽縣永忠里，宋嘉定中劉中建。文肅書院，在崇安縣西南，宋游酢六世孫德馨建。陽明書院，在崇安縣武夷一曲溪右，明王守仁講學處。星溪書院，在政和縣南正拜山下；雲根書院，在縣西；俱宋朱松建。謹附記。

户口

原額人丁二十五萬一千八百九十，今滋生男婦大小共三百一十九萬三千四百一十名口，計五十一萬二千二百九十三户。又屯民男婦共三萬四千四百九十五名口，計五千九百二十九户。

田賦

田地二萬一千一百八十四頃五畝八分一釐有奇，額徵地丁正、雜銀二十萬七百五十四兩五錢四釐，米一萬六千二百七十七石一斗九升四勺。屯田一百五十八頃一十三畝二分五釐有奇，額徵丁糧銀一千四百六十二兩四錢五分六釐。

山川

白鶴山。在建安縣東。寰宇記：在郡東。郡圖云晉時望氣者言此山有異氣，命工斷之，乃有二白鶴沖天而去，因名。方輿勝覽：在建安縣東三里，中有靈泉。通志：東爲天馬山，山巔有峯，東分白鶴，西接黄華，中有白鶴山房。

鳳凰山。在建安縣東。一名茶山。五代晉天福三年，王延政據建州，福州兵來攻，延政敗之于茶山。寰宇記：茶山在郡東北，民多植茶於此。其山涉冬翠茂，俯瞰城郭。宋紹興二年，韓世忠聞賊帥范汝爲入建州，水陸并進，直抵鳳凰山，大破之。方輿勝覽：鳳凰山在縣東二十五里。通志：山形如翔鳳，當鳳咮處有石蒼黑堅緻如玉，太原王顧取以爲硯，蘇東坡名之曰鳳咮，即此是也。

龍山。在建安縣東，與鳳凰山對峙。上有泉，宋咸平間丁謂監茶，嘗於御茶亭前引龍、鳳二山之泉爲池，其中爲島，四面植海棠，曰紅雲島。

響山。在建安縣東五里。其山空洞，枕於溪側，傳聲若谷。前有洞曰浮石，水泛不没。方輿勝覽：在縣南三里。

壑源山。在建安縣東南鳳凰山南。高百丈，産茶爲外焙冠，俗名壑源茶。一名捍火山，又名望州山。又曹高山，在縣東南，有茶場。

象山。在建安縣東南三里。山形肖象，其鼻迴轉，抱水一泓，冬夏不涸，俗名白象捲湖。又縣西隊羊山、隊魚山，俱以形名。

梨山。在建安縣東南十五里。奇秀峭拔，爲諸山最。唐刺史李頻雅好遊覽於此。

虎頭巖山。在建安縣南。山多奇石，前聳一峯若虎頭然，上有石如人拱立，又名石人山。

雞足山。在建安縣南三十里。三峯如雞足。又南有三門山，王氏據閩時，嘗置柵防守於此。相近又有龍池山，相傳有龍居山頂池中，遇旱觸以物即雨。

仙人山。在建安縣西南七十餘里璜溪。自甌寧郭巖發脉，高聳而下，至此始平。

黄華山。在建安縣東北二里。縣志：山脉自括蒼來，延亘六七百餘里，止於此山。五代時王延政嘗建太和殿於山下。宋建炎初韓世忠討范汝爲，嘗屯兵其上。元至正二十年，陳友諒入寇，列營於此，守將阮得柔築城山巔，下屬舊城禦之。明洪武十九年，改拓郡城，山遂包在城中。

馬鞍山。在建安縣東北三里。一名瑞峯山。郡之主山也。

雞籠山。在建安縣東北五里，與馬鞍相屬。竹木蓊鬱，狀若雞籠。

蘇口山。在建安縣東北二十里。亦名東山。嶔崖邃谷，奇變層出，爲武夷之亞。相接者曰盤山，以山勢寬平如盤得名。

辰山。在建安縣東北一百四十里洋坂。府境之山，此爲最高，登其巔可望海日初出，有逍遥、飲坑、牛頭三峯。上有牛心洞，下有盧竹洞。有蛟窟深不可測，禱雨即應。

覆船山。在甌寧縣南。寰宇記：形若覆船，陳太守駱文廣嘗移郡於此山之北。舊志：在縣西南三里，與鐵獅相接。

梅君山。在甌寧縣南二里。寰宇記：漢梅福煉丹於此山上昇，因名。新志：又名梅仙山。山頂丹井壇竈猶存。

昇山。在甌寧縣南二里。一名朗山，以晉司馬王朗嘗游於此而名。王延政據郡，僭築郊壇於此。

鐵獅山。在甌寧縣南三里。府治之對山也。術家謂府治山脉若猛虎出林，溪西諸山若隊羊然，恐爲所傷，因鑄鐵獅於此鎮之，故名。其麓有彌陀巖、定光巖、石龜池、寶月井諸勝，山之左爲紫芝，山右爲雲際山。

龍首山。在甌寧縣西三里。山勢如龍舉首，故名。一名華源山。相傳昔有華氏結廬山下，有華歆井，雖旱不竭。按史，華歆未嘗至此，好事者附會之也。

高峰山。在甌寧縣西一百餘里，層巒疊巘，千態萬狀，中峯挺然獨秀，高千餘丈，登其巔俯視羣山，遥望大海如襟帶間也。山之東麓曰郭巖，相傳漢時有郭仙得道於此。

石塘山。在甌寧縣西北。三峯並秀，其麓有石，蓄水一泓，因名。又有斗槩山，形如斗而頂平，興賢溪出此。

天湖山。在甌寧縣西北十里北津下。山有三十六景，宋郡守趙研登此，有「美景天湖呈六六」之句。其尤勝者，爲雙虹泉、空翠亭、紫芝菴。

烏石山。在甌寧縣西北三十里萬石灘下。山多烏石。相近有黑牛山，上有黑石如牛，郡人以此爲一府之鎮。又有西巖漈山，有石壁高十餘丈，萬石溪出此。

天寶山。在甌寧縣西北六十里。峯巒特起，延袤五六十里。

斗峯山。在甌寧縣西北六十里天寶山之西。高五六百丈，形方如斗，中有石鼓、松蘿、蓮花湖諸勝。上有斗峯寺。

屏山。在甌寧縣西北百里。横障水口，屹然如屏。又崇安縣東五十里亦有屏山，宋劉子翬世家其下，學者因稱爲屏山先生。

登高山。在甌寧縣北。寰宇記：縣有登高山，即費長房與桓景九日登高飲菊花酒處。新志有壺山，在縣北七十餘里，下瞰大溪，石壁削立，以壺公與費長房游此而名，蓋即登高也。相近有東魯峽山，其山中斷，溪流其間。

天堂山。在甌寧縣東北百里。高出羣山，林木蓊鬱，其嶺高爽，登者如置身霄漢之上，故名。

東山。在建陽縣東十里。雄壯秀麗，中有一峯，高出羣山，曰妙高峯。又松溪縣東北五十里亦有東山，自趾至頂皆石，少樹木，舊産銀礦。

洪山。在建陽縣東南五十餘里，與甌寧縣接界。插空聳秀，關塞一縣水口。其下臨溪有洪灘，其北曰黄楊山，峯巒雄踞一方。朱子詩：「聞道黄楊山上頭，千峯環抱百泉幽。」有菴，朱子題額尚存。

菴山。在建陽縣東南七十里，接甌寧縣界。山有十二面，形勢各不同，高聳萬仞，頂有湧泉，將溪水出焉。山北有獅子巖，巖有靈泉。方輿勝覽：在嘉禾縣東南十五里。

蓮臺山。在建陽縣南三十里。羣峯環抱，中有一小山，宛如蓮葉。山麓有泉，能愈人眼疾。

五峯山。在建陽縣西南興上里。徐墩溪出焉。

大同山。在建陽縣西南，與順昌縣接界。高千餘丈，周四十里，上有瀑泉，懸流三四十丈，馬伏溪水出焉。又浦城縣西南百餘里亦有大同山，與崇安接界。絶壁窮崖，上有龍湫。舊志以爲即一山者，誤。

龍湖山。在建陽縣西南大同山北。一名湖峯山。羅巖、黄連諸峯左右排列，朱子嘗愛其幽勝，築室以居。

時山。在建陽縣西南二十里。高五百餘丈，凡十三折始造其巔。

玉枕山。在建陽縣西南二十里，山麓即考亭也。其左曰玉尺山，其前曰翠屏山。通志：宋朱松愛考亭山水清邃，欲卜築於此。紹熙間朱子因父志而徙居焉。

大潭山。在建陽縣治西隅。山勢蟠屈，下瞰大溪，亦名卧牛山。九日邑人多游其上，又名登高山。

太平山。在建陽縣西三十里，縣主山也。峯巒尖秀，峭拔萬仞。其北有寒泉林，朱子葬母於此，築舍墓旁，曰寒泉精舍。

岱障山。在建陽縣西五十里。高聳千餘丈，形如屏障，俗名大將山，頂有靈泉能愈疾。

蒼山。在建陽縣西七十里。亦名蒼峯山，亦曰巃嶺。根盤絶壁，蒼翠摩空，與菴山齊高，産茶絶佳。相近曰仰山，莒口溪出焉。

九峯山。在建陽縣西四十五里。九峯連峙，宋蔡沈讀書其下，因以爲號。相近有五龍山，其上五脉分峙，中有小山，如五龍争珠之狀。

西山。在建陽縣西北六十餘里。四面壁立，山頂平曠，有石城遺址，蓋昔人所築以避兵者。其下龍門橋，溪水出焉。通志：宋蔡元定嘗結廬山麓讀書，理宗御書「西山」二字表之，刻於西南崖上。本朝康熙四十四年，御賜「紫陽羽翼」扁額。

蘆峯山。在建陽縣西北七十里，接崇安縣界。與西山對峙，山高萬仞，四圍峭削，絶頂平坦。宋乾道中，朱子更名曰雲谷，築草堂讀書其下，有記。又縣東有赫曦臺山，山高萬仞，絶頂平曠。府志：雲濤彩翠，昏旦萬狀。朱子嘗遊至，因命今名。

集公山。在建陽縣西北七十里。本名石壁山。宋江側嘗集弟子講學於此，因名。相近有龜山，宋陳軒讀書處。

廌山。在建陽縣西北九十餘里。蜿蜒透迤，如琢如削，宋游酢讀書於此。

毛虚㵿山。在建陽縣西北百餘里。秀拔冠羣山，非捫石攀蘿，不能至其巔。武溪水出焉。相近有武仙山，其巔有石筍峯，高十餘丈。

白塔山。在建陽縣西北一百二十里。山巔有石，特立如浮圖，故名。夜常有火光，一名天燈山。山足跨崇安、鉛山、邵武、建陽四縣，高數千仞。

焦源山。在建陽縣北三十里。岌嶫峭拔，登者曲折五里，始達其巔。事林廣記以爲第三十一福地。

闌干山。在建陽縣北四十里。古木羅列，如闌干然。山半有石室，可容數十人。

硯山。在建陽縣東北三十五里。山有石，端平若案，有微黑點，隱隱若硯，舊名夫子案山。事林廣記以爲第二十八福地。上有泉七穴，每穴一掬可盡，既而復盈。下有芹溪九曲，環繞其麓。

百丈山。在建陽縣東北七十里，接崇安、浦城縣界。有石磴石梁，盤曲而上，有瀑布投空，下垂數丈。朱子有記。

鼓角山。在建陽縣東北百里。三峯鼎峙，形如鼓角，上有龍池，芹溪出此。

仙洲山。在崇安縣東六十里。山有兩峯，一尖一方，上有瀑布，其支隴曰起賢山、屏山。宋劉子翬及朱子嘗集於此。

拱辰山。在崇安縣東六十里。三峯雄偉，潭溪出焉。

寨山。在崇安縣東南六十里。相傳五代及南宋初置寨於此。

竹湖山。在崇安縣東南七十里，與建陽縣接界。下有天湖。

武夷山。在崇安縣南三十里，邑望山也。相傳昔有神人武夷君居此，故名。史記封禪書：漢武帝祠武夷君用乾魚。索隱引顧氏地志云：「建安縣有武夷山，有仙人葬處。」寰宇記：山在建陽縣北一百二十八里。蕭子開建安記云，山高五百仞，巖石悉紅、紫二色，望之若朝霞，有石壁峭拔數百仞於烟嵐之中。顧野王謂之地仙之宅。半巖有懸棺數十，漢武嘗祀之，又曰漢祀山。地理通釋：道書以此爲第十六洞，名昇真化玄之天。舊志：其山連亘百二十里，有三十六峯，三十七巖，溪流繚繞其間，分爲九曲。朱子有九曲棹歌。

白華山。在崇安縣西三里。縣志作白華巖。狀如蹲猊，土石圓潤。平若展席，蜿蜒而東，融結縣治，居民環其麓。右爲仙潭巖，南爲獅子巖。

黄石山。在崇安縣西北十里。雄峙雲表，爲邑之鎮。其上有雞鳴巖。

三髻山。在崇安縣西北九十里。北跨鉛山，西抵邵武，三峯鼎峙，狀如螺髻，巍然爲萬山之宗。

白石山。在崇安縣北三十里。山疊石如樓臺，巔有石室，又有三井。

濟拔山。在崇安縣東北五十里。山有龍湫極深，其井有九穴，水清可鑑。又有飛瀑，狀如玉簾。

越王山。在浦城縣治東。一名粤山。城環其上，山勢獨高，俯瞰大溪，左接金雞嶺。又皇華山，在縣治北，以宋時建皇華館於此，因名。

吴山。在浦城縣東五里。一名東山。寰宇記：四面秀異，其側居人多吴姓。漢末吴氏六千户，列屯大潭，即此山之民。

新志：上有巖洞，俗名燕窩巖，巖半有石穴瀑布，亦名石竇山。下有吳家灘。

金斗山。在浦城縣東南四十里。一名小武當山。宋朱子與劉圭父嘗約遊焉。有一筆峯、望江臺、仙牀石、玉帶泉諸勝。又三里爲九石山，江淹赤虹賦序所謂「紅碧十里，青苺百仞。苔滑臨水，石險帶溪」者。

回隆山。在浦城縣南三里。通志作回龍山。峯形圓秀，俯臨南浦溪，爲縣治朝山。

將軍山。在浦城縣南十里回隆山西，亦臨南浦溪。聳峙壁立，其勢雄武，故名。下有將軍灘。

子期山。在浦城縣西南二十五里。建安記云：山乃溪畔小石峯也，四面巖巒峭拔，昔秦、漢間有仙人華子期，曾師商山四皓，後居此山，因名。新志：子期山之東，相屬者株林山，有却笠嶺，相傳即子期昇舉處。

西陽山。在浦城縣西南三十五里。東溪源出此。

大湖山。在浦城縣西南七十里。石陂溪出此。寰宇記：在縣西南百里，一名聖湖山。湖在山頂，昔有採藥者至此，見滿湖芙蓉，涉水採之，乃石也。亦有禽魚遠如飛翔，近視則石。

西巖山。在浦城縣西德星門外五里。五代時王閩將章仔鈞嘗屯兵於此。其南有西巖嶺，巑岏尖削。宋章得象讀書其下。

孤山。在浦城縣西五里。建安記云：山在環嶂之間，其地坦平，以此山挺然孤立，因名。通志謂之夢筆山，相傳梁江淹爲吳興令，嘗夢神人授筆於此。

八面山。在浦城縣西北四十里。寰宇記：山有八面，形極奇秀。通志：亦名百向山，俯臨大溪，其勢挺拔，環向拱立。對峙者曰油果山，相傳有方士周霞修煉於此。

漁梁山。在浦城縣西北五十里。宋置漁梁驛於此。建炎三年，韓世忠追討苗、傅二賊，自衢、信進至漁梁驛。舊志：天下十大名山，漁梁其一也。爲通衢所經，其地寒甚，諺云：「無衣無裳，莫過漁梁。」有瀑布窣地數百尺，天下瀑布居第三，其水南流爲建溪，北流爲信溪，昔人多堰水養魚其中。

温山。在浦城縣西北八十里。寰宇記：其山有泉，夏寒冬暖。

石龍山。在浦城縣西北九十里，接崇安縣界。三峯鼎峙，中一峯曰鵞兒峯，旁有池廣袤數丈。

銅鈸山。在浦城縣西北百里，南通崇安，北通江西上饒縣之封禁山。高峻插天。

西山。在浦城縣北三十里長樂里仙陽之西。真氏祖墓在焉，德秀因自號西山。按：此與建陽縣之西山名同地異。

船山。在浦城縣北四十里。山勢崇坦，其狀如船。前有玉女峯。

蓋仙山。在浦城縣北少東九十里，抵衢、信、處三府界。一名浮蓋山，周三百餘里，上有仙壇石洞，洞口有泉。

横山。在浦城縣東北。峯勢横亘如屏，與越王山岡脉相接。下有湧泉，俗名猴孫井。

泉山。在浦城縣東北六十里。漢書：朱買臣言東越王居保泉山，一人守險，千人不得上。即此山。頂有泉分爲兩派，一入建溪，一入處州。

太姥山。在浦城縣東北七十里。寰宇記：太姥即魏夫人，老子玉貞經云，夫人以羅浮、天台、大霍、洞宫四處爲棲真之所。此山乃洞宫之隣也。

萬山。在松溪縣東皈伏里。周五十餘里，或曰以所産萬種而名，或曰山嘗有萬氏居之。

王認山。在松溪縣東二十里。秀拔出諸山之上，宋末益王自浙入閩，嘗經此賞其奇勝，因名。

矼亭山。在松溪縣東南。山勢秀拔，下有石矼，舊立亭其上，又名柯亭山。

七峯山。在松溪縣東南十餘里。七峯連亘，同巒疊巘，上摩青蒼。相近有妙峯山，左接太姥嶺，右連花蕊峯，以峯巒稠疊得名。

南屏山。在松溪縣東南五十餘里。峯巒橫亘，喬木蓊鬱，如屏障然。上多奇石，故又名石林山。

湛盧山。在松溪縣南。沈約宋志：閩中有山名湛，疑湛山之鑪鑄劍爲湛鑪。九域志：建州有湛鑪山，昔湛王鑄劍於其上，因以爲名。舊志：山在縣南二十里，接政和縣界。山形峭拔，嘗有雲霧凝其上，鑪冶遺跡尚存，上有石井，蓋劍池也。西南隅有桃源洞，相傳舊有冽泉湧出桃花數片，因名。按：舊有湛盧書院在山後，以去縣遠，移建於縣西南百步。

石壁山。在松溪縣南。石壁削立，高數十丈，下有龍潭。

皆望山。在松溪縣西二十里。巋然峭拔，高出雲表，登其頂，則環邑諸山皆在目中。白石溪出焉。

蹲獅山。在松溪縣北。自萬山西北而來，盤迴起伏，屹立縣後，爲縣主山。舊傳有道者修真於此，又名尊師山。

筋竹山。在松溪縣北五十里。有石室可容數十人，清泉、渡頭二溪皆出於此。

鸞峯山。在松溪縣東北六十里，南接龍泉，北接浦城縣界。山勢峻拔，延袤二百餘里，上有龍泉。

銅盤山。在政和縣東三十里。高插天際，非攀蘿捫葛不可上。七星溪水出此，前爲蓮花峯。宋朱松父森墓在焉。

大風山。在政和縣東南十五里。巖巒秀拔，絶類廬山五老峯。上有石室廣丈餘，旁有二巖，曰觀音，曰羅漢。

池棟山。在政和東南四十里。巖壁削聳，横截溪流，形如屋棟。下有二穴，以洩東池之水。

洞宫山。在政和縣東南一百五十里。九峯重疊，狀如蓮花，亦名九蓮峯。道書以爲第三十福地。相傳古有魏、虞二真人，煉外丹成，飛昇於此，因名魏虞洞天，一名無爲洞天。中曰谷洋，地平衍若水之洋，廣四五里，產銀砂。旁則巖岫夾立，若墻壁然。

宋置坑冶司〔一〕，舊址猶存。其西曰西門嶺，嶺之西有奇峯石壁，喬松鬱然，謂之翠屏峯。折而南，二巖並立，爲東西二寶臺，臺之西山勢開豁，有平田數頃，二真人宫在焉。

飛鳳山。在政和縣南。一名正拜山，又名黄華山。元至元二十年，建寧路總管黄華舉兵稱宋年號，立營其上，故名。

九蓬山。在政和縣南十里。最高者曰龍馬峯，宋時嘗生龍馬，浴龍溪水出焉。相近有佛字山，石上有紋成佛字。

滿月山。在政和縣西南十五里。山勢孤聳，峯圓若月之望，上有飛昇壇。

澍山。在政和縣西三十里。一名望澍峯。拔地摩空，常有雲氣蒙其上，上有仙池不涸。宋紹興初范汝爲之亂，及元季紅巾寇掠，居民多避居於此，全活甚衆。

獎山。在政和縣西北七十里。峭壁入雲，攀緣石梯而上，峯頂坳空若臼狀，中有平田百餘畝，又有觀音、石柱等巖，石龍、雙門二洞，葫蘆、七聖二潭，皆爲勝境。東平溪水出焉。

黄熊山。在政和縣治北，縣之主山也。相傳上嘗有熊見，故名。又山形如展旂，亦名文旂山，屹立萬仞。其下有雲根書院，宋朱松講學處。

籌坑山。在政和縣東北。泉石奇勝。其最高者天柱峯，峯巔巨石高數十仞，狀如獅子，曰獅子巖。巖前有水曰聖水。又有羅漢、將軍等巖。下有石室，可容數百人。又有籌嶺，下園溪出焉。

天湖嶺。在建安縣西南八十里。其嶺有水一泓，相近有大雪嶺。閩中地暖，雪下隨消，惟此嶺積雪累日。又有丁坑嶺，横溪出焉。

巧溪嶺。在甌寧縣西北百餘里，與順昌縣接界。大雪溪發源嶺下。又北有黄源嶺，與建陽縣接界，嶺畔有泉黄色，因名。黄道溪出此。相近又有巖丫嶺，桐溪出焉。

油嶺。在建陽縣東三十五里，與甌寧縣接界。油溪出焉。

檀香嶺。在崇安縣北五十里。上多檀木。昔汀、邵寇亂，鄉人立寨於此以禦之。

梅嶺。在崇安縣東南六十里。或曰漢元鼎中東越反，發兵入梅嶺，殺漢校尉，即此。嶺極高峻，行人病陟，邑人丁信作亭其上，以憩往來者。

蕉嶺。在崇安縣東北七十里，接上饒縣界。舊建砦於此，今有關。其南有小東嶺，寺溪出焉。

分水嶺。在崇安縣西北七十里，爲入閩第一山。上有分水關，其水西流者入江西界，東流者入福建界，即崇溪上源也。又有黄泥嶺、大安嶺、大漿嶺、小漿嶺、佛嶺。附於城者爲温嶺，即邑人所謂營嶺也。

柘嶺。在浦城縣東一百六十里，江村溪出焉。舊志：界處州麗水縣。陸羽記：高一萬七十餘丈〔二〕，絶頂周圍一百步，地多柘樹，故名。

駐嶺。在浦城縣西九十里。嶺極高峻，路出崇安。

梨嶺。在浦城縣西北七十里。元和志：與弋陽縣分界。寰宇記謂之梨巖，因梨山以名。舊志：路通衢州江山縣，其土宜梨，一名梨園嶺。危峯仄徑，飛閣懸崖，至爲險峻。宋楊億談苑云：天下之水皆東，梨嶺之水獨北。今水流入廣信溪，上有五顯廟，俗因稱謂五顯嶺。

折桂嶺。在浦城縣北六十里。唐林藻與弟藴同登第，經此題詩，有云「而今折得兩枝桂，又向嶺頭聯影飛」，因名。

楓嶺。在浦城縣北九十里，爲閩、浙分界處。上有關，俗謂之大竿嶺，北去二十餘里爲小竿嶺，又北十餘里爲仙霞嶺，嶺勢相接。舊傳宋時植竿於嶺上，故有大竿、小竿之稱。

西巖嶺。在浦城縣東北二十九里。又上原嶺，在縣東北九十里，與處州府松陽縣分界，道路不通牛馬。按：西巖嶺，縣志云在西門外，與此所引寰宇記異。

鐵嶺。在松溪縣東南二十里。松峽溪出此。

黄嶺。在政和縣東南六十里。嶺東之水入寧德界，嶺西之水入星溪。

長嶺。在政和縣東北五十里，與慶元縣接界。石鼀溪所出也。

山表嶺。在政和縣西北東平里。山表溪出焉。

劍門峯。在甌寧縣北四十里。東西兩峯對峙如劍，清溪中注。

玉田峯。在建陽縣西南七十里。一名美女山，又名草山巖。三峯削玉，高出雲表。中有鐵鑪嶺。

五峯。在崇安縣東七十里。一曰金鵞，形如雙屏，絶頂有石室深廣，下有馬審潭，其地絶險，人跡罕到。一曰蓮花。一曰清湖，居諸峯之中，有石洞出風。一曰石畬。一曰廪峯。

黎峯。在崇安縣東七十里。高聳爲邑之望，籍溪出焉。嶺路舊爲通衢，依山險阨，行者病之。元延祐五年，縣尹夾谷山壽開鑿，遂爲坦途。

天柱峯。在崇安縣南武夷一曲。一名大王峯。高五千丈，東瞰北溪，南瞰西溪。東麓有昇真洞，一名仙蜕崖，洞中有雷紋甆甕盛仙蜕。又幔亭峯，在天柱峯北，相傳秦始皇時八月十五日，武夷君大會鄉人於此，置幔亭綵幄，設寶座，施紅雲紫霞褥，呼鄉人爲曾孫。又玉女峯，在武夷二曲，溪南有淩霄、虎嘯等巖。又靈巖，崖壁削成，有罅可望天，曰一線天。又小藏峯，在武夷三曲，峯右有仙船巖，溪中望之，隱隱若艇，半在巖外。峯背有仙機巖。又大藏峯，在武夷四曲，有李仙巖，其前爲御茶園。又隱屏峯，在武夷五曲，溪北有朱子精舍。溪南對峙者曰小隱屏。又天游峯，在武夷六曲，隱屏之後，其右爲仙掌峯，旁有瀑布泉，下注爲仙浴池。溪南有城高巖，長亘如城壁。又三仰峯，在武夷七曲，上有碧霄洞。峯下有小桃源。又鼓子峯，在武夷八曲，其石如鼓，前有鼓樓崖，後有三層峯。又靈峯，一名白雲崖，在武夷九曲盡處。其右爲毛竹洞，唐李商隱詩「武夷洞裏生毛竹」謂此。

蓮花峯。在政和縣東北。山勢峻拔，紫翠重疊，爲縣之勝。又縣南蝦蟆峯，宋時禱雨即應。

伏獅巖。在建安縣西七十里。下有潭曰越王潭，相傳越王嘗游其地。

寶勝巖。在建安縣東北百餘里。有飛瀑百丈。相近有靈巖，兩穴相疊，雲起必雨。

徐將軍巖。在甌寧縣北三十里。有前後二巖，削拔寬廣。相傳昔有徐將軍嘗駐兵於此，黄巢入閩，鄉民避其中，得活者千餘人。

擎天巖。在甌寧縣東北一百餘里。峯巒峭拔，上薄雲霄，如天柱然。

梅巖。在甌寧縣西北。巖徑曲折，峯巒聳秀。宋劉屏山嘗建書院於此。又寶石巖，在縣西北萬石灘上。

歸宗巖。在甌寧縣西北二十五里宜均溪口。一名鬼子巖。中有香鑪峯、落珠崖、雲洞、風洞、石心泉、石樓，崖洞峭奇，一壑萬狀。

隱仙巖。在崇安縣東。其頂一峯，樵採所不至，上有仙壇。

九井巖。在崇安縣南一里。中有九井，其泉下注，如更漏然。又南有黄龍巖，高數百仞，上有龍井。

瑞巖。在崇安縣東北三十五里。絶高處曰三將巖，有百丈漈。其東北曰黄洋巖，有萬丈漈。又松溪縣東南亦有瑞巖，下有石室，可容三四十人。

七房巖。在浦城縣東北。巖有七層，最上有泉穴，形圓如鏡，名曰鏡泉。相近有白馬巖，舊傳仙人乘白馬至此，故名。旁有傳築巖，宋祖秀實故居。

獅子巖。在松溪縣西北三十里。前有石室，高丈餘，廣五尺許，石中有竅，僅容一人側行。雲溪出此。

白鶴巖。在政和縣西二十五里。其側又有白狗巖，皆與松溪縣湛盧山相連。相傳魏、虞二真人嘗攜鶴與犬遊此，故名。崖頂萬木蘢葱，瀑流飛響，盛夏涼風颯然。

紫雲巖。在政和縣東北，介閩、浙間。高插雲表，上有龍湫。相近有白雲崖，山勢如屏，其巔平衍。明正統間礦賊作亂，土人多避於此。

冥陽洞。在建安縣東南一百二十里。巖洞深邃，初入甚暗，良久方明。

西峯洞。在建安縣東北。一名石橋洞，内可坐百人。有鼎鑪石，石上五坎如碗形，皆藏石髓。前有巨石如方座，高三十餘丈。

查源洞。在建安縣西北百里。與崇安縣接界。宋紹興初饑民嘯聚於此，因設西安、臨江二砦以鎮之。紹興初賊張海亂，民多避入焉。

硘坑洞。在政和縣西三十餘里。據懸崖石壁之間，中寬廣容百餘人，邑人遇寇亂多避於此。

唐石。在建陽縣西北嘉禾里。一名仙架石，石方三四丈，厚五尺，平整如截，下有三小石架之，中虚可容數十人。相傳唐時有異人架爲遊息之所，故名。宋末謝枋得自信州敗走入唐石山，即此。

龍石。在建陽縣西北。石壁上有龍形長二百尺，出自天成。又仁義石，在縣西，二石對立，里人名其左曰仁，右曰義，歲時祀之。

東安溪。在建安縣東三十里。源出甌寧縣界，南流入東溪。又縣東有東坤口溪、古老嶺溪，俱入東溪。

璜溪。在建安縣西南八十里。源有四派，合流入建溪。其溪環如佩璜，故名。

東萇溪。在建安縣東北東萇里。又千源溪、安泰溪、順陽口溪，源出古田縣界，俱東流入東溪。

玉溪。源出甌寧縣西鄉里之竹溪，西南流入西溪。又龍村溪，亦出西鄉里，有飛瀑從石巖下注，長數十丈，亦入西溪。

小松溪。在甌寧縣北。源出蓬嶺，流至縣城西北入西溪。

濠村小溪。在甌寧縣北。西南流入建陽之西溪。

東游溪。源出甌寧、政和二縣界首，南流經建安縣東游市，入東溪。

南浦溪。即建溪之上源也。源出浦城縣西北漁梁山，南流經縣城東，又繞而南，西南流入甌寧縣界，合建陽縣之建溪水，曰雙溪口。其下流總曰建溪，經城之西南，與松溪合，由建安縣南，流入延平府南平縣界。

建溪。一曰崇溪，即古建陽溪也。源出崇安縣西北，東南流經建陽縣東，又東南經甌寧縣界，合於南浦溪。寰宇記：建溪在建陽縣東一百步，西北從武夷山下來縣界。建陽縣志：建溪自崇安黄亭流入，是爲北溪。流至東山下，與西溪合，曰交溪。又舊志謂之西溪，有二源，一出崇安，經建陽縣，東南入甌寧縣，至雙溪口；一出浦城縣，南流入甌寧縣，至雙溪口，二水合流曰大溪。

錦溪。在建陽縣東。與劉源坑水合，西入交溪。舊志：相傳古有織錦者於此濯錦，故名。又名錦江，明初胡深攻建寧，陳友定將阮法柔屯錦江逼深陣後，即此。

徐墩溪。在建陽縣南三十里。源出五峯山，東入交溪，可通舟楫。其北有玉溪、南溪，皆合徐墩溪入交溪。

武溪。亦曰西溪。源出建陽縣西北毛虚漈山，東南過武陵曰武溪，又東南受化龍溪、莒口溪、龍門溪、馬伏溪諸水，又經玉枕峯西曰考亭溪，又經翠山下，迤於滄洲灣，環五里，無灘瀨聲，又東繞城達於交溪。

芹溪。在建陽縣東北。源出鼓角峯，流經硯山，逶迤九曲入交溪。又油溪，在縣東，亦入交溪。

梅溪。源出崇安縣東西坑嶺，入大溪。又有澇溪、下源溪、籍溪、黃柏溪，俱入大溪，縣志均謂之東南溪。

九曲溪。源出崇安縣西北大源山，流經黃村里，曰黃村溪，經武夷爲九曲溪，出石鼓渡入大溪。方輿勝覽：源出毛竹洞，又有黃龍溪、漿溪、柘溪，俱入大溪，縣志均謂之西南溪。

西溪。在崇安縣西北，亦名西北溪。源出分水嶺，東南流，合温林、寮竹山、觀音寨諸水，又至縣西北十里，支分爲陳灣陂。又東經縣城北，與東溪合爲大溪。其陳灣陂水則由縣西貫城中，達於南郊，委蛇十里〔三〕，支分廣溉，謂之清獻渠，宋趙抃所鑿以溉田者也。

東溪。在崇安縣東北，亦名東北溪。源出岑陽歐嶺，衆流合趨，與西溪會。又縣東北有新豐溪，源出瑞巖金井坑。浴水溪，源出瑞巖下。陽谷寺溪，源出小東嶺，合流俱入大溪。

江村溪。即古柘水。源出浦城縣東柘嶺，西流經漁梁，匯於南浦溪。謝靈運永嘉記「柘水源出建安吴興縣」，即此。

石陂溪。源出浦城縣西南大湖山。又臨江溪，在縣西，俱東流入南浦溪。

洪源溪。源出浦城縣西北，流經夢筆山前，入南浦溪。

新溪。在浦城縣西北。源出百丈山，東流合南浦溪。

松溪。亦曰大溪。源出浙江處州府龍泉縣，經松溪縣東北，西南流繞城東南，又西南流經政和縣西，又西流經建安縣東，曰東溪，經府城而西，與南浦溪合。

新坑溪。在松溪縣東。源出浙江處州府慶元縣梓亭砦，南流經新坑橋入松溪。

樂平溪。在松溪縣東南。源出東山。又直源溪，亦在縣東南，源出花巖，俱西北流入松溪。

白石溪。在松溪縣西。源出皆望山，西南流入松溪。又杉溪，源出縣西北慶元里。雲溪，源出獅子巖。俱南流匯松溪。

東平溪。在松溪縣西。源出獎山，西南流經常口入松溪。又東梅溪，源出師姑圳。山表溪，源出陸地。俱流入松溪。

清泉溪。在松溪縣東北。源出筋竹山。又渡頭溪，亦出筋竹山，俱南流入松溪。

雙澗溪。源出政和縣東南西門嶺，曲折流經赤巖鎮，又東入福寧府寧德縣界。

七星溪。在政和縣南。源出銅盤山，迤邐西流入松溪。中有七石，狀若北斗，溪因以名。又縣東南有石龜溪，源出長嶺腰。胡屯溪，出池棟山。浴龍溪，出九蓬山。俱流入七星溪。

大雪山龍潭。在甌寧縣西北百里。山極險峻，下有三潭相連，其西石壁千仞，飛泉瀉空而下，潭側空洞，常若風雷之聲。相近又有東山林龍潭，石壁峭拔，潭據其巔。

三山潭。在甌寧縣三峯山之麓。潭底有石穴，大小數十，深如屋，魚鼈多藏其中，人呼爲魚屋。

萍潭。在崇安縣東北石臼里。兩畔巖石相薄，上斂下濶，水由巖口陡瀉而下，中有盤渦。又碧潭，一名鏡潭，在縣東北暘谷，廣數十丈，深不可測，天將雨則潭中波湧，人每以此爲候。

白雲潭。在浦城縣東。大溪所經，上有飛湍，瀑流至此，則深沉淨瑩。

九石潭。在浦城縣西南四十里。寰宇記：以潭上峯有九石相連，故名。

龍背潭。在浦城縣西南百里。寰宇記：在浦城縣西南四十里，東有巨石數十丈，狀如龍形，昔有道士斬龍於此，今水微有紅色。相近有巴獸潭。環溪皆石壁，有石板長二丈，高八尺，相傳有獸潛其中。

密黯灘〔四〕。在建安縣東北百餘里。水勢洶湧，能覆舟。又梨灘，在縣西南四十里。

樟槎灘。一名樟灘，在建陽縣東南三十里蓮臺山下，交溪之中。頑石森列，元季鑿之〔五〕，舟行最險。

紫霞洲。在建安縣治北。宋淳熙間，郡守韓元吉闢北園作亭，號紫霞洲。中有玉仙池水，源出龍泉縣，至烏龍巢口南注，經月城僧舍入城，瀦爲大池，舊供豐國監鼓鑄之用，元吉重濬。

仙人洲。在建安縣西南。寰宇記：在郡西南大溪中。相傳梅福上昇，墜馬於此，故亦名墜馬洲。

大伏洲。在甌寧縣西北。五代志：閩王曦封其弟延政爲富沙王。方輿勝覽：甌寧城北有大伏洲，意者富沙得名以此。舊志：萬安洲，即大伏洲，在萬石灘下，沙聚成洲，平衍廣寬，溪流莫能吞嚙，地極肥饒宜蔬。

米洲。在建陽縣東南東山觀前。俗傳洲之沙高則米賤，低則米貴。

滄洲。在建陽縣西南考亭溪中。汀洲湧現，如龍舌然，舊名龍舌洲，朱子改今名。其上五里有油洲，舊名瀛洲。

日月池。在浦城縣南，左臨溪。今名湖塘，以瀦越王山九曲溝之水。

鳳凰泉。在建安縣東鳳凰山上。一名龍焙泉，又名御茶泉。宋時上供茶，取此水濯之，水深僅二尺許，下有暗渠，與山下溪合。

定漏泉。在政和縣治東南下藥山下，一穴湧出，冬温夏冽，色清而味甘，陰陽家取以定銅壺刻數，不爽晷刻。

汲古井。在建陽縣考亭書院西。朱子扁其上曰汲古。

七星井。在浦城縣西。俗傳晉郭璞所鑿。

古蹟

建安故城。今府治。三國吴志：建安八年，侯官既平，而建安、漢興、南平復亂，賀齊進兵建安，立都尉府，發屬縣兵次第討平之。寰宇記：建安縣，孫策於建安初分侯官地置，即以年號爲名。又曰：漢立郡在覆船山下，宋元慶元年，徙於溪北黄華山西，梁承聖三年，封蕭基爲長樂侯於此。梁末被盜陵夷，移於溪西。陳時又移覆船山，禎明元年，又移今所。舊志：唐建中初，刺史陸長源始築縣城爲州治，周九里三百四十步有奇，爲門九。天祐中，刺史孟威增築東羅城。五代晉天福五年，閩王延政又增築之，周二十里。宋建炎間，州民范汝爲作亂，城廢。又有子城，在府城中，周四里，門四，濠周其外，意必置州時所築以衛州治者，今廢，而城門故址及濠池尚存。

漢興故城。今浦城縣治。吳志：建安八年，賊洪明等五人各率萬户，連屯漢興，吳將賀齊自建安進，討破之，復立縣邑。沈約宋志：吳興縣，漢末立曰漢興，吳更名。元和志：浦城縣東南至建州二百六十里，本漢興縣，吳永安三年改曰吳興，後改今名。寰宇記：俗稱越王城，以其城臨浦，故曰浦城。

甌寧故縣。在甌寧縣朝天門外太平坊，今其地入城内。宋元祐四年建，紹興四年復建。明洪武元年，即故址構丞簿尉諸廳，後廢。

關隸廢縣。在政和縣東南七十里。九域志：宋咸平三年，升關隸鎮爲縣，在建州東南二百二十里，有舊縣鎮。縣志：關隸舊縣，在天王寺北，廢址猶存。王閩置鎮，宋升爲縣，移治感化里東岸口黄熊山麓，後改曰政和，即今治也。土人以在州東，又私號曰東和。

建寧故衛。在今府城内。舊設建寧左、右二衛，本朝順治十八年裁。

故府城。在建安縣東南三里。寰宇記：即漢會稽都尉理所，建安八年置，吳永安三年廢。

古甌城。在建安縣東南。寰宇記：漢吳世子劉駒發兵圍東甌即此。縣志：東甌城，在縣東南百餘里南才里。

古長城。在建安縣東百餘里。相傳古嘗欲於此地置州，以土薄水淺不果。五代王審知時遷郡城於此，今鄉人呼其地爲黨城，閩人謂「長」爲「黨」，此其鄉音。

大潭城。今建陽縣治。吳志：建安八年，賊洪明等屯漢興，吳五六千户別屯大潭，鄒臨六千户別屯蓋竹。吳將賀齊破斬明等，轉擊蓋竹，軍向大潭，二將皆降〔六〕。十年，轉討上饒，分置建平縣。元和志：建陽縣東南至建州一百六十里，吳置建平縣。晉太元四年，改曰建陽。寰宇記：後漢建安初，割建安縣地爲桐鄉。十年，賀齊平上饒，兼以舊桐鄉地置縣。縣志：縣舊治在縣南，晉太元中移於縣東北〔七〕，唐嗣聖中又移治今所，即大潭城，吳五所屯。相傳古閩越王築城於此以拒漢，下瞰溪潭，因名。或曰五代時王審知置城砦於此，宋始移縣治之。

閩王城。在建陽縣北三十里。相傳王審知所築，土阜隱隱如城，外有水田環繞，即故城濠，其中殿基猶存，今土人猶呼其地曰王殿，村曰城村。

魏王城。在崇安縣南武夷山南。相傳仙人魏王子騫築，今人呼其地爲王城。

漢陽城。在浦城縣北。漢元封元年，兵入東越，故粵衍侯吳陽以其邑七百人反攻越軍於漢陽，即此。

松源城。在松溪縣東二十五里。五代王閩置鎮於此，南唐升爲縣。宋開寶末始移於今治。

豐國監。在建安縣治北。九域志：在建州城東北，宋咸平三年置，鑄銅錢。縣志：在中和坊行都司左，後改爲檢踏廳，元廢。明爲建陽衛，今爲貢院。

龍焙監。在建安縣南一百五十里秦溪里，東去古田縣八十里。寰宇記：宋開寶八年，以州地出銀礦，置場收銅銀。太平興國三年，升爲龍焙監，凡管七場，俱在秦溪里。

永興場。在甌寧縣西。寰宇記：龍焙監領永興場，在監西北二百里高陽里。又永樂場，在甌寧縣北二百里安樂里。縣志：高陽里，在縣西一百五十里。安樂里，在縣北一百二十里。

崇安場。今崇安縣治。寰宇記：崇安場在建州北二百四十里，本建陽縣東北三里。南唐保大九年割爲場，宋升爲縣。縣志：王審知始置温嶺鎮，南唐改崇安場，因以名縣。

銀場。建陽、浦城二縣皆有，今廢。九域志：建陽縣有黄柏洋、武仙、大同山、瞿嶺四銀場，浦城縣有通德、潘家山、余桑三銀場，余生、蕉溪、筋竹三銀坑。縣志：建陽縣又有虎鼻窠鉛坑，在縣西北嘉禾里，與崇安、邵武各山連界，舊誤爲銀坑，明嘉靖中開採無效而罷。又浦城縣西北有大濟、馬鞍等場，黄藥、楊樹等坑，永樂、宣德間開採無效廢。

瑞應場。在松溪縣東南東山下，宋隆興間置，設官採銀。明洪武初亦嘗開採。永樂後以礦脉微絶封閉。

杉溪場。在松溪縣西杉溪里。寰宇記：在龍焙監東北三百里，出銀礦。

東平場。在政和縣西北東平里。寰宇記：在龍焙監東北二百五十里。又九域志：縣有天授一銀場。縣志又有谷洋場，在縣東南洞宫山，宋置坑治司，後徙黄嶺坑，今廢爲公館。

越王行宫。在浦城縣東隅。相傳漢越王餘善建，今勝果寺即其遺址。又越王臺，在縣東越王山之巔，相傳餘善所築，置烽堠於此。本朝順治年間重建，乾隆三十二年、六十年修。

北苑。在建安縣東。九域志：建安縣有北苑焙。方輿勝覽：在縣東二十五里鳳凰山，南唐保大間，命建州製的乳茶，號曰京鋌，臘茶之貢自此始，遂罷陽羨茶貢。舊志：苑在鳳凰山麓，廣三十里，相傳僞閩龍啓中，里人張廷輝以所居北苑地宜茶，悉獻之官，其名始著。舊有官焙三十二，又小焙十餘，今止存其一。

御茶園。在崇安縣南武夷四曲李仙巖前。中有泉，舊於此製茶上供。元時設場官二人，掌茶園百有二頃。明初有司董之，嘉靖中罷。

茶坂。在建陽縣西北。宋謝枋得寓此。

冶鑪。在松溪縣南湛盧山下。漢置冶縣，以此爲名。

晞真館。在崇安縣武夷山。宋建，李綱有詩。

雙溪館。在政和縣南八十里雙溪上，南七十里至瀿洋，即古田縣界。

碧雲樓。在府治。又城内敕書樓，宋縣令葉蒔建，以藏敕書。韓元吉重建。

丹青閣。在甌寧縣南三里。宋郡守石禹勤建。

鳳凰臺。在建安縣東鳳凰山。宋太平興國中築。又乘風堂，在鳳凰山高處，宋慶曆中柯適記，石碣字大尺許。

拜郊臺。在崇安縣東南。舊傳漢越王無諸嘗於此拜郊。

考亭。在建陽縣西南。南唐侍御史黄子稜構亭以望其父墓，因名望考亭。宋紹熙中朱子築室於此，復建精舍於東，扁曰竹林，後更扁曰滄洲。淳祐四年，改爲考亭書院。

聚星亭。在建陽縣考亭書院右。宋相陳旭建，朱子重修，有畫屏贊并序。

鍾離亭。在建陽縣東北百丈山東。寰宇記：在浦城縣西北八十里梨巖南嶺下道東，古蹟尚存，今爲戍。

清獻梅亭。在崇安縣治。宋趙抃嘗令兹邑，手植梅於後圃，後人立石刻「清獻梅」三字。元縣尹彭好古構亭其上。

晝寒亭。在崇安縣東南。宋建。

鐵笛亭。在崇安縣南武夷山中。宋建，胡寅嘗與劉兼道遊此，兼道善吹鐵笛，因以爲名。

黄亭。在崇安縣南武夷山中。宋建以黄石，取土剋水之義。

緑波亭。在浦城縣西南浦橋岸側。宋建，取江令南浦緑波句爲名，山色波光，天然圖畫。

睦亭。在浦城縣北西山之麓。宋真德秀建，自爲之記，取睦親之義爲名。

折桂亭。在政和縣西前街。宋元豐八年，邑人陳律破荒登第，留題於此，有「三島路從天外去，一枝香折月中來」之句，因以名亭。

建安堂。在府治廳事後。

思賢堂。在府治北園。以楊文公詩立碑堂上命名。

緑野堂。在崇安縣北一里。宋康定中趙抃建。

觀妙堂。在崇安縣南武夷山中。宋建，李彌遜嘗宿此，有詩，朱子爲題跋，重刻於石。

晝錦堂。在浦城縣西南峯寺。宋章得象建，内刻宋仁宗賜詩，凡章氏子孫登第者，俱鐫名於此。

石鼓書堂。在崇安縣南武夷山。宋葉夢鼎建。

楊徽之讀書堂。在浦城縣西夢筆山麓等覺寺左。

楊億讀書堂。在浦城縣北長樂里能仁寺右。

章得象讀書堂。在浦城縣西巖嶺下。

聞軒。在建安縣北。宋秦觀記。

晦菴。在建陽縣西北雲谷之上，旁有道源堂，皆朱子所建。

環溪精舍。在甌寧縣南。宋朱松建，後因祀焉。又朱子所築精舍，在崇安縣武夷五曲中，有仁智堂、隱求齋、觀善齋、止宿寮、石門塢、寒棲館、晚對亭、晦菴、釣磯、茶竈。景定間設山長於此，今爲紫陽書院。

龜峯精舍。在建陽縣東妙高峯下。宋黄幹建爲講道之所，後更名環峯書院，理宗書扁。又有勉齋草堂，在考亭之西，慶元中幹建。

南溪樟隱。在建陽縣南溪上。閩書：宋祝穆隱此，取朱子所書「南溪樟隱」四大字以名其廬。中有藏書閣，張栻書。

白鶴山房。在建安縣東二里。閩書：明楊榮讀書處。

蓋竹社。在建陽縣西南考亭。宋陳晦、陳和仲、陳徽猷、陳坦、陳萬年、陳履道、陳遜、陳旭諸人集此。又龍洲社，在考亭龍舌洲上。

顧野王宅。在建安縣城東光禄坊。寰宇記：建安縣有顧野王宅，今爲開元觀。縣志：宋更名天寧萬壽觀〔八〕，又改曰報恩光孝。

劉珙宅。在甌寧縣南紫芝上坊。

劉爚宅。在建陽縣西北。宋嘉定間改建雲莊書院，即祀焉。

蔡沈宅。在建陽縣西北蘆峯山下。宋乾道間沈構精舍於此，理宗親書「蘆峯書院」四字扁之。

劉韐宅。在崇安縣東屏山下潭溪。又縣南九曲巷有韐弟韞宅。朱子作詩紀其勝。

劉子翬宅。在崇安縣東屏山下。中有六經堂，又有家園十七景。子翬各賦一詩，朱子書刻於石。後爲屏山書院。

朱子宅。在崇安縣東潭溪上。朱子父以後事屬劉子羽，子羽爲築室於里之旁以居，朱子牓其廳事曰紫陽書堂，以新安有紫陽山，示不忘也。晚年乃移居考亭。

胡安國宅。在崇安縣東南。後人稱爲文定書院。

張靄宅。在崇安縣南會仙里。故址尚存。

劉勉之宅。在崇安縣白水，扁曰「草堂」，即劉子翬、胡憲、朱子講學之地。

真德秀宅。在浦城縣東隅越王山下。又縣西西巖山有西山精舍，德秀構爲講學之所，中爲講堂，後爲拱極堂，德秀自記。夢筆山等覺寺右有德秀夢筆山房，山房之後爲六君子堂，亦名六賢祠。

關隘

桐木關。在崇安縣西一百二十里，南通邵武府光澤縣，西通江西鉛山縣黄柏坂。

分水關。在崇安縣西北分水嶺上，接鉛山縣界，爲江、閩之襟要。五代至宋皆置寨於此，元廢。明洪武初復置，設巡司，今省。亦曰大關，人稱爲入閩第一關。其東又有谷口關。

觀音關。在崇安縣西北七十五里。又東有温林關，皆接鉛山縣界。

焦嶺關。在崇安縣北七十里。縣境諸關，此爲最險。

寮竹關。在崇安縣北八十里。與觀音、温林向稱三關。

岑陽關。在崇安縣東北一百二十里，陡入江西永豐縣界，東達浦城之二渡關，北出江西上饒縣界。廣谷深林，常爲盜藪。

翁源關。在浦城縣東南七十里翁源嶺，東去松溪縣七里。

柳營關。在浦城縣西北七十里，路出江西永豐、浙江江山二縣。

梨嶺關。在浦城縣西北七十里梨嶺上。明洪武初建,扁曰「梨關」。本朝嘉慶十五年重建。又北二十里爲楓嶺關,在楓嶺上。又北三十八里爲仙霞關。

太平關。在浦城縣西北八十里。又西有梅溪隘,俱北接江西永豐縣界。

二渡關。在浦城縣西北一百十里,西至崇安岑陽關三十里,又西至江西永豐縣五十里,爲入閩之間道。其地山嶺巉岏,溪流迴繞,東西二面皆爲橋以渡,因名。

金竹關。在浦城縣東北八十里。又安民關,在縣東北一百里,俱與江山縣接界。

房村巡司。在建安縣南三十里。本朝乾隆十五年,移籌嶺巡司駐此。

葉坊巡司。在甌寧縣北四十里。自崇安、浦城沿溪而下者,皆會於此。本朝乾隆十五年置,有葉坊驛。元時置站,明初改爲驛,舊設驛丞,本朝乾隆八年裁。

營頭巡司。在甌寧縣西北一百十里水吉鎮。明正統四年,置巡司於鎮中之營頭街,故名。今因之有營頭驛,本朝康熙十六年設,東南至葉坊驛一百五十里。

南槎村巡司。在建陽縣西八十餘里。本朝乾隆三十一年,裁松溪縣遂應場巡司設。

五夫村巡司。在崇安縣東八十里。本朝乾隆三十一年,移分水關巡司駐此。

高泉巡司。在浦城縣東九十里高泉關,與浙江處州府龍泉縣接界。明洪武三年置巡司,今因之。

廟灣巡司。在浦城縣北鄉安樂里。舊在盆亭鎮,山溪險仄,蹊徑四通,亦曰盆亭關。宋元豐三年建寨,元因之,明洪武三年改置巡司,後燬於兵。本朝雍正十年移九牧街,乾隆二十六年改置廟灣,照料驛務,因易今名。

溪源巡司。在浦城縣東北五十里蔡家嶺根，亦名溪源隘。明宣德八年，御史楊禧巡視銀場，因請增置巡司。本朝康熙二十年，移駐人和里石陂街。

下莊巡司。在政和縣東南。本朝乾隆十三年，移赤巖巡司駐此。

二十四都巡司。在松溪縣北八十里。元皇慶中置寨，明洪武三年改置巡司，今因之。

籌嶺鎮。在建安縣東南一百二十里。宋建炎中於嶺上置寨，名籌嶺寨，元置巡司，明洪武四年，改於嶺下龍門橋下，今省。

蓋竹鎮。在建陽縣南二十五里。漢建安中賊鄒臨別屯蓋竹，又石晉開運元年，南唐將查文徽擊劍州王延政，自建陽進屯蓋竹。

麻沙鎮。在建陽縣西七十里。宋建陽劉氏世居於此，理學功名，爲世所宗。景德中置監官，宣和初又置麻沙鎮巡司，元廢。又沙寨，在縣西北，宋初因唐石上、中、下三里地遠民悍，置寨於此以鎮之。宣和初遷於麻沙鎮。

黄亭鎮。在崇安縣東南七十里。舊有巡司，今置興田驛於此。

臨江鎮。在浦城縣西南四十里。九域志：浦城縣有遷陽、臨江二鎮。縣志：遷陽鎮，俗名仙陽，在縣西北四十里，皆宋時建，各設監官監之，紹興初罷。

東關鎮。在松溪縣南四十五里。元皇慶中置東關寨，在瑞應場。明洪武二年改置巡司，在縣東關里仰屯，永樂中遷於馬鞍嶺，嘉靖八年遷於鐵嶺，萬曆中又遷於峽橋，即今治也。

關隸鎮。在政和縣東南七十里，地名李溪。宋咸平中升關隸鎮爲縣，因别置鎮於此，今其地猶呼爲鎮前。

赤巖鎮。在政和縣東南一百二十里壽寧縣界。宋置寨，明洪武二年改置巡司，移治於縣東百里，地屬壽寧，官屬政和。今省。

後山街。在建陽縣西二十里。宋大觀三年，置税務於此。明洪武三年，改爲税課局，後裁。

書坊街。在建陽縣西三十里崇化里。天下書籍多出於此，商旅輻輳。方輿勝覽：麻沙、崇化兩坊産書，號爲圖書之府。

長城街。在政和縣西二十五里。平原廣衍，明知縣車鳴嘗議移縣治於此。

東游市。在建安縣東百里。元至正中置東游税課局，明因之，今廢。

上洋市。在甌寧縣西一百六十里上洋口，當延、邵二府水陸之衝。舊有税課司，元至正中置，本朝乾隆三十五年移王臺通判駐此。

太平驛。在建安縣西南四十里太平街。元置站，明初改爲驛。

城西驛。在甌寧縣西南通濟門外。元置站，明初改爲驛。

建溪驛。在建陽縣南。

興田驛。在崇安縣東南黄亭鎮，南去建陽縣七十里。明初置於興田，後移於此。

裴村驛。在崇安縣東三十里。

長平驛。在崇安縣南門外。元置崇安驛，明初改今名。

大安驛。在崇安縣西北五十里。明洪武初改置。

人和驛。在浦城縣南鄉人和里石陂街。

柘浦驛。在浦城縣西門外。

小關驛。在浦城縣北鄉安樂里廟灣。

津梁

鎮安橋。在建安縣城内。一名洲橋，即舊鎮雅橋。宋乾道間建，明永樂十年重建。

南鄉橋。在建安縣東南。宋建。

七星橋。在甌寧縣南廣德門外。舊名桂香橋。南岸爲址十有六而梁以石，長三十二丈，溪之中因沙洲甃石爲路，長二十二丈。北岸爲址五，亦梁以石，長十丈。

通都橋。在甌寧縣西南平政門外。舊名平政橋，宋建，爲址十有一而梁以木，上覆屋凡三百六十楹。建江經此約束而出，如在山峽中，水盛時懸流一二丈，牽挽甚難。

馮陂橋。在甌寧縣西北。明建，石址木梁，有亭三十三楹。

東津浮橋。在建陽縣東景陽門外。用舟三十，維以鐵索，明建。

朝天橋。在建陽縣南門外。舊名濯錦南橋，宋紹興中建，横跨南溪，石址木梁，釃水十三道，覆以屋七十三間。

雲衢橋。在建陽縣西南三十里書坊。俗名建陽大橋，宋建。

紫陽橋。在建陽縣西百里。舊名仙源橋，宋慶元間建，以路通朱子墓改今名。

拱辰橋。在建陽縣北駐節門外。舊名濯錦北橋。宋紹興中建，石址木梁，覆以屋八十三間。一名童游橋，淳祐中重修，更名淳祐橋。明洪武九年再修，改今名。

青雲橋。在崇安縣東門外。宋建，以中丞翁彦國、樞密劉珙居橋東，故名晝錦。又名旌忠，又名繼賢。本朝康熙二十一年重建，改名聚奎。

會仙橋。在崇安縣東五夫里。宋建。又縣西北平川橋，舊名溪南橋，俱朱子書扁。

月溪橋。在崇安縣東六十里，路出浦城。宋建，胡寅題扁。

廣福橋。在崇安縣北門外。宋端平間建，初名德星，後改濟川，又改慈濟，景定間重建，改今名。本朝乾隆二十五年重建。

南浦橋。在浦城縣南門外南浦溪上。石址木梁，上覆以亭二十八間。本朝嘉慶五年圮于水，十六年改爲浮橋。

古湫橋。在浦城縣西南五里，跨大溪。又名九湫橋，長數十丈，元建。本朝順治四年重建，改名永濟。

桂林橋。在浦城縣西北招賢里。元節婦徐彩鸞題詩自沉於此。

通濟橋。在松溪縣東二十五里，跨松溪。本名故縣橋，宋建，明初改今名，長五十六丈，上覆以屋。又普濟橋，在縣東南，亦跨松溪，本名平政橋，宋紹興初建，淳熙中重修，覆以亭三十二間，明隆慶中改今名。

永鎮橋。在松溪縣東南，即關口渡也。一名永泰橋。宋嘉定初建，明正統間重修，覆屋十餘楹。亦名新橋。

福善橋。在松溪縣。本朝嘉慶二十四年重修。

泗洲橋。在政和縣東南，接寧德縣界。元末萬户李鉉討賊戰死於此。

朝天橋。在政和縣南。明天順間建，凡赴京者必經此，故名。又倪屯橋，係古官壩渡，明嘉靖初建，本朝康熙二十年築石，架屋四十餘間。

驂鸞渡。在建安縣南三里。相傳梅福乘鸞上昇過此，故名。

大石溪渡。在浦城縣東南。朱子訪友過此，值山花盛開，映水如錦紋，遂於石壁上書「錦工」二字，墨蹟猶存。後人爲橋，扁以「錦工」。橋廢，仍改爲渡。

隄堰

傅公隄。在崇安縣東峯街。宋嘉定中縣令傅雍築，以捍大溪之水。

玉陂。在甌寧縣北。通志：溉田一萬餘畝。先是，陂有妖爲害屢塌，宋時郡人吴栻以玉圜尺投之，自是陂不壞，故名。

黄龍陂。在崇安縣東，溉田數萬畝。又有烏龍陂，溉田五千餘畝。縣西有蘆陂，溉田萬餘畝。

清獻陂。即陳灣陂，在崇安縣西五里。宋慶曆初，縣令趙抃作石隄以遏西北溪水入城，又就縣西鑿陂于新陽，灌溉甚廣，後因暴流衝決。元至正二年，縣令劉沅祖乃相水所出之地，累石爲閘，以時啓閉，民賴其利。沅祖，字濟川，因名濟川閘。

賣泉陂。在松溪縣一都，溉田一千五百畝。

陵墓

三國　吴

陸宏墓。在松溪縣東五里濟美廟後。

唐

李頻墓。在建安縣東南將相里小源漈之永樂洲。

翁承贊墓。在崇安縣北吴屯里故宅之後，今邑人猶呼其地爲大夫閘。

張謹墓。在政和縣東北感化下里。謹遇賊九戰弗克，乃瞠目大罵，爲賊所害，因葬於此。有英節廟在縣南。

宋

鄭轂墓。在甌寧縣南紫芝峯下。

曹覲墓。在甌寧縣西慶勝院之後山。

劉珙墓。在甌寧縣西北豐樂里新歷原，今妙湛寺之南。

朱子墓。在建陽縣九峯山下大林谷。子在墓，在建安縣東永安寺後。孫鑑墓，在建安縣秦溪外里。曾孫浚墓，在建安縣西南。玄孫林墓，在建安縣秦溪外里。

蔡元定墓。在建陽縣崇泰里翠嵐源梘頭。長子淵墓，在縣東南二十里。

劉勉之墓。在建陽縣南三桂里。

蔡沈墓。在建陽縣西九峯之東原。長子模墓，在縣西二十里考尾壠。次子抗墓，在縣西七十里留田。

熊禾墓。在建陽縣西熊屯横歷。

胡宏墓。在建陽縣北鼓樓嶺。又胡憲墓，在東田龍潭坑上。

劉韐墓。在崇安縣東拱辰山。韐子子羽墓，在縣東蠏坑。子翬墓，在拱辰山南。

朱松墓。在崇安縣東寂歷山中峯之北。粤國夫人祝氏墓，在建陽縣崇泰里。

楊億墓。在浦城縣楊村宅後。

真德秀墓。在浦城縣西南株林山南。

吴執中墓。在松溪縣東南鬬里後窠山。

陳戩墓。在松溪縣北棗嶺山。

朱森墓。在政和縣東護國寺前。朱子之祖，有祠曰啓賢。

元

杜本墓。在崇安縣南存心橋西。

葉景仁墓。在松溪縣東南瑞應場翁村。

明

陳榮墓。在建安縣東三十里。

楊榮墓。在甌寧縣西北館前山之原。

祠廟

朱文公祠。一在建安縣治北紫霞洲，一在浦城縣東。又建陽縣三桂里考亭書院、松溪縣西南湛盧書院並祀朱子。

楊文敏公祠。在建安縣治西宣化坊，祀明楊榮。

五賢祠。在建陽縣治。舊祀宋游酢、陳洙、陳師錫，後以蕭之敏配，號四賢。又以劉爚配，改稱五賢。

胡文定公祠。在建陽縣北崇文里。又文定書院，在崇安縣西，並祀宋胡安國。

謝疊山祠。在建陽縣南朝天橋，祀宋謝枋得。

趙清獻公祠。在崇安縣西營嶺，祀宋趙抃。

劉氏五忠祠。在崇安縣東屏山，祀宋劉忠顯韐、忠定子羽、忠肅珙、忠簡頜、忠烈純。

蔡九峯祠。在崇安縣南武夷一曲兜鍪峯下，亦名九峯書院，祀宋蔡沈，明正德中建。又南山書院，在三曲虎嘯巖下，即沈講學之所，因以祀焉。

彭庭堅祠。在崇安縣治。縣志：元至正初，庭堅爲縣尹，禦寇有功，累官福建宣慰司副都元帥，討平羣盜。後遇害，故吏奉柩還，崇安民哀泣如喪父母，立祠像歲時祭禱。

江文通祠。在浦城縣西夢筆山麓，祀梁江淹，宋大觀初建。

真西山祠。在浦城縣東隅里，祀宋真德秀。舊名西山書院，明成化初建。本朝康熙年間拓建，四十五年，御書扁額曰「力明正學」。

隴西郡公祠。在政和縣東南泗洲橋，祀元死難萬户李鉉。

李公廟。在建安縣東南梨山麓，祀唐刺史李頻。

靈通廟。在甌寧縣北五里黄畲山。唐肅宗時，京畿令謝夷甫爲李輔國所譖，貶死於此。後見夢於代宗，立廟曰靈通。

會真廟。在崇安縣武夷山，祀山之主神，又號同亭廟。

濟美廟。在松溪縣東關里，祀吴會稽南部都尉陸宏。

寺觀

白雲崇梵寺。在建安縣東光禄坊。五代晉天福中，建於從化坊，名白雲廣福院，宋改今名。明洪武中，以其地爲永豐倉，移建今所。本朝康熙七年重建。

開元寺。在甌寧縣城南三里。明統志：晉建，舊名林泉，唐賜今名。寺有丹青閣、一覽亭、定光巖、觀音巖、彌陀巖、陸羽泉、石龜池、寶月井，名八奇。

佛跡嶺寺。在建陽縣西二十里。唐咸通中建，舊名聖跡寺。相傳馬道一禪師卓錫於此，留跡在石，深如篆鐫。本朝康熙十八年重建，改今名。又縣西仰山寺，元泰定間建，山若仰掌，寺居林中，翠嵐蓊鬱，萬竹蕭森，攀緣石磴，曲折五里許始達。

光化寺。在崇安縣西濯纓坊，跨山爲址。寺有龍藏并龍經樓，寺門之右爲張仲隆讀通鑑室，朱子爲記。

萬葉寺。在浦城縣北漁梁山麓。府志：舊名溪楓，唐賜今名。寺有八景，曰瀑布、石門、菩薩巖、仙人跡、汙尊、水簾、七松壇、萬石階，皆山水勝絶。

天堂寺。在政和縣東門。宋宣和五年建，寺有鳴霜樓。本朝康熙十七年重修。

沖祐萬年觀。在崇安縣武夷山。唐建，名武夷觀，宋賜額。

清微太和宫。在崇安縣武夷山。元建，虞集記。

湛盧菴。在松溪縣南十五里。宋建，朱子嘗寓此讀書。相近有福雲、老嶺二菴，俱元至正間建。

粤山道院。在浦城縣東越王山麓。宋時東京李陶真自武夷止止菴徙居此，好吹鐵篴，後仙去。葛長庚亦曾遊焉。本朝順治年間，構迎仙樓。乾隆十九年，增建爲道院，有碧霞洞、一線天、半月池、洗筆泉諸勝。

名宦

三國　吴

鄭胄。沛國人。有文武資局，稍遷建安太守。吕壹賓客於郡犯法，胄收付獄考究。壹懷恨，後密譖胄，孫權大怒，召胄還。潘濬表爲陳請，得釋。

王蕃。永安初爲建安太守。時創置伊始，蕃築城覆船山下，建立郡治，紀綱庶務，厥功居多。

南齊

陶季直。秣陵人。永明中建安太守，爲政清静，百姓安之。

唐

張文琮。昌樂人。永徽中爲建州刺史。州尚淫祀，不立社稷，文琮下教曰：「春秋二社本於農，今此廢不立，尚何觀？」於是始建祀場，民悦從之。

葉顒。武德中爲建州刺史。會妖賊武遇作亂，顒嬰城自守，城陷，不屈死，民立廟富沙祀之。

崔造。安平人。爲建州刺史。朱泚亂，造輒馳驛比州〔九〕，發所部兵二千以待命，德宗嘉之。京師平，召還〔一〇〕，自以舅源休與賊同逆，上疏請罪。帝以爲有禮，下詔慰勉。

李頻。壽昌人。乾符中爲建州刺史。既至，以禮法治下，更布條教。時政亂盜興，而建賴頻以安。卒於官，喪歸，父老相與扶柩葬永樂洲，立廟梨山，歲時祀之。

宋

李覺。益都人。太宗時通判建州，秩將滿，州人借留，詔褒之。

陳世卿。南劍人。知建州，真宗知其材幹，踰月授福建轉運使。

趙抃。衢州人。康定初以著作郎知崇安縣。爲政本於孝悌，不嚴而肅，民莫敢犯。嘗見南郊土曠廢耕，詢其故，曰無水利也。抃相地開渠，濬陳灣陂，引西郊水，又築隄達星洋，溉田數千畝。累官參知政事，謚清獻。

方偕。莆田人。知建安縣。縣産茶，每歲先社日，調民數千，鼓譟山旁，以達暢氣。偕以爲害農，奏罷之。

王鼎。館陶人。皇祐間知建州。其俗生子多不舉，鼎爲條教禁止。盜犯茶鹽者衆，一切杖遣之。監司數以爲言，鼎弗爲變。

陳襄。侯官人。大觀中爲浦城主簿，攝令事。縣多世族，以請託脅持爲常，令不能制，襄盡革其俗。賊曹捕偷兒至數輩，襄語之曰：「某廟鐘能辨盜，犯者捫之輒有聲。」乃遣吏先引以行，自禱鐘所，陰塗以墨，命羣盜往捫。少焉呼出，獨一人手無所污，叩之，乃爲盜者，遂服罪。

朱松。婺源人。政和間同上舍出身，授政和尉，制治有方，民賴以安。建雲根、星溪二書院，以訓邑之子弟。民多溺子，爲文戒之，俗稍變。他日，邑民謂其所育子孫曰：「活汝者新安朱先生也。」父森，迎養官舍卒，貧不能歸，葬於縣東，賃居以守。世稱韋齋先生。

辛次膺。萊州人。政和中，閩寇范汝爲陷建州，宰相吕頤浩以次膺宰浦城遏賊衝。比至，寇黨熊志齡已焚其邑，於是披荆棘，坐瓦礫中，安輯吏民，料丁壯，治器械，扼險阻，號令不煩，邑民便之。

馬彦博。爲統制官。賊寇浦城縣，夾溪而屯，據險設伏以邀官軍，彦博死之。

趙善俊。宋宗室，居邵武。淳熙中知建州。建俗生子不舉，善俊痛繩之，捐俸以助。再知建州，歲飢，民羣發富家廩，監司欲調兵掩之，善俊曰：「是趣亂也。」諭許自新，平米價，民乃定。邑尉入盜死罪以希賞，善俊辨出之。

洪邁。鄱陽人。淳熙中知建寧府。豪民有睚眦殺人，衷刃篡獄者，久拒捕，邁正其罪。

任希夷。邵武人。淳熙中調浦城簿。從朱子學，篤信力行，朱子器之，曰：「伯起開濟士也。」

陳居仁。莆田人。紹熙中知建寧府。歲飢，出儲粟平其價，弛逋負以巨萬計，代輸畸零𦵏稅。

沈作賓。歸安人。慶元中知建寧府，入覲乞申嚴詭户之禁。

傅伯成。晉江人。嘉定中知建寧府。華岳忤韓侂胄，下大理，貶建寧圜土中，伯成憐之，命獄卒出入無繫。子壅，以宣教郎知崇安縣，增學田，築舊隄，創廣惠倉，亦多政績。

趙必愿。宋宗室，居餘干。嘉定中知崇安縣。剖判如流，吏不能困。修學政，立催科法，列户各爲三等，以三期爲約，足者旌之，未足者寬以趣之，踰期不納者，里胥程督之。民皆感悦願輸。革胥吏鬻鹽之弊，擅發光化社倉活飢民。舊有均惠倉無所儲，必愿捐緡錢增糴二千石，力主義役之法。

陳韡。侯官人。紹定中提點福建刑獄招捕使，兼知建寧府。衢州寇汪徐、來二破常山、開化，勢張甚，韡命淮將李大聲提兵七百，出賊不意，夜薄其砦。賊出迎戰，見旗驚曰：「此陳招捕軍也。」皆大哭。急擊之，衢寇悉平。

孫夢觀。慈溪人。紹定中知建寧府。蠲租稅，省刑罰。郡人徐清叟、蔡抗以爲有古循吏風。

袁甫。鄞縣人。端平中知建寧府，兼福建轉運判官。閩鹽隸漕司，例運兩綱供費，後增至十有二，吏卒並緣爲奸，公私苦之。甫奏復舊例。丁米錢久爲泉、漳、興化民患，會知漳州趙以夫請以廢寺租爲民代輸，甫並捐三郡歲解本司錢二萬七千貫助之。

包恢。建昌人。建寧守袁甫辟爲府學教授，監虎翼軍，募土豪討唐石之寇。淳祐中提點福建刑獄，兼知建寧守。

洪天錫。晉江人。淳祐中通判建寧府。大水，不俟報，發常平倉賑之。

葉夢鼎。寧海人。開慶中知建寧府。作橋梁，置驛舍，建大安關，決疑獄。

元

陳君用。南平人。以功授同知建寧路事。賊圍福州，君用率兵往援，大敗賊衆。廉訪僉事郭興祖，佩君用明珠虎符，使權同知副都元帥，遂引兵踰北嶺至連江，阻水而陣。君用曰：「今日不盡殺賊，吾不復生還矣。」乃率壯士六十人，徒涉斬殺。賊稍潰，既而復合，君用大呼轉戰，中槍死。

鄒伯顔。高唐人。爲崇安縣尹。邑有趙清獻陂，溉民田數千頃，歲久溝湮而田廢，伯顔修長溝十里，繞植楓樹，累石爲固，田穫常稔，民賴其利。

彭庭堅。瑞安人。至正間爲崇安縣尹。十四年，盜侵政和、松溪，江南行臺中丞吴鐸督軍建寧，檄庭堅至。時鎮撫萬户岳焕隸麾下，焕素悍，縱卒爲暴，庭堅欲繩以法。焕懼，使步卒乘其不備，詐爲賊兵，突入交鋒，衆皆潰，庭堅獨留不去，遂遇害。

孔楷。曲阜人。至正間爲崇安尹，以陳友定寇亂，拒戰而死，遂葬將村之游嶺。

葉景仁。松溪人。至正間由政和尉升浦城尹，奉檄討政和西里寨寇。值歲飢，出家資餉兵擊破之，乘勝深入，後援不繼，爲所執，不屈而死。

揭汯。豐城人。元末以廉訪僉事治建寧。陳友諒兵下杉關，圍建寧。汯部勒散卒千人，命總管阮德柔督戰屢捷。城外有黄華山，高瞰城内，汯作層樓蔽之。又鍛鐵爲鐮鉤，儲水櫃於樓下。及寇據山，以火攻樓。曳以長鉤，水沃火滅。復備薪藁萬束於城下，寇穿隧入，燎烟薰死者甚衆。相持十旬，乘寇怠出戰，親冒矢石，自寅至午，焚其三栅，會援兵至，賊大奔。諸將上其功於朝。

明

芮麟。宣城人。洪武末爲建寧知府。歲飢發廪賑濟，勸富民分粟出貸，民以得全。新學宫及考亭書院，親與諸生講肄，政教大行。

張準。崑山人。永樂中知建安縣。持己端潔，歲飢乞以鈔代賦，大疫乞蠲征徭，朝旨皆報可。卒於官。

張瑛。建德人。正統中知建寧府。時鄧茂七作亂，逼城結砦，瑛率民乘霧襲破其砦。進参政，仍知府事。餘黨林拾得等復轉掠城下，瑛與從父敬禦之，乘勝逐北，陷伏中，敬戰殁，瑛被執，大罵不屈死。贈福建按察使。弘治中命有司立祠奉祀。

何俊。金溪人。初爲浦城丞，廉平果斷。正統中處州盜屢侵縣境，俊築城塹，備器械，率民兵拒之，賊不敢入。既而奉檄往崇安，賊乘隙來攻，俊馳間道歸，捕斬百餘人。以功擢知本縣。修西山精舍，擇真氏子孫賢者奉祀。

薛宗鎧。揭陽人。嘉靖初知建陽縣。求朱子後復之，以主祀事。俗生女多不舉，宗鎧力禁之。歲飢，賑倉粟，先發後聞，全活無算。

周尚友。貴溪人。嘉靖間知政和縣。值倭寇攻城，尚友躬蹈鋒刃，督民堅守，援兵不至，城陷死之，一家遇害。事聞，贈寺丞。

鄭爲虹。江都人。崇禎末知浦城縣，有廉聲。唐王入閩，召爲監察御史，部民詣闕乞留，有十不可去之疏。乃命以御史巡視仙霞關，駐浦城，尋命巡撫上游四府，丰裁卓然。時鄭芝龍有異志，盡撤守關兵，大兵長驅而入，爲虹還浦城，縱士民出走，自守空城，被執死之。

崔攀龍。臨潁人。明末知建陽縣，視民如子。明亡死之。

本朝

殷應寅。滕縣人。順治中知崇安縣。壬辰寇圍城七晝夜，設法固守，民賴以全。後升任赴都，猶爲崇民請減鹽引，民迄今德之。

沈孚建。錢塘人。順治初知政和縣。值山寇陷城，被執不屈，駡賊死。

喻三畏。奉天人。康熙八年，任建寧府同知。十三年，耿逆變作，不屈被害。

沈鏄。嘉善人。康熙八年，知建安縣。時兵燹後土田荒蕪，蠹胥巧爲影射，鏄廉其實，窮治不少貸。藩厮以錢貸窮民，勒息數倍，私禁榜掠，官莫能制。鏄曰：「愛一官而脅於輿隸，使民無告，吾恥焉。」捕置之法。民心大悦。

李元堪。德州人。康熙四十五年，知浦城縣。廉明强毅，奸蠹屏跡。浦俗，命案屍親肆掠仇家，堪嚴緝之，弊乃絶。捐俸移學於皇華山麓，士民頌之。

趙孔超〔一一〕。長山人。雍正三年，知浦城縣。造士有方，諸生赴省試，分俸給行資。貧士逋糧，不令胥役勾攝，其最貧者代輸之。嚴禁鼠竊，幾於夜不閉户。

杜昌丁。青浦人。雍正七年，知浦城縣。盡革無名科斂，宿弊一清。勤於課士，優禮其賢者。以最擢知永春州。

人物

五代　南唐

江文蔚。字君章，建陽人。唐長興中舉進士，博學工屬文，與韓熙載齊名，官至翰林學士、禮部侍郎。南唐立國，設科取士，自命文蔚知貢舉始。

林仁肇。建陽人。爲南唐留守，軍中謂之林虎子，多得士心。宋太祖忌仁肇名，取仁肇像懸別室。時後主子從善質於汴，引觀之，曰：「仁肇行且降，先持此爲信。」指空館曰：「將以此賜。」後主聞之，酖殺仁肇，唐遂以亡。

宋

楊徽之。字仲猷，浦城人。幼刻苦爲學，嘗肄業潯陽廬山。太宗謂宰相曰：「徽之儒雅，操履無玷，置於館閣宜矣。」咸平初爲禮部侍郎，多識典故，唐以來士族人物，悉能詳記。有集二十卷。

楊澈。字晏如，浦城人。幼聰警，周宰相李穀器異之。建隆初舉進士，竇儀謂澈文詞敏速，可當書檄之任。事親以孝聞。官至兵部郎中。

楊億。字大年，徽之從孫。年十一，太宗聞其名，詔送闕下試詩賦，授秘書省正字。真宗即位，詔錢若水修太宗實録，奏億參預。凡八十卷，而億獨草五十六卷。書成，乞外補就養，知處州。召還，知制誥。母疾，請歸省，不待報而行。上親緘藥劑，加金帛以賜。億文格雄健，尤長典章制度，喜誨誘後進。所著括蒼、武夷、潁陰、韓城、退居、汝陽、蓬山、冠鼇等集，凡一百九十四卷。

李虚己。字公受，建安人。父寅，有清節，虚己舉太平興國進士，官工部侍郎，分司南京。寅事親孝，治家有法，虚己及弟虚舟，又以孝友清慎世其家。虚舟之子寛、定，皆有能名。虚己喜爲詩，數與曾致堯及其婿晏殊唱和。有雅正集二十卷。

黄震。字伯起，浦城人。端拱進士，累遷都官員外郎。在真宗朝數論事，既卒，詔進其官一等。

章頻。字簡之，浦城人。咸平間與弟頔皆試禮部預選，會詔兄弟毋並舉，頻即推其弟棄去。後舉景德進士，歷官三司度支判官。詔鞫邛州牙校訟鹽井事，皇城使劉美依倚后家受賕，使人市其獄，頻請捕繫，忤旨，出知宣州。遷刑部郎中。

章得象。字希言，頻從子。咸平進士。爲人莊重，楊億以爲有公輔器，薦之。累拜同中書門下平章事，封郇國公。得象在翰林十三年，章獻太后臨朝，宦官方熾，每遣内侍至學士院，得象必正色待之。卒，贈太尉，謚文憲。

曾修古。字述之，建安人。大中祥符進士，爲監察御史，上四事，曰行法令、審故事、惜材力、辨忠邪，詞甚切至。時崇建塔廟，費不可勝計，修古極陳其不可。太后兄子劉從德死，録其姻戚，至於厮役，修古與楊偕輩交章論列。修古慷慨有風節，當太后臨朝，遇事輒言，無所回撓。弟修睦，性廉介，與修古同舉進士，累官都官員外郎，恬於仕進，不待老而歸。

徐奭。字武卿，甌寧人。大中祥符五年進士第一，天聖初爲兩浙轉運使。蘇州多水患，奭度赤門以東，築隄架梁，以濟不通，詔書褒美。

劉夔。字道元，崇安人。大中祥符進士，累官太常少卿，知廣州，所至有廉名。桂陽監唐和寇邊，夔爲湖南安撫使，舉兵擊敗和於銀江源，進破其巢穴，蠻逃遁遠去。以户部侍郎致仕。英宗即位，遷吏部。卒年八十三。

徐陟。字公明，浦城人。未冠，挾所爲文入京師，見孫何，何大歎賞，上其奏議五十卷。時丁謂當國，陟不肯見，有「止渴須擇水，暫憩須芳陰」之句。登大中祥符二年進士，累官永州判官。

黄鑑。字唐卿，浦城人。少敏慧過人，舉大中祥符進士。同郡楊億善其文詞，延置門下。累擢直賢院，以母老出通判蘇州，卒。

黄亢。字清臣，浦城人。少奇穎，年十五，以文謁翰林學士章得象，得象奇之。遊錢塘，以詩贈處士林逋，逋尤激賞。時王隨知杭州，奏禁西湖爲放生池，亢作詩數章以諷，士人争傳之。既卒，鄉人類其文爲十二卷，號東溪集。

徐的。字公準，甌寧人。天禧進士。區希範、蒙趕寇衡、湘，命的招撫之。既至，蠻酋相繼出降。以郊祀近召還，蠻復叛。除荆湖南路安撫使，至桂陽，討平欽景、石硋、華陰、水頭諸峒，斬其酋熊可清等千餘級。卒於桂陽。

阮逸。字天隱，建陽人。天聖進士，景祐初知杭州。鄭向上其所撰樂論十二篇并律，與胡瑗俱召赴闕，同校鐘管十三律，分造鐘磬各一簴。康定元年，上鐘律制議并圖三卷。皇祐中更鑄太常鐘磬，召瑗、逸與近臣、太常議秘閣，遂典樂事。遷屯田員外郎。著有易筌、王制井田圖等書。

吴育。字春卿，浦城人。天聖時試禮部第一，知太常禮院，奏定禮文，名太常新禮、慶曆祀儀。拜參知政事。在政府遇事敢言，性明果，所至多條教，易行而不可犯。有集五十卷。

陳升之。字暘叔，建陽人。景祐進士，知諫院。張堯佐緣後宫親爲三司使，唐介斥嶺南，升之皆極諫。遷侍御史知雜事。凡任言職五年，所上數十百事。神宗時拜中書門下平章事，封秀國公。

柳永。字耆卿，初名三變，字景莊，崇安人。景祐進士，工詞章，擅名樂府，仕至屯田員外郎。兄三復、三接，皆工文藝，號柳氏三絶。

張詵。字樞言，浦城人。寶元時累官正議大夫。性孝友，廉於財，平生不殖田業。

吴充。字沖卿，浦城人。寶元中與兄育、京、方皆高第。充爲吴王宫教授，以嚴見憚，作六箴以獻。熙寧元年知諫院。充與王安石連姻，而心不善其所爲，數爲帝言政事不便。代安石爲中書門下平章事，因乞召還司馬光、吕公著、韓維、蘇頌，薦孫覺、李常、程顥等數十人。卒，贈司空，謚正獻。

徐復。字退之，建州人。舉進士不中，退而學易，通流衍卦氣法。慶曆初，與布衣郭京俱召見，命爲大理評事，因以疾辭，賜號沖晦處士。

黄晞。字景徽，建安人。少通經，聚書數千卷，學者多從之游。石介在太學，遣諸生以禮聘召，晞走匿不出。樞密使韓琦表薦之。

謝麟。字應之，甌寧人。嘉祐進士，神宗時由太常博士改西上閤門使。詔使經制宜州獠，降其種落四千八百人，納思廣峒民千四百家，得鎧甲二萬。

陳軒。字元輿，建陽人。嘉祐進士，徽宗時爲兵部侍郎，論監司守臣數易之弊，又力陳青苗遺害。

章衡。字子平，浦城人。嘉祐二年進士第一，知審官西院。使遼，燕射連發破的，遼稱其文武兼備。嘗纂歷代帝系曰編年通載。

章望之。字表民，得象從子。爲文辨博，長於議論，上書論時政凡萬言。丁母憂，毁瘠過制。官大理評事，歐陽修等薦其才。望之宗孟子言性善，著救性七篇、明統三篇、禮論一篇，共集三十卷。

章楶。字質夫，頻孫。以蔭爲孟州司户參軍。治平二年，試禮部第一。元祐初以直龍圖閣知慶州。哲宗訪以邊事，命知渭州。在涇原四年，凡創州一，城砦九，立邊功爲西方最。徽宗立，拜同知樞密院事。卒，贈太師，謚莊簡。楶七子，綡、綜最知名。綡疏言鈔法誤民，降兩官。綜贊劉逵復元祐之政，爲蔡京黨所攻，出知湖州。

陳師錫。字伯修，建陽人。熙寧進士，爲侍御史。時詔進士習律，師錫請退寢其制。徽宗立，與陳瓘同論蔡京、蔡卞，時號「二陳」。

周常。字仲修，浦城人。熙寧進士，元符中擢起居舍人。鄒浩得罪，常於講席論救坐貶，後爲禮部侍郎。蔡京用事，奪職居婺州。

游酢。字定夫，建陽人。與兄醇俱以文行知名。程頤見之，謂其資可進道。程顥令扶溝，設庠序教人，召酢職學事。元豐五年第進士，調蕭山尉，近臣薦其賢，召還博士，以奉親求知河陽縣。范純仁入相，復爲博士。晚得監察御史，知漢陽軍，和、舒、濠三州，卒。

何去非。字正通，浦城人。累舉不第。元豐五年，廷對用兵之要，神宗異之，問何以知兵，對曰：「臣聞文武一道，古之儒者，未嘗不知兵。」神宗喜，授武學教諭，使校七書兵法。元祐中蘇軾見其文，曰：「此班馬匹也。」薦於朝。詔加承奉郎，出爲徐州教授。歷判廬州，卒。有文集二十卷、備論四卷、司馬法講論三卷、三略講義三卷。子蘧，有春渚紀聞十卷。

劉韐。字仲偃，崇安人。紹聖進士，欽宗時累拜資政殿學士。京城不守，遣使金營，金人命僕射韓正館之僧舍，曰：「國相知君，今用君矣。」韐仰天大呼，書片紙使親信持歸報諸子，沐浴更衣，酌卮酒而縊。燕人嘆其忠，瘞之寺西岡山，凡八十日乃殯，顔色如生。

胡安國。字康侯，崇安人。紹聖中廷試，推明大學，以漸復三代爲對，哲宗稱善，親擢第三。爲太學博士，足不躡權門。父没終喪，遂不仕，築室墓旁，耕種取給。宣和末李彌大等薦除起居郎，欽宗召見，令勉受命。建炎二年，張浚薦安國可大用，以時政論二十一篇獻，除給事中。朱勝非再相，安國竟歸。春秋傳書成，帝謂深得聖人之旨。累進寶文閣直學士。卒，詔贈四官，賜田十頃，恤其孤，謚文定。謝良佐語人曰：「康侯如大冬嚴雪，百草萎死，而松柏挺然獨秀。」王安石廢春秋，安國潛心是書二十餘年，曰：「此傳心要典也。」有文集十五卷、資治通鑑舉要補遺百卷。

章誼。字宜叟，浦城人。崇寧進士，紹興中爲侍御史，獻戰守四策。充奉表通問使，誼至雲中，與尼瑪哈烏克新論事不少屈。累官端明殿學士。謚忠恪。「尼瑪哈烏克新」舊作「粘罕兀室」，今改正。

葉廷珪。字嗣忠，甌寧人。政和進士，建炎中歷官太常寺丞，知泉、漳二州。著有煮鹽利害圖書、海録碎事行世。

鄭轂。字致剛，建安人。重和進士，累遷諫議大夫。苗、劉逆亂，轂廷立面折二凶，遣所親謝嚮至平江見張浚等，具言城中事，以爲嚴設兵備，大張聲勢，持重緩進，使賊自遁，無驚動三宫。浚等聞之，皆感激奮勵，爲赴難計。苗、劉敗，進簽書，執政甫百日而卒。帝甚悼之，謚忠穆。

吴棫。字才老，建安人。舉進士，除太常丞，通判泉州。著書禆傳、詩補音、論語指掌、考異續解、楚辭釋音、韻補，又作字學補韻，朱子據其説以叶三百篇之旨。

胡寅。字明仲，安國長子。宣和進士，除秘書省校書郎。楊時爲祭酒，寅從之受學。金人南侵，寅上書願下詔號召四海，罷絶和議。紹興二年，詔内外臣各言事，寅以十事應詔。議遣使入雲中，寅疏寢罷使命。徽宗訃至，寅疏願降詔旨，服喪三年，衣墨臨戎，以化天下。累除徽猷閣直學士。有斐然集三十卷。

胡宏。字仁仲，寅弟。幼事楊時、侯仲良，傳其父學，優游衡山下三十餘年。張栻師事之。著書曰知言，張栻謂其言約義精，道學之樞要，制治之蓍龜也。有詩文五卷、皇王大紀八十卷。弟和仲，安國之傳春秋，修纂檢討，盡出其手。又著春秋通旨，以羽翼父書云。

范如圭。字伯達，建安人。建炎進士，紹興中遷校書郎。秦檜建和議，如圭責以忘仇辱國。檜死，入對，請籍荆江曠土，倣古助法，别爲科條役法。時儲位未定，如圭請斷以至公勿疑，詔立普安郡王爲皇子。如圭忠孝誠實，其學根於經術。有集十卷。

魏行可。建安人。建炎中假禮部侍郎，充河北通問使，金留不遣。紹興六年卒。張邵來歸，言行可執節，没於王事。贈祕閣修撰。

魏孝友。字移可，甌寧人。入太學，應詔論時政，語皆鯁切。傅亮檄爲幕府從事。建炎中授迪功郎，令定遠。郡寇犯境，孝友死之，贈朝奉郎。

劉子羽。字彦修，韐長子。建炎中張浚宣撫川陜，辟參軍事。金人窺江淮，浚合五路兵以進，子羽争之。浚雖衄師，卒全蜀，子羽功居多。吴玠未知名，子羽獨奇之。以不附秦檜和議，奉祠歸。與弟子翬並爲朱子所師事。卒，贈少傅，謚忠定。

劉子翬。字彦沖，韐仲子。韐死靖康之難，子翬痛憤致羸疾，以不堪吏事，丐閒局，主管沖祐觀，家屏山下，自號病翁。獨居危坐，意有所得，則筆之於書。間數日輒走謁父墓，涕泗嗚咽。事繼母及兄子羽盡孝友。朱子師事之，嘗問入道次第，自言「於易得入德之門，所爲『不遠復』者，吾之三字符也」。子翬學深於易，家有東西二齋，東以「復」名，西以「蒙」名。學者稱屏山先生。

蕭覬。字子莊，浦城人。少孤，以孝聞。母喪，廬墓，有靈芝之異。與李郁、陳彥、羅從彥同受業楊時之門。後爲清流簿，終歲而歸。朱松嘗師事之。

呂祉。字安老，建陽人。紹興中爲兵部尚書，酈瓊與王德不協，命祉往廬州節制之。瓊叛，祉爲所執。瓊降劉豫，擁祉至三塔，祉曰：「豫逆臣，我豈可見之，死則死於此。」遂遇害。

熊克。字子復，建陽人。紹興進士，好學善屬文，郡博士胡憲器之。嘗以文獻曾覿，覿白於朝，以爲校書郎，權直學士院。克自以見知於上，數有論奏。召草明堂赦書，帝嘉其識體。

劉勉之。字致中，崇安人。元祐中蔡京用事，伊洛之書不行，勉之求得其書，潛鈔而默誦之。聞譙定從程頤遊，邃易學，遂師事之。見劉安世、楊時，皆請業焉。與胡憲、劉子翬相往來，講論切磋，人號白水先生。朱子之父病革，屬朱子曰：「籍溪胡原仲、白水劉致中、屏山劉彥沖，三人學有淵源，吾所敬畏，汝往事之，而惟其言之聽。」及卒，屬以後事，勉之經理其家，以女妻朱子。

胡憲。字原仲，安國從子。紹興中伊洛學有禁，憲獨與劉勉之誦習其說，力田賣藥以奉其親。從父安國稱其有隱君子之操，從遊者日衆，稱籍溪先生。廷臣交薦，以母老辭，乃授迪功郎，添差建州教授。日與諸生接，訓以爲己之學。郡人程元以篤行稱，龔何以廉節著，皆迎致俾參學政，學者自是大化。起祕書省正字，與王十朋、馮方、查籥、李浩相繼論事，太學生爲五賢詩以歌之。卒，謚靖肅。

劉珙。字共父，子羽長子。紹興十二年，中進士乙科，累遷禮部郎官。秦檜欲追謚其父，召禮部會問，珙不至，檜怒逐之。孝宗朝，拜參知政事。奏除福建鈔鹽歲額，罷江西和糴、廣西折米鹽錢，及蠲諸路積年逋欠。及卒，手書訣張栻、朱子，以未能爲國雪恥爲恨。

吴玠。字晋卿，崇安人。未冠，出隸涇陽軍，遂爲德順軍人。少沉毅有志節，讀書通大義，用兵本孫、吴，務遠略不求小利，御下嚴而有恩，士樂爲之死。紹興中官至特進、開府儀同三司、四川安撫使。卒，贈少師，謚武安。淳熙中追封涪王。弟璘，字唐卿，從玠攻戰有功，代爲將，守蜀二十餘年，隱然爲方面之重，威名亞於玠。乾道初拜太傅，封新安郡王。卒，贈太師，謚武順，追封信王。

詹體仁。字元善，浦城人。隆興進士，爲太常少卿。紹熙五年，壽皇不豫，率同列抗疏，請駕詣重華宫。趙汝愚定策援立，天下晏然，體仁與諸賢密贊之力也。少從朱子學，以存誠慎獨爲主。周必大當國，體仁薦三十餘人，皆當世知名士。郡人真德秀，亦早從之遊。

袁樞。字機仲，建安人。乾道初除太學録，輪對三疏。張説簽樞密，樞與學省同僚共論之。嘗取司馬光資治通鑑，區别其事而貫通之，號通鑑紀事本末，孝宗讀而嘉嘆。所著又有易傳解義、辨異、童子問等書。

魏掞之。字子實，建陽人。師胡憲，與朱子遊，築室讀書，人稱艮齋先生。孝宗時，宰相陳俊卿薦，以布衣入見，極陳當世之務，上嘉納之。守太學録，日進諸生教誨之，不半載歸。居家謹喪祭，重禮法，依古社倉法，請官米以貸民，斂散如常，民賴以濟。

劉爚。字晦伯，建陽人。與弟炳受學於朱子、吕祖謙。登乾道進士，爲國子司業，乞罷僞學之詔，又請以朱熹白鹿洞規頒示太學，取四書集註刊行之。又言兩淮藩蔽江南，宜加經理，必於招集流散之中，就爲足食足兵之計，帝嘉納之。累官工部尚書。卒，謚文簡。

徐應龍。字允叔，浦城人。淳熙進士。知瑞州，時吕祖儉以言事忤韓侂胄謫死，應龍經紀其喪，且爲文誄之，朱子稱其義風凜然。歷官刑部尚書、兼侍讀，在講筵多指陳時政，史彌遠聞而惡之。卒，贈太師、魏國公，謚文肅。子榮叟、清叟，同舉嘉定進士，以直節相尚，官俱至參知政事。榮叟謚文靖，清叟謚忠簡。

童伯羽。字蜚卿，甌寧人。師事朱子，性沉默，以道自任。時學禁方厲，遂閉户不出，朱子扁其樓曰醉經，堂曰敬義，人稱敬義先生。時建陽丘義與朱子友善，其從弟膺亦從受業，朱子亟稱之。

蔡元定。字季通，建陽人。父發，博覽羣書，號牧堂老人。朱子稱其教子不於利禄，而開之以聖賢之學，非世人所及。元定早承父教，既長辨析益精，聞朱子名往師之，朱子大驚曰：「此吾老友也。」尤袤、楊萬里薦之，以疾辭。韓侂胄禁僞學，謫元定道州，州縣捕元定甚急，元定不辭家即就道，至舂陵，遠近來學者日衆。貽書訓諸子曰：「獨行不愧影，獨寢不愧衾，勿以吾得罪故遂懈。」侂胄既誅，贈迪功郎，賜謚文節，學者尊之曰西山先生。著有大衍詳説、律吕新書、燕樂原辨、皇極經世、太玄潛虚指要、洪範解、八陣圖説，朱子爲之序。子淵、沆、沈，並躬耕不仕。淵紹其易學，著有周易訓解等書。沆紹其春秋學，著有春秋五論，學者稱復齋先生。

蔡沈。字仲默，元定季子。從朱子遊，受父師之託，著書傳，年僅三十。屏去舉子業，一以聖賢爲師，隱居九峯，當世名卿物色將薦用之，沈不屑就。人稱九峯先生。卒，謚文定。

真德秀。字景元，改字希元，浦城人。慶元進士，爲禮部郎。疏言金有必亡之勢，亦可爲中國憂。理宗即位，入見，奏雪川之變，非濟王之志。屢進鯁言，史彌遠嚴憚之。既歸，修讀書記。召爲户部尚書。入見，進大學衍義，復陳祈天永命之説，上嘉納。德秀立朝不滿十年，奏疏無慮數十萬言。韓侂胄立僞學之名以錮善類，德秀慨然以斯文自任，黨禁開而正學明於天下後世，多其力也。著有西山甲乙稿、對越甲乙集、經筵講義、端平廟議、翰林詞草、四六獻忠集、江東救荒録、清源雜志、星沙集志諸書〔一二〕。

蔡模。字仲覺，沈長子。隱居篤學，嘗爲續近思録及易傳集解、河洛探賾、大學衍、論語孟子集疏等書。淳祐中以薦補迪功郎，添差本州教授，疏言敬義爲萬世帝王心學大旨，价人、大師等六者爲國家守邦要道。又請頒白鹿洞學規於天下。學者稱覺軒先生。

蔡抗。字仲節，沈次子。紹定進士，歷諸王教授，奏對論正心及内降斜封之弊，又言權奸不可復用，國本不可不早定。帝善之。官至參知政事，致仕卒，謚文肅。

朱在。字敬之，建安人，朱子三子。以蔭補官，寶慶中歷官工部侍郎，進對論人主學問之要，因奏閔子以下九人并封公爵，獨曾子爲侯，乞並封公；揚雄、王雱乞去其像；程顥、程頤、張載乞從祀廟廷。帝嘉納之。兄子鑑，字子明，累官湖廣總領，嘗葺朱子所著，爲易説、詩傳遺説。鑑子浚，字深源，累官吏部侍郎，尚理宗公主。元兵下建州，浚入福州，與知府王剛中死守，剛中降。浚謂公主曰：「君帝室王姬，吾大儒世胄，不可辱。」遂飲藥死。贈朝散大夫。

熊禾。字去非，建陽人。有志濂洛關閩之學，從朱子門人遊。舉咸淳進士，授汀州司户參軍。入元不仕。謝枋得聞禾名，自江右來訪。又嘗與江西胡庭芳論學。著有三禮考異、春秋論考、經序學解。

元

雷機。字子樞，建安人。延祐進士，授古田丞，歷調興化尹。察豪强數家，置之法。賦役不均，率吏民首實而品第之，民呼爲雷神。終朝散大夫。著有龍津、龍山、鄰川、環中、黄鶴磯、梅易齋、碧玉環七稿。父德潤，邃於易，機及弟栱、弟杭，俱以易名，有周易註解行於世，稱「雷門易」。

楊載。字仲弘，浦城人，僑居錢塘。博涉羣書，年四十不仕，以薦召爲國史院編修。延祐初應試登進士第，授承務郎。其文章以氣爲主，博而敏，直而不肆。於詩尤有法，與虞集、揭傒斯〔一三〕、范梈齊名，有集八卷行世。

明

楊榮。字勉仁，建安人。建文進士，授編修。永樂初簡入文淵閣，榮年最少，而警敏通練，渥受帝知，每北巡及出塞，必令扈從。十八年，進文淵閣大學士。洪熙中累進太子少傅、謹身殿大學士，遷工部尚書。宣德中加少傅，正統中進少師。卒，贈太師，謚文敏。榮歷事四朝，有謀能斷，三楊中最以才見稱。

李默。字時言，甌寧人。正德進士，由庶吉士歷驗封郎中，累進吏部尚書。時嚴嵩竊政，默持己意無所徇，嵩搆之奪職。尋復用，忤趙文華爲所訐，下獄死。隆慶中復官，萬曆時謚文愍。

徐彪。字叔傑，浦城人。親喪，廬墓三年。歸，刻木爲二像，日上食，出入必告，忌日則素服哭泣。鄰有被負鬻妻者，爲代償而返之。萬曆中被旌。

黃大鵬。字文若，建陽人。崇禎進士，初授龍游知縣，會義烏兵叛來薄城，大鵬單騎解散，遂調知義烏縣。唐王入關，召爲兵科給事中，與鄭爲虹共守仙霞嶺，爲大兵所執，死之。本朝乾隆四十一年，賜謚烈愍。

本朝

鄭重。字山公，建安人。順治戊戌進士，爲靖江令。縣瀕大江，與泰興、如皋接壤，重濬柏城、石碇等五港以洩水。又疏七十二支港以匯灌團河，三邑永無水患。擢行人，選吏部主事，歷四司郎中。嚴明簡要，中外推之。終刑部左侍郎，檢閱諸司案牘，多所矜釋，居官三十年，清白如一。著霞園文集、京華草、秦游草、越使吟、文選集註等書行世，祀鄉賢祠。

黃學朱。甌寧人。性孝友，父早喪，弟允芳幼，凡衣食必先母弟而後及妻子。賊寇其鄉，與弟同被掠，紿賊曰：「釋弟歸變業，可以贖我。」賊信之，弟歸而學朱竟死於賊。

徐昌。崇安人。潛心理學，以明經訓導莆田，親喪回籍。服闋，或勸之仕，昌泣曰：「吾爲升斗禄，冀養親也。今親不逮養，奚仕爲？」遂築室武夷山，與子孫講學不輟，年七十餘卒。

暨警盤。崇安人。性至孝，母年八十九，警盤年已六十六，兵至，母老不能行，警盤跪爲母乞全，而身遇害。

鄭方坤。字則厚，建安人。雍正癸卯進士，由邯鄲令歷知登州、武定、兖州府事。登州嚴禁人口出海至奉天者，方坤謂東民覓食遼陽，縣以數千計，司牧者但當嚴匪類之防，不必閉其謀生之路。請於上官，奏弛其禁。值武定歲飢，請撥登、萊穀八萬石，由海運接濟，復截留漕米五萬石并銀五萬兩兼賑，全活無算。生平篤學嗜書，著述宏富，所著有經稗、五代詩話、全閩詩話、古文詞、望古集諸書。

袁光朝。建陽人。竭力事親，數十年如一日。乾隆年間，與同邑孝子劉齊元先後被旌。

董睿思。崇安人。端純有學行，賊劫其父及弟，睿思冒險救之，以哀泣動其渠魁，賊釋其父還，又設法贖弟歸。親柩在堂，鄰火延及，睿思抱柩痛哭，誓與俱燼，火爲之返。周急濟貧，羣推仁孝。又同邑孝子暨世治、潘廷雲、吴炳正、童進先，俱乾隆年間旌。

祖之望。字載璜，浦城人。乾隆戊戌進士，由庶吉士歷刑部郎中，以太常寺少卿出爲山西按察使，遷湖北布政使。嘉慶元年，孝感縣教匪竊發，之望於檄到江西官兵内派撥進剿，並募鄉勇防堵。賞戴花翎，擢湖南巡撫，入爲刑部侍郎。召對，陳永綏廳孤懸苗地，請將廳署移駐花園，協營移駐茶洞，於沿邊安設碉卡，四面防維。上是之。旋授山東巡撫，調陝西，督辦商州匪徒，搜捕南山、太白等處餘匪。尋調廣東，復以刑部侍郎乞養歸。十七年，授刑部尚書。十八年，以疾奉旨開缺，尋卒。

流寓

宋

豐稷。鄞縣人。爲御史中丞。嘗論蔡京、曾布姦佞，後京得政修故怨，除名徙建州。

趙士僙。宋宗室。言事忤秦檜，及岳飛被誣，以百口保其無他。檜大怒，謫建州居住。

朱子。婺源人。少依父友劉子羽，寓建之崇安，後徙居建陽之考亭，簞瓢屢空，晏如也。登第五十年，仕於外者僅九考，立朝纔四十日，蹤跡在閩日居多，名山勝蹟，杖屨殆遍。閩之人士，從學者甚衆。孫鑑，寶慶間隨季父在遷居建安之紫霞洲，後裔遂家建安焉。

祝穆。新安人。祖確，以女妻朱松，穆因得受業朱子，隨寓建陽，隱於南溪，築室樟樹下。著有性理大全、方輿勝覽、四書附録、事文類聚諸書，學者稱樟隱先生。

鍾季玉。樂平人。北兵渡江，徙寓建陽，兵至不屈，死之。

謝枋得。弋陽人。德祐中除江東制置使。元兵攻信州，與戰不利，乃變姓名入建寧唐石山，日麻衣躡屨，東向而哭，不識者疑其病狂。後賣卜建陽市，委以錢不受。宋亡，奉母居閩，元使人聘之，迫至燕，不食死。

元

孔克和。曲阜人。父楷，元至正間爲崇安尹，卒於官。克和與弟克遜卜宅武夷，建孔子祠，今其地名小孔林。

列女

五代

練寯。浦城人，章仔鈞妻。仔鈞爲將，欲以失期斬二校，寯陰遣之。仔鈞死，寯居建州。建州破，二校實在行間，密令人遺以白旗，曰：「吾欲殲城，願夫人植此旗於門。」夫人反之，曰：「若念舊恩，當全此郡人。否則吾不獨生。」二校感其言而止。後累封賢德夫人，子孫皆顯貴。

余敬洪妻鄭氏。建安人。敬洪爲建州將，南唐下建州，裨將王建封得鄭氏，脅之刃不屈，轉獻之上將查文徽，欲納之，氏大駡曰：「王師弔伐，當奬録節義，君爲上將，安得若是？」查大慚，訪還其家。

宋

章惇妻張氏。浦城人。甚賢，惇之入相，張病且死，屬之曰：「君作相，幸勿報怨。」既祥，惇語陳瓘曰：「悼亡不堪，奈何！」瓘曰：「與其悲傷無益，曷若念其臨絶之言？」惇無以對。

吕祉妻吴氏。建陽人。祉遇害時，有得祉括髪之帛歸吴中者，吴氏持帛自縊以殉葬，聞者哀之。

真德秀母吴氏。浦城人。德秀十五而孤，吴氏力貧教之。

元

李智貞。浦城人。父子明無子，智貞七歲能讀書，九歲母病，侍奉甚謹。及卒，哀痛欲絶，不茹葷三年，治女工供祭祀，奉父甘旨不乏。父嘗許爲鄭全妻，未嫁，從父客邵武，邵武豪陳良悦其慧，强納采求聘，智貞斷髪拒之，且數自求死。良不能奪，卒歸全。事舅姑以孝聞，泰定間全病殁，智貞悲泣不食，數日而死。

徐彩鸞。浦城人。適李文景爲妻。略通經史，每誦文天祥六歌，必爲感泣。至正十五年，青田賊寇浦城，徐氏從父嗣源逃山谷。賊持刀欲害嗣源，徐氏前曰：「此吾父也，願殺我。」賊捨父而止徐氏，徐氏語父曰：「兒義不受辱，今必死，父可速去。」至桂林橋，拾炭題詩壁間，有「惟有桂林橋下水，千年照見妾心清」之句。乃厲聲罵賊投於水，賊出之，既而乘間復投水死。

明

林端娘。甌寧人。許字陳廷策，聞廷策死，遂往哭奠，自剋死期，理帛自縊而絶。陳故家青陽山下，婦將盡時，山鳴三晝夜。時同邑孫氏，許字吳廷桂，夫死，亦奔喪自縊。

本朝

楊偉妻齊氏。建安人。順治戊子寇變，謂其女曰：「事勢至此，逃將安避？與其被執受辱，盍先死全節？」與女俱投井死。

黃震妻馮氏。甌寧人。賊破大樂，馮語賊曰：「毋傷我姑。」賊捨姑執馮，復紿之曰：「我有所藏，取以奉汝。」入室自刎死。同邑黃以緯妻陶氏，夫爲賊殺，陶罵不絶口，賊怒，並殺之。

劉昌仁妻張氏。建陽人。年二十一，寇至被執，罵曰：「死則死耳，豈肯受污？」遂遇害。同邑江有禄母何氏，遇賊不屈死。王權妻黃氏，夫溺自刎死。

范庸妻吳氏。建陽人。夫死，土豪欲强娶之，姑懼哀泣，氏紿姑曰：「媳去姑有餘資，盍許之？」遂改妝藏刃於衣帶，辭姑入賊門，抽刃殺賊不中，跳躍而死。後人始知其改妝時已服藥矣。

藍繡妻謝氏。崇安人。避寇於鼓子巖，爲賊所掠，逼之行不從，手抱三歲兒，奮身躍鼓子巖下，母子俱死，今有碑書「謝烈婦殉節處」。時同邑周吉甫妻林氏、暨丙妻王氏、童光聲妻范氏、岳堯時妻邱氏、邱世振妻周氏，皆遇賊不屈死。

黃化治妻謝氏。政和人。寇亂與夫避山谷被執，投巖而死。賊怒，拔刀斷其右臂。

張志縉妻陳氏。建安人。夫病，刲股以療。及歿，毀容延喘，孝事舅姑，課子成立。乾隆中旌。同邑毛肇禮妻李氏、周允健妻鄭氏、林元彩妻翁氏、陳文鋒妻張氏、蔡塏妻王氏、陳大銘妻吴氏，俱乾隆年間旌。

周廷謨妻侯氏。甌寧人。年十九夫歿，遺腹生子，撫之五歲又殤，氏投繯死。乾隆元年旌。同邑節婦詹登賢妻周氏、吴廷採妻陳氏、謝培乾妻滕氏、李曰恭妻雷氏、陳樹星妻毛氏、何鋒妻徐氏、賴際雲妻藍氏、張元素妻祖氏、陳朝機妻林氏，俱乾隆年間旌。

趙錩妻彭氏。建陽人。夫歿，撫孤有成。乾隆三年旌。同邑劉韜遠妻黃氏、王德明妻李氏、梁大順妻黃氏、李振尤妻沈氏、謝必種妻吕氏，俱乾隆年間旌。

陳貴恒妻虞氏。崇安人。夫歿，苦節七十一年，教子訓孫，年百有一歲。乾隆中旌。同邑衷漣源妻倪氏、衷天潢妻彭氏、彭士瑋妻衷氏、彭慎謨妻張氏、彭宙謨妻黃氏、劉觀賜妻連氏、潘廷雲妻吴氏、邱允恭妻鄭氏、倪元甲妻丁氏、林希穆妻辛氏、李潘德妻徐氏、陳士傑妻廖氏、暨復耀妻衷氏、暨文棟妻汪氏、方升之妻吴氏、吴子棟妻程氏、吴夢龍妻周氏、吴亨泰妻衷氏、丁志顯妻黃氏，貞女王氏，俱乾隆年間旌。

闕良微妻夏氏。浦城人。爲强暴所逼，服毒死。乾隆元年旌。

姚永治妾周氏。浦城人。夫歿遺一孤，嫡攜資他適，氏與姑女紅自給，未幾姑復歿，母屢勸嫁不可，苦節數十年。乾隆五年旌。同邑孫爲極妻徐氏、湯肇域妻徐氏、孫大鎬妻周氏、任作梁妻楊氏、練天章妻張氏、金履亨妻李氏、王定妻李氏、姚咨臣妻蔡氏、詹士鈞妻祝氏、吴聖銘妻劉氏、虞正南妻崔氏、李履觀繼妻陸氏，烈婦王廷椒妻周氏，貞女徐氏，俱乾隆年間旌。

范斐然妻陳氏。松溪人。夫歿，事姑撫子，苦節三十五年。同邑陳虞淳妻嚴氏，俱乾隆年間旌。

胡士龍妻趙氏。政和人。夫亡守節。同邑馮士章妻寅氏、馮如光妻劉氏、范鴻翥妻胡氏、徐聘妻胡氏，俱乾隆年間旌。

章公輔妻李氏。建安人。夫亡守節，同邑丁廷梅妻陳氏、陳森妻謝氏、丁天高妻魏氏、彭世明妻白氏、吴元通妻馮氏、丁聖梅妻陳氏，烈婦吴廷益妻李氏，俱嘉慶年間旌。

楊科捷妻湯氏。甌寧人。夫亡守節。同邑周卓茂妻龔氏，俱嘉慶年間旌。

黄梅魁妻應氏。建陽人。夫亡守節。同邑盧廷章妻陳氏、王綱妻丁氏、蕭應馥妻黄氏、梁魁桂妻吴氏、倪朝壆妻王氏、丁志墉妻傅氏，烈婦游元淇妻李氏，俱嘉慶年間旌。

衷楠林妻彭氏。崇安人。夫亡守節。同邑翁正春妻程氏、詹良傑妻羅氏，俱嘉慶年間旌。

徐道臨妻周氏。浦城人。夫亡守節。同邑吴金銓妻姚氏、姚挺松妻周氏、姚捷芳妻陳氏、劉名登妻張氏、祖捷妻湯氏、張爾衡妻祝氏、胡忠茂妻沈氏、李履豐妻全氏、蘇泰望妻周氏、蘇泰雍妻祖氏、生員詹鐸妻周氏、黄恩蔚妻鄧氏、生員王恒妻郭氏、蘇成勳妻蔡氏、周樹櫺妻繆氏、周樹梧妻孟氏、季鴻賓妻吴氏、姚裕年妻祖氏、章九錫妻翁氏、劉朝選妻張氏、生員葉摺妻詹氏，俱嘉慶年間旌。

楊光巨妻魏氏。政和人。夫亡守節，同邑楊學慎妻吴氏、生員葉飲和妻張氏、魏振韜妻吴氏，俱嘉慶年間旌。

仙釋

魏

王子騫。訪道入武夷，繼而張湛等亦以修鍊來山，推子騫爲地主，相與棲隱於此。其十二人，張湛、孫綽、趙元〔一四〕、彭令昭、劉景、顧思遠、白石先生、馬鳴主〔一五〕、胡氏、季氏、二魚氏也。

唐

行儒。景福初菴居山中，有虎噬人，鄉人集衆捕之，行儒騎虎出迎，衆驚異之，因號伏虎禪師。今中峯寺有伏虎壇，石迹猶存。

宋

李陶真。熙、豐間訪武夷山，好吹鐵笛，因臘節，諸道各招飲，陶真皆赴，諸房笛聲，一時並發，衆駭之。後過建通仙巖，留詩別衆曰：「毛竹森森自剪裁，試吹一曲下瑶臺。當途不遇知音聽，拂袖白雲歸去來。」衆聞笛聲隱隱，不知所適。

澡先。建寧新豐翁氏子。初居温嶺，後居將軍巖，二虎侍側，學者争集。常謂衆曰：「古聖修行，全憑苦節。夏則布楮，冬則入溪扣冰而浴。」故人號扣冰古佛。

祖鑒。宣和間，翁中丞彦國請住瑞巖院〔一六〕，至東嶺，猛省曰：「此地重來矣。」扣冰禪師遺袈裟長丈餘，鑒披之適稱，人以松門讖考之，正二百年。

白玉蟾。瓊州人。或云姓葛，名長庚，閩清人。善草書，爲文頃刻萬言。足跡半天下，遇泥丸真人陳翠虚，授以丹訣，又於黎姥山中遇仙人授洞玄雷法，禱雨響應。後居武夷山。嘉定中詔徵入朝，封紫清明道真人，館太乙宫，忽一日不知所往。

土産

鐵。建安、甌寧、松溪、政和四縣出。

綀布。各縣俱出。元和志：貢金花綀蕉葛布。新唐志：貢蕉花綀竹布。

茶。寰宇記：産茶。九域志：貢龍鳳等茶。明統志：鳳凰、武夷二山出茶。按：武夷茶至蔡君謨始著，謂其味過於北苑龍團。今其所産者，品類極多，槩之曰武夷云。

烟草。出浦城縣者爲佳。按：新唐志建安縣有銀，建陽縣有銅。九域志建安、建陽、浦城、政和四縣皆有銀場，今俱廢。又元和志建州賦綿、絹及偃鼠皮。方輿勝覽：嘉禾縣出紅棉，松溪縣出紙被，甌寧縣出兔毫琖，今皆未聞。附識於此。

校勘記

〔一〕宋置坑冶司　「冶」，原作「治」，據乾隆志卷三三一建寧府山川（下同卷簡稱乾隆志）及讀史方輿紀要卷九七福建建寧府改。

〔二〕高一萬七十餘丈　「十」，雍正福建通志卷三山川同，乾隆志作「千」。按，此爲誇大之辭，不必精確到十位數，當以「千」爲是。

〔三〕委蛇十里　「十」，原作「千」，乾隆志同，據讀史方輿紀要卷九七福建建寧府改。

〔四〕密黯灘　「黯」，原作「點」，據乾隆志及八閩通志卷五地理志山川改。

〔五〕元季鑿之　「季」，原作「李」，據乾隆志及讀史方輿紀要卷九七福建建寧府改。

〔六〕二將皆降　「二」，乾隆志同，三國志卷六〇吴書賀齊傳作「三」。按，味傳意，似以「二」爲是，二將者，吴五、鄒臨兩敵將也。疑三國志傳本有誤，故一統志徑改之。

〔七〕晉太元中移於縣東北　「太元」，原作「太原」，晉無「太原」之年號，據乾隆志改。

〔八〕宋更名天寧萬壽觀　「寧」，原作「安」，據乾隆志改。按，本志避清宣宗諱改字。

〔九〕造輒馳驛比州　「驛」，乾隆志同，新唐書卷一五〇崔造傳作「檄」。

〔一〇〕京師平召還　「召」，原作「名」，據乾隆志及新唐書卷一五〇崔造傳改。

〔一一〕趙孔超　「超」，原作「起」，據乾隆志及雍正福建通志卷二七職官改。

〔一二〕星沙集志諸書　「志」，原脱，據乾隆志及宋史卷四三七真德秀傳補。

〔一三〕揭傒斯　「傒」，原作「奚」，據元史卷一八一揭傒斯傳改。

〔一四〕趙元　乾隆志及雍正福建通志卷六〇方外同，宋吴泳鶴林集卷一一趙元奇妙應真人制、宋祝穆方輿勝覽卷一一福建路山川武夷山條引古記及元趙道一歷世真仙體道通鑑卷三武夷君均作「趙元奇」。按，一統志及通志皆誤脱「奇」字。

〔一五〕馬鳴主　雍正福建通志卷六〇方外同，乾隆志作「馬鳴至」，鶴林集卷一一、方輿勝覽卷一一作「馬鳴生」，歷世真仙體道通鑑作「馬鳴先生」。按，神仙傳有馬鳴生，與此是否同一人，尚不能定。待考。

〔一六〕翁中丞彦國請住瑞巖院　「中丞」，原作「仲丞」，乾隆志同，據乾隆福州府志卷七一釋老改。按，翁彦國乃本府崇安人，官至御史中丞，明一統志卷七六建寧府人物有傳。

邵武府圖

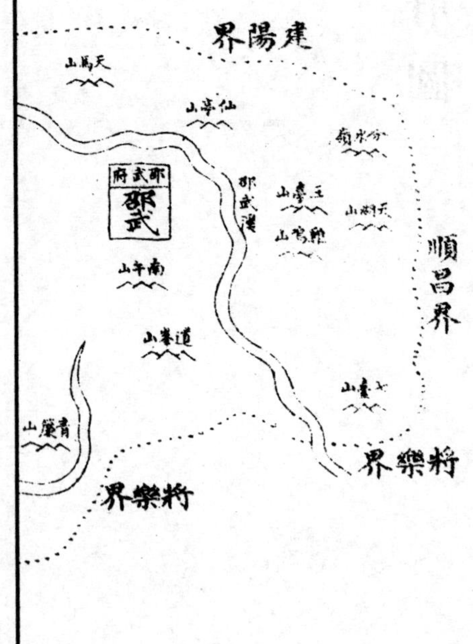
建陽界
天馬山
仙亭山
分水嶺
邵武府
邵武
邵武溪
三臺山
順昌界
道峯山
七臺山
青嵐山
將樂界
將樂界

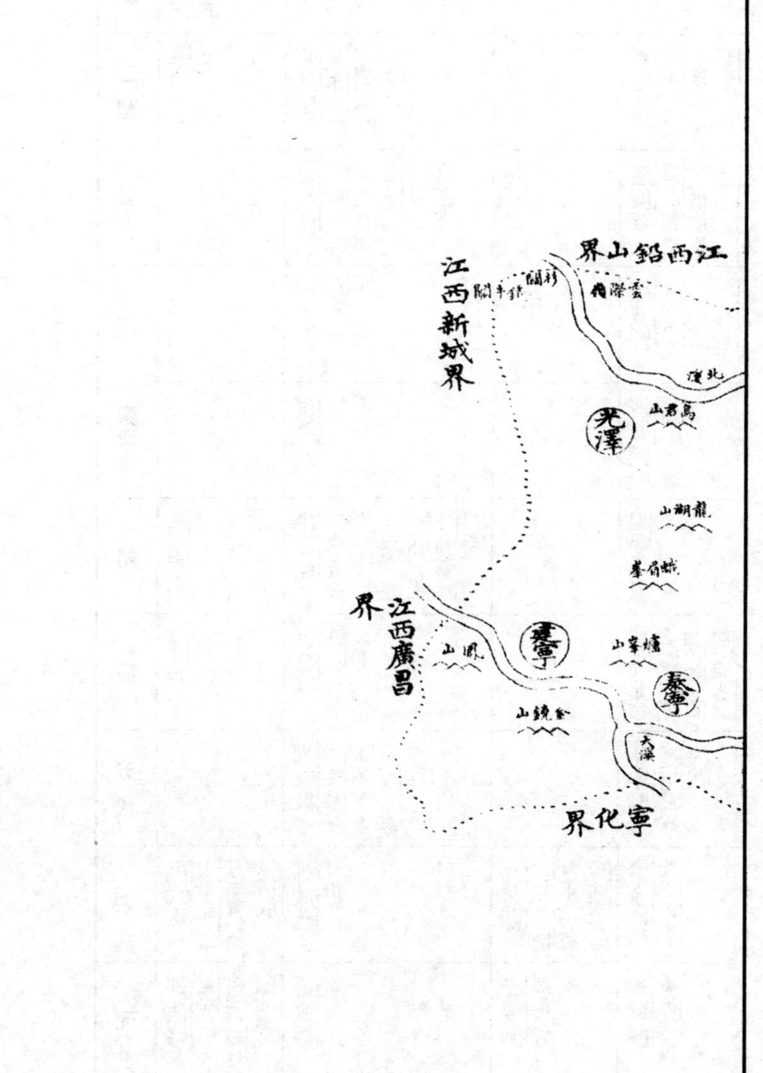
江西鉛山界
江西新城界
杉關
鐵牛關
光澤
烏君山
龍湖山
蛾眉峯
江西廣昌界
建寧
鳳山
爐峯山
泰寧
金鐃山
大溪
寧化界

邵武府表

	邵武府	邵武縣	光澤縣	建寧縣
兩漢	會稽郡地。後漢會稽南部地。	冶縣地。後漢末爲建安縣地。	冶縣地。	冶縣地。
三國	吴建安郡地。	昭武縣吴永安三年置，屬建安郡。		綏安縣吴永安三年置，屬建安郡。
晉		邵武縣太康三年更名，仍屬建安郡。太寧初又改邵陽。	邵武縣地。	綏城縣義熙初更名，仍屬建安郡。
宋		邵武縣永初元年復故名。		綏城縣
齊梁陳		邵武縣		綏城縣
隋	臨川郡地。	邵武縣開皇九年廢。十二年復置，屬撫州。大業初屬臨川郡。		開皇中省。
唐	建州地。	邵武縣武德七年改屬建州。		武德四年復置綏城縣，屬建州。貞觀三年省。
五代		邵武縣晉天福初王閩更名昭武。尋復故。		建寧縣南唐置，屬建州。
宋	邵武軍太平興國五年置，屬福建路。	邵武縣軍治。	光澤縣太平興國六年置，屬邵武軍。	建寧縣屬邵武軍。
元	邵武路至元中升路，屬福建道宣慰司。	邵武縣路治。	光澤縣屬邵武路。	建寧縣屬邵武路。
明	邵武府洪武初改府，屬福建布政司。	邵武縣府治。	光澤縣屬邵武府。	建寧縣屬邵武府。

泰寧縣
冶縣地。
綏城縣地。
邵武縣地。
將樂縣地。
歸化縣 周顯德五年南唐置，屬建州。
泰寧縣 屬邵武軍。元祐初更名。
泰寧縣 屬邵武路。
泰寧縣 屬邵武府。

大清一統志卷四百三十二

邵武府一

在福建省治西北六百七十里。東西距二百六十里，南北距一百八十里。東至延平府順昌縣界一百二十里，西至江西建昌府新城縣界一百四十里，南至延平府將樂縣界一百十里，北至建寧府建陽縣界七十里。東南至將樂縣界一百四十里，西南至汀州府寧化縣界二百四十里，東北至建陽縣界六十里，西北至建昌府新城縣界一百六十里。自府治至京師五千七百五十七里。

分野

天文牽牛、須女分野，星紀之次。

建置沿革

禹貢揚州之域。周七閩地，後屬越。秦爲閩中郡地。漢爲會稽郡冶縣地，後漢爲會稽南部都尉地。三國吴永安三年，分置昭武、綏安二縣，屬建安郡。晉太康三年，改昭武爲邵武，尋又改邵陽。義熙元年，改綏安爲綏城。宋永初元年，仍改邵陽爲邵武，齊、梁因之。隋開皇九年並廢。十二年，復置邵武縣，屬臨川郡。唐武德三年，復置綏城縣，與邵武並屬建州。貞觀三年，省綏城縣。五代屬王閩。宋太平興國五年，置邵武軍，屬福建路。元至元十三年，升邵武路。明洪武元年，改邵武府，屬福建布政使司。本朝因之，屬福建省，領縣四。

邵武縣。附郭。東西距一百九十里，南北距一百四十里。東至延平府順昌縣界一百二十里，西至光澤縣界七十里，南至泰寧縣界七十里，北至建寧府建陽縣界七十里。東南至延平府將樂縣界一百四十里，西南至泰寧縣界一百二十里，東北至建陽縣治六十里，西北至光澤縣界五十五里。漢冶縣地，後漢末爲建安縣地。三國吴永安三年，置昭武縣，屬建安郡。晉太康三年，改曰邵武。太寧元年，又改曰邵陽。劉宋永初元年，復曰邵武。齊、梁因之。隋開皇九年廢，十二年復置，屬撫州，大業初屬臨川郡。唐武德七年，改屬建州。五代晉天福初，王閩復改曰昭武，漢初復故。宋太平興國五年，於縣置邵武軍。元爲邵武路治。明爲邵武府治，本朝因之。

光澤縣。在府西北八十里。東西距九十五里，南北距一百五十里。東至邵武縣界二十五里，西至江西建昌府新城縣界七十里，南至邵武縣界十里，北至江西廣信府鉛山縣界一百四十里。東南至邵武縣界八十里，西南至泰寧縣治一百六十里，東北至邵武縣界七十五里，西北至建昌府新城縣治一百二十里。漢冶縣地。晉以後爲邵武縣地。宋太平興國六年，分置光澤縣，屬邵武軍。元屬邵武路。明屬邵武府，本朝因之。

建寧縣。在府西南二百十里。東西距一百十里，南北距一百十五里。東至泰寧縣界三十里，西至江西建昌府廣昌縣界八十里，南至汀州府寧化縣界六十五里，北至建昌府南豐縣界五十里。東南至寧化縣界六十里，西南至寧化縣界一百里，東北至建昌府新城縣界八十里，西北至南豐縣六十里。漢冶縣地。三國吴永安三年，析置綏安縣，屬建安郡。東晉義熙元年，改曰綏城。

宋、齊因之。隋開皇中省入邵武。唐武德四年復置，屬建州。貞觀三年，仍省入邵武。垂拱四年，爲將樂縣地。宋建隆二年，南唐分置建寧縣，屬建州。太平興國五年，改屬邵武軍。元屬邵武路。明屬邵武府，本朝因之。

泰寧縣。在府西南一百四十里。東西距一百十里，南北距一百二十里。東至邵武縣界七十里，西至建寧縣界四十里，南至延平府將樂縣界四十里，北至邵武縣界八十里。東南至將樂縣治一百二十里，西南至汀州府寧化縣界一百里，東北至邵武縣界七十里，西北至建寧縣界五十五里。漢冶縣地。東晉以後爲綏城縣地。隋爲邵武縣地。唐爲將樂縣地。五代周顯德五年，南唐分置歸化縣，屬建州。宋太平興國五年，改屬邵武軍。元祐元年，改曰泰寧。元屬邵武路。明屬邵武府，本朝因之。

形勢

前據重岡，後帶鹿水，甌閩之西户。宋胡寅軍治記。東抵富沙，西抵盱江，南抵臨汀，北抵廣信。三峯峙其南，一水界其北。居四州之上游，其土夷曠，其勢蜿蜒抱負，如在碧玉環中。地狹山多，田高下百疊。宋郡志。

風俗

人性獷直尚氣，治生勤儉，力農重穀。宋郡志。喜以儒術相高，所至村落，皆聚徒教授。家有餘財，則輕齎健往，貫售他州。郡志。其俗儉嗇，安於食稻而茹蔬。閩書。人尚理學，彬彬乎道德文物，有鄒魯遺風。武陽志。

城池

邵武府城。周十一里一百六十六步，門四。濠東、西、南深一丈五尺有奇，北臨大溪，廣四十二丈。元至正十二年建。本朝順治五年修，康熙六年、雍正九年、嘉慶十八年重修。邵武縣附郭。

光澤縣城。周三里二百二步，門四，水門四。明嘉靖三十九年建。本朝康熙五年修，雍正六年、乾隆十四年、嘉慶十八年重修。

建寧縣城。周四里一百四十六步，門六，水門四。宋咸淳二年建。本朝康熙五年修，乾隆八年、十三年、十八年重修。

泰寧縣城。周三里三百三十八步，門四，三面距河。明嘉靖中建。本朝乾隆二十四年修。

學校

邵武府學。在府治南樵溪五曲之上。舊爲樵溪書院，明洪武二年改建。本朝康熙十五年重建，雍正七年修，乾隆十一年重修。入學額數二十名。按：樵溪書院舊在城東門外。宋景定中，知軍事錢謙孫建，以祀丞相李綱。元時移此。

邵武縣學。在縣治南九龍觀故址。宋紹興中建。本朝康熙四年修，雍正三年、乾隆十九年重修。入學額數二十名。

光澤縣學。在縣治孝感坊。元至正六年，建於縣城外東南。明萬曆十二年，遷建今所。本朝康熙四年修，乾隆二十一年重修。入學額數八名。

建寧縣學。在縣治南。宋嘉祐中建。明天啓五年重建。本朝康熙九年修，二十一年、乾隆六年重修。入學額數十五名。

泰寧縣學。在縣治西。宋慶元中建於鑪峯山麓。明萬曆中遷建今所。本朝康熙五十一年重建，雍正八年修，乾隆七年重修。入學額數八名。

邵武書院。在府城西市魁善坊。本朝雍正十三年，知府任焕建。

九曲書院。在邵武縣治寶嚴坊。舊在功德坊邵公祠内，明萬曆間建。本朝乾隆二十年，移建今所。

杭川書院。在光澤縣治汀洲倉舊址。本朝乾隆二十六年，縣令王瑶建。

濉川書院。在建寧縣北門。本朝乾隆二十年建。

三賢書院。在泰寧縣治鼓樓西。本朝康熙四十八年建，乾隆三年重建。按：舊志載福山書院，在邵武縣三井墩，明正德十五年，郡守張羽建。白渚書院，在邵武縣舊税課司，明嘉靖十二年，縣令曹察建。崇賢書院，在邵武縣下水寨，明嘉靖十二年建。雲巖書院，在光澤縣南三里雲巖山下，宋李方子講學之所，元天曆二年建。崇仁書院，在光澤縣北十五里崇仁市，元至正二十三年，邑人龔永建。雲谷書院，在建寧縣南，宋待制俞豐讀書之所，後致政歸，改爲雲谷書院。南谷書院，在泰寧縣南五里，宋鄒應龍休官時所居。謹附記。

户口

原額人丁一十一萬九千五百七十七，今滋生男婦大小共六十三萬九百九十七名口，計一十一萬五千九百五十户。又屯民男婦共七千四百八十二名口，計三千六百八户。

田賦

田地九千三百三十三頃三十八畝一分有奇，額徵地丁正、雜銀八萬一千二百二兩二錢二分二釐，米一萬二千二百七十七石八斗三升二合三勺。屯田一百八十三頃九十畝九分一釐有奇，額徵丁糧銀二千一百五十兩五錢四分六釐，米一十九石三斗六升二合六勺。

山川

石峽山。在邵武縣城東。有南北二山，互抱若龍盤然。

丹臺山。在邵武縣東。一名靈臺山。相傳隋盧真人、唐樊真人、宋支離子、黄希旦皆煉丹於此。元黄鎮成有詩。

雞鳴山。在邵武縣東二十五里。方輿勝覽：宋開寶初盧絳叛入閩，人不知避，夜半忽山頂雞鳴，人皆起而賊適至，遂得免害，因以名山。

三臺山。在邵武縣東五十餘里，與建陽縣接界。自武夷磅礴而來，上有三級如臺，故名。一名楊源山。

天湖山。在邵武縣東八十里。上有兩湖不涸。

雲巖山。在邵武縣東九十里。高出羣岫，俯瞰長川。其中有巖，吞吐雲氣，故名。又光澤縣南三里亦有雲巖山。

龍鬚山。在邵武縣東一百十里，周三十里，接建陽、順昌二縣界。多産藥品，每冬則燕子羣聚其上，約以萬數。

白水山。在邵武縣東一百二十里。山勢高聳，上有瀑布泉，飛流數十丈，入下黄溪。對峙者有九臺山，亦有瀑布泉。

天池山。在邵武縣東一百二十里。山高大而頂寬平，有池方廣數畝，冬夏不涸，密溪出此。

浮潭山。在邵武縣東南二十五里。一名老君山，三峯聳秀。相近有鶴沖山，鶴沖溪出焉。

寶山。在邵武縣東南一百六十里。舊産鐵鑛。相接者曰東山，高百餘丈，上有瀑泉。

福山。在邵武縣南。舊名鷲峯，疊嶂相連。又名腰帶山。

高蟠山。一名高漊山，在邵武縣南三十里。旁有高漊嶺，一名風門嶺，東通道峯，南通泰寧縣。上有風洞，深不可測，時有風出其中。

南午山。在邵武縣南三十里。山有三峯，俱當午位，與郡治相對，故名。又名葉寮山。

道峯山。在邵武縣南少東六十里，跨泰寧縣及延平府將樂縣界。舊名道人峯。方輿勝覽：在邵武縣南八十里，負長溪，面樵水，秀峙於數十里外，其險處名曰羅漢峯。舊志：周八十里，危峯峭拔，矗入霄漢，爲羣山冠。中有池不涸。側有羅漢巖，深數丈，俯視羣山出其下。明周文通有詩。

七臺山。在邵武縣南一百五十里。方輿勝覽：在縣東百里，上有七級，峯巒相比，故名。舊志：南跨將樂，北接順昌，高二十餘里，上有七臺，前有洞曰百花洞，泉石皆奇勝。有水下入桃溪。明吴國倫有詩。

樵嵐山。在邵武縣西少南十里。一名金蓮峯，宋右正言孫諤居此。一名三諫山，俗名鍾家岐，樵溪水出焉。

潭山。在邵武縣西南四十餘里平疇中。一名古山，白渚溪出焉。

錦嶂山。在邵武縣西南六十里。端平蒼翠，望之如玉几然，一名覆船山，中有七寶坑，其泉清洌。閩書：有兩錦嶂山，其一山陰界光澤。

雲錦山。在邵武縣西南八十里。有三十六峯。

殊山。在邵武縣西南一百里。雙峯聳立，直插雲霄，亦名文筆山。泰和溪出此。西爲桃花嶺，其植多竹，可製爲紙。其前爲小殊山，視殊山雖小，而奇峻更勝。

潮魚山。在邵武縣西南百里殊山之西。三峯鼎立。旁有飛猿嶺。

翠雲山。在邵武縣西南一百二十里。上有石泉。明初張三丰居此。

登高山。在邵武縣西。嵯峨聳峙，下瞰城郭，爲邦人歲時遊觀之地。舊志謂之熙春山，以上有熙春臺也。少南爲金鼇山，俗名西塔山。

龍湖山。在邵武縣西五十里。絶頂有湖，溉田三萬餘頃，相傳有老蛟穴其中。舊志：在縣西北，三澗溪出此。

天馬山。在邵武縣西北六十里。山勢如天馬從空而下，一起一伏，周十餘里。元黄清老有詩。

雞籠山。在邵武縣西北六十里。以形似名，南爲玉龍峯。

泉山。在邵武縣東北十五里。山之麓曰蒙谷，谷口僅容單騎。循澗而入，中深邃平曠，有田數頃，澗水曲折，山勢環抱。宋黄中築室居此，愛其泉石，名曰蒙谷。相近又有旱山，上有田數頃。

仙亭山。在邵武縣東北三十五里。諸山環列，挺然特秀，山巖深邃，中有龍湫。

管蜜山。在光澤縣西南六十里。山深而磅礴，縣之主山也。上有兩峯相望，前後皆石壁，中有巖曰洞光巖，橫闊數丈餘。

石螺山。在光澤縣西北八十里。兩山相合，大石犄角，對峙溪上，曰石門，僅通單騎。有石如獅子，昂踞溪中，旁有石如螺，其水奔激，至水口入西溪。

大和山。在光澤縣西北一百二十里，與江西瀘溪縣接界。上有鐵牛嶺，舊置關於此。相接者曰小和山，舊置大寺寨巡司於山上。

交椅山。在光澤縣北。山形九巘，爲縣治屏障。

昂山。在光澤縣北一百二十里。高峻峭拔。

烏君山。在光澤縣東北十五里。寰宇記：在邵武縣西北百里，高二千二百丈，秦、漢之代，有徐仲山者於此遇仙妃，假烏皮爲羽，飛走上下。山上有五雲樓。舊志：一名烏珮山，頂有兩石，各高二十丈，俗稱雙石筍。元江通有詩。相接者曰烏石嶺，高二千六百六十丈有奇。

東山。在建寧縣東門外。一名何山，少東北瀕溪曰平山，山形如龜，其巔平坦，可容百餘人。又東五里曰西山，上有戰坪，相傳南唐宋齊丘督戰處。

屏山。在建寧縣東二十里。俗名平坑山，山方而高，狀若翠屏。對峙者曰雞籠峯、鄒家峯，二峯壁立，中通鳥道，長數十里，曰大源硿，達泰寧、將樂二縣界。多巨木怪石。

金鐃山。在建寧縣南三十里〔一〕。九域志：邵武軍有鳴鐃山，越王無諸嘗校獵於此，鳴鐃載旗，因名。縣志謂之金鐃山，跨泰寧、寧化二縣界，一名大弋山，又名大歷山，山有八十四面，周亘四百餘里。石磴縈迴而上，絕頂有仙池不竭。南折而下，爲黃楊坪，坪東有龍潭，廣數尺，深不可測，引爲瀑布萬丈。又南有石燕巖，石劈一徑，深三丈許，僅容一人，盤折而入，到正巖，天啓一門，深可三丈許，中有石屏，屏後有石竇，光漏天日，謂之天窻。泉飛木杪，注於絶壑。循巖右折，曰大寶巖，據高矚遠，一邑如掌。其前即江西之軍峯山。

寶山。在建寧縣西南五十里。其土白膩，可陶爲器。相近曰蝦蟆山，有仙湖嶂，高五里，山巔平衍，有湖，土名仙人湖。

按：此與邵武縣之寶山名同地異。

鳳山。在建寧縣西一里。山分二支，狀若翔鳳。有井泉甘洌，名曰玉泉，爲邑中冠。

五龍山。在建寧縣西六十里。下有龍潭。

嚴峯山。在建寧縣西八十里，脈接江西廣昌縣。兩峯屹然，南北對峙。其北有雲蓋山，亦接廣昌縣界，山勢高聳，時有雲氣覆之，石巖懸絶，瀉瀑如簾，都溪水出此。

何家山。在建寧縣北二十五里。勢極高大，山口如洞而内寬敞。

龍歸山。在建寧縣東北五十里。山勢蜿蜒若龍，上有龍歸峯，其木多漆。其南有白雲峯，峯勢高峻，白雲常出其上。

鳳栖山。在泰寧縣西南二十里。又名黄西砦，峭石壁立，鳥道縈紆以登南麓，有池廣數頃甚深，兩旁崖石峭立，須筏乃渡，至則曠然平野，可容數百家，昔人常避地於此。今涸爲田。其側有南會巖，一名南會山，三石鼎立。旁有數巖，延袤數十里，皆有小徑可登。

雲蓋山。在泰寧縣西南八十里。山勢峭拔，雲氣常蒙其頂，上有龍泉、瀑布。

青簾山。在泰寧縣西二十五里。高廣十餘里，石崖壁立，林木蒼翠，宛如簾幕，有聖水、瑞豐、羅漢、丹霞等巖。

虎頭山。在泰寧縣西三十里。怪石巉巖，狀類虎頭。又名鶴鳴山。山巔平曠，有流泉之勝。

蘭臺山。在泰寧縣西三十里。山北爲挽舟嶺，接建寧縣界，嵯峨千丈，延袤十三里，必牽挽而後可登，如挽舟上灘，故名。

馮家漈溪出此，流入大溪。其南有二石對峙如門，曰三門嶺，高千丈，鳥道縈紆，凡三曲六七里許，最爲險峻。其中平曠可居，俗呼三門寨，寨北有巖曰西巖，一名寶雲巖。

大坳山。在泰寧縣西六十里。延袤十里，峭石壁立，巖洞幽深，人跡罕到。中有葛家硿巖、聖公巖、際礲巖，險僻可置寨。明正統中沙寇作亂，居民多避於此。

天臺山。在泰寧縣西六十五里。四峯並聳，狀如寶蓋，高千餘丈，盤亘三十餘里，其上有池。

爐峯山。在泰寧縣西北五十步。圓峙如爐，縣之主山也。

鐘石山。在泰寧縣北二十五里。形如覆鐘，周圍壁立，高可百丈，緣崖爲徑，其上坦平，有泉下臨清溪。

旗山。在泰寧縣東北里許。勢如展旗，延袤五十餘里，與爐峯山對峙。西麓有棲真巖，梅子真修煉之所。

南石山。在泰寧縣東北三十里。石皆南向，上有寨，下有龍井。周圍峭壁，山南有石穴，人不可到。

僉嶺。在邵武縣東四十里。舊時夾道多松，亦名千松嶺。由嶺泝澗行十餘里，絶頂處曰桃花巖，可容百人。元黃鎮成有詩。

分水嶺。在邵武縣東五十里。嶺水分流，東流入建陽，西流爲壺山溪，與洒溪水會入大溪。

溥泉嶺。在邵武縣東一百二十里。俗訛爲虎踞嶺。廖坋溪出此。

劉師嶺。在邵武縣西南一百二十里小殊山側。路出建昌府，通盱江，鳥道縈紆，延亘六七里。

肩盤嶺。在光澤縣北一百二十里，東抵建陽，西抵江西瀘溪縣界。山高徑險，盤屈而登。

雲際嶺。在光澤縣北一百四十里，東抵崇安，北接江西鉛山、弋陽二縣界。又有徑路通浙江江山縣。北溪出其下。

杉嶺。在光澤縣西北七十里，與新城縣接界。爲福建、江西分界處，徑僅容單車，置關其上曰杉關。明洪武三年，移大寺寨巡司於此，以扼關險。循嶺而南十里，爲豪居峯，高聳插雲，爲關藩障。

百丈嶺。在建寧縣北五十里，與南豐縣接界。一名朝天嶺，極高峻，爲江、閩分界處，鳥道陡絶，相傳越王無諸嘗築臺於此。藍溪水出焉。

蟠湖嶺。在建寧縣西北七十里，接南豐縣界。上有湖，瀦水不涸。

九盤嶺。在泰寧縣西五十里。紆迴九曲，大田東溪出此。其西有金雞嶂。

大杉嶺。在泰寧縣西北二十里，路通建昌府。多産杉木，故名。龍門溪出此。

茶花嶺。在泰寧縣西北六十里，廣二十里。杉溪出此。

官尖峯。在邵武縣西南百里。一名太常山，官坊溪出此。

白雲峯。在光澤縣西南二十里。奇峯特峙，高入雲霄，晨昏有雲氣出其上。一名三仙嵊，又名三千嵊。

象牙峯。在光澤縣西南五十里，接邵武縣界。一峯特立，旁有二十四峯，森秀如象牙，縣治之來脈也。又千竹峯，在縣西南五里，與九龍峯相連，曲徑幽邃，竹木參差，爲近邑名勝。

雙仙峯。在建寧縣東五十里。二峯對峙如人，亦名雙門石，下爲五龍巖，石壁兩痕宛然「山水」二字。西有楚溪洞，深廣數十丈，昔鄉民多避寇於此。

仰天峯。在建寧縣南少東十里。地勢平衍，一峯特起，中有池不涸。峯東爲羊角原，迤邐而上二十里，爲八十四峯，其限爲長嶺山，曲折起伏，延亘數里。

核桃峯。在建寧縣南五里仰天峯之西。俗名仙女山。左麓有雲谷，宋待制俞豐讀書於此，建精舍曰雲谷書院，有怡雲、來薰、致爽、舒嘯、浮香諸亭。谷外平疇數頃，緑水環流，爲縣勝地。

靈應峯。在建寧縣北十五里。其山尖秀。又五里爲瑞雲峯。又西五里有肥林嶺，黄溪水出此。

寶閣峯。在泰寧縣南二十里。崔嵬高聳，狀如樓臺，永興溪出此。

赤石峯。在泰寧縣西南十五里。對峙者曰馗雷峯，石峽中開，懸流千尺，曰白水漈。

君子峯。在泰寧縣西南八十里。高聳蒼翠。下有君子泉，一名聖水，即龍安溪之源也。

七寶峯。在泰寧縣西六十餘里。高千丈，産金、銀、銅、錫、朱石、黄連、甘草之屬，故名。宋置銀場，後廢。

峨眉峯。在泰寧縣西北五十里。周數十里，高數千丈[二]，類蜀之峨眉，故名。瑞溪出此。其左爲三仙巖，高聳雲霄，泉石幽勝。

會仙巖。在光澤縣北四十里。高二千餘丈。巖口有石穴，中深而方，清泉常滿，俗名石斗，巖後澗泉出自穴中，高數丈，名曰水漈。相近曰黄茅巖，有石樓七重，高下相透，後有石壁，水自穴出。

齊雲巖。在泰寧縣西南二十里。俯瞰大溪，登之如在半空。其右爲獅子巖，其高處爲百丈巖，巖趾峭削，鳥道縈紆，人跡罕到。

甘露巖。在泰寧縣西南二十五里。石門天成，一徑如綫，飛瀑垂巖而下，稱爲絶勝。又瑞豐巖，在縣西四十里。

大洋嶂。在泰寧縣西北十餘里。特立高聳，上有池不涸，城步溪出此。前有雙峰。其東又有小坑嶂，即縣治後山也。

大拏溪。在邵武縣東八十里。源出建陽縣界，流至拏口入大溪。又有下黄溪、水口溪、將溪，源出建陽縣界。石鼓溪，源出崇安縣界。桃溪，源出將樂縣界。皆入於大溪。

白渚溪。在邵武縣南。源出潭山，經縣東曰鹿口溪，下入大溪。又縣東有青雲溪、澤里溪、壺山溪、廖坋溪、密溪，皆入大溪。

樵溪。在邵武縣西。源出樵嵐山，東流十里，分爲二支，一入城，名九曲溪，一經城南爲濠，曰石梘水，皆至城東入大溪。又縣西北有勛溪、藥村溪、西峽溪、三澗溪。

邵武溪。源出光澤縣，東南流經邵武縣城北，會諸溪水，其流益大，俗名大溪。溪上多蒼崖紫石，望之如紫雲，亦名紫雲溪，以受樵嵐水，又名樵溪。又東南流一百二十里，至順昌縣之富屯，中有灘五百餘。元和志：邵武溪水，源出飛猿嶺，東南流入光澤縣界。舊志：源出光澤縣西北一百三十里，接新城縣界極高嶺，東南流至縣西四十里，合杉嶺、止馬諸水，又經縣西北八里，曰搪石灘，怪石攢矗，飛流迅激，又經縣西北杭頭，合徐源諸水，曰杭川。又經縣西北一里，曰黃龍灘，又東流南折至縣東二里，與北溪水合，曰交溪。溪中有洲曰烏洲，一名月洲。又東至縣東二十里，曰龍孔灘，又東南入邵武縣界，即紫雲溪之上源也。

北溪。在光澤縣東北三里。源出雲際嶺，南流至縣北百里，昂山水入焉。又南四十里，合沂洲水，又南三十里，有漠溪流合焉。又南二十里，合邵武溪。

綏溪。在建寧縣南。一名綏江，以故綏城爲名。俗名灉江，「綏」訛爲「灉」也。又名大溪，源出寧化縣界中順山，是爲順溪。流經縣南六十里，有峽如門，由高瀉下，如懸瀑然。又東北與都溪水合，又東與藍溪水合，又附城爲南門灘，合鐃山小溪，又東北至青雲灘，與黃溪合。又東爲魚潭，又東與三溪、洛洋溪合。又東爲金灘，亂石交横，乃一邑水口也。又東入泰寧縣界至梅口，與邵武大溪水合。

都溪。在建寧縣西南。源出雲蓋山，流百里許，至縣西南五十里，合西北十五溪之水，匯爲緣潭。又東至合水口入順溪。

都溪。

黄連溪。在建寧縣西。其源有四：一曰隆安溪，一曰里源溪，合流爲黄連溪。一曰新城溪，與都下小溪合流，會黄連溪入

里心溪。在建寧縣西北。其源有三：一曰安吉溪，一曰桃源武陵溪，二溪至縣西北五十里合流，曰碧溪，又東南至里心保東爲東溪。一曰浄安溪，流至里心保西爲西溪，二溪合流爲上査溪，又爲銀坑溪，又南入都溪。

藍溪。在建寧縣西北。源出百丈嶺，南至綏城口入大溪。又鐃山小溪，在縣南。黄溪，在縣東。開山溪，在縣東北。皆入大溪，曰洪沙溪口。

三溪。在建寧縣東北。一曰永城溪，與周平溪合，經横田口，又合楚溪支澗水入大溪。又洛洋溪，源出金鐃山，入大溪。又楚溪有二源，合爲交劍潭，又東至泰寧縣之大田保入大溪。

大溪。在泰寧縣南。源出邵武縣官尖峯麓，亦曰三溪。西流入縣界，合龍湖東西兩溪之水，又西合交溪、梅林、朱口、福山諸溪，又西合龍門溪、長興溪，又西合杉溪、黄溪，至縣東一里，瀦爲何潭。又西經縣西南三十里梅口，與建寧之綏江合，爲雙溪渡，復折而東南，經縣南四十里，爲青洲渡，又東南合將樂縣界竹洲溪，而爲延平西溪之上源。

永興溪。在泰寧縣西南。源出縣南寶閣峯，西北流入大溪。又山夾溪，在縣東。城步溪、瑞溪、依口溪，在縣西。善溪、龍安溪、仁壽溪，在縣西南。開善溪，在縣東南。皆入大溪。

二十四溪。在泰寧縣西。源出南惠保赤坑〔三〕，兩旁夾以石山，凡二十四曲，西至梅口入大溪。

大田溪。在泰寧縣西五十里。有二派：一曰西溪，上接建寧縣之楚溪，東至梅口入大溪；一曰東溪，源出九盤嶺，合於西溪。又石塘溪，源出大田東保，合水簾漈入大溪。

靈泉。在邵武縣西登高山。一名大瀉泉，又名秀水，味甚甘。舊由東北入城，出城北合大溪。今流汎濫於濠池，不循故道。

古蹟

邵武故城。在邵武縣治西。三國吴置昭武縣，晉初避諱改名。舊志：縣城，宋太平興國五年士築，西跨熙春、西塔二山，周十里有奇。元初盡隳，至正間總督魏嘉努重築，西視舊址收入二里許。今縣西有熙春壖，即故城基也。「魏嘉努」舊作「魏家奴」，今改正。

綏城廢縣。在建寧縣西南。寰宇記：在邵武軍西二百四十里，晉爲綏城縣，莫猺之民居之。唐武德中併入邵武，垂拱中割屬將樂，乾元二年，寧海軍使董玠奏置黄連鎮，乾符五年爲義寧軍，尋廢軍爲永安鎮〔四〕。南唐升鎮爲場，宋建隆二年，又升場爲建寧縣。太平興國六年，併永安場入縣。縣志：故綏城，在今縣西南三里。又永安鎮，在縣西四十里。按：綏城，貞觀三年省入邵武。寰宇記云武德中，誤也。

邵武故衛。在邵武縣治東南。明洪武元年建，本朝順治十八年裁。

烏坂城。在邵武縣東南。寰宇記：在邵武縣東三里。建安記云，昔越王築六城以拒漢，此其一也。舊志：在今縣東北，俗呼爲故縣城，北倚山麓，南濱大溪。

財演鎮。今光澤縣治。宋置。寰宇記：本邵武縣地，太平興國六年，割縣之光澤、鸞鳳二鄉，於縣西八十里地名財演立光澤縣，以鄉爲名。

歸化鎮。今泰寧縣治。寰宇記：縣在邵武軍南二百里，本古之金城場，將樂縣地，唐末於此立歸化鎮，後以去郡遥遠，民難輸納，南唐保大三年升爲場，周顯德五年改爲縣。九域志：縣在軍南一百四十五里，葉祖洽改泰寧縣記「元豐八年，右司郎中張汝賢使閩，以縣仍五代之名爲未稱，奏請改名」。宋志作元祐元年改，即其次一年也。

金銀場。各縣俱有，今廢。九域志：邵武縣有黄土、鄒溪、寺城三銀場，龍鬚一銅場，寶積、萬德二鐵場。光澤縣有太平銀場、新安鐵場。建寧縣有青女、蕉坑、龍門三銀場。泰寧縣有琮際金場、江源銀場。舊志：黄土嶺，在邵武縣西南一百二十里，即古銀場。龍鬚山，在縣東，即古銅場。寶積村，在縣南三十里，又鐵鑪巷，在縣東四十五里，皆古鐵場也。大銀場，在光澤縣北一百二十里。銀坑保，在建寧縣西四十里〔五〕。金坑，在泰寧縣東三十里。又縣西七寶峯産金銀，宋置銀場。

樂野宫。在邵武縣東三十里。九域志：邵武軍有樂野宫，越王縱樂處。

高平苑。在泰寧縣南水南保。九域志：邵武軍有高平苑，爲越王校獵之所。

詩話樓。在邵武縣東城上，即望江樓也。宋嚴滄浪與戴石屏談詩於此，後因像祀嚴羽焉。

平翠樓。在邵武縣城北石鼓廟前。唐文宗時，銅川人廖懋德建邵武鎮，卒葬此，邑人爲之立廟，仍建樓。

讀書樓。在泰寧縣西二十里丹霞寺。宋李綱讀書於此。又朱文公讀書處，在縣西南五里小均坳。

翠微閣。在邵武縣城南福山。元建。黄鎮成記曰：福山爲樵郡勝遊之最，山之僧爲閣以延賓客，扁曰翠微。縣東有回龍、飛龍、空明諸閣，縣西有會景閣。

越王臺。在邵武縣城西。越王無諸遊獵之所。又建寧縣北百丈嶺亦有越王臺。又先天臺，在縣南三灘。

熙春臺。在邵武縣城西登高山頂。明統志：宋知軍張師中建，黄通有詩。又釣魚臺，在熙春臺下。

會景亭。在邵武縣登高山。輿地紀勝：在熙春臺東南，前視井邑，萬瓦鱗次，左瞰清流，右臨碧巘。

採芹亭。在邵武縣城外舊儒學前。宋建，知軍方岳有詩。又縣治内海棠亭，宋張士遜聽訟之所，手植海棠，因以名亭。

止馬亭。在光澤縣西北。寰宇記：在邵武縣西北一百六十里，當飛猿嶺口，馬之登降，於此止息，故名。蓋即今之止馬市。

魁星亭。在建寧縣學門左。宋邑令程夢桂建。

怡雲亭。在建寧縣南。宋待制俞豐讀書之所，中又有來薰、致爽、舒嘯、浮香諸亭。今爲雲谷書院。

育英堂。在邵武府學。宋淳祐中建，教授方澄孫爲記。又府治内有雅歌堂，邵武縣南有安淮堂，俱宋建。

斯美堂。在邵武縣登高山。宋建，知軍方澤有詩。

東堂。在邵武縣積善山。宋吕季充隱於此。

瑞榴軒。在邵武縣學内。宋時有石榴，士人觀其結實之數，以爲登科之信。熙寧三年，結二實頗大，是歲葉祖洽、上官均名在一、二。祖洽詩曰：「已分桂葉争雲路，不負榴花結露枝。」後人因以名軒。又聽雨軒，在縣南福山，元黄清老讀書處。

臺溪精舍。在邵武縣東南七臺山麓小溪之濱。宋儒何鎬藏修之所，有味道堂，朱子爲記。

丹崖使院。在泰寧縣東五十里。

石輞。在泰寧縣東北三十里。石周遭如城，自闢五門，其内村原十餘里，其東有寶蓋龍潭，彷彿桃源。

李綱宅。在邵武縣東三十五里渠裏村。

陳巖宅。在建寧縣東百餘步。五代梁開平間，改建廣福寺，宋時改建城隍廟。

關隘

杉關。在光澤縣西北七十里杉嶺上，西去江西建昌府一百二十里，爲江、閩往來之通道。相傳唐廣明元年置。元至正十九年，陳友諒兵陷杉關，侵福建。二十五年，明太祖攻陳友定，克浦城、松溪，分遣王溥自建昌出杉關。

鐵牛關。在光澤縣西北一百二十里大和山上鐵牛嶺。

黄土隘。在邵武縣西南一百二十里黄土嶺。亦曰黄土關，即古黄土銀場也。元置黄土寨巡司。至正十九年，陳友諒遣其將鄧克明侵邵武，陳友定大破之於黄土寨，即此。

拏口巡司。在邵武縣東八十里。宋時置寨，元改巡司，兼置税課務。明初改税課局，尋皆廢。有拏口驛，明洪武三年置驛丞。本朝乾隆八年裁，改駐縣丞，三十二年仍設巡司。又同巡寨，在縣南五十五里，宋置寨，元改巡司，明洪武十一年省。

水口巡司。在邵武縣東南一百六十里。宋置水口寨，元因之，明洪武二年改置巡司。

大寺寨巡司。在光澤縣杉關。宋置，在縣西北小和山，元至正二十五年遷於止馬市，明洪武三年移置於關東。

清化鎮。在光澤縣西六十里。九域志：縣有清化鎮，一曰清化墟。

楊坊寨。在邵武縣東北五十里。宋紹興二年置，元改巡司，明洪武十一年省。又元置税課務，明初改税課局，今亦省。

軍口寨。在建寧縣南六十里赤上保。宋紹定五年置。明洪武十三年置巡司，十四年裁。

西安寨。在建寧縣西。宋紹定五年置，在縣西六十里新城保。元置巡司。明洪武三年，遷於里心保，在縣西四十里。正德十五年，知縣周必復遷於丘坊隘，後廢。嘉靖二十三年，知縣何孟倫復置於丘坊隘，後又遷於新城保黄泥鋪。今廢。

朱口寨。在泰寧縣東三十里。宋紹興五年置，元改巡司，尋廢。今有朱口墟。

梅口寨。在泰寧縣西三十里。宋紹定五年，統領劉純分忠武軍於此，以鎮羅源、筋竹之寇，後廢爲梅口市。今爲梅口墟。

舊墟堡。在邵武縣南六十里舊墟街，堡周三百六十丈。

止馬市。在光澤縣西北六十里。明正統十一年，自縣東移税課局於此。今廢。

樵川驛。在邵武縣城内東隅。

杭川驛。在光澤縣西門外。宋置。

杉關驛。在光澤縣大寺寨巡司西。元置。

津梁

長虹橋。在邵武縣東五里，跨樵溪。舊名長春，明建。本朝康熙四十六年修，爲梁一十五道，長一百五十五丈，有屋一百十四間。

泰定橋。在邵武縣東。元泰定中建，翼以石欄。

通濟橋。在邵武縣南，元皇慶元年建，明天順、成化間修，本朝乾隆十四年三十三年重建。

晝錦橋。在邵武縣西。宋皇祐中建。明洪武、成化間重建。本朝康熙年間修，乾隆三十四年重修。又泰寧縣亦有晝錦橋，跨小東門，舊名東橋，以葉祖洽登第歸，改今名。

萬年橋。在邵武縣西北，跨大溪，長六十三丈有奇。宋嘉定中建，名嘉定橋。嗣後屢經修復，改名曰端平，曰環碧，曰大德，曰至正，曰樵溪，曰濟川，曰水北。

平濟橋。在光澤縣東門外，跨大溪。宋嘉定十四年建，長三十七丈，有屋數十楹。

承恩橋。在光澤縣西，跨大溪。俗名杭西橋，宋嘉定五年建。本朝康熙元年重建，長三十五丈，上覆以屋，旁列店肆。舊名弘濟，乾隆初易名洪濟。二十六年，邑令王瑤修，三十一年圮於水，邑令杜琮重修，易今名。

鎮安橋。在建寧縣東門外，跨河潭。宋紹定元年建，長四十六丈有奇。

杉津橋。在泰寧縣東。明萬曆間建。本朝順治、康熙、雍正年間重建，乾隆三十四年修。

朝天橋。在泰寧縣東。明洪武三年建，弘治十七年重建。本朝康熙五十八年，易木爲石，覆以亭，乾隆三十三年修。

黄公橋。在泰寧縣東。元天曆間建，明洪武二十七年重建，本朝乾隆三十四年修。

龍湖橋。在泰寧縣東六十餘里。元至正間建，跨龍湖、東溪。

安泰橋。在泰寧縣東南五里。一名迎恩橋，明洪武中建，跨黄溪，爲往來孔道。一名延福橋。

易家渡。在建寧縣灘頭園。

隄堰

黎公隄。在邵武縣。續通志：自紫雲溪起至浮橋頭亘半里，明崇禎間，同知黎遵築。

北隄。在泰寧縣北。明萬曆間，推官錢名世築。

王塘。在邵武縣。通志：其塘有三，曰上麥湖、中麥湖、下麥湖，舊傳王氏瀦水之所，故名。

劉金陂。在邵武縣二十三都。明萬曆間，劉權捐金修築，故名。

壕上下壩。在邵武縣。通志：古城基也，元魏嘉努移城入裏數百步，因舊基築壩，蓄水以溉民田。

樂思壩。在泰寧縣東。續通志：源自黄坑流至鬲嶺，灌田四十頃，明知縣胡玻築。本朝乾隆二十八年，縣令王潤重築。舊名鸕鷀陂，因民樂其利，改今名。

陵墓

漢

閩越王墓。在泰寧縣西五里。高踰十丈。

隋

歐陽祐墓。在邵武縣西五十里大乾山。有廟曰廣祐。

唐

上官洎墓。在邵武縣南和平里煖水窠。

危全諷墓。在光澤縣西龍興寺後。

陳巖墓。在建寧縣西大嶺之巖。

宋

何兑墓。在邵武縣東臺溪水尾。子鎬墓，在臺溪東碭山之原。

上官凝墓。在邵武縣南和平里。子均墓，在縣東。

黄中墓。在邵武縣東北一都故縣。

吕祉墓。在邵武縣樵嵐積善山。通志：紹興中，以祉死國事，敕其妻吴氏合葬於此。

劉爚墓。在邵武縣三都桂林原。

李郁墓。在光澤縣東黄嶺。

李方子墓。在光澤縣西南六十里管蜜村。

劉剛中墓。在建寧縣西八十里朱嶺。

謝皓墓。在建寧縣北青雲嶺下。

鄒應龍墓。在泰寧縣南南禪寺左。

祠廟

李忠定公祠。在邵武縣南白蓮塘，祀宋李綱。

黄簡肅祠。在邵武縣四曲溪西，祀宋黄中。又縣東劉文簡祠，祀宋劉爚。東關外劉義壯祠，祀宋劉純。縣東隅胡將軍祠，祀宋胡斌。

朱文公祠。在邵武縣治南舊社學。

昭烈祠。在泰寧縣東，祀唐張巡、許遠。

忠烈祠。在泰寧縣下水南，祀明主簿張彦聖。

完節廟。在建寧縣西鳳山。舊名東平廟，祀唐張巡、許遠。宋元豐中建，明永樂中改今名。

寺觀

寶巖寺。在邵武縣城北隅。唐大順間建。

廣福寺。在邵武縣城西南。唐會昌間建，爲邵武叢林勝地。又城南覺惠寺，唐伏虎大師愛其地有山林泉石之勝，建寺於此。

安國寺。在邵武縣東五里許。宋景德間建。

西巖寺。在邵武縣西。唐天寶四載建，本朝乾隆三十二年重建。

惠海寺。在光澤縣十都。唐咸通五年建。

龍興寺。在光澤縣城西。宋崇寧四年建。又建寧縣城北隅亦有龍興寺，五代梁龍德二年建。

報國寺。在建寧縣南五里金鐃山之麓。五代梁龍德間建，中有白蓮池、紅芍圃、虎溪橋、蟾窟井、龍鱗松、鐵線梅、玉柱峯、漱石浦八景。

普勸寺。在泰寧縣西鑪峯之麓。唐天祐間建。

豐巖寺。在泰寧縣西二十里瑞溪保。唐天祐二年建，宋李綱讀書於此。

觀音寺。在泰寧縣城北。明建，本朝乾隆三十一年修。

玄妙觀。在邵武縣熙春山麓。隋開皇中建。

龍山觀。在泰寧縣城西隅。宋政和七年建。

校勘記

〔一〕在建寧縣南三十里　「三十里」，讀史方輿紀要卷九八福建邵武府作「二十里」。「建寧縣」，乾隆志卷三三二邵武府山川(下同卷簡稱乾隆志)作「泰寧縣」。按，金鐃山實跨建寧、泰寧、寧化三縣界，讀史方輿紀要謂其在建寧縣南二十里，泰寧縣西七十里，庶幾近之。

〔二〕周數十里高數千丈　「千」，原作「十」，乾隆志同，顯然不合事理，據明一統志卷七八邵武府山川及讀史方輿紀要卷九八福建邵武府改。

〔三〕源出南惠保赤坑　「南惠保」，乾隆志作「南會保」。按，明黄仲昭撰八閩通志卷一六地理志泰寧縣崇禮鄉下轄南會保，在縣西四十里。似字當作「會」。

〔四〕尋廢軍爲永安鎮　「永安」，乾隆志同，太平寰宇記卷一〇一江南東道邵武軍作「永寧」。

〔五〕銀坑保在建寧縣西四十里　乾隆志同，八閩統志卷一六地理志謂銀坑保在建寧縣西北六十里。

大清一統志卷四百三十三

邵武府二

名宦

五代

鄒勇夫。固始人。王審知時爲僕射，命鎮歸化。時榛蕪亘野，煙火僅百家，勇夫招撫流亡，葺理宅舍，民襁負而至，縣因以立。

宋

張度。太平興國中知邵武軍。首創軍治，有政績。

張士遜。陰城人。淳化中知邵武縣。以寬厚得民。旱禱歐陽太守廟，廟去城過一舍，士遜撤蓋，雨霑足始歸。

蘇爲。祥符間知邵武軍。政尚清簡，在郡多題詠，人傳誦之。

曹修睦。建安人。天聖初知邵武軍。有善政，始建郡學。

尹洙。河南人。康定中知光澤縣。以古文勉勵學者，文體爲之一變。治尤有績。

李山甫。南城人。嘉祐間知建寧縣。建學校，擇士充弟子員，儒風以盛。

吕蕢。藍田人。嘉祐間知泰寧縣。治尚静簡，不事煩苛。

袁轂。鄞縣人。元豐間知邵武軍。莅官清介，嘗有詩曰：「滄浪不須濯，纓上本無塵。」

徐壽。建安人。元祐間知泰寧縣。會改鹽法，計口敷鹽，民苦之。壽不從，民賴以安。

黄琮。莆田人。元符間知泰寧縣。時閩令以治行稱者，琮與陳麟、翁谷，號三循吏。

謝潛。長汀人。知建寧縣。毁淫祠，禁溺子，邑人生子，多以「謝」名。

吴逵。崇安人。宣和間知泰寧縣。縣産茶，引額過重，逵力爲申請，去其半。

王洋。楚州人。紹興間知邵武軍。民俗生子多不舉，洋奏立舉子倉，凡貧民當産者，以錢米給之。

趙子木。紹興間知邵武軍。時上官棓守延平，魏矼守建安，與子木俱剛介有政聲，有「鐵鐺脚三刺史」之號。

王以詠。建安人。紹興間知光澤縣。嘗曰：「治公家如私家，自符天理。惜官物如己物，乃合人情。」終任未嘗妄費。

林宗顯。長樂人。乾道間知建寧縣。庭無留牘，爲民興利除害，民立祠祀之。

謝源。臨川人。淳熙間任邵武縣丞，静重有守。

陳孔碩。侯官人。紹熙間知邵武縣。聰明慈愛，有古良吏風。

張訢。毗陵人。紹熙間知光澤縣。嘗倣社倉之法，以濟里民之無蓋藏及中下之家生子不舉者，又附倉列屋，以待行旅疾病無所歸之人，法甚精善。朱子爲之記。

包恢。建昌人。嘉定中邵武守王遂辟爲光澤主簿。平寇亂，除豪猾，政聲赫然。

胡斌。湖州人。爲殿前司將官，戍邵武。紹定三年，盜衆大至，斌奮身迎戰，格殺甚衆。或告以衆寡不敵，斌曰：「郡民死者以萬計，賴生者數千人，我不綴其勢，使得脱走，則賊躡其後，無噍類矣。」遂巷戰，兵盡矢窮遇害，屍僵立，移時始仆。事聞，贈武節大夫。

王遂。金壇人。紹定三年，福建寇擾甫定，以遂知邵武軍。過江山、浦城道中，遇邵武避地之人，即遺金爲歸資，從者如市。至郡撫摩瘡痍，剪平凶孽，民恃以安。

趙以夫。宋宗室，居長樂。紹定間知邵武軍。政尚安静，再造府治。

陳韡。侯官人。紹定間提舉邵武軍。破潭瓦磜賊，督捕餘寇，賊首晏彪迎降，韡以其力屈乃降，卒誅之。

王埜。金華人。紹定初攝邵武縣事，後復攝軍事。盜起唐石，親勒兵討之。

劉純。建陽人。紹定中攝邵武縣事，以除寇功改秩爲真。未幾，建寧下瞿寇起，純提兵直抵賊巢，兵敗死之。事聞贈官，與一子下州文學。

趙紡夫。宋宗室，居閩縣。初爲建寧尉，有才名，紹定間辟知本邑。筋竹洞爲賊巢，紡夫撫循制馭，元惡授首，四境肅清。

方澄孫。莆田人。淳祐間邵武軍教授，尋擢知本軍。綏柔獷俗，嘗著女教一書，治郡以最聞。

宋秉孫。建陽人。景定間知建寧縣。值歲饑，悉力賑給。邑舊無城，乃度地興築，不期年而成。後倅本郡。

趙良淳。餘干人。任泰寧主簿。恥事干謁。咸淳末，元兵至，衆潰，良淳死之。

元

廉忱。延祐間邵武路總管。崇學校，飾從祀像，綽有政聲。

王應祚。清源人。至順間知邵武縣。廉直有才，士民戴之。

曲出。維揚人。至正間知邵武路。儉樸寡欲，僚屬化之。時汀寇犯境，極力保捍，郡賴以安。

吴阿勒坦布哈。三華人。至正間監郡。建寧猝被盜，募兵破之水口，又進擊於垓嶺，追斬殆盡。議者謂城污於賊，當悉焚棄，吴阿勒坦布哈惻然曰：「民爲賊脅耳。」置不問。「吴阿勒坦布哈」舊作「吴按攤不花」，今改正。

耶律惟一。至正間任邵武縣達魯噶齊。興學獎士，後以其學敷教成均。

阿勒達爾台。蒙古扎拉台人。至正間知邵武縣。性凝重，處公事如家事，視同僚如昆季。「阿勒達爾台」舊作「安荅兒秃」，「扎拉台」舊作「札兒台」，今並改正。

孔公俊。曲阜人。至正間知邵武縣。時邑新被寇，公俊存恤勞徠，輕徭薄賦，重惜民力，大修學宫，民不知勞。

明

周時中。江南人。洪武初知邵武府。時承元季兵革之餘，民皆流離，時中拊循安輯，民遂生養之樂。

夏祥鳳。嘉興人。洪武間知邵武縣，嘗曰：「廉爲士之大節，居官而不能廉，大節虧矣，雖有政事，何足尚哉？」及代去，囊篋蕭然。

林興祖。潮州人。永樂間官常豐倉大使。郡饑，慨然詣巡撫夏原吉，懇言民命危急，詞色迫切，遂檄郡發廩，所活數萬衆。

鄒良。樂安人。永樂中知邵武縣。多惠政。宣德末，考績當遷，邑民乞留，命增秩再任。

楊衡。岢嵐州人。正統間知邵武府。時沙賊倡亂，奄至城南，衡勒兵討之，郡境晏然。

李春。鳳陽人。正統間任檢校。鄧茂七黨爲亂，至城南垓嶺，春率民兵出戰，親冒矢石，連發輒中，賊却去。

盛時望。無錫人。成化間知邵武府。因糧起科，延名儒以教諸生，以除奸弊興教化爲務。

馮孜。南充人。成化間知邵武府。慎徵輸，平傜役，民投牒訴訟，一訊而決。時建陽賊爲亂，孜發兵直抵其穴平之。

王佐。瓊州人。成化中邵武府同知。泰寧遭寇，佐往招諭，降其脅從者數十人，餘賊悉散去。

劉俊。深州人。成化中知光澤縣。以戢奸植善爲首務，毀淫祠，禁師巫，葺學宫，人稱其得爲政之體。

王拯。東莞人。成化間知邵武縣。公廉愛民，嘗以公事出郊，民具雞黍，拯止茹蔬。

夏英。德化人。弘治間知邵武府。躬循阡陌，褒孝揚善，凡公署學校，水利橋梁，一一修舉。

鄭鑾。縉雲人。弘治中任邵武縣丞，臨政毅然，不可干以私。值大造黄册，除飛詭諸弊，以三則編傜役，民頌其平。

葛浩。上虞人。正德中知邵武府。量屬邑闊狹，更定賦役。俗尚巫，男女聚會無別，下令嚴禁。入覲疏陳利弊五事，悉見施行。居六年，民戴若慈母。

王鈁。奉化人。嘉靖中知邵武府。爲政簡静，公庭寂然，不煩鞭朴。御史行部，銜鈁亢直，伺隙不得，已察治行，知其廉吏，乃薦之朝。

江一桂。婺源人。嘉靖間知建寧縣。制黠胥，剷粃政，建東山書院，置田以贍諸生。

何孟倫。新會人。嘉靖間知建寧縣。扁其堂曰「節愛」，凡有益於疆圉士民者，一一具舉，時稱賢令。

陳激衷。南海人。嘉靖中建寧縣學教諭。率諸生習冠射禮，巡按聶豹聘主五經書院。激衷言笑不苟，尤精於樂律。

許繕。臨清人。嘉靖間任建寧巡檢。慷慨有膽力。時汀寇侵掠，夜半聞警進追之，寇伏猝起，從兵皆遁，繕陷池中死焉。民哀之，爲立祠。

鄭宣化。應天人。萬曆中知邵武府。操履貞素。卒，特祠祀之，表曰真清。

司馬祉。會稽人。萬曆間知邵武府。政先文教。時有虎噬人，祉爲文以禱，虎立斃。

程寰。歙縣人。萬曆間知光澤縣。立義倉、義學，教養備至。

王道焜。錢塘人。崇禎中由南平知縣升南雄府同知。會光澤寇發，父老以道焜令南平有聲，請於撫按改知光澤縣事。至則撫剿兼施，部内底定。

本朝

趙之璉〔一〕。洛陽人。順治初知邵武縣。會山寇起，與江右寇應，衆數萬，屢薄城下，駐防兵少，外援不至，之璉簡閲民壯得二千餘，親冒矢石，所向披靡。卒於官。

温光涵。清源人。順治中知建寧縣。時軍需孔亟，光涵設法供應，四郊安堵。

徐登第。奉天人。順治間署建寧駐防守備。討擒土寇黄黑等殺之，寇焰遂熄。

王鉅。湖廣人。康熙初任邵武副總兵。值土寇亂，鉅大張筵宴，令部將誘降，尋皆就擒，東路以平。

李化龍。榆林人。康熙初建寧防禦遊擊。嘗延紳士，詢民間疾苦，有古儒將風。值江右寇入境，化龍率兵奮擊，遇伏而死。

張瑞午。漢軍鑲藍旗人。康熙中知邵武府。耿逆之變，陰與同知高舉、副將王進謀討逆，事泄，皆遇害。瑞午子玘、瑛、珍、珧、玳、瑜六人及媳王氏、李氏、舉子登選皆殉。事聞，瑞午贈太常寺卿，舉贈福建按察司副使。

王興禹。廣寧人。康熙中權知府事。時寇盜剽掠之後，城邑爲墟，興禹一意招集，驅逐悍卒，諸所徵發，不事追呼，胥吏作奸，必置之法。

柯永新。襄平人。康熙中知光澤縣。邑有豪猾引江右寇入境爲亂，永新詣府鎮請兵密設奇計，直搗其穴擒之，賊黨解散。

謝紹仁。銅陵人。知光澤縣。歲饑發賑，全活萬餘人。雍正十三年，奉文清丈軍田，紹仁力爲請免。升户部主事，人爲立祠。

王瑶。渭南人。乾隆二十五年知光澤縣。愛民訓士，暇輒便服詣田間勸課。邑有陂泉，相其形勢疏濬之，分定某陂某泉，可以灌田若干畝，而無有餘不足之患。倡建書院考棚，重修洪濟、水口二橋，士民賴之。

人物

唐

黄桓。邵武人。母喪廬墓三年，芝生墓側，鶴巢於墓林。邑舊無鶴，人因稱其地爲鶴林坪。貞觀中旌閭。其後永淳初，有張巨籛、吳海，母喪俱廬墓十三年，觀察使奏蠲其家徭賦。

上官泊。邵武人。乾符末爲鎮將。時黄巢自浙東踰江西，破饒、吉、虔、信等州，刊山開道，直趨建州。泊與子藺領兵拒賊力戰，父子皆被害。

陳巖。字夢臣，建寧人。有智略。乾符間黄巢掠福建諸州，所至殘破。巖聚衆數千保鄉里，屢敗巢衆，遠近賴爲固。時邑爲黄連鎮，巖表爲義寧軍。中和四年，代鄭鎰爲福建觀察使，爲治有威惠。先是，城壁、公府、學校爲巢焚蕩幾盡，巖悉力完輯，閩中遂安。

宋

龔慎儀。字世則，邵武人。開寶初除駕部郎中，爲歙州刺史。宜春盧絳領兵數千陷歙，且趨閩，欲引慎儀爲謀主。慎儀厲聲曰：「吾已受宋命，雖一日失援，肯從賊耶？」絳怒殺之。子極，字日拔，官至樞密使。直言無隱，真宗常顧謂李迪曰：「人臣如極，豈可多得？」從子顈，字同秀，大中祥符間，官至銀青光禄大夫，立朝慷慨。著有正己箴。

李巽。字仲權，光澤人。博學能文，舉太平興國八年進士，任江西提刑。明恕第一，遷兩浙運使。郡人登進士自巽始。

上官凝。字成叔，邵武人。慶曆進士，爲銅陵尉。秩滿，有老叟十數人餽藥數器，發之皆金，追而反之。歷知安丘縣，治豪右無所撓，終尚書職方員外郎。子塏，官至廣東轉運判官，治有異績。

吳處厚。字伯固，邵武人。博學能詩文。登皇祐進士，爲大理丞，歷官知衛州，卒。以元祐黨人，追貶歙州别駕。著有青箱雜記。

游烈。字晉光，邵武人。從胡瑗學，官至職方員外郎。郡人知經學自烈始。

謝詷。字誠甫，建寧人。治平進士，初令臨川，人稱爲謝冰壺。後守汀州，卒。子𢿱，字彦章，提舉河北常平倉。值改鑄大錢，𢿱言不可，忤蔡京，謫監漳州税。後除吏部郎中，知興化軍，以親老歸。

上官均。字彦衡，凝次子。熙寧進士第二，任北京留守推官。爲竇莘等明冤，謫知光澤縣。哲宗初爲御史，論罷青苗，復常平法，又論蔡確及張璪、李清臣，擊去之。徽宗立，遷給事中，時相欲盡循熙、豐法度爲紹述，均言法度惟是之從。後入黨籍，久之復龍圖閣待制，致仕，卒。

孫諤。字正臣，邵武人。熙寧進士，官右正言。守正不阿，力論楊畏偷合詭隨，始終三變。又言役法不均，忤蔡京，出知廣德軍。後入元祐黨籍。

謝皓。字德夫，詷從子。元豐進士，擢金部郎，歷建昌、南劍、絳州三郡，考績皆最。

黄中美。字文昭，邵武人。紹聖進士，知衛縣，以修河功，轉真定府録事，移信德軍。宣和末，金兵攻信德，中美奮死守城，金人退，宣撫使俾行軍事，撫摩瘡痍，民復安堵。靖康初卒於官。子永存，字堅叟，紹興進士，官至正議大夫。孫公紹，咸淳進士，著有韻會。

黄伯思。字長睿，邵武人。幼警敏，嘗夢孔雀於庭，覺而賦之，詞采甚麗。元符中進士高等，好古文奇字。初淳化中，命待詔王著續正法帖，伯思病其乖雜，考引載籍，作刊誤二卷。伯思學問慕楊雄，詩慕李白，文慕柳宗元，有文集五十卷。次子訒，裒伯思平日議論題跋，爲東觀餘論三卷。

危翁一。光澤人。家貧業樵，聞徽、欽北遷，哭三日，骨立死。

李綱。字伯紀，邵武人。父夔，爲華亭尉，有政聲，終龍圖閣待制。綱登政和二年進士，累遷起居郎。宣和元年，京師大水，疏言當以盜賊外患爲憂。七年，金兵日迫，綱刺臂血上疏，内禪之議乃決。靖康初，金兵渡河，宰執守避敵之議，綱力陳不可去，上感悟，命綱爲親征行營使，以便宜從事。綱治戰守之具，身自督戰，殺其衆數千，金兵乃退。未幾，謫建昌軍，金兵再至，起用入援，未至而都城失守。建炎初，拜尚書右僕射，力陳十事，薦張所爲河北招撫，傅亮爲河東經制，宗澤爲開封留守。後黄潛善、汪伯彦沮所及亮，綱乞歸，曰：「吾知盡事君之道，不可，則全進退之節，患禍非所恤也。」尋落職。紹興二年，除觀文殿學士，上條六事，賜詔褒諭，除江西安撫制置大使，兼知洪州。九年，除知潭州、荆湖南路安撫大使，力辭。次年卒，年五十八，贈少師，謚忠定。綱負天下之望，以一身用舍爲社稷生民安危，忠誠義氣，動乎遠邇。每宋使至燕山，必問李綱、趙鼎安否，其爲遠人所畏服如此。

何兑。字太和，邵武人。宣和進士，授廣西提刑檢法官。東平馬伸宣慰諸道，辟置幕下。紹興中，秦檜自陳其有存趙之功，兑列上馬伸事狀，言伸有移書僞楚斥使避位之節。檜怒，下兑獄削官，檜死乃復。子鎬，字叔京，有學行，與朱子友善，學者稱臺溪先生，著有易、論語説、臺溪集。

上官悟。字仲達，均季子。建炎中留守東京。劉豫叛，城陷死焉。

李郁。字光祖，光澤人。父深，官朝散郎，入元祐黨籍。郁嘗授業於楊時，時奇之，妻以女。紹興二年召對便殿，授迪功郎。會秦檜用事，遂築室西山讀書，學者稱西山先生。

黄中。字通老，伯思從子。紹興進士第二，除起居郎。使金還，每見輒言邊事，又獨陳備禦方略。尋兼給事中，内侍遷官不應法，諫官劉度坐論近習龍大淵，忤旨補郡，已復罷之，中皆不書牘，斥小媒孽。乾道改元，以集英殿修撰致仕。居六年，召對内殿，以爲兵部尚書，陳十要道，帝亟稱善。中力求去，除龍圖閣學士致仕。中爲人敬慕朱子，嘗裁書以見，願進於門弟子之列。其後上遣使訪朝政，進端明殿學士，猶以山陵梓宫爲言，以人主之職，不可假之左右爲戒。累封江夏郡侯。卒，贈少師，謚簡肅。

俞豐。字應南，建寧人。乾道進士，調建陽尉。獲盗應賞，豐曰：「捕盗，職也。受賞，是利民爲盗矣。」累遷吏部侍郎，奉祠歸。

黄涣。字德亨，光澤人。嘗從吕祖謙學，守岳州。罷厨傳，蠲魚税，捕淫巫，治績甚著。

上官基。字仲立，邵武人。調衡州推官。趙汝愚謫零陵，道經衡陽卒，時人皆畏韓侂胄，不敢爲營辦喪事，基獨往殯殮。郡守錢鏊上其治行，遷提點鑄錢檢討官。

任希夷。字伯起，邵武人。自眉州徙家從朱子學，朱子器之，曰：「伯起開濟士也。」登淳熙進士。開禧中爲禮部尚書，奏周敦頤、程顥、程頤、張載爲百代絶學之倡，乞定議賜謚。累官權參知政事。卒，贈少師，謚宣獻。

鄒應龍。字景初，泰寧人。慶元二年進士第一，歷遷起居舍人。與韓侂胄不合，出知贛州。侂胄誅，擢中書舍人。寶慶初，抗疏請留真德秀、魏了翁，爲當路所忌，諷言者擠之。嘉熙初權參知政事，舉賢才，抑近小，夙夜以天下爲念。以老請歸。卒，贈少保，謚文靖。

李呂。字濱老，郁從子。晚見朱子於廬阜，遂爲講學之友。子閎祖，字守約，從朱子學，篤志精思，朱子留之家塾，編中庸章句或問輯略。登嘉定進士，辟古田令，改廣西經幹，諸司論薦改秩，未赴卒。弟相祖，朱子命編書説三十餘卷，辨質詳明，用心精切。幼弟壯祖，同年進士，調閩清尉，朱子嘉其有志，真德秀稱其爲人物典型。

嚴粲。字明卿，邵武人。精毛詩，嘗自註詩，名曰嚴氏詩輯，朱子詩傳多採其説。

嚴羽。字儀卿，邵武人。自號滄浪逋客，有滄浪集二卷行世。同族有嚴仁，字次山。嚴參，號三休居士。皆博學好古，世稱三嚴。

劉剛中。字德言，建寧人。初喜讀老、莊、荀、楊書，及登朱子門，問讀何書，以所業對，朱子曰：「老、莊壞人心術。」自是篤志正道，朱子易其字曰近仁。既歸，築室講學，邦人士翕然從之。登嘉定進士，丞蘭溪，卒。

杜杲。字子昕，邵武人。以父蔭授海門買納鹽場，未上。辟江淮帥幕，金人圍滁州，杲登陴中矢，益自奮勵，卒全其城。知安豐，與元兵大戰，御書慰諭之，擢淮西及沿江制置使，屢立戰功，進龍圖閣學士，卒。杲淹貫多能，爲文麗密，晚歲專意理學，嘗言

「吾用兵無悖謀，無左畫，皆得之四子書」。子庶，字康侯，幼倜儻有大志，通宋典故。從父行間，習邊事，立戰功。進直秘閣，移淮西，兼廬州安撫副使，人懽迎如見慈父。治績甚多，尋直寶文閣，卒。

葉武子。字成之，邵武人。與李方子友善，同受學於朱子，補太學生。時議函韓侂胄首與金請和，武子曰：「奸臣首不足惜，如國體何？」率同舍力争。嘉定中登進士，擢知處州，進秘閣修撰。

李方子。字公晦，吕之孫。初見朱子，語曰：「觀公爲人，自是寡過，但寛大中要規矩，和緩中要果決。」遂以「果」名齋。嘉定中廷對第三，調泉州觀察推官。故事，秩滿必先通書廟堂乃除，方子曰：「以書通，是求也。」丞相史彌遠聞之怒，踰年始除國子録，方子不少貶以求合，彌遠以爲真德秀黨罷之。既歸，學者畢集，嘗語人曰：「吾幸於大本有見處，此心常覺泰然。」

高談。字景遂，光澤人。紹定中旁郡盗作，諸子請避，談曰：「有廟祏在，將焉之？」賊至，執諸庭曰：「我欲東破武陽，得耆老如爾者，率是鄉子弟，吾其濟乎。」談唾賊大罵，遂遇害，而里人賴以免。談平居言動必由禮法，故鄉人敬而附之。

丁從龍。泰寧人。紹定中以擊賊功授保義郎，端平二年，領兵克復淮安，轉忠翊郎。八月，遇盗於廣西懷集縣，力戰死，朝命褒贈廟祀。

危昭德。邵武人。寶祐進士，爲秘書郎，條上厲民四弊。遷侍御史，諫作崇陽宫。權工部侍郎，同修國史，致仕。昭德在經筵，以易、春秋、大學衍義進講，規正甚多。

元

李應龍。字玉林，郁之後。博學有節操，至元間兩薦俱不起。所著有春秋纂例、孝經集注。

黄鎮成。字元鎮，邵武人。以聖賢之學自勵，授江西儒學提舉，未仕卒。所著有尚書通考。

陳士元。邵武人。與黄鎮成以文爲友，隱居不仕。有武陽志略、武陽耆舊詩宗，號暘谷先生。

郭回。邵武人。素貧，年六十無妻，奉母寄宿神祠中，營養甚艱，母年九十八卒，回傭身得錢葬之，每日詣墳哭祭，十四年不輟。州上狀，命給衣糧贍濟，仍表異之。

陳道。邵武人。父樵，爲虎所噬，道奮前縱擊，虎舍父噬道啖之，鄉人悼焉。

明

曾伯輿。建寧人。養志山林，洪武初以明經署本縣儒學事。著有鳴缶集。

何伯清。泰寧人。洪武末爲大理評事，永樂初起廣東按察僉事。修雷州壞閘，溉田七十萬頃。

張誠。字自明，建寧人。永樂進士，任監察御史，遇事敢言。巡按交趾，彈劾鎮守大臣及中貴之不法者，繼巡浙江、湖廣，風節凛然。

陳泰。字吉亨，邵武人。永樂舉人，除訓導。用薦擢監察御史，巡按貴州。大軍征麓川，歲取土兵爲鄉導，戰失利，輒殺以冒功，泰奏罷之。景泰中以左僉都御史督治河道，自儀徵至淮安，濬渠百八十里，塞決口九，築壩三，歷撫蘇松、四川、淮揚，所至民皆德之。

鄒允隆。名昌，以字行，泰寧人。正統進士，授太常博士。改太僕丞，奉使安南。時安南經黎季犂之亂，久昧朝儀，允隆據禮裁正，丰度肅然。

江寧宗〔二〕。泰寧人。正統中與兄寧祖奉父母避寇，寧祖出求糧，爲賊所縛，索財不得，欲殺之。寧宗聞之，即奔往請代，寧祖曰：「吾有子，弟亟歸，善養父母。」寧宗曰：「弟冥頑蠢愚，養父母非兄不可。」乃紿賊曰：「家財悉掌於兄嫂，兄去乃可得也。」

賊聽寧祖歸，踰日無耗，遂爲所殺。

余志。字志學，建寧人。天順進士，官刑部主事，陳備邊策，有言其越職，詔下吏鞫狀，乃斥言者，志亦出判廣州。升石阡知府，至仕歸。

朱欽。字懋恭，邵武人。成化進士，授寧波推官，治行最，擢御史，所至著風節。弘治中遷山東副使。欽有清望，屬吏聞聲斂戢。十五年，吏部舉天下治行卓異者僅六人，欽與焉。正德中歷右副都御史，巡撫山東，疏斥劉瑾，瑾銜之，因事逮問斥爲民。瑾誅，復官。

甯堅。字永直，邵武人。事母至孝，成化間領鄉薦，任鳳陽同知。

吴從周。字宗文，邵武人。嘉靖中以貢授慶元訓導，署邑篆。以城西北當山之下易窺探，改築外城六十餘丈於山上，民呼曰吴公城。擢國子學正，致仕。

郭冕。字宗周，光澤人。家貧，父病癰，親吮膿血，日夕祝天願以身代。母患目，舌舐之復明。

陳孟温。建寧人。父歿，廬墓三年，有黑兔白鴉集墓所，有司爲立孝子坊。從子翰一，父病篤，嘗糞驗瘥劇。母目久盲，舌舐之，明如故。

李春熙。字皥如，建寧人。萬曆進士，授太平推官，決獄平允。改肇慶監軍。征交趾，釋俘獲平民千餘。遷刑部主事，以執奏代藩争立事，謫彰德。稍遷南户部，乞終養歸。

江日彩。字光素，泰寧人。萬曆進士。初令金溪，升御史，疏釋纍臣、廣枚卜、糾貪横三事。奉命督遼餉，清覈侵冒數十萬。晉太僕寺少卿，卒。

王顯。字希文，邵武人。性孝友，母病盲，以舌舐之復明，人以爲孝感。

江振鵬。字翼雲，泰寧人。天啓舉人，崇禎末授懷遠知縣，明亡不食死。妾張氏，子白龍、懷龍，俱從死。本朝乾隆四十一年，賜謚節愍。

李翔。字颺舉，邵武人。崇禎間以貢入京，值詔求言，翔慷慨上書，語侵權貴幾不測。選新城令，密設方略平鄉民之亂。明亡與同邑守備元體中死之。本朝乾隆四十一年，俱賜謚節愍。

邱嘉彩。字白夫，泰寧人。崇禎舉人，挈家奉母入山，足跡不至城市二十餘年。工書畫，標其所作曰「兼山邱園」。

本朝

鄧鳳梧。邵武人。順治丁亥，山寇起，繫鳳梧令先導，索山中富室，鳳梧弗從，寇磔之，一鄉皆免於難。

張仕縉。邵武人。順治八年，以貢知黟縣。時海氛猖獗，逃兵乘機爲亂，仕縉集鄉勇抵祁門，斬渠魁五人，又生擒賊將。郡守嘉其忠勇，請題敘。在任興利除害，育士愛民，卒於官。

龔貴巽。字首元，光澤人。順治中曹寇逼致之，授以僞劄。貴巽入郡，請發兵殲之，身爲先導，擒其賊首，郡守題其門曰「義士」。

聶芳。字桂侯，建寧人。順治十一年，以貢知巢縣。與民休息，追呼不擾，刑罰未嘗濫及。嘗招撫湖南流民復業，上官課吏治，以芳爲江北諸令冠。

黄金鉉。字守正，邵武人。家貧，事母余，菽水承歡。康熙六年舉孝子，己酉領鄉薦。耿逆變，逼脇受職，拒之幾不測。後以母老絶意仕進，母卒，哀毁骨立。

陳洪。字宏九，邵武人。康熙舉人，知新化縣。歲不登，發倉賑貸，罷供億。時鹽價昂，力請淮鹽貯長沙，聽民轉販。邑有三虎，洪焚牒於社，虎出境。尋署湘潭，以憂去。

毛錦生。光澤人。康熙十三年，耿逆蹂躪村邑，錦生爲練總，大兵進剿，身先鄉導，手格殺賊。時賊有「不怕官兵千千萬，只怕練總一個毛」之謡。因設伏誘錦生出戰，以衆寡不敵被擒，死之。

謝邦協。字克一，建寧人。康熙舉人。甲寅耿逆之變，逼令受職，義不屈，避僻村土城中。丙辰，逆黨以火攻逼令出，仍不屈，闔門遇害。

江瑞愷。字泉叟，泰寧人。以捐粟助賑授散秩。

方啓元。邵武人。十歲喪母，家貧，負販以爲父甘旨。娶王氏，事舅亦甚謹。雍正二年舉孝行。

鄧成珠。泰寧人。家貧，父早卒，傭於廖，距家數里，日乞米趨送母所，旋返供役。已而母盲，負依主旁舍，自減餐飯母，厠牏必親。母卒，日夜長號，葬畢不知所之。

朱仕琇。字斐瞻，建寧人。乾隆甲子舉鄉試第一，戊辰成進士，選庶吉士，授山東夏津縣，以至誠撫字其民。改福寧府學教授，尋乞歸養母。主鼇峯講席十一年，造就人才甚衆。仕琇治古文，自晚周以迄元、明百餘家，悉究其利弊，而一以荀況、司馬遷、韓愈爲大宗，大興朱筠推其文，謂足成名一家。所著有梅崖居士文集三十卷，外集八卷。

流寓

宋

范如圭。建安人。僦舍邵武以居，學者多從之質疑。

季陵。括蒼人，居於邵武。建炎中除太常少卿。金兵南下，車駕倉卒趨杭，陵獨奉九廟神主以行。紹興中，以徽猷閣待制知廣州，卒。

明

傅冠。進賢人。官大學士。崇禎末避地於泰寧之汾水，人士多從之遊。

列女

宋

龔氏二女。邵武人。父慎儀，爲盧絳所殺，二女被擄以行，至王堂香巖寺，絳置酒飲，二女遂自縊於寺後小墩。後人名其所曰烈女臺。去臺百餘步有雙塚焉。

葉氏姑嫂。泰寧人。紹定間寇亂，二女與嫂義不受辱，結襟投於溪流，邑人爲立三潔祠。

元

邱朱温妻危氏。光澤人。至正間寇陷杉關，氏被執罵不絶口，夫婦俱遇害。同邑危萱妻陳氏，亦與夫同死於金靈山。

上官成一妻李氏。光澤人。至正間避寇烏石山，被執，驅縶前行，經龍牀石崖，深數百丈，氏曳繩投崖，并賊隕焉。

方某妻官氏。名勝娘，建寧人。其夫耨田，勝娘饁之，見一虎方攫其夫，勝娘棄饁奮挺擊之，爲虎所傷，虎舍去，勝娘力疾負夫至中途歿。有司以聞，旌復其家。

黄氏女。泰寧人。父元實，至正間賊至遇害。女被髮跣足奔父死所，抱屍哭，賊欲犯之，女駡曰：「恨不生啖爾肉，尚敢爲不道！」亦遇害。

明

徐存妻王氏、徐忠妻江氏。泰寧人。正統間同避寇於掃帚寨，豫相謀曰：「萬一事急，有死而已。」寇至，王抱幼女投崖，江繼之，俱死。

李祥妻杜氏。名全，泰寧人。正統間避寇於獅子巖，爲賊所執，抱幼子投崖死。同邑無名氏，沙尤之亂，賊虜之，亦投崖死。

官時中聘妻楊氏。名玉英，建寧人。涉獵書史，善吟詠，許聘時中。會時中有家難，父母改受黄聘，玉英度勢不可已，遂留詩自縊。

艾仲魁妻姜氏。名辛姑，建寧人。正德中寇亂被執，欲污之，乃紿賊曰：「吾從汝，第求僻處。」指前水碓，賊信之，至水次遂投死。三日始殮，顔色如生。

朱建妻施氏。建寧人。年二十四，有殊色。嘉靖間寇欲污之，氏觸石破頭，駡聲不絶，更擲石中賊，賊擊死之，横梨貫腹，磔屍而去。

官異香。建寧人。其姑失行，遣所私闖入婦室，欲并亂之，氏度難自完，遂經死。

本朝

江亘南妻陳氏。邵武人。順治中山寇剽掠，擁氏以前，氏不行，賊强負之，乃咬賊耳，賊怒斷其喉。同邑虞潤四妻黄氏、陳周四妻高氏、萬紹祖妻梅氏、符宋仁妻吴氏、謝某妻蔣氏、子光炎妻楊氏，俱遇寇抗節死。

王錫榮妻黄氏。邵武人。夫早殁，矢志不嫁，五十年如一日。順治年間旌。

宋大雄妻陳氏。邵武人。年二十夫病，籲天願以身代，復割股以進。夫亡，裂帛自盡。同邑黄覺軒妻應氏，夫亡，亦自經以殉。

何肇暉聘妻宋氏。名雪姑，邵武人。年十六許字肇暉，肇暉死，氏至夫門哭而殮之，遂留奉舅姑。舅殁姑貧，勸之再適不從，苦節十五載而殁。

何國權聘妻郭氏。名正玉，光澤人。許嫁未歸而夫卒，氏奔喪，數日投繯死。同邑廖愈達妻李氏，妾張氏、汪氏，皆遇賊不屈死。

曾璉妻艾氏〔三〕。建寧人。兵至，與其姑蕭氏俱被虜，氏紿之曰：「釋我姑，願從汝。」兵許之。攜艾而行，至陳坪投深潭死。同邑王家政妻李氏、王家祚妻楊氏、王嘉勳妻劉氏、饒傑妻吉氏、謝顯之妻李氏、甯天行妻廖氏、徐必發妻陳氏、廖褐妻何氏、謝復亨妻高氏、劉國平妻李氏，俱遇賊不屈死。

張祈妻葉氏。建寧人。夫病，氏刲股和湯以進，夫殁，絶粒一月死。

江履妻李氏。泰寧人。遇賊不辱死。同邑朱子長妻蕭氏、蕭漢藻妻黄氏、馮肇先妻楊氏、謝某妻鄒氏、謝九陞妻李氏、童光美妻丁氏、蕭明廷妻袁氏，俱遇賊不屈死。

林聶齊妻何氏。泰寧人。夫爲虎噬，氏招鄰人追之，得夫屍，以所服白衣拭夫血葬畢，乃服血衣自經於寢。

符用植妻朱氏。邵武人。夫亡守節。同邑童瑜妻黄氏、江素書妻黄氏、吴楚妻謝氏、龔于朝妻陳氏、魏濱妻李氏、梁芹妻吴氏、江陳疇妻陳氏、江萬里妻陳氏、朱榮妻上官氏、龔子享妻葛氏、黄佩妻傅氏、張騰雲妻謝氏、吴程雯妻嚴氏、陳薦之妻梁氏、謝君儒妻上官氏、楊聖澤妻丁氏、江起鯉妻朱氏、謝芳春妻高氏，俱乾隆年間旌。

黄鎮中妻梁氏。光澤人。夫殁，舅姑老病，氏奉養惟謹，及殁，喪葬盡禮。乾隆中旌。同邑梁明福妻李氏、郭尚珣妻黄氏、毛伯偉妻郭氏、黄祖珩妻邱氏、李雲瀚妻熊氏、梅璣妻張氏、李時益妻危氏、危日舉妻黄氏、黄環仰妻梁氏、黄翔紫妻郭氏、方漢翔妻何氏、高覲光繼妻龔氏、梁居易繼妻梅氏、龔文宗妻李氏、高振妻李氏、李華椿妻陳氏、危精一妻高氏、高驊妻劉氏、陳暉妻上官氏、曹應吉妻饒氏、毛光焕妻王氏、上官模妻龔氏、李光長妻上官氏、上官瑶妻吴氏、黄有錞妻江氏、龔梅挺妻高氏、林元海妻何氏、高忠源妻邱氏、張翼龍妻危氏、張翼邦妻官氏、李光陪妻何氏、上官正平妻黄氏、王庚下妻吴氏、烈女饒氏，俱乾隆年間旌。

趙元文妻何氏。建寧人。年二十而寡，孝事舅姑，撫孤成立。同邑黄雲鵬妻蘇氏、王錫瓚妻甯氏、朱國瀚妻謝氏、涂景芳妻熊氏、涂景祐妻饒氏、陳鶴峯妻李氏、楊世儀妻孔氏、廖類璠妻張氏、謝鴻儀妻姜氏、聶萬鍾妻何氏、鄢尚賓妻黄氏、朱文倬妻李氏、朱文佩妻徐氏、謝學經妻姜氏、謝國和妻連氏、甯元萼妻丁氏、劉紹澐妻黄氏、劉垂僅妻謝氏、黄孫要妻彭氏、何之景妻曾氏、吴必位妻王氏、岳昌明妻黄氏、張衛瀾妻謝氏、徐光英妻艾氏、徐光義妻鄧氏，烈婦官德華妻朱氏，貞女張氏，俱乾隆年間旌。

鄭本醇妻江氏。泰寧人。夫亡守節。同邑陳啓新妻江氏、陳長春妻丁氏、江鍾良妻李氏、戴從哲妻黄氏，俱乾隆年間旌。

李勝鄰妻胡氏。邵武人。夫亡守節。同邑高銑妻李氏、鄭崑妻敖氏、黄毓蘭妻王氏、高熉妻梅氏、黄協吉繼妻鄒氏、謝思溥妻何氏、陳文謹妻鄧氏、梁阜如妻陳氏、黄信溶妻葉氏、鄭仲遜妻蔡氏、生員李大藴妻羅氏、葛敦復妻葉氏、黄源波妻朱氏、王廷紀妻璩氏、蕭俊章妻朱氏、王鎧之妻黄氏、王廷肅妻魏氏，烈婦饒毛仔妻張氏，俱嘉慶年間旌。

吴佾妻王氏。光澤人。夫亡守節，同邑上官紀繼妻王氏、高隆清妻李氏、曾其崲妻龔氏、李常昭妻黄氏、龔大本妻上官氏、黄悠儀妻德氏、何澤平繼妻李氏、陳曜繼妻周氏、危景隆妻李氏、游紹庸妻徐氏、何澤年繼妻李氏、何長位妻龔氏、黄宗望妻宗氏、毛宗炳妻郭氏、龔潤澐妻楊氏、邱維棟妻德氏、毛世玶妻葉氏、上官裴之妻嚴氏、張元端妻彭氏、生員張元金繼妻李氏、何均厚妻萬氏，貞女程宗曜聘妻高氏，俱嘉慶年間旌。

李登荃妻佘氏。建寧人。夫亡守節。同邑生員張鵬翰妻佘氏、黄德樟妻羅氏、吴金綬妻陳氏、劉德蕙妻姜氏，俱嘉慶年間旌。

葉遠謀妻鄭氏。泰寧人。夫亡守節。嘉慶二十四年旌。

仙釋

唐

五臺禪師。名隱峯，邵武鄧氏子。元和中將往五臺山，路出淮西阻兵，乃擲錫空中飛身而過。後倒立而化。

龍湖禪師。名普聞，僖宗第三子，至邵武結庵居焉。一日有老人拜謁曰：「某此山之龍，行雨不職，當見罰，願垂救。」俄爲小蛇入袖。至暮風雨交作，雷電繞空而散，蛇自袖出，復爲老人，謝曰：「深山乏泉，當致此以供養。」乃爪石成穴，湧泉一區。後人崇其刹，號爲龍湖。

土産

苧布。各縣俱出。

葛布。出建寧縣永城、開山二保。

銅。鐵。出邵武縣。新唐書：邵武縣有銅有鐵。

鐵絲。

藥。

黄蠟。

竹。各縣俱出，最堅實，筍亦最佳。

茶。泰寧縣出。

校勘記

〔一〕趙之璉　「璉」，原作「連」，據乾隆志及雍正福建通志卷三二名宦改。按，本志蓋避乾隆皇太子永璉諱改字，今改回。

〔二〕江寧宗　「寧」，原作「安」，據乾隆志及雍正福建通志卷五〇孝義改。按，本志避清宣宗諱改字，今改回。下文「寧祖」原作「安祖」，亦同據改。

〔三〕曾璉妻艾氏　「璉」，原作「連」，據乾隆志及雍正福建通志卷五八列女改。按，本志蓋避乾隆皇太子永璉諱改字。

汀州府圖

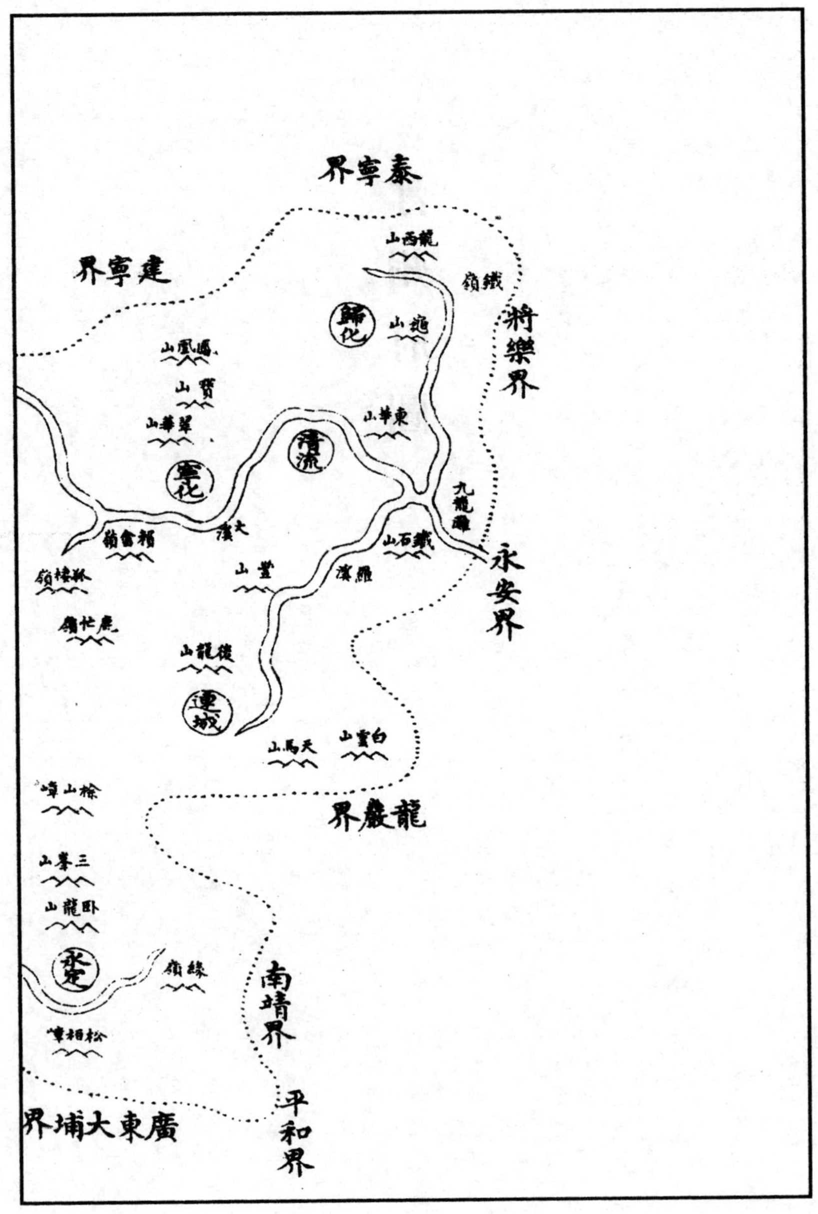
泰寧界
建寧界
龍西山
鐵嶺
歸化
廸山
將樂界
鳳凰山
寶山
翠華山
東華山
清流
寧化
九龍灘
大溪
稍會嶺
鐵石山
永安界
豐山
羅溪
後龍山
連城
天馬山
白雲山
龍巖界
三峯山
臥龍山
永定
松柏嶂
南靖界
平和界
廣東大埔界

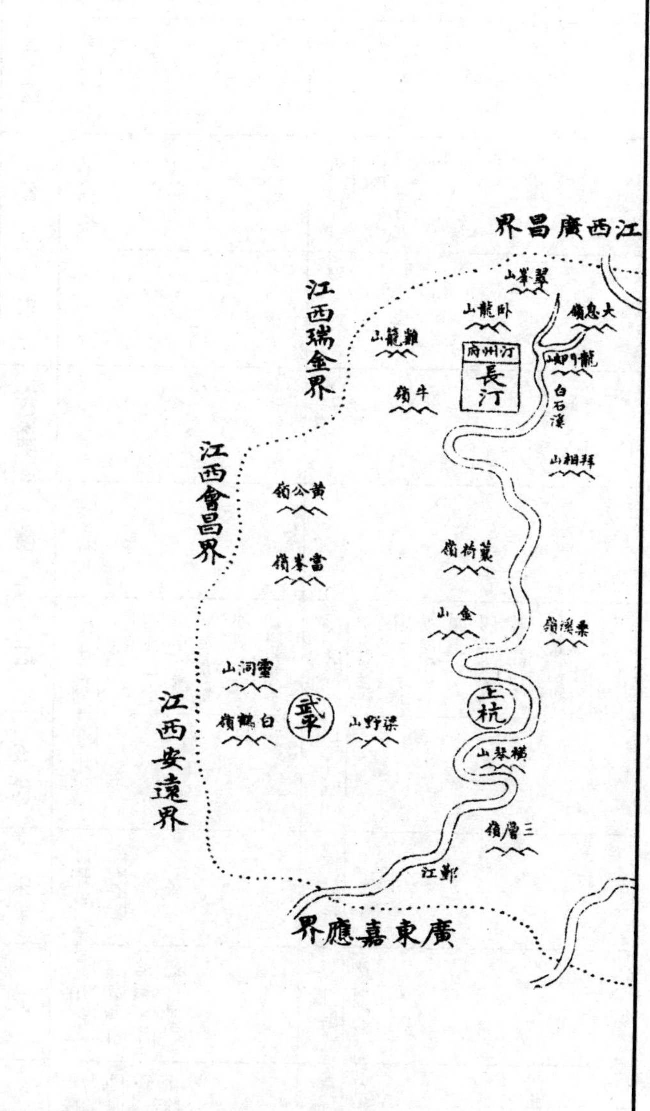
江西廣昌界
翠峯山
臥龍山
大息嶺
難龍山
江西瑞金界
汀州府
長汀
龍門山
牛嶺
白石溪
江西會昌界
拜相山
黃公嶺
雷峯嶺
冀椅嶺
金山
桑溪嶺
靈洞山
上杭
武平
白鶴嶺
梁野山
江西安遠界
三層嶺
鄞江
廣東嘉應界

汀州府表

	汀州府	長汀縣
兩漢	會稽郡地。後漢會稽南部地。	冶縣地。
三國	吳建安郡地。	
晉	晉安郡地。	新羅縣太康三年置，屬晉安郡。
宋		廢。
齊梁陳		
隋	建安郡地。	
唐	汀州臨汀郡開元二十四年置州。天寶初改郡。乾元初復爲州。	長汀縣初復置新羅縣。後徙漳州界。開元二十四年改置，屬汀州。大曆十四年爲汀州治。
五代	汀州	長汀縣
宋	汀州屬福建路。	長汀縣
元	汀州路至元中升路，屬福建道宣慰司。	長汀縣路治。
明	汀州府洪武初改府，屬福建布政司。	長汀縣府治。

續表

寧化縣	清流縣	歸化縣	連城縣
冶縣地。	冶縣地。	冶縣地。	冶縣地。
新羅縣地。	新羅縣地。	將樂縣地。	新羅縣地。
	沙村縣地。	將樂、沙村二縣地。	
寧化縣初爲沙縣地。開元二十四年置黃連縣，屬汀州。天寶初更名。	寧化、長汀二縣地。	寧化、將樂、沙三縣地。	長汀縣地。
寧化縣			
寧化縣	元符初置清流縣，屬汀州。紹定中廢。	清流縣地。	蓮城縣紹興三年置，屬汀州。
寧化縣屬汀州路。	清流縣復置，屬汀州路。		連城縣至正六年更名，屬汀州路。
寧化縣屬汀州府。	清流縣屬汀州府。	歸化縣成化六年置，屬汀州府。	連城縣屬汀州府。

續表

上杭縣	武平縣	永安縣
冶縣地。	冶縣地。	冶縣地。
新羅縣地。	新羅縣地。	新羅縣地。
初爲龍巖縣地。大曆中置上杭場。		龍巖縣地。
上杭縣淳化五年置，屬汀州。	武平縣淳化五年置，屬汀州。	上杭縣地。
上杭縣屬汀州路。	武平縣屬汀州路。	
上杭縣屬汀州府。	武平縣屬汀州府。	永定縣成化十四年置，屬汀州府。

大清一統志卷四百三十四

汀州府一

在福建省治西九百七十五里。東西距三百里，南北距三百八十里。東至延平府永安縣界二百四十里，西至江西寧都州瑞金縣界六十里，南至廣東潮州府大埔縣界二百十里，北至江西建昌府廣昌縣界一百七十里。東南至漳州府南靖縣界四百里，西南至廣東嘉應州界三百四十里，東北至邵武府泰寧縣界三百五十里，西北至寧都州石城縣界二百里。自府治至京師五千二百二十六里。

分野

天文牽牛、須女分野，星紀之次。

建置沿革

禹貢揚州之域。周爲七閩地，後屬越。秦爲閩中郡地。漢爲會稽郡冶縣地。後漢爲會稽南部都尉地。三國吴爲建安郡地。晉太康三年，置新羅縣，屬晉安郡。劉宋以後廢。隋爲建安郡地。唐開元二十四年，置汀州。天寶元年，改臨汀郡。乾元元年，復曰汀州，屬江南道。五代屬王閩，尋屬南唐。宋屬福建路。元至元十五年，升汀州路，屬福建道宣慰司。明洪武元年，改汀州府，屬福建布政使司。本朝因之，屬福建省，領縣八。

長汀縣。附郭。東西距一百四十里，南北距二百十里。東至寧化縣界八十里，西至江西寧都州瑞金縣界六十里，南至上杭縣界一百五十里，北至瑞金縣界六十里。東南至連城縣界一百六十里，西南至武平縣界一百五里，東北至寧化縣界八十里，西北至瑞金縣界六十里。漢冶縣地。晉置新羅縣，屬晉安郡。宋以後廢。唐初復置新羅縣，尋徙。開元二十四年，置長汀縣，屬汀州。大曆十四年，移汀州來治。五代及宋因之。元爲汀州路治。明爲汀州府治，本朝因之。

寧化縣。在府東北一百六十里。東西距一百十里，南北距二百里。東至清流縣界三十五里，西至江西寧都州石城縣界七十五里，南至長汀縣界九十里，北至邵武府建寧縣界一百十里。東南至清流縣界六十里，西南至長汀縣界一百里，東北至歸化縣治一百二十里，西北至江西建昌府廣昌縣治一百九十里。漢冶縣地。晉新羅縣地。唐初爲沙縣地。開元二十四年，置黄連縣。天寶元年，改曰寧化縣，屬汀州。五代及宋因之。元屬汀州路。明屬汀州府，本朝因之。

清流縣。在府東北二百里。東西距二百十里，南北距七十五里。東至延平府永安縣界九十里，西至寧化縣界二十里，南至寧化縣界十五里，北至歸化縣界六十里。東南至連城縣治二百里，西南至寧化縣界二十里，東北至歸化縣治九十里，西北至寧化縣界三十里。漢冶縣地。晉新羅縣地。劉宋以後，爲沙村縣地。唐爲寧化、長汀二縣地。宋元符元年，置清流縣，屬汀州，紹定中廢。元復置，屬汀州路。明屬汀州府，本朝因之。

歸化縣。在府東北二百九十里。東西距一百十里，南北距一百五十里。東至延平府將樂縣界三十里，西至寧化縣界八十里，南至延平府永安縣界九十里，北至邵武府泰寧縣界六十里。東南至永安縣治一百六十里，西南至清流縣治九十里，東北至將樂縣治一百二十里，西北至邵武府建寧縣界一百里。漢冶縣地。晉將樂縣地。劉宋以後，爲將樂、沙村二縣地。唐爲寧化及將樂、沙縣三縣地。宋爲清流縣地。明成化六年，析置歸化縣，屬汀州府，本朝因之。

連城縣。在府東南一百六十里。東西距一百四十里，南北距一百六十里。東至延平府永安縣界八十里，西至長汀縣界六十里，南至上杭縣界一百里，北至長汀縣界六十里。東南至龍巖州界一百五十里，西南至上杭縣治二百四十里，東北至清流縣治一百四十里，西北至長汀縣界六十里。漢冶縣地。晉新羅縣地。唐長汀縣地。宋元符間置蓮城堡，紹興三年升置蓮城縣，屬汀州。元至正六年，改曰連城，屬汀州路。明屬汀州府，本朝因之。

上杭縣。在府南一百八十里。東西距一百二十五里，南北距一百六十里。東至龍巖州界一百里，西至武平縣界二十五里，南至廣東潮州府大埔縣界一百三十里，北至長汀縣界三十里。東南至永定縣治一百二十里，西南至廣東嘉應州治三百十里，東北至連城縣治一百四十里，西北至武平縣治八十五里。漢冶縣地。晉新羅縣地。唐初爲龍巖縣地，大曆四年，析置上杭場。宋淳化五年，升置上杭縣，屬汀州。元屬汀州路。明屬汀州府，本朝因之。

武平縣。在府西南一百五十里。東西距一百九十五里，南北距二百四十里。東至上杭縣界五十里，西至江西贛州府安遠縣界一百四十五里，南至廣東嘉應州界九十里，北至長汀縣界一百五十里。東南至潮州府大埔縣界一百五十里，西南至嘉應州界一百里，東北至長汀縣界一百二十里，西北至贛州府會昌縣治一百八十里。漢冶縣地。晉新羅縣地。唐置武平鎮。五代王閩置武平場。宋淳化五年，升置武平縣，屬汀州。元屬汀州路。明屬汀州府，本朝因之。

永定縣。在府東南三百里。東西距一百七十里，南北距一百三十里。東至漳州府南靖縣界一百里，西至上杭縣界七十里，南至廣東潮州府大埔縣界五十里，北至上杭縣界八十里。東南至漳州府平和縣治二百二十里，西南至廣東嘉應州治一百六十里，東北至龍巖州治一百四十里，西北至上杭縣治一百二十里。漢冶縣地。晉新羅縣地。唐爲龍巖縣地。宋爲上杭縣地。明成化十四年，分置永定縣，屬汀州府，本朝因之。

形勢

南通交、廣，北達江右，實甌閩之奥壤。宋張文潛修學記。介於虔、梅之間，銅鹽之間道所出，宋鄭强移創州學記。崇山複嶺，西鄰贛、吉，南接潮、梅。鄞江志。前直圓峯，後枕卧龍。閩書。在山谷斗絶之地。文獻通考。

風俗

風聲習氣，頗類中州。宋陳一新贍學田碑。君子質直好義，而恬於進取。小人愿慤少文，而安於勤勞。元志。島居者安魚鹽之利，山居者任耕織之勞。通志。氣剛愎而好鬭，心褊迫而淺中。明統志。人安樸素，士樂詩書。府志。

城池

汀州府城。周五里二百五十四步，門六，濠廣一丈五尺。唐大曆四年建，明崇禎四年拓建，本朝康熙三十六年修。長汀縣附郭。

寧化縣城。周四里一百六十四步，門四。正北負山，三面臨溪。宋端平中建，明正德九年重建，本朝順治七年修。

清流縣城。周二里一百六十步有奇，門四。明正德四年建。

歸化縣城。周四里九十步，門四，南北水關二。明正德九年建，嘉靖三十七年重建，本朝康熙二十年修。

連城縣城。周四里八十步有奇，門四，水門二。宋紹興中建，明正德四年重建。

上杭縣城。周七里三百三十六步，門七，濠廣二丈。明成化二年建，本朝康熙二年修，乾隆元年、二十八年重修。

武平縣城。周四里八十四步，門四，東西水門二。宋紹興中建，明弘治十四年拓建，本朝順治中修，康熙初重修。

永定縣城。周四百一百十二步有奇，門四，濠廣二丈餘。明弘治五年建，本朝順治三年修，康熙四十八年、雍正八年重修。

學校

汀州府學。在府治東卧龍山麓。宋紹興三年建。本朝康熙二十年修，乾隆十四年、二十四年重修。入學額數二十名。

長汀縣學。在縣治東北府學左。明成化八年建。本朝康熙二十一年修，乾隆八年重修。入學額數二十名。

寧化縣學。在縣治後。初在縣東正街，宋淳熙中遷於翠華山麓，明正德間始建今所。本朝順治十八年修，康熙二十一年、乾隆三十二年重修。入學額數十五名。

清流縣學。在縣治北。宋元符中建。本朝康熙三年修，十九年、雍正十二年重修。入學額數十五名。

歸化縣學。在縣東二十里龍湖。明成化間建於城西明溪驛，後凡再徙，本朝康熙十一年由城北改建今所。雍正三年修，乾隆二十三年重修。入學額數十五名。

連城縣學。在縣治東北。宋乾道中建，本朝順治五年重建，康熙二年修，四十一年重修。入學額數十五名。

上杭縣學。在縣治北。宋嘉定中建於縣城東，明嘉靖三十年遷建今所。本朝順治十年修，康熙三十九年、雍正六年、乾隆三年重修。入學額數二十名。

武平縣學。在縣治西。宋乾道中建於縣東興賢坊，明成化十年遷建今所。本朝順治十三年重建，康熙三十年、雍正九年重修。入學額數十五名。

永定縣學。在縣治西南。明成化十五年建，本朝康熙十八年修。入學額數二十名。

龍山書院。在府學内文廠後。本朝康熙中建，乾隆十四年拓建。

紫陽書院。在長汀縣福壽坊東。本朝雍正二年建，乾隆十四年修。

東山書院。在長汀縣城内東山。明萬曆中建。

龍江書院。在長汀縣西門外。本朝康熙中，知府鄢翼明建。

雲龍書院。在寧化縣治左。本朝乾隆八年建。

文昌書院。在歸化縣城東白沙橋右。本朝康熙十八年建。

峨嵋書院。在歸化縣城北。本朝雍正十三年建。

蓮峯書院。在連城縣東蓮峯山，亦名冠豸書院。宋丘鱗讀書處。本朝乾隆中建。

琴岡書院。在上杭縣治北。本朝康熙四十一年建，乾隆二十二年拓建。

緑筠書院。在永定縣南挂榜山。明隆慶六年建。

户口

原額人丁一十九萬八千三百三十六，今滋生男婦大小共一百四十八萬五千九百三名口，計二十五萬一千八十二户。又屯民男婦共八千九百三十二名口，計九百二十九户。

田賦

田地一萬三千一百四十頃五十八畝三分九釐有奇，額徵地丁正、雜銀一十三萬五千七百五十五兩三分四釐，米一萬四千六百五十一石二斗二合五勺。屯田一十二頃六十四畝三分一釐有奇，額徵丁糧銀一百三十七兩二錢九釐。

山川

卧龍山。在長汀縣城内北隅，爲縣主山。環城四面皆平田，突起一山，廣五六里，如龍盤屈而卧，故名。北面峭壁矗起，城環其巔，其南派爲九支，一名九龍山，又名無境山。山之左支爲横岡嶺，少南爲東山，亦名龍首山。右支爲西峯，在廣儲門外。

馬鞍山。在長汀縣東五里。又蓮花山，在縣東十里。筆山，在縣東十五里。三山連絡，遥望如畫。

拜相山。在長汀縣東南。俯挹卧龍，如人相拜狀。一名笏山。山隈有霹靂巖，宋元祐間迅雷震開，遂成巖洞。

南山。在長汀縣南三里，東連拜相山，屹然如屏。山有朝斗巖，緣石捫蘿而上，俯視城市，盡歸目睫。

圓珠山。在長汀縣南四里，當鄞江、西溪二水合流之口，形如圓珠。一名龍珠山，俗呼爲寶珠峯。方輿勝覽又謂之應山。又縣南五十里有赤坑嶂山。

靈蛇山。在長汀縣南一百八十里。山舊多蛇，下有佛廬及蛇山廟。九域志載爲勝蹟。

玉女山。在長汀縣西十五里。相傳爲王氏女修真所。又縣西七里有展旗山，縣西三十里有賴溪障山。

雞籠山。在長汀縣西五十里。高十五里，山形圓聳，上凌霄漢，今有隘口。

翠峯山。在長汀縣東北四十里。壁立千仞，烟雲出没，天色晴霽，亭午方見頂。東溪出此。

五靈山。在寧化縣南市西。舊名五家山，因産靈芝五莖，改今名。

南山。在寧化縣西南十里。三峯相連，中峯特起，如筆架然。下有流水，環繞如帶。

牛頭山。在寧化縣西北十里。峯巒峭拔，形如牛頭。又西北有亂羅山。

翠華山。在寧化縣北二里，爲縣主山。以山色四時蒼翠，故名。元和志有玄武山，在縣北五里，即此。

寶山。在寧化縣北四十里。上有五色石，璀璨如寶，故名。其石性剛，可磨爲珠。

鳳凰山。在寧化縣北五十里。崇岡峻隴，起伏數里，形如鳳翅，故名。又牙梳山，在縣北六十里，以形似名，險峻阨塞，每爲嘯聚之所。又陶峯山，在縣北八十里。

東華山。在清流縣東三里。峭壁千仞，前有斗臺，高聳入雲，登臺則景物皆在目中。

筆山。在清流縣東七里。層巒叠嶂，回環二十里，中聳三峯，一峯尤高。又東有蓮葉山，聳拔如蓮葉，又名斗笠山。

鐵石山。在清流縣東南六十里。山高多石，堅黑如鐵。有磯曰鐵石磯，洞曰鐵石洞，洞口有九龍廟，前有九大灘，大灘之内，又有小灘，共十有八。又東南二十里即九龍灘。

龍山。在清流縣南。山脉自縣西蜿蜒而來，至此起伏如龍，故名。山勢峻險，頂平可容千人〔一〕。元季陳友定於此壘石爲城，名南砦。其最高一峯，去城五里，謂之南極，巉屹拔起，頂上時有白雲，遥望如匹練。其東有塔山，又有銅鑼山，去城四里，皆龍山之支峯。

豐山。在清流縣南一百二十里，接連城縣界。勢極峭拔，常有雲氣覆之，秋霽方見其頂。縣志：宋淳熙間，有劉道士裹糧捫蘿而上，積六日乃至其巔，坦平如砥，可坐數千人。有田園及室廬故址，蓋神仙窟宅也。

西靈山。在清流縣西，爲縣右鎮。又方山，在大溪西五里，形如誥軸。

屏山。在清流縣北。一名紗帽山。又象形山，在縣東北，高大旋伏如象。

屏風山。在歸化縣東五里。狀若屏風。

龜山。在歸化縣東二十里。其形如龜。府志：相傳宋儒楊時生於此。相近有鳳凰巖，即時讀書處。

南山。在歸化縣東南二里。高大蒼翠，其東北支峯，横攔水口，形如象鼻，亦曰象山。按：此與長汀、寧化之南山名同地異。

五馬山。在歸化縣東南二十里。五峯周遭連屬，其中土地平衍，居民殷富。相近有旗山，高約三百丈，以形似名。

雲臺山。在歸化縣東南二十五里。嵐烟蓊鬱，直聳雲霄。

紫雲臺山。在歸化縣東南八十里。周二十里，高十里，其頂上平，有田塘水碓，腴田數千畝。氣候多寒，夏月無暑，每日色嵐光，互相掩映，則紫氣氤氳。亦謂之均山。

樓臺鼓角山。在歸化縣南十五里。數峯連屬，中一峯高聳，狀如樓臺，常有積雪，亦名雪峯。其稍下諸峯，圓者如鼓，長者如角，因名，縣之主山也。又南曰印誥山。

銀瓶玉琖山。在歸化縣西南十里。四峯連屬，中一峯尖圓如瓶，餘三峯圓小如琖，故名。

響石山。在歸化縣西十五里。周山皆石，人語則響應。

五頂嶂山。在歸化縣西二十餘里，縣龍從此發脈。傍有五雷石，閩書作五雷山，亦名五雷峯。

黄牛山。在歸化縣西五十里。亦名黄牛峯，峯頂高峻而寬平，宋末鄉人結寨於此。又縣西七十里有雲蓋山。

蛾眉山。在歸化縣北。羣峯連絡，中一峯正對縣門，若蛾眉然，故名。又縣北三里有羅山，縣東北三里有飛鳳山。

龍西山。在歸化縣東北五十里。奇峭壁立，約千餘丈，中有聖水巖，有小石泉，深尺許，旋汲旋出，涴之則雷鳴。

蓮峯山。在連城縣東七里。舊名東田石，峭壁攢峯，盤礴數十里，絶頂平廣可容萬人，有石泉流衍。又有蒼玉峽、冠豸、桃源、芙蓉坡〔二〕、金字泉，皆爲奇勝。其旁有金櫃山，巔有巨石，圓整横截，一縫若櫃，故名。

天馬山。在連城縣東南四十里。怪石昂藏，狀如天馬。

白雲山。在連城縣東南百里。崚嶒奇崛，高入青蒼，時有白雲覆頂。又金雞山，與白雲山相近，山勢峻拔，文溪東源出此。

西寶山。在連城縣南之南順里。每夜常有白光發林麓間，或以爲金銀氣，故名。

銀屏山。在連城縣南四十里。磅礴屹立，每冬日雪霽，若銀屏然。又有雲山，在縣南八十里。

赤嶺山。在連城縣西。山土色赤，故名。又縣西北五十里有大嶺山，接長汀縣界。

馬坑山。在連城縣西北。山下有澗曰馬坑，居民環聚。

後龍山。在連城縣北。山脈自清流縣豐山南逶迤而來，至縣後屹然拔起，高聳磅礴，爲縣主山。一名蟠龍山。

蕭坑山。在連城縣北。明萬曆中，縣令徐大化築北關，鑿石是山，石綫中有「徐欽徐昌」四大字，連人異之。

高凍山。在連城縣北五里。羣峯深峻，盛暑生寒，故名。

堆禾山。在連城縣北二十里。突起平陸，狀若堆禾，黄氏世居其下，今名黄屋山。

上峽山。在連城縣東北六十里。兩山夾立，中通一路。

冷洋山。在上杭縣東二十里。亘五里許，高出羣山，俯瞰縣治。下有水迸石而出，暑月尤冷，故名。

銅鼓山。在上杭縣東一百里，接永定縣界。高千仞，周數里，相傳有銅鼓，聲聞則歲大稔。上有黄楊巖，下有二湖夾左右。

鐵嶂山。在上杭縣東南，接永定縣界。石壁峭拔，勢若屏障，山之西產鐵礦，故名。

茫蕩洋山。在上杭縣東南百里，接永定縣界。峯巒嶄絶，林木幽深。

横琴山。在上杭縣南。横亘溪南，平廣延袤，如横琴然。一名横琴岡。

袍山。在上杭縣南少西五里。亦名挂袍山，縣之前案也。

羊廚山。在上杭縣西南一百四十里。盤亘百餘里，東接永定，西接嘉應州，危峯怪石，千態萬狀，人跡罕到。又名王壽山。

展旗山。在上杭縣西五里。數峯連屬迤邐，若展旗然，爲縣之右鎮。

金山。在上杭縣北少西三十里，縣之主山也。宋康定間嘗産金，因名。一名紫金山，巒嶂巑岏，蒼翠如畫。上有三池，名曰膽水，上下二池，有泉湧出，中一池則蓄上池之流。相傳宋時縣治密邇其地，水赤味苦，飲則傷人，惟浸生鐵，可煉成銅。後縣治既遷，其水遂變，不異常水。山側有百丈漈，舊名黄金坑。其東爲靈蛇山，峭拔凌空，相傳有巨蟒出没，故名。

七峯山。在上杭縣北三里，爲縣後鎮。七峯岋嶫，翠色秀麗。一名七星山。

南寶山。在上杭縣北七里。據金山之陽，故名。望之如筆插空，南寶溪出焉。近山有寶興巖。

覆籮山。在上杭縣東北二十里。高聳特立，山頂端圓若籮然。又縣東北四十里有亂石隔山。

梁野山。在武平縣東三十五里。一名梁山，高五千餘仞，分十二面，險峻叠出，絶頂有白蓮池。又縣東二十五里有天馬山。

靈洞山。在武平縣西十里。有湯泉，大洞三十六，小洞二十八。又西有雙鷹山，雙峯高插雲漢。

交椅山。在武平縣北十里。兩脈交加，形如交椅。又北十五里有鵞頭山。

龍門山。在永定縣東，爲縣左鎮。峯巒連屬。其左有貴人峯。

挂榜山。在永定縣南。横方如屏，正對學宫，形如挂榜。

滿山紅山。在永定縣西南五十里錦峯窑水口。森聳雄麗，半入廣東潮州府界。

印匣山。在永定縣西，爲縣右鎮。平坦方正，若印匣然。

黎袍山。在永定縣西北八十里。亦曰黎袍崠，蓊鬱蒼翠，遠望如圖畫。

卧龍山。在永定縣北。自茫蕩洋山蜿蜒而來，若卧龍然，爲縣主山。按：此與長汀縣之卧龍山名同地異。

三峯山。在永定縣北三十里。層巒連屬，自稌山嶂縈紆起伏，直至卧龍山。

虎岡山。在永定縣北五十餘里。兩山相合，林木陰翳。一名虎光山，又名斧岡山。山凹中有坑如巨艦，名金船塘，每急雨至，山土四流，略不淤壅。

蓮花山。在永定縣東北七十里。層巒聳峙，狀若蓮花。

東莊嶺。在長汀縣東五里。溪水經其下，舊有東莊潭，今徙在教場後。

界院嶺。在長汀縣東南三里。土中有珠，牧兒鋤地得之，見風則碎，俗呼爲珍珠嶺。又二里有佛嶺，壁間有佛像。一名通濟巖。

流源大嶺。在長汀縣東南四十里。又縣東南五十里有歸嶺，縣南三十里有湘溪嶺。

蘘荷嶺。在長汀縣南百餘里。地產蘘荷。

桑溪嶺。在長汀縣南一百五十里，接上杭縣界。一名雙溪嶺。又縣西南五十里有分水嶺。

牛嶺。在長汀縣西二十里。有水東南入正溪。又五里曰白頭嶺，以常有白雲冒頂，故名。

新路嶺。在長汀縣西六十里。一名新欒嶺，貢水出此，峭險壁立，砂石崎嶇，背即江西瑞金縣界。

大息嶺。在長汀縣東北五十里。嶺頂有鋪，梓步溪出此。

黄柏嶺。在寧化縣東南五十里。路通清流縣，嶺上有鋪。

賴畬嶺。在寧化縣西南五十里。高峻有隘。又西南有竹篙嶺。

狐棲嶺。在寧化縣西南六十里，接長汀縣界。其狀如屏，大溪別源出此。

嚴塘嶺。在寧化縣西北百里，路通江西廣昌縣。上有隘。

崆峽嶺。在清流縣東十五里。山勢臨水，中通一道，至嶺絶高。又向陽嶺，在縣東，險峻壁立，直插雲漢，亦曰高陽嶺。

東隘嶺。在清流縣南一里，接横口村。縣崖絶壁，有一夫當關之險。

横溪嶺。在清流縣南十里。高五百丈，路通寧化縣。方域志：縣西南至百步嶺十五里，西至崆頭嶺二十五里，西北至草鞵嶺三十里，皆與寧化接界。

高地嶺。在清流縣北大山中。其地最高，半溪出此。

玉華嶺。在清流縣東北五十里。上有玉華洞，石峯拔地，蒼翠横空，玲瓏穿透，可容百餘人。玉華洞之東，有洞曰靈龜洞，西有三穴，曰石燕洞，相傳有道士秉炬行一日餘，出洞口乃寧化縣界。

鐵嶺。在歸化縣東三十里，接延平府將樂縣界。一名鐵場嶺，高峻扼險，上有鋪隘。又考嶺，在城南半里。

貓兒嶺。在連城縣東九十里，接延平府永安縣界。兩峯對峙，狀若二貓相顧。又縣東五里有崎嶺。

陡嶺。在連城縣東南。有大小二嶺，延亘五七里，路通姑田、小陶，陡峻難行。一名楮嶺。又縣東南有横山嶺，盤迴十餘里，接龍巖州界。

赤竹嶺。在連城縣南，接上杭縣界。多産赤竹，故名。相近有牛路嶺，亦接上杭縣界，盤旋十餘里，耕民販牛廣東，必取路於此。

垂珠嶺。在連城縣南百里，接上杭縣界。宋景炎二年，文天祥自汀州移屯漳州，過此嶺，迴顧垂涕，居民表以此名。相近又有遠水嶺，亦接上杭縣界，行人以重灘患涉，避水登此，故名。

虎忙嶺。在連城縣西北六十里，接長汀縣界。其嶺峻絶且長，言虎過此亦倉忙也。又縣西十里有水西嶺，又西北五十里有分水嶺，一水沿嶺分注，東南入連城，西北入長汀，故名。

鑪背嶺。在上杭縣東十里。鄉人嘗建鑪其前，故名。又東五里曰佛嶺，有泉自石孔中出，其清如鏡。又縣東三十里有香嶺，舊産檀香，故名。縣東五十里有羅括嶺，舊傳羅括居此，故名。相近有雙溪嶺，接長汀界，有二小溪環繞其下。

石碑嶺。在上杭縣東南七十里。下有巨石，方正如碑，有龍泉，夏冷冬温。相近有蜈蚣嶺，袤五里，嶺路蜿蜒，若蜈蚣然。又縣東南五十里有東安嶺。

三層嶺。在上杭縣南十五里。歷三級始至其脊，故名。嶺界永定縣。

白鶴嶺。在武平縣西十里。形勢軒昂，爲江、廣往來要路。又有伏牛嶺，在縣南六十里。石徑嶺，在縣西北十五里。石獅嶺，在縣西十里。御屏嶺，在縣北五十里。又有平頂嶺〔三〕。

當峯嶺。在武平縣北七十里，鑿石爲路，長五里，接永平寨。上有雙井泉，漁溪、禾豐溪皆出此。

黄公嶺。在武平縣北一百五十里，接長汀縣界，修阻二十餘里。上有泉僅杯勺，而羣飲不竭，因名聖公泉。又縣東北六十里有檀嶺。

緣嶺。在永定縣東百里，接漳州府南靖縣界。嶺脊有圓墩，亦曰圓嶺。

雙峯。在長汀縣東南三十里。兩峯高聳，上逼雲漢。

佛祖峯。在長汀縣西三十里土名九礤轉北二里許。樹木陰翳，石磴崎嶇，爲極勝處。

仁壽峯。在歸化縣西十里。特起數百丈，雲興則雨。又君子峯，在縣西北八十里。筆架峯，在縣東二十里。

文筆峯。在上杭縣東北十八里。又縣南十里有美女峯。

雙髻峯。在永定縣北。兩峯並峙，如雙髻然。又涼傘峯，在縣西北十八里，岡巒崒嵂，亭亭若蓋，一名涼傘崠。

獅子巖。在長汀縣東南九十里。又歸化縣東四里亦有獅子巖。

西巖。在寧化縣東北五十里。登石梯而上，石筍屹立如門，其中空洞，可坐千人，有石室數處。

東巖。在寧化縣東北西巖之側。石室旁有石蓮數朵，又有石如壺，泉湧壺口，與西巖競秀。

靈峯巖。在清流縣南二十里。清流環繞，中有洞穴。

蔣公巖。在清流縣北五里。叢石嵯峨，外險中寬。宋時有道士蔣姓者居此，故名。相近有清溪巖，中有一水流出，清瑩不竭。

灞湧巖。在清流縣東北七里。飛泉怪石，茂林修竹，爲一方之勝。

聖隱巖。在歸化縣東南六十里。懸崖峭壁，樛木連陰。

侍郎巖。在歸化縣東南八十里。舊名翠雲巖。有翠雲書院，宋熙、豐中，侍郎張觷、祭酒楊時、左司陳瓘嘗讀書於此，後改今名。又南二里曰黄楊巖。

滴水巖。在歸化縣東北五里。上有泉水下滴，亢旱不竭。巖西有洞曰虛鳴洞，一名玉虛洞，闊數十丈，洞内孔竅相通，凡數十里，泉石奇勝，甲於一邑。下有隱流，即滚溪諸水所出也。

北斗巖。在歸化縣西北五里。石山環抱，中窩平坦，俗傳星墜成窩，又名星窟，其中有一池。

石門巖。在連城縣東五里。兩石對峙，中空成門。又東二里曰鷲峯巖，旁有瀑布。

朝天巖。在連城縣南百里。高峻陡絶。又縣北七里有滴水巖。

仙女巖。在上杭縣東。有石，上有天窗透日，昔有仙女居之。

南安巖。在武平縣南八十里。形如獅子，中有二巖，南巖窈窕虚明，石室天成，東巖差隘而石龕尤縝密，其中泉石種種奇勝，俗呼龍穿洞。有十二峯列峙巖前，如拱如揖。又有緑水湖。

龍濟巖。在武平縣西南二十里武平寨。石徑幽深，林木嘉茂。前有珠簾泉。

龍門峽。在長汀縣東北四十里，地名含前。石洞盤屈深邃，中開一峽，峽中有溪，鄉人貿竹木者，俱從此出。

湘洪峽。在長汀縣東北二十五里。新橋下流，溪中最險，舟人憚之。

烏路峽。在寧化縣南十五里。兩岸壁立，水勢潆洄，深不可測。又七孤瀧，在峽下十五里，石峻路險，怒濤轟湍，透迤七曲，舟行甚艱。

城門嶂。在寧化縣東北四十里。山勢卓立如屏。元季寇亂，鄉人避兵於此。

騰雲嶂。在歸化縣東南五十里。周百餘里，其頂常有雲氣。

松柏嶂。在永定縣南三十里。疊巘巍峨，林木蓊蔚。又桃坑嶂，亦在縣南，山高林茂，産鐵。

棕山嶂。在永定縣北八十里。山勢峻特，延亘百里，林木蘢葱，四時不改。上有石如馬，鳴則有兵。

楊梅崠。在永定縣東南四十餘里。岧嶤高聳，盤亘數十里。其地多楊梅樹，故名。又牙梳崠，在縣西北七十里，接上杭縣界，有水南北分流。

天上岡。在歸化縣東三十里。岡頂高峻，人行其上，如在半空。

七星岡。在連城縣南。環列凡七，如星之布。又七里岡，在縣西南，周七里。

眠象岡。在永定縣南二里，當水口轉流之處。以形似名。

蒼玉洞。在長汀縣東五里。兩石對峙，天然成門，中多怪石。

黄連洞。在寧化縣東五里。其地多産黄連，故名。

靈隱洞。在寧化縣北五十里。洞前重岡疊巘，森列左右，小澗横截，烟雲縹緲，有聖水桃竹。又有一石拔地而起，上有窪樽，乳泉滴瀝，滿而不溢，飲之愈病。

獅子洞。在歸化縣西二十里。怪石蹲踞，狀如怒猊。中有數石室，虚明深邃，一柱屹立，儼若雕鏤。

象洞。在武平縣東南百里，接廣東潮州府界。其初林木深阻，相傳有羣象止其中，故名。後漸次芟闢爲聚落，縈紆環抱，號九十九洞。宋時置寨於此。

伯公凹。在永定縣西南錦豐窑，徑路窄狹，道出廣東潮州。又寒水凹，在縣西北六十五里，路出上杭，石徑險隘，行者必下馬步行。明成化間鑿石通道，行旅始便。

危石。在寧化縣北六十里。突然一峯，四壁陡絶。

峭石。在連城縣東七里蓮峯靈芝菴後。其石如削，高插雲霄，上鐫「壁立千仞」四字。又龍爪石，在縣南一百十里。馬鞍石，在縣南四十里。俱以形似名。

蓮花石。在上杭縣南，屹立大溪中，狀若蓮花。石壁間有山嶂，隱然如婦人逐一鵞。又縣西北有仙榜石，横立數十丈，光不受蘚，上有古木。又觀音石、赤面石，俱在縣北。

黄柏洋。在清流縣東北五十里。宋文天祥嘗引兵駐此。

白石溪。一曰正溪，亦曰大溪，又曰鄞江，即汀水也。源出寧化縣界，流經府城、長汀縣東，又南流經上杭縣北回龍灘，合語口諸水，又南經上杭縣東，至南山下，過美女峯，西流五百步，縈迴三折，又南經潭口，入廣東潮州府大埔縣界。元和志：白石溪水，在長汀縣南二百步。寰宇記：溪水在州東四十里，地名石涵内流出，從城過，直至潮州，通小船。通志：正溪在府東南，發源寧化縣，歷湘洪峽，至東莊潭，分爲二派，一自惠政橋入，一自太平橋入，至高灘角復合爲一，南流經上杭達潮州，以入於海。天下水皆東，惟汀獨南。南，丁位也，郡名汀州以此。

東溪。在長汀縣東。源出翠峯山，至張家陂與正溪合。又小湘溪，源出南原，北流至湘洪廟前入正溪。

南溪。在長汀縣南二十五里。溪源不一，經普濟橋至南口而入正溪。

西溪。在長汀縣西。源出大原，至南板橋，分爲二派，一由城濠至縣東南興雲橋，一由西田至縣西南富文坊，皆入正溪。

梓步溪。在長汀縣東北。源出大息嶺左，西流至南田入正溪。又北溪，源出縣西北横坑，亦謂之横溪，東流至縣東北攀桂橋入正溪。

大溪。一曰清溪，亦曰正溪。源出寧化縣東南，流經城南，縈迴五十里，至清流縣治西南，折而北，繞城環抱三折，經漁滄潭，六十里至鐵石磯，又二十里至九龍，入延平府永安縣界。寰宇記：沙源水，出寧化縣界黄土嶺，及虔化縣界。通志：溪源有六，一源出正西石城縣之塹嶺，流九十里至縣西。一源出西南狐棲嶺，流一百二十里合流。一源出西北石城縣之長坊，流一百里合流，又二十　里至縣。此三派，縣南之上流也。其在縣北者，一源出東北臺田嶺，與建寧縣分水，流一百四十里至縣東北。一源出正北苦竹嶺，流六十里合流，又三十里至縣東。一源出正東熱水窟頭，流一百里合流，又西十里至縣東，與上三派合爲一，又東入清流縣界。舊志：溪源出縣北五十里石洞中，濆湧而出，名萬玉泉，流爲小澗，溉田數千畝，又引而南，爲正溪之上源。

芹溪。在清流縣東。源出歸上里，南流至芹口入大溪。

羅溪。在清流縣東南六十里。源出連城縣界，過北團至羅口入大溪。

夢溪。在清流縣東南九十里。源出夢溪里各山澗，流至九龍灘口入大溪，溪中有潭曰秋口潭。

三港溪。在清流縣西南五里。有三小港，源出寧化縣界，會流入大溪。又鄭家坊溪，源出縣北各山坑，合流經古基頭至南岐入大溪。又巖坊溪，在縣治南，流至横口入大溪。

嵩溪。在清流縣北五十餘里。源自寧化縣界流入，過玉華嶺，南入大溪，謂之嵩口。又青溪，在縣西北，源出寧化縣界，流經高地嶺，合於嵩溪，謂之青口。

半溪。在清流縣東北五里。源出高地嶺，流經白石橋入大溪。

瀚溪。在歸化縣東興善里。源出龍湖澗，南流至縣東三十里，亦曰雷霆溪。沿溪亂石巑岏，水石相激。又布溪，在縣東四十里，下流俱入明溪。

珩溪。在歸化縣東二十里石珩村。溪中有石，沿渚夾峙一里許，水從中流，狀如門檻，曰門檻石，下流入明溪。

明溪。在歸化縣北。源出縣西二十五里五通凹，流經城西五里，其源始大，環繞縣北至縣東，形如腰帶，亦名腰帶水。至縣東三里溪旁，有大小二阜，相對如「明」字，因曰明溪。又東經象山下，又東合珩溪、瀚溪，至縣東四十里曰沙溪，始可通小舟。又東南經巖前黄沙口，亦曰黄沙溪，經永安縣流入沙溪。

文溪。在連城縣南。一名清溪。有二源，一出縣西長汀磜，東流經新林寺。一出金雞山，西北流經縣西南七十里，合流迴環，屈曲九折，而入清流縣界，亦謂之羅口溪。又姑田溪，在縣南七十里，水流至小淘。相近有曲溪，亦至小淘，俱入文溪。又縣南八十里有明口溪。

新泉溪。在連城縣南。源出縣東南上羅地，下抵湯泉。有豐頭溪，合流入上杭縣界合正溪。又蕭坊溪、里岡溪，俱出縣南，經上杭縣界入正溪。

莒溪。在連城縣南五十里。源出龍巖州山中，下接楊家渡，至長汀縣界入正溪。

安鄉溪。在上杭縣西勝運里。源出東安巖山澗中，西流入正溪。

水埔溪。在上杭縣西北十里。源出武平縣界，東流經巖頭鋪，至縣東北五里水埔渡下二里，入正溪。又瀨溪，在縣西三里，源出縣西界，縈展旗山而東，環縣西南，繞琴岡三折而入正溪。

金山溪。在上杭縣北。源出金山，東流二里，滲入沙石中，號乾坑。數百步外，復湧出長流，合南寶溪，過靈蛇山，至語口入正溪。又南寶溪，源出南寶山下，流數里納礬水，入金山溪。礬溪，源出鍾寮場東，以溪西水赤絶魚，亦名赤水。又新田溪，源出鍾寮場西，皆入南寶溪。又縣東北三十里有苦竹溪，源出白沙里山澗中。九曲溪，源出新坊口，俱入正溪。

千秋溪。在武平縣東。源出梁野山，經谷孝里，合流入化龍溪。又漁溪，在縣北，源出當峯嶺，合禾豐溪。又黄沙溪，在縣東南十五里。聚靈溪，在縣西，源出靈洞山，俱入化龍溪。

化龍溪。在武平縣南百步。一名南安溪。源出清平鄉，南流合歸順鄉小溪，入廣東嘉應州界。

濠坑溪。在武平縣西六十里。源出江西安遠縣界，入化龍溪。又武溪，源出縣西三十五里，亦入化龍溪。

露溪。在武平縣東北。一溪七灣，俗呼露溪七渡，引流而東，亦曰大順嶺溪，又北入長汀縣界，接七里河，入正溪。又順明溪，在縣西，源出大嶺下，西流至江西會昌縣界，入正溪。

大洲溪。在永定縣南溪南里。源出龍巖州界大池西，南流入縣境，經高陂、豐田，至縣治西折而南，入廣東大埔縣界。

豐稔溪。在永定縣北八十里。源出龍巖州界，西流經縣界，又西經上杭縣界，爲黄潭溪，又西南過豐稔寺前，合跳魚溪，至石崆嶚入大溪。又跳魚溪，源出梌山嶂，經豐稔寺前入豐稔溪。又湯湖溪，源出黎袍山，流經長窖，至牛鼻崆入跳魚溪。

文溪。在永定縣東北六十里。源出太平里，西南流合武溪，入大洲溪。又金沙溪，在縣北金沙村，源出分水嶺，經金谷寺，出古溪橋入大洲溪。　按：文溪與連城縣之文溪名同地異。

寅湖。在長汀縣東二里。居郡寅位，故名。周百步，中有小山，水溢不没。又有辛湖，在縣西一里，周七十步。二湖皆以方位名也。

柘湖。在寧化縣東北百里。四時不涸，溉田甚廣。其側又有羊鴉湖。

蛟湖。在寧化縣西北六十里。深不可測。明統志：鄉人遇旱，投敗鐵於湖内，輒作暴雨怒濤，湧出其鐵而後已。

天井湖。在上杭縣東南二十里。闊五十餘丈。舊在縣東，後忽涸而南移，相去十五里。

鹹水湖。在上杭縣南三層嶺北。味鹹，冬夏不涸。

晏湖。在永定縣治西南。周百餘丈，山溪之水，渟瀦爲湖，可引以灌田。又涵水湖，在縣西，今名龍安寨。澄澈縈洄，中起一阜，旁有温泉。

麻潭。在長汀縣東南十里。衆流皆會於此，山勢盤互，過此折爲九曲。

龍門潭。在寧化縣南二里。其深莫測，引流而東，亦曰龍津，有龍門橋跨其上，流合大溪。又神頭潭，在縣西南五里神頭嶺下，水極清深。又斑竹潭，在縣南七里，潭側多斑竹。赤岡潭，在縣東北七里，中有狂波石，相傳有二龍蟠石上，水漲時波濤洶湧。

漁滄潭。在清流縣東。三潭相屬，深不可測，兩岸有巨石對峙。漁人多聚於此，故名。

石門潭。在連城縣北二十里烏石嶺下。兩石夾岸如門，中有石潭，其深莫測，流入大溪。又石城潭，在黄屋山下，其石陡險，迴環如城。石固潭，在縣北三十里，兩岸峭石，水深莫測。

蓮花潭。在連城縣東北文溪下流。又有蓮塘，在縣西一里，泉水所瀦，宋蓮城以此爲名。又楊花潭，在縣東，由文溪而下，夾岸多楊柳，花飛蔽潭，故名。黄石潭，在縣南八十里，流通上杭。

鐵珠潭。在連城縣東南百里。中有細黑石，如鐵珠然。潭側有路，石壁峭立，人過不敢諦視。

草鞵潭。在上杭縣北二里。大溪所經，延袤數里。又黄土潭，在縣北四十餘里，以潭旁土色皆黄，故名。

蛟潭。在武平縣南八十里。水深無際。又龍溪潭，在縣西六十里，怪石嵚崟，舊傳龍穴其間。磜角潭，在縣西三里，禱雨輒應。

磜頭。在長汀縣東六十里。峭壁數十仞，瀑聲如雷。又有磜角，在縣西七十里，高巖怒湍，溉田甚廣。

雷鳴漈。在寧化縣南五里。聲如雷轟，故名。

潭飛漈。在寧化縣南鄉。重岡複嶺，環布森列，登陟極難，漈居其中，坦然寬平，山環水合，有田有池，草茂林深，易於藏聚。

龍潭漈。在寧化縣北四十里。相傳有龍潛其中，時至漲溢。

百丈漈。在歸化縣東南八十里。又白水漈，在縣西十里，皆自山頂瀉下。又上杭縣東南三十里亦有白水漈。

雲漈。在武平縣東二十里。瀑流如練，亦曰白水漈。

漁梁灘。在長汀縣東二十里。又有鸕鷀灘，在縣西一里。蛇王灘，在縣南三十里，此下河水湍急，屈曲九折，爲九曲灘。又有紗帽灘，在縣南三十四里。又南一里爲王屋灘。又有磜灘，在縣南百里，甚險。

九龍灘。在清流縣東南九十里。上六龍最險，屬本縣。下三龍稍平，屬延平府永安縣界。九龍上下，共計二十餘里，凡九灣十八折，每龍兩崖石峽逼窄如關隘，僅可丈餘，而石龍横截水面，高可數丈，乘舟下龍，如在高山墜於平地。明成化間募工鑿去惡石，灘勢稍緩，然險峻猶爲七閩著。

牛角灘。在清流縣西南十里。又七里灘，在縣東七里，溪多亂石，曲折淺急，下有楊梅潭。又旗角灘，在縣東南八里。長空灘，在縣東十五里，怪石縱横，中有大黄石，聳峭激浪，險次九龍。

楊梅灘。在連城縣西北六十里。源出虎忙嶺，灘流險隘，舟楫罕通。岸上舊多楊梅，故名。下流入文溪。

回龍灘。在上杭縣北。舊志：大溪中灘以數十計。

磨石灘。在永定縣東北。灘石錯立，水勢澎湃。又羅灘、箭灘，在縣東；憔灘，在縣西：水勢俱險。

石硤澗。在歸化縣西南二里。源出山下石硤中，流至縣西，合腰帶水。

沙水池。在連城縣南四十里。春夏泉水湧溢，溉姚坊田，過冬則涸。

御天池。在上杭縣南琴岡之旁。蓄水備旱，溉田甚廣。

玉泉。在長汀縣東八十里。流爲瀑布。其地産茶，號玉泉茶。

温泉。府境温泉凡十有一。在長汀縣者二：一在縣南何田市，周數十里，能熟生物，宋紹興間砌爲石池，又疏寒泉以減其熱；一在縣南安仁保，由石竇湧出，溉田甚多。在清流縣者三：一在縣東嵩口，一在縣東邱源，一在池溪，皆出山下，可熟物。在歸化縣者一，出縣東一百里磜頭，四時鼎沸如湯。在武平縣者一，又名熱水井，周圍數丈，泉從石竇出，有硫黄氣。在永定縣者四：一在縣東大洲；一在縣東南下洋，自石壁流出；一在縣南箭灘，皆可盥浴；一在縣西北里田，極熱，可以熟物。

金乳泉。在長汀縣城内。明統志：相傳爲定光佛卓錫處。

萬斛泉。在寧化縣北五十里。石洞中噴湧而出，流爲小澗，溉田數千餘畝。

東峯泉。在清流縣東漁滄岸下五里。長如玉龍，居人架竹，引過龍津橋，以便里汲。

湧泉。在歸化縣東十里。自水底石隙湧出，高一二尺，如散珠然，一名滚水，俗謂即滴水巖，伏流所發也。

甘泉。在歸化縣北五里。至冬而涸，土人引澗水灌之，隨吸而入，久之灌足，水乃大出，滚滚不竭，可溉田千畝。

官陂泉。在武平縣北七里。源泉洶湧，灌田數頃。

鄞江井。在長汀縣治東金花坊。深三尺許，外水入而不溢，内水出而不竭，溉田甚廣。

古井。在寧化縣西五里。清澈甘冽，病者飲之即愈。

三龍井。在連城縣南。其中雲霧騰起即雨，旱禱輒應。

古蹟

長汀故城。在長汀縣南。唐置，爲汀州治。元和志：開元二十一年，福州長史唐循忠於潮州北、廣州東、福州西、光龍洞，檢責得諸州避役百姓，共三千餘户，奏置汀州，因長汀溪爲名，郭下爲長汀縣。寰宇記：長汀縣舊治在九龍水源長汀村，大曆中移在白石鄉，地名金沙水。舊志：長汀村，在今上杭縣北十五里，去今州二百三十里，今名舊縣，又遷東坊口，正今縣東北五里大邱頭，一名舊州城。又有縣基嶺，在縣治南福壽坊，相傳移州東坊時於此置縣，故名。後又遷今治，即白石鄉也，亦謂之衣錦鄉。

按：新唐書開元二十四年開置汀州，元和志誤。

新羅故城。在長汀縣西南。晉志：晉安郡有新羅縣。元和志：龍巖縣，先置在汀州界新羅口，名新羅縣。天寶二年改名。新唐書志：汀州初治新羅，大曆四年徙治白石。寰宇記：州初治新羅，以其地瘴，居民多死，大曆四年，觀察使承昭奏移理長汀白石村，去舊州理三百里。

黄連廢縣。在寧化縣東。元和志：寧化縣西南，至州六百里，本沙縣地，開元二十二年，開山洞置，西與虔化縣接。新唐書志：寧化縣本黄連縣〔四〕，天寶元年更名。九域志：縣在州東北一百八十里。舊志：黄連故縣，在今縣東五里，亦曰黄連鎮，五代後唐同光元年，王閩遷縣治於鎮西竹篠窩，即今治也。縣境山峻水急，峯巒萬疊，至縣治則四圍平坦，旁挹嶂岫，下瞰溪湖，稱爲形勝。

上杭故縣。在上杭縣東。寰宇記：汀州有上杭場，在州南，去八日程至漳州界。九域志：淳化五年，升上杭場爲縣，在州南一百六十里。舊志：唐析龍巖縣胡雷下堡，置上杭場，在今永定縣東四十餘里金豐鄉。南唐保大十三年，徙場於秋梓堡，在今永定縣東北六十里。宋淳化五年，升場爲縣。至道二年，始遷治鼈沙，在今上杭縣東北三十里，又名白沙里，而故縣遂廢。咸平二年，又遷治語口，去鼈沙二百步，後爲在城里。天聖五年，又遷於鍾寮場，在今上杭縣西北，其地坑冶大興，商賈輻湊。乾道三年，又遷於郭坊來蘇里，即今治也。

汀州故衛。在長汀縣治東。明洪武四年置，本朝順治十八年裁。

上杭廢所。在上杭縣城西北隅。明成化三年置，本朝順治十八年裁。

王城。在連城縣西南七十里。宋末文天祥奉帝昺駐兵於此，故名。

蓮城堡。今連城縣治。宋元符間置，紹興三年梅州士曹虞觀上言：「長汀縣南北去縣三百餘里，控禦不便。」因升堡爲縣，割長汀古田鄉六團里以益之。元至正六年，邑人羅天麟爲亂，討平之，始改「蓮」爲「連」，取去草之義。

合同場。在長汀縣東登俊坊左。宋置榷鹽税於此，後廢。

銀場。在長汀、寧化二縣。寰宇記：長汀有黄焙、安豐二場，俱出銀、銅。九域志：長汀縣有上寶一銀場，歸禾、拔口二銀務。寧化縣有龍門新舊二銀場，長永、七庇二銀坑，又有龍門坑，在縣郭東。

鍾寮場。在上杭縣。九域志：縣有鍾寮一金場。舊志：在今縣西北二十里。天聖中嘗移縣治於此，後爲平安里。又有永興場，在縣東五十里。通利場，在縣南六十里。及金山、利濟、龍山、石門、語口，凡七場，皆宋時採金及銅、鐵處。

武平場。在武平縣治。寰宇記：汀州有武平場，在州西南，計五百程，接循州界。九域志：在州西南二百五十里，淳化五年，升場爲縣。

錦豐場。在永定縣西南五十里。俗名錦豐窟。舊志：上杭舊有端利場，在縣南一百二十里。嘉興場，在縣南一百五十里。興濟場，在縣南一百六十里。及浮流、錦豐，凡五場。皆宋時採金及銅、鐵處，諸場皆在今縣界。

莒溪務。在連城縣。九域志：長汀縣有莒溪鐵務。舊志：有莒溪場，在連城縣南五十里莒溪旁。又郭家山場，在縣南三十里。又南有寶成場。又金雞場，在縣東南金雞山下。皆宋置以開採銅、鐵，久廢。

御簾鄉。在歸化縣東中和一都。府志：宋端宗避元過此，因遺一簾，遂名其鄉。

謝公樓。在長汀縣治南。唐張九齡有詩。

環翠樓。在長汀縣卧龍山下。宋建。

道山樓。在長汀縣治後。舊名北樓，樓下爲熙春堂，宋郡守陳軒有詩。

南樓。在長汀縣城上。宋陳軒有詩。

願豐樓。在寧化縣治。宋寶祐間建。

皆山樓。在連城縣治。

蓬萊閣。在長汀縣治。宋建。

雲驤閣。在長汀縣城上東南隅。上接龍山，下瞰龍潭，左有飛來石。舊名清陰閣，亦曰集景樓，又名雙清閣。宋建，紹興間劉喬改今名。

芙蓉臺。在長汀縣治。宋建。又映溪臺，在縣東蒼玉洞羣石之巔，舊名翠微亭，宋乾道間郡守謝知幾建。

昇仙臺。在寧化縣西四十里。相傳昔有劉、熊二道士修鍊於此，白日飛昇，居人築臺，刻二像於石壁。

平寇臺。在武平縣南巖前里均慶寺前。

蒼玉亭。在長汀縣城東蒼玉洞羣石中。宋宣和中建，陳軒詩：「我愛汀州好，山川秀所鍾。閣前橫澮水，亭畔列奇峯。」

横翠亭。在長汀縣城東。宋郡守陳粹建，山光野色，横在目前。

書林亭。在寧化縣治。又有龜陰、如農二亭，俱宋寶祐中建。

觀瀾亭。在清流縣治東。明洪武末建，大溪横於前，羣峯峙於後，士民多遊覽焉。

鎮山堂。在長汀縣治。又有如心、道管二堂，俱宋紹興間建。

東山堂。在長汀縣卧龍山麓。宋寶祐中，郡守胡太初闢舊圃而新之。又有常春堂，在圃之西北隅，前有方沼。

勤政堂。在寧化縣治。宋寶祐中建。

讀書堂。在武平縣西。宋李綱詩：「靈洞水清仙可訪，南巖木古佛同居。公餘問佛尋仙了，贏得工夫好讀書。」

伏虎庵。在長汀縣東五里。青松對植，蒼翠交陰，爲一郡遊覽之所。

雪峯庵。在歸化縣後龍山下。元陳友定屯兵處，壁壘猶存。

屯營庵。在武平縣東五里何屯岡下。縣志：相傳五代有統軍使何姓者，嘗駐兵於此，築小城周二里許，故址猶存。

校勘記

〔一〕頂平可容千人　「千」，原作「十」，據乾隆志卷三三汀州府山川（下同卷簡稱乾隆志）改。按，下文云陳友定於此壘石爲城，絶非僅容十人，「十」必「千」之形誤。

〔二〕芙蓉坡　「坡」，原作「波」，據乾隆志及康熙連城縣志卷三輿地志改。

〔三〕又有平頂嶺　「有」，乾隆志作「名」，未知孰是。

〔四〕寧化縣本黄連縣　「本」，原作「東」，乾隆志同，據新唐書卷四一地理志改。

大清一統志卷四百三十五

汀州府二

關隘

隘嶺隘。在長汀縣西北六十里，路通江西瑞金縣。其地巉巖嶔嶇，林木深阻。明嘉靖初知府邵有道開修嶺路。崇禎五年，知府笪繼良於隘口阨吭處，圈磚爲關，爲江、閩要隘。又桃陽隘、虎忙嶺隘，在縣東南。靖遠隘，在縣南。分水隘、牛姆山隘、長橋隘、龜龍隘、黄峯嶺隘，在縣西南。九礫隘，在縣西北。鎮平隘、七嶺隘、半嶺隘，在縣北。大息嶺隘、處明隘，在縣東北。

常平隘。在歸化縣東北四十里，接泰寧、將樂二縣界。環縣境皆山，東鐵嶺隘，西伍通隘，南大隘頭隘，北下防隘，關隘之襟要也。而常平隘與東南之紫雲隘、西南之半隔隘、西北之水口隘，並爲扃鑰之險。紫雲一隘，尤爲要地。

白嶺隘。在連城縣南三十里，東通横山、廖天、秋家三隘，東南通朗村隘，西南通新泉隘，北通烏石等隘，當六路之衝，爲腹心之地。人烟湊集，隘場平曠，守禦最便。明嘉靖中改置爲寨。

朗村隘。在連城縣南一百五十里，路通上杭、龍巖。舊場在朗村，平曠虚設。明嘉靖中移於遠水嶺，去舊隘四里許，路頗險窄，易於防守。又秋家嵐隘、横山隘，在縣東。廖天山隘，在縣東南。白嶺隘、豐頭隘，在縣南。俱明嘉靖間置。又新泉隘，在縣西南。烏石隘，在縣北。凡八隘，而秋家嵐最險。

懸繩隘。在武平縣西南，道通平遠，以懸繩峯而名。明正德間嘗移象洞巡司於此，今有兵戍守。又大嶺隘，在縣東。鉢盂隘，在縣南。牛牯崠隘，在縣西。金雞隘、水口隘，在縣東南。蟠龍岡隘，在縣西南。硿頭隘，在縣西北。檀嶺隘，在縣東北。

古城寨巡司。在長汀縣西五十里，西去江西瑞金縣五十里。相傳閩王延政築城，後廢爲古城里。宋置寨，原在縣西南何田市，紹興中遷置於此。明初置巡司。

石牛巡司。在寧化縣西南八里石牛驛。以旁有石牛，故名。宋端平間置驛，設驛丞。本朝雍正十二年裁，置巡司，兼理驛務。

安遠寨巡司。在寧化縣北一百里，北去邵武府建寧縣八十里。舊名下土寨，宋紹定中改今名。明置巡司。

鐵石磯頭巡司。在清流縣東南六十里鐵石山下。明正統中置。

夏陽巡司。在歸化縣東八十里夏陽墟。其地險遠，明成化中遷明溪巡司於此，改名。又有黃楊巡司，在縣東南八十里巖前，宋紹興中置，今廢，有巖前市。

北團寨巡司。在連城縣西南一百二十里新泉隘。宋置，在縣北五十里，後燬於兵，寄治縣市西。元廢。明初復置，在縣東崇儒坊，尋遷於朗村，嘉靖間遷於此，築土城，周五百丈。

象洞寨巡司。在武平縣東南百里巖前砦。宋政和中置寨，嘉熙中改爲南尉司。元廢。明初置巡司。

永平寨巡司。在武平縣北四十五里。宋淳祐中置寨。明初改置巡司，後移貝寨，在縣西北七十里，又二十里達會昌。

三層嶺巡司。在永定縣東南五十里三層嶺下。明成化中置。

興化鄉巡司。在永定縣西北六十里。明洪武五年置，屬上杭，在今縣西南溪南里古鎮，正統中徙太平鄉虎岡，因改曰太平寨。天順六年復置於此，成化中改屬永定縣。

太平巡司。在永定縣太平里高陂。

明溪鎮。在歸化縣西。本清流縣地，宋紹興間置明溪寨，兼置巡司。元末陳友定築城以障鄉里，周一里許，謂之子城。明成化中，以其地當四縣之交，民梗難治，乃割清流之歸上、歸下，寧化之柳楊、下覺，延平府沙縣之二沙陽，將樂之興善、中和，共七里置縣，以明溪鎮爲治。舊志：今有明溪驛，在縣治西。

白花寨。在長汀縣東南一百二十里半溪石山下。四圍險塞，其上平坦，可容千餘人。

南平寨。在寧化縣西南六十里。宋置，本名黃土寨，紹定六年移於潭飛漈，改今名。又北安寨，在縣東北九十里，宋置，本名苦竹寨，亦紹定六年移置改名。二寨皆元末燬。明洪武初復置，十三年廢。北安，今爲水西墟。

石洞寨。在清流縣西北十餘里，右通寧化，地名大基頭，山徑險峻，鳥道而上，可容數千人。宋乾道間築，元末增修，疊石爲四門。一名石龍寨。

萬安寨。在歸化縣西四十里黃牛山。宋紹定間，曾寡婦晏氏爲寨以拒賊，賜名曰萬安，今故址尚存。又縣南十里許有平安寨，山高而險，頂稍寬平，元末陳友定立栅屯此。

冠豸寨。在連城縣蓮峯山。舊名蓮峯寨，宋築。元至正二十六年，闢南北塹，疊石爲城，周五百丈，後人因名爲冠豸寨。明弘治中，又因南北塹舊址，增新城五十餘丈，屹爲縣治東障。

武婆寨。在上杭縣東南安鄉石山。一名白水寨。又石壁寨，在縣西南，相近有雷公寨隘，皆明置。

武平寨。在武平縣西南二十里武溪源。相傳即故武平場也。明洪武二十四年，置守禦千户所，築城周二里一百八步有奇，北臨武溪。嘉靖十九年，於東偏增築新城，袤四百二十五丈，通新舊爲門者八，崇禎初寇破新城。本朝順治十三年裁所，仍設汛兵防守。又縣東南有布心寨，舊屯兵所，平坦可容萬人。

何田市。在長汀縣南四十五里。爲商旅湊集處，宋嘉定間置寨，明初設税課司於此，後裁。

撫民館。在上杭縣西南一百餘里，與廣東潮州府大埔縣接界。其地險遠，向爲盜藪。明嘉靖中，立撫民館於三圖之中坪，築城周一百七十二丈，設捕盜通判駐守。萬曆四年，又築公館城於四圖之河頭坪，周四百三十七丈。二十七年，撤通判，撥官兵戍守。崇禎初罷戍，仍募民兵防守。

臨汀驛。在長汀縣治東。宋置，明崇禎二年裁。

館前驛。在長汀縣東七十里。元置站，明洪武初改爲驛。又三洲驛，在縣南六十里，明弘治初置。

清流驛。在清流縣治。宋置，屬寧化縣，元符初置縣改屬。

九龍驛。在清流縣治西。舊名皇華，明洪武初改名，以縣有九龍灘而名。

玉華驛。在清流縣東北四十里。以前有玉華洞，故名。明洪武初置，成化十年遷於上杭，二十三年復置。

平西驛。在上杭縣東三十里。明成化六年置。

藍屋驛。在上杭縣西北五十里。明成化十年，徙清流縣玉華驛於此，弘治三年改名。

津梁

濟川橋。在長汀縣東門外。俗呼水東橋，宋建，本朝康熙四十五年修。

太平橋。在長汀縣東。宋紹興間建，名有年橋，嘉定間改今名。明正德間，爲石墩七，長三十九丈，覆以屋三十間。本朝康熙年間梁以石，乾隆四十五年修。

惠政橋。在長汀縣東。五代時名建州橋，宋初重建，改名惠民。郡守張昌復建，因名張公橋。明永樂間郡守宋忠重建，改今名，長二十一丈三尺。本朝康熙年間修，乾隆四十一年重修。

石新橋。在長汀縣東。宋郡守趙崇模建。本朝康熙中郡守方紳修，覆以屋，扁曰「古渡垂虹」。

山川橋。在長汀縣寶珠門外。明正德間建，本朝乾隆三十四年修。

普濟橋。在長汀縣南三十里，跨南溪。宋建。

豐橋。在長汀縣西，臨大溪。本朝康熙三十七年建，四十五年修，五十五年改建石橋，乾隆四十六年重修。

龍門橋。在寧化縣東里許。長七十二丈五尺。舊名龍津橋，明成化中重建，改今名。又東有廣濟橋，路通清流。

鐵口橋。在寧化縣南教場前，入府大路。

慈永橋。在寧化縣南。舊名阜通，宋元豐間建，嘉熙間更名萬寶。明崇禎五年復修，更今名。本朝康熙二年重建。

捲龍橋。在寧化縣西五里，路通江西廣昌。明建。

鳳翔橋。在清流縣治西。舊名魁星橋，宋淳祐間重建，名祝聖。明洪武中構亭二十九間，改今名。

白石橋。在清流縣東北五里，跨平溪。溪中多白石，故名。明建，本朝康熙年間修。

神通橋。在清流縣東北玉華驛清溪口。宋建。今名廣濟，一名清口橋。

白沙橋。在歸化縣東。下開五門，上構屋六十餘間，明建。

文川橋。在連城縣南門外。舊名清溪，宋紹興間建，改名擢桂。元至正間重建，改今名。

鎮東橋。在上杭縣東昭陽門外。爲墩十九，屋三十六間，今圮。

駟馬橋。在上杭縣西一里。宋建，石柱四十，爲屋九間。

陽明浮橋。在上杭縣南。明正德中王守仁建，爲舟四十有五。

東門橋。在武平縣東，跨南安溪。

九龍橋。在武平縣南一里，跨南安溪，爲往來要津。

卧龍橋。在永定縣東。舊名飛虹，明正德中建，萬曆間重修，改今名。

深渡橋。在永定縣東北高陂。明建。乾隆二十年重建，路通龍巖。

留口渡。在寧化縣西三十里。水勢屈曲，舟行至此必經宿，故名。又西五里曰禾口渡。

隄堰

東隄。在長汀縣東鄞江分流處。明天啓中，署縣寇從化募工於三橋山麓，築大石隄七十餘丈，又於原分小溪口，爲馬鞍陂以防春漲，人稱爲寇公隄。

西隄。在長汀縣西南寶珠門外。有小河自牛嶺來，直瀉大河。明萬曆間築。

行弓隄。在武平縣東。延袤二百丈。

中陂。在長汀縣東北十里。横截鄞坑，延袤十里。又張家陂，在縣東十里。

吴陂。在寧化縣西四十里。居民吴氏所築，灌溉甚廣。

大陂。在寧化縣東北一百二十里。障溪以成，自宋迄今爲利。

沙溪陂。在歸化縣東南。自沙溪至巖前四十里，築陂數十，皆以桔槔運水，晝夜循環，不須人力，灌田無算。又大陂圳，在縣西北五十里楊柳大陂邊，長二十里，灌田數萬畝。

龍爪陂。在連城縣東南。溉在城田二千頃，元築。縣界共有二十五陂，皆官設陂夫，隨時修治。

蔡家陂。在永定縣南龍磜村。溉田有上、中、下三則，上、中常得水而下則否。明嘉靖中知縣唐燦於水源上高數尺，鑿石通水，下田至今獲利。

杭陂。在永定縣西北五里。引水入城，灌溉田塘，深爲民便。又有大陂、高陂，溉田甚廣。

陵墓

宋

鄭文寶墓。在寧化縣東北九十里鄭家坊。

伍祐墓。在清流縣東倉盈里。子擇之墓，在寧化縣禾口。

賴絨墓。在歸化縣東十二里。

元

賴祿孫墓。在寧化縣西北三十里。

伍宗堯墓。在清流縣坊郭里。

謝英輔墓。在歸化縣西八十里。

許景輝墓。在連城縣北許坊。

明

張顯宗墓。在寧化縣張家坪。

裴應章墓。在寧化縣南五十里安樂鋪，有祠。

賴世隆墓。在清流縣西山。

丘弘墓。在上杭縣東南安鄉。

劉隆墓。在武平縣東赤土岡。

賴先墓。在永定縣北洪源村。

祠廟

道南祠。在長汀縣治西，祀宋程顥、楊時、羅從彦、李侗、朱子。明嘉靖中建。

文丞相祠。在長汀縣學左，祀宋文天祥。舊在横岡嶺下，明萬曆中遷建。

忠愛祠。有二。一在長汀縣治東，一在歸化縣北，俱祀明推官王得仁。

王文成祠。在長汀縣治南講堂左，祀明王守仁。

愍忠祠。在長汀縣東，祀明指揮張大倫、王應官、李鐸、劉震、李中秀，鎮撫陳應龍、段元望、丁顯〔一〕、劉堯、張燿〔二〕、賴其勳、曹經，親丁鄧五。明崇禎初建。

笪公祠。在長汀縣治南講堂，祀明知府笪繼良。

陳公祠。在寧化縣治南慈永橋，祀宋招捕使陳韡。

大忠祠。在寧化縣西南二里許，祀宋李綱。

張公祠。在寧化縣東五里峽石，祀明張顯宗。

忠烈祠。在清流縣東門外，祀元伍宗堯及其子希稷、希明、希周、希孔。又武平縣南亦有忠烈祠，祀明守備徐必登。

惠烈祠。在清流縣倉盈里，祀明知縣吕鏞及巡檢鄒某，士民魏得禮、鄧瑶。

龜山祠。在歸化縣東二十里龍湖，即楊龜山故宅。

義勇祠。在歸化縣東三里坪。明嘉靖間建，祀邑人陳珪、陳鐸，巡檢顧輝，俱以討賊戰死。

忠惠祠。在連城縣治，祀明知縣蔣璣。

褒忠祠。在上杭縣東北分司前，祀明伍驥、丁泉。

紫陽祠。在武平縣東門外，祀宋朱子。又朱文公祠，在連城縣東門外。

世忠祠。在武平縣治西南教場前，祀明太學練廷和。

舒烈婦祠。在武平縣城外，祀明謝日煃妻舒氏。

漁滄廟。在清流縣東，臨漁滄潭，祀唐末死事將樊令。

安濟廟。在清流縣東南鐵石洞口，又名九龍廟，舟行至此，必禱而後行。

寺觀

開元寺。在長汀縣學左。九域志：州有至道宮，唐開元二十八年建，本名開元宮，中有明皇真容，宋改今名。明統志有開元寺，在府治東，蓋即故址也。

普覺寺。在寧化縣東百里。宋寶元初建，明宣德中修。其地五山高聳於外，一山峙立其中，俗謂龍聚寶。

豐稔寺。在連城縣表席里。五代晉天福間建，名保福院，元泰定間改今名，明初重建。

東竺寺。在上杭縣東。又天王寺，在縣西，舊俱建於鍾寮場。宋乾道三年，兩寺隨縣遷今所。

禪果寺。在武平縣治南。明統志：中有龍泉井，相傳定光佛所鑿，常有龍見其中。

東華庵。在清流縣東三里。宋元符間建，絶頂松竹交翠，如立畫屏，前有石臺，登眺則高山皆在目睫。

名宦

唐

林披。莆田人。天寶中授臨汀郡曹掾。郡多淫祠，著無鬼論以曉之。刺史樊晃奏爲長汀令，以治行遷本郡别駕。

陳劍。大曆中任汀州刺史。汀自置郡後，凡兩遷至東坊口，歲屢不登，民多疾疫，咸謂治非其所，劍乃更卜卧龍山之白石村，請改築焉。即今郡治也。

五代 後唐

王雲。同光初爲寧化令。縣治初置於黄連鎮，雲卜遷於鎮西之竹篠窩，百姓安之。

宋

陳軒。建陽人。元豐間知汀州，治尚清静。黄庭堅詩云：「平生所聞陳汀州，蝗不入境年屢豐。」

郭祥正。當塗人。元豐間通判汀州，有善政。公暇與守陳䢷登山臨水〔三〕，觴詠酬唱極多。

鄭强。長樂人。紹興間知汀州寧化縣。論大辟十人，獄已上，强驗問無一人當死。刑部尚書胡交修乞治縣令冒賞殺無辜罪。

吴櫪。建陽人。紹興間知長汀縣。每於耕斂之月，聽囚歸業，業畢復來，囚皆如期至。剖決曲直，多所原貸。秩滿歸，老稚遮泣。

周堯卿。道州人。紹興間知寧化縣。提點刑獄楊紘入境，有被械而耘苗者，紘就詢其故，對曰：「貧以貪利之故，爲人直其枉，令不我欺而我欺之，刑又何怨？」紘至縣，以所聞薦之。

陳吉老。仙遊人。紹興間清流丞，以績最遷判州事。贛寇犯境，吉老誓衆與戰，長子希造爲先鋒，屢戰皆捷。後與賊遇於武平，希造戰殁。吉老再率兵破賊還，郡人郊迎慰勞，吉老曰：「吾兒報國，死得其所，又何憾耶？」屬邑感之，皆爲立祠，至今父子血食於汀。

劉師尹。長樂人。紹興間爲汀州録事參軍。時知長汀縣陳夢遠，誣郡士葉椿等以死罪，郡倅向士俊、黨夢遠欲傅致其獄，師尹白其冤，曰：「吾即棄官，不可陷人於非命。」毅然納印而去。郡人德師尹，繪像祀之。

李㝁。崇安人。紹興間知連城縣。政務寬平，教以孝友。有伍氏兄弟争繼，積訟不決，㝁以理開諭，皆感釋。民爲謡曰：「訟者息争，居者安仁。李公爲政，百里如春。」

黄藻。延平人。乾道間知清流縣。縣有貼銀鈔鹽錢，素爲民害，藻請於朝，一切蠲免。歲祲，躬行勸賑，民以不飢。鄰寇作，相戒曰：「彼有善政，慎勿犯之。」

程大昌。休寧人。淳熙間知汀州。賊沈師作亂，戍將蕭統領兵戰死，閩部大震。漕檄統制裴師武討之，師武以未得帥符不行，大昌手書趣之。賊謀攻城，而先使諜者吏甲縱火爲内應，會師武軍至，復得諜者，賊遂散去。

江瑀。淳熙間知汀州。先是，州有銀冶，歲代建昌、臨川輸銀六千兩，二郡歲償棉絹。後經兵火，棉絹不至，銀坑亦閉，所輸仍取於民。瑀疏陳其害，獲旨蠲免。

張振古。清江人。淳熙間爲長汀簿，剛正有守。郡牒下督諸鄉税甚急，振古乞寬期限，不聽。振古曰：「我不忍奉上官暴貧民。」即納印去。邑人楊方作詩送之。

鮑粹然。龍泉人。淳熙間知上杭縣。以士風固陋，聘宿儒教之，士始知學。州久旱，父老白守請粹然往禱，雨立至，人呼爲上杭雨。

何鎬。邵武人。淳熙間爲上杭丞。治尚寬簡，白罷無名征賦。部使者鄭伯熊檄以佐郡，累繫者旬日決遣殆盡。

陳曄。長樂人。慶元初知汀州。爲治精明，減户口食鹽價以紓細民，置義塚，殯無所歸者以千數。汀俗尚鬼信巫，曄痛懲禁之，俗爲不變。弟映，繼知州事，一守兄法。曄嘗創橋於南山高灘角上流，至映方畢工，邦人因以棠棣名之。

劉爚。建陽人。嘉泰間調連城令。罷添給錢及綱運例錢，免上供銀錢，及綱本、二税甲葉、鈔鹽、軍期米等錢，大修學校，乞行經界。

趙彦橚。宋宗室。嘉泰間擢監登聞鼓院。時韓侂胄秉政，朝士悉趨其門，彦橚獨不往。侂胄銜之，出知汀州。州民葉姓者，嘯聚汀、贛間，彦橚遣將捕戮之。

趙希錧。宋宗室。嘉定間汀州司户參軍。峒寇李元礪方起，汀人震懼，郡會僚佐議守城，希錧曰：「守城非策也。距城三十里，有關曰古城，若悉精鋭以扼其衝，賊不足慮矣。」守以付希錧。夜半，賊數百銜枚突至，希錧嚴兵以待，矢石俱下，賊無一免。事聞，詔升本州推官。治疑獄。決滯訟，去之日，軍民遮道泣送者數百里。

上官損。邵武人。嘉定間武平主簿。創養濟院，以䘏貧病及行旅之無依者。有盜刦人，誣鄰人分贓，損一訊立釋，人服其神。

胡太初。寶祐間知汀州。值歲歉，捐米數千斛入均濟倉，以活飢民。修城浚池，屢平寧化、連城劇寇，士民德之，爲立生祠。

元

李實。汴人。爲武平尹。平易近民。時學校傾圮，絃誦久輟，實捐俸修葺，以作興之。

明

黄敏。洪武中爲汀州衛指揮僉事。廣賊謝在真寇武平，敏率軍剿捕，賊驚走，因追擒之。又於武平築城，分軍守禦，境賴無虞。

宋忠。崇陽人。洪武間知清流縣。興學勸農，剔姦剗蠹。羣盜嘯聚，忠抵其巢諭降之。擢户部郎，邑民請於朝，出守本郡。

劉雍。平陽人。洪武間知連城縣。首建學校，教民樹藝，邑知種麥自雍始。

劉亨。祁州人。洪武中知上杭縣。首新學校，次建壇壝廟舍，五年間逃亡悉集。

袁必文。廣東人。永樂間清流典史。沙寇犯境，必文獨守不去，被執抗駡，遂遇害。

許敬軒。天台人。宣德中知汀州府。興學勸農，輕徭賑飢。糾參政陳羽貪暴，薦賢良程原慶等於朝。其卒也，行李蕭然，士民爭賻之。

王得仁。新建人。正統中以才薦，授汀州府經歷。廉能勤敏，上下愛之。遷推官，數辨冤獄，却餽遺，抑鎮守内臣苛索，政績益著。鄧茂七黨陳政景等攻城，得仁與守將及知府劉能擊敗之，擒政景等八十四人，餘賊驚潰。諸將議窮搜，得仁恐濫及，下令招撫，果辨釋難民三百人。都指揮馬雄，得通賊者姓名，將按籍行戮，得仁力請焚其籍。賊復擾寧化，率兵往援，斬獲甚衆。未幾卒於營，軍民哀慟，繪像祀之。

呂鏞。蘄水人。正統間知清流縣。鄧茂七寇縣，鏞率民兵與戰，衆寡不敵，爲賊所執，大罵不屈死。同時死者，鐵石巡檢鄒某。嘉靖初，提學邵鋭並祀之。

丁泉。汶上人。天順六年，上杭寇發，泉以指揮同知往禦之，巡按伍驥奉命督勦，泉奮勇先登，攻破石馬岐等寨，猝與賊遇，力戰死。伍驥扶疾回朝亦卒。邑人立祠祀之，賜額「褒忠」。

胡鉞。嵊縣人。成化初知上杭縣，清勤公正。時邑初調千户所守禦，悍兵驕卒，肆虐於民，鉞以法繩之，軍民各安其業，繼之者孫安、蕭宏，皆稱良吏。

趙智。江寧人。成化間署歸化教諭。時學宫始建，充弟子員者，悉起山林，未經化誨，智先教以進退揖讓之禮，孝悌忠信禮義廉恥之行，徐授經講藝，隨才造就，務底於成。

王環。新昌人。成化間知永定縣，廉明果斷。當設縣之初，創興百務，焕然可觀。

吴文度。江寧人。弘治間知汀州府。繩法飭廉，推誠布令，姦宄屏息。山寇爲患，設方略招致，賊皆帖服。

袁慶雲。雩都人。弘治間上杭訓導。日以行誼訓生徒，嘗陳利弊六事於都御史韓邦問，邦問稱賞之。以親老致仕。

王獻臣。吳縣人。弘治間以御史謫上杭縣丞。令行禁止，百廢俱舉。暑月不雨，獻臣爲禱，以五日爲期，雨大注，人德之。

謝溥。祁門人。正德間知長汀縣。裁冗費，革例錢，事上官秉公抗論。王守仁剿武平抂坑寇，溥轉餉有方。汀人祀之。

蔣璣。平樂人。正德初知連城縣，有治才。奉檄征大帽山寇，猝遇賊於黄沙寨，不屈死。詔贈汀州同知，予廕立祠。

徐中行。長興人。嘉靖間知汀州府。廣東賊蕭五來犯，禦之有功，策其且走，俾武平令徐甫宰邀擊之，讓功甫宰，甫宰得優擢。嗣念山寇出没靡常，請築城三圖，以扼要衝，自是寇盜解散。

黄震昌。遂安人。嘉靖間汀州府同知，署永定縣事。平李占春之亂，民避難入城者，撫輯倍至，全活甚衆。

徐甫宰。山陰人。嘉靖間知武平縣。下車問民疾苦，寬征徭，築隄捍溪，鑿井引水，繕完頽城。近賊地築城立堡者三，興大役而民不知。嘗旱虔禱，期五日不雨，則以身爲牲，及期果雨。邑中火，會風烈，甫宰拜且禱，風止火滅。居六年，遠近化之，立祠祀焉。

俞大猷。晉江人。嘉靖中以泉州衛千户守備武平，作讀易軒，與諸生爲文會，而日教武士擊劍，連破海賊，擢署都指揮僉事。

顧輝。東莞人。嘉靖中歸化縣夏陽巡檢。莅任未旬月，流寇掠境，輝統民兵禦之，殺獲甚衆，以援絶死之。邑人建祠，與勇士陳珪、陳鐸合祀。

莫住。蒼梧人。嘉靖間永定典史。莅官勤勞，以逐賊力戰死，祀名宦。

沈應奎。武進人。萬曆間知汀州府。築陂濬泉，教民耕植，政聲大起。税監高寀播虐，將自汀入廣，應奎出榜文達會城，言税監將入海招倭，若抵汀，太守當率吏民擊殺之。寀聞而止。

牛大緯。瓊州人。萬曆間知連城縣。連苦浮糧，歲科千餘兩，大緯力請得蠲其半，民立祠祀之。

楊萬春。錢塘人。萬曆間知上杭縣。邑有疑獄二，前令莫決者三年。萬春齋禱於神，具得其情，人稱「神君」。

笪繼良。鎮江人。崇禎初知汀州府。下車，築城議起，繼良請撤中贅垣，拓南城六百餘丈。又創設威遠營，募兵措糧，守圉以固。

徐必登。福州右衛千户。崇禎初署武平守備。甫二日寇發，士無戰志，必登拊膺慷慨曰：「舍生報國，此吾事也。」率兵千餘人，遇賊於古樓岡，前徒棄甲而潰，必登單騎力戰，遂歿於陣。

陳正中。上海人。崇禎中知上杭縣。孤介自守，絲粟不取於民。廣寇入境，親冒矢石，奮力擒殺，竟以瘁卒。邑人祀之。

本朝

郭浩。寧陵人。順治初知汀州府。單騎到官，政清刑肅，人不敢干以私。在任數年，及歸行李蕭然，里居至不能舉火。

楊鶴齡。漢軍正紅旗人。順治八年知歸化縣。諳韜略，善騎射。會山寇竊發，鶴齡先士卒，親冒矢石，擊走之。

郭璜。華州人。順治十五年，調寧化令。居官清正。御史按邑，邑令例餽千金，璜撫敝篋歎曰：「是非朘削民膏，何以供此？」深夜自經於官邸。歿二日，署中絶粒，士民争致薪米。有黄氏婦餽銀助喪，痛哭不止。或問之，婦曰：「吾夫吴某世受里役之累，賴公釋免，公死，累將及矣。」柩自汀歸，路人耕夫皆弛擔引紼，哭聲遍野。

朱之焜。高郵人。順治十六年知武平縣。寬待士庶，嚴馭吏胥。修城拓池，皆捐俸以辦。十七年，廣寇謝上達等盤據五指石，之焜集衆蕩平之。

焦榮。新野人。順治十七年知清流縣。治事嚴明，以鋤姦除害爲急。邑有小醜負嵎，榮選膽勇書吏，編爲衛兵，率而擊之，賊遁去。

王之佐。漢軍鑲黃旗人。康熙十六年知寧化縣。時海孽未殲，軍需旁午，之佐念民疲役重，力以減役上請，情詞激切，大吏憐而許之。巨寇黃機，擒馘之餘黨也，乘間屠掠。之佐請兵會剿，賊盡棄其衆，赴江右投誠，江撫某納之，發符護賊還，俾招集舊部，以成一旅。之佐堅不奉檄，昌言於大吏曰：「普天王土，非列國分疆之比。閩賊即江賊也，閩賊入江，便當貸死，王章何在乎？」大吏韙其言，遂瀦其巢穴，設兵斷賊歸路，民以安謐。

徐開遠。崑山人。康熙二十年汀州推官。扶弱鋤强，不爲威怵。時靖藩旗兵横行，開遠執法不阿，藩丁股栗。

王廷掄。澤州人。康熙三十四年知汀州府。遇荒饑，開倉賑濟，設立粥廠，民賴以活。又興東西兩河水道，濬郡河，創建豐橋，汀人利之。

許廷鑅。吴縣人。雍正中知武平縣。吏事明敏，不事鈎距，人無敢欺者。禮賢愛士，沐其教者，如坐春風中。

史圜。歸安人。乾隆中知上杭縣。絶苞苴，清訟獄，嚴緝盜賊，境内肅清。歲祲，捐俸糴江、廣粟以賑饑。尤汲引士類，躬爲督課獎進之。

人物

唐

伍正己。初名愿，字公瑾，寧化人。大中進士，累遷御史中丞。莅官略細故，存大體。以朋黨漸熾，遂告歸。

宋

江禮。寧化人。乾德初任潭州判官。時慕容釗討劉文表，取周保權，禮率鄉兵二千人，力戰於湘陰，死之。

羅彧。字仲文，長汀人。太平興國進士，授大理評事，雍熙後歷知惠、筠、成三州，所至有惠愛。澶淵之役，以屯田員外郎扈從，爲報聘使，還京，乞歸里。上嘉其勞，特除諸路提點使，賜錦衣金帶以示褒異。

鄭文寶。字伯玉，寧化人。太平興國進士，累拜殿中丞。使川、陝均稅，次渝涪，聞夔州廣武卒謀亂，乃乘舸泛江，一夕數百里，以計平之。授陝西轉運副使。歲歉，諭豪民出粟三萬斛，活饑民八萬六千口。李順亂西蜀，秦隴賊趙包將趨劍閣以附之，文寶分兵討襲，獲其巨魁，餘黨殲焉。前後自環慶部糧，越旱海，入靈武者十二次，曉達番情。經由部落，每宿酋長帳中，人或呼爲父。累官至工部侍郎。真宗時寇準薦其熟西事，復任陝西轉運使。後除忠武軍行軍司馬，卒。文寶好談方略，以功名爲己任，能爲詩，善篆書，工鼓琴。有集三十卷，又撰談苑二十卷、江表志三卷。

伍祐。字佑之，正己曾孫。登大中祥符進士，歷知雩都、宜城、海昌諸縣，以廉能稱。尋差楚州團練推官。州有鹽場久廢，祐議興復，役不及民，期年而就，歲入緡錢數萬，人稱伍公場。後官太常博士。子擇之，皇祐進士，爲南豐簿，識曾鞏兄弟於未第時，官至秘書少監。

徐唐。字守忠，寧化人。未冠受業於李覯，覯令從胡瑗講春秋。負笈入京，遂見知於歐陽修，薦之於朝，召見講瑒。嘉祐中奔母喪，歸廬墓側，遂不復出。

彭孫。字仲謀，連城人。少負材勇，皇祐間應募剿寇，平嶺南、交趾，屢有戰功，累官萊州防禦使、隴西郡開國侯。壻鄧曾，亦以功擢皇城使。忠勇沈毅，遇下有恩，爲熙河都統，陷陣先登，死於王事。

鄭立中。字從之，長汀人。政和進士，調崇安尉。時方臘餘黨寇閩，立中修分水寨以守，出賊不意擊走之。改知海門，未赴。金人南侵，擢行軍總管，募兵數千，收復光、蔡等州，因命守蔡。金人再至，遂被害，贈朝散郎，官其子穆。

伍全。長汀人。狀貌雄偉，膂力過人。紹興間應募，攻賊齊述於贛州，全披鐵鎧，攀援登城，持百斤鐵戟轉戰，啓關納諸軍，大破之。擢廣州摧鋒軍第十七將，後以武功賜金甲名馬，終武顯大夫。

楊方。字子直，長汀人。清修篤孝，行己拔俗。登隆興進士。調弋陽尉，道崇安謁朱子，面受所傳。趙汝愚帥蜀，辟機宜文字。淳熙末除編修官，首乞朝重華宫，辭甚懇切。後坐僞學黨，罷居贛州。黨禁解，起知撫州，官至廣西提刑。

丘鱗。字起潛，連城人。嘉定間任贛縣尉，有廉聲。永定寇發，郡檄攝連城令，晝計禦寇，率民登東田石，全活甚衆。招捕使陳韡上其功，辟知建寧縣。

元

賴生。清流人。元兵下閩，生尚幼，與母相失。及長，南北走萬里求母，閲三十年，始得之杭州，奉母而還，宣城貢悦爲詩送之。

賴禄孫。寧化人。延祐間蔡五九作亂，負母避南山。盜至，將刃其母，禄孫以身蔽翼，曰：「勿傷吾母，願殺我。」母渴不得水，禄孫含唾呴之。盜相顧駭歎，不忍害，反取水與之。有掠其妻去者，衆責之曰：「奈何辱孝子婦？」使歸之。事聞，賜旌美。

羅良。字彦温，長汀人。至正中以平漳賊功授縣尉，累官行省右丞，鎮漳州。時江、淮阻絶，良以樓船載糧，由海道抵遼東，給行軍餉。順帝嘉其忠，封晉國公，世襲漳州路總管。至正二十六年，陳友定攻漳，千夫長張石古等違良節制，友定兵遂渡柳營江，士卒星散，良迎戰馬岐山，敗績死之。其弟屯田萬户羅三罵賊死。良妻陳氏自盡，子安賓自刎，壯士從死者百餘人。

雷添祥。字永祥，清流人。至正間鄧克明寇邑，添祥同父匿倉盈山中。寇至，求財物不得，欲殺父，兄弟悉奔竄，添祥獨抱父號泣，求以身代，賊縱其父而殺之。

伍宗堯。清流人。至正間鄧克明犯境，宗堯率邑人禦之，弗克。寇使説其降，不可，遂與其子希稷、希明、希周、希孔率兵決戰，奮勇突圍，父子五人俱死於難。

謝英輔。歸化人。由薦辟歷任樞密副使。明兵入境，偕達魯噶齊巴特瑪，具朝服北向拜，自經死。「巴特瑪」舊作「白哈麻」，今改正。

明

沈得衛。字輔之，連城人。讀書善詩，元末陳友定重其才，欲官之，辭弗受，隱居蓮峯山。洪武初辟爲本學訓導，講訓有方。著有東崖樵唱集。

張顯宗。字明遠，寧化人。洪武中進士第二，授編修，屢遷國子祭酒，善於其職，人方之宋訥。建文末擢工部右侍郎，募兵江西。俄燕王入京，被執，謫興州。交趾平，起爲布政使，有政譽。

張愛。上杭人。洪武間溪南寇起，愛以勇力爲隊長，與衆攻賊，斬獲甚多。復隨官軍擣穴，深入被執，罵賊不屈死。

劉隆。字守庸，武平人。幼穎異，讀書過目成誦。登永樂進士，擢御史，巡按浙江。時太監王金肆虐，青田民潘孟吉等聚衆殺之，事聞，將屠其邑。隆力奏請誅首惡而宥其餘，民立石頌之。

賴世隆。字德受，清流人。宣德進士，官編修，有才略。鄧茂七之亂，世隆疏請擇智勇大臣征討，並陳山川險易，進兵方略。朝命同陳懋往閩，道擒賊首陳美九、蔡田等，招集散亡十餘萬人，人賴以安。

馬馴。字德良，長汀人。正統進士，授户部主事，累遷四川參政。會蜀寇亂，廪乏，馴至，覈已徵未用糧百萬斛以供軍。歷擢副都御史，巡撫湖廣。關中饑，流民就食荆、襄間，馴設策賑卹，全活甚衆。湖、湘災，奏減歲賦，災不爲害。致仕歸，卒，賜祭葬。

江瀚。上杭諸生。正統間沙尤寇發，被執，欲脅用之，瀚罵曰：「朝廷養士，乃從爾鼠狗輩乎？」賊怒，捽之跪不屈，罵不絶口死。時清流魏得禮，以知縣吕鏞被執，詣賊請代，賊並殺之。同邑有邱銅寶者，募死士數百人敗賊，翼日再戰，伏起爲所殺。

劉敬。字謙之，上杭人。幼孤，事母至孝。正統間賊攻城急，敬負母出奔，賊追及之，箠楚索金，且及其母。敬抱母號哭乞免，母被傷，病不能興，敬含哺飼之。賊退，貧甚，日採拾以養。母卒，終喪骨立。

鄧瑶。清流人。爲縣刑曹掾〔四〕。景泰初草寇攻掠，至楊梅徑，瑶挺身與戰，自午至申，賊攢刺傷其胸，瑶酣戰不爲動。賊退，瑶倚巖石僵立而死。徑中四百餘家，悉賴保全。

張秉和。上杭人。天順間溪南寇發，被執，令之跪，罵曰：「我良民，跪賊耶？」或曰：「跪可免死。」秉和厲聲曰：「殺即殺，毋多言。」遂遇害。

李子穆。武平人。天順七年，草寇犯境，鄉多脅從，惟子穆闔門守正，俱被害。

丘弘。字寬叔，上杭人。天順進士，授户科給事中。成化時災異數見，權豪請乞無已，而萬貴妃有寵，中官梁芳、陳喜争進淫巧，風俗爲靡。弘糾違補闕，屢進讜言，多見採納，風節與鄞人毛弘相似，人稱二弘云。

吴文旭。字景陽，連城人。少篤學。聞吴與弼倡道，受業其門。成化間以貢授安遠縣訓導。寇作，奉檄剿捕，直抵賊巢，諭以大義，賊皆感服。後遷銅鼓衛教授。

吴海。上杭人。成化間賊發，海率兵擒斬賊首，再戰深入，中伏死。

梁喬。字遷之，上杭人。弘治進士，爲户部員外郎。與同官疏劾劉瑾不法狀，章數上不報，喬獨面奏之。武宗怒，命下錦衣衛獄，久之始釋。遷兵部郎中，出守紹興，有善政。尋以母老乞歸。

賴先。字伯啓，永定人。弘治進士，爲户部員外郎。齎邊餉，督鈔關，收京倉糧，清西蜀屯田，悉著賢聲。忤劉瑾，勒致仕。瑾誅，起知常德府。

郝鳳升。字瑞卿，長汀人。年十三，抱牒鳴父冤於贛撫軍前。後登正德進士，官大理寺副。諫武宗南巡，下獄廷杖，謫都察院照磨。嘉靖中擢嚴州知府。

李元瑶。字世玉，連城人。父嘗患癰，瑶爲吮之。正德間，以貢官袁州訓導。府檄往省祝宸濠壽，值其叛亂，脅諸教官爲檄，元瑶毁裂冠裳，躍入水中得免。歸白知府，請兵應王守仁討賊，人稱其忠孝焉。

李元豐。連城人。正德間武平寇作，元豐奉檄隨邑令蔣璣討賊，被執死之。時有童玘、江環、李賤生、俞世旺，皆以勇士應募，及璣被執，玘等直抵賊壘格殺，並遇害。

賴思智。上杭人。正德間寇發，領兵剿賊，斬其渠魁，乘勢深入，伏發被執，賊支解之。

吴毓嘉。長汀人。天性孝友，父以食榴致疾卒，見榴輒悲啼不食。繼母病目廢視，每飲食，嘉必舐之，比卒廬墓。嘉靖中被旌，後以貢爲湖口教諭。

陳珪。歸化人。與猶子鐸俱以勇力聞。嘉靖間賊劫汀州，邑令敦請珪、鐸討賊，力戰死之。

陳璣。連城人。嘉靖間寇楊廷蘭猖獗，璣率衆守禦，捕殺甚衆，賊避去。至陳屋坪會食，賊潛入環攻，縱火燒廬舍，遂遇害。

李嘉吉。字憲章，上杭諸生。嘉靖間山寇李占春鼓衆謀叛，嘉吉應巡道李淛命往撫，爲賊所脅，厲聲駡賊曰：「願碎吾身，不負吾志。」賊支解之。同邑周效良，亦以駡賊遇害。

練廷和。武平人，邑諸生。嘉靖中倭亂，統義兵羅勳等，領兵征倭有功。還駐南安，遇倭蜂集，率衆力戰，援絕，與勳等俱死，後立祠邑中。

林鐸。武平人。嘉靖中賊過白鶴嶺，挺身殺賊，乘勢深入，死之。同邑劉皓、劉金綸、劉僑、練廷相，俱以殺賊被害。

石厚。武平人。性至孝。親歿未葬，值大帽山寇發，鄉人奔竄，厚曰：「親柩在堂，安忍棄之？」因撫棺號痛。寇哀之，不犯而去。

廖顯玢。永定人。嘉靖間賊至，母耄而盲，負母逃賊見殺。賊聞其素行悔之，遺母金帛殯殮。

裴應章。字元闇，清流人。隆慶進士，歷兵科都給事中，數有論奏，號稱職。鄖陽兵變，以右副都御史往撫，戮其渠魁，宥脅從，亂遂定。仕至南京吏部尚書。卒，贈太子少保，謚恭靖。著有懶雲居士集。

羅尚賓。字晉卿，長汀人。父病，嘗糞驗甘苦。父歿，偕弟尚賢廬墓下。萬曆間以貢領應天鄉薦，爲母養，就武陵知縣。執法不避權貴，後官工部主事，卒。

伍壽高。清流人。父福霑外遊不返，壽高鬻産辭妻子，徧訪不怠，凡二十年，始獲聚首，人稱其孝。

賴華祖。字震南，長汀人。天啓間任四川鹽井司大使。張獻忠陷城，罵賊不屈而死。本朝乾隆四十一年，賜謚烈愍。

梁一騰。武平人。天啓間賊入田撩坊，一騰率鄉兵迎敵，死之。同邑鍾運捷、鍾元捷、廖希顏、林大疆、陳元泰，崇禎間流寇犯境，拒戰死之。

鄒維勳。清流人。崇禎間任肇慶守備。時流寇攻韶州，奉檄統兵赴援，俘斬無數，次日進兵追賊，伏發力戰死之。本朝乾隆四十一年，賜謚烈愍。兄世斌，亦以肇慶把總，與賊戰臨武，歿於陣。本朝乾隆四十一年，祀忠義祠。

王國佐。清流人。崇禎間，巡道朱大典選授副中軍。辛未三月，流寇數千逼上杭城，國佐挺身赴鬭而死。本朝乾隆四十子舞鳳從一年，祀忠義祠。

蕭懋烈。歸化人。崇禎間官鳳陽府照磨。流賊破鳳陽，懋烈提兵奮擊，殺賊數十，以無援被執，罵賊不屈死。贈應天府經歷。本朝乾隆四十一年，祀忠義祠。

吴奇勳。連城人。崇禎間以武舉任漳南道中軍守備。猺子山寇起，上杭知縣陳正中被圍，奇勳援出之。又率兵奮鬬，援兵不至，死之。弟希稷，大同參將，亦戰死蘆溝橋。本朝乾隆四十一年，俱賜謚烈愍。

賴思養。上杭人。崇禎元年，廣寇薄城，思養募精鋭殺賊，以功授把總。四年，賊復起，率族人賴思選與戰於高梧，死之。本朝乾隆四十一年，祀忠義祠。

劉廷標。字霞起，上杭人。崇禎末由貢生歷永昌府通判。土酋沙定洲之亂，黔國公沐天波走永昌，及孫可望等入雲南，馳檄諭天波降。時推官王運開攝監司，廷標攝府事，方發兵守瀾滄，而天波遣子納款，諭兩人以印往，兩人堅不與。士民號泣於門，乞納款以紓禍。廷標曰：「城之降而屠者亦多矣。」衆益哭。廷標取毒酒將飲，乃散去。兩人相謂曰：「衆情如此，吾輩惟一死自靖耳。」是夕，運開先自經，廷標沐浴，賦詩三章，亦自經。本朝乾隆四十一年，賜謚節愍。

本朝

饒其彦。武平諸生。雅負才名。順治三年，寇侵上杭，其彦率衆與戰，乘勝長驅，爲賊所害。五年，廣寇襲城，同邑王際泰、鍾和宇，督鄉勇出戰，死之。

孔念厚。永定人。順治丙戌進士。廣寇破城，賊欲殺其父，念厚乞身代，遂殺念厚，父得免。

雷動化。寧化貢生。事親孝，愛異母弟，推田宅與之。順治初，山寇鄒華等肆掠，動化建議助餉守隘，賊不敢犯。十年，山寇王允會恃撫負嵎〔五〕，殺庠生賴朝會、王建勛〔六〕，動化請兵剿洗賊巢，自是邑免寇害。

黎士弘。字媿曾，長汀人。順治甲午舉人，任廣信司理。受十三郡讞牘，脱無罪數百人，時爲語曰：「遇黎則生。」薦擢洮岷副使，攝署臬篆，贊畫軍機。判理刑獄，分別失陷官吏情罪，輕重悉當。會寧夏營弁謀逆，士弘嚴守禦以待鎮兵。又密請免衛所逋糧七萬五千石。歷遷布政司參議。以母老乞歸，卒。

黎士毅。字道存，長汀人。順治乙未，以拔貢知南昌縣。邑爲水陸交衝，舊糧溢額，民苦輸將，士毅力請蠲免。山賊彭某，以僞劄煽惑村民，士毅督兵剿滅，渠魁授首。遷知壽州，致任。

黄日焕。字媿峩，永定人。順治辛丑進士，知興業縣。革里甲常規，禁包收濫派之弊。鄰邑妖寇犯境，日焕親率鄉兵，斬馘數千。尋以憂歸。補甘泉縣，歷遷淮安河務同知。

李亭。字集藺，清流諸生。康熙甲寅，耿逆之變，四郊多壘，亭撫几歎曰：「鼠輩猖狂，誓滅此而朝食。」請於縣令，率衆剿之，至吴地鋪，猝與賊遇，戰敗被執，駡賊死。

羅文舉。永定人。初任廣東千總，累立戰功，擢廣西梧州守備。康熙十四年，寇犯藤縣，奉調應援，奮勇殺賊，陷陣死。事聞，贈官，賜祭葬，官其子一人。

黎致遠。長汀人。康熙己丑進士，授檢討。典試江、粤，視學兩楚，抑奔競，拔單寒，時稱得人。升吏科給事中，密奏將軍年羹堯事權太盛，請加裁抑。巡按湖廣，值靖苗怙險暴掠，移檄粤、黔會剿之。官至盛京刑部侍郎。

雷鋐。字貫一，寧化人。雍正癸丑進士。少遊漳浦蔡世遠之門，講求心性之學，言動不苟。官翰林，入直上書房。陳奏宜信任忠良，屏絶諛諂，樂聞讜言，不必疑臣子之好名。上嘉納之。督學浙江，端士習，重經學。值歲歉，鋐勸督撫入告，弗聽，遂自疏以聞，得旨賑卹。累遷左副都御史，乞養歸。以朱子家禮倡導邑人，刻小學，引掖後進，士習丕變。所著有自耻録、讀書偶記、聞見偶録諸書行世。嘉慶十四年，祀鄉賢祠。

莫淳。上杭人。乾隆甲戌武進士。二十二年，擢東川營參將，調征緬甸，擊賊於木邦，力竭自盡。事聞，卹廕。

丘作訓。連城人。乾隆丙子武舉，官湖北宜昌水師遊擊，剿捕苗匪，屢立戰功。嘉慶元年，進剿賊黨林之華，賊夜劫營，擊退之。次日追至查角石，賊悉衆合圍，作訓手刃十數人，歿於陣。事聞，卹廕。

戴家基。長汀人。乾隆年間以孝旌。又寧化吴仲貞、清流貢生鄒元撰、曾昌孫、曾騰龍、江洪昌、歸化諸生程錫襟，俱乾隆年間旌。寧化曹顯經、伊恒聰，清流余士卓，歸化楊甲魁、李焞，俱嘉慶年間旌。

伊朝棟。字用侯，寧化人。乾隆己丑進士，歷官光禄寺卿。踐履篤實，志行端方。子秉綬，字墨卿，工詞翰篆隷，乾隆己酉進士，歷官揚州知府。賑饑平糶，修建城隄各工，里閭賴焉。嘉慶二十三年，並祀鄉賢祠。

流寓

宋

孫升。高郵人。哲宗時爲御史，朝廷更法度，逐姦邪，升多所建明。紹聖初翟思、張商英劾之，削職，汀州安置，卒。

明

陳際泰。臨川人。父流寓武平，生於其地。家貧務農，時取旁舍兒書，屏人竊誦。從外兄所獲書經，四角已漫滅，且無句讀，自以意識別之，遂通其義。十歲於外家藥籠中見詩經，攜至田所，踞高阜而哦，遂畢生不忘。久之返臨川，以文名天下。

列女

宋

吴宅祖妻王氏。長汀人。夫殁，氏年十九，遺腹生男，兩目俱盲。養姑撫子，以守節終。

賴元仲妻葉氏。長汀人。建炎間盜起，元仲遊嶺表未還，氏以舅姑年耄不能遁，委命以待。俄盜至被執，氏極口駡賊，以身觸刃。盜怒，斷其喉舌，子女皆遇害。

曾某妻晏氏。寧化人。夫死子幼，守節。紹定間寇攻寧化，土豪約結諸寨以拒賊，晏首助兵給糧，多所殺獲。賊忿其敗，結集愈衆。晏乃依黄牛山旁，自爲一砦。賊遣人來索婦女金帛，晏召田丁諭曰：「賊求婦女，意實在我。汝念主母，各當用命。不勝即殺我。」因解首飾悉與田丁，田丁感激思奮，晏自槌鼓，使諸婢鳴金，以作其勇，賊復敗退。鄉鄰挈家依山避難者甚衆，復析山爲五砦，選少壯爲義丁，互相應援，以爲犄角。賊屢攻弗克，活老幼數萬。知南劍州陳韡遺以金帛，晏悉散給其下，名其砦曰萬安。事聞，誥封恭人，賜冠帔，其子特補承信郎。

元

羅良妻陳氏。名德金，長汀人。良守漳州死，陳投後園池中，兩侍婢亦從死。漳人舁葬緑江之濱，名烈婦冢。

明

謝子良妻伊氏。寧化人。正統間沙尤寇亂，被掠於黄竹山林中，欲汚之，不從而死。

邱澍妻謝氏。寧化人。年十八歸邱。爲賊所掠，欲汚之不屈，賊拔刀刺之，中左脇未絶，氏解帶自經死。

陳萬受妻張氏。武平人。年二十而寡，正統間避寇被掠，不屈死。同邑鍾敬德妻李氏，年二十，夫亡守節，流寇亂，懼爲所辱，以磁片刺喉而死。

馬允德女。名儒姑，寧化人。年十五，正德間寇變，躍池死。

戴和妻俞氏。長汀人。嘉靖間寇變，和陣亡，氏被掠，不汚而死。

吴紅保妻賴氏。長汀人。年十九，嘉靖間被寇掠至潞潭，赴河死。

鄧子舉妻楊氏。寧化人。嘉靖間偕夫妹鄧良姑避賊溪南，賊至，相抱投水死。

鍾世瑄妻邱氏。上杭人。嘉靖間寇掠緑竹岡，被執不屈，駡賊而死。同邑邵縉紳妻陳氏、邵縉纓妻黄氏，避寇被掠，赴水死。

沈一旭妻鄭氏。永定人。土寇破寨，氏率衆禦之，遇害。同邑吴來獻妻陳氏、賴成德妻鄭氏、王銓爵妻陳氏，俱懼爲寇辱自盡。

康維德女。名祥姑，長汀人。父母老無子，矢誓不嫁，養父母終身。隆慶中旌。

鄭尚敬妻丁氏。長汀人。年十七適鄭，半載夫亡，苦節五十餘年。同邑李有仁妻王氏、曾廷璉妻賴氏〔七〕、李璐妻鍾氏、李一錠妻伊氏、鄒富瑶妻李氏，俱夫亡守節。

劉辛一妻張氏。寧化人。年十九，夫亡無子，父母令改適。氏以死自誓，苦節六十餘年。同邑雷廷秬妻伊氏、羅政妻吳氏，俱苦節四十餘年。

鄧向榮繼妻鍾氏。清流人。年二十七而寡，苦節數十年。同邑鄒銓妻李氏、伍朝鈇妻王氏、雷吟龍妻楊氏、楊勤繼妻曾氏，俱夫亡守節。

羅一鶴繼妻陰氏。清流人。年少夫亡，不食死。

謝黼妻李氏。歸化人。年二十夫亡，矢志守節，遺腹子早死，再撫孤孫，苦節七十年。同邑夏周生妻謝氏、黄自明妻吳氏，年二十夫亡，苦節四十餘年。

羅仁妻楊氏。歸化人。夫亡，有欲奪其志者，自縊死。

林廉妻邱氏。連城人。年二十餘廉歿，家貧子幼，苦節七十餘年。同邑吳繼養妻丁氏、黄霆妻江氏、江英妻童氏、童綸妻李氏、林忠妻黄氏、林禄妻李氏，俱夫亡守節。

黄佐乾妻姚氏。連城人。佐乾教授外境卒，氏痛哭幾絶，强起營葬畢，投井死。

黄椿芳妻趙氏。連城人。年二十二夫歿，晝夜痛哭，不食六日死。

雷廣生妻郭氏。上杭人。年十八夫亡，苦節四十餘年。同邑曾崇晳妻張氏、官子曦妻羅氏，俱夫亡守節。

丁大德妻郭氏。上杭人。年十七夫亡，居喪二十四日，自縊死。

劉嘉爵妻鍾氏。武平人。年十九夫亡，矢以身殉，姑勸之，毀容自守，苦節五十餘年。同邑李禎妻鄧氏、鍾道真妻李氏、鍾岳南妻劉氏、李汝榛妻林氏，俱夫亡守節。

徐憲妻許氏。武平人。憲疾革，令再醮，氏泣誓無二。憲難之，氏曰：「當先子而逝。」遂自經。同邑程大韶妻張氏、劉應梅妻周氏，夫亡殮畢，自經死。徐日熣妻舒氏，夫亡視殯畢，密備殮具，飲藥死。

賴守正妻簡氏。永定人。年十八夫亡，毀容去飾，矢志撫孤，苦節六十餘年。同邑賴周士妻盧氏、吳爐妻闕氏、廖繼先妻朱氏、廖可化妻邱氏、賴錫福妻熊氏、邱與顔妻吴氏、簡敏贊妻温氏、盧貢妻賴氏，俱夫亡守節。

鄭士儒妻江氏。永定人。夫久出不歸，氏勤紡織以養姑，姑殁殯葬畢，歎曰：「吾事已盡。」遂自縊死。同邑賴心芊妻陳氏，年二十夫亡，殯葬畢，自經死。

謝龍宫聘妻盧氏。永定人。父日型，年十四許字而遭父喪，逾年龍宫卒，氏聞訃，即拜辭父靈縊死。

賴紹宗妻張氏。永定人。夫被賊害，氏哭痛不食，自縊死。同邑詹甘霖妻蘇氏，夫爲山寇所害，氏自縊死。

黄廷柱妻連氏。歸化人。廷柱任江西贛州教授，氏隨夫任，崇禎末廷柱死，氏縊夫旁以殉。

吴懋中妻王氏。永定人。崇禎間城陷，王氏登堂，約諸媳曰：「婦人臨難，惟有死耳。」姑媳序位，互相結束，闔門雉經。從死諸媳，長曰熊氏，次曰闕氏，三曰廖氏，四曰温氏，孫女貞姑，侍女蘭娥、招娣。殁後合葬東園，碑曰「吴門八烈之墓」。同邑邱與長妻吴氏，聞寇亂，偕二女投池死。

本朝

賴灝妻彭氏。長汀人。年二十夫亡，奉姑教子，孀居六十年。順治年間旌。

羅遵甫妻黄氏。長汀人。夫與姑相繼殁，氏經理喪葬畢，入室自縊。同邑張瑞壽妻胡氏、馬茂魁妻羅氏、馬觀光妻鄒氏、范應詔妻陳氏、劉某聘妻陳氏，俱夫亡殉節。

張兆麟妻黄氏。長汀人。與夫姊同避難，聞笳角聲，懼爲强暴所污，張投厠死，氏遂自縊。

鄭某聘妻阮氏。長汀人。許字未嫁，夜失火，氏不肯出避，死於烈焰。

夏漢章妻鍾氏。長汀人。爲海寇所掠不屈，與其女同死。同邑陳廣發妻熊氏，拒暴遇害。

雷月孫妻伊氏。寧化人。順治三年，汀州新下，氏年十九，爲一卒所得，繫之舟中，謂之曰：「弱步安所逃，將焉用繫？」卒喜爲釋縛，至中流投水死。同邑羅養妻丁氏，寇亂被掠，抱三歲女投水死。

高士弘女。寧化人。順治六年，寇至，火其屋，母鄧氏病廢，促之走不聽，與母俱被焚。

廖氏女。歸化人。順治七年，土寇四起，女逃匿山谷間，爲參將龍得雲邏卒所獲，欲狎不可，鞭之不屈，自縊死。

謝偉妻張氏。長汀人。年二十四夫亡，舅姑繼歿，苦節五十餘年。同邑黎有綸母張氏、黄體仁母項氏、周文震妻黄氏、曾孔惠妻張氏、湯琳妻張氏、俞尚爵妻李氏、傅其香妻廖氏、馬景象妻費氏，俱夫亡守節。

王廷槐妻彭氏。長汀人。夫亡守節。同邑曾奇超妻胡氏、劉宗琨妻李氏、熊瑞麟妻王氏，俱康熙年間旌。

楊世修妻雷氏。寧化人。年二十七夫亡，姑令改適，絶粒而死。同邑李世聘妻唐氏、李世瞻妻官氏、邱九苞妻陳氏、黄一璧妻邱氏、賴恩海妻雷氏，俱夫亡殉節。

劉仲聖妻巫氏。寧化人。年十九而寡，奉親育子，守節六十年卒。康熙中旌。同邑賴朝會妻黎氏、官試貞妻黄氏、伍嗣毅妻陰氏、張永泰妻雷氏、伍奏勳妻陰氏、雷祖賜妻伊氏，俱康熙年間旌。

余石麒妻王氏。清流人。年二十一夫亡，事親育子，苦節六十年。同邑王協繼妻張氏、童亨妻劉氏、伍來雲妻黄氏、歐陽衎妻余氏、黄順生妻吴氏、余允升妻葉氏、馬孔球妻吴氏、巫鳳喈妻鄒氏，俱夫亡守節。

夏梅妻江氏。歸化人。年二十二夫亡，家貧，勤女紅以養老姑，姑病殁，喪葬盡禮，苦節六十年卒。康熙年間旌。

李家驥妻羅氏。連城人。年十八夫亡，欲以身殉，姑慰乃止，苦節六十年。同邑童才良妻俞氏、李夢日妻羅氏、蔣存劼妻江氏、周廷梓妻項氏，俱康熙年間旌。

周報子妻羅氏。連城人。年十八于歸，一宿而夫亡，視殯畢即赴水，爲人所救，月餘自縊而死。

張瑞麟妻鍾氏。上杭人。年二十而寡，子甫三歲，誓不改適。翁病，禱天願以身代。姑病目，以舌舐之復明。苦節五十年。康熙中旌。同邑藍蔚文妻林氏、林如緯妻楊氏，俱康熙年間旌。

周有仕聘妻賴氏。上杭人。年十七，未婚夫亡，誓不再適，長齋繡佛，守貞六十年。康熙年間旌。

羅聽漢聘妻郭氏。上杭人。年十七，未婚夫卒，聞訃自縊，遇救得免，守貞十八年卒。

鍾廷楷聘妻林氏。武平人。許字未婚，夫客死岳州，訃至，氏吞金而死。康熙年間旌。同邑鍾登龍聘妻劉氏，夫亡，聞訃奔喪，吞金死。

鍾竹有聘妻何氏。武平人。未婚夫亡，痛哭仆地，不食四十餘日卒。康熙年間旌。

李爾文妻賴氏。連城人。年二十夫亡，奉姑育子，守節五十年。同邑羅兆高妻林氏、羅仲超妻林氏，俱夫亡守節。

周兆元妻張氏。上杭人。年二十，夫亡無子，苦節五十餘年。同邑黄堂妻羅氏、劉世瓊妻雷氏、林得玉妻李氏、藍紘妻江氏、郭世昌妻劉氏、邱庚長妻梁氏、鄭人俊妻林氏、雷薰史妻劉氏、詹光近妻藍氏、郭寬妻劉氏、黄亦振妻陳氏，俱夫亡守節。

周溶妻羅氏。武平人。年二十二，夫亡家貧，守節六十年。同邑鍾德瑩妻林氏、謝錫元妻鍾氏、李士超妻賴氏、脩國柱妻方氏、謝上舉妻鍾氏、李侗妻鍾氏、林星聚妻鍾氏、李江永妻鍾氏、王哲三妻鍾氏、鍾白珩妻李氏、鍾錫洲妻林氏、鍾啓先妻王氏、鍾槐廷妻李氏、鍾勷廷妻林氏、鍾申祄妻林氏、李夢章妻高氏、鍾輔妻劉氏、脩一士妻鍾氏、李若弼妻王氏、池化鯉妻劉氏、鍾鳴瑯妻李氏、朱麗霞妻李氏、石保初妻劉氏、朱維亮妻曾氏、周林妻邱氏、石爵一妻劉氏、劉昌元妻鍾氏、李賢友妻黃氏、吳熼妻藍氏、吳恒心妻朱氏、李毓晉妻鍾氏、李文祥妻熊氏，俱夫亡守節。

鍾德壽妻林氏。武平人。夫亡姑老，無以爲養，欲嫁之，飲藥而死。同邑林文妻朱氏、鍾陽萬妻李氏、李玫林妻涂氏、王洪昌妻曾氏、李福五妻鍾氏、杜芳岑妻曾氏、池鳳飛妻廖氏，俱夫亡殉節。

賴逢峻妻熊氏。永定人。乙卯城陷，赴河死，越七日，屍浮水面，顔色如生。

范鎮齊聘妻李氏。長汀人。許字未婚而夫卒，素服詣夫家，泣拜舅姑，守貞四十年。雍正年間旌。

段文璣妻藍氏。長汀人。夫亡，四子俱幼，守志教育。雍正年間旌。

黃維晃妻李氏。寧化人。夫亡守節。同邑李挺南妻王氏、吳淑鼎妻陰氏，俱雍正年間旌。

劉欽向妻伍氏。清流人。夫亡姑老，紡織以養。雍正年間旌。

許伯祥妻邱氏。歸化人。年二十八夫亡，食貧撫孤，苦節五十餘年。同邑李廷光妻曾氏、賴世渭妻邱氏、謝天齡妻原氏、曾憲範妻伍氏、劉光宸妻李氏、曾學洙妻孫氏，俱夫亡守節。

沈應解妻李氏。連城人。夫亡守節。同邑童勁妻沈氏、羅五常妻揭氏、童祖才妻周氏、吳賓宇妻姚氏、揭啓熺妻馬氏、童志輔妻李氏、童大穆妻謝氏，俱雍正年間旌。

藍士熙妻郭氏。長汀人。夫亡守節。同邑劉翰錫妻蔣氏、李功偉妻周氏、王廷材妻賴氏、須朝懋妻黎氏、胡德忻妻熊氏、董廷栻妻傅氏、鄭弘道妻王氏、曹潤妻丁氏、李天元妻鄭氏、戴鏘妻黃氏、曹望祚妻涂氏、吳炳妻賴氏、陳禹範妻張氏、許光輝妻陳氏、廖達翰妻胡氏、包懷仁妻馬氏、段鼇妻陳氏、王理妻賴氏、羅承新妻陳氏、黃開範妻羅氏、羅爲槐妻劉氏、羅爲棠妻林氏、羅日逵妻黃氏、黃高妻鍾氏、吳遜耀妻賴氏、李開雲妻劉氏、羅永昕妻黃氏、許世琳妻戴氏、黃錫三妻王氏、羅爲鋐妻沈氏、賴啓睦妻劉氏、曾文成妻鄧氏，烈婦王禄陞妻廖氏，俱乾隆年間旌。

伊茨妾王氏。寧化人。夫亡投繯死。乾隆年間旌。

巫國憲妻俞氏。寧化人。早寡，守節四十餘年。乾隆中旌。同邑謝朝鼎妻雷氏、雷安泰妻黄氏、黄時麟妻陰氏、陰養善妻王氏、官大墉妻邱氏、雷名揚妻劉氏、邱恩選妻朱氏、丁乾綱妻張氏、劉豹文妻陰氏、曾春琬妻伍氏、曾宗琬妻伍氏、官曰度妻邱氏、熊嘉謨妻鍾氏、伊肇晉妻伍氏、巫近瞻妻謝氏、黄維嶠妻曾氏、黄茂隆妻伊氏、伍鍇妻巫氏、巫可宏妻張氏、羅啓科妻張氏、雷楫妻黄氏、羅朝翰妻伊氏、伍慶祖妻吴氏、羅登相妻伊氏、羅維世妻廖氏、孫道臻妻張氏、伊應樞妻黎氏，俱乾隆年間旌。

伍如松妻雷氏。清流人。夫亡守節。同邑李聯章妻孫氏、雷仲祥妻伍氏、陳嘉言妻魏氏、鄧晞妻雷氏、鄧昉妻黄氏、陳邦柱妻余氏、裴國顯妻葉氏、茨紹裘妻李氏、雷嗣宗妻楊氏、陳天湧妻吴氏、陳日富妻馬氏、魏護堯妻鄒氏、陳廷拱妻魏氏，俱乾隆年間旌。

揭長生妻余氏。歸化人。年二十六夫亡，守節四十餘年，乾隆中旌。同邑葉若鸞妻陳氏、葉若鵬妻陳氏、張運開妻馮氏、葉常釗妻梁氏、謝紹博妻伍氏、謝汝求妻黄氏，並以節旌。

張瑞河妻謝氏。連城人。夫亡，矢志育孤，年七十二卒。乾隆中旌。同邑謝恩拱妻羅氏、謝恩振妻沈氏、羅其超妻錢氏、羅立兆妻陳氏、童佩誠妻李氏、謝售妻羅氏、謝聖恩妻李氏、李兆驤妻張氏、羅鑾光妻謝氏、周士仲妻羅氏、周開章妻蔣氏、楊登文妻黄氏、李東升妻羅氏、沈長禄妻童氏，俱乾隆年間旌。

王永龍妻李氏。上杭人。遇暴不屈，被戕死。乾隆中旌。同邑薛某妻陳氏、葉青山妻張氏、胡成浩妻陳氏，俱守正捐軀。乾隆年間旌。

李瓚妻邱氏。上杭人。夫亡，事耄姑盡孝，撫繼嗣成立。乾隆中旌。同邑鄒學聖妻游氏、丁粹詣妻陳氏、羅廷梠妻邱氏、江懋堅妻賴氏、莫賢祖妻邱氏、郭日恒妻林氏、劉常信妻張氏、陳尚仁妻石氏、郭英度妻羅氏、陳同姚妻羅氏、郭萬都妻陳氏、郭廷品妻嚴氏、黃兆甲妻張氏、黃棉妻葛氏、林雲光妻丁氏、陳興宗妻黃氏、鄧圖南妻邱氏、陳科元妻張氏、陳鴻生妻王氏、闕學洙妻羅氏、吳玉如妻邱氏、劉能光妻林氏、李希連妻賴氏、郭維岳妻葛氏、李嗣美妻劉氏、羅友遜妻林氏、闕秋芳妻賴氏、藍香採妻黃氏、藍璧妻石氏、江上恭妻邱氏、陳日耀妻羅氏、鄭良弼妻王氏、舉人郭三典妻邱氏、劉亦化妻温氏、吳元襄妻鄒氏、鍾廷萬妻林氏、陳龍聚妻劉氏，貞女葛裔商聘妻劉氏、袁士鳳聘妻傅氏、邱祖武聘妻練氏、黃聖光聘妻郭氏、林喬菁聘妻廖氏，俱乾隆年間旌。

李慶龍聘妻鍾氏。武平人。夫亡殉節。同邑林華慶妻范氏，守正被戕，俱乾隆年間旌。

周大千妻王氏。武平人。夫亡守節。同邑危其樑妻徐氏、練在湄妻張氏、周協韜妻程氏、石紫城妻丁氏、熊滇妻陳氏、熊瀾妻劉氏、邱廷宴妻謝氏、李奉賓妻朱氏、潘露龍妻藍氏、蕭苞九妻石氏、王廷英妻鍾氏、周容妻鍾氏、林沭妻王氏、熊嘉謨妻鍾氏、鍾衍舍妻王氏、鍾翰鳳妻謝氏、鍾靈來妻林氏、鍾希珊妻邱氏、劉華照妻童氏、林逸秀妻潘氏、方壽昌妻吳氏、林逸戎妻陳氏、鍾曉妻劉氏、李曜東妻何氏、李英妻脩氏、張崑妻謝氏、李苡妻林氏、王至剛妻鍾氏、練福亭妻邱氏、王偉妻劉氏、鍾及程妻羅氏、張躬貴妻練氏、李玢妻危氏，貞女何士元聘妻鍾氏，俱乾隆年間旌。

廖佩星妻吳氏。永定人。夫亡殉節，乾隆年間旌。

鄭仲敏妻賴氏。永定人。夫亡，苦節數十年。同邑鄭閬妻吳氏、鄭乃和妻張氏、盧崇任繼妻嚴氏、江三植妻吳氏、熊邦彥妻盧氏、廖敏求妻湯氏、胡漢才妻蘇氏、胡天亮妻饒氏、賴世華妻孔氏，貞女賴希禹聘妻蕭氏、江朗辰聘妻吳氏，俱乾隆年間旌。

劉德祥妻曹氏。長汀人。夫亡守節。同邑馬順妻王氏、廖金英妻范氏、范美宗妻李氏，俱嘉慶年間旌。

王運容妻謝氏。寧化人。夫亡守節。同邑徐福佑妻巫氏、伊肇忻妻黃氏、曹安清妻夏氏、伍紹憲妻巫氏、李明佐繼妻雷氏、王運承妻羅氏、徐良銘妻曹氏、徐良欽妻曹氏，烈婦施恩祖妻鄭氏、伍先馨妻施氏，俱嘉慶年間旌。

陳建中妻朱氏。歸化人。夫亡守節。同邑生員李垂元妻劉氏、謝克珵妻陳氏、賴國瑞妻馮氏、馮光廷妻賴氏、陳璟繁妻葉氏，俱嘉慶年間旌。

謝大經妻沈氏。連城人。夫亡守節。同邑余國棟妻鍾氏、李朝搏妻陳氏、童忠宗妻林氏、謝善繩妻李氏、李朝霖妻童氏、沈受詔妻伍氏、童積芬妻謝氏、余國禮妻吴氏、李京達妻王氏、余國善繼妻傅氏、湯寬丁妻涂氏、沈滿宗妻楊氏、伍光豸妻李氏，烈婦江秤哩妻林氏，俱嘉慶年間旌。

張祁雯妻林氏。上杭人。夫亡守節。同邑張祁猷妻何氏、曹猷妻郭氏、曹毓賢妻莫氏、鄭佳士妻何氏、廖錦秀妻張氏、郭德華妻莫氏、吴鎬遠妻黎氏、林恒秀妻郭氏、羅聲亮妻李氏、傅玉圖妻藍氏、邱先春妻劉氏、張連貴妻陳氏、陳祖訓妻張氏、何文照妻饒氏、吴清顯妻李氏、劉克典妻廖氏、許隆應妻賴氏、邱成安妻劉氏、鄒守愚妻邱氏，烈婦郭玉柱妻詹氏，貞女童仁良聘妻葛氏、鄒樹崑聘妻華氏，俱嘉慶年間旌。

劉丹書妻朱氏。武平人。夫亡守節。同邑侯王壽妻劉氏、劉成顯妻高氏、羅飛漢妻曾氏、饒琛妻邱氏、饒承發妻何氏、鍾澐妻温氏、藍韶鳳妻劉氏、石兆南妻方氏、石珙蔭妻王氏，烈婦鍾祥發妻王氏，俱嘉慶年間旌。

巫緝咸妻盧氏。永定人。夫亡守節。同邑李秉華妻江氏、蘇華應妻江氏，烈婦吴冠春妻劉氏，俱嘉慶年間旌。

仙釋

五代　南唐

惠寬。姓葉，寧化人。入郡開元寺出家，虎爲害，寬馴伏之，衆號伏虎禪師。保大間創菴名普護，菴側軍嶺高峻無水，寬於磐石上頓錫出水，至今不竭。建隆中示寂。

宋

劉女。寧化劉安上女。育於雍熙初，九齡聞人談道有得。及笄，許石城何氏子，將歸之，忽有白鸞自空而墜，劉女乘之仙去。邑人創祠於所昇之地，郡以狀聞，賜額蓬萊觀。

黄升。長汀人。自幼得道法，錢沉水中者，呼之即出。又能納汞口中，運氣煉之，即成白金。先是，有道人自蜀來，升與之厚，授其書，能召役鬼神，前知禍福。後尸解去。

晏仙人。清流人。樵採山間，見一道人，食桃餘半顆飼之，遂不復烟火食，能前知人禍福，呼爲晏仙人。

元

月光禪師。寧化人。生於元初，家貧，事寡母以孝聞。飼鴨田間亡其一，慮失母歡，取泥縛一雛補之，母遂莫辨。常言欲歸，人問何歸，曰：「欲西歸耳。」一日坐化田間，母趨視之，異香繚襲，母撫之曰：「汝真西歸耶？」點頭者再。鄉人異之，以金漆塑其身祀焉。時大德四年也。

明

王破頭。不知何許人，頭破一罅，因以自名。嘉靖中寓上杭縣北，有童子鬻茄，破頭取茄納頭罅中，曰：「茄還爾家矣。」歸視果然。又元夕讌坐，談蘇杭燈火之盛，破頭語衆暫冥目，可隨我往。衆因遍覽其勝，少頃即還。居一歲辭去，衆約同時分餞以試之，破頭臨時各赴宴，若分身者然。比曉遂不見。

土產

鐵。長汀、上杭、寧化俱出。唐書地理志：長汀有鐵，寧化有鐵。宋史地理志：長汀有莒溪鐵務。九域志：長汀縣有鐵務。

錫。長汀縣出。宋史地理志：長汀有上寶錫場。

蠟。各縣俱出。唐書地理志：汀州土貢蠟燭。元和志：汀州開元貢蠟。宋史地理志：汀州貢蠟燭。寰宇記：汀州進黄蠟。

鼹鼠皮。長汀縣出。元和志：汀州開元貢鼹鼠皮。寰宇記：汀州土產鼹鼠。

茶。出長汀者佳。寰宇記：汀州土產茶。

龜甲。長汀縣出。寰宇記：汀州土產龜甲。

紙。長汀縣出。寰宇記：汀州進蠲紙。

香。連城縣出降真香。

漆。寧化、清流、歸化三縣出。

扇。上杭出灑金扇。清流出油紙管家扇。永定出竹掌扇，薄嫩如絹，最爲工緻。

竹鎖。上杭縣出。

紙帳。長汀縣出。

竹絲器。長汀、歸化縣出。又編竹絲爲枕漆之，極精緻。按：九域志上杭有金場。唐書地理志寧化有銀。寰宇記汀州出銀，長汀縣、寧化縣有場，俱出銀。唐書地理志長汀有銅。寰宇記汀州出銅。今俱廢，附識於此。

校勘記

〔一〕丁顯　雍正福建通志卷一五祠祀汀州府同，乾隆志卷三三汀州府祠廟（下同卷簡稱乾隆志）及乾隆汀州府志卷一三祠祀作「丁顯閩」。疑此脱「閩」字。

〔二〕張燿　雍正福建通志卷一五祠祀汀州府同，乾隆志及乾隆汀州府志卷一三祠祀作「張機」。

〔三〕公暇與守陳璉登山臨水　「璉」，原作「連」，據乾隆志改。按，本志蓋避乾隆皇太子永璉諱改字。又明一統志卷七七汀州府名宦及雍正福建通志卷三二名宦「陳璉」皆作「陳軒」。疑清一統志誤。

〔四〕爲縣刑曹掾　「掾」，原作「椽」，據乾隆志改。

〔五〕山寇王允會恃撫負嵎　「王」，乾隆志及乾隆汀州府志卷三一孝義雷動化傳均作「黄」。

〔六〕殺庠生賴朝會王建勛　「王」，乾隆志同，乾隆汀州府志卷三一孝義雷動化傳作「巫」。

〔七〕曾廷璉妻賴氏　「璉」，原作「連」，據乾隆志及乾隆汀州府志卷三七列女改。

福寧府圖

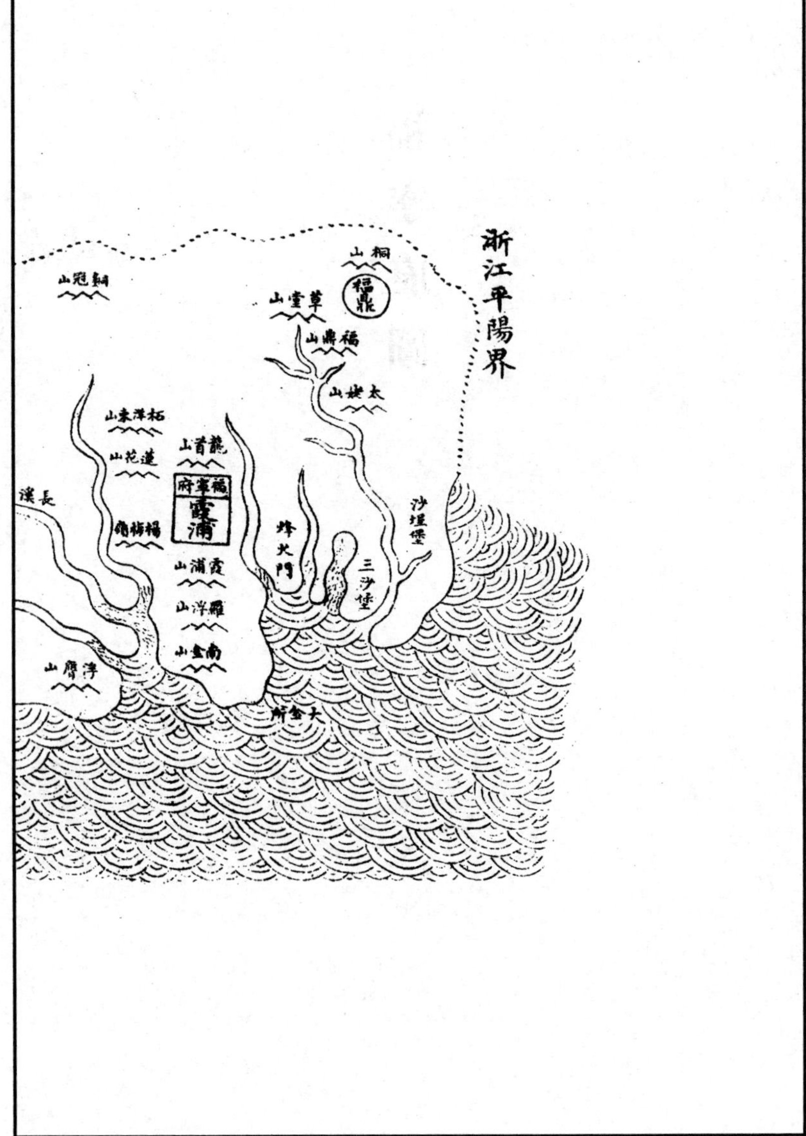
浙江平陽界
桐山
福鼎
銅冠山
草堂山
福鼎山
太姥山
柘洋來山
龍首山
蓮花山
福寧府
霞浦
長溪
楊梅嶺
烽火門
沙埕堡
霞浦山
三沙堡
羅浮山
南金山
浮膺山
大金所

浙江景寧界
浙江慶元界
浙江泰順界
政和界
古田界
羅源界
壽寧
福安
寧德
官臺山
翠屏山
羅家山
蓮花峯
文筆峯
白鶴山
金雞嶺
福源山
鳳山
飛鸞嶺

福寧府表

	福寧府	霞浦縣	福鼎縣	福安縣
兩漢	會稽郡地。後漢會稽南部地。	冶縣地。	冶縣地。	冶縣地。
三國				
晉	温麻縣太康四年置，屬晉安郡。	温麻縣地。	温麻縣地。	温麻縣地。
宋齊	温麻縣			
梁陳	温麻縣			
隋	開皇九年廢。			
唐	長溪縣武德六年復置温麻縣。尋省。長安二年又置，屬福州。天寶初更名。	長溪縣地。	長溪縣地。	長溪縣地。
五代	長溪縣			
宋	長溪縣			福安縣淳祐四年置，屬福州。
元	福寧州至元二十三年升州，屬福州路。	福寧州地。	福寧州地。	福安縣至元二十三年改屬福寧州。
明	福寧州洪武二年降縣。成化九年復升州，直隸福建布政司。	初爲福寧縣地，成化中爲州地。	初爲福寧縣地，成化中爲州地。	福安縣洪武二年復屬福州府。成化中還屬福寧州。

續表

寧德縣	壽寧縣
冶縣地。	冶縣地。
	建安縣地。
温麻縣地。	
長溪、古田二縣地。開成中置感德場。	
寧德縣 後唐長興四年王閩置，屬長樂府。	
寧德縣 屬福州。	政和、福安二縣地。
寧德縣 至元二十三年改屬福寧州。	
寧德縣 洪武二年復屬福州府。成化中還屬福寧州。	壽寧縣 景泰六年置，屬建寧府。

大清一統志卷四百三十六

福寧府

在福建省治東北五百四十五里。東西距三百六十里，南北距二百七十里。東至海二百里，西至福州府古田縣界一百六十里，南至海一百里，北至浙江温州府泰順縣界一百七十里。東南至海一百里，西南至福州府羅源縣界一百六十里，東北至温州府平陽縣界二百里，西北至浙江處州府慶元縣界二百九十里。自府治至京師七千二百里。

分野

天文牽牛、須女分野，星紀之次。

建置沿革

禹貢揚州之域。周爲七閩地，後屬越。秦爲閩中郡地。漢爲會稽郡治縣地。晉太康四年，分置温麻縣，屬晉安郡。宋、齊因之。隋開皇九年，廢爲閩縣地。唐武德六年復置，尋併入連江縣。長安二年又置，屬福州。天寶元年，改曰長溪。五代、宋因之。元至元二十三年，升爲福寧州，屬福州路。明洪武二年，降州爲縣。成化九年，復升爲州，直隸福建布政使司，領縣二。本朝初因之。雍正十二年，升爲福寧府，屬福建省，領縣五。

霞浦縣。附郭。東西距一百十里，南北距二百二十里。東至福鼎縣界七十里，西至福安縣界四十里，南至海一百里，北至福鼎縣界一百二十里。東南至福鼎縣界六十里，西南至福安縣界五十里，東北至福鼎縣界一百里，西北至福安縣界六十里。晉温麻縣地。唐爲長溪縣地，五代、宋因之。元至元二十三年，升縣爲福寧州。明初廢州爲福寧縣，成化中復爲州。本朝雍正十二年，升州爲府，置霞浦縣爲府治。

福鼎縣。在府東北二百里。東西距一百六十里，南北距一百五十里。東至浙江温州府平陽縣界九十里，西至温州府泰順縣界七十里，南至霞浦縣界一百十里，北至平陽縣界四十里。東南至海七十里，西南至霞浦縣界七十里，東北至平陽縣界四十里，西北至泰順縣界五十里。本霞浦縣望海、育仁、廉江、遥鄉四里地，本朝乾隆四年，析置福鼎縣，屬福寧府。

福安縣。在府西北一百十里。東西距八十里，南北距一百三十里。東至霞浦縣界四十里，西至寧德縣界四十里，南至寧德縣界七十里，北至壽寧縣界六十里。東南至霞浦縣界一百里，西南至寧德縣治一百三十里，東北至霞浦縣界一百里，西北至壽寧縣治一百二十里。晉温麻縣地。唐爲長溪縣地。宋淳祐四年，析置福安縣，屬福州。元至元二十三年，改屬福寧州。明洪武二年，改屬福州府。成化九年，還屬福寧州。本朝初因之，雍正十二年，屬福寧府。

寧德縣。在府西南一百十里。東西距一百五十五里，南北距二百五里。東至霞浦縣界三十五里，西至福州府古田縣界一百二十里，南至福州府羅源縣界十五里，北至壽寧縣界一百九十里。東南至海二十里，西南至羅源縣治七十里，東北至福安縣治一百三十里，西北至建寧府政和縣治三百四十里。晉温麻縣地。唐爲長溪、古田二縣地，開成中析二縣地置感德場。五代唐長興四年，閩置寧德縣，屬長樂府。宋屬福州。元改屬福寧州。明初屬福州府，成化九年還屬福寧州。本朝初因之，雍正十二年，屬福寧府。

壽寧縣。在府西北一百六十里。東西距一百九十里，南北距一百八十里。東至福安縣界九十里，西至建寧府政和縣界一百里，南至寧德縣界一百里，北至浙江處州府景寧縣界八十里。東南至福安縣治一百二十里，西南至寧德縣界一百四十里，東北至浙江温州府泰順縣治一百四十里，西北至處州府慶元縣治一百九十里。三國吴建安縣地。宋爲政和、福安二縣地。明景泰六年，析置壽寧縣，屬建寧府。本朝雍正十二年，改屬福寧府。

形勢

東南襟帶大海，南北控扼崇山。郡志。左爲甌括，右爲福興。州境突出海中，獨當東、南、北三面之衝。舊州志。赤岸東據，玉巖西峙，龍首擁後，南峯拱前。閩書。

風俗

州境僻陋，君子則業咿唔，小人則業耕佃，瀕海者謀生於網罟，居山者作計於竹木。人情不善商販。舊州志。椎魯少文，尚節義。府志。民俗樸野，士習淳龐。同上。

城池

福寧府城。周四里，門四，東北隅水門一，濠廣三丈。明洪武四年建。本朝順治十八年修，乾隆十二年、十五年、二十四年重修。霞浦縣附郭。

福鼎縣城。周二里有奇，門四，城根水竇四。明嘉靖三十八年築堡。本朝乾隆四年建。

福安縣城。周四里一百五十四步，門六。明正德元年建。本朝順治十八年修，康熙五十六年、雍正三年、乾隆九年、十六年重修。

寧德縣城。周三里二百六十四步，門五，濠周四里有奇。明正德元年建。本朝雍正九年修、乾隆二十五年重修。

壽寧縣城。周四里一百步，門四，水門二。明弘治三年建。本朝乾隆十一年修，二十五年重修。

學校

福寧府學。在府城東南。宋時長溪縣學在府治東，慶曆間徙菱湖，即今地。元至元中爲州學。本朝康熙二十一年修，雍正十二年改爲府學，乾隆十九年重修。入學額數二十名。

霞浦縣學。在縣治東。本朝乾隆元年建，十九年修。入學額數八名。

福鼎縣學。在縣南郊。本朝乾隆六年建，十九年修。入學額數七名。

福安縣學。在縣治南重金山之麓。宋時建學龜湖山。元皇慶中徙邑東〔一〕。明正德間復建於舊址，嘉靖十三年移今所。本朝康熙十一年重建，雍正三年修，乾隆十六年重修。入學額數十五名。

寧德縣學。在縣治南。宋嘉祐三年建講堂，至嘉定間規制始備。明洪武中重建。本朝康熙九年修，乾隆二十四年重修。入學額數十二名。

壽寧縣學。在縣治東。明景泰六年建，本朝乾隆十一年拓建。入學額數八名。

近聖書院。在府學右。本朝乾隆四年建於東社，名藍溪書院，二十二年改建今所，更今名。

桐山書院。在福鼎縣治東。本朝乾隆十六年建。

紫陽書院。在福安縣治東。本朝康熙五十五年建。

鶴峯書院。在寧德縣分司舊址。本朝乾隆十年建。按：舊志載正學書院，在霞浦縣治東南，祀宋朱子。來青書院，在霞浦縣西北四十里，宋建，初爲學古齋，紹定九年改今名。環溪書院，在福安縣西洋頭。興文書院，在福安縣南黄崎鎮，祀唐薛令之、宋楊復，明崇禎初建。晦翁書院，一在福安縣北，宋建炎中，朱子隨父讀書處；一在寧德縣治西。靈溪書院，在寧德縣西一里，宋大觀初建。廣福書院，在寧德縣西四里，梁乾化二年建。謹附記。

户口

原額人丁三萬一千二百四十，今滋生男婦大小共七十五萬一千六百六十名口，計一十六萬一百八十九户。又屯民男婦共一萬一千八百二十一名口，計一千九百二戶。

田賦

田地五千五頃三十九畝九分九釐有奇，額徵地丁正、雜銀四萬八千五百三十七兩七錢五分四釐，米七千二百三十四石六斗三升六合六勺。屯田四百三十一頃七十五畝七釐有奇，額徵丁糧銀二千二百六十四兩三錢四分八釐，米二千一百三十二石九升六合。

山川

松山。在霞浦縣東十里。下有松山港，昔時風濤險惡，後流沙漸合，有徑可行。明正統九年，徙置烽火寨於山下。其對峙者曰後崎山，山全體皆石，巨細磊砢，争奇競秀。

箬山。有二。一在霞浦縣東二十餘里，山之西有虞溪洞。一在福安縣東南三十里，上有紫藤峯，岡巒峭聳，紫翠參錯，爲縣勝地。

塲裏山。在霞浦縣東七十里。亂峯連鎖，蟠曲僻隱。明嘉靖中倭亂，人逃入此者俱得免。其下即烏崎港也。

火焰山。在霞浦縣東南。閩書：在松山東南海中斷嶼，一名屏風嶼。舊志：明嘉靖三十八年，倭賊突犯州境，參將黎鵬舉等擊敗之於屏風嶼。又有七星山，七石浮立海面，嘉靖中官軍嘗敗倭於此。

崙山。在霞浦縣東南海中。山高而中坳，形如鉢盂，舊名盂山。中有三十六澳，地肥饒，居民稠密。明洪武間，周德興以其孤懸海中，盡徙其民於内地，澳遂荒廢。舊志：海中又有臺山、官澳山、屏風山、筋竹山、四瀧山，皆在烟波浩淼中，難計里數。屏風山之東，有舊烽火門。

洪山。在霞浦縣南三十里。峭拔淩空，望温、台如在掌上，縣南極高山也。舊傳葛洪嘗隱此，故名。山有石洞，洞口清泉一泓通於海，名曰海眼。其東有鼓樓山，故温麻縣治此。

牛跡山。在霞浦縣南四十五里。山脊兩凹相向，如牛蹄跡，溪水圍繞，至其跡痕，則没入地中，潛流四十餘丈，滔滔有聲，雖霖雨彌旬，上可步履，過此則水復出。舊志又有山曰漁洋埕，東西皆海，形如蜂腰，東曰上限，西曰下限，相去甚近，而隔絶不通，故以「埕」名。

霞浦山。在霞浦縣南四十五里，下臨霞浦江。中有青、黑、玄、黄四嶼，日出照映，江水如霞，故名。

羅浮山。在霞浦縣南五十五里海濱。相傳此山浮海而來，泊船山下，可避北風。若南風則石崖齒齒難近。明嘉靖三十年，倭賊流劫，羅浮官軍禦却之，即此。舊志：旁又有石筍山，峯巒聳秀，上有清泉。又南曰文崎山，與武崎山並峙海中，廣袤五里，周圍皆海，上有玉井、鍾冠諸峯。

南金山。在霞浦縣南七十五里。閩書：廣袤二十里，一名大金山，前有保老、中峯二山，南北相向。又南曰小金山，其支峯曰劍巖山，上有石洞。

浮膺山。在霞浦縣西南官井洋東。舊謂之浮瀛山，上有四澳，控扼海道。宋、元時居民蕃庶，明洪武二十一年，周德興奏徙其人於大金山，地遂荒廢。其西爲水澳山。

瓢峯山。在霞浦縣西南十里。以産瓢木得名。山水清秀，人多遊眺其上。

四城山。在霞浦縣西南五十五里。亦名四層山。危壁峭立，上有巨石黑色，名鐵印山，下多屯田軍營。其東隔溪曰小馬山，有堡。

小洪山。在霞浦縣西南七十里。以高峻亞於洪山而名。亦曰紅山。上有石洞，有天池，闊二三畝，四時不竭，曰龍潭。有大小風門，天欲雨則吐霧。又西有白匏山，山脊與寧德縣分界。

蓮花山。在霞浦縣西北。爲縣西主山，亦曰明宗山。

慧日山。在霞浦縣西北二里。閩書：巖中有古刻「慧山泉通仙臺」六字。

望海山。在霞浦縣西北七十里，去海百餘里。勢極高峻，上有石池，四時不涸。旁有鐵塢山，下有龍井。

飛來山。在霞浦縣西北一百二十里。高聳入雲，上有石崖，軒豁幽邃，人稱爲仙洞。

柘洋東山。在霞浦縣西北一百二十里。東望海外數百里諸山皆在履舃之下，懸崖聳削，春深積雪不消。明置巡司於此。山有石洞曰普陀巖，有泉一勺，大旱不涸。

龍首山。在霞浦縣北，爲府治主山。山脈分爲五派，又名五葉蓮花山。其山前挹長溪，東抱華峰，西接蓮坡，水光山色，映帶城郭，山巔平坦千丈。其西有井，廣丈許，水清冽可愈疾，號曰聖水。舊志：龍首之東有金字山，入福鼎縣界，爲城東主山。又東曰獅山，爲州左護。

桐山。今福鼎縣治。平坡寬廣，舊産桐，故名。與浙江平陽縣接界。山東有雙髻峰，北有伏虎巖。又五莆山，嶺極險峻，有兵戍守，爲浙、閩要隘。

福全山。在福鼎縣東二里。其上曰蓮花岡，下曰龍山，爲縣左護。循東而南曰鐵場山，曲而上曰南陽，爲縣右護。

茭陽山。在福鼎縣東南。一名高場，又名吴莊，接浙江泰順縣界。

太姥山。在福鼎縣南。方輿勝覽：在長溪縣。王烈蟠桃記云，堯時有老母得九轉丹法，登仙於此。有三十六峰。州志：在州東北一百里，高十餘里，周四十里，東、西、北三面皆海。舊名才山，其山秀拔，得名者四十五峰，摩霄其絶頂也。自摩霄而下，千巖萬壑，瑰奇靈異，藍溪水出此。唐薛令之有詩。

積穀山。在福鼎縣南。閩書：峰巒峭拔，有清泉一頃，取泉禱雨，多獲豐年，故名。旁有鳳桐山、壽山，又有蓮花嶼、金嶼，兩山高峙如門。相近爲巽城山、車頭山、魚山。

福鼎山。在福鼎縣西南。脈自浙江平陽縣赤洋而來，亦名北嶺，最高大，諸山皆發於此。相近有龍鳳山，山有合掌巖，兩石相倚，下可容三四十人。又有金嶼門，兩巖夾江如門，中可聯二舟。

鐵障山。在福鼎縣西。壁立千仞，其色如鐵。相接者爲馬冠山，一名昆田山，山勢連亘數十里。

草堂山。在福鼎縣西。舊名靈山，唐末林嵩嘗築草堂於中，改今名。迤北有黄崎山，貫入海中，有堡。又有屏風山，爲黄崎之障。

鶴山。在福安縣東。舊在城中，明嘉靖時倭寇逼城，議者以城曠難守，截出之。萬曆九年，拓城環於山嶺。二十一年，仍復故址。

馬頂山。在福安縣東南五里。其山首尾高聳，中央平凹，頂朝縣治，若奔馬之狀。相近有五馬峰，又東二十五里有鳳山，以形似名，入福鼎縣界。

芹山。在福安縣東南四十餘里。中有石室，容數十人。上有石珠，雲興則雨。

城山。在福安縣東南十五里。舊志：唐末鄉人築城於此，以避黄巢之亂，故名。明萬曆中，嘗議遷縣治於此。上有靈巖，下有雙劍水交流，亦曰廉溪。相近曰湖山，絶頂有積善巖，下有石鼉潭。

重金山。在福安縣南。奇特圓好。又南有天馬山，爲縣水口。

三公山。在福安縣南二里。一名三台山。旁有石塔，俗呼文筆山。

鼉湖山。在福安縣西。平地突起，與鶴山對峙，下有鼉湖。明萬曆中築城，依山斷湖，城外造壩以限之。其北有龍山。

仙境山。在福安縣西十五里。峰巒峭拔，怪石嵯峩，巖洞寬豁，有石門天成，爲神仙窟宅。

福源山。在福安縣西二十五里。上有三峯，高聳如鳳翔舞，名鳳翔峯。又有獅子巖、幞頭巖諸勝。下爲穆溪，亦曰穆洋。稍北有玉案山，山徑平坦，上有玉女洞。

崑崙山。在福安縣西北五十里。峻削萬仞，上有天池。相近有葛蒲山。

扆山。在福安縣北。列峙如扆，爲縣主山。

銅冠山。在福安縣東北。四時雲氣鬱蒸，青翠不改，下有流泉。

東山。在福安縣東北七十里。上有天池，亦名天池山，下有銀坑。

碧山。在寧德縣東。蜿蜒透迤，朝拱縣治。

官扈山。在寧德縣東二十五里海濱。地勢舒坦，土壤饒沃。相接者爲扈崎山，山下有官井、三江、三渡諸洋，出洋即渺茫大海。亦名扈嶼。

金甌山。在寧德縣東南十六里。四際平曠，一峯突起，潮漲時若金甌浮於水面。與酒嶼、猿毛嶼、大小金崎諸嶼，聯絡海中，爲縣治羅城。

梅溪山。在寧德縣東南二十里飛鸞嶺東。前有筆峯，後有屏山，鸞溪繞其下。相接者曰楊溪山。

勒馬山。在寧德縣南二十里。東接飛鸞，南俯大海，奇峯拱挹，爲縣案山。

城澳山。在寧德縣南二十里。四面環繞，如城郭然。內有南、北、中三澳，可容萬人。然四際皆海，中無所産，人跡罕到。相近有真龜山，遠望若屏風，上有一石如龜，憑巖左顧。

白鶴山。在寧德縣西一里許。俗名西山，秀拔千仞，南連飛鸞，北接蓮花諸峯。旁有石洞，山下懸崖峭壁，空洞幽深，可容數十人。泉水清冽，是爲龍湫山。南有南山漈，飛泉百丈，望之如銀河倒瀉。山西南爲白鶴嶺，道通羅源，石磴崚嶒，紆迴百折，盤曲而上，海上諸山皆入延眺。嶺北有黯井，味甘美，四時不竭。又西五十里爲石碑山，山石皆温潤，有一石突出如碑。相近有寶青山、棋盤山。又十里有白象山。

石堂山。在寧德縣西北一百二十里。有石窟如堂，故名。其主峯名唐山，形如獅，俗呼嘯天獅子。絶頂有棋盤山，左有石屋山，上有嶺路通古田，下有水名石塘，亦曰塘溪，匯爲蛟潭。東麓有雙桂、翠屏諸峯。

霍童山。在寧德縣北七十里，列仙傳作霍桐山。寰宇記：在長溪縣西一百五十里，云是列仙霍童遊處。天寶六載，改爲霍童山，亦曰遊仙山。高七里，岡甚遠，山頂一峯如香鑪，半山一峯名霍童。上有壇，壇上石甕盛水，雨不溢，旱不竭。下有湧泉，味甘如蜜。方輿紀勝：洞天記所謂霍林洞天是也。唐武后時，司馬煉師於此修煉，後駕鶴仙去，遂賜名鶴林。三山志：沛國王元甫、吴郡鄧伯元、鹽官褚伯玉皆於此修白霞丹景之法，杜光庭以爲第一洞天。白玉蟾云：「此山周環九十九峯，名著者三十六，最勝者四十八。」名山記：山高三千四百丈，周三百里，王閩時嘗封爲東嶽。通志：山南有蘇溪、鶴嶺，北有菩薩、紫帽、大童、小童、左右弼諸峯，又有寶劍巖、霍林、赤城二洞，有都全湖，旁近田資以灌溉。又有甘露坑、海鰌井，奇勝錯出。山東別峯曰高蓋山，洞天正在其下。山西有支提山，峯巒圍繞，巖谷幽深，更爲奇勝。

鳳山。在寧德縣北一百二十里。卓立萬仞，旁分兩翼如鳳，上有池。又縣東北二十五里有騮山，形如騂騮，奔馳入海。

白石山。在寧德縣東北三十里。山中石無大小，皆瑩然如玉，故名。

叢珠山。在壽寧縣東二里。峯巒聳翠，磊磊如貫珠。又東三里有香鑪山，又東十五里有仙峯山，又東二十五里有駐蹕山。

漸山。在壽寧縣東一百十里，地名梧桐。山峯尖削如筆，即浙江泰順縣儒學對山也。

馬鞍山。在壽寧縣東南五十里。古有銀坑、鉛冶。

翠屏山。在壽寧縣南二里。其狀如屏。

板仙山。在壽寧縣南二十里。上有石洞，深二丈餘，中有巖石如乳。相近有韶托山，俗名大嶂山。

羅家山。在壽寧縣南七十里。山峯高聳，半陰雲霧。下有谷林銀坑。

牧童山。在壽寧縣南八十里，禾溪出焉。又南三十里有孤長山。

高山。在壽寧縣西南十里。孤峯峭拔，高出羣山之表，茗溪出焉。

天馬山。在壽寧縣西一里。勢騰躍如奔馬狀。

大蜀山。在壽寧縣西二十里。亦名大熟山，蟾溪出焉。

巖山。在壽寧縣西四十里，土名托溪。四面如壁。

佛際山。在壽寧縣西北三十里，犀溪出焉。稍西有椏子尖山，山巖有石乳，流出即雨。下有龍井銀坑。

鎮武山。在壽寧縣北，縣之主山也。聳秀甲於境内，俗又名真武山。

立茂山。在壽寧縣北二十里，漁溪出此。又北五里曰古鼎山，下有石柱數丈。

百里林山。在壽寧縣北一百里。林木茂密，官臺山路經此，上地溪出焉。

東山。在壽寧縣東北十里。登之可望浙、閩二界，鐵梗溪出焉。

官臺山。在壽寧縣東北八十里。古號黑風洞，下有銀坑。明正統中，礦賊鄭懷茂等嘯聚於此。

台州嶺。在霞浦縣東二十里箬山西南。今取道於嶺西麓。

楊梅嶺。在霞浦縣西南三十里。舊産楊梅。東抵九里亭，西至十八溪，山徑崎嶇。宋嘉定十六年，縣令楊志悉平犖确，甃以石，名楊公路。

梨溪嶺。在霞浦縣西北三十里。上産梨木，故名。下臨清溪，相近者曰牛牯嶺。

池家嶺。在霞浦縣西北四十里。中有古澗，深百餘仞。又有石門，俗呼仙人洞。又縣西北八十里有南樓嶺，縣北一百三十里有石馬嶺。

頭陀嶺。在霞浦縣東北六十里。北連九嶺，崎嶇險峻。宋時有王頭陀，砌嶺成路，故名。嘉定中縣令楊志用石甃平，亦名楊公路。

半嶺。在福鼎縣北二十五里，爲往來通道。

分水嶺。在福鼎縣北四十里，爲浙、閩之界。嶺旁有錢馬坑，小葉銅坑。舊有銀坑二，鐵坑八，今皆廢。

大萊嶺。在福安縣東南一百二十里。一名大梨嶺，有隘，爲戍守處。相近有雙巖嶺。

金雞嶺。在福安縣南四十里，爲五路之會。一名五嶺，有隘口，爲戍守處。

棲雲嶺。在福安縣西十五里雙髻山，當往來之道。

牛嶺。在福安縣西三十里，與寧德縣接界，路通建、延，置隘口。

觚嶺。在福安縣西北七十里。舊傳宋辜嶺司置於此。按：舊辜嶺巡司在縣南二百餘里，近寧德之飛鸞渡，非此觚嶺也。

飛鸞嶺。在寧德縣南十五里，接羅源縣界。其形如飛鸞展翼，與勒馬、梅溪諸山岡脈相接，透迤曲折而達羅源。

石壁嶺。在寧德縣西北十里，與石鐘山相連。石壁峭拔，高入雲霄。舊志：嶺下有溪，與瑞迹溪環繞，里中謂之雙溪，溪旁小山曰龜嶼，與石壁相接。

新嶺。在寧德縣北一百六十里，路通壽寧縣。高者曰大新嶺，次曰小新嶺。上有飛流瀑布，人過其下，雖盛暑亦蕭爽如秋。

麻嶺。在寧德縣北，路通政和、壽寧二縣。

隱仙嶺。在寧德縣東北二十里。中有石室號鬼洞，時聞呼嘯聲。又埔嶺，在縣東北三十里，下有東墻渡。

青竹嶺。在壽寧縣南二十里，道出寧德，登陟甚艱。源底溪出此。

西表嶺。在壽寧縣西南三十里，平溪出焉。

彈子嶺。在壽寧縣北五十里。有石竇萬計，中出彈大如雀卵，取之不竭。

華峯。在霞浦縣城東門外。下有雷壇，元末州尹王伯顔與山賊王善戰，兵敗見執，即此。

南峯。在霞浦縣南三里。頂岐爲三〔二〕，亦曰三台山。有白崖，巖壁峭拔。中有龍井，其水流繞南山，資以溉田。

石壁峯。在霞浦縣南四十五里。石形如筍，壁立千仞，春夏青碧如畫。

天柱峯。在福安縣東南一百二十里。有巨石，端方而高，勢若擎天之柱，故名。

瑞峯。在寧德縣東三十里海中。秀拔萬仞，與白鶴東西對峙。今縣治向東，以此爲案山。少南有黄灣峯，高峻相並。

五馬峯。在寧德縣東南二十里。縣南諸山，勢皆東趨海濱，垂盡處忽五峯突起，高出海上，爲縣門户。

玉女峯。在寧德縣城正南。四際小山森列，一峯突起，烟雲蒙翳。

文筆峯。在寧德縣西五十里，其尖如筆，秀拔萬仞。

展旗峯。在寧德縣西六十里白象山西。形如旗幟展風，西鄉諸山皆本於此。相近有鐘峯，下有大湖，水深莫測。

蓮花峯。在寧德縣西北。如蓮花萬朵，青翠插天，俗呼爲金字峯。

玉屏峯。在寧德縣北二百餘里。兩峯秀拔，峻入雲霄，上豐下斂，形狀奇崛，雖猿猱莫能上。

蘆坑峯。在寧德縣東北二十五里。石峯屹立，二水夾流，境極幽勝，中多仙跡。

百辟巖。在福安縣東南五十里。相傳宋端宗航海入閩，集勤王之師於此，因名。又縣東南一百十里有金剛巖，石室嶔崟，頂有蠣殼。

寶生巖。在福安縣西南二十里。有三石巖，石形如笏，面有紅暈一抹，俗以爲仙書，其文奇古，人莫能識。

更漏巖。在福安縣西北五十里。兩峰屹立，有瀑布懸崖百餘丈，其聲遠聞，如更漏然。俗呼百丈漈。

白公巖。在福安縣西北五十餘里。有石室廣數丈，俗稱靈澤夫人洞，鄉人多於此禱雨。

萬石巖。在寧德縣東三十里。石巖如室，可容數百人。兩崖之間，有石橋横跨。

響山巖。在寧德縣北一百十里。兩山對峙，人語則山谷響應。

顯聖巖。在寧德縣北二百十里。石室可容數百人，旁有石鑪峯、顯然泉、天然池、靈巖井諸勝。

巖湖障。在福安縣西北五十里。高二三十仞，闊六七十仞，其平如掌。半巖有穴，可容數十人。下有湖，名曰巖湖。又鐵仙障，在縣西北八十里。

竹嶼。在霞浦縣西南六十里。突出海中，形勢奇特，潮退，泥潦中有沙徑，長一里可行。地無田，民皆業漁，有堡。相近者爲孤山，明嘉靖三十五年，倭賊自寧德遁入州界，官軍追敗之於此。

秦嶼。在福鼎縣東南海中。爲戍防要地，簹巡司置於此。

海。在霞浦縣南百里，福鼎縣東南七十里，寧德縣東南二十里。福鼎東北接浙江温州府平陽縣界，寧德西南接福州府羅源縣界。舊通志：潮汐入福寧州境者凡五派，一自松山港口，一自烏崎港口，一自劍港口，一自怯港口，一自沙埕港口。入寧德縣境者凡五派，一自南門橋，一自跨鼇橋，一自藍田渡，一自東牆渡，一自銅鏡渡。舊志：州境海環三面，其在東北者三沙海，形勢陡絶，最爲險要。沙埕巖稱首衝，秦嶼次之。

官井洋。在寧德縣東北三十里。合福安、霞浦諸水，瀦爲大洋入海。三山志：官井洋港，源出龍泉縣，流出黄崎鎮，與政和、古田、羅源諸溪同滙於官井洋，風濤險惡，號三港口，東入海。縣志：在二都扈崎山尾，洋底有井，故名。又三江洋，在扈崎山中段，乃埔村港、黄崎港會流之地。又三渡港，在扈崎山側，呼爲内港。又青山洋，呼爲鐵墩門，過三江，入北洋，出大海。

長溪。自浙江温州府泰順縣流入府境，經壽寧縣東南流，曰交溪。又南經福安縣城東，曰東溪。繞城而南，西會西溪水，亦謂之環溪。又南至三港口，西與穆溪水會，東南流經霞浦縣西五十里，與寧德縣接界，又南至白馬門入海。唐時因此溪以名縣。元和志：長溪在縣西四十五里。舊志：出三港口曰蘇江，又南曰六印江，下流爲甘棠港、芭蕉洋，至古鎮門入海。自三港口而上皆曰溪，自三港口而下皆曰江，出古鎮門則爲海。按輿圖，溪源出於泰順之龍溪、白溪二水。舊志於福安以東西二源俱出慶元，於壽寧又以犀溪爲東源，托溪爲西源，皆誤，犀溪、托溪俱合入長溪耳。

犀溪。一名西洋，源出壽寧縣北佛際山，東流合龍潭水，又名局下溪。受鐵梗溪、上地溪、漁溪諸水，又東南流經福安縣西，繞城而東，與東溪合於城南。按輿圖，此即平溪，而舊志及通志又皆謂平溪出壽寧縣西南之西表嶺，流經福安縣西北五十里合東溪。又蟾溪，在壽寧縣南，源出大蜀山，東流合茗溪、源底溪，入福安縣界。

秦溪。源出霞浦縣西北一百二十里鍾龍井，西流經福安縣東，入長溪，繞城折而西南，與西溪合於天馬山下。

大梅溪。源出霞浦縣西北五十里杉洋，西流經福安縣東南四十里入長溪。

倒流溪。在霞浦縣東三十五里四都界烏巖，西流至縣東十五里赤岸，以其西流故名。通志：旁有雉溪。

楊家溪。在霞浦縣東六十里。相近有飯溪，下流入烏崎港。通志：又東二十里爲楊柳溪。

杯溪。在霞浦縣西北三十里。下埸溪，在縣西四十里。通志：縣西杯溪、西溪、下埸溪、虎溪，其流匯於官井洋。

藍溪。在福鼎縣南。源出太姥山。通志：每歲八月，溪色變藍，其時取水染帛最佳。又九都吉溪，亦名藍溪。

大蘭溪。在福鼎縣西南。秋時水至，溪石可煉爲礬。又桐山溪，續通志云疑即夾城溪。又暗溪，俱在縣西南，源出泰順縣界。按輿圖，此三溪東南流至沙埕港入海。

夾城溪。在福鼎縣西南。源自浙江泰順縣，歷南尾南溪，達縣之水北門抵城東。本朝康熙三十八年築隄，雍正、乾隆年間屢修。

穹窿溪。在寧德縣西六十里。三山志：官井洋，一源出古田山谷，合周仙湖，東流爲穹窿溪，又東爲晡溪，又東爲淀尾，經赤鑑門匯於洋。縣志有環溪，在寧德縣西六十里，源出古田界，流合穹窿溪。舊志有唐溪，在石堂山下，亦流合焉。按：輿圖有龍溪，出古田縣東北界，東流經寧德縣西北，又東經城北，又東南至馬鞍寨東入海，當即穹窿溪。龍、窿音相近而訛也。

鸞溪。在寧德縣南二十里。三山志：官井洋一源出羅源飛泉渡，出於三嶼之右，匯於洋。

五丈溪。在寧德縣北二百餘里。兩崖下插，萬木交蔭，俗呼梧桐溪。按輿圖，源出縣西北之馬嶺，東南流至縣北雲淡門東入海。

外渺溪。在寧德縣西北一百十里，東南流經縣北金垂寨東入海。三山志：官井洋北源出政和縣界，至外渺程家渡，南合甘露溪、兹溪〔三〕，經深埔渡，至長境平水分爲二潮，至金垂匯於洋。按輿圖，外渺溪東西二源，並出處州府慶元縣，東流入壽寧西界，合而南至寧德。府境巨流，長溪之外，此水源流最遠。

游溪。在寧德縣西北十里。亦曰油溪。三山志：官井洋，一源出古田，至游溪，合羅源山溪至溪口村，同出三嶼寨之左，匯於洋。縣志有金溪，源出羅源，入油溪。

托溪。在壽寧縣西四十里。舊志：源出慶元縣界桃嶺，流合芹洋溪，入福安縣界，一名大溪。又丹溪，在壽寧縣西南，源出縣西北八十五里峽頭山，東南流合九嶺溪，由芹洋溪入大溪。又禾溪，在壽寧縣南，源出牧童山，流入寧德縣界。按：托溪即穆溪，以其流經福安縣西三十里穆洋而名也。又東至廉首村，曰廉溪。又東合大溪，曰三港口。舊志穆溪源出政和縣牛嶺，實與托溪異源同流。

松山港。在霞浦縣東南。三山志：在筋竹山西。舊志：有二源，一出州東，一出州西，至沙塘合流，南入海。又霞浦江，在縣南四十五里，上流曰硯江，江水通潮，中有嶼，其平如硯。

沙埕港。在福鼎縣東南。三山志：源出温州界，至桐山東入海。舊志：桐山溪相近有董江，上流通白水江，即沙埕舊港也。

怯港。在福鼎縣西八十里。一名怯門港。又有劍港，一名潋港，在縣東百里，下流俱入海。

烏崎港。在福鼎縣西稍南七十二里，受楊家溪水入海。舊志：源出蕉洋一百五十里，至烏崎，向烽火門入海。蕉洋即柘洋，在州西北一百二十里。州志：港北爲清灣司。

玉湖。在福鼎縣南太姥山之麓。

東湖。在寧德縣城東。山高水迅。宋淳祐九年，縣令李澤民鳩工築隄，起附馬塘至藍岫，長二百餘丈，周九百五十餘步，旱澇有備，民號曰李公隄。

仙湖。在寧德縣北九十里霍童山下。一名渚坪湖。隋時邑人黄鞠鑿通溪水，長一里許，廣百餘丈，溉田千餘頃。湖源深遠，大旱不竭。

赤鑑湖。在寧德縣東北二十五里。一名西陂塘。宋元祐四年，里人林圭築隄作堰，墾田七百四十八頃，後淪於海。宣和七年，縣令儲惇敘重修不就，後又瀦爲湖。

周仙湖。在寧德縣西北百餘里巖峯之上。相傳有周仙者，得道於此，故名。鄉田賴其灌溉。

龍潭。在霞浦縣西三十里。其水流下白巖，又有馬陽水，合流爲周前溪。又一在縣西南五十餘里，源出洪山，引入龍灣陂，灌田數百畝。

翁潭。在福鼎縣西南。源水流廣，鄉田利之。

午日龍潭。在寧德縣西六十里。四山環繞，中有午日巖，下有三潭，巖頭瀑布千尋，瀉入潭中，而樹木蒙密。惟亭午有日光，故名。又西十里有葛地龍潭，上有瀑布。

百丈龍潭。在寧德縣西北石壁嶺。有三潭，緣石攀藤而上，約百餘丈乃得至。相近又有險峻龍潭，從石壁嶺沿溪而入，地勢險絶。

五龍潭。在寧德縣北霍童山。五潭聯絡相接，一名青龍潭，次名洗心池，三名千佛沐浴池，其下二潭，曰浴劍，曰落星。

興慶洲。在福安縣東南四十里，夾兩溪之中，有良田數頃。

柘洲。在寧德縣北一百二十里。山水陡峭，險惡難渡，土田稀少，居民以鬻鹽爲業。又有桃花洲，在霍童山東一里。

玉津東井。在霞浦縣西北八十里平坑底。上有怪石穹窿，高數十仞，井門可容一人出入，當門水淺，門内深不可測，相傳有龍居此。

古蹟

長溪廢縣。在霞浦縣南三十里。晉置温麻縣，屬晉安郡。宋書州郡志：太康四年，以温麻船屯立。宋、齊因之，後廢。唐復置。元和志：長安二年，割晉温麻舊縣北四鄉置長溪縣，西南至福州水路八百里。寰宇記：長安二年，復置温麻縣。天寶元年，始改曰長溪。九域志：縣在福州東北三百四十五里。州志有古縣，在州南三十里鼓樓山下。又有温麻里，在縣西。

東洋行縣。在寧德縣北一百六十里，即明初麻嶺鎮故址。嘉靖四十年，倭陷城，東洋之民乘亂肆掠，知縣林時芳以其地僻民頑，請建行縣於周墩，分主簿駐之。一方賦税，就地徵收，民以安輯。後罷。

福寧故衛。在霞浦縣治東。明洪武二十年建，本朝康熙三年裁。

大金廢所。在霞浦縣南七十五里瀕海。舊爲西臼巡檢司，明洪武二十年改置千户所，隸福寧衛，城周五百八十二丈，門四。本朝康熙三年裁。

感德場。今寧德縣治。寰宇記：寧德縣在福州東北三百里，唐開成中割長溪、古田兩鄉置感德場，王閩升爲縣。縣志：閩時置縣，初議置城於今縣西北十里陳塘洋，後以土疏水輕，改置於白鶴洋，即今治也。

玉林銀場。在霞浦縣。九域志：長溪縣有玉林一銀場。州志：州東北分水嶺旁有黄海、黄社二銀坑。又福安縣有劉洋、上坪二銀坑。皆久廢。

寶豐銀場。在寧德縣西北二百二十里李家園後山。宋元祐間發，紹熙後廢。明洪武十九年重開，正德五年廢。又黄柏銀場，在縣西北一百二十里。新興銅坑，在縣北八十里。按嶺銅坑，在縣北九十里。坑龍銅坑，在縣西七十里。皆宋淳熙中發，後廢。又八房後洋鉛坑，在縣北一百六十里，宋發，尋廢。陽護山鐵坑，一名陽陵山坑，在縣北一百二十里，宋政和間發，明因之，其地有鐵冶四所。

鹽場。在霞浦縣。九域志：長溪縣有一鹽場。三山志：縣東擢秀里、望海里，東南安民里，皆有鹽埕。又有鹽田，在縣西温麻里。

内場官司。在寧德縣西三十里華蓋山，宋時採辦銀課之所。

韓洋坂。今福安縣治。縣本長溪西鄉，四境闊絶，泝江踰嶺，百姓有急，不得亟聞於有司。宋嘉定十年，士民鄭子化等告分長溪爲二。淳祐四年，始析長溪之永樂鄉六里、靈霍鄉三里置縣，治韓洋坂。

楊梅村。今壽寧縣治。本政和縣東境，有銀坑數處，流民竊採，往往嘯聚爲盜。明正統末，鄧懷茂據官臺山，剽掠旁縣。景泰六年，副使沈訥討平之，以地勢險遠，因請析政和之善政鄉東北二里及福安之平溪等里置縣，治楊梅村。

大寶坑。在壽寧縣東北官臺山。相近又有錢塘、闊場等坑。

海山奇觀樓。在寧德縣城西西山。宋建。州志：前臨海，後倚山，飛鸞、勒馬，玉女、金仙環拱向護，呈奇獻秀。

籌邊臺。在霞浦縣城東南隅。明萬曆間郡守陸萬垓築以禦倭，俯瞰山海，最爲雄勝。

見江亭。在霞浦縣。輿地紀勝：在長溪。元祐中縣令袁正規詩：「江心遠疊通潮浪，海外遥分異域疆。」明統志：在福寧縣東。

飛翠亭。在霞浦縣西八里。梁大通元年建，并造浮屠以鎮温麻。

御風亭。在寧德縣。宋淳熙中建。又超然亭在城西，天峯亭在白鶴嶺，皆宋建。

玉春堂。在福安縣㞐山東。宋淳祐八年建，左右環植梅花。又縣西有錦屏堂，植梅最盛。

白蓮堂。在福安縣西洋頭。宋淳祐中建，明嘉靖間改名環溪書院。

林嵩草堂。在福鼎縣南太姥山，唐林嵩讀書處。又嵩宅在霞浦縣東十五里赤岸。

容齋。在福鼎縣治桐山。宋著作郎高曇居此，光宗御書「容齋」二字賜之。

謝翱宅。在霞浦縣治後街。又福安縣西三十里穆洋漳檀坂，亦有翱宅〔四〕。

林湜宅。在霞浦縣東十五里赤岸。

鄭虎臣宅。在福安縣東六十里柏樹，俗呼爲白鷺。

楊復宅。在福安縣南七十里倪嶠。又寧德縣東亦有復宅，地名楊家村。

薛令之宅。在福安縣西南十五里。志勝：唐肅宗念令之舊德，表所居爲廉村，水爲廉溪，山爲廉嶺以旌之。宋朱松有題薛補闕故居詩。舊志：舊有靈谷草堂，今爲靈巖寺。又壽寧縣南山别業，令之讀書處，上有天池。

陳普宅。在寧德縣西北石堂山。

林聰宅。在寧德縣埔源。

關隘

營嶺關。在霞浦縣南霞浦山。前有小嶼跨海，路通大山，中可容數百人。宋紹興中，邑人嘗守此以拒海寇。又楊梅嶺關，在縣西南三十里。鹽田關，在縣西四十里。南嶺關，與松山遥對，俯瞰海口，舊有礮臺，設汛防守。縣境關隘凡二十餘處，而南嶺、鹽田尤險要。

後溪關。在霞浦縣西北一百二十里柘洋，王閩時立。宋建炎中，賊范汝爲自政和來犯，里人王褒拒之于此，賊不得過而去。

疊石關。在福鼎縣廉江里。方輿紀要：疊石、分水二關，俱王閩時置，以備吴越。

分水關。在福鼎縣北四十里分水嶺，與浙江平陽縣接界。又烽火門關，在太姥山東北十里，爲福寧沿海要隘，設水師參將并潋城巡司駐守。縣境關隘凡十餘處，而分水、烽火門關尤要。

南靖關。在寧德縣南十五里，接羅源縣界。明嘉靖十五年開闢南路建，設兵守之。後行者病其迂遠，知縣林芳改路由馬鞍山，上達白鶴嶺關，北路遂廢。今有關門鎮市。縣境關隘凡七處，而飛鸞嶺關在縣南二十里，乘潮一百十里可至鹽田，中經白鮑山、白馬門等處，最爲險要。

車嶺關。在壽寧縣南四十里車嶺頭。又鐵關，在縣東南五十里。又東有絶險關，在火燒巖。皆明萬曆二十一年建。縣境關隘凡二十餘處。

杯溪巡司。在霞浦縣西北四十里杯溪。明正德末設蘆門巡司，在縣西北一百四十里，嘉靖中徙桐山堡。本朝乾隆四年，於堡置福鼎縣，移駐巡司於此，改今名。

柘洋巡司。在霞浦縣西北一百二十里，西南去福安縣百里。元末有袁天禄兄弟據此爲泰安社，築城周二里，元授以江西行省參政，明初納款。正統六年，置巡司。

秦嶼巡司。在福鼎縣東北一百里海濱。明洪武二十年，設大篔簹巡司，在縣東北一百十里。嘉靖中移駐於此，改今名。後廢爲秦嶼市。本朝乾隆三十一年復置。

瀲城巡司。在福鼎縣九都。舊爲霞浦縣楊家溪巡司，本朝乾隆七年改屬，並改今名。

白石巡司。在福安縣南九十里，上達縣治，下通海口，爲白馬東沖門户。明成化八年置巡司，稽查出入，關隘凡七處，而白石爲要。

石堂巡司。在寧德縣西北一百二十里。本朝雍正十二年，移麻嶺巡司駐此，改今名。

霍童巡司。在寧德縣北八十里。本朝乾隆三十一年設。

漁溪巡司。在壽寧縣東南五十里斜灘。舊置於縣東漁溪，屬福安縣，明景泰六年移官臺山，弘治中又移駐此，仍曰漁溪司。

清灣鎮。在霞浦縣東五十里西嶺。明洪武二十年築城，移西臼巡司於此，改今名。嘉靖中又移於牙裏堡，在州東七十里。今裁。

高羅鎮。在霞浦縣南四十五里。明洪武二十年築城，置巡司，嘉靖中移於閭峽堡，在縣南五十五里。今裁，有閭峽市。

延亭鎮。在霞浦縣南百里。明洪武二十年築城，置巡司，嘉靖中移於下滸堡，在縣南七十五里。今裁。

桐山鎮。今福鼎縣治。舊爲桐山堡，本朝乾隆四年置縣，有銅山、水澳二市。

蒲門鎮。在福鼎縣東南，與浙江温州府接界。

黄崎鎮。在福安縣東南。九域志：長溪縣有黄崎一鎮。縣志：鎮在縣南一百五十里，唐咸通中置稅場於三江口，宋熙寧五年徙於此。明弘治十八年，以寧德縣東北五十里之長崎爲黄崎鎮，而改故鎮爲白石巡司，建城堡。嘉靖中置甘棠公館，爲監司行部駐節之所。萬曆五年，又移運鹽分司於此。

關隸鎮。在寧德縣北。九域志：縣有關隸一鎮。三山志：鎮在縣北七十里水漈里。

麻嶺鎮。在寧德縣北二百餘里。元置巡司，明洪武初徙縣北一百六十里之東洋，曰東洋麻嶺司。宣德間徙涵村，嘉靖八年徙雲淡門，尋又徙於黄灣，隆慶初還駐東洋。本朝雍正十二年，移駐石堂。

烽火門水寨。在霞浦縣東十里松山下。舊有巡司，明初廢爲松山堡。正統九年，始自三沙移寨於此，增官軍戍守，以備倭寇。今有烽火鎮市。

三嶼寨。在寧德縣東三十里。宋初建，元豐初移置於蛇崎山，接福安、福寧三縣界，因改名三縣寨。明洪武二十一年，又移於福寧之松山，尋廢。

三沙堡。在霞浦縣東六十里海濱。明永樂十八年，設烽火門水寨於此，撥軍戍守。正統九年，移於松山。今有三沙市。縣境之堡凡二十餘處，而三沙爲要。

沙埕堡。在福鼎縣東，近浙江蒲門。三面皆海，商民輻輳，今成鎮市。縣境之堡凡十六處。

蘇洋堡。在福安縣東南四十五里。明嘉靖中置鹽運分司於此，今有蘇洋䲭市。又三塘堡，在縣東南五十里，嘉靖四十五年置，萬曆中嘗議遷縣此地。

大黍堡。在壽寧縣西，九嶺溪出此。縣境之堡凡四十餘處，皆明萬曆中築。

富溪津市。在福安縣西南三十里廉村。舊名石磯津，魚鹽之貨叢聚於此，上通建寧。

穆洋市。在福安縣西三十里廉溪上游。鹽貨從富溪過者，居積於此，亦泰、順諸縣咽喉也。

津梁

金臺橋。在霞浦縣東十里。明正德中，知州歐陽嵩浚河，引赤岸潮繞入城外〔五〕，因建此橋，下設板閘，以時啓閉。又東門外一里有歐公橋，南門外有通濟橋，亦嵩所建。

石湖橋。在福鼎縣南門外。宋有王氏號仙源者，嘗建三十六橋，今皆不詳所在，惟此橋獨傳。本朝乾隆十六年重建，覆以亭。

溪口橋。在福安縣南泰溪口，長四百六十八尺，釃水爲十一道。舊志：元皇慶中建。又沙潭橋，在六都，明正統初建，上架亭二十一間，其下靈湫，傳有神物居焉。

飛鸞橋。在寧德縣南飛鸞嶺下。宋淳熙三年建。

石馬橋。在寧德縣北一百九十里。元建，石折而不墜，傳爲仙跡。

沙井渡。在霞浦縣。明嘉靖九年，邑人鄭宗遠造舟以濟行旅。

飛鸞渡。在寧德縣南飛鸞嶺外。

隄堰

長溪河隄。在府治南。一名歐公河。明正德十年知州歐陽嵩浚河築隄，深一丈五尺，長一千七百六十丈，兩隄各廣二丈，建橋四，立閘三，以時蓄洩。嘉靖、萬曆間修，本朝順治十八年濬，乾隆二十五年郡守李拔重濬加築〔六〕。

斗門閘。在霞浦縣東門外開化橋下。宋元祐二年修築，溉田萬頃。

營田陂。在霞浦縣東。通志：宋開寶初，著作郎王文昉引龍潭水以溉田，尋塞。紹聖二年，縣令熊浚明疏而大之。嘉定九年，縣令江潤重築。淳祐二年，參政王伯大、縣令黄恪截流駢木爲基，其勢逾壯，州田多賴灌溉。今廢。

桐山陂。在福鼎縣十都，地高少泉。宋慶曆間，士民障江流爲陂，設水車灌田，至今賴之。

結瀆壩。在霞浦縣東，溉田數百頃。

陵墓

隋

黄鞠墓。在寧德縣北霍童山下。

唐

林嵩墓。在霞浦縣東岱村。

薛令之墓。在福安縣西南二十里泉埔山。

黄岳墓。在寧德縣南二十里覆連山下。

宋

王伯大墓。在霞浦縣東三十五里雉溪。

張叔振墓。在霞浦縣東建善寺龍山。

丘允墓。在霞浦縣南馬鞍山。

孫翼鳳墓。在霞浦縣西南十里石湞。

林湜墓。在霞浦縣賢沙里。

楊楫墓。在福鼎縣南瀲村。

王定國墓。在福鼎縣東南百二十里丹澳。

陳最墓。在福安縣西南十五里城山。

楊復墓。在寧德縣東北十五里。通志：在福安縣章灣。

余復墓。在寧德縣北八十里東山。
林駉墓。在寧德縣東北七十里閩坑。
陳普墓。在寧德縣一百二十里石光。

元

王伯顔墓。在霞浦縣虎鎮塔下。
韓信同墓。在寧德縣東北十五里五都。

明

黄釧墓。在福安縣南白沙。
林聰墓。在寧德縣東北五十里水南湖。

祠廟

七賢祠。在府學内。宋建，祀唐林嵩、宋林維屏、張叔振、孫調、黄幹、楊楫、林湜。
節孝忠勇祠。在霞浦縣西門外。舊以忠勇廟祀宋縣令潘中，節孝廟祀元州尹王伯顔，明萬曆中合爲一祠。

懷德祠。在霞浦縣東門外。祀明知州歐陽嵩。

義勇祠。在福鼎縣南秦嶼城北門。明季海寇攻城，前後三戰，張鸞山等悉力捍禦，計死難者四十三人，後人爲之立祠以祀。

薛補闕祠。有三：一在福安縣城南，名興文書院，祀唐薛令之、宋楊復；一在金山，一在富溪，俱祀薛令之。

三賢祠。在福安縣西龜湖山下。祀唐薛令之、宋鄭虎臣、謝翱。

朱韋齋祠。在福安縣北龜齡寺。宋建炎中，韋齋常攜朱子寓此，後人立祠祀之，亦名晦翁書院。

忠烈祠。在寧德縣碧山。祀唐黄岳。

阮先生祠。在寧德縣東北十五里。祀宋阮大成。

莊敏祠。在寧德縣治右。祀明尚書林聰。

功德祠。在寧德縣治左。祀明總兵戚繼光。

諫議大夫廟。在寧德縣霍童山。隋大業中，諫議大夫黄鞠嘗墾山之荒壤爲田，鑿澗以灌溉之，民立祠祀焉。

寺觀

建善寺。在霞浦縣東門外華峯下。南齊永明元年建，有松風、繡谷二亭，東皋、涅槃臺諸勝。

棲林寺。在福鼎縣西五里。晉天福二年建。又昭明寺，在縣西八里，梁大通元年昭明太子建，本朝乾隆二年拓建，十八年修。

白雲寺。在福鼎縣南太姥山巔。一名摩霄菴，上有頂天石、摩尼宫、慧明塔，塔後有巖，鐫「天下第一山」五字，寺外巖洞諸勝甚多。

龜山寺。在福安縣西八十里閩坑嶺。唐開成中建，宋朱子與楊復講學處。

支提寺。在寧德縣北九十里支提山。吴越錢氏建。明永樂間賜藏經，爲海内第一禪林。又有小支提寺，唐咸通九年建。

三峯寺。在壽寧縣治西一里。宋淳化初建。

鶴林宫。在寧德縣北霍童山下。相傳爲褚伯玉修真之所，世謂之鶴林洞天。有桃花洲、午日巖諸勝。

名宦

五代　周

許光大。爲長溪沿海都巡檢。江寇至硯江，光大持短兵與戰，謂鄉人曰：「勝則江水清，敗則江水赤。」既歿於陣，江水如血者三日，屍隨潮歸，邑人廟祀焉。

宋

蔡高。莆田人，蔡襄弟。景祐中尉長溪。屢斷疑獄，人稱神明。

黃琮。莆田人。元符中尉長溪。戢吏便民，以憂去，令鳩錢以賻，固辭，徒步護喪以歸。

曹輔。沙縣人。元符中任寧德尉。剛毅有爲，境内井然。

宋棐。莆田人。宣和初令寧德。性和易，臨事屹然不可奪，吏不得逞。

儲惇敘。晉江人。宣和中令寧德。清慎自持，多惠政。

潘中。浦城人。靖康元年令長溪。政化翔洽。建炎二年，建卒葉儂叛，犯寧德，中率兵赴援，力戰被執，罵賊遇害。

趙詵之。宋宗室。建炎中任寧德令。操法明謹，獄無寃民。

趙善悉。宋宗室。淳熙初令寧德。勸課農桑，作興學校。造金溪石橋，民無病涉，人稱趙公橋。

劉鎮。樂清人。嘉定中令長溪。王十朋薦之曰：「屢更州縣，皆有治績，明敏之政，吏不能欺。」

趙時焕。宋宗室。居晉江，嘉定中尉長溪。政聲大著，奸惡遠竄。

黃恪。南劍州人。淳祐初令長溪。築赤岸陂，截溪流，駢木爲基，壘巨石爲三級，灌田千餘畝，至今賴之。

鮑遜。平陽人。淳祐中令長溪。案無留牘。會帥募增設軍期船額，遜爲民力争獲譴，民訴於朝，起爲司農丞。

鄭黼。崇安人。淳祐中初置福安縣，黼爲令，經畫疆邑，科條井然。

李澤民。淳祐八年令長溪。政平訟簡。創築東湖陂，人稱李公隄。

元

胡璉〔七〕。懷孟人。至大中任福安縣簿。持身廉謹，建學校，造溪口諸橋，民懷之。

孟格特依。回回人。皇慶中尹福安。務農重穀，政聲翕然。「孟格特依」舊作「忙兀歹」，今改正。

張伯顔。吴江人。至順初知福寧州。均賦役，置學田以育士，州人祀之。

高琛。燕山人。至順中尹福安。强毅正直，敦勵風化。

王伯顔。霑化人。至正九年知福寧州。紅巾賊入境，伯顔率中子相引兵敗之。已而賊大集，還守州治，守門者遁，賊突入，伯顔奮身力戰，馬中流矢，被執。賊知其名，欲令仍尹州，伯顔叱罵不屈。賊怒，遂與子相同遇害。相妻潘氏及二幼女皆死之。同時邑人阮宗澤，以巡檢家居，伯顔令率兵禦寇，至古縣力戰死。

張賢贊。至正中爲福寧判官。十三年三月，紅巾賊陷州治，賢贊死之。

明

尹昌隆。太和人。洪武間以御史改知福寧縣。清勤自砥，科差必驗丁產而高下之，吏無所售其奸。

焦玉。汶上人。福寧衛副千户。宣德五年，海賊寇境，從都指揮劉海收捕，分兵哨至州東小管洋山下，與賊遇，奮戰，力竭死之。

顔清。廣東人〔八〕。正統中任寧德縣丞。有肆應才，時軍書絡繹，區畫隨宜。鄧茂七叛卒入境，率兵克其寨，邑賴以安。

胡晨。英山人。正統末任福安縣丞。時鄧茂七倡亂，晨備禦有方，邑賴以安。景泰初歲祲，晨稱貸於富室不足，乃盡借存留倉米發賑，同官欲申請，晨曰：「請則動經旬日，民死過半矣。有罪晨自當之。」全活無算。

劉象。安福人。成化九年，福寧縣復爲州，象知州事。勤政惠民，百廢具舉，植松四萬株於龍首山，民比之甘棠。

歐陽嵩。太和人。正德中知福寧州。開東南河一千八百丈，灌田數千頃，復買田貯穀，以爲後人疏濬之費。

羅幹。永豐人。正德中知寧德縣。性剛毅，令行禁止。幹，倫子也，人稱其有父風。

張璧。六安人。襲福寧衛指揮僉事，任烽火寨把總，破倭有功。嘉靖三十八年，倭寇巖前，戰死。

鍾一元。秀水人。嘉靖中知福寧州。營西城六百餘丈，甫竣而倭至，守禦有備，民德之。

陳泗。永康人。嘉靖中知福安縣。摘奸鋤强，每食只薯一器，人呼爲薯公。

程箕。績溪人。嘉靖中官福安教諭。倭入寇，守西門，督兵力戰死之。

謝君錫。海陽人。嘉靖中官福安訓導。拒倭守西門，城陷，還學朝服拜，觸柱死。

盧仲佃。東陽人。嘉靖間知福安縣。時邑初被倭，積骸彌野，仲佃竭力撫循，與民休息。明年倭又薄城，悉力固守，賊遂遁去。

李堯卿。番禺人。嘉靖中知寧德縣。倭犯城，單弱無援，矢死以守。賊擁衆登陴，堯卿手刃六七人，城陷死之。

陸萬垓。平湖人。隆慶初知福寧州。事至立斷，兵興增賦，力爲節縮，歲省金六千有奇。客兵更戍，創造兵營於城外處之。萬曆時，臨川祝永壽知州事，寬厚愛民，釐剔奸弊，人稱「陸祝」。

韓紹。歸善人。萬曆初知福寧州。涖政精勤，請除陷海虛粮免站銀七百餘兩。

錢士鼇。錢塘人。萬曆中知福寧州。吏治敏決，闤闠山陬，夫征無擾。

方孔炤。桐城人。萬曆中知福寧州。始至，建學宮，開玉帶池。識州人劉中藻於諸生中，中藻後舉進士，官行人，就義死。

霍騰蛟。南海人。萬曆中知壽寧縣。循聲卓著。順昌賊吳建鼓衆謀亂，騰蛟單騎往諭，留三日，示以禍福，賊不敢害。歸率官軍進，討平之。

揭重熙。臨川人。崇禎中知福寧州，以清廉明敏稱。日與諸生講學論文，士風丕振。

凌義渠。歸安人。崇禎間爲禮科給事中，與時相温體仁不合，出知福寧州。精勤釐剔，一塵不染，吏民戴之。

本朝

郭之秀。錦州人。順治三年，知福安縣。時寇盜方熾，之秀竭力禦撫。會明末餘寇聚衆焚掠，督兵與戰，爲流矢所中死。

吴允焞。仁和人。順治三年，知壽寧縣。山寇犯境，允焞招集義勇往禦，勢寡不敵，爲所執，腦箍懸樹，罵不絶口而死。妻瞿氏聞之，投繯以殉。事聞䘏廕。

饒崇秩。豐城人。順治六年，知壽寧縣。時值寇攘，崇秩率兵討平，脅從者悉請寬免，全活萬計。在任五載，鋤强輯衆，威惠兼著。

張延統。華州人。順治十一年，知福安縣。未浹歲，民懷其惠。聞父訃，哀號七日而絶。士民醵錢以殮，并送其喪歸。

冷岐輝。嘉定人。雍正十二年，知福寧州。適州升爲府，附郡設霞浦縣，即管縣事。經理一切公廨壇宇，井井有條，時有冷慈父之稱。

路以周。招遠人。雍正十二年，知福安縣。修學宫，建尊經閣，培西郊水壩。去之日，人爲立碑建亭，曰路公亭。

傅維祖。鄞縣人。乾隆四年，知福鼎縣。時縣初建，凡公署學宫壇宇，草創經畫，具有條理。

周天福。亳州人。乾隆九年，知寧德縣。戢暴除奸，重儒興學，士民祀之遺愛祠。

人物

蕭克昌。咸陽人。乾隆二十年，知福安縣。潔己愛民，修理學宫城垣，捐膏火以造士。因調入闈，以勞卒，士民哀之。

唐

薛令之。字君珍，長溪人。神龍二年進士，閩士登第，自令之始。開元中累遷左補闕，兼太子侍讀，謝病歸。肅宗即位，嘉其廉，敕名其鄉曰廉村，水曰廉溪。

林嵩。字降神，長溪人。乾符進士，詞賦爲一時之冠，召除秘書省正字。黄巢亂，東歸，觀察使陳巖辟爲團練巡官。轉度支使，後除毛詩博士，歷官刺史。有賦一卷。

黄岳。長溪人。博通經典，尤邃易象之學。唐末由鄉貢入太學。王審知稱王，必欲官之，岳度力不能拒，遂投棲雲百丈漈死，邦人爲立祠祀其地。

宋

周希古。字叔信，長溪人。端拱進士，收辰州蠻有功，授著作郎，歷秘書丞。知蓬州，政績昭著。終朝請大夫。

丘允。字執中，長溪人。父腴，字伯純。幼孤，事母至孝，爲鄉黨楷模。允舉元符進士，授欒城尉，調知臨湘，平反冤獄五十餘人。歷知柳州。南渡後召對，允疏勸勤政事、任忠良、遠奸佞，帝嘉納。改知惠州。俗信巫鬼，病不服樂，允焚巫祠，開樂局。

卒，贈朝議大夫。

楊惇禮。字穆仲，長溪人。崇寧進士。建炎初以御史召，與趙鼎同命。惇禮辭曰：「艱難無從衛之勞，時平享豐盈之樂，吾不敢也。」

阮大成。字希聖，寧德人。政和中以三舍生升國學。靖康時李綱罷斥，大成同陳東等伏闕上書，斥李邦彦、白時中等之奸，乞復用李綱。欽宗從之。

陳最。字季常，長溪人。宣和進士，官新昌丞。會杭卒亂，最單騎撫之，賊曰：「陳公忠義，虐之不祥。」遂送歸。召對稱旨，授諸司糧料院。出使川、陝，有平賊功。

王定國。字安卿，長溪人。紹興中叩闕上邊宜十策。帝幸金陵，復進十五事。命從趙端招撫山東，時海州爲紅巾所據，定國收復之，攝州事。隆興間守高郵城，與金凡九十三戰皆捷，特創高郵軍簽判以處之。後官知高郵軍。

林湜。字正甫，長溪人。紹興進士，由富陽尉歷御史，論劾甚鋭。出爲江西轉運判官，歷大府司農卿。韓侂胄讐逐正士，吕祖儉貶嶺外，湜見丞相余深曰：「吕子約南行，執奏收回大臣責也。」不聽。力請外，除湖北轉運副使。進直龍圖閣，致仕。朱子被斥，士皆遠嫌，湜獨執弟子禮不變。所著有槃隱集。

楊興宗。字似之，長溪人。少師鄭樵，復執經林光朝之門。舉紹興進士，調鉛山簿。孝宗初，湯思退主和議，連書抵東府争其非，思退怒。已而遷校書郎，與林光朝校文省殿，擢鄭僑、蔡幼學、陳傅良，時稱得人。轉宣教郎，權尚書司勳郎，論張説不當與趙汝愚同除拜，不報，乃丐祠。

王宗巳。字子由，長溪人。紹興進士，授增城令，治爲嶺南第一，孝宗書其名於御屏。終朝奉大夫。

楊復。字志仁，長溪人。受業朱子之門。勁特通敏，考索最精。真德秀帥閩，即郡學創貴德堂以處之，學者稱爲信齋先生。著祭禮圖、儀禮圖解、家禮雜説附注，皆傳於世。

張觀。字逵之〔九〕，長溪人。太學生。隆興中金人渝盟，侵擾淮甸，觀率諸生七十二人上書請斬湯思退等，而用陳康伯、胡銓，以濟大計，言甚切直。仕終新城令〔一〇〕。

林維屏。字邦援，長溪人。通易、詩、書三經。梁克家判福州，延禮郡庠，講道受業，一時學者雲集。所著有易、春秋等論，韓柳辨疑語録諸書。

楊楫。字通老，長溪人。淳熙進士，剛介有守。調莆田尉，閩帥程叔達移縣括逃田，楫力疏其不便，漕使林祈異而薦之。累官司農寺簿。劄論進君子退小人，語多風厲。轉少卿，尋出知安慶，終朝散郎。

余復。字子叔，寧德人。紹熙初策士大廷，帝覽復對曰：「余復直而不訐，擢第一。」賜之詩。慶元初詔入史館，兼實録檢討。著有禮記圖説。

黄幹。字尚質，長溪人。師事朱子，著述甚富。餘干饒魯幼從幹游，寧德李鑑亦師之。所著有誨鑑語、五經講義、四書紀聞。官至直學士。

張泳。字潛夫，長溪人。慶元中禁僞學，泳試策排斥異端，力宗朱子之學。

陳經。字正甫，長溪人。慶元進士，官終奉議郎。性沈潛，多所著述，有書解五十卷行世。

趙萬年。字方叔，長溪人。慶元武舉，爲襄陽制置司幹辦官。開禧二年，金人圍襄陽，宣帥諸司相繼遁。萬年繕兵峙糧，力贊招撫使趙淳爲死守計，相拒九十餘日，賊遁去。以功進武德大夫。有守城録及裨幄集。

高頤。字元齡，寧德人。經明行修，從游者幾千人。登慶元進士，知永州東安縣。居官臨民，卓然有聲。平生博極羣書，著雞窗叢覽百五十卷，詩集傳解三十卷。

鄭師孟。字齊卿，寧德人。家貧力學，六經註疏，手自鈔録。從朱子遊，黄幹妻以女。著洪範講義，發明皇極之藴。

林駉。字德頌，寧德人。清修苦學，博極羣書，九經註釋，暗記成誦，尤習當代典故。著源流至論、皇鑑前後集。後同邑黄履翁，字吉父，更爲外集十卷行世。

林仲麟。字景仲，寧德人。太學生。慶元間趙汝愚以讒被貶，仲麟同楊宏中等六人，伏闕上書乞救，觸權奸怒，送毘陵編管，時稱慶元六君子。嘉定中詔加褒録。弟仲虎，開禧間副李壁使金〔一一〕，亦以風節著。

王伯大。字幼學，長溪人。嘉定進士，國子學正，歷江東提舉常平，知臨江軍。歲饑，置荒政局。延客究古今賑濟法，全活甚衆。端平中累遷直寳謨閣、樞密副都承旨、左司郎中〔一二〕。進對，直言無所諱。淳祐八年，除參知政事，歸督漕於閩，命縣令築謍田陂。卒，謚忠文。

李鑑。字汝明，長溪人。嘉定進士，官廣東提舉。平易近民，尤曉兵事，嘗督捕贑寇擒之，領州符。海寇憚其威，遁去。值兩浙饑，運米活衆。素從黄幹、楊復游，歸與同邑龔郯創講壇，推明師説。著有和鳴集。

高伯壎。字汝諧，頤子。學問醇正，踐履篤實。留心關洛之學，有會粹古今事類二百卷。集關洛諸公語，爲傳心直指十卷。

林子雲。字質夫，長溪人。寳慶進士，融州教授。潛心聖學，躬行實體，多所自得。著易説十卷。

孫翼鳳。字昭瑞，長溪人。穎悟絶倫，以鄉舉入太學。史嵩之謀起復，翼鳳率同舍生黄伯愷、金九萬等攻之。又斥和議事，言甚剴切。紹定中與兄附鳳同登進士，累官簽書樞密院事。

鄭士懿。字從之，寧德人。端平進士。時真德秀知貢舉，得其卷曰：「經世才也。」歷官太學博士，出知武岡軍。公明廉慎。著有定齋集。

鄭君老。字邦壽，長溪人。咸淳進士，乞歸養親而宋亡。元初，知君老者交薦於朝，竟不起。卒，學者私謚曰靖節。

鄭虎臣。字廷瀚，福安人。爲會稽尉。德祐元年，賈似道安置循州，虎臣監押之。至漳州木棉庵，虎臣諷令自殺，不肯。虎臣曰：「吾爲天下殺似道，雖死何憾。」拘似道之子於别室，即厠上拉殺之。陳宜中竟以爲虎臣罪，殺而籍其家，人皆冤之。

謝翱。字皋羽，福安人。父鑰，有至行。翱徙居浦城，元兵南下，文天祥由海上至閩檄州郡，大舉勤王。翱傾家資率鄉兵數百人赴難，遂參軍事。天祥轉戰閩、廣，至潮陽被執，翱匿民間，後之浦陽依方鳳及永康吴思齊以居。嘗過桐江，登嚴子陵釣臺，設天祥木主，酹酒慟哭，以竹如意擊石，作楚些招之曰：「魂歸來兮何極，魂暮返兮關水黑，化爲朱鳥兮有咮焉食。」歌罷欷歔，竹石俱碎。又製哀江南四章。自號晞髮子。會稽唐珏瘞諸陵骨於蘭亭山，種冬青樹爲識。翱實與其事，嘗爲作冬青樹引，聞者莫不灑泣。年四十七卒，方鳳等葬翱於子陵釣臺南。

陳普。字尚德，寧德人。居石堂山。學宗慶原輔廣，而以朱子爲宗，嘗主雲莊書院，四方來學者數百人。元初三辟爲本省教授，自以爲宋遺民，堅不起，巋然以斯道自任。晚居莆田，造就益衆。其學以真知實踐，求無愧於古聖賢而後已。著四書句解鈐鍵、學庸旨要、孟子纂圖、四書五經講義、書傳補遺、易經解注、易説、渾天儀論、天象賦、詠史詩斷等書，亡逸過半。明嘉靖中，閔文振輯其存者，爲石堂遺集。

元

王都中。字邦翰，福寧人。以父積翁奉使日本遇害，特授平江路治中，時年十七。遇事剖析，動中肯綮。秩滿除浙東宣慰副使，終江浙行省參知政事。卒，贈太師，謚清獻。歷官四十餘年，治郡之績，雖古循吏無以加。

王薦。字希賢，福寧人。性孝而好義。父疾甚，夜禱於天，願減年以益父壽。父絶復甦曰：「適有神人語我曰：汝子孝，上帝賜汝十二齡。」復果十二年終。母病渴，語薦曰：「得瓜渴可止。」時冬月求不得，行至深坱嶺，值雪避樹下，思母病，仰天而哭，忽見石巖間，青蔓離披，有二瓜焉，因摘歸奉母，渴遂止。

韓信同。字伯循，寧德人。從陳普學，究心濂、洛、關、閩之説，普歎曰：「吾老矣，得斯人，飲水俟命何憾。」延祐四年，應江浙鄉舉不第，歸即杜門不出，弟子摳衣受教者，屨滿户外。有韓氏遺書二卷。

陳陽盈。字子謙，福寧人。父天錫，以文學歷官知福清州。陽盈爲泉州税課副使，以憂歸。至正十二年，寇攻州，知州王伯顔檄陽盈率民兵拒敵，陷於賊。賊脅之降，陽盈大駡，與義士湯成順同遇害。

陳端孫。字伯都，福寧人。登武舉第一，授總管府録事。四遷至福建宣慰都元帥，鎮福清州。時陳友定欲據八閩，勒兵侵境，端孫率衆拒之，中流矢被執。友定脅之從，端孫駡曰：「我家三世仕元，肯從汝反乎？」友定怒殺之。其妻孫氏挈幼女投井死。

明

陳德沂。字宗魯，福安人。與弟德漢友愛，四世同居。元季兵亂，負親避難，遇賊傷臂，賊感其孝舍之。

蔣悌生。字仁叔，福寧人。檢身勵行，洪武初舉明經，任本州訓導，多所造就。著五經蠡測五卷。

高頤。字應昌，福安人。孝友天至，親没廬墓三年，教授鄉校，旬暇輒至墓所拜哭。洪武間舉孝廉，授海鹽知縣。

周斌。字質夫，寧德人。洪武五年鄉薦，爲建寧教授。撰賀雲南平表稱旨，賜金幣。秩滿，升齊府左長史，以疾卒。初，楊榮少時，斌見而奇之，親授以業，語之曰：「子器識非常，他日大就，惜余老不及見也。」後果爲名臣，人服其鑒。

陳錡。字器之，福安人。領鄉薦，擢御史。永樂間監軍甘肅，號令嚴明，軍民戴之。寇至，錡勒兵戰，孤軍不支，被執死之。

陳琦。福安人。永樂進士，以與修永樂大典，超授江西按察僉事。發擿疑獄，時稱神明。

池斌。字仕全，福寧人。正統末，鄧茂七黨至其鄉，值斌外出，賊熾火炙其父以脅財。斌聞，至賊所，抱泣請代，賊釋父炙斌，至焦爛不死，因得與父放歸，後以壽終。

林聰。字季聰，寧德人。正統進士，景泰初爲吏科都給事中，風裁凛然。額森送英宗歸，聰請備鑾輿鹵簿，從之，遂迎復如禮。遷春坊司直。商輅言聰敢言，不宜置之散地，乃復爲都給事。英宗復辟，擢左僉都御史，歷官刑部尚書。聰爲諫官，嚴重不可犯，追以舊德召用，持大體，秉公論，不嚴而肅，時望益峻。贈少保，謚莊敏。「額森」舊作「也先」，今改正。

林遂。字元成，福寧人。正德進士，官南京大理寺副。嘉靖初陳八事，帝納之。擢湖廣按察司僉事，賑襄沔饑，存活萬餘人。尋遷四川副使，平酉陽亂，官至貴州參政。致仕歸，囊無餘貲。著有石壁集。

周璞。字懷玉，福寧人。嘉靖初舉於鄉，從呂柟學，以潛心力行見稱。判廣州，斥絶番舶常賂。署肇慶，蠲鍰商税悉籍庫。時有事安南，軍興數萬，一無所染。歷思恩知府，歸。

林愛民。字子之，福寧人。嘉靖進士，授户部主事，榷潯陽。先是，司關令有拯溺物者賞，愛民至，令救人者賞倍之，全活甚衆。判嘉興，倭變，築桐鄉城，工成而寇至，城賴以全。擢廣東僉事。

黄乾行。字大同，福寧人。友愛好義。兄病，夜覓醫於鄉，遇虎不顧。登嘉靖進士，歷户部郎中，出守重慶。愛民誨士，卒於官。

郭文周。字景復，福寧人。嘉靖進士，授中書舍人，擢御史，鯁直有風裁。巡按廣東，復命應代，命再往，粤人益肅然。擢順天府丞，論劾趙文華，忤嚴嵩，致仕歸。著有臺中奏議、按粤封事、觀風漫興、東山集。

盛繼。字朝喜，福寧人。事親至孝。官遂昌訓導，遷興寧教諭。處州峒酋爲梗，單車諭降之。轉國子助教，以母老乞歸。

阮貢。福安人。三歲而孤，母卓氏，力貧守志，貢事之盡孝。母病，湯藥必親嘗，目不交睫者逾月。母卒，朝夕哀慟。既葬，刻木爲母像，事之如生。

黄釧。字珍夫，福安人。本居安溪，嘉靖舉人，歷官温州府同知。嘉靖三十四年，倭入寇，釧擊走之。知倭必復來，日夜爲死守計。及三年，倭果大至，釧出城迎擊，倭方不支，左右二軍先潰，倭合兵擊釧，釧腹背受敵，爲倭所得。脅之降，不屈，倭怒，寸斬之。事聞，贈浙江參議。

李泰。字文亨，福安人。官龍泉教諭，嘉靖中礦徒寇邑，泰率衆戰於萬壽橋，死之。

詹鎬。字德武，福安人，通判坤之子。嘉靖中倭陷城，鎬不屈，罵賊死。時諸生郭大科、郭大乾死城守，陳國初、吴廷珙罵賊支解，皆稱志士。

陳褒。字邦進，寧德人。嘉靖進士，官御史，敢言不諱。巡按江西，時夏言欲毁民居以益園囿，上書諷之，人爲之危。褒曰：「吾縱危一身，忍見百姓離析之慘？」夏憾之，謫判泗州。久之移慈溪令，歷遷廣西左江兵備。著有禮記正蒙、騮山集。

陳富春。字必亨，福寧人。隆慶選貢，授濟寧州判，却羨金。監泰山香税，一無所取。遷魯藩經歷，謝病不赴。著有岱宗小史。

游樸。字太初，福寧人。九歲能文。舉萬曆進士，授成都府推官，歷遷刑部郎中。三主法曹，無一冤獄。仕終湖廣參政。

白受采。福寧人。世官百户。父麟，嘉靖間委守白鶴嶺，倭陷寧德，麟坐罪繫獄。萬曆初賊陷大金松山，受采同弟祥，自陳願擊賊報效贖父罪，竟以失援死。州旌其門曰「孝義」。

張萬紀。字汝守，福寧人。世襲福寧衛指揮僉事，官桐山把總。善以賊捕賊，賊無所匿。每破賊巢，傾所獲盡散之士卒，故樂爲用。歷官昭平參將，每戰身雜士伍隊中，親冒矢石，暇則讀書賦詩，若不知兵者。萬曆中官惠潮副將，征瓊崖黎蠻，中流矢死。

陳昜。字世勉，寧德人。萬曆進士，知餘姚縣，三遷廣東參議，謝病歸。再起廣西副使，治兵左江。是時川貴會征楊應龍，昜因簡土司兵數千人往援，破之。會皮林蠻反，晉昜監軍參政協剿，生擒苗首，撫降萬計。以積勞卒。

崔世召。字徵仲，寧德人。以詩著名。領萬曆己酉鄉薦，任巴陵令。以忤璫削籍歸，尋擢浙江運副，再擢連州守。州多猺寇，世召濟以德威，猺衆弭伏。

劉中藻。字薦叔，福安人。崇禎庚辰進士，授行人。明亡，中藻正衣冠坐廳事，爲文自祭，吞金屑不死，復自縊。本朝乾隆四十一年，賜謚烈愍。同邑舉人繆士珦亦死之，本朝乾隆四十一年，祀忠義祠。

本朝

陳名蟠。字念齋，福寧人。康熙丙午舉人，授四川汶川令。邑當蹂躪之後，名蟠多方撫輯，民免流亡。有中山邪圃地隸汶川，而猺冒威州，年久逋賦。乃按籍得三百户，請於大吏，猺隨田派，籍乃定。擢户部主事，歷刑部郎中。出守真定，護井陘道，正己率屬，風裁卓然。以勞卒於官，士民思之，立祠以祀。

葉有挺。字貞夫，壽寧人。康熙庚戌進士。十三年，耿逆變作，有挺避入南昌。明年，從間道歸省母，逆黨逼脅，有挺泣告母曰：「兒不得長侍膝下矣。」遂走山中絶粒死。

曾眷。霞浦人。官四川提標前營守備。嘉慶元年。派征湖北邪匪，時賊首覃加耀屯巴東之譚家村，眷由支井河擊之，奪其卡，生擒賊目二十八人，其墜崖死者無算。眷亦創重陣亡。事聞卹廕。

林日暄。寧德諸生。嘉慶二十五年以孝旌。

流寓

宋

朱松。婺源人。建炎中嘗寓福安之龜齡寺、寧德之龜山寺。後朱子於慶元間亦以僞學之禁避地長溪，從游甚衆。黄幹、楊楫、林湜、高松、陳駿、鄭師孟、龔郯、張泳，其最著也。

鄭樵。莆田人。授學於長溪，今州東北激溪之西靈峯寺蒙井，有樵題詠。

陳傅良。瑞安人。寓居長溪周大山，有紀詠鐫石。林復、楊興宗與之友。

明

馬思聰。莆田人。弘治中爲諸生，講學於南禪寺。後使江西，死宸濠之難。

列女

唐

黄岳妻林氏。長溪人。岳不受僞閩之辟，投淵死，氏哭曰：「夫能爲忠臣，妾獨不能爲忠臣婦乎？」亦投淵從之。

宋

鄭貞娘。長溪進士鄭君老妹，受林森聘未行，元兵南下，賊俘掠里中，小婢奔告曰：「賊已至門，奈何？」貞娘神色不動，取刀自刎，時年十八。

元

李午妻張氏。鄱平人。夫午同從子零戍福寧，夫歿，張力作養舅姑。舅姑歿，歎曰：「夫死千里外，不能歸骨，奚以生爲？」遂書事衣背，行丐至閩，見零問夫葬處，則荒莽莫辨矣。張哀號幾絶，忽有童子，午憑之言曰：「西郊夫人橋，我葬處也。」張啓視得之，持骨祝曰：「誠妾夫也，入口當融如雪，黏如膠。」已而果然。遂與零護喪歸。至正間旌。

林氏女。福寧人。袁天禄屠其家，驅女以行，不從，殺之。其嫂林克咸妻陳氏，倉猝聞變，扶姑抱子遁去，潛依母家，紡織養姑，撫孤終其身。

明

朱祚妻顧氏。福寧人。少適祚，祚貧且嬰疾，顧鬻奩具以供藥餌。祚死，顧年二十六，無子，盡鬻陶器，葬夫於木梳山。父母强之歸，不往，絶粒七日而死。

包墳聘妻曾氏。名羅蓮，福寧人。許聘未婚，墳家日替，父不悦，會墳死，父喜曰：「吾女脱苦矣。」女泣曰：「兒雖未行，父當往弔。」父如言往，女遂自盡。

杜應鴻女。字叔真，福寧人。年十七，從母避賊走海上，賊追至，女投海淖而死。

漁者妻。遺其姓氏，從夫徙福寧古縣，夫死不能殮，慟哭三日，殯屍海濱，躍入海中死。

劉廷輿妻陳氏。福安人。氏與夫及姑，俱爲倭所掠，謂夫曰：「妾死不足惜，姑與君奈何？」乃紿賊以身爲質，釋廷輿母子歸取贖金，度去稍遠，即自刎死。

黄釧妾林氏、卓氏。福安人。釧死，卓年十九，林年二十八，嫡室陳氏憐其無出試遣之，二氏毀容自誓，乃相依守節而終。

彭祖振妻黄氏。名昭娘，寧德人。年十七歸祖振，祖振素有瘵疾，事之無怨色。居八載而祖振亡，有媒聘之者，誓死不從，撫姪爲嗣，以節壽終。

陳翰妻林氏。寧德人。與夫同執倭營，告夫曰：「不幸至此，勢難兩全，我有死而已，君歸撫子，毋相念也。」乃以計脱夫出營，赴水而死。

林鴻漸妻崔氏。寧德人。爲倭所掠，不屈被殺，已而屋燬身焚，天雨，其形宛然在地。

李津妻黄氏。壽寧人。年二十五，夫卒，兄嫂逼之嫁，氏剪髮自誓，嫂曰：「髮可短，亦可長也。」遂自盡。

本朝

連孟斛妻李氏。福寧人。與子邦品妻倪氏、孫鳳德妻鄭氏，三世孀守，人以爲難。

張守符妻江氏。壽寧人。寇亂被執不屈，投崖死。

林公興妻符氏。壽寧人。年二十六，爲土寇所掠，不受汙辱，投河死。

林朝綱妻李氏。壽寧人。寇亂被掠，欲汙之，百端誘脅，終不屈，賊怒，支解投河中。

朱廷璋妻張氏。福寧人。夫歿，家赤貧，氏撫孤無二志，康熙二十四年旌。

陳端淙妻池氏。福安人。年二十五夫亡，甘貧撫孤，壽至八十五歲。

吴瑞雲聘妻郭氏。福安人。未婚，瑞雲客死，氏聞訃，毀容慟哭，及櫬歸，衰麻往迎，絶食而死。同邑林時亥聘妻柳端娘，亦夫亡殉節。

黄天第妻王氏。福安人。夫亡，紡績奉姑，撫孤成立。同邑吴瑞彪妻劉氏，俱雍正年間旌。

林子侯妻趙氏。寧德人。年二十二夫亡，遺一女，氏爲夫立後，孝事衰翁，守節七十年。

陳芳名聘妻林氏。名聚姐，寧德人。年十九，許聘未嫁，聞芳名卒，悲號自縊，夫家迎歸，與芳名合葬。同邑黄元昌聘妻林氏，遇寇不辱死。

黄有達妻郭氏。寧德人。夫亡家貧，撫二孤成立。雍正年間旌。

吴邦畿妻夏氏。壽寧人。年十七，夫亡無子，翁姑令改適，氏除笄毁妝，歸守父家，親戚罕見其面。

藍氏女。名銀娘，霞浦人。年十九，遇暴不汙，服毒死。乾隆五年旌。

危彬妻鄭氏。霞浦人。夫亡，遺腹生一子，訓誨成立，事舅姑以孝聞。乾隆中旌。同邑張士晃妻林氏，貞女王蓋聘妻陳氏、盛天宜聘妻童氏、王天挺聘妻方氏、林天寵聘妻曾氏、林光謙聘妻陳氏，俱乾隆年間旌。

江子盛妻鄭氏。福鼎人。夫亡守節。乾隆年間旌。同邑王秉鈞妻李氏、陳志華妻鄭氏、伍廷謨妻陳氏，並以節旌。

鄭如金妻劉氏。福安人。夫亡守節。同邑蘇洋妻劉氏、陳桂妻繆氏、葉文鷁妻黄氏、林永禄妻李氏、鄭仁彦妻王氏、鄭尚儲妻劉氏、郭秉鉞妻余氏、林萬上妻周氏、林兆綖妻李氏、林良璣妻金氏、劉萬淇妻黄氏、鄭瑞采妻林氏，貞女鄭頌華聘妻林氏、劉肇淑聘妻陳舜英，俱乾隆年間旌。

吴兆穆妻陳氏。寧德人。夫亡守節。同邑李學琇妻林氏、李舒祐妻潘氏、林啓祥妻陳氏、左振妻陳氏、左國璽妻馬氏，貞女林韜聘妻黄氏，俱乾隆年間旌。

葉長青妻繆氏。壽寧人。夫亡守節。同邑葉師和妻徐氏、葉仲光妻許氏、葉春先妻吴氏、夏華珩妻劉氏、夏華璃妻劉氏、李秉鉉妻葉氏，俱乾隆年間旌。

袁堯覺妻孔氏。霞浦人。夫亡守節。同邑阮正澄妻王氏，貞女阮嘉椿聘妻曾氏，俱嘉慶年間旌。

鄭光木女。名罕容，福安人。守正捐軀。嘉慶十年旌。

何綿瓚妻陳氏。寧德人。夫亡守節。同邑王大恩妻李氏、黄廷棟妻翁氏、楊澥曾妻陳氏，烈婦胡拮媳賴氏，俱嘉慶年間旌。

李映淮妻周氏。壽寧人。夫亡守節。同邑朱宜槐妻盧氏、葉鍾儲妻孫氏，俱嘉慶年間旌。

仙釋

太姥。帝堯時人，以湅藍爲業。有道士求漿，母飲以醪，道士授以九轉丹砂之法，以七月七日乘龍馬上昇。今太姥山以此得名。

晉

葛洪。字容父。嘗煉丹於温麻縣，今名其山曰洪山。

唐

司馬承禎。修鍊於霍童山，跨鶴飛昇。

陳蓬。號白水仙。乾符中駕舟從海上來，家於後崎，與林嵩有詩文之雅，後不知所之。著有陰陽書七十二卷、星圖一卷。

宋

楊彦國。福寧人。入太學，崇寧間退隱。方著易解，夜忽光明由頂而出，遂崇内典，棲才山，號太姥居士。著楞嚴經解。

元

周興能。寧德人。嘗學道於福寧水西觀，後返怡雲堂，學煉丹之法。道成，元統間别諸徒，攝香鑪上升。

土産

鐵。寧德縣出，今有治。

鹽。霞浦、福鼎俱出。九域志：長溪縣有鹽場。州志：福安、寧德滷水味薄，用火熬汁，十鍋可得一鍋。

茶。山園俱有，惟白琳多。

藍靛。府境俱有。又漳、汀流寓之民，闢地種菁草，絞其汁成靛。

穀紙。出府境柘洋。

校勘記

〔一〕元皇慶中徙邑東　「皇慶」，原作「景慶」，乾隆志卷三三四福寧府學校（下同卷簡稱乾隆志）同，均誤，元無此年號，據明一統志卷七八福寧州學校改。

〔二〕頂岐爲三　「三」，原作「山」，據乾隆志改。

〔三〕南合甘露溪玆溪　「玆溪」，乾隆志同，淳熙三山志卷六海道作「磁溪」。

〔四〕又福安縣西三十里穆洋漳檀坂亦有翎宅　「坂」，原作「板」，據乾隆志改。

〔五〕引赤岸潮繞入城外　「外」，乾隆志作「門」。按，作「外」、作「門」皆頗費解，疑有誤。

〔六〕乾隆二十五年郡守李拔重濬加築　「加」，原無，據乾隆志補。

〔七〕胡璉　「璉」，原作「連」，據乾隆志及八閩通志卷三九秩官志改。按，本志蓋避永璉諱改字。

〔八〕顔清廣東人　乾隆志作「胡全吳山人」。傳文全同，傳主各異，未知孰是。

〔九〕張觀字逵之　乾隆志同。按，雍正福建通志卷四八人物及八閩通志卷七二人物志均謂張觀字達之。

〔一〇〕仕終新城令　「城」，原作「誠」，據乾隆志及雍正福建通志卷四八人物改。

〔一一〕開禧間副李壁使金　「李壁」，原作「李璧」，乾隆志同。考宋史，寧宗朝使金者有李壁，李燾之子。燾五子垕、埴、塾、壁、𡌛，字皆從「土」，取五行火生土之意。史書中李壁或訛作「李璧」，蓋臆以從玉爲佳名，未究其實。今據宋史卷三〇九李壁傳改。

〔一二〕左司郎中　「左」，原作「右」，乾隆志同，據宋史卷四二〇王伯大傳改。

臺灣府圖

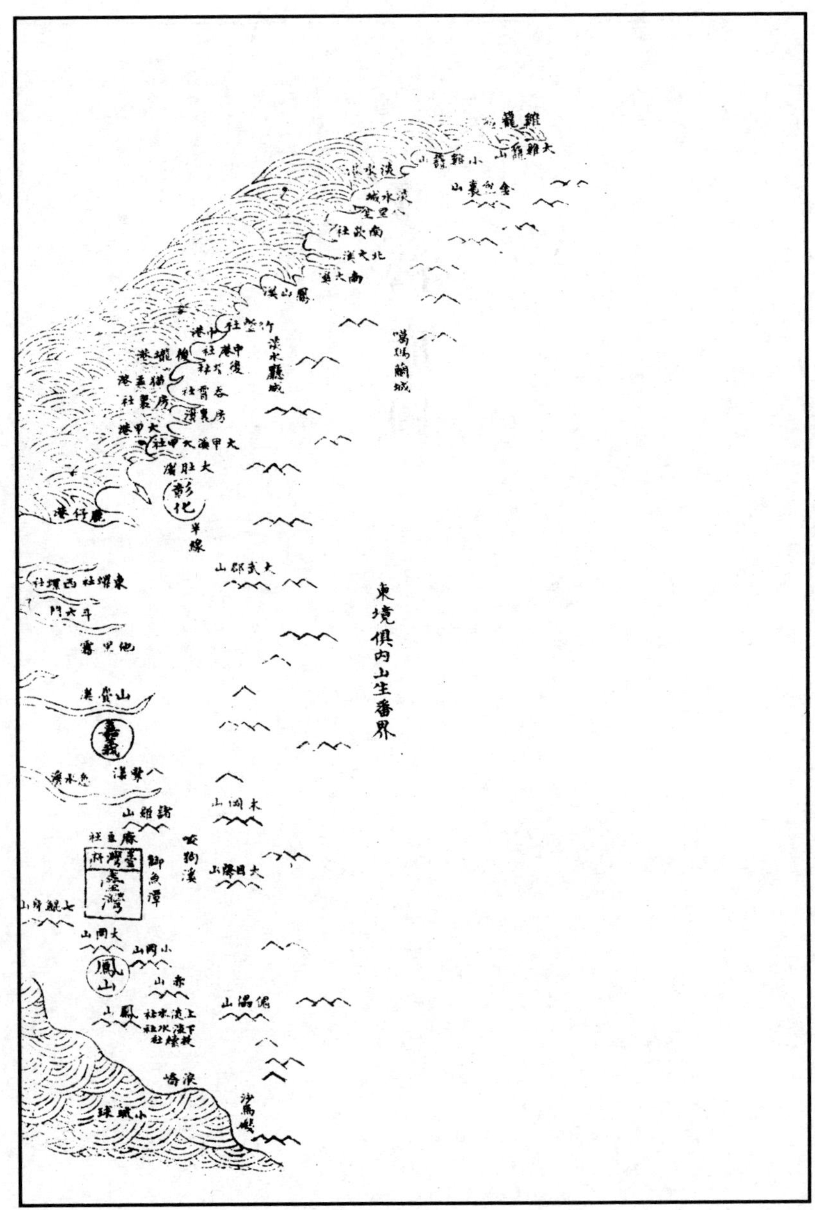
雞籠
大雞籠山
小雞籠山
淡水港
金包裏山
淡水城
八里坌
南崁社
鳳山溪
竹塹社
中港
中港社
後壠港
後壠社
淡水廳城
噶瑪蘭城
貓盂港
吞霄社
房裏社
房裏溪
大甲港
大甲社
大甲溪
大肚溪
彰化
鹿仔港
半線
大武郡山
東螺社
西螺社
斗六門
他里霧
東境俱內山生番界
山疊溪
嘉義
八掌溪
急水溪
諸羅山
木岡山
麻豆社
臺灣府
咬狗溪
鯽魚潭
大目降山
臺灣
七鯤身山
大岡山
小岡山
鳳山
赤山
傀儡山
鳳山
上淡水社
下淡水社
搭樓社
浪嶠
小琉球
沙馬磯

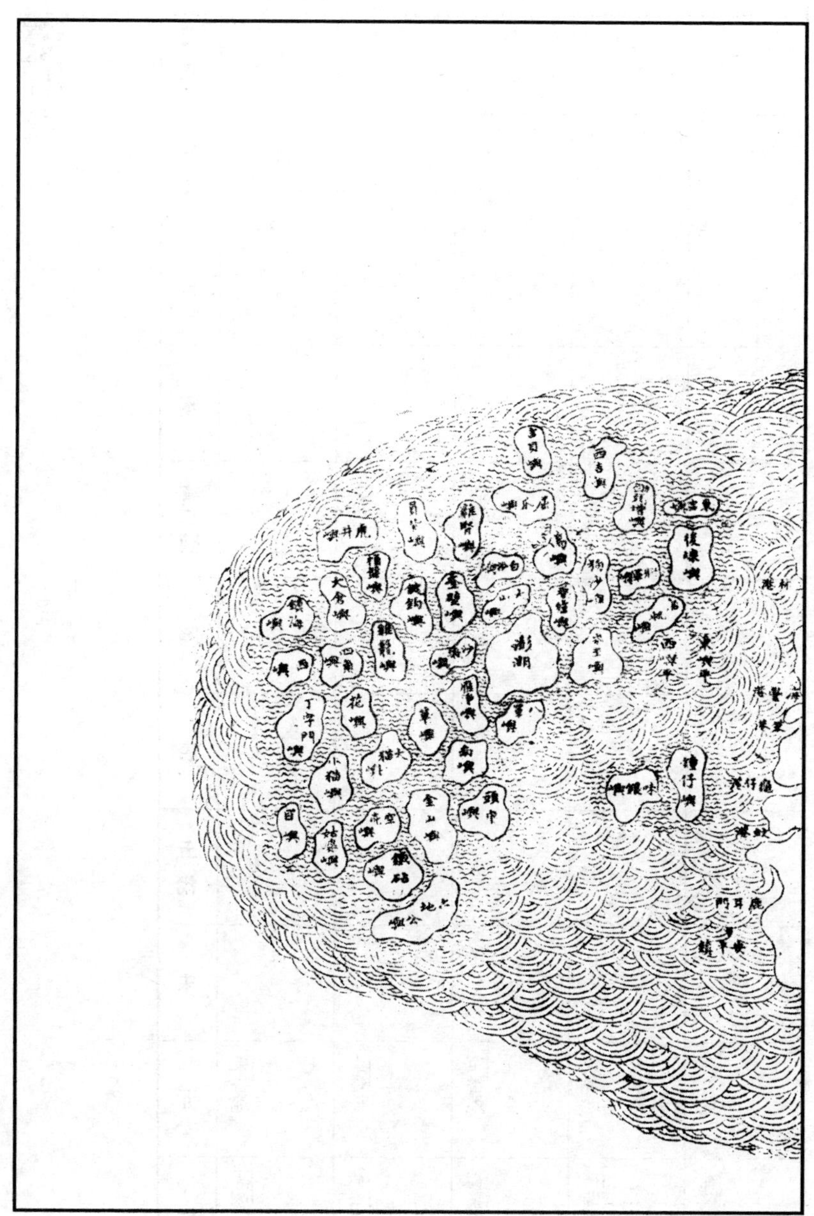
澎湖
西吉嶼
後壕嶼
大倉嶼
花嶼
丁字門嶼
小貓嶼
大貓嶼
金山嶼
西嶼
鹿耳門
安平鎮

臺灣府表

	臺灣府	臺灣縣	鳳山陽	嘉義縣	彰化縣
兩漢					
三國					
晉					
宋					
齊梁陳					
隋					
唐					
五代					
宋					
元	東番地。	東番地。	東番地。	東番地。	東番地。
明	天啓中荷蘭夷人據之。	荷蘭夷地。	荷蘭夷地。	荷蘭夷地。	荷蘭夷地。

大清一統志卷四百三十七

臺灣府

在福建省治東南五百四十里外，又水程一十一更，四面皆海。東西距除澎湖及水程四更外廣一百里，南北距二千八百四十五里。東至大山番界五十里，西至彭湖島五十里，南至沙馬磯頭海五百三十里，北至鷄籠城海二千三百十五里。自府治至京師七千餘里。

分野

天文牽牛、須女分野，星紀之次。

建置沿革

自古荒服之地，不通中國，名曰東番。隋開皇中，遣虎賁陳棱略澎湖三十六島。明嘉靖四十二年，海寇林道乾掠近海郡縣，都督俞大猷征之，追至澎湖，道乾遁入臺灣。天啓元年，閩人顔思齊引日本國人據其地，久之爲紅毛荷蘭夷人所奪。本朝順治十八年，海寇鄭成功逐荷蘭夷據之，僞置承天府，名曰東都，設二縣，曰天興、萬年。其子鄭經按：府志鄭經一名錦。改東都曰東寧省，升二縣爲州。康熙二十二年討平之，改置臺灣府，屬福建省，領縣三。雍正元年，增置彰化縣，領縣四。

臺灣縣。附郭。東西距除澎湖及水程四更外，廣五十里，南北距五十里。東至大山番界四十五里，西至鹿耳門海五里，南至鳳山縣界十里，北至嘉義縣界四十里。本東番地。本朝順治十八年，鄭成功僞置天興、萬年二縣，屬承天府。其子鄭經升二縣爲州。康熙二十三年，廢二州，改置臺灣縣，爲府治。乾隆五十三年，平定臺灣逆匪，欽頒御製紀事文三篇，並御製碑文，勒碑府城，垂示久遠。

鳳山縣。在府南八十里。東西距五十五里，南北距二百七十五里。東至淡水溪大山番界二十五里，西至海三十里，南至沙馬磯頭海二百三十里，北至臺灣縣界四十五里。本東番地。本朝順治十八年，鄭成功據之，屬萬年州。康熙二十三年，分置鳳山縣，屬臺灣府。

嘉義縣。在府北一百十七里。東西距五十一里，南北距二百五里。東至大山番界二十一里，西至海三十里，南至臺灣縣界七十七里，北至彰化縣界一百二十八里。本東番地。本朝順治十八年，鄭成功據之，尋屬天興州。康熙二十三年，分置諸羅縣，屬臺灣府。乾隆五十二年，以賊匪林爽文攻擾，時城内義民同官兵守禦無虞，賜縣名嘉義。

彰化縣。在府北三百九十七里。東西距四十里，南北距七百七十里。東至大山番界二十里，西至鹿仔港海二十里，南至嘉義縣治二百八十里，北至鷄籠城海六百八里。本東番地。本朝順治十八年，鄭成功據之，尋屬天興州。康熙二十三年，屬諸羅縣。雍正元年，分諸羅縣北半線地置彰化縣，屬臺灣府。

形勢

屹峙海中，延袤二千餘里，爲東南屏障。臺郡聞見録。四面環海，崇山峻嶺，横截其中。臺郡圖志。背負崇岡，襟帶列島，浪嶠南屏，鷄籠北衛，舊志。澎湖爲門户，鹿耳爲咽喉，鳳山縣志。七鯤身毗連環護，三茅港匯聚澄泓。客問。

風俗

禾麻蔽野，廬舍依然，畜牧之饒，無異中土。臺郡聞見録。節候稍晚，夏乃澍雨，人始耕種，歲一收穫，豐盈常足。同上。地無木棉，兼民不知蠶，布帛多資於中土。同上。尊敬長老，孤獨廢疾之人，則鄉社人共餔之。同上。民非土著，皆泉、漳、潮、惠之人，故習尚與内地無甚異。臺灣縣志。俗尚華侈，同上。喜鬭輕生。嘉義縣志。晚稻豐稔，資贍内地，所以户鮮蓋藏。臺海使槎録。

城池

臺灣府城。本朝雍正三年建柵城，周十一里三百三十四步，門七。乾隆元年，易七門以石，雉堞釘鐵皮，樓護女墻。五十三年，改築土城，周二千五百二十丈，高一丈八尺，以西面濱海，按舊基收進一百五十餘丈。臺灣縣附郭。城東門樓上舊祀關帝。乾隆五十三年，臺匪林爽文等滋事，官軍渡海，咸覩神像，尋即蕆功。七月，奉旨重修。御書扁額曰「神威翊應」。

鳳山縣城。在興隆莊龜山之麓。本朝康熙六十年建土城，圍以刺竹，周四里一百八十步，門四，有濠。乾隆五十三年移建竹城於埤頭，而於此地建龜山石卡，駐兵防守。嘉慶十二年仍還舊治，改築石城，周八百丈，高一丈八尺，建立礮臺，門四，有樓。

嘉義縣城。本朝康熙四十三年建柵城。雍正元年土築，周四里一百五十步，門四，濠廣三丈。五年，建城門樓。十二年，於土城外環植刺竹。乾隆六十年重建，周七百四十四丈有奇，高一丈八尺。

彰化縣城。本朝雍正十二年，環植刺竹，周四里一百十八步，門四。嘉慶十六年，甃以甎石，周一千二十八丈，高一丈八尺，並於城之四面及八卦山頂添設礮臺五座。

澎湖廳城。在臺灣縣西澎湖大山嶼西澳。本朝康熙五十六年建。

淡水廳城。在彰化縣北竹塹。本朝雍正十一年，環植刺竹，周二里一百六十步，門四，有樓。

噶瑪蘭城。在淡水廳所轄三貂溪東五圍。本朝嘉慶十六年，栽九芎樹爲城，東西、南北相距各一百八十丈，周五百四十丈，門四，有樓。

學校

臺灣府學。在府治西南。本朝康熙二十四年建，五十一年修，乾隆十四年重建。入學額數，閩籍二十一名，粤籍九名。

臺灣縣學。在縣治東東安坊。本朝康熙二十三年建，四十二年修，雍正十二年，乾隆十四年重修。入學額數十三名。

鳳山縣學。在縣治北門外。本朝康熙二十三年建，五十八年修，雍正七年、乾隆二年、十七年重修。入學額數十三名。

嘉義縣學。在縣治西門外。舊在西門内，本朝康熙四十五年建，乾隆十八年移建今所。入學額數十三名。

彰化縣學。在縣治東北。本朝雍正四年建，乾隆十七年修，二十四年重修。入學額數十三名。

淡水廳學。在廳城東門内。本朝嘉慶二十三年建。入學額數六名。

海東書院。在府治西南。舊在府學西，本朝康熙五十九年建，乾隆三十年移建今所。

崇文書院。在府城内東安坊。本朝康熙四十三年建，乾隆二十四年重建。

南湖書院。在府城南。本朝乾隆三十年建。

玉峯書院。在嘉義縣西門内舊學宫址。本朝乾隆二十四年建。

白沙書院。在彰化縣學宫右。本朝乾隆十年建，二十四年修。

明志書院。在淡水廳城北興直莊。本朝乾隆二十八年建。

户口

原額人丁一萬八千八百二十七，今滋生男婦大小共一百七十八萬六千八百八十三名口，計二十二萬四千六百四十六户。

田賦

田園四萬七千三百四十五甲八分有奇，又二千二十九頃八十八畝有奇，共額徵粟一十八萬八千四百八十四石二斗七合一勺，續報升課田園六百一十二甲一分三釐有奇，額徵銀三百八十三兩九錢二分二釐。人丁餉税，額徵銀一萬三千六百五十三兩八釐。

山川

大目降山。在臺灣縣東五十里，土番所居。通志：山下有大目降溪，蜿蜒而下，過平坂，隸於番。其南曰柳仔林山，列阜如屏，延亘數里。其西北爲馬鞍山，自木岡西遞衆山重疊不一，馬鞍其盡處也。按：輿圖，臺灣之東有大岡山，當即木岡及大目降山，字音訛異耳。又通志自大目降山，歷保大里東、保大里西，至新豐、永豐二里，又南抵崇德里，相距百里，其山崔嵬險阻，人迹不到，從無名號。以此知大岡山蓋大山之統名也。

香洋仔山。在臺灣縣東南。通志：山在湖仔内山南，嶐嶁絡繹，擁起平疇。

角帶圍山。在臺灣縣東南二十六里。通志：在香洋仔山南，下有深坑仔、紅毛寮溪，過此曰岡山溪，爲鳳山縣界。

按：舊志小香洋山東爲深坑仔，又西南爲大香洋，溪流逶迤，山水幽勝，即指此山也。

猪母耳山。在臺灣縣東南五十八里。通志：下有鯽魚潭、許寬溪、咬狗溪、石頭坑，又有遥接其南者，曰湖仔内山。

大岡山。在臺灣縣南八十餘里。山頂險峻，上有巨岡，可望不可登，近鳳山縣之嘉祥里。亦曰江山，又曰碙山。其東南爲小岡山，近鳳山縣之長治里。新志：大岡在北，小岡在南，兩山相對峙，凡至臺舟過澎湖東吉澳，即見此山，與臺灣猴洞諸山相界處也。以輿圖考之，臺灣有兩大岡山，一在臺灣東稍北，當即舊志大脚山與新志大目降山也；一在縣南。又南曰小岡山，與鳳山縣接界。

木岡山。在臺灣縣東北三十三里，與嘉義縣相接。巍峩特聳，其頂常戴雲霧，天氣清明，始見山形，其峯上與天齊。通志：臺灣之山，此最高大，爲一府諸山之祖，亦縣治之主山也。北至蔦松溪，則爲嘉義縣界，山之南有番仔湖山，拔地而起，與木岡山勢相聯屬。按輿圖，臺郡北自雞籠山，南至沙馬磯頭，二千餘里，東偏負山，西面臨海，其山蜿蜒不斷，總名大山，亦總呼爲木岡山。

阿猴林山。在鳳山縣東。林木茂密，漸入番界。

赤山。在鳳山縣東十里。上有湯池。舊志：去府一百四十里。通志：陂陁平衍，時有火出其上，由此而南，悉屬番社。又鳳彈山東北一山，土色純赤，亦曰赤山。

觀音山。在鳳山縣東南十五里。舊志：有水西流，入小岡山水。通志：在阿猴林西北，起伏盤曲，中峯屹立，若菩薩端坐，衆小峯拱峙於側，故名。又七星山，聯絡觀音山之北，七峯皆戴石如星。

傀儡山。在鳳山縣東南六十里。土番所居，呼爲加嘮。通志：在縣治東，沖霄聳起，常帶雲霧。舟行至澎湖，天氣晴霽，即見此山，重岡複岫，皆人跡所不到，總呼爲傀儡山。野番出没於此。其分支爲北葉山，自是而南爲蜈蜞嶺，其左爲琅嶠山，又南而直抵於波濤中者，爲沙馬磯。自磯迴轉而東，有兩峯並峙，高出天表，爲綱卒山、老佛山，由二山絡繹而北，纍纍不絕。又有朝華離山、大柴高山、霄馬于山、大烏萬山，皆背立傀儡山之後，俯臨海中。

毘南謚山。在鳳山縣東南二百二十里。亦曰卑南覓山。舊志：山連延高峻，上多松杉，人跡不至。夜望之，有光如火。又金山，在縣東境外多羅滿港内，相傳産金。又大女覓山，有芋葉大如屋，土番珍之。

沙馬磯頭山。在鳳山縣東南二百三十里海濱。其南有仙人棋盤石，亦曰仙人山。舊志：山形如城，下可泊舟，水退時，有礁狀如馬。通志：吕宋船往來，皆以此爲指南。

鳳山。在鳳山縣南三十里。形若飛鳳，縣以此得名。舊志：上多巨石，嶔崎玲瓏。通志：旁有二小峯如翅，又東北有數小峯如卵，曰鳳彈山。西南山岡曰鳳鼻山，邑治之對山也。

虎仔山。在鳳山縣西南七里濱海。亦曰打鼓山，俗呼爲打狗山。舊志：北去府治百里，下爲打狗仔港，冬産青魚。通志：山特峙海濱，舊有番人居之。明嘉靖間，流寇林道乾爲俞大猷所逐，遁入於此，後從海道逃入占城，其遺種尚有存者。今水師營壘尚在。由此山蜿蜒而下，勢若長蛇，爲蛇山，在邑治右。又旗後山，在打鼓山西南臨海上，爲漁人採捕處。其參差隔海，列於打鼓左右者，西有石佛，石佛北有石塔，南有凉繖礁，皆屹立海中。舟人經此，必鳴金焚紙，以祭海神。

七鯤身山。在鳳山縣西北。通志：自打鼓山穿田過港，逶迤六十餘里，平地中結爲七峯，如鯤魚鼓浪。其山無石皆沙土，上多雜木，蒼翠可觀。

半屏山。在鳳山縣北七里。通志：自臺灣縣大、小岡山，迤邐而南，近附於縣治者，爲半屏山，形如畫屏，故名。蓮花潭直過其下，懸巖陡立，又呼爲半崩山。又縣左有龜山，近接半屏山，中多喬木，繁陰密蔭，望之蔚然深秀。又漯底山，在半屏山西北，平原中一邱浮出，其頂寬平，上有小竅出水，若無底然。

滾水山。在鳳山縣東北。舊志：在岡山南二十餘里，下有湯泉，廣五十餘畝，泉源沸突，微有硫氣，流瀦爲潭，周數十里，有山環障。中起三洲，古木森列，居民決水灌田，饒沃數千頃。通志：有大、小滾水二山，相距十里許，上有濁泥水滾出。

火山。在嘉義縣東二十五里玉案山東稍南。通志：山多石，石隙泉湧，常有火出水中。

大武巒山。在嘉義縣東南。通志：由彰化縣大遯山南奔七百餘里，山脈停駐，挺爲是山，特立圓秀可愛，縣治之主山也。又牛朝山，在縣西北十里。通志：由大武巒迤邐而西二十餘里，横岡如帶，近貼縣治之背，復自右旋左，尾一小山，逆列水口，爲邑治鎖鑰。按：大武巒即諸羅山。舊志山在縣東，地最肥饒，縣治其麓，多熊豕獐鹿，縣之得名以此。

玉山。在嘉義縣東南大武巒山之後，色白如銀，北與彰化縣之水沙連内山接。通志：三峯並立，高出羣山，爲大武巒後障，終歲雲封其頂，惟冬日晴明可見，頃刻烟霧復合矣。

多佀居山。在嘉義縣東南。舊志：在天興州東北百餘里，山極高峻，盛夏雪消，流成瀑布。

阿里山。在嘉義縣東南。通志：山極遼濶，内有八社。又東南爲大龜佛山，同爲邑治左肩。又東爲肚武膋山，爲番米基山。

馬椆山。在嘉義縣東南二十里。通志：自半月嶺而南，又西轉爲鬬仔嶺。山徑仄如天險，下有漢人耕種其中。相近有糞箕湖山，又小龜佛山，在糞箕湖西南。下有古樹高數丈，相傳有神附焉，居民皆徙數里外。東南爲赤山，土色皆赤。按：此與舊志龜佛山異，舊志謂山東臨中港者，今爲彰化縣山。

玉案山。在嘉義縣東南三十里。通志：山自東而折於南，居邑左臂，爲學宫對山，舊名玉枕。又嵌頭山，在玉案山東北，其西南爲筆架山。又有翁上天山，如老翁扶杖欲行狀。又西爲半月嶺。

大武壠山。在嘉義縣東南六十里。通志：山繞玉案山後，與學宫遥對。又西北爲五步練山，峭險不容足。相並爲消離山，其支峯聯絡於南，爲鹿駇山、東西烟山、虎頭山、内茄拔山、琅包山，下有曠埔，漢人多耕種其中。

南馬仙山。在嘉義縣南。通志：山勢騰空卓立，其南爲烏山，西南爲芋匏山、羅漢門山、猴洞山。山有大石洞，洞外舊屬臺灣縣，雍正三年，割東南界至羅漢門歸諸羅縣，以分水嶺爲界。

大福興山。在嘉義縣東北。通志：一名大目根山，與覆釜金山同爲縣治右肩。又東爲枋仔岸山、鹿楮山、打利山、鹿仔埔山，則爲邑右之外輔。

葉仔林山。在嘉義縣東北七十里。通志：與大武巒山相接，自東旋北，居嘉義縣右臂。稍北爲鼎蓋梁山，爲梅仔坑山，又北爲尖山、子山，又北爲奇冷岸山，又北爲彰化縣界。

寮望山。在彰化縣，其麓舊爲半線營，今爲縣治。通志：山北爲猫羅社，東南爲猫羅山。按：舊志有打猫山，在嘉義縣東北百餘里，多巨木鳥獸，當即猫羅山也。

半線山。在彰化縣東。舊志：在廢半線司東，美田疇，利畜牧，産樟栗可造舟楫，明末海寇林道乾竄此。

大武郡山。在彰化縣東南四十里。通志：去大雞籠七百餘里，在虎尾溪之北。山之西南有大武郡社，社東爲南投山。有社二，溪南曰南投社，溪北曰北投社。又有阿拔泉山、竹腳寮山，内有林冀埔，漢人耕種其中。上有九十九尖峯，玉筍排簇天際，下爲大吼山、栲栳山。又東北爲水沙連内山，南與嘉義縣之玉山相接。又西隔一溪，爲撲仔籬山。

牛相觸山。在彰化縣東南六十五里。通志：南北兩峯如牛奮角相觸，中隔小溪，溪南爲嘉義縣斗六門界。溪北爲縣之大武郡山界。

倒旗山。在彰化縣北。通志：山形如旗，由宛裏山而北，漸逼於海，小峯錯落。與倒旗相連者爲礁筊叺山。

岸裏山。在彰化縣北。通志：山深險，其東北即南日山、猫盂山。

大肚山。在彰化縣北。舊志：在廢半線司北，山形圓聳，下有大肚溪。通志：與寮望山對峙，山後爲猫霧捒社，其北爲沙轆山、鐵砧山、宛裏山。

南嵌山。在彰化縣北南嵌社。東爲太平山、猫裏山、椰裏歷山、交眉山。

南山。在彰化縣北竹塹社之南。通志：相近爲小鳳山，與眩眩山形勢相屬，下爲竹塹埔，漢人耕種其中。東爲祐武乃山，極高大，與合歡大山障蔽南日諸山之後，遥接干豆門諸社及查内山。按府志干豆門作關渡門。

大遯山。在彰化縣北。通志：由小雞籠蜿蜒而南，矗起屼立於淡水港之東北，即奇獨龜崙山也，烟霏霧靄，峯巒不可枚舉。

圭州山。在彰化縣北大遯山之南。舊志：在海濱淡水城東。

硫黄山。在彰化縣北，近淡水城。舊志：山下常有火光，日照之氣能傷人，土可煎硫。一名磺山。通志：山在大遯山東，内有雞柔山，外爲北投社，西極港口，循港逆折而東，爲干豆門。

八里坌山。在彰化縣北淡水城西。舊志：上有古鐵猫，觸之則病。通志：自干豆門穿港而西，山勢雄偉，傑出於淡水港之東南。

大雞籠山。在彰化縣北海中雞籠城之南。舊志：下有港甚寬廣，可容巨舟數十，紅毛嘗築城於此，山在港東，一望巍然，爲全臺祖山。凡往來日本洋船，皆以此山爲指南。其西有金包裏山，山背有二石對峙，曰旗杆石。又西有小雞籠山，亦曰鼻頭山，峻峙海濱，有石中空曰石門。

山朝山。在彰化縣東北。通志：自大雞籠分支，東渡八尺門港，雙峯遥峙，高不可極。山南爲生番三十六社，居噶瑪蘭地，人跡罕到。其南爲買猪未山，兩山相去百餘里。又南爲哆羅滿社山，東南爲噶瑪蘭山，又南爲黑沙晃山，爲崇爻山，二山皆極高大，内有生番十社，亦人跡所不到。又南衺接鳳山縣之毘南謚山界。「噶瑪蘭」舊作「蛤仔灘」，今改。

澎湖島。在臺灣縣西大海中，西與泉州金門相望。唐施肩吾有澎湖詩。宋時琉球國在泉州之東，有海島曰澎湖，烟火相望。元史：漳、泉、興、福四州界内，澎湖諸島，與琉球相對，水至澎湖漸低，近琉球則謂之落漈，其水趨下不回，最爲險迅。至元二十八年，閩人吴志斗言欲伐琉球，宜就澎湖發船。明年自汀州渡海，伐之不克，還駐澎湖。舊志：山形平衍，東西約五十里，南北約二十里，周圍小嶼頗多，自泉州府城東出海，三日可至。至元末置巡司於此。明洪武二十年，盡徙嶼民，廢巡司而墟其地。嘉靖中，海寇曾壹本、林鳳等據爲巢穴。萬曆二十年，以倭犯朝鮮，增設戍兵。三十七年，紅夷一舟闌入澎湖，久之乃去。天啓二年，有高文律者，乘戍卒單弱，以十餘船突據澎島，遂因山爲城，環海爲池，肆毒於漳、泉沿海之地，要求互市。巡撫南居益遣兵分三路進剿，大破其兵，乃復澎湖。議於穩澳山開築城基，東、西、南各留一門，北設礮臺。本朝順治中，鄭成功保據厦門，兼有澎湖，後取臺灣，倚爲重鎮，設安撫司，領巨艦二百，精兵二萬拒守。康熙二十二年，施琅帥舟師南征，抵八罩水，進攻澎湖，因風縱火克之。通志：澎湖島，古稱三十六嶼，泛若水中之鳧，下有三十澳。其最大而居中者曰大山嶼，縱横各三十餘里。嶼之東偏曰香爐嶼，西偏曰雁浄嶼，曰沙墩嶼，北偏曰奎壁嶼，山外曰錠鈎嶼，産紫菜，曰雞腎嶼，曰員背嶼，又北曰鳥嶼，曰白沙嶼，最北曰屈爪嶼、吉貝嶼，其最西有目嶼，嶼之東有姑婆嶼、鐵砧嶼、土地公嶼、金山嶼、空殻嶼，而正西爲西嶼、丁字門嶼，稍北爲鎮海嶼，東則大倉嶼。西嶼之後，有四角嶼、雞籠嶼、桶盤嶼、虎井嶼。轉而南，有花嶼、草嶼、大猫嶼、小猫嶼、南嶼、頭巾嶼、八罩嶼，嶼周三里餘，居民稠密。北爲狗沙嶼，相對爲將軍嶼。稍西爲岑圭嶼，後爲船帆嶼、後埭嶼。其南曰東嶼平，曰西嶼平，二嶼居南嶼之東，而平分一水，故名。其下流曰味銀嶼，曰鐘仔嶼，又東曰東吉嶼，曰西吉嶼，參其中曰鋤頭增嶼，渡海者必由二吉以入，蓋入臺之指南也。總計嶼實四十有五云。

按：奎壁嶼，舊志作龜壁山。員背，府志作員貝，亦稱灣貝。

小琉球嶼。在鳳山縣南一百里下淡水南大海中。舊志：嶼周二十餘里。通志：突起一峯，盤鬱蒼翠，中無人居，多産椰子竹木，下多巉巖巨石，大舟灣泊甚難，蓋鳳山縣之水口也。

浪嶠南嶼。在鳳山縣南二百四十里。一名瑯嶠山。舊志：自沙馬磯頭，一潮水可至，遠視微茫，舟人罕至，土番所居，地宜羊，去下淡水三百餘里，多瘴氣。

南謚東嶼。在鳳山縣南二百二十餘里海中，去南謚三里許，爲一方之蔽。土番至彼，見水中有菓稻流出，而無從蹤跡也。

北澎湖嶼。在彰化縣極北雞籠城東北大海中。舊志：嶼低平寬廣，周約二十餘里，其旁多溜，舟人憚之。

海。環臺灣府境皆海。舊志：舟人渡洋，不辨里程，一日夜以十更爲率，自雞籠淡水舟行至福州港口五更，自臺灣港至澎湖四更，自澎湖至泉州金門所七更，東北至日本國七十二更，南至呂宋國六十更，東南至大港二十二更，西南至南澳七更，皆就順風而言。又自雞籠而東南，約三更以外，便爲下溜，舟不可至。通志：海居極東，月常早上，故潮水長退，視同厦亦較早焉。初一、十六，潮滿巳、亥，而竭於寅、申。初八、二十三，潮滿寅、申，而竭於巳、亥。然南北亦有不同，從半線以下，潮流過北，汐流過南，與澎湖同。半線以上，潮流過南，汐流過北矣。海多颶風，最甚爲颱，土番有識颱草，草生無節，則周歲無颱，一節則颱一次，多亦如之，無不驗。

臺江。在臺灣縣西門外大海，由鹿耳門入，各山溪之水匯聚於此，南至七鯤身，北至蕭壠茅港尾。

岡山溪。在臺灣縣東南三十里，源出大岡山。紅毛寮溪，在縣東三十里，源出深溝。二贊行溪，在縣南二十里，合岡山、紅毛寮二溪，由喜樹港入海。爲臺、鳳分界處，溪北屬臺灣，溪南屬鳳山。

蔦松溪。在臺灣縣北十里。上源有二，北源出縣東北湖仔内山，曰咬狗溪，西南流；南源出縣東柳仔林山，西流曰大目降溪，過大目降莊，北與咬狗溪合，經鯽魚潭，又西經府城北，爲蔦松溪，又西入於海，亦曰大目溪。又縣東三十里爲卓猴溪，源出卓猴後山，合洋子港，縣東十五里爲許寬溪，流入鯽魚潭，俱會於蔦松溪。

下淡水溪。在鳳山縣東南三十里。舊志：自淡水社西流入海，旁多水田，利畜牧，亦名下湛溪。通志：源出東北大山，受巴六溪之水，西出而爲西溪。又與赤山仔所受衆流之冷水坑合，入於海。

力力溪。在鳳山縣西六十里淡水溪南。源出大山中，西南流經力力社北，又西南入海。

放縤溪。在鳳山縣西七十里力力溪南。源出大山中，北源曰中溪，南源曰畢鄉溪，合而西南流，經放縤社北，又西南至隴興港，入於海。

濁水溪。在鳳山縣東北三十里。通志：源出大滚水山，水流極濁，南合小岡山之水，會彌陀港入於海。

八掌溪。在嘉義縣南二十里。通志：源發玉山，過枋仔岸山、阿里山、牛朝山之西南，至白鬚公潭，過小龜佛山，西至青峯闕入海。

急水溪。在嘉義縣南三十里。通志作嘓溪，源出大武壠山十八重溪，合哆囉嘓社北九重溪水，過雙溪口，西南爲急水溪，下急水渡，西匯於蚊港入海。

灣里溪。在嘉義縣南七十里。源發縣東南大山，西流過灣里鋪北，又西至新港口入海。稍北有麻豆溪，西流入海。

牛朝溪。在嘉義縣西五里。通志：源發大武巒山，出大福興山、牛朝山之北，西過北新莊，至槺榔莊，爲龜仔港入海。

山疊溪。在嘉義縣北二十里。通志：在牛朝溪北，發源阿里山，西流至雙溪口，北會石龜溪，又西流至笨港入海。石龜溪，發源奇冷岸山，西流南與山疊溪合。按：府志作三疊溪。

虎尾溪。在嘉義縣北六十五里，彰化縣南，二縣以溪爲界，過此而北，人烟漸少。舊志：源出大山中，從柴裏、斗六門社流出，截溪分流而北，經東螺社南，折而西南流，復合爲一，西入於海。通志：虎尾溪，源發於水沙連内山麓，西流過牛相觸山，北分於東螺，又南會嘉義縣阿拔泉溪之水爲西螺，又西至臺仔挖入於海。東螺溪，分自虎尾溪北，折而西流，匯於海豐港入海。

大武郡溪。在彰化縣南。通志：源出大武郡山，西流至鹿仔港入海。

大肚溪。在彰化縣北十里。舊志：源出大山中，西流經大肚社南，又西入海。通志：溪濶水險，源發於南投山，過北投猫羅社，北合水沙連九十九尖之流，西過阿東社北爲草港，入於海。

大甲溪。在彰化縣北四十里。舊志：源出大山中，流經大甲社南，又西入海。溪中多石，艱於行涉。通志：溪面甚濶，源發於岸裏内山，西流，南分爲牛駡溪、崩山溪，西入海。

大安溪。在彰化縣北。通志：險如大甲，溪而較狹，發源於水沙連内山，西流過岸裏、南日二山，支分於南日山之後，曰房裏溪，分於鐵砧山之北，曰猫盂溪，西匯於雙寮海口入海。

吞霄溪。在彰化縣北。發源於南日山，西流至倒旗山前，入於海。

後壠溪。在彰化縣北。發源於猫裏山，西流至後壠港入海。

中港溪。在彰化縣後壠溪之北。源發於合歡大山，西流至中港社西入海。

竹塹溪。在彰化縣中港溪之北。源出大山中，西流經竹塹社北，又西入海。

鳳山溪。在彰化縣竹塹溪之北。通志：源發查内山，西流至小鳳山埔入於海。

南、北大溪。在彰化縣東北。俱發源大山中，西流入海。

南嵌溪。在彰化縣北大溪之北，西流經南嵌社南，折而北，與社北之水會，西北流入海。

長豆溪。在彰化縣東北。通志：源發八里坌山南，西流入於海。

上淡水溪。在彰化縣東北上淡城西。舊志：源出東北界大山中，深十餘尋，緣岸皆古梅，舟行數日不窮。中產紅心魚，長竟丈。其水西流北折，會巴浪泉水，北入於海。通志：八里坌山之北，爲淡水港海口，至干豆門，水程十里，内有大澳，分爲二港，可泊大艘數百。

磺溪。在彰化縣東北。通志：源出磺山，西流出干豆門入海。東北即雞籠港。

馬沙港。在臺灣縣西南。舊志：西通大海，北接臺灣南岸，即安平鎮城，亦名馬沙溝。新志：安平鎮港潮汐與鹿耳門、七鯤身相連，寬衍可泊千艘。又北線尾，在鹿耳門南，有柴頭港，紅毛時水甚深，夾板船可入，今淤淺。

大圓港。在臺灣縣西。海港自鹿耳門以内，周環皆隄，海舟聚泊，後紅毛建城如臺，因亦謂港爲臺灣。

網港。在臺灣縣西北，廢天興州北。舊志：漁人恒取魚於此。

新港。在臺灣縣北十五里。源出木岡山，西流至洲仔尾入海。港南爲臺灣縣界，港北爲嘉義縣界。

鼈興港。在鳳山縣東六十里，放縤溪西入海處。

打鼓仔港。在鳳山縣西南七里。通志：港口有巨石，劈分水門，水分兩條，南入爲前鎮港，又入爲鳳山港，至鳳山莊，北入爲硫磺港，至興隆莊。

蟯港。在鳳山縣西北十五里。舊志：上源自小岡山，西流會觀音山，又西經縣西北維新里入海，可泊小舟。新志：蟯港係臺灣轄，其南爲竹仔港，又南爲彌陀港，即小岡山水及濁水入海處。又南爲萬丹港。

蚊港。在嘉義縣西南六十里。源出縣東大山中，曰急水溪。西流經鐵線橋，又西入海。其北有八掌溪，亦自大山西流經縣南，又西入海，是爲蚊仔港。其南爲茅港、尾港，又西南爲麻豆港。按：舊志蚊港在縣西北，上流爲石龜、山疊二溪，至縣北合八掌、牛朝溪諸水入海，俱誤。

龜仔港。在嘉義縣西南六十里，爲牛朝溪西入海之口。

笨港。在嘉義縣西北。上流石龜溪、山疊溪，二水合而西入海。

海豐港。在彰化縣西南六十里海汊，與嘉義縣西北接界。

鹿仔港。在彰化縣西十五里。港口有水栅，可容六七十人。按：輿圖，彰化縣海港極多，循海豐而北爲三林港，又北爲鹿仔港，又北爲草港，又北爲大甲港，又北爲雙寮海口，即房裏溪、猫盂溪入海處。又北爲後壠港，又北爲中港，又北爲竹塹港，又北爲鳳山港，又北爲南、北大溪港，又北爲南嵌港，又北爲淡水港，又東北爲雞籠港，又東爲八尺門港，又東南爲噶瑪蘭港。

茫丹湖。在鳳山縣北半屏山西，西通大海。

甘棠潭。在臺灣縣東保大東里，居民瀦水灌田。又有無源潭，在縣東南永豐里。承天、鴛鴦、水漆三潭，俱在縣南文賢里。

鯽魚潭。在臺灣縣東北十里，俗名東湖。舊志：周五里許，多魚，一名鯽仔潭，其水北流遶縣北，會蔦松溪水，西入海。又鳳山縣亦有鯽魚潭，在縣西北維新里，闊百餘丈。

草潭。在鳳山縣東北觀音山莊，灌溉甚廣。又縣境有風櫃、蓮花、金荆三鎮，龍鬚等潭。

鬼面潭。在彰化縣北大山中。舊志：潭夏秋溢，冬春竭，有魚蝦之利。

深溝。在臺灣縣東四十里，俗名深坑仔，源出角帶圍內山，流入二贊行溪。

月眉池。在臺灣縣南文賢里，形如半月。

蓮花池。在彰化縣北大山中。池内有嶼，土番居此者，浸版爲田，種禾甚美。

湯泉。在鳳山縣。有二，一在下淡水社，源出赤山，一在大滚水社，泉俱温，故名。又嘉義縣東北有温泉，泉上氣蒸如沸。

龍目井。在鳳山縣阿猴林内竹仔寮，兩井相連，狀如龍目。相傳沈疴者飲其水即愈。又淡水廳大雞籠山麓亦有龍目井，下臨大海，四周斥鹵，泉湧如珠，濆地而起，味獨甘洌。

紅毛井。在嘉義縣署左。其水甘冽，荷蘭所鑿，故名。

古蹟

赤嵌城。在臺灣縣南。明嘉靖四十二年，流寇林道乾據爲巢穴，名北港。既而倭寇擾閩，退屯於此。萬曆末，紅夷荷蘭國欲據澎湖，尋徙北港，因招集人民商賈爲窟穴。崇禎八年，紅夷始築赤嵌城。本朝順治十八年，鄭成功與倭使何斌通謀，破逐紅夷，取其地，建爲承天府。康熙二十二年，鄭克塽降，改設臺灣府，尋移治永康里，即今府治。舊志：紅夷所築赤嵌城，方圓僅半里許，上構重樓，以爲居室。府志：赤嵌樓，在鎮北坊，又名紅毛樓，今漸圮。

臺灣故城。在臺灣縣西南二十里。明崇禎八年，荷蘭夷築，方圓一里，右憑鹿耳，左面海洋，並設市城外，以通漳、泉商賈。後鄭成功居此，更名安平鎮。府志：紅毛城在安平鎮，亦名安平城，又名赤嵌城。荷蘭於一鯤身頂築小城，又築外城繞其麓，城垣疊甎凡三層，下一層入地丈餘而空其中，雉堞俱釘以鐵，廣二百七十七丈六尺，高三丈有奇，女牆更寮，與内城相聯綴，瞭亭螺梯，風洞機井，鬼工奇絶。本朝康熙五十七年修。

鳳山故城。在鳳山縣埤頭。本朝乾隆五十三年移建，用刺竹圍插。嘉慶十二年，仍復興隆莊龜山舊城，以興隆司巡檢及舊城把總駐此。

淡水故城。在彰化縣北淡水八里坌山北麓，紅毛番築。本朝雍正二年，設門四。今爲滬尾營水師分駐之所，城僅十數圍，多坍塌。

澎湖暗澳城。在臺灣縣西澎湖。明嘉靖間林道乾爲亂，都督俞大猷追之，道乾遁入臺灣，大猷因駐師澎湖，築城於暗澳以守。今故址尚存。

萬年廢州。在臺灣縣東南二十里二贊行。本朝康熙元年，鄭成功置萬年縣，鄭經升爲州，二十二年廢。

天興廢州。在臺灣縣東北四十里新港。本朝康熙元年，鄭成功置天興縣，屬承天府，鄭經升爲州，二十二年廢。

廢雞籠安撫司。在彰化縣極北海中。明永樂時，中官鄭和奉節招撫，嘗三泊雞籠、淡水，後荷蘭夷據之，築雞籠城。本朝康熙元年，鄭成功置安撫司，二十二年廢。今置兵戍守。

廢淡水安撫司。在彰化縣北，有城，亦荷蘭夷築。本朝康熙元年，鄭成功置淡水安撫司，二十二年廢。

廢半線安撫司。今彰化縣治。本朝康熙元年，鄭成功置半線安撫司，二十二年廢。

察院舊衙。在府治東南。本朝康熙六十一年，設巡臺御史駐此，乾隆五十二年裁。

夢蝶園。在臺灣縣小南門外。明季龍溪舉人李茂春遯跡至臺，構亭永康里，因以名園。今爲法華寺。

樣林。在臺灣縣西南。今爲施襄壯侯祠。

忠義亭。在鳳山縣港西里西勢莊。本朝康熙六十年，總督覺羅滿保爲粤莊義民建，雍正十一年修。

望海亭。在淡水廳營盤後山之畔，海市萬狀，悉入望中。

秀峯塔。在府治西南學宫之巽方。高五丈有奇，周六丈，凡五級四門。本朝乾隆六年建，今廢。

關隘

北關。在噶瑪蘭硬枋。高山險峻，大石鱗列，爲廳咽喉。本朝嘉慶十五年，設外委駐防。

鹿耳門。在臺灣縣西三十里。舊志：爲臺灣出入咽喉，兩岸皆築礮臺，水流峽中，委折迴旋而入。中有海翁崛，多浮沙，水淺風急，則深淺頓易，最爲險要。門内水面寬展，可泊千艘，即大圓港也。今有水師戍守。又縣西北有大目港，亦爲要地。通志：鹿耳門，在臺灣港口，形如鹿耳，港甚隘，下有隱石，行船者以浮木植標識之。

斗六門。在嘉義縣北四十里，去竹腳寮二十餘里，爲生番隘口。本朝乾隆二十六年，移臺灣縣新港巡司駐此。五十三年，改設縣丞。

羅漢門巡司。在臺灣縣西南六十五里，爲臺灣、鳳山、嘉義三縣之總路。本朝雍正九年，設縣丞駐此。乾隆五十四年，改設巡司，駐灣崎。嘉慶十五年，移駐番薯寮。

下淡水巡司。在鳳山縣埤頭。本朝康熙二十三年，置於下淡水東港。五十一年，移駐赤山之巓，尋移大崑山麓。乾隆五十三年，移駐興隆莊。嘉慶十二年，移駐今所。

大武壠巡司。在嘉義縣東南六十五里。本朝乾隆五十三年，移斗六門巡司駐此。

佳里興巡司。在嘉義縣西南四十里鹽水港。本朝康熙二十二年，置巡司於縣治右。六十一年，移駐縣西北笨港。雍正九年，復移駐此。

猫霧捒巡司。在彰化縣北二十里。本朝雍正九年設。

竹塹巡司。在淡水廳城内。本朝雍正九年設，又廳北舊有八里坌巡司，亦於是年設。乾隆三十二年，移駐新莊。五十四年裁。

大甲溪巡司。在淡水廳南一百二十里。舊爲彰化縣鹿仔港巡司，本朝雍正九年設，嘉慶二十年以竹塹至大甲溪一帶各口岸海禁緊要，移駐於此，改今名。

羅東巡司。在噶瑪蘭，距廳城三十二里。本朝嘉慶十五年設。

南路營。在鳳山縣西龜山下。設參將駐守。

又勝、永勝二寨。在臺灣縣北登臺、新莊二處。本朝乾隆三年，以其爲生熟番往來要區，設立二寨，撥鄉勇三十名巡防。又柳樹南莊口另立營盤，撥猫霧捒、彰化汛兵各五十名駐防。

舊社。在臺灣縣東新豐里。又中港岡，在縣東南長興里，俱有營兵分防。

上淡水社。在鳳山縣南。舊志：赤山南至上淡水社八十里，又二十里至下淡水社，又十五里至力力社，又十五里至茄藤社，又六十里至放縤社，又八十里至茄洛堂，又一百二十里至浪嶠，嶠内俱深山大林，土番或攀蘿捫葛而出，不通人行。

麻豆社。在嘉義縣南。舊志：自臺灣縣新港，又北五十里至麻豆社，又九十里至諸羅山，又一百里至他里霧，又一百二十里至大武郡，又六十里至半線，又一百十里至水裏社，又三百里至大甲社，又一百四十里至房裏社，又一百三十里至吞霄社，又一百三十里至後壠社，又二十里至新港仔，又四十里至中港社，又一百里至竹塹社，又二十里至眩眩社，又二百里至南嵌社，又八十里至八里坌社，又過江十五里至淡水城，又三十里至奇獨龜崙，又六十里至内圭州社，又六十里至大屯社，又四十里至小雞籠，又超石一百五十里至金包裏外社，又十里至内社，又超大石二百里至雞籠頭，又踰大江二十里至雞籠城。城屼懸海中，旁無港澳可泊，夏天風静，水程東行四日，可至噶瑪蘭。計府治至雞籠，共二千三百一十里。

津梁

大枋橋〔一〕。在臺灣縣東安坊。本朝康熙二十三年重建，三十三年修，乾隆十年重修。又有德慶橋，乾隆十六年建。

蓬溪橋。在臺灣縣東十五里永康里。本朝乾隆十八年建。

甎仔橋。在臺灣縣西定坊。明末荷蘭所建。

安瀾橋。在臺灣縣西門外。本朝康熙五十九年重建。

德安橋。在臺灣縣。本朝乾隆十二年建，三十二年重建。又有塭岸橋，亦三十一年建。

坑仔口橋。在鳳山縣東南五十里下淡水社。本朝康熙年間建。

二贊行橋。在鳳山縣北二贊行溪上。本朝康熙三十一年建。

鐵線橋。在嘉義縣南急水溪上。又下流有茅港尾橋，俱本朝乾隆二十七年重建。

灣港渡。在嘉義縣西南木栅保海汊。本朝康熙三十五年設。

虎尾溪渡。在彰化縣南，與嘉義縣交界，有中、下二渡。

隄堰

新港西陂。在臺灣縣新化里。又有新港東陂，在新港社。

公爺陂。在臺灣縣新豐里。

眠牛湖陂。在鳳山縣觀音山官莊。大小兩陂相毗，溉田千餘畝。又觀音山有許公陂、鹽埕陂、角宿陂、石壁陂、面前埔陂。

赤山陂。在鳳山縣赤山莊。周百餘丈，注水灌田。

諸羅山大陂。在嘉義縣。一名柴頭港陂，源出八掌溪，長二十餘里。

北香湖陂。在嘉義縣北一里。泉深地廣，盤曲三四里，大旱不涸，本朝康熙三十四年築。

馬龍潭陂。在彰化縣猫霧捒。潭有泉源，復合内山之流，長二十餘里，灌田甚廣，本朝康熙五十六年築。

大突圳。在彰化縣二林保。本朝乾隆七年濬築。

埔鹽圳。在彰化縣東螺保。本朝乾隆八年濬築。

龜山圳。在彰化縣猫霧捒西保。又萬斗六圳，在半線保。深耕仔圳，在深耕保。俱本朝乾隆十三年濬築。

陵墓

明

五妃墓。在臺灣縣仁和里。五妃曰袁氏、王氏、秀姑、梅姐、荷姐，皆長陽王之姬媵也。墓前有碑，曰「從死五妃墓」。本朝乾隆十一年修墓立碑。

長陽王術桂墓。在鳳山縣維新里竹扈。

祠廟

朱文公祠。在府學左。本朝康熙五十一年建。

功臣生祠。在府治御碑亭後。本朝乾隆五十三年，平定逆匪林爽文後奉旨建，祀領兵大臣福康安、海蘭察、鄂輝、普爾普、舒亮及守土大員李侍堯、徐嗣曾等七人。御製功臣生祠誌事詩一首，繕寫清、漢字勒石。

五忠祠。在臺灣縣安平鎮水師協署之左。本朝雍正五年建，祀水師副將許雲、遊擊游崇功、千總趙奇奉、林文煌、把總李茂吉。

八蜡祠。在鳳山縣興隆莊龜山之陰。本朝康熙四十五年建。

天后廟。在臺灣縣西定坊。本朝康熙二十三年建。一在縣西澎湖媽祖澳，本朝康熙二十二年，大兵克澎湖，靖海將軍施琅入廟見神像衣濕，知爲神助。事聞，遣官致祭。一在鳳山縣興隆莊，本朝康熙二十二年奉旨建。又嘉義、彰化、淡水各廳縣皆有廟。

吳真人廟。在臺灣縣西定坊，祀宋封英惠侯吳本。又澎湖奎壁嶼及鳳山、嘉義二縣皆有廟。

田祖廟。在臺灣縣鎮北坊。本朝康熙五十五年建。又廣儲西里、保大東里亦有廟。

將軍廟。在臺灣縣澎湖將軍澳。澎湖舊祀其神，因以名澳。

元帥廟。在嘉義縣治東，祀唐張巡。本朝康熙二十八年建。一在鳳山縣觀音山。

忠烈廟。在嘉義縣西門内玉峯書院之左。本朝乾隆二十五年建，祀北路參將羅萬倉及妾蔣氏。

水仙宫。在臺灣縣西定港口。一在安平鎮渡口，一在澎湖。又嘉義縣笨港亦有宫。

寺觀

海會寺。在臺灣縣治北五里。亦名開元寺。本鄭成功北園別館，本朝康熙二十九年改建。

竹溪寺。在臺灣縣治東南二里。本朝康熙二十二年建。林木蒼鬱，溪澗紆迴，遊人多集於此。董天工見聞録：寺門榜曰「小西天」。

黄蘗寺。在臺灣縣北門外。本朝康熙二十七年建，尋燬，三十二年重建。

諸福寺。在嘉義縣西門外。本朝康熙四十六年建。

南浦寺。在嘉義縣南門外。本朝雍正五年建，乾隆十一年修。緑野青疇，烟光在目，附郭一佳勝也。

龍湖巖院。在嘉義縣赤山莊。環巖幽邃，前有潭名龍湖，中多荷花，左右列樹桃梅檜柳，遠山浮空，宛入圖畫。

碧山巖院。在彰化縣東南二十里半線保。本朝乾隆十七年建。巖有樹木，山水縈環映帶，頗饒遊觀。

虎山巖院。在彰化縣南燕霧保。本朝乾隆十二年建。左右依山，環抱茂林修竹，翠巘丹崖，遊覽之勝，與碧山巖等。

名宧

本朝

施琅。晉江人。鄭成功據臺灣，三世負固，爲閩海邊患。康熙二十年，拜琅靖海將軍征之。二十二年，琅統舟師由銅山進入八罩，直抵澎湖，殲其精鋭。鄭克塽窮蹙歸命，臺灣平。封靖海侯世襲。琅爲善後計，特疏陳臺灣棄留利害，請分府縣，設兵戍守，爲東南數省藩籬。詔報可，海氛始靖。

蔣毓英。漢軍鑲藍旗人。康熙中初平臺灣，以毓英爲知府。毓英至，身歷郊原，披斬荆棘，經界三縣封域，相土定賦，罷不急之役，安撫番夷，招集流亡，臺地遂爲樂土。任滿遷去，百姓刊石紀功。

沈朝聘。奉天人。康熙二十三年，知臺灣縣。方平廉介，人不可干以私，奸豪屏息。

靳治揚。漢軍鑲黄旗人。康熙三十四年，知臺灣府。撫輯土番，加意教化。番童未知禮義，治揚立社學，延師教之。

李中素。麻城人。知臺灣縣。善聽斷，遇冤獄必竭力申救，民以不冤。卒官，臺人思之。

衛台揆。曲沃人。康熙四十年，知臺灣府。時課諸生，分席講藝，文教大興。

陳璸。海康人。康熙四十一年，知臺灣縣，爲海疆治行第一。初至臺，知窮民苦於水丁，申請豁免。值歲旱，璸去蓋步禱赤日中，甘霖立澍。大水潰隄，勢逼倉廒，璸躬先負土石禦之，隄復完固。修建學宫、明倫堂，規制焕然，士民至今逢璸生日，猶張燈以祝。

孫元衡。桐城人。康熙四十二年，爲臺灣府同知。性剛正，諸不便民事，悉除之。歲大饑，令商船俱以運米，多者重其賞，否則罰。於是南北客艘雲集，米價頓減，民得不饑。

王敏政。漢軍正黄旗人。康熙四十三年，仕臺灣道。仁厚不苛，番民感悦。

周元文。漢軍正黄旗人。康熙四十六年，知臺灣府。置學田以贍寒士，年荒穀貴，申請懇切，得免租課十之三。

洪一棟。應山人。康熙四十八年，知臺灣府。通商惠工，裁革水口積弊，豁除逃亡丁賦，臺人德之。

歐陽凱。漳浦人。臺灣鎮總兵官。康熙六十年，朱一貴作亂，衆至數萬，凱帥官軍進剿，爲賊所圍，力戰陣亡。鎮標左營遊擊孫文元、守備胡忠義、千總陳元、把總石琳、中營千總蔣子龍、把總林彦、南路營守備馬定國、把總林富並死之。事聞，贈凱太子少保銜，賜祭葬。文元等並予䘏蔭。

許雲。海澄人。臺灣水師副將。朱一貴反，雲率師赴援，與賊軍遇，連破之於春牛埔。賊悉衆四面來攻，雲躍馬陷陣，賊不敢逼，圍之數重。總兵歐陽凱已陣亡，雲孤軍無繼，矢盡，創遍體，猶奮力手刃數十賊以歿。同時死者，水師左營遊擊游崇功、千總趙奇奉、林文煌、把總李茂吉，并賜祭葬䘏蔭。

羅萬倉。寧夏人。臺灣北路參將。朱一貴反，府城陷，萬倉率衆堅守。賊攻之急，萬倉突圍拒戰，踰溝墜馬，賊以竹篙椓其喉，猶揮刀殺賊而死。妾蔣氏，聞兵敗自經。事聞，賜祭葬，蔣氏建坊旌表。

施世驃。晉江人，琅第六子。康熙六十年，爲福建水師提督。朱一貴之亂，總督覺羅滿保羽檄飛促世驃師赴澎湖，迨滿保至厦門，而世驃登舟出港兩日矣。朱一貴悉衆攻安平，世驃直搗臺郡，賊就擒。時南澳鎮總兵藍廷珍，同事有功，復與廷珍分兵南北二路，以除殘孽，臺郡悉平。是年卒於官，贈太子少保，謚勇果。

陳大輦。江夏人。康熙六十一年，任臺灣道。臺經朱一貴之亂，所在殘破。大輦至，安輯流亡，撫綏部落，生番歸化者接踵。會餘孽竊發，大輦悉捕獲寘之法，臺民獲安。

王作梅。河内人。雍正二年，任海防同知。時厦門有商艘，往來澎島，與臺灣小船偷盤米穀，名曰短擺。作梅廉知急捕之。提標哨船來臺貿易，號自備哨，出入海口，不由查驗，詳禁之。客頭勾引偷渡，久成錮弊，痛懲之，民頌弗衰。

夏之芳。高郵人。雍正六年，以御史巡臺灣。振興文教，試士公明，性廉介，絶苞苴，按巡南北路，雞犬不驚。

張湄。錢塘人。雍正中以御史巡臺灣，嚴稽冒籍，校士公明。

曾曰瑛。南昌人。乾隆十一年，任臺灣淡水同知，攝彰化篆，尋擢汀州知府，後調臺灣府。所至建學造士，修志築隄，百廢具舉，民風爲之丕變。歲旱步禱，病暍卒，士民哀之。

赫生額。滿洲鑲白旗人。臺灣北路協副將。乾隆五十一年，林爽文倡亂，隨剿至彰化之大墩，賊勢蜂擁，力戰遇害。時福寧遊擊耿世文帶兵協剿，駐營大墩，賊夜攻，竭力堵禦，與彰化知縣俞峻、千總陳世傑等俱戰死，並予䘏廕。

長庚。滿洲鑲藍旗人。臺灣北路理番同知。乾隆五十一年，賊陷彰化城，長庚手刃數賊而死，次子嵩喬及都司王宗武、署典史馮啓宗並死之。予䘏廕。

李忠揚。大荔人。臺灣鎮標右營遊擊。乾隆五十一年，賊攻諸羅，與守備郝輝龍、千總蘇明耀、魏大鵬、把總楊連彪、外委李國安、典史鍾燕超俱戰死，並予䘏廕。

湯大奎。武進人。鳳山知縣。乾隆五十一年，賊攻城，大奎募鄉勇力守，城陷，自刎死。其子荀業及典史謙皆遇害。千總丁得秋力戰陣亡。並予䘏廕。

鄭嵩。晉江人。臺灣水師協右營遊擊。乾隆五十二年，率師由海道會剿，復鳳山，尋復爲賊所陷，嵩奮勇抵禦，被鎗陣亡。時福寧遊擊延山、千總邱安國力戰死，署理番同知王雋駡賊死。賊攻鹽水港，三等侍衛福克津額中礮死，並予䘏廕。

邱維揚。連平人。福建水師提標右營遊擊。乾隆五十二年，賊擁衆數萬，分擾柴頭港等處。維揚與署遊擊林世春、唐昌宗、署守備魏際隆、千總謝元、把總余壽、巡檢張芝馨等，先後戰死，並予䘏廕。

貴林。滿洲鑲藍旗人。乾隆五十二年，以廣東羅定協副將率粤兵赴臺灣，擢浙江温處鎮總兵。八月，賊圍諸羅，貴林策應官兵入城，而殿其後，賊突出遮殺，轉戰至正音莊，歿於陣。事聞贈䘏。

楊起麟。閩縣人。臺灣水師協中營遊擊。乾隆五十一年，偕鎮標遊擊邱能成率師剿賊，屢立戰功，擢參將。五十二年，援諸羅，轉戰至正音莊陣亡。都司杭富、守備馬大雄等死之。能成尋於西門番仔溝禦賊陣亡，守備楊鼉死之。並予贈䘏。

葉夢苓。閩縣人。署鳳山教諭。乾隆五十三年，賊擾南路，偕訓導陳龍池死之。同時死難者，縣丞周大綸、陳聖傳、巡檢渠永湜。並予䘏廕。

朱慧昌。山陰人。臺灣北路理番同知。乾隆六十年，臺匪陳周全倡亂，在鹿仔港被戕。彰化城陷，典史費增運死之。同時死難者，遊擊曾紹龍、千總郭雲秀、吴見龍、外委任尚標。並予䘏廕。

盧植。朔州人。以都司護理北路協副將。嘉慶九年，逆匪蔡牽竄至淡水滋擾，植帶兵堵禦，奮勇殺賊，身被礮傷。升副將。旋以傷重卒。十一年，福寧鎮右營千總陳藝擊賊於鹽水港傷亡。俱議䘏如例。

人物

本朝

蕭明燦。臺灣人。其先居晉江，生踰歲而孤。順治十一年，海寇犯泉州，明燦甫五歲，與母林氏相失，其叔祖攜至臺灣，以爲己子。明燦稍長，始稔遭寇失母之故，行求内地，多年不獲，與家人訣，誓不見母不復生還。乃於延平遇其母依族人以居，遂迎歸孝養焉。

陳致遠。字子静，臺灣人。康熙二十二年，以軍功署參將，從施琅攻克澎湖，衝鋒陷陣，屢立戰功。臺灣平，留致遠安集居民，募佃開墾田園二萬餘畝。累遷瑞安副將，乞休歸。

王璋。字昂伯，臺灣人。康熙癸酉舉人，爲雲南宜良令，潔己愛民。丁母憂，百姓數千詣巡撫籲留，璋從間道歸家。服闋，起知湖廣房縣，升主事，遷監察御史，卒於官。

陳士俊。字子慶，臺灣人。好施與。康熙五十七年大饑，士俊出粟二千五百石以賑，存活無算。置園地於嘉義、鳳山二縣，以充義冢，鄉里德之。按：府志作黄仕俊。

王鳳來。字瑞周，臺灣人。由歲貢任漳平訓導，整飭規條，示諸生以敦倫樹品之道。康熙六十年，秩滿入都歸，會朱一貴倡亂，上書制府，陳剿征策。寇平，授蘇州督糧水利同知。監兑漕糧，殫精剔弊，奉押漕運，盡革陋規。歷河南懷慶知府，遷兵部員外郎。

黄廣。嘉義人。事母孝。雍正八年，火焚居屋，廣與母妻俱出走，惟少妹在内，母憐女復反，廣懼，急隨入救母，妻力挽止廣，廣輒推妻於港，遂與母同死火中。

黄孟深。嘉義人。兄弟早殁，孟深撫姪如己子，男女四十八口，同居合爨，以耕讀爲業，内外無間言。同邑王求、李次，俱四世同居，有司並表其門。

王克捷。字仲肯，嘉義人。乾隆丁丑進士，任行唐知縣，遷江寧同知。郡人舉進士自克捷始。

鄭其仁。鳳山人。以武生爲義民首，積功給守備職銜。乾隆五十三年，賊擾水底寮，其仁引導官兵，戰死於下埤頭，奉旨優䘏。

流寓

明

王忠孝。惠安人。崇禎戊辰進士。以户部主事督薊儲，忤監視太監，逮治下獄，戍邊。後得免，遯跡臺灣，肆志詩酒，作方外客。

張士楖。惠安人。崇禎癸酉副榜，遯跡臺灣，隱居於東安坊，杜門不出，日以書史自娱。辟穀三年，惟食茶果，壽至九十九而終。

盧若騰。同安人。崇禎庚辰進士，由兵部主事遷浙江巡海道僉事。潔己惠民，浙人祀之。歷鳳陽巡撫，後與進士沈佺期、許吉燝渡海隱於臺灣澎湖，杜門著述，詩文甚富。

本朝

壽同春。諸暨人。乾隆五十一年，林爽文倡亂，淡水同知程峻被害，同春時爲幕友，年七十餘，同官兵恢復竹塹城。五十二年，帶領義民進剿，遇伏被擒，百方脅誘不屈，賊支解之。事聞，予知縣職銜。

李喬基。嘉應人。林爽文之亂，喬基在彰化，首先倡義，招募民番，分撥義勇，協守鹿仔港，殺賊甚多。五十二年，督義民攻大里杙，被擒迫降，不屈磔死。事聞，予知縣職銜。

列女

本朝

洪之廷妻張氏。臺灣人。年十八歸之廷，生一女。之廷死，氏勤紡織以養舅姑，苦節四十年。

辜純湯妻林氏。臺灣人。純湯卒，時氏年二十無子，撫其媵所生二子成立。同邑楊茂仁妻余氏、鄭斌昇妻陳氏，俱夫亡守節。

鄭克壓妻陳氏。臺灣人。克壓，鄭經養子也。經以僞監國印付克壓，經死，諸子囚克壓，夜遣人拉殺之。陳泣請於姑曰：「昔爲箕帚婦，今爲罪人孥。願出居柩旁，俟亡夫百日後，即相從地下耳。」許之，乃旦暮哭奠如禮。既卒哭，自縊以殉。

傅璿妻黃氏。臺灣人。康熙二十年，總督姚啓聖將討鄭克塽，臺人傅爲霖謀舉兵以應，事泄，爲霖及其子璿均遇害。氏曰：「子死父，妻死夫，義也。敢逃義乎？」遂自縊。

沈瑞妻鄭氏。臺灣人，鄭斌女而鄭克塽之族妹也。瑞以傅爲霖事連坐被囚，獨遣氏歸，氏請於父曰：「兒既適沈家矣，安可獨生？」亦就拘。及瑞將死，使人來訣，氏對使自縊。

謝燦妻鄭氏。漳州人。歸臺灣縣民謝燦。燦遠賈於外病卒，訃聞，氏投繯死。

李宋妻趙氏。臺灣人。歸宋時宋已病篤，氏衣不解帶，服侍湯藥。及宋卒，氏哀慟投繯死。同邑曾國妻郭氏，年十八，國溺海死，郭自經以殉。

王尋妻阮氏。漳州人。歸鳳山王尋。尋卒，氏請於伯叔，爲尋立嗣，殯畢，自經死。

歐預妻王氏。嘉義人。年二十適預，踰年預卒，氏治喪盡禮，踰月閉室自經。

陳越琪聘妻黃氏。臺灣人。許聘未婚，越琪卒，氏自縊。康熙六十一年旌。同邑紀惠女，許聘吴氏子，亦未婚殉節。

袁氏女。臺灣人。夫亡殉節。雍正年間旌。

吕氏女。臺灣人。守正捐軀。乾隆十三年旌。

林妙妻侯氏。臺灣人。夫亡守節。同邑陳振揚妻吴氏、侯孟富妻劉氏、沈耀汶妻蕭氏，並乾隆年間旌。

李時燦妻王氏。鳳山人。夫亡守節。同邑烈婦顔氏、趙越妻嚴氏，俱乾隆年間旌。

吴慶桀妻高氏。嘉義人。夫亡守節。同邑劉源由妻江氏、番民大治賦妻大南蠻、烈婦蘇智妻林昭娘，俱乾隆年間旌。

汪劉氏、汪余氏。彰化人。姑婦二人素慈孝，雍正九年，大甲西番焚掠其鄉，姑謂婦曰：「義不可辱，當各爲計。」遂自刎。婦泣拜訖，番猝至，觸垣死。同邑節婦翁昌齡妻林氏，俱乾隆年間旌。

劉滿姑。湘潭人。臺防同知劉亨基之女。乾隆五十一年，林爽文陷彰化城，亨基死之。滿姑時年十七，奔投屋後水池，水淺不即死，號哭痛駡，賊割其口鼻，駡不絶聲，遂遇害。五十三年旌，祀臺灣烈女祠。又彰化縣知縣朱瀾媳魯氏、女羣姑，仁和人。乾隆六十年，賊匪滋事，不屈被戕，是年旌。

蕭世華妻李氏。嘉義人。夫亡守節。嘉慶二十年旌。

楊振科妻鄭氏。彰化人。夫亡守節。同邑林熾妻楊氏，俱嘉慶年間旌。

仙釋

絳衣、縞衣仙。鳳山有沙馬磯，其頂常帶雲烟，非天朗氣清不得見也。故老言頂上時有絳衣、縞衣二仙人對弈，今山上石碁盤、石凳猶存。

明

李茂春。龍溪人。明季至臺，遁跡於禪，放浪山水間，跣足岸幘，旁若無人。構茅亭曰夢蝶處，日講佛經自娱，人稱李菩薩。

土産

鹽。

糖。有黑、白二種。

飼子飯魚。通志：無細骨，可和飯以飼幼子。

鹿茸。

三友花。俗呼山茉莉，亦稱番茉莉。

柑。府志：有仙柑、紅柑、雪柑、盧柑、九頭柑數種。

龍眼。

鳳梨。府志：實生叢心，色黄味甘酸，清芬襲人。葉攢簇如鳳尾，其皮鱗起。一名黄梨。

檨。通志：紅毛從日本移來之種，實如猪腰，五六月盛熟，有香檨、木檨、肉檨三種。

椰。

檳榔。

波羅蜜。府志：荷蘭國移來者，實生樹幹，大如斗，皮似如來頂，味甘如蜜。

芋。府志：紅者呼爲檳榔紅，白次之，大於内地數倍。

番薯。府志：明萬曆中得種外番，有文來薯，種出文來國，最美。一名地瓜。

番民

臺灣縣熟番。臺灣番民，有生、熟二種，聚居各社，如内地之村落，不設土司，衆推一人約束。其臺灣縣大傑嶺等社熟番，編竹木爲牆屋，蓋以茅茨，男剪髮束以紅帛，衣用布二幅，聯如半臂，垂尺許於肩肘，腰圍花布。寒衣曰縵披，其長覆足。婦衣亦然。俱以銅鐵環束兩腕，或疊至數十。嚼米爲酒，擕黄梨以佐食。男女相悦即野合。府志稱各社終身依婦以處，贅壻即爲子孫，其新港、卓猴二社，舊屬諸羅，今改隸臺灣縣治。

鳳山縣熟番。鳳山縣放縤等社熟番，相傳爲紅毛種類，康熙三十五年歸化。其人善耕種，地産香米。男以鹿皮蔽體，或披氈敞衣，女著衣裙，喜懸貝於項間，腕束銅環而跣足。捕鹿必聽鳥音，以占得失。婚娶名曰牽手，女及笄，搆屋獨居，番童以口琴挑之，喜則相就。遇吉慶，輒豔服簪野花，連臂踏歌，名曰番戲。疾病不事醫藥，用冷水浴之。茄藤、力力等縣内山生番，居深山窮谷，人跡罕到，巢居穴處，茹毛飲血，裸體不知寒暑。登峯越箐，捷若猿猱，秋深水涸之候，常至近界鏢射，遇内地人輒加戕害。番婦針刺兩頤如網巾紋，能績樹皮爲罽。

淡水廳生番。淡水廳屬内山祐武乃等社生番，依山而居，男女俱裸，或聯鹿皮緝木葉爲衣，食生物，性剛狠，以殺爲事。隆冬草枯水涸，追射獐鹿，攀援樹木，趫捷如飛。其竹塹東南内山生番，俗亦相等。

校勘記

〔一〕大枋橋　乾隆志卷三三五臺灣府津梁（下同卷簡稱乾隆志）作「大坊橋」。

永春直隸州圖

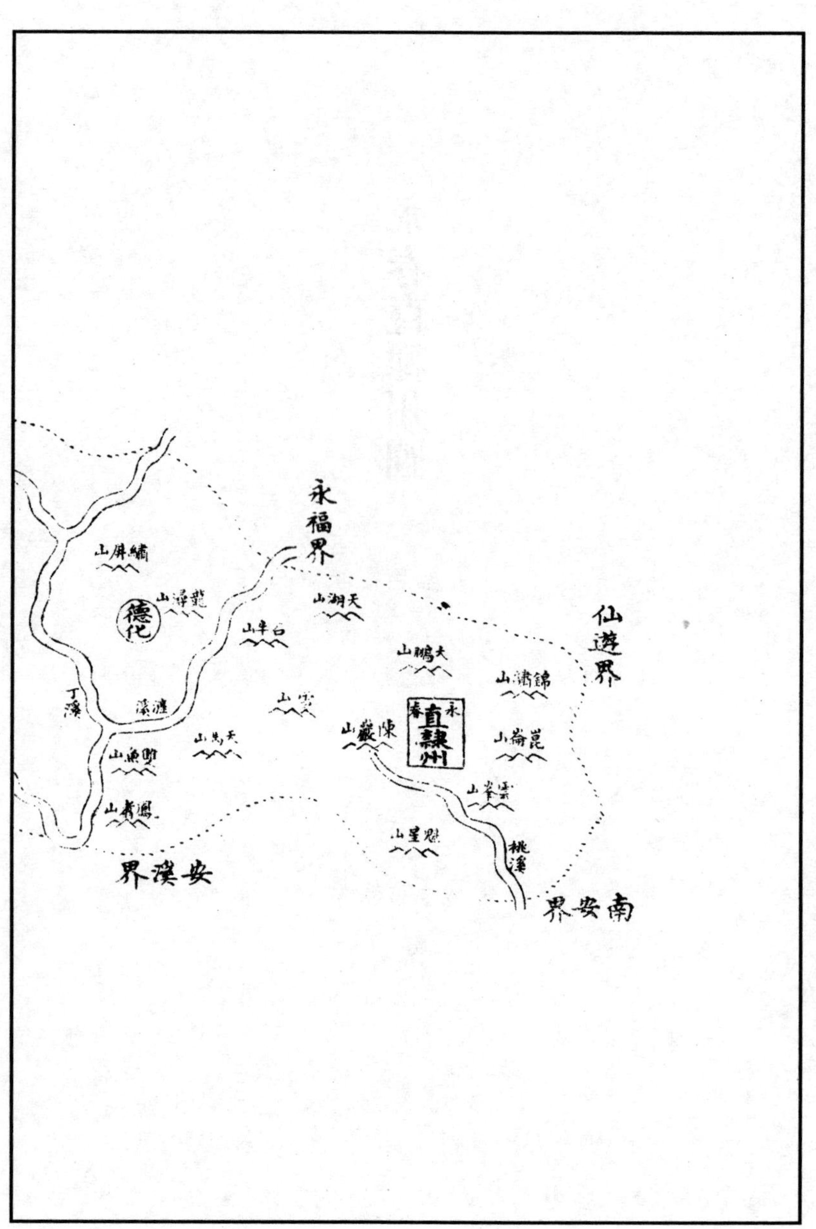

永福界
仙遊界
安溪界
南安界
繡屏山
龍潯山
德化
天湖山
石牛山
丁溪
滻溪
天馬山
鄭魚山
鳳翥山
大鵬山
錦繡山
陳巖山
永春直隸州
崑崙山
雲峯山
魁星山
桃溪

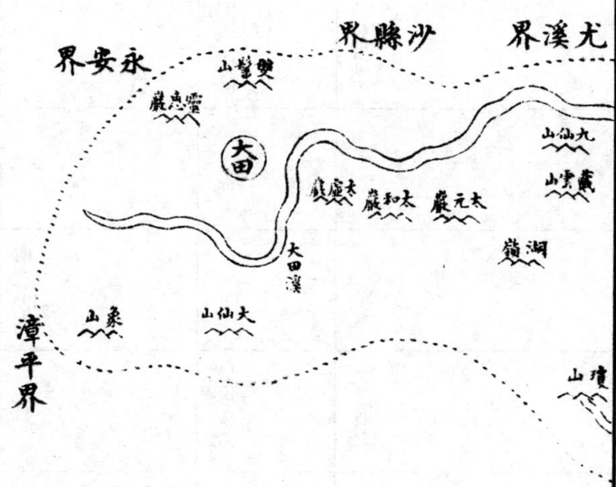
尤溪界
沙縣界
永安界
雙髻山
靈應巖
大田
九仙山
戴雲山
太虛巖
太和巖
太元巖
湖嶺
大田溪
象山
大仙山
漳平界
積山

永春直隸州表

	永春直隸州	德化縣	大田縣
兩漢	冶縣地。	冶縣地。	冶縣地。
三國			
晉	晉安縣地。	延平、晉安二縣地。	延平縣地。
宋		沙村、晉安二縣地。	沙村縣地。
齊梁陳			
隋	南安縣地。		
唐		尤溪縣地。	尤溪縣地。
五代	永春縣 後唐長興三年王閩置桃源縣。尋更名，屬泉州。	德化縣 王閩置，屬福州。後改屬泉州。	
宋	永春縣	德化縣	
元	永春縣 屬泉州路。	德化縣 屬泉州路。	
明	永春縣 屬泉州府。	德化縣 屬泉州府。	大田縣 嘉靖十四年置，屬延平府。

大清一統志卷四百三十八

永春直隸州

在福建省治西南四百一十里。東西距三百八十里，南北距二百二十五里。東至興化府仙遊縣界八十里，西至龍巖州漳平縣界三百里，南至泉州府南安縣界四十五里，北至福州府永福縣界一百八十里。東南至南安縣界三十里，西南至泉州府安溪縣界三十里，東北至永福縣界一百九十五里，西北至延平府永安縣界四百一十里。本州境東西距七十五里，南北距九十里。東至南安縣界三十里，西至漳平縣界四十五里，南至南安縣界四十五里，北至德化縣界四十五里。東南至南安縣界三十里，西南至安溪縣界三十里，東北至仙遊縣界六十里，西北至漳平縣界一百五十里。自州治至京師七千一百四十五里。

分野

天文牽牛、須女分野，星紀之次。

建置沿革

禹貢揚州南境。周爲七閩地，後屬越。秦爲閩中郡地。漢爲冶縣地。晉以後爲晉安縣地。

隋爲南安縣地。五代王閩分置永春縣，屬泉州。按：宋史志作「閩曰桃源」。府志作「後唐長興三年，閩王延鈞升桃林場爲桃源縣。晉天福三年改曰永春」。宋因之。元屬泉州路。明屬泉州府，本朝初因之。雍正十二年升爲永春州，直隸福建布政使司，領縣二。

德化縣。在州西北三十里。東西距二百里，南北距一百四十里。東至興化府仙遊縣界八十里，西至大田縣界一百二十里，南至本州界二十里，北至福州府永福縣界一百二十里。東南至本州界二十里，西南至本州界七十里，東北至永福縣界一百五十里，西北至延平府尤溪縣界七十里。漢冶縣地。晉爲延平、晉安二縣地。宋、齊以後爲沙村、晉安二縣地。唐爲尤溪縣地。五代王閩置德化縣，屬福州，後改屬泉州，宋因之。元屬泉州路。明屬泉州府，本朝初因之，雍正十二年改屬永春州。

大田縣。在州西北二百六十五里。東西距一百七十里，南北距一百三十里。東至延平府尤溪縣界七十里，西至龍巖州寧洋縣界一百里，南至德化縣界六十里，北至延平府永安縣界七十里。東南至德化縣治二百里，西南至龍巖州漳平縣治二百二十里，東北至延平府沙縣治二百三十里，西北至永安縣治一百七十里。漢冶縣地。晉延平縣地。宋以後爲沙村縣地。唐以後爲尤溪縣地。明嘉靖十四年，析尤溪、永安、漳平、德化四縣地置大田縣，屬延平府。本朝初因之，雍正十二年，改屬永春州。

形勢

南有象山，東有雙魚，羣峯走青，一派趨碧。閩書。極有溪山巖洞之勝。名勝志。諸山環拱，丁溪中流。閩書。二水東流，雙峯北峙。通志。

風俗

土田膏腴，兼有山林陂池苑囿之利，故民多温飽，白首不離鄉井，樸魯而少文。舊志。其君子善居家，其小人勤耕稼。隋書地理志。其俗樸可愛，秀民可教者多。明蔡清集。

城池

永春州城。周二里三百三十六步，門四，環城有濠，西南隅濱溪。明嘉靖四十年建。本朝順治十二年修，乾隆十二年、十六年重修。

德化縣城。周三里三百二十步，門四。明嘉靖三十六年建。本朝康熙十五年修，二十六年、乾隆十年重修。

大田縣城。周三里三百二十步，門四，西有小溪，環城而南，繞入於北。明嘉靖十五年建，本朝乾隆二十年修。

學校

永春州學。在州治東。舊爲永春縣學，宋大觀中建於知政橋北，明弘治五年遷建今所。本朝康熙元年修，雍正十二年升爲州學，乾隆十七年重修。入學額數十八名。

德化縣學。在縣治西北。宋建炎中建於縣治東，明萬曆元年遷建。本朝順治四年修，康熙五十五年、雍正八年、乾隆二十六年重修。入學額數十二名。

大田縣學。在縣治東鳳凰山麓。明嘉靖中建。本朝康熙二十三年重建，雍正八年修，乾隆二十七年重修。入學額數十二名。

文公書院。在州學宫左。舊在十四都留灣，明嘉靖間建，後燬，改建於州治東北隅。本朝康熙二十三年移建今所，乾隆十三年拓建，二十一年增闢學舍。

梅峯書院。在州西門外梅峯之麓。本朝乾隆三十一年建。

圖南書院。在德化縣南門内。本朝康熙中建，雍正八年修，乾隆九年增闢學舍，嘉慶十四年拓建。

雲龍書院。在德化縣瑶市社。本朝乾隆十一年建。

崇文書院。在大田縣治西北。本朝康熙四十二年建，乾隆二年修，十七年增闢學舍。按：舊志載紫陽書院，在德化縣治西，明嘉靖九年知縣許仁建。丁溪書院，在德化縣前南壇左，明嘉靖三十六年知縣緒東山建，謹附記。

户口

原額人丁一萬五千二百四十九，今滋生男婦大小共三十八萬九千九百四十八名口，計一十萬二千五百五十三户。又屯民男婦共九萬二千五百九十九名口，計九千二百六十五户。

田賦

田地三千七百一十三頃七十三畝五分六釐有奇，額徵地丁正、雜銀三萬五千九百六十一兩七錢七分四釐。屯田一千八十五頃九十四畝一釐有奇，額徵丁糧銀四千四百八十五兩一錢九分四釐，米三千一百五十石六斗六升六合七勺。

山川

崑崙山。在州東。山勢雄拔，根盤數里。

水口山。在州東，居州水口。其前爲雙魚山。

花石山。在州東南三里。石乳若開花。上有龍潭，深不可測。旁有石鼓，高大四五丈。

雲峯山。在州東南十里。最高峻，時有雲氣。

長安山。在州南。一名小姑山。又南有塔口山，接南安縣界，舊名大姑山。

龍山。在州西南五里。其東爲象山，其西爲虎尾山，其後爲獅山。

魁星山。在州西南二十里。上有魁星巖，巖石峭拔。方輿勝覽：魁星巖爲永春縣治之對山。閩書：古桃林場在焉。

雲居山。在州西南二十里。卓立嵯峨，若起若伏，雲常居之，因名。又有烏石山，山石俱黑。

周山。在州西南二十里。山勢雄拔，延亘三十餘里。

達理山。在州西南二十五里。峭拔蒼翠，山半有茂林清泉，六月如秋，產礪石。

東平山。在州西南。州之諸山皆峻絕，此獨坦夷。又相近有洪步山，巍然秀峙。

陳巖山。在州西二十六里。中峯尖聳，東西二峯屹立，謂之三臺。有瀑布泉，飛落數百丈。昔人開路於山左，通龍巖、尤溪縣〔二〕，憑虛架石，下瞰深澗，甚爲峻險。

高麗山。在州西二十餘里。屹立如屏，頂有道場寨。

大鵬山。在州西北，爲州治主山。形如鵬飛垂翅，絕頂三峯秀出，山腰有大鵬巖。

大羽山。在州西北大鵬山之右。重岡疊嶂，如鳥舒翼。相近有康山，脈自大羽山頓伏而起，爲州之障衛。

湅山。在州西北。三峯似筆架高聳，下有義門陳氏居。

雙髻山。在州西北十里。舊志：脈自德化蜿蜒而來，頓伏聳起，結有二峯，形如雙髻。一名朋山，上有水一泓，名仙人池。

河澗山。在州西北五十里。盤迴起伏，有九十九峯，一名大池巖。相近有鐵礦山，產鐵。

雪山。在州西北六十里，德化縣西南四十里接界處。山勢博衍，迴環盤亘四十里，隆冬積雪，經月不消。其陽之水爲桃源溪，下流入永春。其陰丁水出焉，下流入滙水。舊志：山東下爲瓊山，二山高相等，而大小不侔。其西南有斤山，一名蓋竹根山，峯巒尖秀，如卓筆然。

天湖山。在州西北一百里。峭嵦摩空，有泉四時不竭。相近有岱山，接德化縣界，熊田溪出焉。

碧溪山。在州西北一百五十里。下有溪水，渟泓深碧。

高田山。在州北。其山平坦，衆水四時流注。昔有高姓者田於其上，故名。

浮空山。在州北。一峯突聳，若浮空然。

高鎮山。在州北二十里。形勢峻極，高出羣峯，爲一方巨鎮。

桃溪山。在州北二十餘里。其西有御蘭山，産蘭。

穀平山。在州東北。山頂平衍，有田數畝，豐衍宜穀。

樂山。在州東北。四面各有一山，名曰四臺。樂山居中，周四十里。亦曰五臺。相傳昔人過此，嘗聞音樂，故名。

齊雲山。在州東北十餘里，高與雲接。相近有三冠山，三峯秀出雲表。

蓬萊山。在州東北二十里。迴環秀麗，與錦繡山對峙。有金龜橋橫截於外，宋莊夏舊居在焉。錦繡山，舊名鬼岫山，夏葬父於此，光宗改今名。

翰文山。在州東北三十里，亘數十里，東接興化府仙遊縣界。岡巒迴伏，勢若飛舞。俗名石獅嶺。又東爲玉柱山，土名白隔嶺，與仙遊縣分界。

天竺山。在州東北三十里，與南安、仙遊二縣接界。極高峻，日霽時可望泉山。

龍潯山。在德化縣治東北。山勢峭拔數千仞，蜿蜒如龍，縣主山也。宋紹興初，縣令吴崇年築寨以禦寇。

靈山。在德化縣東。奇峯峭壁，常興雲氣，旱禱輒應。相近有石獅山。

東濟山。在德化縣東。頂有澗泉，瀉流而下，濟邑東居民之汲，故名。

龍門山。在德化縣東三十里。漄溪經其下。與南岸山對峙如闕，名曰龍門。夾岸石壁數百尋，一水中流，旋潘跳沫十餘里。

七臺山。在德化縣東六十里。巉巖特立，衆山莫並，其上平廣，有水泉可屯聚。東行二十里，至上圍嶺，嶺北之水北流入大溪，其南水達州之東關入桃溪。

天馬山。在德化縣東南，西去劇頭嶺十里。兩峯狀如馬鞍，高聳插天，其陽即州界。黄斜溪出焉。

雙魚山。在德化縣南，縣之案山也。脈自瓊山來，兩峯駢聳，向水而上，狀若雙魚並躍，故名。

鳳翥山。在德化縣南十里。秀出諸峯，如鳥之跂，一名高舉山，又名鷂山，在雙魚山後，爲縣重案。

瓊山。在德化縣西南。峯巒圓秀，狀如高廩，上有石鼎、石牀。一名囷山，又名芹山。新志：山自雪山發脈，高與之埒。

五華山。在德化縣西四里。頂有五峯，形似蓮花，因名。舊名斤山，上有虎蹲巖、端午泉。又相近有大龍山，蜿蜒高聳，一名又縣西南有登高山，上有登高亭。

太湖山。在德化縣西。盤踞數里，高十里，四面崔巍。上有奇峯，羅列十二。其巔平廣數丈，内有池丈餘，形涵太虚，一碧庚山。如鏡，因名太湖，俗名龍湖。又曰青草山。以形如船，亦名飛船山。又名金壁峯。

雙陽山。在德化縣西四十里。聳翠如疊指，有大小二山。

虎頭山。在德化縣西五十里。上有古寨，周七里餘，其中泉石如畫，外極險峻，昔人避兵依之。相近有大尖山。

戴雲山。在德化縣西北五十里，橫跨五六十里，實爲縣之鎮山。舊志：西爲大戴雲，東爲小戴雲，自南遠望，小戴雲之高與大戴雲等，及至小戴雲三峯之巔，則又仰望大戴雲也。小戴雲，有小徑通南北，平坦紆迴，有流泉瀦澤，名曰七里洋。大戴雲，人跡罕到，山頂有池，分九派而下，曰九溪。南流者二，東流者五，北流者二。

九仙山。在德化縣西北六十里。有九峯，秀削如攢筍，嵯峨奇怪。絶頂有摩雲、齊雲二洞，累石如屋，天梯石門，左右可通，攀石俯窺，直下萬仞。峯右有彌勒洞，怪石相撑如城，中廣數丈。東爲靈鷲巖。有會照池，東下與路口溪合，爲湧溪之源。西爲仙峯巖，有龍池，流入大田縣界。

繡屏山〔二〕。在德化縣北十里。層崖峭壁，高聳如屏，頂有印石。

科榮山。在德化縣北繡屏山北，其高倍之，環四十里。上有官道，南北上下，延於山頂者十數里。繆溪水出焉。

石牛山。在德化縣東北。舊志：三面臨溪阻絶，山遠而高，其色蒼翠欲滴，亘數百里。上有石壺湖，北有飛仙漈，壁立百仞如削，懸流甚峻。至半山則雲消霧散，不知所之，幽奇不可殫述。府志：邑之巨山，惟戴雲、九仙、雪山，與此四耳。通志：絶頂望見興、泉二郡，山上有石如牛。

九座山。在德化縣東北八十里。峯巒層疊，道路險巇。

鸕鷀山。在大田縣東。其山三面牆立，下有灘湍急，旁一徑可達山巔。

銀瓶山。在大田縣東三十里。山形如瓶，兼産銀鐵，明初置冶於此，後漸逋聚爲盜。景泰後罷銀冶，惟鐵尚存。

文筆山。在大田縣東南。壁立河中，圓聳如筆，爲縣水口之鎮。

大仙山。在大田縣南。亦名大仙峯。兩峯插天，如仙人角髻立於雲外，縣之鎮山也。

臺閣山。在大田縣西南三十里。一名南臺山。山勢高聳，頂平如砥，有石池泉水不涸，山下田數百畝皆資灌溉。

象山。在大田縣西南臺閣山西。高千仞，羣峯矗立，林木深茂。上有望軍洋、楊家寨。明嘉靖初，賊首鄭新等巢其上，郡守陳能剿平之。

雪山。在大田縣西南。延袤十餘里，高千仞，每積雪經十餘日不消。上產草芋，可以和藥。按：此與州西北之雪山名同地異。

雙髻山。在大田縣北三里許。雙峯並峙，爲縣主山。其麓有漈曰龍源，懸流百仞，下瀦爲龍潭。稍東曰鳳山，縣城跨其巔。按：此與州西北之雙髻山名同地異。

白鶴山。在大田縣東北一百五十里。層巒疊嶂，高矗萬餘仞，昂然如鶴立雲霄。府志：旁有楊梅溪，下有石溪、梨溪、橘嶺諸勝。

東屏山。在大田縣東北一百五十里。蒼峭壁立，方正如屏，山背有嶺，接尤溪縣界後漈崎，迤邐十五里，松杉夾道，泉石俱佳，名曰山後嶺。

大劇嶺。在州西北三十里小尖山之西。有大劇、小劇二嶺，亦名劇頭嶺。高十里，接德化縣界。朱子以事往德化，夜宿於此，有詩。

高嶺。在州北十里。其頂平衍，高壓衆峯。

羊嶺。在州東北。

官田嶺。在德化縣西七十里，接大田縣界。亦曰尤嶺。嶺有躍龍寨，宋元符中建。

湖嶺。在德化縣西北五十里，最高峻。其水分西南而流，皆入於滻溪。

湯嶺。在德化縣西北八十里。下有温泉。

大官嶺。在德化縣北七十里，接尤溪縣界，爲往來孔道。

仙峯。在大田縣東南二十里。仙豐溪源出此。

五臺峯。在大田縣東北一百五十里。五峯並峙，有二峯尤高，自下望之，縹緲入雲，亦曰雙髻峯。其下有白水漈。

赤巖。在大田縣東隔溪。又白巖，在縣西，與赤巖對峙。

太虛巖。在大田縣東五十里許。下有水壺洞，可容二三百人，流乳積洞壁間，高廣二丈許。巖背有望鶴臺，高平可坐數十人。又相近有太和巖、太元巖。

郎官巖。在大田縣東北一百里。其石離離骨立，上有白雲莊。明嘉靖中，尤溪縣令李文兗嘗剿寇駐兵於此，易今名。

靈惠巖。在大田縣東北一百餘里。《方輿勝覽》：在尤溪縣西一百四十里，中有巖竇可入，若廳事者二所，可環坐千人。《舊志》：山陰即沙縣界，舊名佛窟巖，又名師姑巖，巖壁峭拔，去地千尺。有泉出石罅間，隨飲者多寡爲盈縮，號曰聖泉。土泥極腴，每三大斗可糞田百畝，農民經百里來市之。其陽有九湖巖，在大雲峯下，巖前後有湖凡九，故名。最上一湖，怪石森立，亦名天湖巖。

東巖。在大田縣東北一百餘里。懸崖阻峭，惟一徑可登。明鄧茂七之亂，鄉人結寨守禦於此。巖根一臺，屹峙溪濱，可坐而漁，名曰釣臺。下有七潭相屬，曲折如北斗，曰七星潭。

黄龍巖。在大田縣東北一百餘里。兩巖對峙，相距僅丈許，流水出其間，鑿巖根爲徑。相近又有虎跳巖，其下石潭爲虎過潭。

桃溪。源出州西北雪山，南流爲新華溪，經陳巖山，曰陳巖溪。又東爲埔兜溪，又東經東平山，爲洑溪。又北爲磁竈溪，又東至徐山，曰石鼓溪，始通舟楫。經州城南，曰縣前溪。又東出雲龍橋，曰虎尾溪，轉而東北，灣環如月，是爲留灣。又東南遶花石山，朝水口山出，爲長澄潭。潭下亂石參錯，激水湍猛，爲馬甲、鍾山、山門、南澗、滑石、西涵諸灘。西涵在州東十五里，桃溪之咽喉也。又東南流入泉州府南安縣界，爲晉江之上源。在州境衆水之會入者，凡十有四。

錦溪。源出州北桃溪山，西南流入桃溪。又逸溪，出州西北蘇坑。龜龍溪，出州西圳兜寨及南畬嶺。新田溪，合州西南加湖、猛虎嶺、萬代山三水。白芒坑水，出烏石山。東渡坑水，出羊嶺山。小姑溪水，源出州南，與南安縣接界。又白内溪，出州東武極山，合白隔嶺溪水下流，俱入桃溪。按：輿圖有坑溪，出州東北白隔嶺，西南流經湖洋堡南，又西南至東關南入桃溪，當即舊志白内溪也。

熊田溪。在州西北一百五十里。源出岱山，南流經碧山爲碧溪，又西南入泉州府安溪縣界。又洞口溪，在州西北五十里，亦入安溪縣界，入藍溪。

丁溪。在德化縣南。源出縣西南瓊山，東流會於滻溪。先是，丁溪東行，不與滻會。宋元符間，邑人林程始募工鑿通之，一夕雷雨決流，若「丁」字然，故名。

滻溪。源出德化縣西北戴雲山，共有九派，其二派南流者曰東埔，曰李山，會流爲白泉溪。至大屈尺，有花橋溪自雙陽山東來注之，又東流爲蘇溪。至塗坂，受雪山、蓋竹根山諸水，又東流過縣城南爲滻溪，南受丁溪水，稍下有纓溪水，自縣北科榮山南來注之，溪水至此，可負二十石舟。又東流十餘里爲虎跳溪，有黄斜溪自縣東南天馬山北流注之。又二十里至龍門，又東北二十里至石獅渡，有蕉溪水自戴雲山之陽東流注之。又東北二十里至舉口，受上下漳溪之水。又十里至南埕，有芹溪水自戴雲山之陽東流注之。又東流三十里，有湧溪水自戴雲山之陰東流注之。又東入福州府永福縣界，爲大樟溪，下流東北入建江。

寨前溪。在德化縣西北。源出湖嶺，有二派，南流者入李仙溪，西流者入大田縣尤溪。

小尤溪。在大田縣。源出德化縣西九仙山，西流爲小尤溪，又西合小尤中水，北流至大田縣鞏口，爲大田溪。東北流經大田縣城前，亦曰縣前溪。又東過鎮東橋爲夾劍潭，又東北合仙豐溪爲合劍潭，又東北經高才坂，接尤溪縣界，會東溪匯爲七星潭，即尤溪之上源也。舊志：大田未立縣時，溪湮，明嘉靖二十四年，知縣謝廷訓率民疏導，鑿石決隄，始可勝舟。按：輿圖，湖頭溪出大田縣西南武陵安村南，東北流至縣西南，有林柄溪自縣西東南流注之，又東經縣城南，又東北流，有英溪自縣西北羊子嶺東流經縣北合花溪水東南流注之，又東北經溪演坂東南，又北經高才司東，又北流入尤溪縣界。舊志及通志俱略。

東溪。在大田縣東北七十里。源出縣西北三十里，曰鶬溪潭，東流合渡頭橋溪入尤溪。

龍潭。在州東。又龍窟潭，在州西南。三清潭，在州西北。

佐溪龍潭。在德化縣東。又石山龍潭，在縣西北二十里。

青龍潭。在大田縣西南百里，與龍巖州漳平縣接界。廣一里許，有石百丈，俯瞰潭中。

雷潭。在大田縣西四五里，隱入深林中。兩岸石山，壁立如甕，上有五小潭，下匯爲一大潭，亘五里許，相傳有龍居之。

石花潭。在大田縣東北一百五十里。兩岸皆石壁陡絶，人跡罕到，巖瀑飛流，衝激崖石，水花如雨，散入澄潭中，潭深不可測，有龍居焉。

楊柳漈。在大田縣東北一百餘里。極高峻，水如懸練，下注深潭，有龍居之。相近有七龍潭，兩山夾澗，亘石爲底，其中凹爲七潭，上下相綴，水節級而下。

秋陽漈。在大田縣東北一百五十里。高百餘丈，三級而下，其半有陂堰水碓。

温泉。有五。在州境者三，一在州東，一在州西南，一在州北。在德化者二，一在縣西北湯嶺，一在縣東北十五里蕉溪北。

分流泉。在大田縣東三十里。水分二流，陽年流右，陰年流左，故名。

古蹟

永春故城。今州治。本南安縣地，五代王閩置。寰宇記：縣在泉州西一百五十九里，唐長慶二年析南安西界兩鄉置桃林場，福州僞命壬寅歲改爲永春縣。九域志：在州南一百三十里。府志：桃林場，在縣西南魁星山下，今名上場村。又有桃源驛，先在西門義烈祠，後移縣東，今之學地猶名驛前村。

德化故城。今縣治。五代王閩置。寰宇記：在泉州北二百十里。府志：唐貞元中，析永泰之歸義鄉置歸德場。後唐長興三年，升爲德化縣，治在龍潯山南，丁溪之北。

大田里。今大田縣治。本尤溪縣地，其壤在延、漳、泉三府之交，民多依山負險，叢聚爲盜。明嘉靖十四年，府通判林元倫平尤溪盜，建議奏請割尤溪縣十四都、永安縣一都、漳平縣十社、德化縣黄認一團，凡十四圖置縣，取舊里爲名，曰大田，縣治基曰狀元丘。舊爲田則稻先熟，故名。

土城。在大田縣西北七十里均溪社。未置縣以前，土人陳姓築以避盜。

銀場。在大田縣。九域志：尤溪有安仁、龍蓬等銀場。大田縣志：龍蓬場，在縣東北一百三十里。安仁場，即舊安仁司也。

鐵場。在州西北。九域志：永春縣有倚洋鐵場。舊志：在縣西北鐵礦山下，久廢。

故税務。在州治宣詔亭東。宋置。明初徙於州西三里，後廢。又東津，在州東十里東關。西津，在州西七里。南津，在州南十五里小姑鋪。三津俱宋置，以税商貨，元廢。

登高閣。在德化縣治西。宋建，邑人以重九登高於此。

禊飲亭。在州東南，瞰溪爲亭。宋紹熙間縣令陳珙建。又州東有豁然亭，今名魁星亭，宋縣令黄瑀建。

環翠亭。在州北三里〔三〕。宋建，朱子有詩。州人每歲重九登高於此。

最高亭。在德化縣龍潯山巔。名勝志：宋宣和間縣令劉正建。明嘉靖間易名駕雲。

留從效宅。在州東北留灣。

關隘

虎豹關。在德化縣東南二十里劚頭嶺，接州界。有隘口在嶺上，明崇禎中知縣李元龍榜曰虎豹關。旁有寨，正臨嶺道，寨中墜一巨石，則千百石相擊而下。本朝順治初撥兵駐鎮，五年乃罷。六年，置高洋塘。

巖市關。在德化縣西八十里。宋置，中通五路。

湯尾關。在德化縣西北八十里湯嶺，接尤溪縣界。宋置關，亦曰湯嶺隘，有湯尾寨。

官井關。在德化縣北七十里大官嶺，與尤溪縣接界。宋置關，明爲油竹隘，今有大官隘。

蕉嶺隘。在德化縣西七十五里，接大田縣界。明嘉靖三年，官軍殲漳、汀賊於此。又有伏虎隘，在縣西北。縣境關隘凡十餘處。

黄坂巡司。在州西一都，與漳平縣接界。本朝雍正十二年設。

桃源店巡司。在大田縣西南一百里桃源社，接漳平縣界。舊屬漳平縣，明嘉靖十六年改屬。

花橋巡司。在大田縣東北七十里。明嘉靖中與縣同置。又安仁巡司，在縣西南涪瓶隔，明正統中置，屬德化縣，嘉靖中改屬大田。通志：安仁巡司，在縣西南聚賢里，原在德化縣安仁場，改遷於此，今名花橋。

萬安寨。在州南五里花石山。明嘉靖三十九年，建千户所以禦倭，地險可守。本朝康熙三年裁。

陳巖寨。在州西二十餘里巖口村。宋置寨，元置陳巖隘巡司，明洪武二十年移司於晉江圍頭村，後復置寨。

道場寨。在州西北高麗山。可容萬人。

白鶴寨。在州西北二十五里白鶴山頂。峻峭壁立，崖石環障，清泉四出，縱橫各一里許。元建，明正統十四年修。賊來攻不能克。州志：州境堡寨隘路凡五十餘處，陳巖、白鶴爲要。

邱店寨。在德化縣。舊志：在縣西北四十里尤嶺下，宋大中祥符間，以其地當德化、安溪、永春三縣之交，置三縣巡司，以土軍守之，今廢。又清泰里巡司，在縣東北五十里，元置，明洪武二十年移於惠安縣之黄崎村。又小尤巡司，在縣西小尤中團。東西團巡司，在縣西北六十里。楊梅團巡司，在縣北楊梅上團。俱元置，明廢。

四海寨。在大田縣後雙髻山。平廣可容數百人，四圍壁立，一徑旋繞而上。縣境堡寨凡三十餘處。

英果寨。在大田縣北七十里湯頭。元至元二十一年，自尤溪縣徙置於此。明洪武四年，復還舊址。

南埕城。在德化縣東六十里，東連永福，北接尤溪，東南通仙遊。有南埕洞，在懸崖間，肩摩乃得上。下爲南埕鄉，有田數頃，前阻大溪，上下二山，皆臨流鑿磴爲道。本朝順治初林忠臨溪築城，以連上下二山，置隘守之。又於絶頂造天平城，忠受撫後，毁天平城，而南埕城如故，爲縣險要第一。

高才坂。在大田縣東七十里，與尤溪縣接界。元置巡司於此，明移於尤溪街頭。

赤水市。在德化縣。九域志：德化縣有赤水鐵場。舊志：赤水市，在縣西北六十里，地名赤水隔，當大田、尤溪之衝，有上下二街。

津梁

雲龍橋。在州東南。長三十餘丈，跨桃溪。舊名知政橋，宋建。

溪山第一橋。在州南。舊名登龍橋，俗呼湯頭橋。明成化中建。

登瀛橋。在州東北。宋淳熙中建。

化龍橋。在德化縣東，長三十七丈。宋熙寧中建。

鎮東橋。在大田縣東一里許。明成化八年建，曰大田橋。嘉靖二十三年，復建改名，長二十四丈。本朝乾隆十六年重建。

會仙橋。在大田縣西百里，跨浮水溪，當漳、延二府之衝，水勢洶湧。

渡頭橋。在大田縣東北一百餘里。

隄堰

丁溪陂。在德化縣雙魚山下。宋元符中，里人林程築。程又開圳，自南市坂至下董坂，以資灌溉，曰林厝圳。

卓坂陂。在大田縣西七十里。東南就小澗築陂障水，灌田數百畝。

西竅圳。在大田縣東北百里。里人廖暘竅山導泉，凡數里，灌田甚多。

衛城壩。在州城西。本朝乾隆十二年，知州杜昌丁築。

陵墓

唐

盛均墓。在州東北文章山。

宋

陳知柔墓。在州西三十里蓬壺鄉。

莊裳墓。在州東北錦繡山。

曾公亮祖墓。在德化縣西北石山溪頭。

明

顔廷榘墓。在州西北大羽山麓。

田一儁墓。在大田縣東門外，有碑亭。

祠廟

朱文公祠。在州東學宮左。一在德化縣南門。

義烈祠。在州西南。明嘉靖間，南靖賊犯永春，前後戰死者，郭榮六等三十五人，至今祀之。

石鼓祠。在州西二十三都。宋紹興間縣令黄瑀建，雨旱禱之輒應。

忠應廟。在德化縣石礫鄉，祀唐監歸德場顏仁郁。仁郁有德於民，卒爲立廟。宋乾道初賜額忠應。

寺觀

太平寺。在州東。唐開成中建。

香林寺。在德化縣北香林山之西林。宋天聖初移建，賜額。

大羅寺。在大田縣東南三十都。宋朱子嘗遊此，有詩。

蓬萊觀。在德化縣西小尤中團。明永樂中重建。

世尊巖菴。在大田縣四十四都。宋紹興中建。

名宦

宋

陳靖。莆田人。開寶中任德化尉，參議軍事，有平賊功。

黄瑀。閩縣人。紹興中知永春縣。時因寇亂，凋瘵之餘，首蠲宿負。凡所聽斷，擿發如神。

陳珙。仙遊人。嘉定中知永春縣。值汀寇焚蕩後，悉心民瘼。初，朝旨蠲租，州縣皆以窘迫弗克奉行，珙撙節月會，杜苞苴之費，積錢八千緡以補貸民。

元

錢宗顯。大德中爲永春主簿。時上司檄輸箭竹一節十握者三萬五千，官吏沿例催督，地非其産，民甚苦之。宗顯毅然力請除豁，歡聲動地。

盧琦。惠安人。至正十二年授永春縣尹。始至，賑饑饉，止横斂，均賦役，減口鹽一百餘引，蠲包銀榷鐵之無徵者。已而訟息民安，乃新學宫，延師儒以課子弟，文風翕然。

明

馮翼。德平人。洪武間知德化縣。先是，邑以抽軍故，民盡逃亡，田荒而額糧仍存，百姓賠累不堪。翼至廉其詳，以狀聞，詔蠲稅額，至今民受其惠。

應履平。奉化人。建文中知德化縣。爲政廉平，勸學獎士，文風遂盛。所至祛除奸蠹，剛直不阿，論列時政，多見采納。

柴鑣。臨海人。嘉靖元年知永春縣。明獄平賦，剔蠹鋤奸。汀、漳寇逼近境，鑣率鄉兵，自花石嶺追至小尤中團，凡十餘戰，賊黨殲焉。

唐文傑。桂林人。嘉靖間知大田縣。慈祥愷悌，與民休息。以不附權要謫去，百姓遮道泣留。

謝廷訓。會稽人。嘉靖間知大田縣。邑爲驛道所經，例有夫役，當者輒破産。廷訓曰：「民病未蘇，重困以役，是驅之盜也。」請於當事免之。

周堪賡。寧鄉人。天啓間知永春縣。宿弊盡革，訟庭晏如。邑有十詞九免供之謡。以賢能委署惠安，惠之人歌曰：「安得兩周公，惠、永俱蒙休。」

姚遲。秀水人。崇禎間知德化縣。時泉屯之在德化者，屯丁悉兑勢宦收取，民不堪命。遲爲民剖析冤狀，反覆流涕，當道感動，上其事，歲省額外横索萬餘金。

本朝

潘際昌。仁和人。順治三年知永春縣。四年，土寇薄城，率民兵拒守百餘日，外援不至，城陷投井死。訓導胡萬鑑被執，罵賊不屈死之。

胡天湛。井研人。順治三年知大田縣。四年，土寇竊發，天湛力守孤城，城破，被執不屈死。

王之紀。瀋陽人。康熙十六年，知德化縣。時逆亂初平，瘡痍未起，之紀簡静鎮撫，清理訟獄，民甚便之。

杜昌丁。青浦人。乾隆中知永春州。纂州志，築衛城壩，建書院，增闢學舍。在州二十七年，政久化成，民安其業。卒於官，貧無以斂，士民争賻之。

人物

唐

盛均。字之才，永春人。大中十一年進士。舍人皇甫煥博辨自雄，均與講論，應答如響，時謂勍敵。嘗病白氏六帖疏略，廣爲盛氏十二帖，囊括經史，貫穿百家，學者資焉。仕終昭州刺史。

宋

陳知柔。字體仁，永春人。紹興十二年進士，歷知循州、賀州。知柔與秦檜子熺同榜，檜當軸，同年多以攀援致通顯，知柔獨不阿附，以故齟齬。自號休齋居士。所著有易本旨十六卷、春秋義例十二卷、論語後傳十卷。

蔡兹。字光烈，永春人。先以明經領鄉薦，紹興二年，爲建州鄉試考官，謂人曰：「吾取中一生，策三篇，皆欲爲朝廷措置大事，他日必非常人。」榜發，乃朱子也。其藻鑑如此。後以詞賦第十二年進士，仕至南恩守。

留正。字仲至，永春人。六世祖從效爲清遠軍節度使，封鄂國公。正，紹興十三年第進士，授陽江尉，歷權中書舍人。言記注進御，非設官本意，乞免奏御。從之。紹熙初進左丞相，謹法度，惜名器，毫髮不可干以私。引趙汝愚與之共政。孝宗疾革，數請車駕過宫，上拂衣起，正引裾泣諫，退，上疏言極激切。光宗以疾未能執喪，正率同列屢奏，乞早正嘉王儲位。嘉泰初進封魏國公，卒贈太師，謚忠宣。子恭、丙、籥、碩，孫元剛、元英、元圭、元亮，俱歷官有政績。

陳樸。字端行，知柔從子。乾道五年進士，歷知漳州，節浮費五萬，爲民代輸身丁。復以左司郎除知廣州，兼廣東安撫，革弊例帑羨，受代儲錢數十萬上於朝。弟模，字中行，慶元二年進士，以學行召試館職。時方開邊，策對：「王恢首謀之戮，不足以贖僵尸百萬之冤。」改知汀州卒。著有經史管窺行世。次兄機，以易學著。模子晉接，紹定進士，官國子司業。

陳一新。字又之，永春人。紹熙元年進士，爲汀州教授。慶元四年，校藝漕闈，發策以「谷永攻君而黨王氏，劉蕡言直而有司不取」爲問，激韓侂冑怒，將罪之，以救得免。遷國子博士。輪對，復深論權倖無所避。通判婺州，知邵武軍，以廉平稱。

陳易。字俊之，永春人。慶元二年進士，從朱子學，朱子嘗稱易及陳淳爲學頗得次第。仕終懷安丞。居喪參酌古禮，鄉閭化之。著有語、孟解。

莊夏。字子禮，永春人。淳熙八年進士。慶元六年旱，詔求言，時夏知興國縣，上言：「今威福下移，此陰勝也。陛下宜體陽剛之德，使後宫戚里，内省黄門，思不出位，此抑陰助陽之術也。」召爲太學博士。歷官兵部侍郎，陳邊釁不可妄開，議者難之。後以忤柄國者意，遂乞休。自號藻齋老人。著有禮記解、遺文、國史大事記、典故備志等書。

明

凌輝。字邦輝，德化人。永樂壬辰進士，授御史，以風裁著。出爲江西按察副使，安民正俗，振飭風紀。明代邑人登進士自輝始。

顏隆。字文盛，永春人。正統元年授吉安府推官，廉明有威。少師楊士奇之子犯法，執而罪之。當道交薦於朝，擢河南按察司僉事。流寇深入，統師捍禦，民賴以安。

蔣倫。大田人。嘉靖間盜攻尤溪，倫逆戰於烏坑遇害。弟瑞，痛其兄之亡，赴敵死。時邑人郭延壽亦追賊力戰，死之。

顔廷榘。字範卿，永春人。嘉靖戊午歲貢，授九江通判，遷岷府長史。以詩名。著有楚遊草、燕南寓稿、叢桂堂集、杜律意箋。

田一儁。字德萬，大田人。隆慶戊辰會試第一，選庶吉士，授編修，進侍講。吴中行攻張居正奪情，趙用賢繼之，居正怒不測。一儁偕同官趙志皋等疏救，格不入，乃會王錫爵等詣居正，陳大義，詞尤峻。居正心嗛之，以先請告歸，獲免於逐。居正卒，起故官，屢遷禮部左侍郎，掌翰林院。一儁禔身嚴苦，家無贏貲，卒贈禮部尚書。

劉應望。字思儼，永春人。隆慶戊辰進士，知吴縣，海瑞獎薦之，與清廉宴。邑有織造中官倨甚，應望獨與之抗禮。舉人趙用賢以冤誣繫獄，辨出之。入爲刑部郎，以忤當事，謫判大名府，終廉州知府。

田琯。字希玉，大田人。隆慶辛未進士，爲新昌令。俗以人命相誣，動輒破産，琯痛懲其弊。行野舍郊外，督民濬渠，履畝均放之，附郭田三千畝悉成沃壤。升南京户部主事，民攀號不忍舍。

顔垓。字宇肩，德化人。天啓戊辰進士，知平湖縣。却湖税溢額銀，節海塘濫費，修廢釐奸，政綱畢舉。召對稱旨，擢檢討。

本朝

鄧孕槐。字台生，德化人。順治間授推官，擢御史，按江南屯田。時真定等十四州縣，兵亂之後，逋逃者多，丁産貽累，上疏蠲免，民獲更生。

温榮三。大田人。順治初寇盗竊發，力戰死之。同時被難者，有楊連五等二十二人。

李道泰。字子交，德化人。順治辛丑進士，除建昌縣。康熙中吴逆倡亂，山寇竊發，道泰設法剿捕，城賴以完。知開化府，建學以教夷民。時邊徼新拓，多掠買湖南幼穉爲養卒，道泰給資放歸。卒於官。著有纓溪文集、滇行籌書等草。

顏奇宿。字應侯，永春人。康熙丙午舉人，知平遠縣。建學修志，革里役，除耗羨，歲饑賑貸，全活無算。後告歸。著有四書解醒。

流寓

隋

鏡臺翁。陳後主之子，其名弗傳。隋既平陳，引兵南奔，據桃林場之肥湖，後遂居肥湖之瑞峯。

明

歐陽文偉。洪武間與廖仲爲友，同隱逕田山中，以詩文自豪。後仲應聘出，以詩寄文偉，有「我爲虚名攖世網，林泉高致總輸君」之句。

列女

宋

林老女。永春人。及笄未字，紹定中遇寇欲汚之，紿曰：「有金帛藏於家，盍同取之？」甫入門，大呼曰：「吾願死於家，決不辱吾身。」賊怒殺之。越三日面如生。按：通志、縣志作張氏，與宋史、明統志及閩書異。

明

郭烈婦。大田人，失其姓名。鄧茂七之亂，鄉人結寨東巖，已而寨破，婦襁幼兒，且有娠，爲賊所驅，婦奮罵投百石巖下，與兒俱碎亂石間，胎及腸胃迸出，狼藉巖下。賊據高瞰之，皆歎曰：「真烈婦也。」瘞之而去。

鄭朝新妻呂氏。永春人。年十七歸鄭，五載而夫亡，氏以死自矢，投繯而逝。

本朝

張鍾毅妻易氏。德化人。順治丁亥，山賊至，氏匿其夫倉中，以身當之，賊脅與俱去，氏紿以入室飲食，遂自縊。賊去，鍾毅得免於禍。

高林妻鄭氏。永春人。遇暴不屈死。康熙五十四年旌。

張賡卿妻周氏。永春人。賡卿病篤，與訣曰：「汝無子誰依？」氏嗚咽不能語。是夜投繯先死。

翁懿宗妻連氏。永春人。早寡，撫一子兆基有室而夭，遺腹生一孫，娶黄氏，生一曾孫，既而孫及曾孫相繼亡。一門三寡相守，葬四世墳，俱以節終。

吴歷妻周氏。永春人。遇暴不屈自經死。雍正三年旌。

陳存若妻蘇氏。德化人。夫亡守節，事姑鞠子。雍正年間旌。

鄭育熙妻周氏。永春人。夫亡，與妾曾氏苦志守節。同州林國瑚妻黄氏、顔弼才妻尤氏、王家騮妻陳氏、尤雲翔妻李氏、鄭日鎮妻陳氏、鄭鍾渤妻陳氏、林俊潔妻張氏、顔振業妻鄭氏、陳元深妻周氏、王惟崑妻薛氏、顔光陸妻陳氏、鄭正曜妻陳氏、李嗚驥妻顔氏、李繩其妻陳氏，俱乾隆年間旌。

黄天景妻涂氏。德化人。夫亡守節。同邑張模妻陳氏、李克感妻徐氏、許德溥妻陳氏、黄樸有妻林氏、李仲滋妻賴氏、鄭世取妻吕氏、郭子陽妻賴氏、賴斯權妻鄭氏、蘇茂日妻林氏、許茂士妻林氏、郭兆愈妻林氏、蘇啓東妻陳氏、陳榮略妻莊氏、鄭業文妻徐氏、葉達仁妻范氏、劉浤來妻郭氏、徐季耳妻曾氏、葉守仁妻陳氏、涂文良妻章氏、謝天岑妻周氏、徐春權妻康氏、鄭起鰋妻曾氏、李延禮妻林氏、章亦恕妻林氏、陳珍愷妻王氏、陳光博妻林氏、張天志妻王氏、陳釗妻周氏、陳一基妻馬氏、謝祈如妻鄭氏、方鵬程妻徐氏、林開桂妻賴氏、陳應瓆妻鄭氏、陳宏鉅妻何氏、陳育宁妻黄氏、鄭與舉妻盧氏，烈婦蘇詩妻林氏，烈女陳錯女信娘，俱乾隆年間旌。

魏際熙妻汪氏。大田人。夫亡守節。同邑蕭荀龍妻鄭氏、林大鶴妻樂氏、嚴侯珍妻丁氏，俱乾隆年間旌。

林培琛繼妻陳氏。永春人。夫亡守節。同州烈婦楊于妻徐氏，俱嘉慶年間旌。

陳仰侯妻顔氏。德化人。夫亡守節。同邑賴樹峻妻連氏、賴樹森妻徐氏、賴汝起妾王氏、蔡文元妻張氏、蘇士填妻李氏、蘇榮植妻陳氏、蘇士堅妻林氏、蘇士㚏妻林氏、蘇榮大妻顔氏、郭大鍔妻王氏、陳統成妻徐氏、蘇元掇妻范氏，烈婦陳某妻周氏，烈女黄士杰聘妻吴氏，俱嘉慶年間旌。

仙釋

五代

知亮。身毒人。南唐時，恒袒一髆，行乞於市，祁寒霜雪中亦然。後居德化戴雲山，有詩云：「戴雲山頂白雲齊，登頂方知世界低。異草奇花人不識，一池分作九條溪。」

宋

了他。德化人。持戒律甚嚴，元豐間坐化，其身不壞。後三十年，爪髮復長。至今真身猶存。

蘇紹成。德化人。委業天慶觀，後隱泉山。朱子嘗造其廬，書「廉静」二字與之，且銘其琴曰：「養君中和之正性，去子忿慾之邪心。乾坤無言物有則，我獨與汝鈎其深。」

明

吴濟川。德化人。隱居雪山金液洞，鍊液養真，日惟飲水一盞。洪武戊申，端坐而化，真身至今猶存，旱疫禱之立應。

土産

鐵。州及德化縣出。九域志：永春、德化有鐵場。

鉛。出州境後壠、佛溪等處，有礦。舊志：土人有業作者，縣官禁之。通志：大田縣出鉛。

苧布。蕉布。葛布。諸縣並出。

白磁器。出德化縣，潔白可愛。

龍眼。枇杷。永春州出。

黄連。大田縣出。

校勘記

〔一〕通龍巖尤溪縣　「龍巖」，原作「龍溪」，乾隆志卷三三六永春州山川（下同卷簡稱乾隆志）同，據讀史方輿紀要卷九九福建永春縣陳巖山條及八閩通志卷七地理志改。按，龍溪在漳州，與此山相隔甚遠，蓋字涉下文「尤溪」而誤。

〔二〕繡屏山　乾隆志作「繡瓶山」，謂其山形如瓶。

〔三〕環翠亭在州北三里　按，乾隆志謂環翠亭在州東。

龍巖直隸州圖

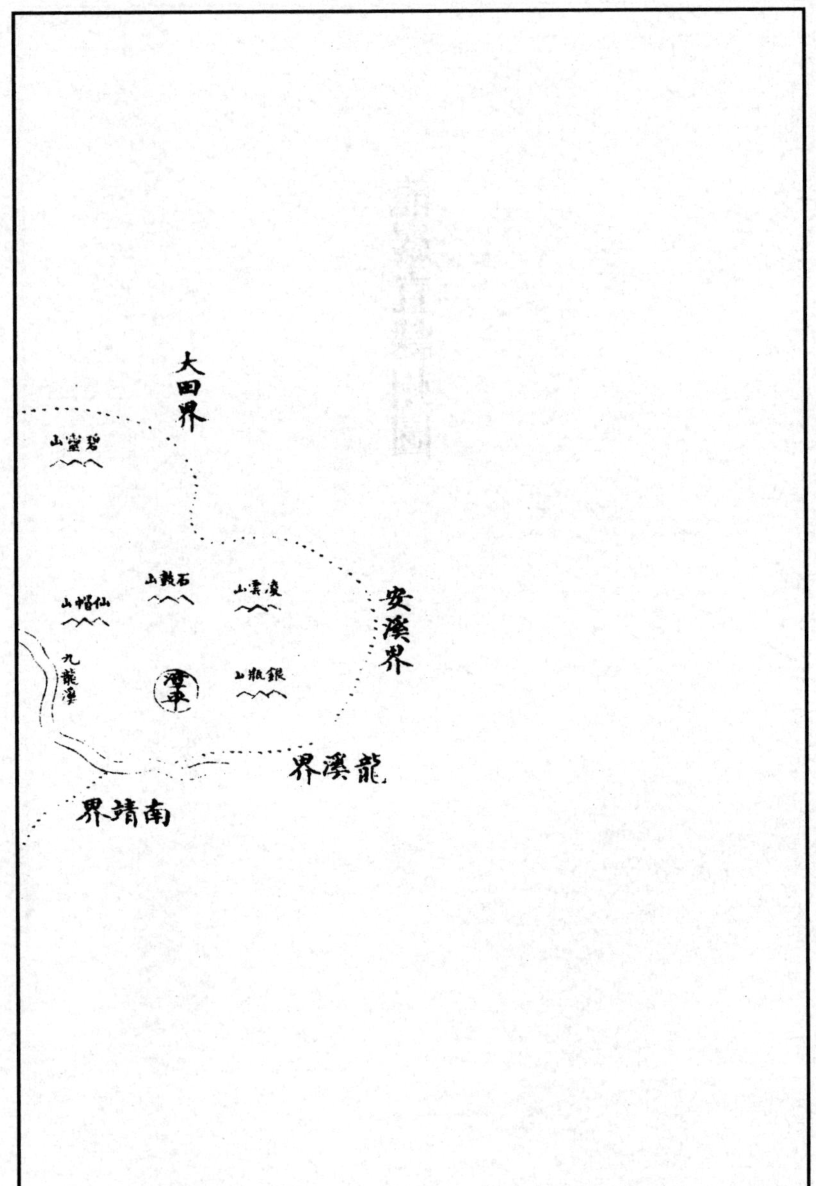
大田界
碧室山
石鼓山
凌雲山
仙帽山
安溪界
九龍溪
漳平
銀瓶山
龍溪界
南靖界

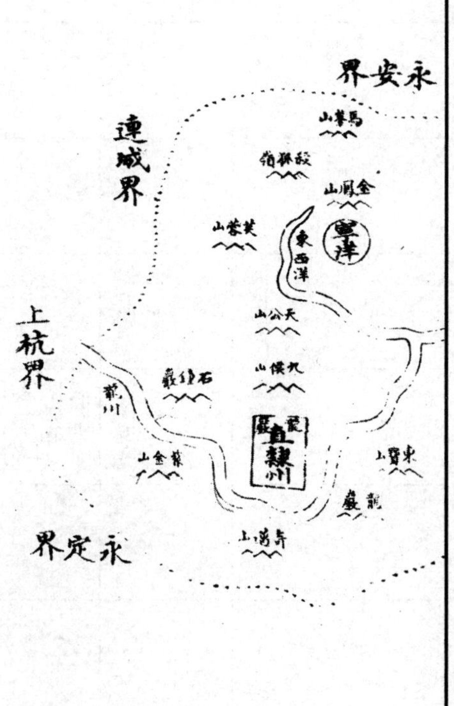
永安界
連城界
金鳳山
寧洋
東西洋
天公山
九侯山
上杭界
龍巖直隸州
東寶山
龍巖
永定界

龍巖直隸州表

	龍巖直隸州	漳平縣	寧洋縣
兩漢	冶縣地。	冶縣地。	冶縣地。
三國			
晉	新羅縣地。	新羅縣地。	新羅縣地。
宋			沙村縣地。
齊梁陳			
隋	龍溪縣地。	龍溪縣地。	龍溪縣地。
唐	龍巖縣開元二十四年置新羅縣，屬汀州。天寶初更名。大曆中改屬漳州。	龍巖縣地。	龍巖縣地。
五代	龍巖縣		
宋	龍巖縣		
元	龍巖縣屬漳州路。		
明	龍巖縣屬漳州府。	漳平縣成化七年置，屬漳州府。	寧洋縣隆慶元年置，屬漳州府。

大清一統志卷四百三十九

龍巖直隸州

在福建省治西南九百里。東西距二百六十里〔一〕，南北距二百九十里。東至泉州府安溪縣界二百一十里，西至汀州府上杭縣界五十里，南至漳州府南靖縣界九十里，北至延平府永安縣界二百里。東南至漳州府龍溪縣界二百二十里，西南至汀州府永定縣治一百六十里，東北至永春州大田縣界二百里，西北至汀州府連城縣界一百里。本州境東西距一百四十里，南北距一百九十里。東至漳平縣界九十里，西至上杭縣界五十里，南至南靖縣界九十里，北至連城縣界一百里。東南至南靖縣界二百里，西南至永定縣治一百六十里，東北至寧洋縣治一百四十里，西北至上杭縣界五十里。自州治至京師七千三百四十里。

分野

天文牽牛、須女分野，星紀之次。

建置沿革

禹貢揚州南境。周七閩地，後屬越。秦爲閩中郡地。漢冶縣地。晉新羅縣地。按：此新羅縣治，在今汀州府長汀縣境，詳見汀州府建置沿革。隋龍溪縣地。唐開元二十四年，復置新羅縣，按：此新羅縣即今龍巖州治。屬汀州。天寶元年，改曰龍巖縣。大曆十二年，改屬漳州。五代、宋因之。元屬漳州路。明屬漳州府，本朝初因之。雍正十二年，升爲龍巖州，直隸福建布政使司，領縣二。

漳平縣。在州東七十里。東西距一百二十里，南北距一百三十里。東至泉州府安溪縣界六十里，西至本州界六十里，南至漳州府南靖縣界七十里，北至永春州大田縣界六十里。東南至漳州府龍溪縣界七十里，西南至本州治一百四十里，東北至永春州界六十里，西北至寧洋縣界三十里。漢冶縣地。晉新羅縣地。隋龍溪縣地。唐以後爲龍巖縣地。明成化七年，分置漳平縣，屬漳州府。本朝初因之，雍正十二年，改屬龍巖州。

寧洋縣。在州東北七十里。東西距二百里，南北距一百二十里。東至永春州大田縣界八十里，西至本州界一百二十里，南至漳平縣界六十里，北至延平府永安縣界六十里。東南至漳平縣界四十里，西南至本州治一百五十里，東北至永安縣界八十里，西北至汀州府連城縣界一百里。漢冶縣地。晉新羅縣地。劉宋以後爲沙村縣地。隋龍溪縣地。唐以後爲龍巖縣地。明隆慶元年，分龍巖及永安、大田三縣地置寧洋縣，屬漳州府。本朝初因之，雍正十二年，改屬龍巖州。

形勢

東寶左環，紫金右峙，奇邁前揖，九侯後擁。閩書。山通龍嶺，水接仙源。漳南志。銀瓶臂左，龍亭翼右，覆鼎揖前，石鼓擁後。閩書。居漳上游，枕延右臂。寧洋縣志。

風俗

龍巖陡僻，介於兩越之間，俗固窮陋。朱子學宫記。俗尚敦慤，衣冠樸野。舊縣志。地險而僻，民嗇而俚。漳南志。男趨於耕，女勤於織。漳平縣志。氣候不齊，種植獨遲他邑。寧洋縣志。

城池

龍巖州城。周六里二十四步，門五，水門一。宋紹定間建。明成化八年拓建。本朝順治十四年修，康熙二十年、五十二年、雍正九年、乾隆元年、二十六年重修。

漳平縣城。周三里一百六十步，門四，水門三。南北臨溪，東西疏渠。明正德九年建。本朝康熙十九年修，乾隆二年重修。

寧洋縣城。周二里二百四十步，門四，西、南、北三面臨溪。明隆慶元年建。本朝順治十三年重建，康熙二十三年修。

學校

龍巖州學。在州治西。舊爲龍巖縣學，宋開禧二年建，本朝順治十年重建，康熙十九年修。雍正十二年拓修，升州學，乾隆二十八年、嘉慶十三年重修。入學額數十八名。

漳平縣學。在縣治西。明成化七年建。本朝康熙十一年修，二十二年、雍正三年、乾隆二十七年重修。入學額數十五名。

寧洋縣學。在縣治西。明隆慶中建於縣治西南隅，萬曆六年改建今所。本朝順治十二年重建，康熙二十二年修，五十二年重修。入學額數八名。

新羅書院。在州治東城隍廟左。舊名瀛龍書院，明建。本朝康熙二十五年重建，改今名，乾隆元年修。

石埭書院。在州治清高山右。明嘉靖中建，亦名永思祠。

黄巖書院。在州城北隅，即黄巖廟。舊州志謂兩翼皆士子讀書處。

東山書院。在漳平縣東東山之陽。本朝乾隆二十年建。

菁城書院。在漳平縣北門外佛仔山。本朝乾隆元年建。

共學書院。在寧洋縣城内。本朝康熙中縣令沈荃建。

鍾靈書院。在寧洋縣南壇右。明萬曆中知縣鄧于蕃建。按：舊志載龍巖書院，在州東龍巖洞前，明建。豫章書院，在寧洋縣北七十里，宋儒羅從彦故居。謹附記。

户口

原額人丁一萬六千八百有六，今滋生男婦大小共三十二萬八千四百一十九名口，計四萬四千四百户。又屯民男婦共三千四百一十五名口，計一百一十二户。

田賦

田地三千一十六頃六十四畝四分六釐有奇，額徵地丁正、雜銀三萬一千九百二十兩八分四釐。屯田三十六頃五十五畝九分有奇，額徵丁糧銀一百七兩六錢二分五釐，米四百八十二石四斗九升九合五勺。

山川

大對山。在州治西門内。宋令趙性夫築寨於此，亦名官砦山。又清高山，在南門内，積石瑰奇。其西有梅亭山。又黄巖山，在州治北，下有黄巖廟。

東寶山。在州東五里許。三峯並列，東寶居其右。山麓舊産銀砂，每風雨晦冥，常有寶氣浮動。下有龍井洞，中爲翠屏峯，上有龍巖洞〔三〕，左爲涼傘峯，三山連絡，亦曰三台。山腰有嶺，通漳平縣。府志：龍巖，在翠屏峯南麓，有大小二洞，虚中如室，壁石有雙龍紋，内可坐百人。唐以此名縣。

觀音座山。在州東三十里。高數仞，當龍川水門，勢極險阻，其東曰傅溪山，圓秀回峙，障蔽東北之闕。

奇邁山。在州南二十里。一名九峯岐，嵯峨拱峙，森如列戟。東爲錫帽山，州治、學宫俱賓此，建崇文塔其上。

上方山。在州南六十里。適中驛在其下。

虎嶺山。在州西。自後山分枝，環抱西城，若虎踞然。有水引流入城，曰秀水溝，南入城濠。

紫金山。在州西十里。五峯秀削，壁立千仞，旭日含輝，夕陽倒影，土石皆紫。上有天然池，下有赤水巖。

北砦山。在州北。一名後山，爲州主山，圓秀如覆釜。

九侯山。在州北三十里。廣袤數十里，高入雲漢，九峯列峙。或訛爲九猴山。舊志謂之筋山，言支麓盤踞如筋絡也。筋溪出此。

天公山。在州北五十里。九域志：漳州有天公山。明統志：在龍巖縣西北，山頂有瀑布水，飛瀉數十丈。唐初有山賊至，爲雷所擊，因而就擒，故名。府志謂之天宫山。

鐵猫兒山。在州東北四十里。特起圓阜，如猫内顧。龍川諸水經其下，爲州之水口。

東闕山。在漳平縣東郭。逆水而來，與龍停山對峙，爲縣左右臂。其中有蓮花巖，俯瞰清溪。

銀瓶山。在漳平縣東十里。層峯疊翠，其狀如瓶。稍南爲小都山，山高泉冷，盛夏可以避暑。

鉛山。在漳平縣東。舊産鉛，里人多採爲利，年久穴多陷，今少止。

石門隔山。在漳平縣東二十里。兩山夾峙，其狀如門。又東十餘里有雲峯山，雄峻屹立，常有雲氣護其上。

覆鼎山。在漳平縣南四十里。林木深邃，山頂突出，如覆鼎然。

龍停山。在漳平縣西一里。山半清泉一脈，可以溉田。頂容二百人，鄉人嘗置寨以避寇。亦曰龍停寨山。登其巔，則衆山皆在目中，最爲高曠。

古漈山。在漳平縣西北。山勢雄峻，爲縣西諸山之宗。

九仙山。在漳平縣西北。九峯疊聳，雄敞峻絶。一名九星山。山後有朱仙洞，石室幽邃，六月生寒。

文筆山。在漳平縣西北五里許。尖聳秀麗，爲學宫之案，有聳然文筆之外者，爲三尖山，爲九峯崎，爲龍尾山。

仙帽山。在漳平縣西北十里。一名西霧山，連接羣峯，逶迤盤結，而此山獨巍峩秀麗。相傳鄉人嘗避寇於此，寇將迫，忽雲霧四合，寇迷不能進，因名。

碧靈山。在漳平縣西北五十里。亦曰碧淩山，黛色青蒼，高淩霄漢，上有寨場。又西曰天柱山，雄峙高聳，與寧洋縣接界。又西北曰巖頭山，舊産銅。

三山。在漳平縣北留地洋水口。山頂寬平，可容數千人，有石泉湧出不竭。明嘉靖間鄉人結寨於此，尋爲賊蘇阿普等所據。

石鼓山。在漳平縣北二十里。與仙帽並峙，爲縣北方之障。

淩雲山。在漳平縣東北二十里。峭拔而秀。

麒麟山。在寧洋縣南。自東賴家山，由巖坑、石兜轉至縣南止。

香寮山。在寧洋縣南五十里。山極高大，上有紫雲洞，可容數萬人。明正統中鄧茂七據此爲亂。絶頂曰天臺，去地千百尺，下有龍潭，石窟如釜。

芙蓉山。在寧洋縣西。自赤水洋東行，歷大坑、騎龍坑至縣治，爲芙蓉山，高聳如笏。稍南爲梯雲山，朝拱縣學，一名貴人峯，二山相連。

金鳳山。在寧洋縣北，爲縣鎮山。圓峯特起，麓有平洋，結爲縣治。山後有玉屏山，平展如屏障。

天員山。在寧洋縣北。其山最高，頂平坦可容萬人，上有古井。

馬峯山。在寧洋縣北四十里。一名馬家山。其頂尖秀，爲衆山之望。有水南達漳平，北下永安。

皡林嶺。在州東二十里。舊名惱林。長林陰翳，人跡罕到。

倒嶺。在州南八十里。盤曲峻絶，嶺坳有宋文天祥駐師故壘。明嘉靖初，知縣蔡尚義於嶺上建棲雲亭，因爲防禦之所。

雁石嶺。在州東北三十里，與皡林對峙。嶺北爲雁石渡，即龍川所經也。上流有石如雁，故名。明統志謂之硯石。

三峯嶺。在州東北百里。嶺半有隘。

胡巖嶺。在州東北百里。峻絶摩空。

三重嶺。在漳平縣南二十里。有三峯疊出，高下相因，崇峻險僻，人跡罕到。其東有朝天嶺，與南靖縣永豐里接界，高聳插天。

産盂嶺。在漳平縣東北。山險而僻。其陽有蝙蝠洞，石壁巉巖，洞穴深邃，寒泉清冽，衍爲長流，俗傳有竅通尤溪，鄉人秉燭深入，不能盡其底止。

殺狐嶺。在寧洋縣西北。鳥道險峻，人迹稀少。州志：明初嘗爲寇巢，名龍頭寨。嘉靖四十二年，賊蘇阿普據此，漳平知縣魏文瑞討之，至東西洋，賊伏發被殺。四十四年，賊曾東田復據此，官兵會討之，數月不克，忽有大狐自嶺上飛下，官軍殺之，三日而賊滅，因以殺狐爲名。

大陶嶺。在寧洋縣北七十餘里，接永安縣界。其水流歸福州。上有大石洞，曰甘乳巖，可容千餘人。其東又有均嶺，乃汀、延分界處，其水一南流入九龍江，一北流入尤溪。

洞峯。在漳平縣東。有洞深邃，中有泉湧。相近有牛頭相觸岑，兩山夾立，相去二丈餘，中一坑深十丈，峭削險阨，水流轟響，鄉人砌石爲橋以渡。

第一峯。在漳平縣北，接大田縣界。聳拔端秀，感化溪出此。

石鐘巖。在州西北七十里。壁立數十百丈，有上、中二巖，巖石奇勝。

龍門洞。在漳平縣東。洞如石室，冬温夏涼，中有磐石，可容百餘人。相近有陽山洞，石洞深邃，洞口有石門，外峭中窪，有田數畝。山寇嘗據此爲巢。又有五老洞，四圍高峭而中窪平，惟石徑一道可通，容千餘人。

百家畬洞。在漳平縣南五十里。舊志：界龍溪、安溪、南靖、龍巖、漳平五縣間，漳平正當其北，爲要衝，萬山環抱，四面阻塞。洞口陡隘，僅通人行，中寬廣容百家，畬田播種，足以自給。明宣德、正統時，奸民逋聚爲亂，官兵剿捕，數載始平。

穿雲洞。在寧洋縣西北嶺兜中，洞石有龍鳳形。

龍川。源出汀州府上杭縣東諸溪，流入州界，合大小池，越虎嶺，環繞州西，會曹溪、小溪，至州南三里，匯爲石鼓潭，又東經觀音座山下，匯爲甕口潭，稍東合傅溪水，循石峽而下，石峻水激，險怪萬狀，謂之傅軍灘。舊不通舟楫，後闢成港，可引小舟。又東北過雁石渡而達漳平縣境，亦名雁雲溪。

東西洋。在寧洋縣，東西凡有三源，一曰西溪，源出縣西北田頭；一曰南溪，源出縣東北；一曰北溪，源出縣北。三流合繞縣郭，激盪生濤，古稱東西洋，亦名大溪，亦名徐溪，又南流入漳平縣，爲九房溪之上源。

曹溪。源出汀州府永定縣界，東流入州，西南會於龍川。又州境有筋溪、羅橋溪、小溪、傅溪、冢皞溪，皆入龍川。

蒲山溪。在州西南。源出上杭、古田，流入永定平西驛。

硿頭溪。在州北三十里。中有石如大厦，水流漬激有聲，故名。又硔溪，在州東北四十里，源出湖巖，灘急不堪舟梁，下流入龍川。

藿溪。在州東北萬安里。亦曰萬安溪，源出連城縣，流經寧洋縣界，縈紆三百里，至龍溪縣，入九龍溪。昔人聞溪有藿香氣，故名。

吴地溪。源出州界，流出漳平縣西，入九龍溪。

九龍溪。在漳平縣南。上源有二，一自州界流入，曰雁雲溪，一自寧洋縣流入，曰九房溪，至縣西與雁石、萬安二溪合，曰九龍溪，亦曰漳平上溪。又東至縣西三里，納吴地溪，又至縣南，匯爲龍江潭，過駐龍洲，又東至華口，納感化溪，匯爲牛欄潭，又東合下析溪，入龍溪縣界。新志：自華口至龍溪縣華崶，凡大灘三十六，皆險惡峻阻。

感化溪。源出漳平縣北第一峯，南出華口，入九龍溪。又下析溪，亦源出縣南，入九龍溪。

羅溪。在漳平縣北。源出永安縣界，流經和睦里，合九龍溪。

大坑溪。在寧洋縣西十五里，源出羅坑，至騎龍入大溪。

徐溪。在寧洋縣南，源出郭家山坑，至溪口入大溪，自下通謂大溪爲徐溪。

白鶴湖。在漳平縣南三十里。山巔峻絶，湧泉成湖，瀑布而下，爲第二宫、第三宫。一名三溪林。

三清湖。在漳平縣北十餘里，地名魚龍津。自高山發源，湧爲石湖，瀑布而下，疊聯三潭，因名。

利溪龍潭。在寧洋縣南。山巔有上清、玉清、太清三潭相連，瀑布怒下，險峻難登。

流水灘。在寧洋縣西四十里。奔湍激石，舟楫經此甚險。

黄畬澗。在漳平縣東南。源出三重嶺，又有小坞澗、安坑澗、靈坑澗、高巖澗，凡五澗，俱流入九龍溪，每東作，則築陂蓄水灌田。

鼇池。在漳平縣北，接寧洋縣界。周二十里，不溢不涸，有灌溉之利。

天池。在寧洋縣南石寮山巔。兩巖巨石相對嶮巖，中蓄一湖，清澈不涸。

新羅第一泉。在州治西。井旁有明吴守忠題碑。

温泉。凡二。一在州塗潭社，四時可浴。一在州小溪社，熱太甚，浴者必以涼水和之。

靈源泉。在州東寶山之左。山巔有巖，其孔旋折而入如牛角，内寬丈許，水清不竭，常有雲氣。明成化間令韋濟祈雨有應，立石曰天瓢。山下又有龍湫井。

白泉。在漳平縣北。山泉湧出，遂成溪澗，鄉人賴之。

古蹟

龍巖故縣。今州治。舊唐書地理志：汀州領龍巖縣，開元二十四年，開山洞，與州同置。元和志：龍巖縣，先置在汀州界新羅口，名新羅縣，屬汀州。天寶元年，改爲龍巖。大曆十二年，皇甫政奏改屬漳州。寰宇記：縣在漳州西北，泝流五日，約三百里。九域志：在州西二百七十里。府志：今縣治，舊名苦草鎮，縣東有巖如屋，石壁上有紋如龍，頭角鱗鬣皆具，名曰龍巖，縣因以名。

九龍鄉。今漳平縣治。本龍巖縣地，明成化三年，龍巖民林延琥等以居仁、聚賢、感化、和睦、永福五里距邑遠而險阻，賦税不供，請别置縣以控制之。七年，乃分縣九龍鄉置縣，以率五里之民，其地據漳州上流，萬山之中，獨爲平衍，故名曰漳平。

東西洋。今寧洋縣治。本龍巖州東北界聚賢里地，界於漳平、連城、永安、大田四縣之間，其地寬平，而四山環列，溪洞深邃，鳥道險峻，爲土寇窟穴。明正統十一年，置東西洋巡司控制之。嘉靖四十一年，賊平，隆慶元年，割龍巖及永安、大田三縣地置縣，以巡司爲縣治，以東西洋皆安静爲名。

銀場。在州南。九域志：龍巖縣有天濟、寶興二銀場。縣志：寶興鉛錫場，在縣南龍津橋，今廢爲民居。

丞相壘。在漳平縣。宋文天祥駐師處。

梅亭。在州南門清高山右。元延祐間，里人林公説築亭植梅於此。

心源精舍。在漳平縣治東南隅。明曾汝檀建，與諸生講學處。

羅從彦宅。在寧洋縣北七十里蚌口，今爲豫章書院。

關隘

緣嶺隘。在州南七十里，路通永定，爲汀、漳、閩、廣通衢。今設有北坪公館。

倒嶺隘。在州南八十里，盤曲峻絶，通南靖、平和，州隘凡十餘處。

三峯隘。在漳平縣東十餘里。又東有華口、安井、赤坑口等隘，路通龍溪縣。

浮竹洞隘。在漳平縣北和睦里。縣隘十餘處，此爲最險。

城口隘。在寧洋縣東五十里，接大田縣界。明嘉靖末，漳平知縣魏文瑞嘗議築堡於此。今有城口橋。

烏横嶺隘。在寧洋縣南，路通漳、平，向爲盜藪。本朝順治十四年，知縣蕭亮設堡。

雁石巡司。在州南六十五里適中驛。明正統十一年，置巡司於州東北雁石嶺下，後移於嶑林口。本朝雍正十年，移駐於此，仍故名。

歸化鎮。在漳平縣南七十里。明洪武初置巡司，嘉靖十九年移於縣東折溪口，本朝康熙二年裁。又溪南巡司，在縣東北溪南社，亦明初置，今廢。

虎嶺寨。在州西門外。宋置巡司，久廢。

林田堡。在州南七十里。明萬曆中建公館於此，崇禎八年，知縣鄧藩錫以寇盜充斥，建堡防守。

馬家山堡。在寧洋縣北，路通永安縣。本朝康熙二十一年，縣令李文然建堡。

適中驛。在州南六十五里。明嘉靖十一年置。

津梁

矼溪橋。在州東三十里雁石社。明建。

龍津橋。在州南門外。舊名通闤，宋建，明永樂間更名。本朝順治年間重建，乾隆二年修。

迎龍橋。在州西五里。兩山夾溪而下，橋跨其上，道通汀、潮，俗呼西橋。明建。

龍門硿橋。在州西十里，道通上杭。明建。

浮橋。在漳平縣南龍江潭。明正德中，知縣徐鳳岐造舟二十四，鋪以板，鏈以鐵。本朝康熙中修，增舟至三十六。

永濟橋。在漳平縣東北，長十丈。明建。

山谷橋。在寧洋縣東二十里。

安濟橋〔三〕。在寧洋縣南。明萬曆五年建，長十八丈。

青雲橋。在寧洋縣西門。舊名玉江橋，明萬曆二十七年建。本朝康熙年間修，乾隆二年重修。

嶺兜橋。在寧洋縣西北二十里。

蚌口橋。在寧洋縣北七十里。

隄堰

湯隄。在州城外。明嘉靖間縣令湯相創築以捍水患，自南迄東長一百八十餘丈。後圮。本朝康熙年間知縣江藻築，乾隆二年知州張廷球重築。

東津隄。在州東五里。明萬曆間縣令吴守忠築。

鄭陂。在州東二里。明洪武間縣令鄭俊築，因名。又附郭有烏石陂，長一千一百三十丈；陳陂，長一千九百五十丈；東山新陂，長一千一百丈。

龍門陂。在州西龍門碇。舊本一陂，明宣德間邑人王源增築，尋壞，今分上、下二陂。

官陂。在州西龍門碇下。明正統間邑人林璲、王鏞築。

車陂。在漳平縣北。甃石以截溪流，置車於中，輪郭上繫竹筩數十，溪流自爲激運，以次汲輪於田，不假人力，而灌溉沾足。

解侯陂圳。在州東。溉田千餘畝。

龍潭坑圳。在州東南。明縣令湯相築。又有新圳，在州南，亦相所築，溉田三十頃。

緣嶺圳。在州西北。長三千餘丈，溉田百頃。

陵墓

宋

蘇純墓。在州東百里三峯嶺。

葉大有墓。在州西龍門碇。

明

林瑜墓。在州西南龍門里。

石應岳墓。在州西南永村。

祠廟

表忠祠。在州西西湖，祀宋左翼軍統領崔亮。亮，熙州人，從宋高宗渡江，領兵戍漳州，以討賊戰殁。紹興中賜額，本朝順治十三年重建。

朱文公祠。在州學内。明建，本朝乾隆三年修。一在漳平縣東山。

文丞相祠。在州東龍巖洞前，祀宋文天祥。亦名龍巖書院。

正學祠。在州城西北隅。明建，祀明布衣陳真晟。一在漳平縣學宫後。

魏公祠。在寧洋縣西北員當山，祀明漳平令魏文瑞，即其擊賊遇害之所建祠。

寺觀

報恩寺。在州治東。宋紹興二年建，本朝雍正十三年重修。

高明寺。在漳平縣西龍停山。明建，爲一邑巨觀。

祝聖寺。在寧洋縣南麒麟山。明建，本朝順治十七年重修。

東嶽觀。在州治西官砦。宋景定二年建，本朝乾隆元年重修。

南塔院。在州治南。宋乾道中建，有浮屠五級。

名宦

宋

楊中立。晉江人。嘉泰間知龍巖縣，有惠政。嘗捐俸築南隄，民賴之。

林介卿。晉江人。嘉泰間知龍巖縣。時縣在萬山中，寇盜出没，城郭未完，介卿乃修寨募兵儲穀，教弓弩，謹斥堠，寇不敢犯，民賴以安。

元

黄佐才。至元間爲龍巖尉。李志甫作亂，陳君用襲之，佐才併力助戰，奮不顧家，一門四十餘人俱遇害。賊平，贈龍巖尹。

明

趙榮祖。淮安人。洪武三年，知龍巖縣。爲政以安民爲務，弊無不革，利無不興，百廢具舉，民蒙其惠。

周尚文。香山人。洪武中任龍巖縣丞。時縣鑪户有鐵課六萬餘斤，小民苦於遠運，尚文申准折鈔，民甚便之。

李昊。巴陵人。天順元年，知龍巖縣。居官以愛民爲本，男女有過期者，助其婚嫁。逋税不能完者，助其輸納。生徒之賢者，加禮優遇而造就之。以績考最，詔旌異之。

韋濟。海陽人。成化初知龍巖縣。時初設守禦千户所，濟拓舊土城砌以石，修學及壇廟。會汀寇發，鄰境皆受害，巖邑獨全。

陳栗。南昌人。成化中知漳平縣。時初立治所，事叢民獷，栗創治建學，列街市，編徭役，秩然有緒。

陳熙。慈溪人。弘治七年，知龍巖縣。文章政事，多足稱述，擢監察御史去。

謝思木。耒陽人。正德十六年，知龍巖縣。嚴毅廉明，政清訟理，尤加意學校，常市穀三千七百餘石，立義倉，邑人勒碑紀其績。

湯相。歸善人。嘉靖三十二年，知龍巖縣。會廣寇合永定寇來攻，邑有不逞亦羣聚剽掠，相次第平之。又築新圳三十里，溉田甚衆，修城外隄百八十餘丈，水患以除，民德之。

魏文瑞。桂林人。嘉靖四十一年，知漳平縣。會流寇攻縣，文瑞力爲保障，後奉檄會剿賊首楊一、蘇阿普等，以援兵不至遇害。事聞，贈光禄少卿，廕子立祠。

董良佐。玉山人。隆慶初知寧洋縣。時城郭宫室未備，良佐與教諭劉灌歷山躋嶺，採取木石，營造學宫公署，教民行鄉約，士民漸化。

鄧于蕃。南海人。萬曆初知寧洋縣。始廣學宫，建譙樓，又甃石夾渠以列廛市，丈田平賦，流徙復業。

余應桂。都昌人。天啓中知龍巖縣。歲饑，出倉粟濟民，所活無算。又清永福詭米三百餘石，罷下腦司苛税。

鄧蕃錫。金壇人。崇禎中知龍巖縣。性侃直，不畏强禦，時土寇竊發，蕃錫設法剿平，民賴以安。

本朝

戴真學。浙江人。順治三年，知漳平縣。時山寇四起，真學且禦且撫，寇不能犯。五年，賊王鎬等擁衆萬餘逼城下，真學與教諭劉泰陽嬰城固守，六月城陷，真學手刃其妻，出爲賊所獲，剖心而死。泰陽投水死。

王有容。麻城人。順治中知龍巖縣。方軍興，徵夫取餉，羽書旁午，有容力爲申請，縣民得寬徵索。值寇亂郡城陷，有容與民死守，乞援南贛，城賴以全。

蕭亮。四川人。順治十二年，知寧洋縣。邑新被寇，井里凋殘，亮招集流亡，繕修城郭，百廢俱舉，邑人立祠祀之。

杜雲禎。永年人。康熙三年，知龍巖縣。案無留牘，胥役不得售其奸。時軍興派徵月米九百石有奇，雲禎申請再三，得減三之一。

陳運泰。漢軍正白旗人。康熙十六年，知寧洋縣。時海氛未靖，賦役浩繁，運泰請豁軍需，免力役，民賴以蘇。

楊于蕃。山陰人。康熙二十三年，知漳平縣。仁恕廉平，衆心愛戴。後乞休，士民赴省籲留，當事慰勉供職，又逾年而去。

江藻。漢陽人。康熙二十四年，知龍巖縣。耿逆變後，民苦追呼，藻善撫之，無逋賦者五年。俗健訟，藻不事差拘，隨至判決。又修學宫，建書院，築橋梁，士民德之。

張廷球。桐城人。雍正十三年，知龍巖州。時初升縣爲州，凡營建規制，蒐輯州志，剔除里甲包糧，事舉弊清。

元克中。静海人。乾隆舉人，五十九年，以候補知府署龍巖州事。甫下車，廉知市廛十甬，大小舊無定制，以價之輕重爲差，儈緣爲姦利，日有爭訟。因依官斗製式，每市置一，令不得增減，民便之，至今遵用。六十年大饑，開倉平糶，親履諸鄉，勸諭富民，各賙閭里，口占詩律以曉之，民感其誠，無遏糴者。是歲饑而不害，州人立祠城東，並勒其詩於石。

人物

宋

周純。字潛文，龍巖人。治平進士。元祐初，蘇轍舉純善治財賦，自御史臺主簿提舉江西常平，救荒多所全活。後歷官知應天府，以朝散大夫直秘閣，致仕。

明

林瑜。字子潤，龍巖人。洪武中，以太學生授五軍右斷事，讞獄多平，擢江西僉事，轉副使。時長沙寇亂，兩奉詔往撫之。遷浙江左參政。居官平恕，所至以禮賢、雪獄、安民爲先。卒於官，民思慕之。

王源。字啓澤，龍巖人。永樂進士，授庶吉士，改知深澤縣。數上書言事，召入，又論時政得失，忤旨下吏，尋赦復職。擢春坊司直，侍諸王講讀。一日進講，王他顧，正色規之。遷松江同知，奏罷積逋數十萬石。母老乞終養。服闋，除職方郎中，尋出知潮州府，以老乞休。陳獻章有言：「吏於潮者多矣，其有功而民思之者，前惟韓愈，後則王源云。」所著有書傳補遺、異端辨、葦菴集。

劉鋭。字伯剛，龍巖人。永樂進士，授行人，升户部員外郎，乞歸省。值鄧茂七亂，其黨侵逼龍巖，鋭諭衆討賊，猝與賊遇，戰不利被執，罵賊不屈死。

曾汝檀。字維馨，漳平人。嘉靖進士，授都察院都事，遷南京户部員外郎，擢知撫州。立五經閣，教民行鄉約。政暇與諸生講明正學。歷官山東鹽運使。著有心源問辨録，學者稱爲廓齋先生。

魏果。字竹莊，龍巖人。嘉靖歲貢，赴省試時，有邑人王鎧寄白金，無知者，未幾鎧故，果歸訪其家，以原金還之。初授無錫訓導，歷遼府教授，不事權貴，所至有聲。祀孝義祠。

石應岳。字鍾賢，龍巖人。隆慶進士，選庶吉士，歷户、禮二科給事中，疏請祀陳真晟於鄉，以崇正學。乞經筵命史官入直，登記得失。復上廣宗藩、節賚予、急修省，先後十餘疏。擢太僕少卿，晉應天府尹。與都御史海瑞相善，民有「總憲清如水，京兆白如霜」之謡。改尹順天，終户部侍郎，疏乞終養歸。卒，贈户部尚書。

蔡夢説。字君弼，龍巖人。萬曆進士，由中書擢御史，巡按江南。築銅陵隄以廣水利，民呼爲蔡公隄。再按廣東，戢撫瓊、饒諸寇，造湖城石梁以禦水患。歷官南韶參政。會交趾襲欽州，制府令斬級論功，夢説嚴止妄殺，遂乞歸。

魏鳴朝。字端所，龍巖人。萬曆舉人。性孝友。初授泰寧教諭，立學規，有蘇湖遺意。擢安仁令，值歲歉，設法賑濟，民賴以生。又弭盜賊，平水患，除一切弊政。本朝雍正九年，祀鄉賢祠。

連繼芳。字以善，龍巖人。萬曆進士，知德清縣，歷官廣西按察副使。時交夷、烏蠻侵擾，奉敕征討，屢戰克捷，積寇以平。乞終養歸。顧憲成嘗稱其「不爲憂患挫志，亦不爲安樂肆志」云。

王命璿。字君衡，龍巖人。萬曆進士，由新會令擢御史，疏論東宫出閣、福藩就封二事。税璫高寀肆毒閩中，抗疏論之。天啓中歷大理寺卿，劾奏魏忠賢，幾蹈不測，以母憂從輕罰俸。崇禎間起刑部侍郎。中官鄧希詔守口失機，忠賢護之，命璿執法不回，忤其意，遂告歸。闖賊陷京師，挈家入萬安山中，尋卒。

陳六韐。字子儀，漳平人。崇禎進士，官天津兵備道。大閲水師，築興濟城，增肅寧垜，浚交河，以爲守禦計。時防衛單弱，六韐檄各縣，令十甲出戍卒一人，以重防守，屹然爲畿南保障焉。卒爲中官所中，解官歸，家於永安之桃源，死甲申難。次子金鏡，及妾朱氏、王氏、傅氏、冰姬俱殉。本朝乾隆四十一年，賜謚節愍。

吴汝宗。字得之，寧洋人。崇禎末以貢授東阿令，有政聲。秩滿入覲，會闖賊陷都遇害。本朝乾隆四十一年，賜謚節愍。

詹天顔。字隣五，龍巖人。崇禎間由選貢生歷任同知。福王時擊斬賊將王運行，復龍安、茂州，累官安緜道。永明王擢爲川北巡撫，大兵克嘉定，天顔戰敗被執死之。本朝乾隆四十一年，賜謚忠節。按：通志載永定人，與明史異。

本朝

李鎮國。漳平人。順治四年以太學生授雷州推官，寇陷雷州，不屈死。

章士穎。字君實，龍巖人。順治丁酉舉人，授龍安府推官，以裁缺改知禮縣。時民苦於興屯報墾，多至逃亡，士穎招徠撫綏，常捐俸給以牛種，聞風復業者千計。又申請蠲免天嘉十九里正供一千二百有奇，併鞏、禮、文三衛所糧米二千五百餘石。會吴逆爲變，受困四閲月，圍解得釋。

鄭玟。字伯潤，龍巖人。康熙庚午舉人，除三水令，有循聲。築隄岸以興水利，建書院以振士風，請蠲免錢糧以恤災黎。在任十二年，母老乞歸。生平崇尚正學，嘗編輯程氏日程、吕氏鄉約，以教後進。著有文鈔、詩鈔行世。雍正九年，祀鄉賢祠。

流寓

宋

龔原。邵武人。寓居龍巖，登熙寧進士，歷官知連州。元豐間方以財用爲急，所司務峻刻，原獨寬平不逼，民德之。

明

陳真晟。漳浦人〔四〕。遷龍巖。篤志聖賢之學，學者稱爲布衣先生。隆慶五年，禮科給事中石應岳疏請從祀於龍巖，賜其祠額曰「正學」。

列女

明

張六一妻連氏。名新玉，龍巖人。六一死，子方八月，家貧姑惡，氏負薪易米，日謹事之，姑感而慈焉。年七十五終。同邑查福隆妻江氏、翁汝貢妻陳氏、楊希白妻葉氏、倪璿妻劉氏、翁朝妻劉氏，皆夫亡守節。

張鳳翼妻黄氏。名寬姐，龍巖人。鳳翼病革，黄取一錢中分之，以半繫鳳翼臂，以半自藏，曰：「他日地下當作完錢也。」夫死子又殤，舅姑相繼歿，取姪字之。嘉靖末爲賊所擄，受刃不屈，賊義而釋焉。以壽終。

楊端妻王氏。漳平人。嘉靖末饒平寇至，氏抱幼兒投井中，其夫急往救之，氏曰：「爾男子也，可以求生。吾婦人也，義不可辱。」遂絶袂溺死。

邱鋒聘妻蔣氏。名二姑，龍巖人，諸生蔣宇女。許字未適，鋒疾革，氏請於父母往視，入門與訣，慟哭幾絶。尊禮姑嫜，自稱爲婦，立夫兄子爲嗣，以壽終。

蘇秉文妻蔡氏。龍巖人。年十七夫亡，盡鬻服飾爲喪具，葬畢沐浴更衣，託姑於伯氏，服藥死。同邑楊時策妻魏氏、王命琦妻蔡氏，俱夫亡殉節。

楊格妻陳氏。漳平人。年二十五格卒，誓以死殉，姑諭以孫幼無依，義不容死，乃解。事姑撫孤，孝慈並篤。同邑陳如玉妻張氏，亦夫亡守節。

鄧茂藩妻蘇氏。寧洋人。遇寇被執於百級嶺，誓不受辱，投於萬丈巖下，巖半有藤棘絆身，得不死，人異之。

吴從學妻邱氏。寧洋人。年十七，從學病革，與訣誓以死，從學既卒，氏出嫁時衣飾，盡與所親，曰：「寡不可飾。」越二日自縊。本朝雍正五年，祀節孝祠。

本朝

張萬藻妻林氏。龍巖人。年十七，廣寇亂，被執不屈縊死。

曹暲妻廖氏。寧洋人。年十七，生子應瑞，未及週而暲殁。順治戊子寇亂，廖母子被執，義不受辱，因抱應瑞頸同受刃。時同邑曹元瑜妻范氏亦被執，自經死。

楊寬容妻郭氏。龍巖人。年二十，生子仲文彌月而夫卒，守志課子成立爲諸生，苦節四十餘年。同邑楊彩妻吴氏、鄭邦鍇妻廖氏，皆夫亡守節。

張兆亨妻林氏。龍巖人。兆亨病瘋，林事之三年無倦色。痛劇投井中，林從之，水淺皆不死，隣人拯出之。逾月兆亨卒，林哀毁欲絶，葬訖投繯死。同邑翁石卿妻陳氏、陳斗慶妻游氏、謝龍妻盧氏，皆夫死自縊。

莊介夫妻謝氏。龍巖人。嫁六月而夫亡，送葬觸柩死。

魏某聘妻謝氏。龍巖人。年十六，許字未婚，夫死，謝奔喪守志，立三孤皆不育，自縊而亡。

黄苑青聘妻張氏。龍巖人。幼字苑青，年十二失怙恃，歸育於夫家。苑青以岐黄術遊外，及病歸，女年十七矣。未婚，苑青卒，女絶粒數日，投繯而死。

鄭堅妻王氏。龍巖人。事翁姑孝，夫殁自經死。同邑陳元玉妻林氏，亦夫亡自經。

蔣元和妻鄧氏。漳平人。通詩文，年十九適元和，未期元和死，家貧無子，父母紿歸欲嫁之，度不能免，自縊死。遺書乞合葬。蔣族舁歸，與元和同窆。

魏彬妻洪氏。龍巖人。年二十三夫亡，子甫週，家貧任舂作以養姑。姑殁，負土成墳，撫孤成立。壽七十有三。同州蘇維垣妻黄氏、廖深妻楊氏、邱成妻蔡氏、吴汝楫妻章氏、邱俊登妻魏氏、詹鵬飛妻湯氏、吴昇妻林氏、吴炌妻蔣氏、陳奇雄妻楊氏，俱夫亡守節。雍正年間旌。

陳少韓聘妻劉氏。名閏姑，漳平人。許字未婚。少韓卒，閏姑聞訃欲奔喪，父母不可，遂絶粒縊死，歸於陳合葬焉。雍正五年旌。

劉雍妻連氏。龍巖人。夫病劇，禱天願以身代，及殁四日，入室自縊。同州邱賢觀聘妻林氏、章炎聘妻劉氏，皆夫亡殉節。乾隆年間旌。

連尊生妻林氏。龍巖人。夫亡，矢志撫孤，事繼姑盡孝。同州章衮妻饒氏、吴冕妻連氏、詹哲妻陳氏、吴錦妻林氏、翁子災妻廖氏、連日光妻林氏、倪珊妻邱氏、林元桂妻黄氏、邱禹鎔妻連氏、邱鑾妻郭氏、郭舜林妻林氏、邱夢麟妻林氏、邱上蘭妻謝氏、李其長妻王氏、陳惠忱妻邱氏、連文錦妻賴氏、楊珠妻邱氏、黄光瑁妻張氏、蔣儀妻魏氏、邱澎妻連氏、黄承誥妻郭氏、陳昌庭妻章氏、林綸妻邱氏、陳蓮池妻石氏、邱江妻鄭氏、王德嘉妻郭氏、傅崻莽妻鄧氏、郭替埜妻楊氏、謝登榜妻林氏、郭克明妻蘇氏、陳熺久妻林氏、郭祚基妻邱氏、郭庭授妻林氏、魏繼緒妻倪氏、魏子宜妻邱氏、詹世鋑妻謝氏、吴鍠妻張氏，烈婦謝洪妻劉氏、謝展賢妻林氏，貞女蘇瑶聘妻劉氏，俱乾隆年間旌。

朱馥妻陳氏。漳平人。夫亡守節。同邑鄭經邦妻李氏、劉鳳恩妻陳氏，俱乾隆年間旌。

賴燦士妻曹氏。寧洋人。夫亡守節。同邑貞女范國魁聘妻郭氏，乾隆年間旌。

蔣禄妻連氏。龍巖人。夫亡守節。同州吴湛妻蔣氏、林學詩妻鄭氏、蔣毓英妻陳氏、林進傳妻邱氏、鄭騰聚妻陳氏、温應泉繼妻鄭氏、倪國俊妻石氏、林平江妻邱氏、鄭遜明妻羅氏、饒明季妻廖氏、林兆昌妻連氏、邱峩妻連氏、邱超斯妻郭氏、魏輯妻蘇氏、邱中理妻廖氏、邱泮馥妻林氏、林馥青妻王氏、邱心吉妻陳氏、魏成章妻連氏、温大紹妻曾氏、謝光溥妻林氏、謝淑瞻妻盧氏、謝宇琬妻林氏、謝駿三妻盧氏、傅明方妻林氏、謝禹齊妻連氏、楊豫妻章氏、楊楫妻石氏、生員楊茨妻連氏、楊熺妻蘇氏、楊桂妻連氏、謝仲江妻鄭氏、張瑜上妻黄氏、林濟川妻蔣氏、翁春梅妻湯氏、邱樹言妻謝氏、郭晨輝妻張氏、劉之珣妻舒氏、邱士寬妻林氏、邱會聲妻章氏、賴勝金妻謝氏、倪泮妻陳氏、連惠觀妻林氏、鄧啓超妻陳氏、林準乾妻李氏、曹鍾秀妻魏氏、郭維章妻劉氏、張入千妻傅氏、生員林騰光妻鄭氏、林彬宇妻蔣氏，烈婦章國香妻張氏、蔣定妻張氏，俱嘉慶年間旌。

陳元蓁妻柯氏。漳平人。夫亡守節。同邑陳世冕妻詹氏、李獻墀妻許氏、陳雙輝妻林氏，俱嘉慶年間旌。

吴憲妻羅氏。寧洋人。夫亡守節。同邑貞女吴富聘妻林氏，俱嘉慶二十五年旌。

仙釋

宋

郭公。龍巖人。少有奇行，嘗遊九侯山，遇異人授以遁形變幻之術，每禦寇輒立奇功，殁著靈異，鄉人祀之。

曹四公。寧洋人。元祐間，鄉有妖神，每歲以童男女祀，里人患之。四公往廬山，遇異人授以禦妖之術，因以竹杖乘之，俄頃至其鄉，風雨中鏗然有金戈鐵馬聲，妖遁去。紹興間大疫，四公以劍擊石壁，甘泉湧出，飲者立愈。洪水漂民田，四公於壩上立壇，令人以桃柳矢射水中，少頃一巨蟒長丈餘，斃浮水面。紹興十年秋，沐浴更衣，端坐而化。

土産

苧布。葛布。各縣並出。

鉛。出漳平縣三井林，并節惠粗坑。

鐵。

石筍。生石上，俗呼石菰。

石竹。通志：節疏而平，可爲器用。

香茅。通志：葉似苗而香，煮作浴湯，辟邪氣，令人身香。

畲民

畲客。州志：即猺人，州屬呼爲畲客。在龍巖者惟藍、雷二姓，在漳平、寧洋者有藍、雷、鍾三姓。隨山種插，去瘠就腴，編荻架茅爲居，善射獵，以毒藥塗弩矢，中獸立斃。貿易商賈，刻木大小短長爲驗，其酋魁亦有辨識文字者。

校勘記

〔一〕東西距二百六十里　「二」，原作「一」，據乾隆志卷三三七龍巖州（下同卷簡稱乾隆志）改。按，下文言東至安溪縣界二百一十里，西至上杭縣界五十里，東西距正爲二百六十里，此蓋脱筆。

〔二〕上有龍巖洞　「上」，原作「下」，上文云「下有龍井洞」，此不得又言「下」，據乾隆志改。

〔三〕安濟橋　乾隆志作「寧濟橋」。按，本志蓋避清宣宗諱改名。

〔四〕漳浦人　乾隆志作「鎮海人」。按，明史卷二八二儒林傳陳真晟傳、雍正福建通志卷四六人物志陳真晟傳皆云其爲漳州府鎮海衛人。